中国教育发展战略学会 2023 年度学术年报

中国教育发展战略学会　编

中国言实出版社

图书在版编目（CIP）数据

中国教育发展战略学会2023年度学术年报 / 中国教
育发展战略学会编. -- 北京：中国言实出版社，2024.
11. -- ISBN 978-7-5171-4976-7

Ⅰ. G521-53

中国国家版本馆CIP数据核字第2024V5M532号

中国教育发展战略学会2023年度学术年报

责任编辑：张天杨

责任校对：王建玲

出版发行：中国言实出版社

　　　　　地　　址：北京市朝阳区北苑路180号加利大厦5号楼105室
　　　　　邮　　编：100101
　　　　　编辑部：北京市海淀区花园北路35号院9号楼302室
　　　　　邮　　编：100083
　　　　　电　　话：010-64924853（总编室）　　010-64924716（发行部）
　　　　　网　　址：www.zgyscbs.cn　　电子邮箱：zgyscbs@263.net

经　　销：新华书店
印　　刷：北京温林源印刷有限公司
版　　次：2024年11月第1版　　2024年11月第1次印刷
规　　格：787毫米×1092毫米　　1/16　　35.5印张
字　　数：732千字

定　　价：168.00元
书　　号：ISBN 978-7-5171-4976-7

在中国教育战略论坛
暨中国教育发展战略学会 2023 年学术年会
活动季主论坛上的致辞

中国教育发展战略学会会长　韩进

各位来宾、各位会员：

大家上午好！

在教育系统深入学习贯彻党的二十大和习近平总书记在中央政治局第五次集体学习时的重要讲话精神，全面关注探讨《教育强国建设规划纲要》研制的重要时刻，我会举办了 2023 年学术年会活动季格外具有重要意义。值此机会，我代表中国教育发展战略学会，对与会的各位学术委员、专家、会员，以及在线参加本次会议的教育同仁们表示热烈的欢迎！向参与本年度学术活动季的主论坛与分论坛交流的各位理论和实践工作者们表示衷心的感谢！

本次年会活动季主题是"加快建设教育强国　为中华民族伟大复兴提供有力支撑"。习近平总书记指出："建设教育强国，是全面建成社会主义现代化强国的战略先导，是实现高水平科技自立自强的重要支撑，是促进全体人民共同富裕的有效途径，是以中国式现代化全面推进中华民族伟大复兴的基础工程。"贯彻落实党的二十大提出的全面建成社会主义现代化强国战略部署，贯彻落实习近平总书记在全国教育大会上重要讲话的工作要求，是当前和今后一段时间教育战线的核心任务。聚焦建设教育强国发展的战略性、全局性、前瞻性问题，发挥中国教育发展战略学会教育发展战略智库和研究平台在国家教育发展战略方面的研究特色，聚集战略智慧、交流实践探索、分享学术成果，为加快推进教育现代化、建设教育强国提供智力支持与咨询服务，也是中国教育发展战略学会的应尽责任。为此，总会经过多次研究讨论，对这次年会活动总体安排在往年基础上进行了优化扩展。以下是年会活动季有关情况的介绍。

一是开展好三个月的学术活动季研讨。充分动员发挥总会及各个专委会的广大会员的积极性，认真学习习近平总书记关于教育在实现中国式现代化进程中的战略地位和作用的系列重要论述，组织各方教育领域的专家学者与基层一线的教育实践工作者，就教育强国建设与拔尖创新人才自主培养能力提升、落实立德树人根本任务、基础教育扩优提质、教育评价和招生考试改革、教育治理现代化、教育数字化发展、教育适应区域协调发展、教育对外开放、经费保障体制与机制以及学习型大国建设等中央、教育界和社会普遍关注的十大战略议题进行深入研讨，并将不同教育领域在不同区域和学校中的实践成果与有待深化的内容进行广泛的对话交流。我们期待，在三个月的学术活动季中，学会三十多个专委会都能从各自领域的问题出发，围绕国家教育的重大战略议题，真正从现实国情入手，研究真问题、真研究问题，集中研讨一些亟待突破的带有国家重大战略性全局性的问题，以及回应一些当前社会普遍关心、师生和家长普遍关切的教育民生问题。

二是围绕新时代经济社会发展重大需求，立足战略全局研讨教育未来。我们已建成全世界规模最大的教育体系，培养了数以亿计的基础教育和高素质技术人才，在高质量发展的目标下，如何从传统 GDP 转化为绿色 GDP，如何从人口资源红利转化为人力资本红利，如何为经济社会高质量发展提供源源不断的各级各类高素质人才，提升教育对高质量发展的支撑力、贡献力。这不仅是教育界需要回应的重大理论与实践课题，也是社会各界需要共同研讨回应的跨界性课题，更是立足系统性、全局性、战略性前沿的开放性课题。

当前，我国教育发展取得了非常显著的成就。进入新时代，教育发展的目标有所不同，教育发展的外部环境有所不同，教育技术随着科学技术的进步有了很大的变化。因此，我们在当前讨论教育发展战略时，需要对比过去讨论教育发展战略的思维逻辑习惯，做出适当的调整。过去，我们一般将教育问题现状分析概括为"发展不足""发展不均衡""质量不高"，习惯用"重视不够""投入不足""体制不优"的基本逻辑框架来解决问题。而现在的目标是在建设社会主义现代化强国背景下建设教育强国，这跟过去追赶型和补偿型的教育发展模式在逻辑上有比较大的差别。所以在这种情况下，我们也应当去考虑如何能使教育的发展更好地适应建设社会主义现代化强国目标的要求，从战略上为国家教育发展提供支撑性建议。希望今后的一段时间大家能共同努力，做出学会作为智库的应做的贡献。

解决这些问题，我认为从工作方式方法上、从研究范式上，要坚持中国教育发展战略学会长期以来一直坚持的"从全局从长远"来研究分析教育问题的基本要求。教育发展战略学会在跨界与综合研究方面一直有很好的学术传统和基础。学会前两任会长，郝克明先生、闵维方教授都曾经带领学会的专业人员从全局上研究过教育发展战略问题。郝克明先生曾牵头就经济结构调整和教育结构转换做了深入的跨界研究，对当年中共中央关于教育体制改革的决定和第一个教育发展规划纲要的制定作出了重大贡献。

近来，我会又对构建高等教育与区域协同发展机制进行了多方面的深化研讨。这些都从一个角度反映了教育发展战略研究涉及且深受社会经济、科技文化、人口生态、区域产业等多方面影响和制约。所以，教育发展战略学会不仅自身研究宗旨需要立足宏观战略全局，而且更要主动研究如何适配经济社会转型升级主战场的需求。因此，这次主论坛研讨就是基于这一定位，我们专门邀请了有关经济金融变革领域、企业科技创新研究领域、信息技术发展治理领域、教育战略与文化关系领域、基础教育提升与创新人才需求关系等方面的知名专家学者做精彩的报告，让我们开拓思路、提升站位、扩大视角，期待这样的交流有助于教育战略研究思路与方法进一步扩展与深化，对我们从战略全局上有前瞻性地研究和分析教育发展问题提供有力支撑，也感谢前来主论坛演讲的各界嘉宾们。

三是围绕教育战略的一些重大核心问题集中研讨攻关。教育涉及各行各业、关系千家万户，教育在经济社会发展的不同阶段必然也伴随产生不同的矛盾与需求，在诸多相关缠绕的问题群里，必定存在着决定问题的主要矛盾或主要方面的核心问题，这些核心问题的突破解决与梳理问题的症结、破解问题的路径以及在理论与实践创新探索方面有密切关联。在这个范围内，当我们研究教育问题时，研究得越深、越透，就觉得教育的问题越多、越复杂，解决这样一个问题往往只能提出思路，该如何实施实际上更复杂。企图在一个比较小的范围内用比较有限的时间去研究明白中国教育发展大范围的问题是不可能的。作为中国教育发展战略研究型智库，我们必须试图在某些方面、某些范围内把问题讨论清楚，不可能包打天下，集中几个问题攻其一点，这是智库的优势。为将问题聚焦，形成一种可推进的逻辑范式，我们本次学术活动季设计了大会交流宣讲和小规模讨论探索相结合的方式。希望各位学术委员在这种小型研讨的环境下可以把问题说得深一点、透一点。希望通过这种方式将问题逐渐聚焦，明确我们应该在哪些问题上下大功夫。前提是提出的问题首先要重要，其次是有能力去研究，最后是愿意投入时间去研究。习近平总书记在党的二十大报告中指出，"全面提高人才自主培养质量，着力造就拔尖创新人才，聚天下英才而用之"。之后，在中共中央政治局第五次集体学习时，他又进一步强调，"加强拔尖创新人才自主培养，为解决我国关键核心技术攻关提供人才支撑"。怎样才能坚持将人才培养规律、教育教学规律与国家发展需求紧密结合，着力提高创新人才自主培养质量，着力培养拔尖创新人才这一重大战略任务？今天下午的教育咨询会议就是针对上述这一视角的探索，期望通过聚集我们学术委员会的各类教育领域的学术委员，聚合我们长期以来的战略性思考与专业化智慧，聚焦拔尖人才培养与关键核心技术突破这一核心问题，开展充分自由的学术交流，期待更多研讨成果的涌现。

开展宏观教育发展战略研究是教育发展战略学会的根本宗旨。十余年来，在教育部的指导下，学会对我国教育发展和改革的许多重大战略问题进行了比较深入系统的研究，特别是参与了《国家中长期教育改革和发展规划纲要（2010—2020年）》《国家教育事业发展"十三五"规划》《中共中央关于制定国民经济和社会发展第十四个五年规划和二〇三五年远景目标的建议》等一系列国家重大教育决策的研究和制定工作，提出了具有战略意义的见解，为我国教育改革和发展做出了积极重要的贡献。在探讨我国建设什么样的教育强国、怎样建设教育强国这一重大课题上，衷心希望学会广大从事教育理论与实践方面的学者与专家，以高质量发展的国家需求为己任，通过不同平台与途径探讨如何使高质量教育更好促进经济社会可持续发展、教育创新人才可持续培育、教育科技产业可持续融合创新的政策思考，要在提高教育战略研究的质量和水平上下更大功夫，不断丰富和发展中国本土教育战略创新理论与实践，为《教育强国建设规划纲要》的研制与实践提供战略咨询，扎实推动教育强国建设。

最后，再次感谢出席总论坛的各位专家与学者！

祝本次年度学术活动季圆满成功！

2023 年 11 月 18 日

— 目录 —

一、立德树人

习近平关于教育家精神重要论述的历史、理论与实践逻辑[①]

周洪宇　齐彦磊[②]

摘　要：习近平总书记关于教育家精神重要论述实现了历史的锤炼、理性的凝结和经验的跃升，展现了历史逻辑、理论逻辑与实践逻辑的辩证统一，为加强教师队伍建设，加快建设教育强国提供了行动指南。从历史逻辑来看，习近平总书记关于教育家精神重要论述，汲取了中华优秀传统师道精神的历史智慧，承继了建党百余年教师队伍建设的历史脉络，源自于夯实教育强国基础工作的历史使命。从理论逻辑来看，习近平总书记关于教育家精神重要论述，以马克思主义经典作家教育理论为源泉，以马克思主义教育理论中国化成果为基础。从实践逻辑来看，习近平总书记关于教育家精神重要论述强调加快建设教育强国，建设高质量教师教育体系，培养新时代"大先生"。

关键词：习近平；教育家；教育家精神；教育强国；大先生

教育家是有信念、有情怀、有品德，在教育实践和教育理论上有创新、有特色、有贡献、有影响的优秀人物。教育家精神是我国教育家及广大优秀教师在长期的理论或实践探索中所形成的精神共相，彰显了教育家及优秀教师的理想信念、道德品质、专业素养和崇高情怀，是广大教师普遍认同并践行的价值理念，对广大教师具有重要的精神引领价值。习近平总书记在2023年"致全国优秀教师代表的信"中对"教育家精神"作出了更全面、更深刻的论述。他强调，教师群体中涌现出一批教育家和优秀教师，他们具有心有大我、至诚报国的理想信念，言为士则、行为世范的道德情操，启智润心、因材施教的育人智慧，勤学笃行、求是创新的躬耕态度，乐教爱生、甘于奉献的仁爱之心，胸怀天下、以文化人的弘道追求，展现了中国特有的教育家精神。[1]习近平总书记关于教育家精神重要论述是马克思主义教育理论中国化的最新成果，是习近平总书记关于教育重要论述的重要组成部分，是对中国特色社会主义教师教育体系构建经验的科学总结。

① 本文系教育部哲学社会科学研究重大委托项目（21JZDW001）、教育部人文社会科学研究资助项目（20220808JSWT）的阶段性成果。

② 周洪宇，博士，教授，华中师范大学国家教育治理研究院院长，博士生导师，原为中国教育发展战略学会副会长，现为中国教育学会会长；齐彦磊（通讯作者），博士，河南大学教育学部校聘副教授。

习近平总书记关于教育家精神重要论述实现了历史的锤炼、理性的凝结和经验的跃升，展现了历史逻辑、理论逻辑与实践逻辑的辩证统一，为加强教师队伍建设，加快建设教育强国提供了行动指南。

一、在继承中发展、在守正中创新：习近平关于教育家精神重要论述的历史逻辑

守正创新是党在新时代治国理政的重要思想方法，推进中国式现代化必须处理好守正与创新的关系。[2]习近平总书记关于教育家精神重要论述的形成就是一个在继承中发展、在守正中创新的过程。所谓历史逻辑，是事物或思想发展的历时性过程中形成的规律和规则，它体现出历史过程与思想进程的统一。[3]习近平总书记关于教育家精神重要论述的历史逻辑，是对历史唯物主义方法论的坚守，是对教师教育规律和教师成长规律的历史性认识和把握，体现在其汲取中华优秀传统师道精神的历史智慧，承继建党百年教师队伍建设的历史脉络，源自夯实教育强国基础工作的历史使命。

（一）汲取中华优秀传统师道精神的历史智慧

"尊师重道"是中华民族优良的教育传统。中华优秀传统师道精神明确规定了教师从教的精神内核，确定了教师职业的社会地位和示范作用，倡导了尊师重道的社会风尚和价值导向。《周礼·地官司徒》云："师者，教人以道者之称也。"[4]《周礼》是最早将"师"与"道"相连的典籍，在"师"与"道"的关联下，中国传统社会形成了一种独特的师道观。"师道"分为"为师之道"和"事师之道"。为师之道主要就施教者而言，事师之道主要就求学者而言。[5]为师之道的形成得益于我国历代教育家的积极倡导和实践，蕴含了对师德、师业、师学、师识、师品、师行诸方面的要求，是具有典型意义的师德、师风的总括。"人师"是为师之至道，"经师"则次之，是中国历代教师共同信奉和遵循的为师之道。事师之道主要表现为在全社会形成"尊师重道"的优良风尚，教师的地位逐渐上升到了"安邦定国"的高度。正如《荀子·大略》所载："国将兴，必贵师而重傅；贵师而重傅，则法度存。国将衰，必贱师而轻傅；贱师而轻傅，则人有快，人有快则法度坏。"[6]"为师之道"和"事师之道"共同组成了博大精深的中华师道，凝结了中华民族世代探索师道的历史智慧，形成了我国教师所特有的职业追求、职业道德和职业特征。

习近平总书记强调："中华文明绵延数千年，有其独特的价值体系。中华优秀传统文化已经成为中华民族的基因，植根在中国人内心，潜移默化影响着中国人的思想方式和行为方式。"[7]习近平总书记关于教育家精神的重要论述正是对中华优秀传统师道精神的继承和发扬，是对中华优秀传统师道精神的创造性转化和创新性发展。"敬教劝学，建国之大本；兴贤育才，为政之先务。"[8]"吐辞为经、举足为法。"[9]"师者，所以传道授业解惑也。"[10]"衣带渐宽终不悔，为伊消得人憔悴。"[11]"捧着一颗心来，不带半根草

去。"[12]"师也者，教之以事而喻诸德者也。"[13]习近平总书记在讲话、回信、贺信、署名文章中多次引用上述名言，号召广大教师践行中华优秀传统师道，从而明确了教育家精神的核心要义。习近平总书记将中华优秀传统师道精神作为新时代教师队伍建设的源头活水，主张广大教师应尊重、继承和发扬中华优秀传统师道精神。

（二）承继建党百年教师队伍建设的历史脉络

百年来，中国共产党领导教师队伍建设，在进取中突破，于挫折中奋起，从总结中提高，积累了宝贵的历史经验。党的十九届六中全会提出，全党要坚持唯物史观和正确党史观，从党的百年奋斗中看清楚过去我们为什么能够成功、弄明白未来我们怎样才能继续成功，从而更加坚定、更加自觉地践行初心使命，在新时代更好坚持和发展中国特色社会主义。[14]

新民主主义革命时期，中国共产党主张教师应传播先进的革命思想，成为弘扬革命精神的中坚力量。1938 年春，毛泽东为陕甘宁边区的《边区教师》杂志亲笔题词：为教育新后代而努力，体现了中国共产党赋予教师的另一重要使命——教育新人。[15]正如毛泽东在《新民主主义论》中所言："革命的文化工作者，就是这个文化战线上的各级指挥员。"[16]

社会主义革命和建设时期，中国共产党倡导教师积极投身社会主义建设，成为社会主义建设的重要支撑。1952 年，教育部刊文明确指出，人民教师的工作和其他各项建设工作一样是革命工作。[17]人民教师和一切人民教育工作者是新中国儿童青年的灵魂工程师，他们的工作，是一种思想的工作。人民教师是中国工人阶级所借以实现其对国家领导的极其重要的助手，国家的将来在极大的程度上取决于教师的品质。[18]

改革开放和社会主义现代化建设新时期，中国共产党主张不断提升教师的社会地位，促使教师成为教育改革的主力军。1978 年，邓小平在全国教育工作会议上指出："一个学校能不能为社会主义建设培养合格的人才，培养德智体全面发展、有社会主义觉悟的有文化的劳动者，关键在教师。"[19]1994 年，江泽民在全国教育工作会议上强调："振兴民族的希望在教育，振兴教育的希望在教师。教师是人类灵魂的工程师。"[20]2010 年，胡锦涛在全国教育工作会议上提出："要把加强教师队伍建设作为教育事业发展最重要的基础工作来抓……进一步激发和保护他们投身教育改革创新、推动教育事业发展的积极性、主动性、创造性。"[21]

中国特色社会主义进入新时代，习近平总书记指出，"今天的学生就是未来实现中华民族伟大复兴中国梦的主力军"，号召教师担负起实现中华民族伟大复兴的历史重任，成为"打造这支中华民族'梦之队'的筑梦人"。[22]基于此，习近平总书记引导广大教师坚守三尺讲台，潜心教书育人，成为"四有"好老师，成为培根铸魂的"教育家"。

自新民主主义革命时期始，到中国特色社会主义进入新时代，党领导教师队伍建设的历史脉络是清晰的、连贯的。习近平总书记关于教育家精神重要论述正是对这一历史脉络的接续和发展。

（三）源自夯实教育强国基础工作的历史使命

国家兴衰系于教育，根本在教师。党的十八大以来，教师工作取得了历史性成就，教师教育体系基本健全，教师队伍面貌焕然一新，优秀人才争相从教、教师队伍人尽其才、优秀教师和教育家不断涌现的良好局面基本形成。习近平总书记强调，强教必先强师。要把加强教师队伍建设作为建设教育强国最重要的基础工作来抓。[23] 建设教育强国对新时代教师队伍建设提出了更高的标准和要求。弘扬教育家精神，大力培养造就一支师德高尚、业务精湛、结构合理、充满活力的高素质专业化教师队伍，是时代赋予教育强国建设的历史使命。

夯实教育强国基础工作要求加强师德师风建设，号召教师树立"躬耕教坛、强国有我"的志向和抱负。习近平总书记强调，师德师风是评价教师队伍素质的第一标准。党的十八大以来，党和国家先后出台了《新时代高校教师职业行为十项准则》《新时代中小学教师职业行为十项准则》《新时代幼儿园教师职业行为十项准则》等师德师风管理政策，规范和促进师德师风建设，师德师风建设步入制度化、规范化和法制化轨道。

夯实教育强国基础工作要求培养造就一支高素质专业化教师队伍。习近平总书记指出，没有高水平的师资队伍，就很难培养出高水平的创新人才。党的十八大以来，党和国家着力完善新时代教师队伍建设制度，通过实施国家级教学成果奖、国家级教学名师、名师名校长、国家级职业教育教师教学创新团队、全国高校黄大年式教师团队等人才专项，促进教师队伍人才建设取得重要突破。

夯实教育强国基础工作要求大力弘扬尊师重教的社会风尚。习近平总书记强调要从战略高度上认识教师队伍建设的极端重要性，全方位提高广大教师的政治地位、社会地位和职业地位，让广大教师真正享有应有的社会声望。党的十八大以来，在习近平总书记的高度重视下，党和国家建立了以人民教育家、全国模范教师和全国优秀教师为代表的教师荣誉表彰体系，建立了以时代楷模、全国教书育人楷模和最美教师为代表的教师选树宣传体系，促使教师真正成为最受社会尊重和令人羡慕的职业。

二、既一脉相承又与时俱进：习近平关于教育家精神重要论述的理论逻辑

所谓理论逻辑，就是在正确认识事物发展规律过程中形成的规定性的逻辑关系。从理论逻辑看习近平总书记关于教育家精神重要论述，就是要从理论源泉、理论基础、理论内容三个维度出发，深刻理解教育家精神。

（一）马克思主义经典作家的教育理论是理论源泉

"马克思主义是我们立党立国、兴党兴国的根本指导思想。"[24] 习近平总书记指出："在人类思想史上，没有一种思想理论像马克思主义那样对人类产生了如此广泛而深刻的影响。"[25] 马克思主义教育思想，是马克思、恩格斯等马克思主义经典作家运用马克思主义立场、观点、方法分析和解决教育问题而概括出来的教育基本原理，是教育科学的理论基础和方法论基础，是社会主义教育的根本指导思想。马克思主义经典作家历来重视教师队伍建设，都将教师队伍建设视为文明传承、社会进步、学校发展和学生成长的关键举措，提出了一系列经典的教师教育论述，形成了马克思主义教师教育理论，为习近平总书记关于教育家精神重要论述提供了理论源泉。

马克思主义经典作家认为办好社会主义教育的关键在教师。第一，教师是工人阶级的一部分。马克思指出：教师对学生来说虽然不是生产工人，但是对雇佣他们的老板来说却是生产工人。受雇于资本家的教师，同样受资本家的剥削与压迫，教师可以说是工人阶级的一部分。第二，教师是社会主义办学方向的决定性因素。列宁指出：学校的办学性质和方向是由教师决定的。社会主义办学的性质和方向，只能由教师的政治立场来决定。第三，教师是推动社会主义建设的重要力量。列宁反复强调，教师在巩固无产阶级专政和建设社会主义的事业中，是一支重要的方面军，起着重大的作用。他指出：我们的任务是要战胜资本家的一切反抗，不仅是军事上和政治上的反抗，而且是最深刻、最强烈的思想上的反抗。我们教育工作者的任务就是要完成这一改造群众的工作。[26]

马克思主义经典作家认为建设社会主义，必须培养人民自己的教师队伍。第一，造就一支宏大的又红又专的教师队伍。列宁在十月革命胜利以后强调，为了建设社会主义，实现共产主义，"我们应该吸收数十万有用的人才来为共产主义教育服务"[27]。第二，造就一支能够贯彻党的精神的教师队伍。列宁提出："现在我们要培养出一支新的教育大军，它应该紧密地同党的思想结合起来，完全按照党的精神。"[28] 第三，使教师成为社会主义教育的"主力军"和社会主义制度的"支柱"。列宁认为加强教师队伍建设，根本的是要"振奋他们的精神"，"使他们具有真正符合他们的崇高称号的全面的素养"。[29]

（二）习近平总书记教育重要论述的理论逻辑

习近平总书记关于教育家精神重要论述是习近平总书记关于教育重要论述的重要组成部分。从理论逻辑来看，习近平总书记教育重要论述是教育家精神重要论述的理论内容。党的十八大以来，习近平总书记围绕教师队伍建设，先后提出了"四有"好老师、"大先生"、"'经师'和'人师'的统一者"、"教育家精神"等重要论述，这些重要论述之间既有区别又有联系。"四有"好老师、"大先生""'经师'和'人师'的统一者"是新时代大国良师的外在标准，"教育家精神"是新时代大国良师的内在要求。修于内而形于外，修于心而笃于行。"教育家精神"是习近平总书记对培育新时代大国良师所提出的内在要求。从"四有"好老师到"大先生",到"经师"与"人师"的统一者,再到"教育家精神",标志着习近平总书记对教师教育的阐释不断深入,标志着党对教师队伍建设的认识不断深化。深入理解习近平总书记关于教育家精神重要论述,就要从习近平总书记关于教育重要论述出发来解读其内涵和实质。

"四有"好老师提出了新时代大国良师的"四条标准",即"有理想信念、有道德情操、有扎实学识、有仁爱之心"。"大先生"提出了新时代大国良师的"三种示范",即"做学生为学、为事、为人的示范"。"'经师'和'人师'的统一者"提出了新时代大国良师的"两条规定",即成为"精通专业知识的经师"和"涵养德行的人师"。习近平总书记在上述基础上提出了教育家精神的"六条要求"。第一条是理想信念,要求教师心有大我、至诚报国,彰显了新时代大国良师的政治灵魂,突出了立德树人,旨在落实教育的根本任务。第二条是道德情操,要求教师言为士则、行为世范,彰显了新时代大国良师的鲜明品格,突出了"经师"和"人师"的相统一,旨在做新时代"大先生"。第三条是育人智慧,要求教师启智润心、因材施教,彰显了新时代大国良师的本质要求,突出了因材施教的传承与创造性发展,旨在让每个学生都有人生出彩的机会。第四条是躬耕态度,要求教师勤学笃行、求是创新,彰显了新时代大国良师的学识素养,突出了教书育人的品格和作风,旨在成为终身学习的践行者。第五条是仁爱之心,要求教师乐教爱生、甘于奉献,彰显了新时代大国良师的崇高情怀,突出了道德与情感发展,旨在书写教师的教育人生。第六条是弘道追求,要求教师胸怀天下、以文化人,彰显了新时代大国良师的宏大格局,突出了以文化人之弘道,旨在弘扬人类共同价值。

三、实践是理论之源:习近平关于教育家精神重要论述的实践逻辑

"时代是思想之母,实践是理论之源。"[30] "实践没有止境,理论创新也没有止境。"[31]所谓实践逻辑,本质上就是理论在实践中生成、应用、反思、创新的过程,以及在此过程中形成的关系。从实践逻辑看问题,就是要弄明白习近平总书记为什么提出教育家精神的重要论述,以及怎样贯彻这一重要论述。

(一)实践指导:加快建设教育强国

教育家精神是加快建设教育强国的实践指导。习近平总书记指出:"建设教育强国,是全面建成社会主义现代化强国的战略先导,是实现高水平科技自立自强的重要支撑,是促进全体人民共同富裕的有效途径,是以中国式现代化全面推进中华民族伟大复兴的基础工程。"[32] 教育强国建设的精神内核需要以新时代教育家精神为精神引领和信念支撑,以新时代教育家精神为最新要求和目标。[33]

教育家精神坚持将师德师风作为新时代教师队伍建设的第一标准。师德师风建设是教育强国建设的基础工作,必须以教育家精神作为建设新时代教师队伍的榜样要求和楷

模力量。弘扬教育家精神，应实施师德师风建设工程，构筑覆盖各级各类学校的师德建设制度体系，认真落实好高校、中小学和幼儿园新时代教师职业行为十项准则，加强思想政治教育，突出全员、全方位、全过程师德养成，推动师德师风建设常态化、长效化。弘扬教育家精神，应将教师职业行为准则落实到教师管理具体工作中，把师德表现作为教师资格准入、招聘引进、职称评聘、评优奖励、人才项目申报等工作的首要要求，完善师德考核指标体系，提高科学性、实效性，推动师德建设走上规范化、法治化轨道。弘扬教育家精神，应建设国家师德教育基地，发挥好全国教书育人楷模、黄大年式教师团队、"最美教师"等先进典型的示范引领作用。弘扬教育家精神，应坚持师德违规行为"零容忍"，完善师德违规处理制度，着重加强对教师思想政治素质、师德师风的监察监督，着力解决师德失范、学术不端等问题。[34]

教育家精神不仅赋予了教师崇高的职业使命，而且赋予了教师崇高的职业光荣。加快建设教育强国，必须将教育家精神融入尊师重教的社会风尚，切实提升教师的政治地位、经济地位和社会地位。弘扬教育家精神，应巩固义务教育教师平均工资收入水平不低于当地公务员平均工资收入水平成果，强化高中和幼儿园教师工资待遇保障，完善职业院校教师绩效工资保障制度，推进高校薪酬制度改革，落实完善乡村教师生活补助政策，保障教师课后服务工作合理待遇。弘扬教育家精神，应设立国家级的教师奖，推进公共服务对教师优先，鼓励社会力量加强对教师的激励奖励，让广大教师在岗位上有幸福感、事业上有成就感、社会上有荣誉感，支持和吸引优秀人才热心从教、精心从教、长期从教、终身从教。

（二）实践要求：建设高质量教师教育体系

建设高质量教师教育体系是弘扬教育家精神的实践要求。教育、科技、人才是全面建设社会主义现代化国家的基础性、战略性支撑。[35]建设教育强国、科技强国、人才强国具有内在一致性和相互支撑性，要把三者有机结合起来、一体统筹推进，形成推动高质量发展的倍增效应。[36]建设教育强国必须深入实施人才强国战略，建设高质量教师教育体系，建立规模宏大、结构合理、素质优良的教师人才队伍，为教育强国建设提供强大人才支撑。党的十八大以来，全国专任教师总数从 2012 年的 1462.9 万人增长到 2022年的 1880.36 万人，增幅达 28%。各级各类教师素质不断提升、结构不断优化，幼儿园教师专科以上学历比例超过 90%，小学教师本科以上学历比例从 32.6% 增长到 74.53%，中学教师本科以上学历比例超过 90%，职业教育"双师型"教师超过 55%，高校硕士研究生导师和博士研究生导师比例大幅度增加。[37]这支规模宏大的高素质专业化教师队伍，成为支撑世界上最大规模教育体系的"大国良师"。

教师教育是教育事业的工作母机，也是提升教师队伍质量的动力源泉。教育强国目标的实现要求我国教师教育质量层级向专业化、高端化跃进。严把质量关是高质量教师教育体系建设的核心任务。弘扬教育家精神，应建立和完善各类教师教育标准，将教师素养目标与教师教育课程标准结合起来，统一推进职前教师教育标准建设和在职培训标准建设。弘扬教育家精神，应建立起更加完善的教师教育质量保障体系，包括完善的教师资格和国家统一考试制度、师范生生源质量保障制度、教师教育课程和教学标准制度、师范类专业质量认证和评估制度、教师教育学术学科制度和教师教育专业学科制度，不断夯实教师教育学科资源、制度资源、人力资源。弘扬教育家精神，应设立专门的教师教育质量管理机构，在原有的三级五类师范专业认证标准基础上开展更多工作，鼓励第三方评价机构参与评价工作，开展全国师范类专业质量监测，建立有效的评价体系，以评价促进质量的提升。

（三）实践任务：培养新时代"大先生"

培养新时代"大先生"是弘扬教育家精神的实践任务。"大先生"之大，不在年龄之大，不在学校之大，也不在学段之高，而在于信仰之"高"、修为之"深"、底蕴之"厚"以及育人之"智"。"教育家"和"大先生"在精神内核上具有高度的一致性。弘扬教育家精神就是要培养新时代"教育家"，培养新时代"大先生"。

弘扬教育家精神需要明确"大先生"培养的重点。一是教师要做到"两求"，求真务实，博大开阔；求学创新，前行开拓。二是教师要做到"三爱"，热爱祖国，明确使命；热爱学生，传真善美；热爱教育，毕生追求。三是教师要构筑"两大支柱"，重视理论，强化能力；勤于实践，丰富经验。弘扬教育家精神需要明确"大先生"培养的内容。一是培养教师的专业气质，塑造为人师表形象。二是培养教师的专业情意，提升专业自我认同。三是培养教师的专业知识，优化专业知识结构。四是培养教师的专业能力，提升教师育人水平。五是培养教师的专业风格，提高教师教学魅力。弘扬教育家精神需要明确"大先生"培养的目标。一是让学生做信心满满、阳光开朗的"小先生"，以主人翁的心态去探寻知识、传播知识。二是让教师负起"大先生"担当，既为"小先生"做示范，又为"小先生"做帮手。

习近平总书记关于教育家精神重要论述展现出了科学缜密的逻辑架构。大力弘扬和培育教育家精神，是建设教育强国、科技强国、人才强国的战略需要，是推动教育改革创新、推进新时代拔尖创新人才培养的核心动力源，是落实"强师计划""优师计划""国优计划"等战略举措的坚强支柱，是推进高素质专业化创新型教师队伍建设的强大引擎，是中华民族赓续文明、传承文脉的精神追求，是驱动广大教师实现自我精进、自我完善的强大力量。新时代、新征程、新使命，我们亟须发掘、凝练、弘扬教育家精神，发挥其精神驱动和引领价值，为我国的教育强国建设和民族复兴伟业创新赋能。

参考文献：

［1］习近平. 习近平致全国优秀教师代表的信［EB/OL］. http://www.moe.gov.cn/jyb_xwfb/moe_176/202309/t20230909_1079296.html.

［2］习近平. 推进中国式现代化需要处理好若干重大关系［EB/OL］. http://www.qstheory.cn/dukan/qs/2023-09/30/c_1129890528.htm.

［3］褚辉，高向辉，曲洪波等. 习近平关于"时代新人"培养问题论述的三重逻辑解析［J］. 现代教育管理，2020（11）：21-28.

［4］［清］李光坡. 周礼注述［M］. 北京：商务印书馆，2019：87.

［5］丁志军. 自在囚：明清塾师的生存状态［M］. 成都：巴蜀书社，2020：290.

［6］周玉衡. 传统文化与教师教育［M］. 上海：复旦大学出版社，2013：45.

［7］习近平. 青年要自觉践行社会主义核心价值观——在北京大学师生座谈会上的讲话［EB/OL］. https://www.gov.cn/xinwen/2014-05/05/content_2671258.htm.

［8］习近平. 思政课是落实立德树人根本任务的关键课程［EB/OL］. http://www.qstheory.cn/dukan/qs/2020-08/31/c_1126430247.htm.

［9］［10］［唐］韩愈. 唐宋八大家散文［M］. 成都：天地出版社，2022：28、22.

［11］王昶. 古典诗词曲名句鉴赏［M］. 太原：山西经济出版社，2012：187.

［12］周洪宇. 陶行知教育名篇教师简读［M］. 武汉：华中师范大学出版社，2021：111.

［13］陈才俊. 礼记精粹［M］. 北京：海潮出版社，2012：114.

［14］周洪宇. 中国共产党领导教育的百年历程与历史经验［J］. 国家教育行政学院学报，2022（1）：3-12+31.

［15］赵文平，龙庆，郭荣. 中国共产党的百年教师观［J］. 教师教育学报，2022（3）：9-17.

［16］人民教育出版社. 毛泽东同志论教育工作［M］. 北京：人民教育出版社，2000：99、263、39.

［17］何东昌. 中华人民共和国重要教育文献（1949—1975）［M］. 海口：海南出版社，1998：168.

［18］人民教育出版社. 人民教师必须成为马克思主义者——庆祝毛泽东选集的出版［J］. 天津教育，1951（6）：1-2.

［19］中共中央文献研究室. 毛泽东邓小平江泽民论教育［M］. 北京：中央文献出版社，2002：144.

［20］江泽民. 在全国教育工作会议上的讲话［J］. 人民论坛，1994（9）：10-12.

［21］胡锦涛. 论构建社会主义和谐社会［M］. 北京：中央文献出版社，2013：198.

［22］习近平. 做党和人民满意的好老师——同北京师范大学师生代表座谈时的讲话［N］. 人民日报，2014-09-10（02）.

［23］［32］［36］习近平在中共中央政治局第五次集体学习时强调　加快建设教育强国　为中华民族伟大复兴提供有力支撑［EB/OL］. http://www.moe.gov.cn/jyb_xwfb/s6052/moe_838/202305/t20230529_1061907.html.

［24］［31］［35］习近平. 高举中国特色社会主义伟大旗帜　为全面建设社会主义现代化国家而团结奋斗——在中国共产党第二十次全国代表大会上的报告［M］. 北京：人民出版社，2022：16、16、18、33.

［25］习近平. 在纪念马克思诞辰200周年大会上的讲话［N］. 人民日报，2018-05-05（2）.

［26］［27］人民教育出版社教育室. 马克思恩格斯列宁论教育［M］. 北京：人民教育出版社，1993：160-165.

［28］中共中央著作编译局. 列宁选集（第4卷）［M］. 北京：人民出版社，1995：367.

［29］中共中央著作编译局. 列宁全集（第43卷）［M］. 北京：人民出版社，1986：358.

［30］习近平. 开辟马克思主义中国化时代化新境界［EB/OL］. http://www.qstheory.cn/dukan/qs/2023-10/15/c_1129916904.htm.

［33］刘复兴，曹宇新. 教育家精神是加快建设教育强国的精神引领［J］. 中国高等教育，2023（19）.

［34］周洪宇，李宇阳. 建设教育强国［M］. 北京：中国青年出版社，2022：166-167.

［37］教育部. 2022年全国教育事业发展统计公报［EB/OL］. http://www.moe.gov.cn/jyb_sjzl/sjzl_fztjgb/202307/t20230705_1067278.html.

国家形象塑造与主流意识形态建构

金国峰[①]

摘　要： 国家形象塑造是建构主流意识形态的重要路径，国家形象是主流意识形态的外在表现。具体而言，国家形象塑造主体受到主流意识形态影响，维护主流意识形态是国家形象的重要功能，国家形象认知偏差的根源是意识形态差异。当前，国家形象的意识形态属性有弱化的趋势，国家形象的传播效果直接影响主流意识形态建构。在我国，良好国家形象的塑造必须始终坚持以马克思主义为指导思想，立足中国特色社会主义意识形态本质，始终坚定"四个自信"，增强国际传播能力。

关键词： 国家形象；主流意识形态；建构

我国经过40多年的改革开放，取得了巨大成就。在经济方面，早在2010年我国GDP总量已超过日本，成为世界第二大经济体，我国经济的持续平稳发展为世界经济的增长作出了巨大贡献。我国在国际社会上的地位和声望也在日益提升，但与我国在世界经济发展和国际事务上发挥的重要作用相比，我国国家形象的认同度和美誉度还不够。对一个国家而言，没有核心价值观念的感召力，很难说这个国家具有良好的国家形象，也很难形成强大的国家软实力。任何一个国家，如果忽视了国家形象的政治内涵，忽视了主流意识形态建构，很多问题都难以解决，而长期以来有关我国国家形象塑造的症结恰恰就在于此。

一、国家形象是主流意识形态的外在表现

国家形象是一个国家的综合国力和价值观在国际社会中所展现的整体面貌，以及国内外民众对其认知度和评价情况。也就是说，国际形象既包括国家自身的客观存在，也包括外界对于它的主观认知和判断。物质、制度、精神是国家形象的基本要素，它们之间相辅相成、互相促进，共同构成了一个国家的整体形象。物质要素是一个国家发展壮大和民众生活所需要的物质基础；制度要素是社会秩序稳定和民众安居乐业的制度规范、

---

① 金国峰，中国教育发展战略学会思想道德建设专业委员会秘书长。

行为准则；精神要素是实现凝心聚力，形成共识的精神、力量、价值观念等。"按照今天的观点，形象就是资产。它是操纵者精心营造的可兑换商品。"[1] 国家形象塑造有助于提升国家软实力，良好的国家形象是维护国家利益的无形资本，不仅可以增强本国民众的自信心、凝聚力，而且能够提升本国的国际影响力。实质上，国家形象塑造是由主流意识形态主导，并始终推进主流意识形态建构的动态过程。

主流意识形态建构主要通过主流意识形态与现实生活的良性互动实现。这要求主流意识形态必须不断地变革和创新，并在指导实践活动中展现出强大的解释力和吸引力。因此，通常人们认为加强理论的科学性是主流意识形态建构的重要内容，强调进一步提升主流意识形态的理论解释力、说服力。然而，在意识形态多元化的社会环境下，主流意识形态与具体实践的联系涉及非常复杂的主体认同的问题。因此，除了主流意识形态理论自身的科学性之外，主流意识形态建构还需要良好的外在形象、有效的叙述方式等外在表现，以获得更大的吸引力。国家形象正是一个国家所拥有的思想观念、精神状态、价值追求等意识形态内涵的外在表现。国家形象往往以思想文化、主观态度的方式表现出来，但实际上反映的是在社会生产关系中人们的利益关系。良好的国家形象能够最大限度地反映一个国家中广泛被认同的核心价值观，最大限度地反映社会成员的根本利益。相反，如果国家形象不能维护主流意识形态，那么，国家形象就很难反映整个社会广泛认同的核心价值观和社会成员的根本利益，从而在国内外民众心目中很难有说服力和吸引力。从这个意义上说，国家形象塑造的关键是要立足本国的发展历史、文化底蕴，反映广大社会成员共同的价值观念、利益诉求。总体上，国家形象可以分为意识形态部分和非意识形态部分。国家形象体现国家的思维方式、思想观念、价值追求等，这些是国家形象意识形态化的表现，是构成国家形象的核心部分。此外，国家形象还包括物质条件、行为规范等非意识形态化的内容。但是，意识形态部分与非意识形态部分之间不是对立的关系，意识形态部分为非意识形态部分提供辩护，非意识形态部分为意识形态部分提供现实的物质基础。

（一）国家形象塑造主体受到主流意识形态影响

国家是凌驾于个体、社会之上的"虚幻共同体形式"，具有强烈的意识形态倾向。"国家是统治阶级的各个人借以实现其共同利益的形式，是该时代的整个市民社会获得集中表现的形式。"[2] 因此，国家在国家形象塑造过程中，很难回避自身所具有的意识形态属性。国家、企业、社会组织、个人等作为国家形象塑造的主体，本身就肩负着塑造和传播国家形象的责任。同时，国内外民众对于一个国家整体形象的认知和评价也受到意识形态的影响。当前，国家形象塑造中的意识形态色彩逐渐被淡化，但其背后的意识形态之争从未停止。世界各国的国家形象塑造不再仅仅依赖于强有力的政治、经济等手段，而是把国家形象塑造与主流意识形态建构紧密结合起来。

（二）维护主流意识形态是国家形象的重要功能

由主流意识形态主导的国家形象塑造，根本意义在于推进主流意识形态建构。一方面，国家形象塑造是建构主流意识形态的重要路径，也是维护主流意识形态的重要手段。良好的国家形象意味着国家所追求的核心价值观成为人们广泛认同的价值观"最大公约数"，国内外民众通过这种共同的精神文化和价值观念对某一国家产生真正的认知和认同。往往，国家形象塑造与传播嵌入在总体国家安全战略中，国家形象塑造的终极目标是推进主流意识形态建构。另一方面，对一个国家来讲，有了政治合法性之后，才有可能开展国际形象的建设，才有机会获得更多国内外民众的认知和认同。相反，当一个国家政权及其主流意识形态的合法性面临危机时，就失去了国家形象塑造的前提和基础。

（三）国家形象认知偏差的根源是意识形态差异

当前，国家形象作为一个国家软实力的重要组成部分，越发受到世界各国的重视。从表面上看，一个国家在国际社会中的形象和影响力，若出现认知偏差和误读，是不同国家之间、不同民族之间的语言差异或文化差异造成的，但从本质上看是不同国家之间的国家利益博弈、不同制度之间的意识形态较量。在国家形象塑造中，主体的话语和行为不是漫无目的的，它往往融入了自身的主观意识，这种主体意识存在于每一个国家形象塑造的主体当中。在不同的意识形态作用下，人们对于一个国家的国家形象具有不同立场、不同角度的理解。这就出现了国家形象主体与客体之间意识形态的对接问题。如果两者对接顺畅，人们对于国家形象进行"优先式解读"（Preferred Reading），此时很容易推进主流意识形态建构；如果两者对接不顺畅，或产生了激烈的矛盾，人们对于国家形象进行"对抗式解读"（Oppositional Reading），此时很难推进主流意识形态建构。一直以来，国家形象与主流意识形态紧密联系在一起，主要表现为，在指称某一国家时，人们往往做出意识形态性反映。

二、通过国家形象推进国家意识形态建构的必要性

国家形象具有主观性和客观性。具体地讲，国家形象认识主体的意识性决定了国家形象具有主观性，国家形象的客观对象性决定了国家形象具有客观性。由于人们的信仰、宗教、知识水平、思维方式、价值观念、利益关系等的不同，不同的人对同一国家的认识和评价可能迥然不同。可以说，人们对国家形象的反映不是单纯的、直接的"镜子式"反映，而是具有鲜明的主观色彩。但是，人们对一个国家的认识不是随意的凭空想象，而是基于一个国家的客观存在，包括历史文化、政治制度、经济发展、公民素质等。从这个意义上讲，国家形象又具有客观性。深刻理解国家形象的主观性和客观性，有助于国家形象塑造的针对性和有效性。由于国家形象的认识主体具有强烈的主观性，国家形象塑造主体要注重与认识主体进行广泛有效的沟通交流，减少因不了解而导致的评价偏

差。同时，还要意识到不同的认识主体对一个国家会有不一样的认知和评价，既要注重与认识主体的沟通交流，又要意识到认识主体之间的文化差异、意识形态差异。当今，国与国之间依然存在意识形态差异，因此，在国家形象塑造过程中，必然会产生意识形态方面的摩擦、矛盾与冲突。

（一）国家形象的意识形态属性有弱化的趋势

国家形象属于意识形态范畴，具有鲜明的意识形态属性。当前，人类社会进入了"软实力"时代，包含着意识形态要素的国家形象已成为主流意识形态建构的重要手段。在我国，国家形象塑造的价值指向是巩固马克思主义的指导地位，推进中国特色社会主义事业，实现中华民族伟大复兴。当前，有三种倾向弱化国家形象的意识形态属性，动摇马克思主义在国家形象塑造中的指导地位。一是忽视意识形态在国家形象塑造中的主导性作用。在互联网时代，人们在研究国家形象问题时，往往把注意力集中于传播渠道、技术手段等因素的影响与应对，忽视了主流意识形态在国家形象塑造中的主导性作用。有些人为了追求暂时的传播效果和商业利益，不顾损害国家和人民的根本利益，阻碍主流意识形态的建构。二是忽视物质因素在国家形象塑造中的基础性作用。综合国力是良好国家形象的基础性条件。但是，有些人以"物质生活水平的提高与良好的国家形象不成正比"为由，抛弃"物质第一性"理论，转而推崇建构主义，强调良好的国家形象要通过国家间的互动来实现。三是忽视中西方国家形象评价标准的差异性。一些国内电影人为了在国际上获奖，脱离中华优秀传统文化根基和当代中国实际，一味地迎合外国受众和评委的喜好，在国家形象塑造中也存在类似的问题。我国在国际社会中塑造良好的国家形象，需要重视美国等西方国家的态度，但将其作为衡量我国国家形象的唯一标准是严重错误的。事实证明，通过这种价值"滤镜"呈现出来的我国形象必然是不全面、不客观，甚至是扭曲和负面的。

（二）国家形象的传播效果直接影响主流意识形态建构

国家形象的传播效果直接影响着主流意识形态的说服力和吸引力。良好国家形象的有效传播，可以促进国内外民众对于我国社会主义意识形态的认知和认同。当前，我国国家形象的塑造与传播滞后于高速发展的经济社会发展现状、日益提升的国家综合国力。虽然，近几年我国的国家形象日益提升，但与西方国家相比，仍存在一定差距。一是传播观念相对保守。一直以来，我国国家形象的塑造与传播深受中华传统文化的影响，强调"桃李不言，下自成蹊"，注重行为，不注重表达。我国是多民族国家，但在五千多年中华文明的滋养下，各民族文化之间很少有"鸿沟"。二是传播渠道相对单一。国家形象传播是由党和政府主导，社会各阶层、广大人民群众共同参与的系统工程。但长期以来，国家形象传播被认为是一种特殊的、专属的政府部门职能，因此，国家形象传播主体缺乏广泛性和主动性。下一步，我们还需要积极建设国际化的社交网络平台、推出多语种海外新闻客户端等，打造全方位、立体式的国家形象传播群。三是传播话语相对弱势。当前，网络空间是国家形象的话语战场。美国等西方国家凭借经济、技术、制度等方面的优势，试图主导网络空间话语权。在互联网时代，掌握网络信息的传播方式和流向，就可以拥有传播某种思想文化的权力。正因如此，习近平总书记强调，"加强国际传播能力建设，全面提升国际传播效能，形成同我国综合国力和国际地位相匹配的国际话语权。"[3]

（三）西方国家试图通过诋毁我国形象消释我国主流意识形态

一直以来，美西方国家以丑化、歪曲、诋毁我国国家形象的方式，损害我国国家形象在国际社会中的美誉度和认同度，从而试图动摇马克思主义在中国特色社会主义事业中的指导地位。一是攻击"中国模式"。美西方国家一直把"中国模式"视为对西方国家意识形态的挑战。"中国模式"是马克思主义中国化的产物，在社会主义制度下的"中国模式"与美国提出的西式民主、新自由主义完全不同。美西方国家一直在寻找"中国模式"的弊端，有意把管理体制上的问题扩大至社会主义制度的层面予以指责和抨击。一些西方学者，包括政客抛出"中国威胁论"，试图遏制中国特色社会主义事业的发展。二是制造负面舆论。西方国家主流媒体经常负面报道发生在我国国内的社会热点事件，围绕人权、计划生育、核武器等问题，生产和传播虚假信息。另外，有邻国政府因我国在国际社会中的地位和声望日益提升，视为对自身利益的威胁，长期以来，想方设法在国际社会中制造关于中国政府、中国共产党的负面舆论。三是渗透"网络自由"。"网络自由"的实质是网络霸权主义，目的是借助网络空间推行西方国家的意识形态。在埃及、利比亚、突尼斯等国家的政治动荡中，一些国家往往以"网络自由"的名义，由境外社交网站广泛传播执政党和政府的"黑暗面"，破坏国家形象、政府形象，冲击国家主流意识形态，造成执政党与民众之间对立的局面。这一过程中，网络空间是组织抗议者，联系全球受众与示威者的工具。[4]

三、以中国特色社会主义国家形象推进主流意识形态建构

国家形象的形成与发展不是文化传承和历史发展的必然的、自发的结果，而是一个国家有意识地从主流意识形态建构的战略高度出发，并通过有组织的意识形态传播来实现的最终结果。在我国，马克思主义是意识形态领域的指导思想，是国家形象塑造的思想资源和理论基石。国家形象的承载主体是国家，国家形象不可避免地要打上本国特色，良好的国家形象首先应该具有鲜明的本国特色。中国特色社会主义国家形象必须充分反映中国精神、中国力量和中国气派，重点展示"文明大国形象""东方大国形象""责任大国形象""社会主义大国形象"。主流意识形态是我国经济社会发展现实和生产生活现状的真实反映。当前，全球化、市场化、网络化迅猛发展，我国的改革开放不断深入，

国内外因素深刻影响着我国政治、经济、文化的发展，也影响着人们对主流意识形态的认知方式、认同特点等。当前，以中国特色社会主义国家形象推进主流意识形态建构，就是要解决这些新情况新问题，传播中国特色社会主义核心价值观，巩固马克思主义在中国特色社会主义事业中的指导地位。具体而言，就是要进一步增强国家形象塑造与主流意识形态建构两者的结合度。塑造良好的国家形象，要努力传播当代中国价值观念。当代中国价值观念，就是中国特色社会主义核心价值观。[5]要以良好的国家形象，推动更多的国内外民众自觉认知、认同中国特色社会主义核心价值观，从而有力推进中国特色社会主义意识形态的建构。

（一）立足社会主义意识形态本质

国家形象表现出来的是一个国家的基本国情、发展历史和文化传承。在我国，马克思主义是社会主义意识形态的灵魂，是中国共产党的立党之本，这是中国特色社会主义事业的历史经验和中国共产党的性质所决定的。中国共产党自成立以来，就始终坚持把马克思主义作为自己的指导思想。以马克思主义为指导的"中国模式"是社会主义事业成果的最好体现，也是我国的国家形象在国际舞台上的最生动展现。我国的国家形象塑造，必须立足中国特色社会主义意识形态本质。中国特色社会主义事业始终以人民至上为价值取向，因此，能够吸引和凝聚广大人民群众。一是关注民生、解决民生。民生无小事。能否解决好教育公平、社会保障与就业、医疗卫生、环境保护、住房、网络等老百姓当前最为关心的民生问题是塑造良好国家形象的重要内容，是增强主流意识形态吸引力、说服力的必然选择，也是中国特色社会主义意识形态建构的必然要求。二是发挥人民主体力量。人民是历史的创造者，人民群众是国家形象塑造的主体力量。在中国特色社会主义国家形象塑造中，要进一步尊重人民群众的主体地位，用老百姓听得懂的话，把老百姓关心的事讲清楚，使广大人民群众了解、感受和认可中国特色社会主义事业所取得的成就，并自觉成为中国特色社会主义意识形态的践行者、传播者。三是促进人的全面发展。国家形象塑造作为中国特色社会主义事业的一部分，必须充分发挥每个人自身所具有的本质力量，努力实现其才能的全面发展。

（二）始终坚定"四个自信"

国家是由道路、理论体系、制度、文化等基本要素构成的共同体。国家形象是国人和世界各国民众对这些要素的认知和评价。中国共产党带领广大人民群众取得的辉煌成果铸就了"四个自信"，"四个自信"又大力促进了我国经济社会的持续稳定发展，不断提升我国负责任大国的形象。一是道路自信。中国特色社会主义道路是中国共产党带领中国人民经过艰辛探索总结出来的。二是理论自信。中国特色社会主义理论体系是马克思主义中国化的理论成果。中国特色社会主义理论体系创新和发展了马克思主义理论，马克思主义理论为未来社会的发展提供了指导方案。三是制度自信。制度是一个国家本质的根本体现，人民在国家制度中的地位是一种国家制度是否先进的衡量标准，在社会主义社会，人民当家作主。四是文化自信。文化自信是对以马克思主义为指导的中国特色社会主义先进文化的高度自信。中国特色社会主义文化是马克思主义关于先进文化的思想理论与中华优秀传统文化的深厚底蕴的完美结合。坚定道路自信是人们对于国家自主选择的发展路径的认同；坚定理论自信是人们对国家的指导思想和思想理论创新水平的认同；坚定制度自信是人们对国家的政治制度的优势性的认同；坚定文化自信是人们对国家的精神追求和价值理念的认同。

（三）增强国际传播能力

国际传播能力是指一个国家所控制的传媒或其他传播平台在话语表达和传播方面的能力，包括采集、组编、宣传、评论等。一是提升对外传媒的国际化水平。贯彻落实习近平文化思想，加强和改进对外宣传工作，增强中华文明传播力影响力。[6] 增加传播内容的外语语种数，拓展传播范围、扩大传播影响；广泛与海外媒体合作，实现信号、稿件、节目等方面的合作共享；在海外增设转播信号，增加原创稿件发布量，设立记者站，扩大记者采编工作人员队伍。注重评论在话语传播中的作用，加强评论员队伍向"高精尖"发展，选拔学者型记者、各行各业的学者专家、高等院校和科研机构的教授等群体加入对外传播的特约评论员队伍，通过深厚的学科知识增强舆论导向和价值判断。二是提升我国的学术研究水平。当前，提高我国话语质量是传递好中国声音的关键。要提高学术研究水平，必须从原创性和逻辑性入手，原创性需要有中国特色意识，强化中国问题意识，要立足中国国情、运用中国人的逻辑思维、反映我国特有的价值观念，研究出中国风格、中国气派的学术成果。与此同时，又要放眼世界，强化国际化视野，避免闭门造车和坐井观天，这样学术研究成果才能在国际舞台上发挥影响力，才能赢得国际话语权。三是提升政治表达的实际效果。讲好"中国故事"、传播好"中国声音"，都属于我国向国际社会的政治表达。"实时新闻"一定要体现及时性、透明性、全面性；"中国信息"包括中国历史、中国文化、中国国情、人民生活等，这类传播不能只限于改革开放以来取得的成就，还要真实、客观地讲清楚我国在发展过程中出现的问题，仍未达到小康水平的真实的人民物质生活，一定程度上自亮"家丑"未必是坏事儿；"中国作品"主要包括中国原创的学术著作、文艺作品，以及我国通过国际合作取得的人类文明成果；"中国观点"是我国对于国际社会政治、经济、社会、文化领域的基本主张和观点，这类传播既要观点明确，又要逻辑清晰，但也要注意用国际话语表述我国政治话语。

总之，中国特色社会主义国家形象的塑造有助于主流意识形态建构，但是，国家意识形态建构不能仅仅依赖于国家形象的塑造与传播。社会存在是主流意识形态建构的基础。主流意识形态建构固然需要塑造良好的国家形象，增强主流意识形态的吸引力，促进国内外民众对中国特色社会主义意识形态的认知和认同，但最重要的是做好"自己"，加快推进中国特色社会主义事业，实现"两个一百年"奋斗目标。如果，一味地强调国家形象的塑造和传播，忽视中国特色社会主义事业的发展，主流意识形态建构就如同空中楼阁。

参考文献：

［1］［美］肯特·沃泰姆. 形象经济［M］. 刘舜尧，译. 北京：中国纺织出版社，2004.

［2］中共中央马克思恩格斯列宁斯大林著作编译局. 马克思恩格斯文集：第1卷［M］. 北京：人民出版社，2009.

［3］习近平. 高举中国特色社会主义伟大旗帜　为全面建设社会主义现代化国家而团结奋斗——在中国共产党第二十次全国代表大会上的报告［M］. 北京：人民出版社，2022.

［4］Axel Bruns，Tim Highfield and Jean Burgess.The Arab Spring and Social Media Audiences：English and Arabic Twitter Users and Their Net-works［J］. American Behavioral Scientist，57（7）.

［5］中共中央文献研究室. 习近平关于社会主义文化建设论述摘编［M］. 北京：中央文献出版社，2017.

［6］新华社. 习近平对宣传思想文化工作作出重要指示强调　坚定文化自信秉持开放包容坚持守正创新　为全面建设社会主义现代化国家　全面推进中华民族伟大复兴提供坚强思想保证强大精神力量有利文化条件［N］. 人民日报，2023-10-09（01）.

关怀教育视角下教师关怀对本科生学业收获的影响

贾文秀①

摘 要：本科生是高素质专门人才培养的最大群体，本科阶段是学生世界观、人生观、价值观形成的关键阶段，感受关怀、学会关怀对其人生发展具有重要意义。教师作为学生学习、模仿的重要他人，是其道德发展的关键领路人之一，因此学生能否在教育中感受关怀，是其学会关怀的基本前提。但目前大多数教师与学生之间呈现"假性亲密关系"状态，缺乏应有的对话与互动，不利于学生的成长与发展。为此，研究从诺丁斯关怀教育理论的视角出发，探讨教师关怀对大学生在学业中能力收获的影响，以及自我效能感在其中所起的中介作用，以期揭示教师关怀促进学生发展内部机制，为共建良好师生关系以及提升学生学习体验提供相关建议。

关键词：学生发展；教师关怀；自我效能感；学业收获

一、问题提出

本科生是高素质专门人才培养的最大群体，本科阶段是学生世界观、人生观、价值观形成的关键阶段，本科教育是提高高等教育质量最重要的基础[1]。人才培养质量是高等教育的生命线，高等教育的发展必须聚焦于学生的发展，而学生的发展又离不开教师对其言传身教的影响，因此良好的师生关系是其正向发展的重要条件。相关研究表明，教师对学生的学业收获具有重要影响，不管是师生互动[2]、教师教学行为[3]还是教师支持[4]都在各方面对学生产生着深远影响。但不容乐观的是，目前仍有诸多高校存在师生互动频率低、质量低以及师生关系疏离的问题[5]。造成此种情况的原因不仅是教师"权威者"心理的问题，更是学生自身参与意识淡薄的缘故[6]。此外，由于师生思想观念受到现代社会价值多元的冲击[7]，也导致了师生关系之间的疏离，这无疑不利于学生的成长与发展。故而，重塑良好师生关系成为保障教育质量的关键之举。

德国哲学家马丁·海德格尔（Martin Heidegger）认为"关心既是人对其他生命所表现的同情态度，也是人在做任何事情时严肃的考虑"[8]。美国教育学家内尔·诺丁斯（Nel

---

① 贾文秀，辽宁师范大学教育学部博士研究生，中国教育发展战略学会生涯教育专委会理事，主要研究方向：高等教育理论与实践。

Noddings）在海德格尔的基础上继承和发展了"关心"的定义，将关心置于关系中看待，认为关心是一种关系、能力，而不是一种美德。她倡导教育必须培养学生学会关心人、爱人，被称为关怀教育理论。该理论主张尊重学生的生命，珍视学生的体验和感受，强调教师的榜样作用，凸显道德教育的实践性。其核心是"关心性"关系，包括关心者与被关心者。当然，教师与学生既可以是关心者也可以是被关心者，他们之间的关系并没有强制性的规定[9]。关怀关系的成立要满足一定的条件，即关怀者 A 对被关怀者 B 的关怀要受到 B 的承认[10]。换言之，只有当关怀者做出关怀行为且被关怀者对关怀行为给予承认，关怀关系才能够成立。这意味着这一关怀的过程是双向互动的过程，既要求关怀者要达到"专注"和存在动机移位，更要求被关怀者要有确认、接受和反馈的过程。也就是说，只有学生能够感知到的教师关怀才是真正对其有影响的教育。

诺丁斯根据德育的方法和构成认为关怀教育包括四种教育方法：榜样、对话、实践和认可[11]。由于关怀伦理主要靠伦理的感觉激发，而一个人的关怀能力和热情在很大程度上依赖于自身以往的关怀经历。她指出"我们无需告诫学生去关心，我们只需要与学生建立一种关心关系，从而演示如何关心[12]。"对话是双方展开的一种开放式的真正交流，对话的结果与走向难以预测。"允许我们讨论我们正在试图展示什么。它给学习者去问为什么的机会，它帮助双方达成有见地的决定。"[13]实践既是教授某些技能又是在塑造心理。[14]在关怀教育过程中，关怀者的实践是对关怀的技能技巧以及心理情感进行影响，其中，实践者关怀态度的真实与否切实影响着学习者的关怀体验。认可是发现他人更好的自我，并鼓励其发展的行为[15]。相关研究表明，恰当的榜样策略能提高学生的自我效能感，进而提升能力水平，其通过三种方式实现：示范、激励、社会对比[16]。这里的榜样教育方法显然与诺丁斯的关怀教育方法有所关联。自我效能感被认为会影响人对任务的选择、努力程度和坚持程度[17]。在教育中，学生学习自我效能感与其学习的动机水平、学习的有效性、学习成果和自主学习表现显著相关[18]。换言之，学生在体验到教师关怀的同时其心理得到满足，更愿意投身于与教师的教育实践活动之中，从而形成了良性循环，学生在此过程之中所体验到的关怀越多，其学习投入的效果越好。

在以往的研究中，虽然已有学者对教师影响学生的学业收获有所探究，但其中的具体影响机制尚未完全探清。因此，本研究从诺丁斯关怀教育理论的视角出发，探讨学生所感知的教师关怀对大学生学业收获的影响，以及自我效能感在其中所起的中介作用，以期揭示教师关怀促进学生发展内部机制，为发展关怀教育，共建良好师生关系以及提升学生学习体验提供相关建议。基于此，研究提出如下假设：

H1：学生所感知到的教师关怀能够促进学生自我效能感的提升。

H2：学生所感知到的教师关怀能够提高学生的学业收获水平。

H3：自我效能感能够促进学生的学业收获水平，但受到教师关怀的影响，即自我效能感在其中起到中介作用。

具体中介作用模型如图 1 所示。

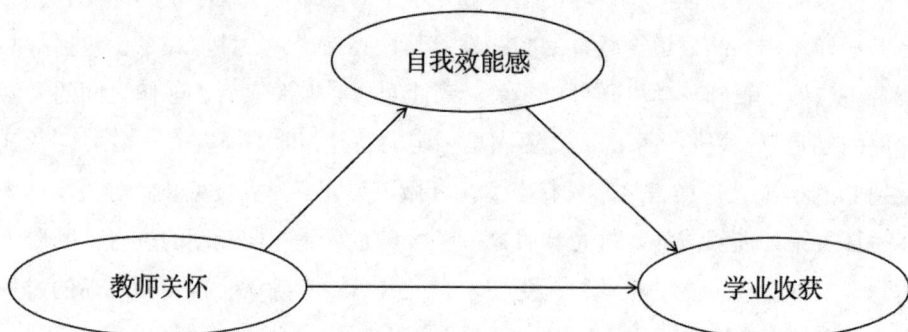

图 1　中介作用模型图

二、研究对象与研究方法

（一）研究对象

本研究选取的研究对象来自一所涵盖经、法、教、文、史、哲、理、工、农、管、艺等学科门类的综合性大学，被调查者完全自愿参与研究，并根据《世界医学协会赫尔辛基宣言》向被调查者事先提供了书面知情同意填写问卷。研究采用随机抽样的方法采集数据，共收集问卷 447 份，经过数据筛选后剔除无效问卷，共得到有效问卷 420 份，问卷有效回收率为 93.96%。

（二）研究工具

教师关怀问卷。研究参考雷浩的《教师关怀行为问卷》[19]，编制本科生所感知的教师关怀问卷，将原本的调查对象教师转变为学生，对学生所感知到的教师关怀进行研究。问卷由尽责性、支持性和包容性三个维度组成，共 18 个项目，其中尽责性包括 7 个项目，支持性包括 6 个项目，包容性包括 5 个项目。问卷采用 5 点计分，从"非常不同意"到"非常同意"，被试得分越低，表明学生所感知的教师关怀水平越低。信度检验结果显示其 Cronbach's α 系数为 0.896，效度检验的模型拟合结果为 RMSEA=0.054，IFI=0.91，TLI=0.90，CFI=0.92，GFI=0.91，表明该量表的信效度良好。

自我效能感问卷。本研究采用的是梁宇颂（2000）所修订编制的《学业自我效能感问卷》[20]，该问卷共 22 道题，包括两个维度各自的 11 个子项，采用 5 点计分。本研究中该量表的总体 Cronbach's α 系数为 0.894，两个维度的 α 系数分别为 0.819 和 0.856，同上，效度检验结果显示，RMSEA=0.059，IFI=0.92，TFI=0.91，CFI=0.92，GFI=0.93，从以上数值来看，该问卷结构效度较好。

在学业收获方面，研究采用 NSSE-China 量表[21] 中的教育收获指标，该量表由清华大学教育研究院受福特基金支持引进并本土化，已有 15 年时间，其权威性不言而喻。其中包含五大指标以及七项教育过程分析诊断指标以及深度学习量表等。学业收获包括自学能力、专业基础知识与技能、口头表达、交流、沟通能力、书面表达（写作）能力、组织领导能力、批判和创新能力、与他人有效合作能力、解决问题能力、自我认知能力等。采用 5 点计分，从"非常不同意"到"非常同意"，被试得分越低，表明学生学业收获水平越低。在本研究中的 Cronbach's α 系数为 0.904，具有良好的信度。

将调查所得的数据均采用 SPSS23.0 进行分析，描述性统计显示了参与者的统计特征，相关分析和中介效应分析显示了教师关怀如何影响自我效能感与学业收获，以及自我效能感在其中所起的中介作用。

（三）共同方法偏差的控制与检验

在对可能存在的共同方法偏差进行程序控制（如匿名填写）的基础上，进一步采用 AMOS23.0 进行验证性因素分析，将教师关怀与自我效能感以及学业收获问卷中的相关题目作为外显变量进行因素分析，结果拟合指数如下：x2/df=12.3，RMSEA=0.387，NFI=0.251，GFI=0.403，CFI=0.395，IFI=0.324，表明本研究数据不存在严重的共同方法偏差问题。

三、研究结果

（一）描述性统计和各变量间的相关分析

由表 1 可知，此次调查的样本之中男女生占比较为均匀，男生占比 42.1%，女生占比 57.9%；各个年级学生占比也相对平均，都接近四分之一；在专业方面，文科 159 人，理科 117 人，工科 144 人，理科相对较少。整体来看各人口统计变量分布较为平均，避免过大的研究误差。

表 1 样本基本情况（N=420）

变量		n	%
性别	男	177	42.1
	女	243	57.9
年级	大一	120	28.6
	大二	102	24.3
	大三	97	23.1
	大四	101	24
专业	文科	159	37.9
	理科	117	27.9
	工科	144	34.2

其次，研究采用相关分析对教师关怀、自我效能感和学业收获之间的关系进行分析，如表2所示。结果发现，教师关怀、自我效能感和学业收获两两之间均成显著正相关关系。其中，教师关怀和自我效能感的相关系数为0.624，与学业收获的相关系数为0.639。其次，自我效能感和学业收获之间的相关系数为0.705。各维度之间均呈现出了显著正相关（$p<0.001$），因而有必要对三者之间的关系进行进一步的中介效应检验，以揭示其内部影响机制。

表2 教师关怀、自我效能感和学业收获的相关分析结果

	M	SD	教师关怀	自我效能感	学业收获
教师关怀	3.28	0.79	1		
自我效能感	3.27	0.76	.624***	1	
学业收获	3.10	0.65	.639***	.705***	1

注：*p<0.05，**p<0.01，***p<0.001

（二）中介效应检验

首先，采用 Hayes 编制的 SPSS 宏中的 Model 4[22]-[23]（Model 4 为简单的中介模型），在控制性别、年级和学科的情况下对自我效能感在教师关怀与学业收获之间关系中的中介效应进行检验。结果见表3，教师关怀对学业收获的预测作用显著（$\beta=0.5443$，$t=17.5427$，$p<0.001$），且当放入中介变量后，教师关怀对学业收获的直接预测作用依然显著（$\beta=0.2874$，$t=8.3442$，$p<0.01$）。教师关怀对自我效能感的正向预测作用显著（$\beta=0.6127$，$t=16.4122$，$p<0.001$），自我效能感对学业收获的正向预测作用也显著（$\beta=0.4193$，$t=11.8884$，$p<0.01$）。

表3 中介模型中变量关系的回归分析

变量	学业收获		学业收获		自我效能感	
	β	t	β	t	β	t
性别	0.1794	3.0641*	0.2548	3.786*	0.18	2.223*
年级	0.0168	0.7851	0.0033	0.1344	−0.0321	−1.0809
专业	0.0186	0.6062	0.0346	0.977	0.0382	0.897
教师关怀	0.2874	8.3442***	0.5443	17.5427***	0.6127	16.4122***
自我效能感	0.4193	11.8884***				
R^2	0.5807		0.4376		0.3967	
F	114.68***		80.72***		68.21***	

注：*p<0.05，**p<0.01，***p<0.001

本研究采用偏差校正的非参数百分比 Bootstrap 检验，重复取样 5000 次后计算 95%

置信区间 [24]，对特定中介效应、对比中介效应、总中介效应进行检验。结果表明（见表4），教师关怀对学业收获影响的直接效应及自我效能感的中介效应的 Bootstrap 95% 置信区间的上、下限均不包含 0，表明教师关怀不仅能够直接预测学业收获，而且能够通过自我效能感的中介作用预测学业收获。该直接效应（0.2874）和中介效应（0.2569）分别占总效应（0.5443）的 52.80%、47.20%。教师关怀对学习成就影响的具体路径见表4和图2所示。

表4　教师关怀、自我效能感和学业收获的中介效应

	Effect	Boot SE	Boot LLCI	Boot ULCI	占比
总效应	0.5443	0.031	0.4833	0.6053	
直接效应	0.2874	0.0344	0.2197	0.3551	52.80%
间接效应	0.2569	0.0397	0.1824	0.338	47.20%

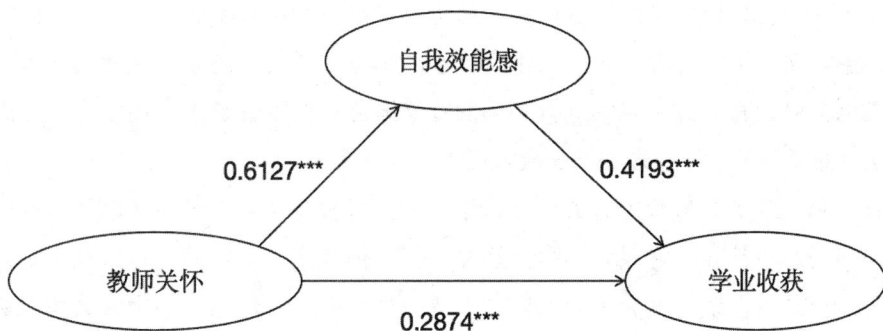

图2　教师关怀与学业收获的中介模型

注：*p<0.05，**p<0.01，***p<0.001

四、结论与讨论

基于前述中介模型分析结果，本研究揭示了教师关怀影响大学生学业收获的作用机制，验证了教师关怀对大学生个人发展和保障教育质量的重要价值，此外，研究发现，自我效能感能够促进学生的学业收获水平，且受到教师关怀的影响，即自我效能感在其中起到中介作用，即三个研究假设皆成立。相对于数据模型的呈现，更应对其具体的作用机制进行探析。

首先，体现在关怀教育方法方面。在心理领域，存在一种现象，学生学习效果会受到教师对其期望的影响，即罗森塔尔效应。与基础教育和中等教育不同的是，大学生在高等教育中所参与的课程安排相对松散，与授课教师的关系紧密程度也与之前相差较大，因此所感知的教师关怀整体来看会低于中小学。在以往的认知中，我们或许会将此

种情况看作是正常情况，但通过本研究结果可以发现，虽然大学生已是成年个体，但其作为学生仍然需要教师的关怀，罗森塔尔效应在该群体中依旧有效。这与诺丁斯所认为的"认可"不谋而合，她认为认可通常包括两个方面：一是对与现实相符的最好动机的归因，二是引导人们朝向更好的自我去发展。关怀教育不应该建立每个人都应该达到的期望，而应该根据不同的人确定其希望的东西[25]。因此，在教师尽责、支持和包容的教育活动之下学生感受到关怀不仅会促进其自我效能感的提高，还会对其各方面的能力有所提升，如交流沟通能力、组织领导能力、批判和创新能力等，这与教师的无形支持和包容具有重要联系。再者，教师与学生的互动与对话在自我效能感与学业收获中的作用举足轻重。教师作为社会的代理人，是文化传递的关键环节，而文化的传递最重要的环节莫过于师生之间对话，没有对话就没有交流，没有交流就没有真正的教育。因此，基于关怀教育的对话既是师生互动的过程，更是对学生心理、情感不断塑造的过程。此外，虽然诺丁斯在教育方法中将实践与榜样、对话和认可进行并列，但实践概念相对于后三者更为宏大，因此榜样、对话与认可其实都可看作是一种关怀实践，这三种关怀实践更为隐性地影响着学生的各方面，而诺丁斯原本的具体教授关怀的实践过程其实是对学生更加显性的关怀教育，直接对其进行关怀的技能锻炼。但不管是显性还是隐性，这四种教育方法都对学生的学习心理和学业成就产生了深远影响。

其次，体现在关怀教育内容方面。诺丁斯的关怀教育从对人的关怀以及对自然的关怀两方面出发，将其分为伦理关怀和自然关怀[26]。但从当今实际的教育过程来看，自然关怀的本质仍是以围绕学生为中心进行的人的关怀，即间接作用于学生的关怀。从生态学来看，学生作为一个生态系统中的个体，存在于人类的群落之中，自然关怀不仅是对学生所生活以及所处的生态位的关注，更是通过对此种生态地位的关注不断深化对学生认识、总结相关规律，以更好地促进学生的发展和成长。最后，从社会学与哲学来看，学生作为社会中的一个社会化个体，生存于社会群体与社会环境之中，此种社会"自然"更是教师所应关注的重点。因此，在完整"自然"的基础上，教师对学生的关怀更加复杂，不仅包括学生自身，还包括学生所处生态环境与社会环境，但此种看似广泛而分散的关注其实都指向了一个核心导向，即学生。综合来看，关怀教育不仅能够直接作用于学生本身，促进其相关能力的发展，也能够对学生周边事物产生影响的同时更好地对学生进行教育。因此，教师的关怀不仅能够促进学生自身自我效能感还能作用于其学业收获，并且还能通过学生加强扩散，这在直接效应和间接效应的占比中已有所体现。

五、研究启示

通过前述中介效应分析，研究从关怀教育方法以及关怀教育内容两方面对当代教师如何共建良好师生关系以及提升学生学习体验提供相关建议。

（一）遵循学生学习发展规律

教师要遵循教育规律，助力学生发展。诺丁斯批判传统的以学科为中心的教学模式，是对杜威"以儿童为中心"观点的继承与发展。她反对用统一的教育目标来框定与约束学生，认为每个学生都是独立的个体，自身具有独特的优势。教育既应当发挥不同个体的才能，也鼓励学生的全面发展。因此，教师应该采取与学生实际情况相符的关怀方式，注意关心的连续性，取得学生的信任，建立牢固的情感关系，从而使师生之间能够建立起良好稳固而又深厚的师生情谊。首先，专业方向教师与行政辅导员作为与学生息息相关的教师群体，要遵循教育规律切实服务于学生的发展，增加与学生沟通交流的机会，提高师生间的亲密度。如每周按时与学生见面，解答学生在学习与职业规划中的疑惑等。并在教育教学过程之中不断给予其正向反馈，掌握并善用学生学习心理，如罗森塔尔效应、正强化、隐性学习等策略，提高其学习质量。其次，创造良好氛围，构建交流平台。最后，教师不仅应当关注学生自身的身心发展，更应对其所处的自然环境以及社会环境发展规律有所了解，学生在不同的环境之中如何发展是教师应关怀的重点。而当教师具备此种能力之后对学生进行自然关怀的教育对学生来说作用更大，学生也会从中学会如何关怀他人，从而形成良性循环。

（二）关注学生成长切实需求

教师要站在学生的角度来思考问题，了解学生的需求，而不是打着"为你好"的幌子来把自身的想法强加给学生。关怀应当贯彻教育的整个过程，正如马丁·布贝尔（Martin Buber）所提到的，教师与学生建立的是"我—你"关系，而不是"我—他"关系。诺丁斯除了认为关心是一种关系，指出了关怀道德教育的目的、方法与特点，还提到了幸福作为教育的指导性目的。同时，她认为关心不仅具有连续性，包括了学校场所、师生关系以及课程等的连续性，而且建立起关心领域的圈层结构，强调其多样性。当然，在具体实践中教师与学生二者都要有所作为。学生也应该克服自身依赖性，增强参与性，在教师开启互动的同时能够积极主动地进行配合，给予教师一定的正面反馈，增加互动频率与质量。与此同时，学生作为开启互动的另一主体，还需增强其自身的主动性，无论是课内还是课外，都应时常与教师进行互动，增进师生关系。此外，学校作为师生互动发生的主要场所，应在各方面对良好师生关系的构建提供支持。如进一步加强校园文化建设，营造良好学习生活氛围，借此引导教师成为在学生学术发展以及职业选择过程中的优秀指导者，让学生成为愿意敞开心扉、真心与教师交流沟通的"向师者"。

（三）树立可学习的关怀榜样

教师要主动关心每一位学生，并以身作则的去教学生关心自我，关心他人。诺丁斯指出"我们无须告诫学生去关心，我们只需要与学生建立一种关心关系，从而演示如何关心。""关心他人的能力的高低或许取决于有多少被关心的经历，即使一个孩子年龄太小，不能成为一个关心者，他也可以学会如何成为一个会反应的被关心者。"在信息来源渠道多元化的时代，教师与学生之间信息接收的不对称状态在对调，甚至可能会产生反哺效应。要培养学生的关怀能力，教师只是一味地讲授知识，已然不能吸引学生的兴趣，甚至可能会使得学生产生对抗心理与逆反效应。教师唯有建立起真正的关怀行为，才能让学生产生信任。用温情、理解、关怀与知识传授相融合，会比单纯、刻板地讲授更加有效果。

（四）实施可实践的道德教育

教师所实施的教育要回归现实生活，重视道德的实践性。诺丁斯认为"关心其实是一种关系，而我们往往倾向于认为，关心是一种美德，一种个人品质。不管一个人声称他多么乐于关心，重要的是看他是否创造了一种能够被感知到的关心关系。"规范伦理学与德性伦理学并不是对立而行，道德教育最终指向是使得受教育者德性与德行相统一。与以往传统的德育方式相比较，一方面，教师要用实际行动构建起关怀型关系，让学生确确实实感受到关怀，用"行"道德的方式代替"讲"道德的方式；另一方面，关怀型教育关系的建立，让学生在感知到关怀的同时能够增强自身的关怀意识与践行意愿。

当然，不管是遵循学生学习发展规律、树立可学习的关怀榜样、实施可实践的道德教育，还是关注学生成长切实需求都是教师对学生发展的无形呵护，只有教师以及更多教育者将"生本理念"贯彻到实践过程中才能不断提升教育质量，促进学生阶段进步、生涯顺遂。

参考文献：

［1］中华人民共和国教育部网. 教育部关于加快建设高水平本科教育全面提高人才培养能力的意见［J］. 中华人民共和国教育部公报，2018（09）：18-24.

［2］李一飞，史静寰. 生师互动对大学生教育收获和教育满意度的影响［J］. 教育学术月刊，2014（8）：71-79.

［3］蔡文伯，刘俊丽. 教学满意度：教师教学行为与学生学习行为哪个影响更大？——基于 4585位大学生调查的实证分析［J］. 高教探索，2022（05）：63-69+103.

［4］何声清，綦春霞. 学生感知的教师自主支持与数学焦虑如何影响学业成就——基于 Z 省 42，643 名学生的调研数据［J］. 教育科学研究，2023（02）：60-68.

［5］张婷. 高校师生关系疏离现象及其改善研究——以荷兰大学为例［D］. 河南大学，2014.

［6］马力，姜蓓蓓，杨瑞. 师生关系对大学生学习投入的影响研究——基于北京市属高校的调查数据［J］. 思想教育研究，2017（7）：121-124.

［7］车丽娜，徐继存. 我国师生关系研究70年：历程与反思[J]. 河北师范大学学报（教育科学版），2019，21（4）：28-36.

［8］[美]内尔·诺丁斯. 学会关心——教育的另一种模式：第2版[M]. 于天龙，译. 北京：教育科学出版社，2014：33.

［9］石中英，余清臣. 关怀教育：超越与界限——诺丁斯关怀教育理论述评[J]. 教育研究与实验，2005（04）：30-33.

［10］侯晶晶. 关怀德育论[M]. 北京：人民教育出版社，2005：71.

［11］［12］［13］［14］［15］［25］［27］[美]内尔·诺丁斯. 学会关心：教育的另一种模式[M]. 于天龙，译. 北京：教育科学出版社，2003：23-33.

［16］吴钒，范舒敏. 榜样对学生自我效能感的影响[J]. 东南大学学报（哲学社会科学版），2016，18（S2）：165-168.

［17］Bandura A. Self-efficacy：Toward a Unifying Theory of Behavioral Change [J]. Psychological Review，1977，84（2）：191-215.

［18］Bandura A. Self- efficacy in changing societies [M]. Cambridge University Press，1995.

［19］雷浩. 教师关怀行为三维模型的建构[J]. 国家教育行政学院学报，2014（02）：67-72.

［20］梁宇颂. 大学生成就目标、归因方式与学业自我效能感的研究[D]. 华中师范大学，2000.

［21］NSSE-China2012问卷使用手册[Z]. 清华大学教育研究院，2013：3.

［22］Hayes，A. F.（2009）. Beyond Baron and Kenny：Statistical Mediation Analysis in the New Millennium. Communication Monographs，76，408-420.

［23］Hayes，A. F.（2012）. PROCESS：A versatile computational tool for observed variable mediation，moderation，and conditional process modeling. Retrieved from http：//www.afhayes.com/public/process2012. pdf.

［24］Hayes，A.F.，& Scharkow，M.（2013）. The Relative Trustworthiness of Inferential Tests of the Indirect Effect in Statistical Mediation Analysis. Psychological Science，24，1918-1927.

［26］侯晶晶，朱小蔓. 诺丁斯以关怀为核心的道德教育理论及其启示[J]. 教育研究，2004（03）：36-43.

中国教育发展战略的文化基础

谢维和 [①]

中国的教育发展战略，应该有自己的文化基础。中国教育发展战略的文化基础，是指中国自身的教育发展战略，应该立足于中华民族的优秀文化，并以此为基础与"根脉"。我们在制定中国教育发展战略时，应该进一步明确中华优秀传统文化在发展战略中的根脉地位。我们怎么样来明确这种根脉的地位，怎么把这样一种"根脉"真正落实到我们发展战略的思考和制定中去？我觉得这是我们学会应该去思考、去研究或者去做出贡献的一个领域。

2023 年 6 月 2 日，习近平总书记在文化传承发展座谈会上的讲话中深刻指出，"'第二个结合'，是我们党对马克思主义中国化时代化历史经验的深刻总结，是对中华文明发展规律的深刻把握，表明我们党对中国道路、理论、制度的认识达到了新高度，表明我们党的历史自信、文化自信达到了新高度，表明我们党在传承中华优秀传统文化中推进文化创新的自觉性达到了新高度"。

因此，中国教育发展战略的制定，不仅应能够承载与弘扬人类教育的共有价值，而且应该充分体现与光大自身的文化特质，达到两者的和谐统一。这一根脉主要体现在历史与现实两个方面。

第一个方面，中国教育发展战略要有自己的历史基础。中国教育发展战略的文化基础，首先体现在它的历史基础，思考与制定中国教育发展战略的重要思路。实事求是地说，我们要做到这一点确实是有难度的，也有很多挑战。大家可以看到，目前中国的教育学理论与各种著述中，满目尽是西方的理论话语与名词，包括教育的各种制度性安排、课程体系与教学内容、基本的概念与范畴，等等。其实这也并没有什么不可以，但问题在于，我们自己的东西呢？我们有没有自己文化，包括教育的一些发展得好的思想、理论？为什么会这样？我们怎么去分析它？我觉得主要有两个基本的分析思路，今天不展开说了，简单提一下。

第一个就是近代史的遭遇。中国传统文化与历史中包含了非常丰富的教育思想与理

---

① 谢维和，中国教育发展战略学会学术委员会主任、清华大学文科资深教授。

论。但自从近代以来，由于国家的衰败，中国的教育思想与理论受到了人们的怀疑与轻视，甚至是否定。多年以来习惯以西方的学说为参考。人失败得多了，慢慢就失去自信了，其实一个民族也是这样，失败得多了以后也会没有自信。所以从这个意义上来说，我们怎样在今天这样一种发展的基础上，去找回自信，真的很重要。关于中国人的文化自信的分析，如中国 20 世纪很有名的教育学家余家菊先生、德国汉学家阿克曼等，他们都有很具体的想法来说明中国人的自信自近代以来发生的系列变化，这是一个思路。

第二个思路是方法论的问题。我们在分析中国教育，特别是分析中国教育发展历史的时候，有两种认识方法，一种是制度性的视角，另一种是历史性的视角。陶希圣在一篇文章说到，关于对我们今天教育现象的分析，可以从制度上去观察，也可以从文化上去观察。如果你从制度上去看，很多的概念、理论，甚至是我们的话语、范畴等，都是从西方过来的，比如"体育"这个词实际上就是从西方到日本再过来中国，还有"科学"这个词，也是从西方翻译到中国的。可是如果从文化的角度来看，就不是这样。从文化的角度来看，教育学的很多概念就是我们自己的东西。

按照陶希圣的说法，"历史学的教育论是从历史学上把教育这个社会现象加以论列；而教育学的历史论是从教育学上把这个历史制度加以考察。要了解制度及制度的理想，必须用后者的方法；要深察实际及实际的效用，必须循前者的途径"。这篇文章给了我们这样一种启示。我们怎样从历史上去看待中国的教育，去分析中国教育的发展战略？

我们要找回今天的自信，从历史的角度来分析我们成功的一些原因。第一个就是要从我们现实的经验去分析，去归因历史的考察。曾经执教于清华大学的柳诒徵先生就明确说道："吾国自唐虞三代以来，未尝有国际竞争，亦未有他国可为吾之模范，而吾国即甚注重学校。所谓古之王者建国，君民教育为先"。当然，这里我还想引用美国著名历史学家威尔·杜兰特的观点，"个人的明智，来自他记忆的连续性；团体的明智则需要其传统的延续。在任何情况下，链条一断，就会招致疯狂的反应。"所以历史非常重要，现实和历史的结合也非常重要。按照陶希圣的观念，我们去分析中国历史，可以肯定地说，中华优秀传统文化中包含了非常丰富的可贵与合理的教育思想与观念，是中国教育发展战略的重要资源。我们要有这个自信。

我给大家简短讲一个故事。1919 年杜威到中国来考察，2019 年，由芝加哥大学出面主办了一个纪念杜威到中国来 100 周年的学术研讨会，与会很多学者，都认为杜威在中国的这两年多对他的学术产生了一种革命性的影响。换句话说，中国传统教育文化中有很多非常宝贵的内容与思想，这是我想讲的第一个文化基础。

第二个方面，教育发展的现实基础。即对中国改革开放以来教育改革发展所取得的成就进行文化上的总结，特别是从思想观念的角度认识与分析其中的内在原因，进而寻求教育发展中各种变量或影响因素之间的因果关系，由此对中国教育发展战略做出一定的预测与规划。

国务院有关领导同志在总结中国四十年教育经济改革发展成就的时候，讲到了六个原因。经济增长表面的决定因素是资本、劳动、技术和地理优势，但是最终起作用的是文化和习惯的遗传。中国古老的文化传统在改革初期就起到重要作用。"和为贵"的思想和包容多样的风格自然地和各类经济因素结合起来，随着经济发展而产生不断扩大的作用，成为看不见的又时时可以感觉到的国家软实力。他分析到，如果一个经济体、社会、国家，能够在长期的、几十年的这样一个时段中保持经济的稳定发展，可能就不能用单纯的经济变量去解释了，而要用文化变量。按照循序渐进的传统和中庸文化特点去摸索改革，"和为贵"和包容多样，这恰恰是我们的特点。实际上中国的教育发展也是一种渐进，不是简单的突变。

中国教育四十多年改革发展的历史中，有很多值得我们总结与反思的经验与成功的案例。我的文章《中国教育治理的文化秉性》对此做了详细地分析，这里我简短讲两个案例。

第一个案例，中国高等教育平等分担机制的改革。20 世纪 80 年代末、90 年代初期的时候，大学生上学是不用交学费的，都是国家来承担费用。所以大学生缴费上学，这个改革对于长期习惯于在计划经济体制中的许多家庭与大学生来说，甚至对于许多大学管理者与研究者来说，都是一件非常具有挑战性的改革。怎么完成这种转变？

实事求是地讲，这个改革并不是一帆风顺的。为了保证与支持高等教育的发展，不至于压缩高等学校的招生规模，为青年人提供更多接受高等教育的机会；同时，也为了不影响基础教育的投入，不挤占义务教育的经费，在高等学校实行了一种高校招生的"双轨制"，即对于达到录取分数线的计划内招收的学生仍然实行免费上学，而对于没有达到录取分数线的计划外招收的学生，则可以通过缴费上学，或者通过所谓的"委托培养"的方式缴费入学。这种方式显然是不公平的，也受到了社会的批评。而那些享受公费上学的学生中，则还有些人抱着一种"高枕无忧"的心态，失去了刻苦学习的积极性。在这种情况下，政府有关部门通过调查研究，决定高等学校招生不再有所谓的计划外指标，也不再分公费学生与自费学生，所有大学生都必须缴费上学，即"并轨"。

为了防止这种成本分担机制的实施对家庭经济条件不好，或者由于各种原因无法承担学费的家庭与学生造成新的不公平，政府又制定了各种相关的政策，如对缴不起学费的学生，可以通过多渠道筹资助学，不让一个考取了大学的学生因家庭经济困难而上不了大学或辍学。新生新办法，老生老办法。与此同时，政府仍然发挥着积极的作用，包括由政府相关部门和学校设立奖学金、特困生生活补助金，以及工作专项的奖助学金；学校通过组织经济困难学生参加助教、助研、助管、校园后勤服务及社会公益性劳动等活动，使学生通过自己的劳动得到资助。还有各种各样的困难补助、减免学费的政策措施，以及助学贷款的政策，等等，由此，保证了不让任何一个考上大学的学生由于经济困难而上不了学。

我们为什么做到了？有两个很重要的原因，一个是国家政策的引导，再一个是社会上的各种基金、学生贷款、地方财政的支持等才使得这个改革很顺利就完成了，所以这个案例非常值得研究。

第二个案例是学生贷款制度的改革。中国的学生贷款制度就是刚才我讲的成本分担理论。助学贷款在高等教育成本分担机制中扮演着非常关键的角色。在高等教育走向大众化与普及化的过程中，多渠道筹措经费的压力更是需要助学贷款在个人分担高等教育成本方面发挥更加积极的作用。而中国高等教育助学贷款的模式创新则充分体现了中国教育治理的文化特性。

政府有关部门在充分考察的基础上，结合中国实际，制定了助学贷款实施办法，按此办法，由学生提出申请，银行提供贷款，每人每学年 6000 元，毕业参加工作后分期偿还，利息由国家财政贴息资助。

通过这两个案例，可以看到中国教育发展战略的文化特质。中国教育发展的这些成功经验不仅反映了中国共产党的正确领导、教育规划与政策的合理性，而且充分体现了中华优秀传统文化的内在价值，清晰地透射出中华优秀传统文化中兼容并蓄的精神内涵与实践特质。

教育既是一种公共事务，也是个人与社会的责任，更是两者的结合。在改革取向上则表现为不是单纯的非此即彼，也不是简单地进行一种 0 和 1 关系的判断与选择，而是能够适当地将不同取向的观念、力量与资源结合起来，形成一种相互渗透与相得益彰的效果。这种思想精神突出表现在两个方面：首先是理想主义与工具取向的现实主义的结合。很显然，中国的教育改革发展反映了中国共产党努力办好人民满意的教育，建设现代化国家，实现中华民族伟大复兴中国梦的理想追求。但在实际工作与针对具体问题时，则表现出一种实事求是的现实主义态度与思路，从中国的国情出发，充分考虑老百姓的实际利益，实行了一种将理想主义与现实主义相结合的战略与思路。其次，它还表现为国家政府的力量与社会民间的力量的相互结合，将国家的公共资源与基层社会、市场及个体的资源结合起来的战略与思路。一方面是政府强有力的政策引导与支持，以及公共服务的保障；另一方面则是社会民间力量与资源的积极参与与投入，由此形成一种非常广泛的动员机制，推动教育的平稳发展。

最后小结一下，我认为，充分利用中央与地方的各种资源、研究成果，有效发挥政府与民间两方面的积极性，是中国教育发展战略的优势，也是中国教育发展战略的文化基础。

把握高校思政课公众形象塑造的内生动力的理论蕴涵

朱宏强①

摘　要：内生动力作为高校思政课公众形象塑造的内在推动力量，是持续促进高校思政课公众形象塑造的关键因素。高校思政课公众形象塑造的内生动力具有多维理论蕴涵，把握其丰富蕴涵，既需要关注高校思政课公众形象塑造应然与实然的内在矛盾，也需要重视高校思政课公众形象塑造的多维需求，还需要充分发挥高校思政课公众形象塑造的评价导向作用。

关键词：高校思政课；公众形象；内生动力

面向思政课高质量内涵式发展新阶段，科学塑造高校思政课公众形象，彰显出现实必要性。有效把握形象塑造的一般过程，系统剖析形象塑造内生动力的多维蕴涵，对于塑造高校思政课公众形象、提升思政课育人实效具有重要的价值意义。

一、关注高校思政课公众形象塑造应然与实然的内在矛盾

把握高校思政课公众形象塑造的内生动力，首先需要关注高校思政课公众形象塑造中存在的应然与实然的内在矛盾问题。这是由唯物辩证法所决定的，唯物辩证法是马克思主义科学的世界观和方法论，强调事物发展的根本动力来源于事物内部，生成于事物内部的矛盾斗争，这为认识把握高校思政课公众形象塑造内生动力的合理性和科学内涵提供了理论指导。唯物辩证法深刻揭示并阐明了事物发展的矛盾规律，"矛盾存在于一切事物的发展过程中"。[1] 唯物辩证法深刻分析了一切事物中蕴含的对立统一关系，指出"自然界的（也包括精神的和社会的）一切现象和过程具有矛盾着的、相互排斥的、对立的倾向"，[2]306 明确揭示了矛盾的普遍存在性，充分肯定了矛盾无处不在。另一方面，"每一事物的发展过程中存在着自始至终的矛盾运动"。[1] 唯物辩证法聚焦个体事物，以矛盾视角审视事物发展全程，深刻分析了矛盾运动与事物发展的内在关联，在厘清两者互动关系的基础上，阐明了矛盾贯穿事物发展始终的观点。同时，马克思主义从事物运动发

---

① 朱宏强，北京邮电大学马克思主义学院讲师，中国教育发展战略学会思想道德建设专业委员会副秘书长。

展的状态出发，着力分析了矛盾在其中的推动促进作用，指出"无论什么事物的运动都采取两种状态，相对的静止的状态和显著的变动的状态。两种状态的运动都是由事物内部包含的两个矛盾着的因素互相斗争所引起的"。[1] 从中可以看出，马克思主义指明了事物的绝对运动和相对静止都是矛盾斗争的结果。从事物内部的矛盾双方来看，事物在对立面的统一与斗争的相互转化中，不断生成推动自身发展的内在力量。马克思主义深刻揭示了对立面斗争和统一的突出特征，指出"对立面的统一（一致、同一、均势）是有条件的、暂时的、易逝的、相对的。相互排斥的对立面的斗争是绝对的，正如发展、运动是绝对的一样"。[2] 在统一和斗争的转化过程中，在绝对的、无条件的斗争驱动下，矛盾持续促进事物的变革与发展。正是由于矛盾的贯穿事物发展始终的特性和具有的推动促进的动力价值，决定我们在思考高校思政课公众形象塑造的内生动力时，首先要关注其中蕴含的内在矛盾，核心是高校思政课公众形象塑造中存在的应然与实然的内在矛盾问题。

深刻认识高校思政课公众形象塑造应然与实然矛盾的内生动力蕴涵。借鉴思想政治教育的基本矛盾，思想政治教育学原理提出并论证了思想政治教育的基本矛盾，是"一定社会发展的要求同人们实际的思想品德水准之间的矛盾"。[3] 这一矛盾是思想政治教育内部存在的、具备主导地位的基本矛盾。根据矛盾理论，这一矛盾是推动思想政治教育发展革新的根本动力，因为这一矛盾决定思想政治教育的存在，并贯穿其发展过程始终。一定社会发展的要求同人们实际的思想品德水准之间的矛盾一直以来是客观存在的，为了适应解决这一矛盾的客观需要，继承并发展中国共产党思想政治工作的优良传统，思想政治教育成为一门学科应运而生。审视高校思政课公众形象塑造的矛盾也是如此，实际上思政课公众形象问题可能在思政课设立之初就存在了，存在于实际的教学实践中。前期我们认识思政课的重点在于如何更好地开展教学，经过40多年的学科发展，经过长期的教学实践，现在我们能够跳出来，从整体上认识研究思政课，我们意识并关注到思政课公众形象问题。而高校思政课公众形象一直存在的根本原因在于高校思政课公众形象塑造应然与实然之间始终存在着差距。

高校思政课公众形象塑造应然与实然矛盾主要表现在两个方面。一方面是想要塑造的高校思政课公众形象与实际塑造出的形象存在差距。形象是一个非常主观的、抽象的概念，在确定要塑造什么样的思政课形象之后，采取哪些有效的措施来塑造形象，那最终塑造出来的形象，可能与设想的形象还是有一定出入。这个内在矛盾是现实存在的，因此不断探索更加有效的举措，以有效塑造思政课公众形象，进而能够更好地缩小应然与实然的差距，在解决问题中推动高校思政课公众形象的塑造和完善。另一方面是想要塑造的高校思政课公众形象与公众实际接收到的形象存在差距。聚焦高校思政课教学，从学生的角度而言，其所接收到的思政课形象，很大程度上是通过教师教学来传递和展现。那么对于高校思政课教师，想要塑造的高校思政课公众形象和自身理解并传递给学生的形象，也客观存在一定差距。想要塑造的高校思政课公众形象与公众实际接收到的形象存在差距这一矛盾，就促进思政课教师通过提升自身的素质能力，更好地理解、塑造和传递高校思政课公众形象。总的来说，高校思政课公众形象塑造应然和实然的内在矛盾贯穿教育教学始终，为解决这一矛盾，促进教师不断地深化对高校思政课公众形象塑造的认识和探索，展现出根本的动力属性。

二、重视高校思政课公众形象塑造的多维需求

把握高校思政课公众形象塑造的内生动力，其次需要重视高校思政课公众形象塑造的多维需求。马克思主义需要理论深刻揭示了需要作为人的本性，是人的心理结构中最根本的东西。马克思、恩格斯在《德意志意识形态》中强调："我们首先应当确定一切人类生存的第一个前提，也就是一切历史的第一个前提，这个前提是：人们为了能够'创造历史'，必须能够生活。但是为了生活，首先就需要吃喝住穿以及其他一些东西。因此第一个历史活动就是生产满足这些需要的资料，即生产物质生活本身。"[4]生存需要的满足是主体性活动的起点，人类也在满足需要的劳动过程中不断发展自身的主体力量。同时，需要作为对客观存在的主观反映，成为人类为适应生存发展而具备的本质属性，正如马克思主义强调的，人的"每一种本质活动和特性，他的每一种生活本能都会成为一种需要"，[5]因此，需要是人的本质属性，是人的心理结构中最深层、最根本的东西。在此基础上，马克思主义进一步阐明了需要作为人类的主体意识对自身行为的主导动力作用，是人类个体和整个人类发展的原始动力。恩格斯在《自然辩证法》中强调了需要和意识的关系，"需要是反映在头脑中，是进入意识的"。[6]在意识层面，需要转化为主体行动的动机，驱动主体开展满足需要的实践。马克思主义运用反证进行了说明，"任何人如果不同时为了自己的某种需要和为了这种需要的器官而做事，他就什么也不能做"。[7]由此可见，需要作为人与生俱来的本质属性，给予了人最直接、最本真而又最强大的精神力量，为人的生存与发展提供动力支撑。同时，马克思主义充分肯定了需要的发展性，而发展的需要将带给人持续的内源性动力。马克思主义深刻认识到人的需要是不断发展的，"已经得到满足的第一个需要本身、满足需要的活动和已经获得的为满足需要而用的工具又引起新的需要"。[4]这阐明了不仅需要满足带来的获得感激发人们新一轮需要的欲望，而且面对满足需要活动实现的生产发展，以及自身生产能力和劳动水平的提升，人们也将提出新的、更高的需要。在需要提出和满足的动态循环中，人的需要呈现螺旋式上升的发展过程。需要的发展将带给人持续的动力，因为"推动人去从事活动的一切，都要通过人的头脑"，[8]其中主导的是人的需要，吃喝的行动从饥渴的需要开始，到头脑饱足而停止。在这一过程中，人的需要转化为人的动机，推动人为满足需要而行动，发

展的需要也催生出持续的动力。因此，人的需要因其螺旋式上升的发展性以及自觉的能动性成为不容忽视的内源性动力。正是由于需要的主观能动性和发展性，决定了把握高校思政课公众形象塑造这一主体实践时，需要重视各主体对于高校思政课公众形象塑造的多维需求。

深刻把握高校思政课公众形象塑造多维需求中的内生动力蕴涵。高校思政课公众形象塑造作为一种主体性的社会实践活动，其中蕴含的多维需要是推动发展进步的自觉动力。已经取得的高校思政课公众形象塑造的成果、寄托于高校思政课公众形象塑造的预期目标和现实要求、高校思政课公众形象塑造的现状及问题等，不断催生高校思政课公众形象塑造提出新的需要。在高校思政课公众形象塑造的多维需要引领下，广大高校思政课教育教学主体凝聚起来，在实践中将高校思政课公众形象塑造的理想目标转化为真切现实。因此，高校思政课公众形象塑造的多维需求也是其内生动力的重要来源。

高校思政课公众形象塑造的多维需求直接表现在高校思政课需要塑造良好的公众形象来回应和打破刻板印象。刻板印象是指人们对于人或事物存在的固有的看法和意见，很大程度上影响人们对其的选择和判断。当前高校思政课收到来自各个方面的刻板印象，刻板印象从何而来，很大程度上从学生接受到来自前辈、网络评价等的负面信息，加深了学生对于高校思政课的认知偏差，放大了其对高校思政课的消极心理，进而强化并形成其内心的"标签化"态度或者"先入为主"的认知。[9]这一刻板印象形成的直接后果是消减青年学生对于高校思政课的期待和积极性，直接影响高校思政课教育教学的质量和实效。为解决这一现实问题，切实需要塑造良好的高校思政课公众形象来回应和打破刻板印象。聚焦高校思政课的刻板印象，可以发现其中有些是错误的认识，有些是片面的认识。那么面对这些刻板印象，需要塑造正确的、全面的高校思政课形象并展示给青年学生，以回应、打破和重塑青年学生对高校思政课的认识。这种直面现实问题的需求，给我们提供了探索高校思政课公众形象塑造的内生动力。

三、充分发挥高校思政课公众形象塑造的评价导向作用

把握高校思政课公众形象塑造的内生动力，需要重视发挥高校思政课公众形象塑造的评价导向作用。在思想政治教育学科视域中，质量评价是思想政治教育的重要内在环节。思想政治教育是指"社会或社会群体用一定的思想观念、政治观点、道德规范，对其成员施加有目的、有计划、有组织的影响，并促使其自主地接受这种影响，从而形成符合一定社会一定阶级所需要的思想品德的社会实践活动"。[3]4 这是学界当前广为接受认同的概念定义，其中突出了思想政治教育实施开展的活动过程，同时也要求我们关注其中隐含的实施前的准备和实施后的评价等环节。一般意义上，思想政治教育内含着包括设计准备、实施开展、评价反思等环节在内的基本过程。"评估环节是思想政治教育整

体过程必不可少的组成部分，它通过科学的反馈，对思想政治教育工作的过程及各要素、效果及社会价值进行实事求是、科学的分析，以便总结经验、纠正偏差，最大限度地发挥思想政治教育的作用。"[10]26 着眼环节演进全程，教育活动实施开展完毕并不意味着思想政治教育的结束，教育的最终目的是取得教育实效，聚焦教育主体、客体、介体、环体各个要素，比较准备设计和实施开展各个环节，在应然与实然对照中研判教育的实际效果，是思想政治教育整体过程的内在环节。与此同时，质量评价本身也具有教育意义，通过实际效果的呈现，以表扬或批评等方式，帮助教育主客体总结成效、明确问题，找准完善深化的着力点和突破口，展现出关键的教育引导价值。思政课作为高校思想政治教育的主阵地，必然遵循思想政治教育的基本规律和运行过程。那么质量评价作为高校思政课运行开展的关键环节，对其公众形象塑造发挥中重要作用。

质量评价产生推动高校思政课公众形象塑造循环发展的重要动力。这种动力的产生首先与质量评价的工作内容密不可分，质量评价既致力于反映高校思政课公众形象塑造的质量现状，更着眼于依托评价系统总结经验成效，发现存在的突出矛盾问题，反馈改进完善的意见建议，从而形成高校思政课公众形象塑造的闭环。基于此，"思想政治教育工作质量评价作为思想政治教育过程中的重要环节，因其在评价与判断思想政治教育效果、管理和指导思想政治教育实践、增强思想政治教育实效性方面的重要意义，日益引起广泛关注与重视"。[10]21 质量评价的工作内容及其价值作用赋予其推动高校思政课公众形象塑造循环发展的动力功能。从时间发生为序加以审视，思想政治教育过程集中呈现为设计准备、实施开展、评价反思等环节的循环运行，"它们之间不是彼此孤立的，前一个环节影响和决定着后一个环节，后一个环节又可以为前一个环节提供信息和依据。因此可以说，它们是一个统一的系统，需要注意前后照应、相互衔接"。[10]167 质量评价在这一过程系统中处在承上启下的关键环节，有效推动着思想政治教育的循环发展。在高校思政课公众形象塑造的过程中也是如此，质量评价在比较中系统考查设计准备和实施开展各个方面，通过经验成效的总结、矛盾问题的明晰，为新一轮的高校思政课公众形象塑造的设计准备指明了方向，划出了重点，提供了动力，开启了高校思政课公众形象塑造的内在循环。总的来说，质量评价作为教育过程的内在环节，在承上启下的功能发挥中产生推动高校思政课公众形象塑造循环发展的内生动力。

认识质量评价在高校思政课公众形象塑造中的内生动力蕴涵。基于质量评价的基本内涵和一般特性，高校思政课形象塑造的质量评价是为适应教育内涵式、高质量发展趋势提出的，以质量为核心视角、以评价为方法手段，聚焦高校思政课公众形象塑造开展的检查评估活动。围绕具体工作内容来解析，高校思政课公众形象塑造的质量评价发挥着现状调查、效果评估、监督促进等关键作用。第一，质量评价准确把握高校思政课公众形象塑造现状。质量评价多以当前视角，运用实证研究等方法对现实状况进行考察，进而准确把握教育工作的开展情况和教育对象的实际水平，为高校思政课公众形象塑造主体调整改进、教育主管部门规划决策等提供有效依据。第二，质量评价切实衡量高校思政课公众形象塑造效果。质量评价能够运用定性评价和定量评价结合等方法，开展过程评价和结果评价结合等工作，在应然与实然、历史与现实、理论与实践等维度的比较中切实衡量高校思政课公众形象塑造的实际效果，为不同群体认识把握高校思政课的关键价值、提升认同度以及形成良好印象奠定坚实基础。第三，质量评价有效督促高校思政课公众形象有效塑造。质量评价通过现状和效果的展现，对高校思政课公众形象塑造产生监督促进作用。"评价工作的开展，对于实际的思想政治教育工作者是一种压力，这种压力通常能够转化为工作的动力。检查评价本身起着一种督促作用，这是不能否认的。"[11] 质量评价"以比较的方式开展，以定性或定量的形式直观地呈现工作的开展情况"，[12] 其中发现的问题、揭示的矛盾、提出的表扬和批评、给予的意见和建议等，从内在动力激发、现实工作改善等不同方面督促主体有效塑造高校思政课公众形象。总体而言，评价能够助力发现问题，比如，思政课哪些方面的形象缺失，哪些方面的形象塑造得效果不好，哪些方面的形象塑造得偏离，等等，通过评价能够比较清晰、直观地发现问题，这也督促我们在改进和完善中推动高校思政课形象的塑造。同时，评价能够助力总结经验、提振信心，通过评价可以发现，针对青年学生的思政课公众形象塑造较为有效，这在肯定现有工作的同时，也指明了方向重点，在现有基础上继续努力，同时总结有效经验，在面对社会不同群体时，做好高校思政课公众形象塑造工作。因此，质量评价在正向激励和问题反馈中，成为一种内生动力，推动我们对于高校思政课公众形象塑造的认识和探索。

总的来说，为解决形象塑造应然与实然的内在矛盾、满足形象塑造的多维需求获得形象塑造更好的评价，这些内生动力支持主体在深化认识和探索中着力塑造高校思政课公众形象，以切实提升高校思政课教育教学质量和实效。

参考文献：

[1]毛泽东. 毛泽东选集（第一卷）[M]. 北京：人民出版社，1991.

[2]列宁. 列宁全集（第五十五卷）[M]. 北京：人民出版社，2017.

[3]陈万柏，张耀灿. 思想政治教育学原理（第三版）[M]. 北京：高等教育出版社，2015.

[4]中共中央马克思恩格斯列宁斯大林著作编译局. 马克思恩格斯选集（第一卷）[M]. 北京：人民出版社，2012.

[5]马克思恩格斯全集（第二卷）[M]. 北京：人民出版社，1957.

[6]中共中央马克思恩格斯列宁斯大林著作编译局. 马克思恩格斯选集（第三卷）[M]. 北京：

人民出版社，2012.

[7] 马克思恩格斯全集（第三卷）[M]. 北京：人民出版社，1960.

[8] 中共中央马克思恩格斯列宁斯大林著作编译局. 马克思恩格斯选集（第四卷）[M]. 北京：
　　人民出版社，2012.

[9] 邓鹏. 提升高校思政课亲和力的"新配方"[J]. 人民论坛，2020（15）.

[10] 冯刚，等. 高校思想政治教育工作质量评价研究[M]. 北京：人民出版社，2020.

[11] 刘建军. 高校思想政治教育工作质量评价的必要性、可行性及其限度[J]. 学校党建与思想
　　教育，2018（11）.

[12] 朱宏强. 大学生思想政治教育获得感埋论探究[D]. 北京师范大学，2020.

教育强国建设的底层逻辑与顶层设计

——教育如何助推中国成为世界强国[①]

褚宏启[②]

摘　要：教育强国是指教育实力强大，能够有效支撑该国成为世界强国，在国际比较中处于第一方阵的国家。教育功能强弱是衡量教育强弱国与否的根本标准。世界强国主要体现为军事和经济实力强，其内核是先进制造业，教育与先进制造业直接对接的教育类型是高等教育和职业教育，精准对接的三个点位是教育体系结构、科技创新、人才培养，要聚焦先进制造业重点领域，把学科专业结构优化、高校原始创新、拔尖创新人才培养作为教育强国建设的重点领域予以推进。教育强国建设的整体框架与评价指标体系，包括基础教育如何发挥基点作用，都可以从这三个点位推理出来。教育强国建设要从教育目标或产出、教育体系、育人模式、教育保障、教育治理、教育国际化等方面整体推进，评价指标体系要突出强调教育强国的科技贡献与人才贡献，并把关键影响因素如育人模式、教育治理方式列入评价指标。教育强国建设的本质是教育现代性的增长与实现，教育现代性是培育创新能力的最好土壤。把教育强国研究与教育现代化研究对接，有利于提升教育强国研究的学术深度。

关键词：教育强国；世界强国；科技创新；拔尖创新人才；指标体系；教育现代性

"教育强国"是一个具有国际视野的中国本土化概念，也是一个连接历史、针对现实、面向未来的概念，隐含着以强大的教育助推我国成为世界强国的教育志向。1840年鸦片战争以来，每个中国人都有一个共同的"强国梦"，都希望中国摆脱贫弱、成为一个富强的国家，都希望中华民族实现伟大复兴。教育强国的建设与研究，不能脱离中国近代和现当代发展的历史背景，不能脱离国际竞争与大国崛起的现实情境，要体现鲜明的世界强国导向。

教育强国是指教育实力强大，能够有效支撑该国成为世界强国，在国际比较中处于

① 本文系国家社会科学基金 2021 年度教育学重点课题"新时代教育公平的重点问题与政策体系研究"（课题批准号：AGA210014）的阶段性研究成果。

② 褚宏启，中国教育发展战略学会副会长，北京师范大学教授。

第一方阵的国家。其中，教育实力强大是指"教育自身强"；能够有效支撑该国成为世界强国是指"教育功能强"；在国际比较中处于第一方阵是指教育自身强与功能强两个方面的"国际排序强"。教育强国是教育自身强与教育功能强的统一，国际排序强只是教育自身强、功能强的评价结果。教育功能强弱是衡量教育强国与否的根本标准。

对于上述认识，学术界能够达成共识。

但是，"教育自身强"是指各级各类教育都必须强吗？美国的学前教育毛入园率较低，为什么美国依然被公认为是教育强国？"教育功能强"的重点是什么？世界强国的内核是什么？教育为建成世界强国服务的精准点位与关系链条是什么？各级各类教育的各种要素中，哪一类教育、哪些要素对助推中国成为世界强国至关重要？对于这些基本问题，已有研究鲜有回答。

当前，教育强国研究还处于初级阶段，基础研究还需要加强，需要为教育强国建设构建一个内部逻辑自洽并同经验事实一致的理论体系，需要找到教育强国建设的底层逻辑。底层逻辑是指事物之间的深层关系或内在联系。教育强国建设的底层逻辑是指"教育助推中国成为世界强国"的内在的逻辑关系链条，具体而言，先找到世界强国的核心要素，然后找到与之对接的教育类别、教育要素，即找到教育与世界强国对接的精准点位，然后顺藤摸瓜，再找到最重要的相关因素与影响因素，在此基础上对教育强国建设进行整体设计，提出政策建议与评价指标体系。简而言之，底层逻辑就是找重点、找联系（尤其是因果关系），顶层设计就是对教育强国的建设框架和评价指标进行构建，顶层设计必须基于底层逻辑。

一、教育强国的研究与建设要锚定世界强国

孤立地谈论教育强国建设没有实质意义。教育强国是强国的衍生概念，不能脱离强国概念去谈论教育强国问题，要从"强国"看"教育"，教育强国的根本评判标准是助推该国成为世界强国的功能强大，要从教育与世界强国的功能性关系中看待和界定教育强国。笼统地、抽象地在一般意义上谈论教育的功能是促进社会发展与人的发展，而不与世界强国对接，并不符合教育强国研究的本意。

（一）教育强国建设的出发点在于助推中国成为世界强国

准确把握世界强国的概念是研究教育强国的前提要求。世界各国可分成世界强国、中等强国和底层国家三类。世界强国（world powers 或 great powers）是列强，是一组国家，其中可以包括超级大国（superpower 或 superstate）。世界强国在全球体系中处于主导地位，对于世界的影响不是区域性而是全球性的，而其中的超级大国更是具有将自己的意志强加于许多中等强国和底层国家的能力。中等强国（middle powers，也译为中等国家或中间国家）的地位具有两重性，对于世界强国特别是超级大国处于"从属"地位，对

于底层国家甚至是二流中等强国（tier-two middle powers）又具有"主导"地位。底层国家一般则位于全球和区域事务决策机制的末端，处于从属地位，外交折冲空间非常有限，常常被排除在决策机制之外，只能通过自身的政策调整，来适应强国作出的决策。

中国的世界强国诉求、中国的大国崛起、中华民族的伟大复兴具有正当性，从历史上看，直到两个世纪前中国才失去在世界经济中的支配地位，中国的崛起不过是历史上已有优势的回归与复兴。从未来看，中国的崛起能显著"增强世界多极化与国际关系民主化的力量"，有助于建立更为合理的国际政治经济新秩序。近代以来，国际政治、外交中的国际关系处理，长期奉行的是实力原则，霸权主义和强权政治左右国际关系，当前亦然，在世界多极化进程中，美国作为唯一的世界超级大国，长期推行霸权主义与强权政治，极力阻碍中国的崛起，极力维护由其主导建立的国际政治经济秩序。从现实看，中国尚处于从世界体系的"半边缘国家"向"中心国家"过渡的阶段、从发展中大国走向世界强国的阶段，面临复杂的国际环境，走向世界强国之路艰苦卓绝，教育要为中国成为世界强国做出积极贡献。

但是，教育为成为世界强国服务的社会功能不能泛化，必须紧扣成为世界强国的核心内容与关键要素予以确定。笼统地谈论教育为成为强国建设服务没有学术价值。当前的研究，对于教育强国的社会功能一般采用三个视角进行论证，或者根据现代化强国的五个维度富强、民主、文明、和谐、美丽，或者根据二十大报告中提及的十三个强国维度，即制造强国、质量强国、航天强国、网络强国、交通强国、农业强国、海洋强国、贸易强国、文化强国、体育强国、教育强国、科技强国、人才强国，或者根据中国式现代化的五个维度，即人口规模巨大、全体人民共同富裕、物质文明和精神文明相协调、人与自然和谐共生、走和平发展道路，要求教育逐一为之服务。

我们要找到现代化强国的关键构成，使教育强国建设与现代化强国建设的关键点位精准对接。这不是窄化服务范围，而是要在全面服务的基础上，找到重点与联接点。已有的研究对于教育强国社会功能的论述还比较笼统，精准度不够，而且基本都是基于国内视角，国际视野不够；对于"世界强国"的本质认识不够，很少从国际关系的复杂性、大国竞争的残酷性等视角去看待世界强国的本质，去细化和深化对教育强国的研究。

（二）世界强国主要强在硬实力即军事和经济实力

世界强国是指综合国力强、国际影响力大的国家。综合国力包括硬实力和软实力。硬实力是指一国对他国施加影响所必备的物质性力量，是指军事实力或经济实力，也可以是两者的叠加。世界强国在国际事务中有话语权和话事权，其背后赖以支撑的是强大的军事实力与经济实力。"软实力"也称软国力，是非物质性力量，指一个国家的文化、价值观、制度、生活方式对他国所具有的吸引力，主要是一国推动本国文化和教育走向全球，并参与国际文化和教育交流与合作的能力。英国在"日不落"帝国时代，其"无敌舰队""世界工场""世界语"（英语）便是硬实力与软实力的典型表现，美国在二战后尤其是冷战后的霸权地位，是建立在其强大的军事、经济和文化实力之上的。

在硬实力与软实力的关系上，后者依附于前者，一个国家的价值观、文化、教育向全球性区域的扩散与影响，往往是跟随在军事实力、经济实力的扩散与影响之后的。因此，任何一个世界强国的崛起，其实质是硬实力即军事实力、经济实力的崛起。世界近现代史近五百年历程中，先后出现了葡萄牙、西班牙、荷兰、英国、法国、德国、日本、俄罗斯、美国等九个世界性的强国。这些国家主要是在军事上战胜其竞争对手的强国，通过建立军事霸权，以获取经济利益的最大化，进行财富的掠夺和转移。从现实主义的视角看，军事力量的确是"大国崛起的核心构成和象征"。

但是，一个国家的军事实力最后还是要取决于经济实力。包含军事实力与经济实力在内的硬实力，也称为综合竞争能力，可细分为相互关联和转化的三种资源：一是经济资源，包括农业（种植业）、工业（制造业）、商业（尤其是国际贸易）、金融所产生的财富；二是财政资源，是经济资源转变成为可供国家汲取的资源（主要是税收）；三是军事资源，主要是国家对国防建设的财政投入力度，投入水平决定了武器装备、军队规模与训练水平。因此，一个国家的综合竞争能力，有一个从经济资源到财政资源再到军事资源不断转化的过程，其中，经济是基础，经济决定军事。任何战争，尤其是现代战争，最后考验的都是经济实力。

因此，当下的国际竞争集中体现为经济竞争，"军事热战"往往转化为"经济冷战"，表现为经济封锁、经济禁运、技术控制等。在中国崛起阶段，中美两国的矛盾上升为结构性矛盾，中美竞争集中体现为经济竞争。经济实力的极端重要性，决定着国家发展、强国建设、民族复兴要"以经济建设为中心"，也决定着教育强国为世界强国服务要"以经济建设为中心"，要重点提升教育服务于经济发展的能力。

强国建设可以包含很多内容，二十大报告中提及的就有十三个"强国"，但是这些强国建设的优先顺序、重要程度并不是平列并重的。我们可以充满想象力地把这个名单无限拉长，但是必须认识到，一个国家之所以被称为强国，一个国家要成为"世界强国"，最为关键的还是军事与经济实力强大，尤其是经济实力强大。

（三）教育要与世界强国的内核即先进制造业精准对接

二十大报告中提及的十三个"强国"中，与经济发展直接相关的是制造强国、农业强国、贸易强国，制造业（工业）、农业与商业（尤其是国际贸易）是经济强国的主体结构，是强国建设的核心内容。其中，制造强国体现了实体经济发展水平，也是农业现代化和贸易强国的基础。正是因为制造业至关重要，制造强国被排在经济建设的首位。美国最忌惮的、打压最甚的也是我国的制造业，2015 年我国制造强国战略行动纲领《中国制造 2025》发布，引起外国的高度警觉。

制造业是国民经济的主体，是强国之基。工业革命以来，世界强国的兴衰史一再证明，制造业不强，国家就不会强。与世界先进水平相比，中国制造业仍然"大而不强"，在自主创新能力、资源利用效率、产业结构水平、信息化程度、质量效益等方面差距明显。要实现由制造大国向制造强国的转变，加快发展先进制造业势在必行。先进制造业将极大支撑起我国国民经济发展和国防建设，加快发展先进制造业影响深远。21世纪的经济是知识经济，即以知识为基础的经济，知识已经取代土地、劳动、资本等传统生产要素，成为经济增长中最重要的因素。在知识经济时代，经济发展建立在科技创新的基础上。建设制造强国必须把科技作为第一生产力。《中国制造2025》要求努力实现三个转变，即中国制造向中国创造、中国速度向中国质量、中国产品向中国品牌转变；强调五个方针，即创新驱动、质量为先、绿色发展、结构优化和人才为本。强调中国创造、强调创新驱动，其本质是强调科技创新。

总之，教育强国建设为世界强国建设服务，要找到对接的精准点位，聚焦到创新驱动的先进制造业。因此，教育如何为世界强国建设服务的问题，可以聚焦、简化为：教育如何为创新驱动的先进制造业服务？教育强国建设可以以此作为切入点。

二、与世界强国精准对接的三个教育点位

世界强国的内核是制造强国，是先进制造业（包括军工制造），在军民融合背景下，先进制造业成为军事强国和经济强国的共同基础与核心内容。教育强国与世界强国的接口是先进制造业，教育对先进制造业的贡献有二，人才贡献与科技创新贡献。这两个贡献显然不是基础教育直接提供的，而是由高等教育和职业教育提供的。其中，科技创新人才由高等教育尤其是研究型大学培养，高技能人才主要由高等工程教育、高等职业教育培养，科技创新贡献主要靠研究型大学提供，因此，与先进制造业直接对接的是高等教育与职业教育，尤其是高等教育。

在教育强国建设中，高等教育不仅是龙头，更是与世界强国、先进制造业的直接接口。教育强国的建设水平，主要取决于高等教育的发展水平。教育强国建设内容的确定与评价指标的开发，应该基于高等教育与先进制造业的精准对接，从这个接口再进一步延展出其他相关因素，如基础教育的某种因素，而不是毫无理由、不加说明地直接把基础教育的某个方面纳入。

高等教育与先进制造业"对接"，其实质就是融合发展，包括产教融合、科教融合。融合要在教育体系结构优化、高校科技创新、拔尖创新人才培养等各方面全面展开。当前，一些学校学科专业设置陈旧，导致人才培养结构与产业调整升级的需求不相匹配；高校科研功利化倾向严重，原始科技创新能力不足，科技成果转化率不高；人才培养模式落后，产教融合、科教融合流于形式，人才培养质量无法满足先进制造业发展需求以

及创新驱动发展需求，这些问题亟待在教育强国建设中予以解决。

（一）优化高等教育和职业教育体系结构

教育的基本功能是育人。优化高等教育、职业教育体系结构，就是优化人才培养结构，使得培养的人才在数量（规模）、结构、质量等方面能适应经济转型升级要求，尤其是先进制造业发展需求。

第一，调整高等教育、职业教育专业与学科结构。2021 年教育部颁布了《职业教育专业目录（2021 年）》，2022 年国务院学位委员会、教育部颁布了新修订的《研究生教育学科专业目录（2022 年）》，2023 年教育部发布了最新的《普通高等学校本科专业目录》，这些专业目录，对接现代产业体系，围绕科技前沿和"卡脖子"关键领域、国家发展薄弱点等所涉及的学科专业，进一步完善了学科专业布局。在教育助推中国成为世界强国背景下，可以对三个专业目录进一步优化升级。要高度关注其中的 STEM 教育或科技教育，要提高科技类学科和专业所占比例，并提升其质量。美国的经济竞争力依赖于提高和扩展 STEM 学习和参与的能力，全球经济竞争是由 STEM 领域的熟练度和能力来衡量的，STEM 技能是刺激经济增长的根本，是高级人力资本的核心。要进一步加强科学教育、工程教育，"动态调整优化高等教育学科设置，有的放矢培养国家战略人才和急需紧缺人才"。

三个专业目录中，重点是优化升级研究生阶段的学科专业目录，因为研究生特别是博士生阶段的学科专业设置，与先进制造业的重点领域有直接关联。一些发达国家通过调整专业结构和前沿学科布局获得产业升级与人力资本开发的全球领先地位，例如，美国着眼全球尖端领域，全面发展人工智能、5G 通信、精密医疗、生物材料以及绿色能源等学科专业。我国在调整研究生尤其是博士生教育的学科专业结构时，要重点关注先进制造业的重点领域，瞄准新一代信息技术、高端装备、新材料、生物医药等战略重点，重点发展新一代信息技术、高档数控机床和机器人、航空航天装备、海洋工程装备及高技术船舶、先进轨道交通装备、节能与新能源汽车、电力装备、新材料、生物医药及高性能医疗器械、农业机械装备十大领域，以专业与学科调整，有力支持与推动优势和战略产业快速发展。

学科与专业目录的调整与优化，为科研创新与人才培养搭建了平台，奠定了基础。

第二，完善高等教育（包括高等职业教育）类别结构与功能定位。中国建设教育强国的成败关键看各种类别的高等学校能否分类发展、办出特色。在教育强国建设中，要把一流大学建设作为重中之重，瞄准世界科技前沿和国家重大战略需求，推进科研创新，不断提升原始创新能力和人才培养质量。但是，即便是 140 所"双一流"建设高校，不可能也没必要全部办成研究型或综合性大学，需要聚焦特色、分类发展，有些院校可以办成小而精的特色型学校，在不同学科或同一个学科不同方向争创一流，实现点上的

"尖峰突显"和"一骑绝尘"。与此同时，统筹职业教育、高等教育、继续教育，推进职普融通、产教融合，培养高素质技能人才。

要不断优化高等教育中各级各类教育的比例结构，与国际数据相比，我国高等教育中专科学生比例过高，需要提高本科与研究生占比，尤其要提升研究生的占比。在提升研究生占比的同时，还要优化研究生内部结构，加大 STEM 研究生的比重，尤其是与先进制造业直接相关的研究生数量。

第三，加强宏观调控与府际协同。要点有三：一是教育部、科技部、人社部加强统筹协调，使教育结构及时回应产业结构、人才结构的需求，重点研究教育如何为先进制造业发展做出科技贡献和人才贡献，把教育强国、科技强国、人才强国建设三位一体推进；二是教育部内部分管领导和相关司局加强统筹协调，打破分工限制，协同编制完善三个学科目录，减少重复、低效、低端专业或学科，加强对高校的专业设置与招生管理，优化招生专业结构，及时回应产业需求，重点保障先进制造业相关专业与学科的发展；三是建立新型的行业部委参与高等学校办学的新机制，发展行业特色院校，使高校与行业融合发展，促进这些学校的特色化、多样化、专业化发展，避免同质化发展，提升这些院校解决行业前沿科技问题和"卡脖子"问题的能力。

（二）高等学校聚焦重点领域开展科技创新

加强自主创新能力是实现由制造大国向制造强国的关键。高等学校尤其是一流大学是原始创新的策源地，是知识生产的原发地。提升高等学校科技创新能力，要点有三。

第一，加强基础研究，提升原始创新能力，解决我国科技原始创新能力不强的问题。原始创新主要体现在基础研究领域，诺贝尔三大自然科学奖是原始创新的典型体现，且基本源于和属于基础研究。我国科学家在获得诺贝尔自然科学奖方面不尽如人意，论文国际发表的数量领先，但是质量不高，高校科学研究与国家需求衔接不力，基础研究投入相对不足，这些问题亟待破解。

高校面向世界科技前沿、面向经济主战场，尤其是要面向先进制造业的重点领域，加强基础科学研究，强化科研方向与先进制造业紧密衔接，持续推进高等教育与科技创新一体化发展，提升原始创新能力，在重大科学发现方面（诺贝尔自然科学奖）出现新突破。

重视和加强高校的基础研究，一个重要保障就是加大经费投入，当前的投入水平与一些发达国家相比还相当低。解决这个问题，包括两个层面：一是在科研院所（主要是科学院系统）与高校的基础研究经费分配中，除进一步增加总量外，还要加大高校经费比重，以保证高等学校在国家基础研究中的主力军地位；二是在高等教育内部和单体高校内部，尤其是在"双一流"高校内部，坚持基础研究在学校科研工作中的核心地位，提高基础研究经费比重。

第二，提高技术自主性，破解技术对外依存度过高问题，解决关键核心技术"卡脖子"问题。"卡脖子"技术是基础研究、应用研究的结合体，高等学校在做好基础研究的同时，要加大基础研究与应用研究的整体协同度。如果说基础研究的突破可以基于个人的自由研究，但是"卡脖子"技术的攻关却需要高校、科研院所、行业、企业的高度协同。以高端芯片为例，其研发需要产学研融通结合，需要基础研究与应用研究的高度互嵌，既需要基于数物化多学科综合知识基础的研发创新，又需要基于 IC 设计、晶圆制造、封装和测试等多工艺协同的应用开发创新。根据《国家重点支持的高新技术领域（2019）》所列的 35 项"卡脖子"技术，都与先进制造业十大优先领域有直接联系，可以说是十个领域的分解与细化，其中排名前三的是光刻机、光刻胶和芯片。

在促进科技创新的新型举国体制下，国家可以组织多方主体协同攻关"卡脖子"技术，形成联合攻关共同体，高等学校要在其中发挥更大的作用，将基础研究与应用研究更加紧密地结合起来。

第三，提高成果转化率，解决成果转化率偏低问题。不论是基础研究还是应用研究的科技成果，都需要转化为"制造"出来的产品并进入到流通领域，才算打通最后一公里，产生实际的经济效益，并增加国家经济实力。高等学校开展基础研究是其传统角色和主要角色，但是往往不注意原始创新的技术化与产品化。这个角色现在需要发生根本的变化，高等学校尤其是"双一流"大学不仅需要做基础研究，"强化科技成果源头供给"；而且需要关注核心技术"卡脖子"问题，"攻克关键核心技术"；还需要提高科技成果转化率，"助力产业发展"。

为提高科技成果转化率，高等学校需要走出象牙塔，从单一科研主体向产学研合作体转变，从传统大学向创业型大学转变，自主创办和孵化产学研结合型风险企业，形成良性的产业生态，进一步缩短基础研究、应用开发与技术商业化的时空距离，使得科技成果转化的商业化链条也更加动态便捷。

（三）高等学校围绕重点领域培养拔尖创新人才

科技创新离不开科技创新人才，创新驱动实质上是人才驱动。高校既是国家创新体系的重要组成部分，又是人才培养的重要基地。高校要以提升学生创新能力为主要目标，加快培养国家急需的科技创新人才，尤其是重点领域的拔尖创新人才，尽快建成世界重要人才中心，在国际人才竞争中形成比较优势。

第一，提高研究生教育尤其是博士生教育质量。研究生教育尤其是博士生教育是教育体系人才培养的最高层级，其水平代表着教育所培养的人才质量。我国自主人才培养质量的短板也恰恰集中体现在研究生教育阶段，特别是博士生教育显著落后于美国英国等发达国家。我们应将研究生阶段作为拔尖创新人才培养的关键阶段，进而带动整个人才培养链的质量提升。

在培养模式上，除了要突破传统的课堂教学模式与应试模式，加强自主学习、合作学习和探究式学习之外，更为重要的，是要改变关起门来办学的封闭做法，以融合的思路培养学生，对学术学位研究生，以科教融合的思路加强大团队、大平台、大项目的支撑作用；对专业学位研究生，以产教融合的思路搭建更多校企协同、校地协同的培养平台。对于科技类博士生而言，科教融合、产教融合是实现培养模式转型升级的关键，要积极探索校企合作和产学研结合新路径和新机制，在真实场景中激发创新动力、提升创新能力。

第二，提高本科生培养质量。本科生教育是研究生教育的基础，也是当前我国拔尖创新人才培养的重要阵地。加强本科阶段的拔尖创新人才培养，一要优化考试招生制度，二要深化培养模式改革。

当前我国本科阶段的"强基计划"和"少年班"都是为了拔尖创新人才培养而设立，但是在招生中，主要关注的还是考生的高考成绩和五大学科竞赛成绩，有"唯分数论"之嫌，应借鉴国外成熟经验，增加对于一般智力（智商）、创新能力、动机水平的测评，以选拔出真正有潜力的学生。另外，可以给予高校更多招生自主权，以选拔出高考总分不理想，但某一方面有突出才能的偏才和怪才，应该不拘一格选人才。

培养模式需要改革，更加重视学生高阶认知能力尤其是创新能力的培养。调研数据表明，大学课程教学对学生高阶认知能力和问题解决能力的培养、对学生主动学习的激励水平一般。当前我国高校实施的学分绩点制需要改进，由于绩点与奖学金评定、保研、出国等学生们最为关注的事项挂钩，绩点制成为高利害评价制度，学生们围绕绩点展开竞争，其激烈程度不亚于高中时期的分数博弈，以致有的学生将现在的大学阶段戏称为"高四"。"绩点为王"的评价体系作为外部控制动机，过于强调分数会破坏个人的自主性，降低学生探索学习的内在动机，不利于学生发展兴趣、终身学习，从而为学生的自我实现造成阻碍。"以绩点为中心的学习模式"亟待改进。

第三，使用好、培育好高校教师队伍。提升高校教师队伍的教学与科研水平，尤其是提升重点产业、重点科技领域教师培养拔尖创新人才的能力以及科技创新的能力。要完善高校"非升即走"制度，对青年人才（以及博士后人员）采取更加科学合理的办法考核评估，提供更加适当的待遇保障，鼓励其开展原始创新研究。要不断创新人才激励机制，从"身份导向"走向"能力导向"和"结果导向"，不简单以学术头衔和人才称号，而是以能力和贡献论英雄、给待遇，加快完善以学术创新为核心的评价导向。对于教师队伍中的院士群体，更要突出原始创新导向的学术评价，并减少其兼职，使其有更多时间投入科研工作中去。

学科专业调整、科技创新、拔尖创新人才培养是教育与世界强国建设的三个对接点、连接点，也是教育强国建设首先要关注的优先事项。这几个关键点位，主要体现在高等教育（包括高等职业教育）中，基础教育并不与制造强国建设直接对接。在逻辑上，教育强国建设的其他内容，包括对于基础教育的要求，可以从这三个点中延伸、推演出来。

因此，教育强国的底层逻辑是倒推的逻辑（从世界强国建设的核心诉求倒推教育该做什么）、聚焦的逻辑（找重点）、寻找关系的逻辑（找联系）。底层逻辑不是把世界强国窄化为制造强国，也不是把教育强国窄化为高等教育强国，不是唯经济论、唯高教论，须知经济发展必须有政治保障，高等教育发展必须由基础教育奠基，是为了突出关键变量、找到内在联系，包括找到影响制造强国与高等教育的关键变量。

三、教育强国建设的顶层设计与本质特性

把世界强国聚焦为制造强国，并找到与制造强国直接对接的教育类型是高等教育（包括职业高等教育）的三个点位，为教育强国建设框架、教育强国评价指标的两个顶层设计找到了逻辑支点。

当前学术界对于教育强国建设内容的论证，往往从两个方面展开：一是要求教育的各个维度如规模、结构、质量以及培养目标、育人模式、管理方式、保障条件等都要强；二是要求各级各类教育即基础教育、职业教育、高等教育、继续教育都要强。即教育强国建设要求各级各类教育的各个方面都要变强。这种论证无疑是有意义的，是必要的。但是，这种论证也是粗放的，没有抓住重点因素及其相互关系，没有遵循教育强国建设的底层逻辑。

（一）教育强国建设的整体设计与工作重点

整体设计即顶层设计，从中可以看到教育强国建设的整体图景、重点事项、关系路径，包括教育目标（产出）、教育体系、育人模式、教育保障、教育治理、教育国际化等方面。

第一，教育目标或教育产出的升级。教育目标就是所期待的理想的教育产出。世界强国目标对于教育目标提出了更高的要求，要把培育学生的核心素养尤其是创新能力作为首要目标，实现教育目标的转型升级，由"分数挂帅"走向"创新为王"。在面向全体学生培养创新能力的同时，把培养拔尖创新人才从博士生教育阶段向前延伸到各级各类教育。在培养目标方面，可以对标美国。为了应对知识经济时代的挑战，美国创新战略把创造性问题解决能力置于关键地位。美国大力培养 4C 核心素养（包括创新能力、批判性思维、交流能力、合作能力），兴起了从 3R（即读、写、算）到 4C 的教育改革运动，目的在于培养能参与全球经济竞争的高级人才。

第二，教育体系的结构优化与重心提升。教育强国建设中，高等教育是龙头，也是与制造强国的对接点，要以高等教育体系的变革牵引整个教育体系的重构，统筹优化职业教育、高等教育、继续教育的类型结构与学科专业结构，推进职普融通、产教融合、

科教融汇，促进基础研究创新、核心技术创新、产品开发创新。重中之重是拔尖创新人才培养与原始创新能力提升，这就要求提高博士研究生的绝对数量与相对比重，延长学习年限至4年，并重点关注关键领域博士研究生的规模、结构与质量。

尽管基础教育并不与产业直接对接，但对于创新的要求也要向前延展到基础教育阶段。基础教育是教育强国建设的基石、基点、基础。要根据高等教育这个龙头的改革要求，尤其是对于拔尖创新人才培养的要求，在教育体系内从上至下延伸到基础教育的普通高中、义务教育和学前教育各学段，在面向全体学生培养创新能力的基础上，探索拔尖创新人才的早期发现与早期培养。要把英才教育融入主流教育体系中，尽快缩小与英才教育最强国家——美国的巨大差距。在高中阶段，可以学习美国、韩国、俄罗斯等国的做法，开设面向英才学生的科技高中，以培育科技英才。

教育体系的重心提升主要是指提升劳动力受教育年限，涉及基础教育、高等教育、职业教育、继续教育等全部四种教育类型。对标发达国家，要进一步提高高中阶段毛入学率、高等教育毛入学率、高技能人才占总人口比例、新增劳动力人均受教育年限。这四项指标涉及人力资本走向高级化的客观要求，在这些指标上我国与发达国家还有较大距离。

第三，育人模式的改进。育人模式改进涉及各级各类教育的课程内容、教学方式、考试评价方式等方面的变革，改进的方向就是核心素养导向，尤其是创新能力导向。

在课程内容上，要增大各级各类教育中科技教育、STEM教育的比重，增加创新能力培养、高阶思维能力培养的课程内容；在教学方式上，采用探究法、发现法、讨论式、参与式教学方法，强化实践教学，加强与科技前沿、产业前沿的融合，让学生在做中学、研中学、创中学，激发学生的创新动机，提升学生的创新思维；在考试评价方式上，把学生创新能力作为重要考评内容，增大创新能力的比重与权重，引导学生注重创新能力发展，同时，把学生创新能力培养情况作为衡量教师、学校、教育行政部门工作绩效的重要指标，并与各主体的切身利益挂钩，增强各方培养学生创新能力的外部动机和利益激励，促进培养工作落到实处。

培养学生的创新能力，既要面向全体学生，也要面向有特殊天赋的英才学生，对于后者，可以采取以充实模式为主、加速模式为辅的混合教学模式，满足他们特殊的教育需求，提升拔尖创新人才培养的效率与效能。

第四，教育保障水平的提升。教育保障主要包括队伍、信息化、经费保障，要大力提升各级各类教师的教学能力，尤其是培养创新人才的能力，提升一流大学教师尤其是科技类教师的原始创新能力，提升职业院校教师培养高技能人才的能力，科教融合和产教融合的平台建设、数字化技术的采用、经费投入的总量增加与支出结构优化，都是为提升科技创新能力和人才培养能力服务的。

不同类别层级的学校，教师队伍建设的重点有所不同。对于高校尤其是"双一流"高校而言，要通过引、育并举，吸引全球优秀人才来华任教，邀请国际顶尖学者和领域专家参与高校学科建设及各类短期教学活动，大幅提升科研队伍、教学队伍能级，提高国际竞争力，冲击国际科技前沿领域；对于职业院校而言，重点是提升"双师型"教师比例；对于基础教育而言，要提升教师的职前培养和职后培训水平，切实提高其教学实操能力，并改进编制管理，解决中小学教师结构性缺编和学前教师大面积缺编的问题。对所有类别层级的教师，都要不断完善薪资考评激励等制度，吸引优秀人才从教，鼓励教师改变教学方式，培育各类英才尤其是科技英才。

在知识经济和数字经济时代，教师要具备数字素养，并培养学生的数字素养。推进教育的数字化转型，运行数字技术转变科研方式、教学方式、学习方式、评价考试方式、管理方式，实现教育系统技术变革的升级。通过数字技术，促进教学的个性化，提高因材施教精度。

教育强国建设需要更为充足的经费投入，还要优化支出结构，经费要更多投向与先进制造业相关学科专业的科研队伍建设、教学队伍建设、学生规模扩张、博士研究生培养、产学研平台搭建，更多投向与各级各类学生创新能力培养相关的课程内容开发、育人模式改进、教师培训提升、智能平台建设等。另外，在我国基础研究原始创新非常稀缺、诺贝尔自然科学奖非常稀少的情况下，要大力提高高等学校基础研究科研经费比例。

第五，加大教育对外开放力度。教育对外开放的核心使命是为我国建设世界强国集聚和培养拔尖创新人才。

教育对外开放主要举措是开展"走出去，请进来"等多种形式的交流与合作，积极吸取国外培养拔尖创新人才的经验与做法，尽快提升我国自主培养拔尖创新人才的水平；在加强自主培养的同时，有计划选派人员出国留学、进修或开展合作研究，充分利用国外著名高校为我国培养高层次科技人才；加大引进国际尖端人才的力度，完善搜索、甄选、发展、激励等机制设计与制度保障，持续集聚天下英才而用之；制订吸引外国学生来华留学的策略与政策，优化留学生国别结构、类别结构，改变在华留学生以亚非国家为主、以文科为主的构成状况，鼓励优秀留学生毕业后在华就业；积极参与全球教育治理，在国际舞台发出中国声音、提出中国方案，增大话语权，提升影响力。

第六，推进教育治理现代化以提升教育活力。教育治理的本质是多元主体共同管理公共事务，是"多元共治"，而不是单一主体的政府管理，通过多元共治和逐层放权，给予地方、学校、教师、学生更多的自主权，进而提升各类主体的创新活力。共治与放权的主要目的在于给学校、教师和学生减负，解决政府对学校管得过多、干扰过多，社会参与不够，学校对教师和学生管得过多等现实问题。

针对学生群体的管理民主与教学民主尤为重要，自由、宽松的氛围，民主平等的师生关系，能促进学生提高创新能力。研究表明，个体在任务执行过程中所拥有的自由度对其创新能力具有积极影响。培养学生的创新能力，课堂中的教学民主，学生管理中的自主管理、民主管理，师生关系的民主平等都是至关重要的影响因素。

教育治理不只是强调多元共治，还强调"政府元治"，即政府担当元治理角色，要求政府在一些事务上加强集权与统筹，例如，推进科教融合、产教融合，推进各级各类教育的结构调整与学科专业调整，推进有组织科研，等等。以新型举国体制一体推进教育强国、科技强国、人才强国建设，是政府发挥元治理作用的典型体现，也是政府勇于担当的重要表现。

（二）教育强国评价指标体系的构建

教育强国评价指标体系的构建，要基于教育强国建设的整体框架，二者在框架上是同构的，实际上采用的都是 CIPP 模式。评价指标体系涉及建设的目标、产出、内容、保障等要素，互相之间也有时间先后关系。目前的不少研究，往往先列出指标体系，再讲教育强国如何去建设，在逻辑上有颠倒顺序之嫌。

教育强国，是采用一些指标进行比较的结果。采用的指标不同，或者不同指标的权重不同，会对排序结果产生很大影响，甚至会影响能否进入教育强国行列。例如，依据两个不同的教育强国指标体系与排序研究，结果大相径庭，其中，分别排序为美国第 1 和第 7、英国第 2 和第 16、德国第 3 和第 10、澳大利亚第 4 和第 11、芬兰第 8 和第 2、俄罗斯第 9 和第 29、法国 10 和 23，两个研究中，英国、俄罗斯、法国的排序之差高达 13—20 位次，在一个研究中排名教育强国前 10 名的俄罗斯和法国，在另一个研究中跌出了前 20 名从而被排在教育强国之外。需要进一步加强相关研究，以取得基本共识。

另外，就中国参与排名而言，如果选择的指标是我国的长项指标，而且还赋予这些指标比较高的权重，那么排名就会靠前，甚至很容易就进入教育强国行列。但是，如果原始创新、关键核心技术"卡脖子"、拔尖创新人才自主培养等重大问题没有实质突破，即便根据测算进入教育强国行列，也是名不副实的，而是自说自话甚至自欺欺人。

当前，并没有一个取得广泛共识的教育强国评价指标体系。国际组织和许多国家都开发过一些指标体系，用于监测与评价国家层面的教育发展水平，我国学术界和实践领域也开发过一些关于教育发展、教育现代化的指标体系，有国家层面的也有区域层面的（如省、市、县级的教育现代化指标体系）。当前关于教育强国指标体系的开发，也吸收了这些成果。这种吸收是必要的，但也是危险的，危险就表现在没有体现教育强国建设的关键与重点，没有遵循教育强国建设的底层逻辑，陷入面面俱到、泛泛而算（测算）的误区。

教育强国建设要具有鲜明的目标导向，要选取与"助推中国成为世界强国"目标关联度高的指标进入指标体系，要以教育的科技贡献与人才贡献为主、要以高等教育为主、要以主要相关因素为主，充分体现贡献（功能）导向、结果（产出）导向、关键变量导向，充分揭示各指标间内在的逻辑联系甚至因果关系。教育强国建设的指标体系必须有逻辑、有重点，必须与一般的教育发展、教育现代化指标区分开来，要体现出"追求卓越"的目标导向与"逻辑自洽"的学术操守。当然，开发指标体系，还要考虑到数据的可获得性与可比性。

基于以上考量，可以从以下几个方面构建教育强国的评价指标体系。这个指标体系突出强调了教育强国的科技贡献与人才贡献。

第一，科技贡献指标，强调教育对于科技强国建设的贡献。共有如下 5 个指标。其中，前三个尤其是前两个指标体现原始创新能力，我国指标 ③ 进步很快，但是指标 ① 和 ② 进展不大。指标 ④ 体现教育对经济建设的贡献。指标 ⑤ 具有综合性，除涉及科研指标外，还涉及人才培养等指标。

① 诺贝尔科学奖获奖情况。

② 菲尔兹奖获奖情况。

③ 图灵奖获奖情况。

④ 全球高被引科学家占比。

⑤ 教育对经济发展和经济效益的影响。

⑥ 世界高等学校三大排名榜排名情况。

第二，人才贡献指标，强调教育对于人才强国建设的贡献。共如下 9 个指标。其中，指标 ⑦、⑧、⑨、⑩，具有鲜明的科研、科技导向，与科技创新密切相关，也与优化人才结构、培养科技创新人才高度相关。指标 ⑪ 强调高技能人才的培养。指标 ⑫、⑬、⑭ 都与提高我国人力资本的受教育年限相关，这几个指标也是衡量一个国家教育发展水平的传统指标和基本指标，关于我国教育处于国际中上水平的判断主要是根据此类指标计算出来的，与发达国家相比，这几个指标依然有较大差距，为缩小差距，就需要从整体上提升我国教育体系的重心，让更多的国民接受更长年限的教育。

⑦ 每百万人口中研究人员数。

⑧ 高等教育毕业生中 STEM 学科学生比例。

⑨ 高等教育留学生占全球留学生比例。

⑩ 数字化人力资本情况。

⑪ 高技能人才占就业人员的比例。

⑫ 25 岁及以上人口平均受教育年限（年）。

⑬ 高等教育毛入学率。

⑭ 适龄人口高中阶段教育完成率。

第三，教育过程指标，侧重教学方式、管理方式的转变。在各类评价与测评中，对于教育过程的测量困难很多，因此过程指标的开发都比较薄弱。此处列举 3 个指标，指标 ⑮ 体现基础教育对于发展学生问题解决能力的贡献，体现基础教育在教育强国建设中的基石作用，为未来的科技创新、科技贡献打好基础。指标 ⑯ 涉及教学方式，班额大就难以因材施教，而因材施教对于促进学生创新能力发展至关重要。也有人把生师比视为"保障"而非过程指标，本文借鉴 OECD 指标体系，将之与班额放在一起考虑，视为影响教学方式尤其是因材施教的关键变量。指标 ⑰ 涉及管理方式的转变，关注简政放权，对提升学生、教师、学校的活力与创新能力至关重要。

⑮ PISA 学生合作解决问题能力。

⑯ 中小学班额与生师比。

⑰ 教育系统中的决策权限划分（中央政府、地方政府、学校谁作关键决策）。

第四，教育保障指标，侧重为科技创新与人才培养提供财力与人力保障。指标 ⑱ 和 ⑲ 与科技创新相关，尤其与基础研究相关，为科技创新提供经费支持，其中指标 ⑲ 是指标 ⑱ 的前置性指标。指标 ⑳ 和 ㉑ 既关注经费总量的增加，也关注支出结构的优化，经费应该向重点领域倾斜。指标 ㉒ 属于人力保障指标，此项指标我国中小学与发达国家有较大差距。

⑱ 高等学校基础研究经费占基础研究总经费的比例。

⑲ R&D 投入占当年 GDP 比重。

⑳ 国家财政性教育经费占 GDP 的比例。

㉑ 教育经费的支出结构（用于哪些资源和服务）。

㉒ 中小学教师的学历水平。

拟定上述 22 个指标，充分考虑到了数据的可获得性与国际间的可比性。

这个指标体系是初步的，可以为建构更好的指标体系提供参考。当然还可以进一步简化，例如，删除指标 ⑭（适龄人口高中阶段教育完成率），指标 ⑫（25 岁及以上人口平均受教育年限）和指标 ⑬（高等教育毛入学率）只保留其中一个，因为二者可以相互替代，而且任何一个都可以覆盖指标 ⑭。

不论删减还是增加，教育强国评价指标体系都会有两个天然的缺陷：一是"不够全面"，会窄化教育强国及其建设内容，很难把所有因素都囊括在内，不可能包括教育强国建设整体设计的方方面面，甚至不可能全部涵盖高等教育与先进制造业对接的所有关键点位，只能选择相对重要的指标，因为从理论和实践上需要测算的因素太多，但是在技术上能够测算且能够获得国际比较数据的因素则相对较少，比如，上述教育过程类的指标，主要采用的是基础教育的数据，没有涉及高等教育；二是"不够精准"，不仅仅是因为获取的指标数据不一定准确，还因为有的指标本身不纯粹是教育指标，例如，从世界范围看，最能体现原始创新的指标 ①、② 和 ③，所涉及的诺贝尔科学奖和菲尔兹奖的获奖者、全球高被引科学家，并非都是高等学校的科研人员（有些可能是科研院所甚至是企业研发人员），而且其中有些人未必是本国的教育体系培养的人才，但是出于统计与测算方便性、经济性的原因，我们将之都作为教育指标。

"强国在骨不在皮"，在指标体系的设计中，要选择关键指标，大而全的指标体系会把一些重要指标淹没在次要甚至不重要的指标中，导致指标体系走向臃肿与平庸，看不到内在骨架与重要点位，更看不到从教育助推国家成为世界强国的内在关系链条。

"强国在建不在算"，可以说，教育强国重在建设，咬住目标不放松、攻坚克难解决关键问题是最为重要的，指标及其测算也有其价值，但不是最重要的。教育强国建设的丰富性与复杂性，不是几个简单的指标所能涵盖的，如果按照指标来办学，只会带来教育的势利和平庸。

（三）教育强国建设的本质特性

本文前面的论述都是在教育形态层面（教育实践、教育行为及其结果）上进行论述的，或者是对教育形态的"定性描述"，或者对教育形态的"定量评价"。但是没有触及更为深层的价值层面，而只有触及价值层面，才算触及教育强国建设的本质特性。而价值层面就涉及教育的现代性问题，涉及教育强国与教育现代化的关系问题。

在教育强国的基础研究中，教育现代化与教育强国建设的关系问题不容回避。在政策语言表述上，"强国"与"现代化"往往是联袂出现的，十九大报告明确提出"在本世纪中叶建成富强民主文明和谐美丽的社会主义现代化强国"，把现代化作为强国的限定词，就暗含着现代化是强国的内在规定性；而"教育强国"与"教育现代化"也往往同时并列出现，如"加快推进教育现代化、建设教育强国、办好人民满意的教育"，再如《中国教育现代化2035》提出的"总体实现教育现代化，迈入教育强国行列"。实际上，建设教育强国的过程就是推进教育现代化的过程，"总体实现教育现代化"与"迈入教育强国行列"二者之间可以画等号，教育强国的建成等同于教育现代化的"实现"。

把教育强国研究与教育现代化研究对接起来，可以有效解决教育强国研究缺乏知识基础的问题，这具有很强的学术意义。教育现代化是伴随着教育形态的变迁教育现代性不断增长与实现的历史过程。教育形态是指教育这一社会现象在不同时空背景下的存在状态和变化形式。主要指教育体系、教育内容与方法（课程与教学）、教育管理、教育资源保障等。教育现代性是现代教育一些特征的集中反映，如教育的人道性、民主性、理性化等，是现代教育区别于传统教育的本质属性。

从现代性视角看教育强国建设，教育强国建设就有了更高的立意与境界，有了内在的价值意义与精神追求，远非根据分数高低而进行的简单排名可比。教育强国之强与不强，关键是看教育现代性的增长与实现程度高不高，即教育的"现代精神"强不强。可以从以下三个方面认识教育强国建设的本质特性。

第一，教育强国的本质是教育现代性的增长与实现，对教育强国的认知要从教育形态层面深入到教育现代性层面。教育现代性包括教育的人道性、民主性、理性化、法治性、生产性、信息化、国际性等方面。

前文对于教育强国的论述，主要强调教育对于国家发展，尤其是经济发展的贡献，这种论证从外观上看显然具有现实主义甚至功利主义色彩，但是要使得教育具有很强的生产性，必须改进教育的品质，只有教育成为现代化的教育、体现现代性的教育，即具有人道性（又包括优质性、公平性、多样性、终身性）、民主性、理性化、法治性、专业性、信息化、国际性（国际化）的教育，才能提升学生的主体性，才能培养出高层次人才尤其是拔尖创新人才，才能释放师生的创新活力，进而才能有效促进现代经济发展，才能促进教育生产性的提升。

教育和社会中存在的官僚主义（行政化）、形式主义、短期主义、实用主义、锦标主义（唯分数论）、急功近利、专断随意、封闭保守（闭关锁国）、非专业化等不良现象，对创新尤其是原始创新有严重的抑制作用。现代性是与这些不良现象格格不入的，只有教育以及社会的现代性才能培育出创新精神和创新能力，从而给世界强国建设提供最好的滋养。

基于此，可以发现，一个国家的硬实力与软实力的关系，在国际关系层面与国内发展层面呈现出不同的面相，硬实力是军事与经济实力，软实力的本质是价值观，在国际关系层面，软实力向全球的扩散与影响，往往是跟随在军事、经济实力的扩散与影响之后的；而在国内发展层面，要最后形成强大的硬实力，则首先需要先进价值观、先进文化的孕育与滋养，也就是现代性或现代精神的滋养。

从现代性视角看教育强国，强不是外强中干的强，而是内在的强，强在现代性的发展水平高。但是，教育现代性是内隐的价值追求，不能直接测量，对于现代性或者教育强国本质特征的测量，必须转化成对于教育形态（即教育外显表现）和教育产出、教育贡献的测量，如果仔细辨识，可以发现，本文所列的教育强国评价指标，其背后所测量的实为教育现代性。

第二，教育强国的功能性目标如果从现代性的视角来表述，就是通过提升教育的现代性，来增进社会现代性与人的现代性，而教育服务社会，也是通过培养人来实现的，增进人的现代性是教育强国建设的直接目标，也是社会发展的终极目标，这充分体现了教育强国建设的"人民性"或"人道性"。教育强国建设，就是通过发展现代教育，来培养现代人、建设现代化国家，并最终助推国家成为世界强国。

教育强国的直接目标、国家发展的最终目标，都是使人得到全面而自由的发展，增强人的主体性包括增强其积极性、主动性、创造性，让人过上美好生活，让人占有自己的全面本质，实现自己的价值。创造性即创新能力，是人的主体性的典型体现，是我国成为世界强国最需要的能力，也是教育最需要去培养的能力。创新能力对建成世界强国尤其是对于建成制造强国具有最大的工具价值，同时对于个体的自我实现与自我发展也具有最大的内在价值，在此，教育强国建设的工具价值与教育强国建设的内在价值就实现了内在的统一，具有了伦理价值的一致性，以及学术逻辑的一致性。

只有现代化的教育、现代性的教育，具有人道性、民主性、理性化等特征的现代教育，才能有效提升学生的主体性尤其是创新能力。只有当学生受到尊重，只有给学生充分的自由，只有当教学与管理变得更加民主，只有当师生关系更加平等，学生的创新活力才会被激发出来。教育强国建设不能过于功利与短视，必须立足于更为高远的价值目标即人的现代性的增长，只有培育出强大的人民，尤其创新能力强的人民，才能真正助推我国成为世界强国。真正强大的国家、真正的世界强国是以真正强大的人民为支撑的、为标识的，国际比较的排名是次要的，"人民强""创新强"是正道，"国际排序强"只是其副产品。当全民族的主体性尤其是创造性被激发起来之时，当教育强国不再是刻意追求的外在目标之时，教育强国的目标可能就自然实现了。

行文至此，本文前面论述中的社会本位论色彩、工具主义与功利主义色彩就自然消解了，社会本位论与个人本位论实现了统一。人是目的，不是手段。人不是建设教育强国的手段，应该反过来，所有的强国建设都是为人的发展服务的，不仅为本国人服务，还要为全人类服务，教育强国中所要求的原始创新，就是要为全人类服务的，因此教育强国建设还要走出狭隘民族主义的误区，走向国际，走向全世界，走向人类命运共同体。这样的追求，自然比狭隘的比强斗狠、比国与国之间的分分计较更有价值。

第三，教育强国的社会功能与社会贡献是有限度的，不可夸大。要处理好教育现代性与社会现代性的主次关系问题，教育强国建设的先导性不等于决定性，教育无力决定政治、经济的走向，教育具有依附性，教育不能凌驾在政治、经济之上。

在助推中国成为世界强国过程中，教育是必要条件，但不是充分条件，教育不能缺位，但也不能越位。教育这个单一因素不能在整体上决定一个国家能否成为世界强国，我们反对世界强国建设中的"单一因素决定论"。尽管教育这个单一因素是先导性、基础性的，但不是决定性的。教育反而被经济、政治所左右。在社会构成的各个板块中，教育在整个结构中处于边缘地位，而政治、经济处于中心地位，没有政治、经济的现代化，教育是不能从整体上实现高度现代化的，也是不可能全面建成教育强国的。面向未来，要大力推进国家治理现代化，以之激发全民族、各主体的创新活力，此为助推中国成为世界强国的关键之举，也彰显出政治在国家发展中的首要地位。

参考文献：

[1]习近平.扎实推动教育强国建设[J].求是，2023，（18）.

[2]褚宏启.何谓教育强国[J].中小学管理，2023，（07）；石中英.教育强国：概念辨析、历史脉络与路径方法——学习领会党的二十大报告中有关教育强国建设的重要论述[J].清华大学教育研究，2023，（01）.

[3]于镭，萨姆苏尔·康."中等强国"在全球体系中生存策略的理论分析——兼论中澳战略伙伴关系[J].太平洋学报，2014，（01）.

[4]张建新.大国崛起与世界体系变革——世界体系理论的视角[J].国际观察，2011，（02）.

[5]栾景河.新的世界体系，新的竞争模式——论大国与强国之间的相互超越[J].人民论坛·学术前沿，2012，（09）上.

[6]莫翔.战争与大国崛起的历史和理论考察[J].云南财贸学院学报（社会科学版），2007，（06）.

[7]李怀印.从现代化和全球化到大国竞争优势——各国经济增长路径的理论建构与当代中国的发展历程[J].探索与争鸣，2023，（04）.

[8]高程，部彦君.崛起中"以经稳政"的限度、空间和效力——对"经济压舱石"理论的反思与重构[J].世界经济与政治，2022，（10）.

[9]周苏，王硕苹等编著.创新思维与方法[M].北京：中国铁道出版社，2016.

[10]彭刚，黄卫平.发展经济学原理[M].北京：中国人民大学出版社，2007.

[11]钟秉林.高质量高等教育体系建设进程中的重要事件——写在新版《研究生教育学科专业目录》颁布之际[J].教育研究，2022，（09）.

[12]彭正梅，邓莉.培养具有全球竞争力的美国人——基于21世纪美国四大教育强国战略的考察[J].比较教育研究，2018，（07）.

[13]刘宝存，苟鸣瀚.面向2035：教育强国建设的国际经验[J].人民教育，2023，（05）.

[14]汪惠芬，张帆，童一飞.数字化设计与制造技术[M].哈尔滨：哈尔滨工程大学出版社，2015.

[15]翁铁慧.加快推进"双一流"建设 努力建设高等教育强国[J].中国高教研究，2019，（11）.

[16]马晓强.教育强国建设的认识视角[J].教育研究，2023，（06）.

[17]柯政.建设教育强国应更加突出多样化发展[J].教育研究，2023，（02）.

[18]柯政，李恬.拔尖创新人才培养的重点与方向[J].全球教育展望，2023，（04）.

[19]陈劲，阳镇，朱子钦."十四五"时期"卡脖子"技术的破解：识别框架、战略转向与突破路径[J].改革，2020，（12）.

［20］夏清华，乐毅. "卡脖子"技术究竟属于基础研究还是应用研究？［J］. 科技中国，2020，（10）.

［21］周洪宇. 加快建设教育强国、科技强国、人才强国［J］. 红旗文稿，2023，（05）.

［22］陈劲，阳镇，朱子钦. "十四五"时期"卡脖子"技术的破解：识别框架、战略转向与突破路径［J］. 改革，2020，（12）.

［23］褚宏启. 英才教育的争议分析与政策建构［J］. 教育研究，2022，（12）.

［24］黄雨恒，周溪亭，史静寰. 我国本科课程教学质量怎么样？——基于"中国大学生学习与发展追踪研究"的十年探索［J］. 华东师范大学学报（教育科学版），2021，（01）.

［25］吕晓芹. "双一流"建设中高校学分绩点制研究［J］. 教育评论，2018，（01）

［26］彭正梅，邓莉. 培养具有全球竞争力的美国人——基于 21 世纪美国四大教育强国战略的考察［J］. 比较教育研究，2018，（07）.

［27］褚宏启. 学生创新能力发展的整体设计与策略组合［J］. 教育研究，2017，（10）.

［28］马晓强，崔吉芳，万歆，马筱琼，刘大伟，何春，车明佳，王重. 建设教育强国：世界中的中国［J］. 教育研究，2023，（02）；张炜，周洪宇. 教育强国建设：指数与指向［J］. 教育研究. 2022，（01）.

［29］褚宏启. 教育现代化的路径——现代教育导论（第三版）［M］. 北京：教育科学出版社，2021.

［30］李立国. 加快建设高等教育强国［J］. 群言，2023，（02）.

［31］褚宏启. 教育现代化 2.0 的中国版本［J］. 教育研究，2018，（12）.

二、高教龙头

全评价视角下世界一流大学教师科研评价制度特征研究

——基于 23 所世界一流大学的制度文本分析

刘 莉 李 晶①

摘 要：本研究以学术"全评价"体系的"六大要素""三大维度"为分析框架，运用评估分析的方法，对 23 所世界一流大学教师科研评价制度进行文本分析。研究发现，世界一流大学科研评价制度具有如下主要特征：筛选性与发展性目的相辅相成；重视学术共同体和学术主体的参与；教师有多种途径"全程参与"评价；运用同行评议法，判断成果质量；注重质量型标准，强调原创性和影响力；自下而上，下放教师评审工作权力。研究结果对于我国一流大学科研评价制度改革具有积极的启示意义。

科研评价制度在世界一流大学科研创新中发挥着重要作用。自由的学术环境、创新的科学教育以及灵活的科研评价等因素是科研创新水平高的重要原因②。已有研究指出，世界一流大学科研成果卓越的重要原因之一是富有灵活性且人性化的科研评价制度③。悉尼大学世界一流学科科研成果卓越的重要原因之一即在于以卓越和学术影响力为导向的科研评价体系④。瑞士苏黎世大学从普通的地方大学跃升为世界一流大学，科研卓越的重要原因同样可归结为灵活的教师科研评价制度⑤。科研评价与人才成长、研究动力等影响原创性成果产出的要素密切相关⑥。可见，世界一流大学教师科研评价制度对科研创新至关重要。已有研究对美国、德国等发达国家世界一流大学教师科研评价制度的目的、主体、客体、方法、标准和程序进行了研究。但单案例居多，有部分案例比较研究，还有少量多案例研究。在评价主体、评价方法、评价标准、评价方法和评价程序等方面总结了一些特征。

---

① 刘莉：上海交通大学教育学院，中国教育发展战略学会教育评价专业委员会会员；李晶：上海交通大学教育学院。

② 黄涛. 原创研究何以可能——诺贝尔自然科学奖的启示 [J]. 科技导报，2009，27（24）：94-95.

③ 黄涛. 原创研究何以可能——诺贝尔自然科学奖的启示 [J]. 科技导报，2009，27（24）：94-95.

④ 武学超，罗志敏. 悉尼大学世界一流学科的科研卓越发展路径 [J]. 中国高校科技，2018，35（11）：42-46.

⑤ 武学超，薛奥. 瑞士地方大学如何走向世界一流——苏黎世大学学术卓越的生成逻辑及启示 [J]. 研究生教育研究，2019，49（01）：96-101.

⑥ 刘莉，董彦邦，朱莉，等. 科研评价：中国一流大学重大原创性成果产出少的瓶颈因素——基于国内外精英科学家的调查结果 [J]. 高等教育研究，2018，39（08）：28-36.

一、研究设计

（一）分析框架

学术"全评价"体系（Academic Full Evaluation System，AFES），也称"全评价"理论或分析框架，简称"全评价"[1]，作为一种学术评价的理论框架，是 2010 年由南京大学叶继元教授提出的。"全评价"的核心内容是"六大要素""三个维度"等。六大要素是指评价目的、方法、主体、客体、标准及指标、制度[2]；各要素之间是互相影响和作用的。其中，评价制度是指在评价时所做出的程序安排，是关于整体评价程序的制度，本研究在使用中将这一维度演化为评价程序。"全评价"体系将传统的二元评价法（定性评价法和量化评价法）进行扩展，提出形式评价、内容评价和效用评价"三个维度"。形式评价类似于二元评价的量化评价法，往往是通过对评价对象进行外部判断，如成果数量等，是一种直接简便的方法，在本研究中相当于教师科研评价的定量计分法；内容评价法类似于二元评价中的定性评价法，往往深入评价对象的实质内容，通常会邀请本学科领域的同行专家，对内容的质量和贡献性进行判断，需要花费较多时间进行分析，在本研究中相当于教师科研评价的同行评议法；效用评价主要针对评价对象的实际贡献进行判断，而实际贡献的检验需要社会及实践来完成，因此需要较长的时间[3]。

"全评价"理论框架在已有研究中得到相应验证，具有一定科学性。目前"全评价"理论框架在各大评价领域均有涉及，如臧莉娟等将"全评价"理论框架应用于探讨非核心期刊的评价研究[4]，刘丽帆和朱紫阳将"全评价"理论框架应用于探究大学图书馆的图书推荐研究[5]。本研究将"全评价"理论框架作为分析框架，探讨世界一流大学教师职称晋升中的科研评价制度在评价主体、评价客体、评价目的、评价方法、评价标准及指标以及评价程序方面各自具备何种特征，以及体现了形式评价、内容评价和效用评价哪种导向。

（二）研究方法

本研究主要采用文本分析法。文本分析法，是通过对文本内容、语境等的分析，提炼主要信息的一种分析方法[6]，主要包括三种，即纯粹的文本定量分析、文本定性分析以

① 叶继元.学术"全评价"体系与中国特色哲学社会科学学术评价体系的构建与完善,情报资料工作.2021,42（03）.

② 叶继元.学术"全评价"体系与中国特色哲学社会科学学术评价体系的构建与完善,情报资料工作.2021,42（03）.

③ 叶继元."全评价"体系分析框架及其应用与意义 [J].云梦学刊,2013,34（04）:12-14.

④ 臧莉娟,叶继元.基于全评价理论框架的非核心期刊评价研究 [J].出版发行研究,2018,319（06）:48-52.

⑤ 刘丽帆,朱紫阳.基于"全评价"理论的高校图书馆热门 TOP 图书推荐模型研究 [J].图书情报工作,2018,62（07）:47-53.

⑥ Roberts C W. A Conceptual Framework for Quantitative Text Analysis[J]. Quality & Quantity, 2000, 34（03）: 259-274.

及文本综合分析①。本研究采用定性文本分析方法，在通读文本的基础上，根据自身研究的分析框架及研究需要，将大量复杂、分类较为含糊的资料通过一系列编码环节的处理，最终根据需要提炼出相关主题和内容②，通过对数据进行编码来归纳文本体现的深层次含义，进而进行实证研究，从对文本的表面阅读转为对文本内容的深层次提炼③。定性文本分析主要有三大基本方法，分别为主题分析、评估分析与类型建构分析④。本研究主要使用评估分析的方法对文本进行解读。评估分析主要是对内容进行考察、分类和评估，研究者或编码者评定数据、建构类目。步骤大致为：阅读文本、建构类目、识别文本段并进行编码、分析、呈现结果⑤。

1. 样本选择

本研究选取 2022 年世界大学学术排名前 100 名的高校，根据文本的齐全性、可得性及丰富性进行选择，最终确定 23 所样本高校，包括 12 所美国大学、4 所加拿大大学、3 所英国大学、3 所中国大学以及 1 所瑞士大学。样本高校确定后，在相关官方网站上对与教师晋升相关科研评价文本进行细致检索，依据齐全性、可得性与丰富性原则寻找科研评价的相关制度文本，最终获取了包括斯坦福大学《教师手册》、密歇根大学—安娜堡《教师手册》《教师晋升指南》、宾夕法尼亚大学《教师手册》、纽约大学《教师晋升手册》、《北京大学教研职位招聘与晋升工作细则》等 23 所世界一流大学的 51 份文件，约 145 万字。选样结果见表 1 所示。

表 1　样本高校信息

学校	学校（英文）	2022 世界大学学术排名	国别
斯坦福大学	Stanford University	2	美国
加州大学—伯克利	University of California, Berkeley	5	美国
芝加哥大学	The University of Chicago	10	美国
华盛顿大学—西雅图	University of Washington, Seattle	17	美国
伦敦大学学院	University College London	18	英国
宾夕法尼亚大学	University of Pennsylvania	15	美国
密歇根大学—安娜堡	University of Michigan, Ann Arbor	28	美国

① 涂端午. 教育政策文本分析及其应用 [J]. 复旦教育论坛，2009（5）：22–27.

② 克里斯多夫·哈恩. 质性研究中的资料分析——计算机辅助方法应用指南 [M]. 乐章，陈或，译. 重庆：重庆大学出版社，2012：4–6.

③ 任孜，黄萃，苏竣. 公共政策文本研究的路径与发展趋势 [J]. 中国行政管理，2017（05）：19–20.

④ 伍多·库卡茨. 质性文本分析：方法、实践与软件使用指南 [M]. 朱志勇，范晓慧，译. 重庆：重庆大学出版社，2017：64–65.

⑤ 伍多·库卡茨著，朱志勇，范晓慧译. 质性文本分析：方法、实践与软件使用指南 [M]. 重庆大学出版社，2017：64–65.

续表

学校	学校（英文）	2022 世界大学学术排名	国别
伦敦帝国理工学院	Imperial College London	23	英国
多伦多大学	University of Toronto	22	加拿大
威斯康星大学—麦迪逊	University of Wisconsin–Madison	33	美国
纽约大学	New York University	25	美国
英属哥伦比亚大学	University of British Columbia	44	加拿大
伊利诺伊大学厄巴纳—香槟分校	University of Illinois Urbana–Champaign	48	美国
清华大学	Tsinghua University	26	中国
北京大学	Peking University	34	中国
南加州大学	University of Southern California	53	美国
范德堡大学	Vanderbilt University	64	美国
苏黎世大学	Universität Zürich	59	瑞士
布里斯托尔大学	University of Bristol	81	英国
浙江大学	Zhejiang University	36	中国
麦吉尔大学	McGill University	73	加拿大
马克马斯特大学	McMaster University	90	加拿大
加州大学—戴维斯	University of California–Davis	100	美国

注：https://www.shanghairanking.cn/rankings/arw/2022

2. 数据分析

根据定性文本评估分析的过程，本研究的数据分析过程如下：

第一，选择研究内容的分析单位。在文本分析过程中，首先应针对研究问题对研究内容的分析单位进行界定。由于对世界一流大学教师科研评价制度的文本进行分析时，需要借助词频统计的方法，词频统计往往以学校为单位进行统计。因此，对于世界一流大学教师科研评价制度的文本分析，本研究界定的分析单位为学校。

第二，界定评估类目。基于分析框架及相关文献采集关键词，建立初步编码目录。对于制度文本分析维度确定，本研究主要基于"全评价"理论框架及文献研究，将评价主体、评价客体、评价目的、评价方法、评价标准和指标、评价程序以及评价导向七大要素设定为本研究的文本分析维度，同时对以上七大维度加以分析和组织。

第三，识别出与评估类目相关的文本段，并编辑同一编码的文本段。通读相关制度文本，并进行翻译，在把握文本总体意思的基础上识别与既定类目相关的文本段落，继而归入类目中并进行精准翻译，并对同一编码的文本段进行归纳与总结。编码示例表见表2。

表 2　制度文本编码表

类目	编码		示例
评价主体	学术共同体	学术管理组织	委员会、组织、团体等相关者
		学术主体	教师、学术人员、研究人员等相关者
评价客体	参与途径	制度制订	征集意见、教师参与、教师选举、教师报名
		制度运行	
评价目的	人事决策		教师晋升、调动、选择
	教师发展		识别教师潜力、优劣势、制定目标等目的
评价方法	同行评议法	质量判断	评估者、校内外同行、国内外同行、识别作品质量等
	其他方法		其他相关主体，如系主任评价、计数法等
评价标准和指标	质量标准		原创性、影响力、质量等
评价程序	自下而上		识别评价工作权力是否下放
	自上而下		识别评价工作权力是否集中
评价导向	形式评价		单纯注重数量的相关导向
	内容评价		单纯注重质量的相关导向
	效用评价		数量质量并重的相关导向

第四，界定评估类目的值，评估和编码整个数据集。对相关文本段初步分类和归纳后，进行再次阅读，识别和观察每一类目下不同世界一流大学所呈现出的特征，同时对所呈现特征的类型进行划分。在这一过程中，借用 GooSeeker 网络爬虫工具的分析功能进行词频分析，如在评价主体类目下，世界一流大学分别呈现什么类型的特征，对这一相关特征进行呈现、解读和评估，以更好地归纳佐证每一维度的特征。在词频分析过程中，会对文本提及这一维度的高校进行统计，在学校层面的评价主体维度，有 17 所高校在科研评价文本中提及评价主体维度的相关内容，因此总频次为 17。其次，将意义相关的词语整合为一个词，如同行评议和同行评价均归纳为同行评议法，筛选出相应关键词，对词频进行统计并归结到不同维度下。在同一所高校的制度文本中，关键词出现 1 次或多次，均计为 1。如有 16 所高校在评价主体中提到学术共同体，学术共同体的出现频率则为 16/17，为 94.1%。

第五，分析和结果呈现。在正式编码完成后，对每一编码类目下所涉及的不同高校科研评价制度文本的语句内涵进行归纳与总结，提炼特征，把握该编码类目下世界一流大学在该类目下特征的共性与特性。

第六，进行结论提炼和总结。通过对统计结果的综合分析，总结世界一流大学教师科研评价制度在七大维度上体现的特征。

二、研究发现与结论

本研究在"全评价"理论指导下，对 23 所世界一流大学的 51 份学校层面的制度文本进行分析，发现世界一流大学教师科研评价制度具有如下特征：

（一）评价目的：筛选性与发展性目的相辅相成

在对 23 所世界一流大学教师科研评价制度文本进行分析发现，有 14 所大学提及"评价目的"维度的相关内容。词频分析结果显示，"筛选性目的"与"发展性目的"出现频率和占比基本相当，说明在样本大学中，部分高校的科研评价主要为人事决策服务，而部分高校在评价过程中更为注重教师发展（见表 3）。这两大目的并不冲突，通常而言，世界一流大学教师科研评价目的是服务于人事决策，且促进教师及学院 / 校的发展，二者在所起作用上是相辅相成的。

表 3 "评价目的"关键词词频表

关键词	出现频次	出现频率	在该维度的占比	举例
筛选性目的（人事决策）	8	57.2%	57.2%	"晋升""发掘人才"等
发展性目的（教师发展）	6	42.8%	42.8%	"教师发展""潜力"等

在样本大学教师科研评价制度目的，主要分为侧重人事决策和侧重教师发展两大类（见表 4）。

表 4 部分世界一流大学科研评价目的归纳表

以人事决策为主要目的			以教师及学院 / 校发展为主要目的		
国家	学校	评价目的	国家	学校	评价目的
美国	加州大学—伯克利	具备相应的技能、知识和能力的，能很好地履行岗位职责[1]	美国	斯坦福大学	评价教师在学术领域中的地位和潜力，促进教师发展[2]
	宾夕法尼亚大学	提拔和留住优秀教师[3]		伊利诺伊大学厄巴纳—香槟分校	为教师提供一个机会来回顾自己的目标和成就，并讨论当前工作的改进建议[4]
	芝加哥大学	为学院 / 校发掘高素质人才[5]			
	纽约大学	为大学内部员工的调动和晋升提供依据[6]	英国	伦敦大学学院	使教师对照目标分析和反思自己，通过帮助个人充分发挥潜力，以促进学校 / 学院的成功[7]
加拿大	马克马斯特大学	发掘优秀教师[8]			

---

① Selection and Appointment [EB/OL].[2023-04-05]. https://policy.ucop.edu/doc/4010394/PPSM-21.

② Stanford Professoriate: Reappointment or promotion initially conferring tenure or a continuing term of appointment [EB/OL]. [2019-12-12]. https://facultyhandbook.stanford.edu/appendix-b-appointment-forms.

③ Faculty Handbook[EB/OL].[2019-10-12]. https://catalog.upenn.edu/faculty-handbook/ii/.

④ Promotion to Teaching, Research or Clinical Associate or Full Professor Titles[EB/OL].[2020-02-12]. https://cam.illinois. edu/policies/.

⑤ Agreement Between University of Chicago and Service Employees International Union, Local No. 73[EB/OL].[2020-01-02]. https://humanresources.uchicago.edu/fpg/2018-2021%20CBA%20UofC-SEIU%20Local%2073.pdf.

⑥ Promotions and Transfers Policy-New York[EB/OL].[2020-02-12]. http://www.nyu.edu/employees/hr-at-your-service/ employee-handbook.html.

⑦ UCL Appraisal, Review and Development Scheme[EB/OL].[2019-10-12]. https://www.ucl.ac.uk/faculty.

⑧ Academic Appointment, Tenure and Promotion [2012][EB/OL].[2020-03-22]. https://secretariat.mcmaster.ca/university- policies-procedures-guidelines/.

对于侧重人事决策的世界一流大学，教师科研评价的主要目的是为优秀教师的晋升提供依据。对于侧重教师发展的世界一流大学，教师科研评价的主要目的是为教师提供审视自身优劣势和发展空间的机会，通过反思自身为未来发展制订合理规划，更好地挖掘自身潜力，为学校和学院的发展做出相应贡献，但评价结果最终也会用于人事决策。

（二）评价主体：重视学术共同体和学术主体的参与

在 23 所世界一流大学教师科研评价制度文本中，有 17 所涉及评价主体维度，包括加州大学—伯克利分校、宾夕法尼亚大学、芝加哥大学、伦敦帝国理工学院、多伦多大学、北京大学等世界一流大学。在"评价主体"维度中，出现频次最高的关键词为"学术共同体"，17 所样本大学中共有 16 所提及；其次为"学术主体"，出现频次为 14 次（见表 5），表明在样本大学教师科研评价中，学术主体参与程度也较高，注重从学术视角对教师进行判断。"院系领导"在这一过程中也起到一定作用，但相较于学术共同体和学术主体而言，作用较弱。

表 5　"评价主体"关键词词频表

关键词	出现频次	出现频率	在该维度的占比	举例
学术共同体	16	94.1%	39.1%	"委员会""组织""团体"
学术主体	14	82.4%	34.1%	"教授""同行"等
院系领导	11	64.7%	26.8%	"系主任""院长"等

世界一流大学教师科研评价的主体既包括院系领导，也包括学术主体如院长、系主任、教务长以及各类学术管理组织等。文本分析结果显示，样本大学在评价主体维度有两大特征：

一是世界一流大学在进行教师科研评价时，学术管理组织，如晋升委员会（Promotion Committee）、人事决策委员会（Personnel Decision Committee）等发挥重要作用。世界一流大学在委员会构成方面往往遵循多样化原则，即委员会构成既包括院系领导也包括学术主体，部分世界一流大学教师科研评价中，学生也会参与其中。如加州大学—伯克利在教师晋升评价中会成立学术人员委员会（Academic Staff Committee）、聘用与晋升委员会（Appointment and Promotion Committee）对教师进行审查，这两大学术管理组织既包括教授等学术主体，也包括系主任、院长等院系领导[①]，在教师晋升过程中该委员会内部能够很好地实现权力制衡，以多元化的眼光对教师科研水平及成果进行评价。

与此相似的还有威斯康星大学的教师委员会（Faculty Committee）、联合管理委员会（Joint Management Committee）、遴选委员会（Electoral Committee）以及设有教师代表的

---

① Selection and Appointment [EB/OL].[2020–01–12]. https://policy.ucop.edu/doc/4010394/PPSM–21.

学院委员会（College Committee）[1]；范德堡大学的晋升与任期审查委员会（Promotion and Tenure Review Committee）[2]；南加州大学的教师委员会、大学教务委员会（University and Senate Committees），在大学教务委员会中，除学术主体和院系领导外，学生也参与其中[3]；英属哥伦比亚大学的晋升委员会（Promotion Committee）[4]；北京大学的院系特别评估委员会和学校人才评估专家小组[5]等。

除此以外，也有个别高校学术管理组织的构成较为单一，为纯学术主体。如宾夕法尼亚大学在教师晋升时，成立了人事审查委员会（Personnel Review Committee）对教师进行综合评审，在《教师手册》中强调："该委员会完全由教职员工组成，具有行政职务的教师不可参与"[6]。同时指出，教师的科研评价应主要判断学术能力和学术质量，院系领导往往对此难以把握，以学术主体构成为主的学术管理组织可以更加专业地评价教师的科研成果。这类纯学术评价主体委员会的构成有利于更好地从学术角度对教师科研能力、水平和成果质量进行评价[7]。不管是多元化的构成还是纯学术主体的构成，学术管理组织的存在有利于汇集多人观点和智慧，从不同视角对教师科研成果进行判断，内部多主体有利于主体间互相监督与制衡，避免"一家独大"现象的存在。

二是不管是学术管理组织内部还是各评价主体构成，世界一流大学均重视发挥学术主体的作用。对于学术管理组织内部而言，上述世界一流大学在内部构成中均有学术主体的存在，如北京大学院系特别评估委员会在构成上除院系负责人、主管教学的副院长或院长作为代表外，还强调本学科同行专家的参与[8]。马克马斯特大学教师晋升委员会也强调需在学院内部选出4—5名全职终身教师，其中至少有2名教授和1名副教授作为学术代表[9]。除学术管理组织内部外，各评价主体的构成也强调学术人员的参与，如伦敦帝国理工学院在进行教师科研评价时提到："评价主体应包括院长、系主任、以及被评价教师所在系的一名教授、一名准教授（Reader）和一名资深讲师（Senior Lecturer），其中一

---

[1] Academic Staff Policies and Procedures University of Wisconsin-Madison[EB/OL].[2019-12-12].https://acstaff.wisc.edu/wp-content/uploads/2020/01/ASPPComplete.pdf.

[2] General Principles, Rules, and Procedures for Appointment, Reappointment, and Termination[EB/OL].[2020-02-14].https://www.vanderbilt.edu/faculty-manual/part-ii-appointment-and-tenure/.

[3] Faculty Handbook[EB/OL].[2020-02-12].https://policy.usc.edu/files/2019/07/2019-Faculty-Handbook-1.pdf.

[4] Tenure, Promotion & Reappointment for Faculty Members[EB/OL]. [2020-05-12].http://www.hr.ubc.ca/faculty-relations/tenure-promotion-reappointment-confirmation/tenure-promotion-reappointment-for-faculty-members/.

[5] 北京大学教研职位招聘与晋升工作细则（试行）[EB/OL].[2019-02-12]. https://hr.pku.edu.cn/fwzn/khjs/index.html.

[6] Faculty Handbook[EB/OL].[2019-10-12]. https://catalog.upenn.edu/faculty-handbook/ii/.

[7] Faculty Handbook[EB/OL].[2019-10-12]. https://catalog.upenn.edu/faculty-handbook/ii/.

[8] Academic Staff Policies and Procedures University of Wisconsin-Madison EB/OL].[2019-12-12].https://acstaff.wisc.edu/wp-content/uploads/2020/01/ASPPComplete.pdf.

[9] Academic Appointment, Tenure and Promotion [2012][EB/OL].[2020-03-22]. https://secretariat.mcmaster.ca/university-policies-procedures-guidelines/.

人应为该系学术人员代表①。"这一注重学术主体参与的原则，有利于从"同行视角"对教师科研成果的质量进行评判，使评价结果更加具有信服力。

总体而言，学术管理组织有利于评价主体之间的互相监督与制衡，注重学术主体的参与使评价结果更具科学性和信服力，二者均为世界一流大学教师科研评价结果的"公正性"保驾护航。

（三）评价客体：教师有多种途径"全程参与"评价

作为科研评价的客体，教师在世界一流大学教师科研评价相关制度的制定及运行过程中能够进行参与和反馈。通过对 23 所世界一流大学相关文本的分析发现，直接在文本中提及教师作为评价客体所具备的权利和途径相对较少，仅有密歇根大学—安娜堡、华盛顿大学—西雅图、宾夕法尼亚大学、伦敦帝国理工学院以及马克马斯特大学 5 所，但其他样本大学并非忽视教师作为评价客体所具备的权利，部分高校在文本中的评价主体维度，会间接提及教师作为评价客体所具有的权利等相关内容，目前，直接或间接提及评价客体的样本大学共 12 所。在"评价客体"维度，相关词频分析发现，"教师参与"作为主要关键词在 12 所样本大学中出现频次为 9 次，出现频率为 75%，具体见表 6。这表明，在样本大学中，多数制度文本会对教师的参与权进行相关规定，使教师具备一定参与途径。对于另一关键词"行政任命"而言，在样本高校的制度文本中出现次数较低，表明样本大学在评价客体的设置维度并非仅仅采取行政任命的手段剥夺教师权利。

教师作为评价客体在制度文本制定、执行以及执行完毕后的反馈阶段，都有相应途径为自己"发声"。主要表现如下：

一是在制度文本制定阶段，样本大学大多会征集教师意见，在执行过程中，教师反馈的合理问题也会在下一年在制度文本中进行相应调整和修正。如密歇根大学—安娜堡在教师晋升相关制度文本中明确指出，教师晋升过程中必须遵循的指导性原则之一为教师参与②。即大学中的教师委员会定期就人事问题向校领导提供建议，各学院院长和执行委员会也会定期将教师意见和建议进行整合，向校领导进行反馈，多数样本大学均赞同鼓励教师和行政部门在教师任命和晋升这一问题上建立密切的联系，以更好地保障制度设计的合理性。

二是在制度执行过程中，教师作为评价客体所具备的参与权主要体现在参与学术管理组织过程中，具有选举和被选举的权利，以及在晋升周期方面的灵活性。如伦敦帝国

① Academic Staff Promotions 2020 Guidance Notes[EB/OL].[2020-03-20]. https://www.imperial.ac.uk/human-resources/working-at-imperial/career-development-opportunities/academic-promotions/.

② Promotion Casebooks for Instructional Tenure Track, Research Professor Track, and Clinical Instructional Track Faculty[EB/OL].[2019-12-20]. https://hr.umich.edu/working-u-m/my-employment/academic-human-resources/faculty-appointments/academic-appointments-manual.

理工学院在文本中提到，教师晋升评价委员会应尽可能多元化，可以代表评价过程中的利益相关者。关于参与途径，教师可以通过被选举参与其中[①]。其次，晋升过程的灵活性主要体现在评价周期并不强制，可以根据教师需求灵活调整。如宾夕法尼亚大学提到，通常而言，任命和晋升过程是由相关人事管理部门或学校发起的，但倘若某一学院/系的相关教师认为自己满足任命和晋升条件时，可以发起申请，在与系内教师协商的基础上启动这一进程，具有灵活性[②]。

三是在制度执行结束后的反馈阶段，教师具备"回应"和"反馈"途径。如华盛顿大学—西雅图的《教师手册》概述了教师作为候选人在晋升评价过程中，被评价者具有反馈个人意见的机会，教师不仅可以在制度执行结束后进行反馈和上诉，在制度执行的任何中间环节，都可以表达自己的意见，进行反馈和申诉[③]。马克马斯特大学在教师《学术任职、任期和晋升》（Academic Appointment，Tenure and Promotion）文本中提出，当被评价者对任命和晋升结果存在分歧时，可通过任命和晋升委员会进行调解和申诉，当委员会主席和学院/系里产生分歧时，除主席之外，系里所有的终身制教师或教学团队的成员都具有投票权[④]，可进行投票决定。教师在这一过程中具备相应途径为自己或他人"发声"。

表6 "评价客体"关键词词频表

关键词	出现频次	出现频率	在该维度的占比	举例
教师参与	9	75%	75%	"参与""申请""投票""上诉"
行政任命	3	25%	25%	"指定""任命"

（四）评价方法：运用同行评议法判断成果质量

在样本高校中，教师科研评价主要采用同行评议法对科研成果的质量进行评价。对23所样本大学制度文本的分析中发现，有17所高校涉及"评价方法"这一维度，"同行评议法"出现频次为15次，出现频率为88.2%，"定性与定量相结合"出现5次，频次较低，"量化计分法"出现频次为0次，见表7。世界一流大学教师科研评价，更多侧重于科研成果的质量，对数量不作具体要求。因此在评价方法中，同行评议法被广泛用来判断科研成果的质量。

---

① Academic Staff Promotions 2020 Guidance Notes[EB/OL].[2020-03-20]. https://www.imperial.ac.uk/human-resources/working-at-imperial/career-development-opportunities/academic-promotions/.

② Faculty Handbook[EB/OL].[2019-10-12]. https://catalog.upenn.edu/faculty-handbook/ii/.

③ Faculty Handbook -Appointment and Promotion of Faculty Members[EB/OL].[2020-03-15].http://www.washington.edu/admin/rules/policies/FCG/FCCH24.html.

④ Academic Appointment，Tenure and Promotion [2012][EB/OL].[2020-03-22]. https://secretariat.mcmaster.ca/university-policies-procedures-guidelines/.

同行评议法是邀请学科内相关同行专家，共同对成果进行价值和质量判断的活动[①]。从操作层面来看，样本大学在对教师进行科研评价时，会邀请本学科领域的多位专家对教师的成果质量进行判断，这一评价往往以撰写信件的形式来反馈，专家根据固定标准对教师科研成果打分，同时撰写相关文字以作佐证。一般而言，由于同行评议者通常为本学科领域的专家，对本学科具有较高程度的了解，因此对教师成果质量的判断具备一定科学性。

样本大学在制度文本层面对同行评议法的要求和表述也有所不同。加州大学—伯克利指出，教师科研成果的评价包括但不限于同行的判断、与被评价教师密切合作的同事判断、学生及其他教师对成果质量的判断[②]。加州大学—伯克利对于同行评议法中的同行内涵的界定较为广泛。布里斯托尔大学在制度文本中提到："大量的出版物并不一定是卓越的研究，判断教师的科研成果的质量是一项较为复杂的任务，同行在这一过程中的判断是至关重要的[③]"。除此以外，斯坦福大学、密歇根大学—安娜堡、华盛顿大学—西雅图、芝加哥大学、宾夕法尼亚大学等其余 13 所样本大学对于同行评议法的表述虽不一致，但内容实质相同，均在相关制度文本中指出，教师晋升过程中对科研成果的判断，需要学院专家、校内专家、校外专家乃至国外专家通过撰写信件对科研成果的质量进行评价。

表 7 "评价方法"关键词词频表

关键词	出现频次	出现频率	在该维度的占比	举例
同行评议法	15	88.2%	71.4%	"同行评议""同行评价"等
定性与定量相结合	5	29.4%	23.8%	在注重质量同时考虑数量
量化计分法	1	5.9%	4.8%	单纯使用量化计分

（五）评价标准：注重质量型标准，强调原创性和影响力

在"评价标准和指标"维度中，有 17 所样本大学对相关内容有所提及，文本分析结果显示，"质量""原创性"和"影响力"为提及频率最高，见表 8。对 17 所样本大学相关文本的分析发现，样本世界一流大学教师科研评价以质量标准为主，在指标方面，注重科研成果的原创性和影响力。绝大部分世界一流大学在制度文本中并未对科研成果的数量作出具体规定。如加州大学—伯克利提到："应考虑候选人科研成果的质量，对质量的判断中要适当考虑不同领域和专业之间的差异，以及新的类型和研究领域。"[④] 英属哥伦比亚大学在

---

① 郭碧坚，韩宇. 同行评议制——方法，理论，功能，指标 [J]. 科学学研究，1994，12（3）：63-73.

② Promotion and Tenure[EB/OL].[2020-07-07]. https://polytechnic.purdue.edu/faculty-and-staff-resources/promotion-and-tenure.

③ Defining Excellence-Guidance on the application of the promotion criteria[EB/OL].[2020-10-7]. https://www.bristol.ac.uk/hr/grading/academic/.

④ Promotion to Teaching, Research or Clinical Associate or Full Professor Titles[EB/OL].[2020-02-12]. https://cam.illinois.edu/policies/.

制度文本中提到，对学术活动的判断主要基于个人贡献的质量、原创性和影响力。[1]

在对评价标准和指标的具体表述方面，如斯坦福大学提到判断教师科研成果时要考虑影响力、原创性、学术界的认可度等标准。[2] 华盛顿大学—西雅图提及，虽然数量在一定程度上可以衡量教师的科研成果，但更重要的是教师发表成果质量的共同考量[3]。如华盛顿大学—西雅图在制度文本中提到："虽然数量在一定程度上可以衡量教师的科研成果，但更为重要的是对教师发表成果数量和质量的共同考量，同时关注成果的实际贡献[4]。"伦敦帝国理工学院也提到："贡献将通过开创性研究工作的质量、数量、影响力和实际贡献来衡量"[5]。可见，样本大学对质量、原创性和影响力的重视，更多具体规定见表9。

表8 "评价标准"关键词词频表

关键词	出现频次	出现频率	在该维度的占比	举例
质量	14	82.4%	28.6%	"质量""高质量"
原创性	13	76.5%	26.5%	"原创性""创造性"
影响力	12	70.6%	24.5%	"影响力"
实际贡献	8	47.1%	16.3%	"贡献""实际贡献"
数量	2	11.8	4.1%	"数量""计数"

表9 部分世界一流大学科研评价标准归纳表

国家	学校	评价标准
美国	加州大学—伯克利	包括经验、教育、知识和其他资格[6]
	斯坦福大学	影响力、原创性、学术界的认可度[7]
	密歇根大学—安娜堡	科研成果的质量和原创性、研究生指导情况、在专业协会和专业期刊方面的参与和领导能力[8]

---

① Tenure，Promotion & Reappointment for Faculty Members[EB/OL]. [2020-05-12].http://www.hr.ubc.ca/faculty-relations/tenure-promotion-reappointment-confirmation/tenure-promotion-reappointment-for-faculty-members/.

② Stanford Professoriate: Reappointment or promotion initially conferring tenure or a continuing term of appointment [EB/OL]. [2019-12-12]. https://facultyhandbook.stanford.edu/appendix-b-appointment-forms.

③ Faculty Handbook –Appointment and Promotion of FacultyMembers[EB/OL].[2020-03-15].http://www.washington.edu/admin/rules/policies/FCG/FCCH24.html.

④ Faculty Handbook–Appointment and Promotion of FacultyMembers[EB/OL].[2020-03-15].http://www.washington.edu/admin/rules/policies/FCG/FCCH24.html.

⑤ Academic Staff Promotions 2020 Guidance Notes[EB/OL].[2020-03-20]. https://www.imperial.ac.uk/human-resources/working-at-imperial/career-development-opportunities/academic-promotions/.

⑥ Selection and Appointment [EB/OL].[2023-04-05]. https://policy.ucop.edu/doc/4010394/PPSM-21.

⑦ Stanford Professoriate: Reappointment or Promotion initially conferring Tenure or a Continuing Term of Appointment [EB/OL].[2019-12-12]. https://facultyhandbook.stanford.edu/appendix-b-appointment-forms.

⑧ Promotion Casebooks for Instructional Tenure Track，Research Professor Track，and Clinical Instructional Track Faculty[EB/OL].[2019-12-20].https://hr.umich.edu/working-u-m/my-employment/academic-human-resources/faculty-appointments/academic-appointments-manual.

续表

国家	学校	评价标准
美国	华盛顿大学—西雅图	虽然数量在一定程度上可以衡量教师的科研成果，但更为重要的是对教师发表成果数质量的共同考量，同时关注成果的实际贡献[①]
	芝加哥大学	在该领域的认可度和高质量的产出[②]
	南加州大学	最关键的因素是科研成果质量和影响力[③]
	范德堡大学	原创性、逻辑严密性、思维独特性、在确定项目和分析框架时的思想独立性以及重大成果的影响力[④]
	伊利诺伊大学厄巴纳—香槟分校	成果的质量和影响力[⑤]
英国	伦敦帝国理工学院	成果的质量、数量、影响力和实际贡献[⑥]
加拿大	英属哥伦比亚大学	成果的原创性、影响力、在学术领域的传播度和引用率[⑦]
瑞士	苏黎世大学	成果的质量和原创性[⑧]

（六）评价程序：自下而上，下放教师评审工作权力

在 23 所样本大学中，有 14 所大学评价文本涉及"评价程序"这一维度，由于评价程序所涉及内容通常较为复杂，不适宜采用词频分析工具进行分析。因此，研究者通过对文本的研读与分析，提炼评价程序的主要特征，进行统计。统计结果显示，9 所大学采用"自下而上"的评价程序，"自下而上"出现频率为 64.3%，见表 10，体现了人才评审工作权力下放的特点。

以华盛顿大学—西雅图的教师晋升程序为例，教师晋升应以学术水平为基础，而并非以工作年限为基础。在候选人提出晋升请求后，经由院长、系主任和相关教师共同讨论以确定候选人名单。确定好名单后，通知相关候选人准备一系列个人材料，院系进行

---

① Faculty Handbook –Appointment and Promotion of Faculty Members[EB/OL].[2020-03-15].http://www.washington.edu/admin/rules/policies/FCG/FCCH24.html.

② Agreement Between University of Chicago and Service Employees International Union，Local No. 73[EB/OL].[2020-01-02].https://humanresources.uchicago.edu/fpg/2018-2021%20CBA%20UofC-SEIU%20Local%2073.pdf.

③ Faculty Handbook[EB/OL].[2020-02-12].https://policy.usc.edu/files/2019/07/2019-Faculty-Handbook-1.pdf.

④ General Principles，Rules，and Procedures for Appointment，Reappointment，and Termination[EB/OL].[2020-02-14].https://www.vanderbilt.edu/faculty-manual/part-ii-appointment-and-tenure/.

⑤ Promotion to Teaching，Research or Clinical Associate or Full Professor Titles[EB/OL].[2020-02-12]. https://cam.illinois.edu/policies/.

⑥ Criteria for Promotion [EB/OL].[2020-3-20]. https://www.imperial.ac.uk/human-resources/working-at-imperial/career-development-opportunities/academic-promotions/.

⑦ Tenure，Promotion & Reappointment for Faculty Members[EB/OL]. [2020-05-12].http://www.hr.ubc.ca/faculty-relations/tenure-promotion-reappointment-confirmation/tenure-promotion-reappointment-for-faculty-members/.

⑧ Guidelines on Selection Procedures in Professional Appointments[EB/OL]. [2020-03-15]. https://www.prof.uzh.ch/en/welcome/appointment_procedure.html.

审查。在审查过程中，由学术管理组织中职称高于候选人且具备表决权的教师进行投票，随后将确定好的晋升名单提交院长，由院长做最后审查，审查完毕后经公示无异议的情况下，可以开始生效[1]。整个过程体现了自下而上的特点，各主体之间可以互相监督。密歇根大学—安娜堡、斯坦福大学、康奈尔大学等世界一流大学的教师晋升评价程序也都大体相同，呈现上述特点。

表 10　"评价程序"关键词词频表

关键词	出现频次	出现频率	在该维度的占比	举例
自下而上	9	64.3%	64.3%	评价工作权力是否下放
自上而下	5	35.7%	35.7%	评价工作权力是否集中

三、启示

高校教师科研评价制度对我国教师的学术职业发展发挥了激励作用，近年来不断改革完善，但是仍然面临着一些问题。例如，量化计分法对教师的误导[2]、同行评议法的公正性欠缺[3]、被广泛提及而落实性低的"分类评价"[4]等问题。有不少学者对我国一流大学教师科研评价制度进行研究。如莫伟民指出，目前我国部分一流大学会组建校外专家库，校外专家库中包含各学科中影响力较高的校外同行专家，一般由本校人事处直接联系，邀请其对本校候选教师科研成果进行评价和判断[5]。再如卢苇对中美一流大学教师科研评价制度的评价目的、评价标准、评价指标、评价方法进行了系统对比，指出在我国高校科研评价中，目前行政部门占据较大权力，这是一个亟待解决的问题[6]。

针对目前我国高校教师科研评价制度现状及存在的实际问题，结合研究结论，提出以下建议：

（一）增加评价的民主性，提升学术共同体和学术主体的参与力度

在目前我国高校教师科研评价制度中，院系领导占据较大权力，我国高校虽然也会成立学术共同体对教师的科研进行评价，但归根结底学术共同体更多地是由院系领导主导，学术人员声音微弱[7]。这种以院系领导为主导模式的主体设置不利于教师科研评价的

① Faculty Handbook –Appointment and Promotion of FacultyMembers[EB/OL].[2020-03-15].http://www.washington.edu/admin/rules/policies/FCG/FCCH24.html.

② 朱军文，刘念才.科研评价：目的与方法的适切性研究[J].北京大学教育评论，2012，10（03）：47-56.

③ Bornmann L. Scientific peer review[J]. Annual review of information science and technology，2011，45（01）：197-245.

④ 王金友，蒲诗璐，王慧敏，等.高校教师岗位分类管理刍议——国外一流大学的经验和我国高校的实践[J].四川大学学报（哲学社会科学版），2014（02）：127-136.

⑤ 莫伟民.高校学术评价"代表作制"怎样实行[J].中国高等教育，2016（08）：31-33.

⑥ 卢苇.国内外高校科研绩效评价体系比较研究[J].南京财经大学学报，2014（06）：73-77.

⑦ 赵杨银涛.我国高校教师评价制度审视诊断研究[J].桂林师范高等专科学校学报，2019，33（2）：61-64.

良好运行，一方面，部分行政人员对教师所研究领域可能并不了解，对教师科研成果的质量等因素无法很好地进行判断，另一方面，学术人员的发声在这一过程中得不到重视，很大程度上会降低教师对评价结果的信服度和满意度。

借鉴世界一流大学在评价主体方面的经验，我国高校增大鼓励学术共同体和学术主体的参与力度。对学术主体赋予主要权力，行政主体配合学术主体。首先，在科研评价制度制订之初可以通过问卷、座谈等形式征求教师意见，在制度内容中进行反映；其次，在评价制度运行层面，可以在学院及学校层面颁布具体制度，保障教师科研评价中评价主体的构成。规定在评价前成立相关学术共同体，且学术共同体的构成比重应尽可能协调合理，即不能让行政人员占据较大比重，鼓励学术人员的参与；最后，对于学术人员的选择问题，应由全院进行投票，以公平、公正、公开的方式选出学术人员代表，为教师发声。

（二）确立发展性目的导向，增强评价过程"人性化"

发展性目的导向有利于增强评价过程的人性化，同时在一定程度上有助于减少教师对评价的排斥心理，即评价主要是为了使教师能够识别自身优劣势，并非仅仅为了进行人事决策。就目前我国高校教师晋升评价而言，通常是以人事决策为主要目的，更有些高校将此界定为绩效考核[①]。以人事决策为目的的评价制度会使评价成为简单的绩效累计，进而使评价成为行政管理的手段和工具，忽略了评价的真正目的。

因此，在开展评价之前，可以通过教师座谈会的方式，使教师了解本次评价的主要目的，评价结果并非仅仅应用于教师晋升和奖惩，根本目的是使教师在整个评价过程中对自我进行客观、细致的分析，总结已有成绩和自身不足，进而针对性地调整和改进，最终通过教师的提升促进学院和学校整体的提升；同时在实际操作中，评价结束后，可以使教师谈谈自己对此次评价的感受、自己在评价过程中的反思以及未来应当如何调整自我等，使教师真正在评价过程中受益，而并非简单为晋升决定服务，整个过程更具"人性化"，但教师的反思总结等并不强制要求，而是要遵从其自愿，以免给教师带来过于繁重的负担；同时也不应刻意强调评价结果，对晋升结果进行简单公示即可，如在学院内部大肆炫耀或对某发文较多的教师进行全院公开层面的隆重奖励，这虽在一定程度上可以鼓励部分教师进行发文，但同时也会造成教师的压力，使教师难以静下心来坐"冷板凳"。

（三）尊重学科特性，促进分类评价

随着科学的发展，不少新兴学科的出现，目前学科发展出现了综合化的趋势，然而不同学科具有不同特性，应避免使用"一刀切"的方式进行评价。根据学科特性进行

---

① 俞亚萍.高校教师评价制度：问题检视、成因诊断与优化策略[J].黑龙江高教研究，2018（10）：104-107.

"量体裁衣"，落实分类评价。2016 年，教育部发布《教育部关于深化高校教师考核评价制度改革的指导意见》，其中指出应根据学科领域特点、教师特点差异化地建立评价标准[①]。自政策出台后，我国高校就分类评价问题进行了改进，但部分高校仍浮于表面，尚未真正落实[②]。在晋升评价中，院系权力较小，大多是对学校层面文本的落实，且评价主体以院系领导为主，因此分类评价不能很好地落实，更多的是按照岗位职称进行分类，没有做到很好地尊重学科特性。

因此，本研究建议将评价权力下放到院系中，学院根据学校评价文本制定自己宏观的评价政策，各系可以在学院政策的指导下根据具体学科特性制定自己的评价制度。对于理工科而言，应增加实际贡献、原创性、影响力等指标，淡化数量指标；对于社会科学而言，应更强调思想层面的原创性、思维的独到性等指标，实行代表作评价制；对于医学而言，可借鉴国外大学将病人感谢信、病人评价等作为指标进行衡量，体现医学特色。同时在每一学科内部，也应根据不同专业对评价细则进行再次调整和修改。在评价过程中应当尊重各学科的特点，以此为依据落实分类评价。

（四）增加过程性指标，以促进教师成长为导向

世界一流大学教师科研评价制度的相关规定，往往会以大纲的形式给出每一部分的规定，阐述不会过于详细，同时大部分高校会将未发表的作品、教师作为非学术带头人所做的贡献、在未来准备申请的科研项目等纳入评价体系中，因为这同样属于教师在这一阶段所做的工作和贡献。但是，我国高校教师科研评价制度对于教师署名次序的认定、未发表的成果是否算作其中等问题，往往会存在较大争议[③]。

因此，针对我国高校教师科研评价制度，本研究认为应当推进制度改革，给予整个评价过程更多"灵活性"。制度的发展通常是从僵化向优化转变的过程，目前缺乏灵活性的制度在一定程度上为教师评价提供了规范性，但同时也应随着实际情况向优化转变。首先，可以通过与学科领域相关教师的座谈，了解教师心中最为合适的评价科研指标、标准、周期等；其次，在制度制定时，可以将一些过程性的指标纳入其中，如教师未发表的成果、教师为新项目申请所做的准备工作等，对于部分学科而言，成果产出周期较长，并非每年都会有新的成果产出，因此将准备工作纳入其中，可以在一定程度上减少教师压力，对于这类准备工作（未出版的章节、文章、申请项目的计划书等）的判断，可以邀请同行专家为评价质量打分；最后，评价指标应尽可能做到涵盖较大范围，但可

① 教育部关于深化高校教师考核评价制度改革的指导意见 [EB/OL]. [2020-11-15].http://www.moe.gov.cn/srcsite/A10/s7151/201609/t20160920_281586.html.
② 俞亚萍 . 高校教师评价制度：问题检视、成因诊断与优化策略 [J]. 黑龙江高教研究, 2018（10）：104-107.
③ 薛慧林 . 我国一流大学文科教师科研评价制度现状及认同研究——以三所大学为例 [D]. 上海：上海交通大学, 2020: 74-80.

能也会出现一系列的新情况，对于评价制度中未列出的规定，教师倘若对此存有疑问，认为对于本学科领域而言加入这一指标是非常重要的，也可以向相关组织提交申请，组织会组建相关学术共同体进行斟酌，考虑是否加入其中。评价制度会根据情况进行更新，保证评价的"灵活性"。

（五）质量为先，以原创性成果产出为导向

内容评价和效用评价是叶继元教授在"全评价"理论框架中所提到的两个概念，内容评价主要指对成果质量的判断，效用评价则是对成果实际贡献的判断。内容评价和效用评价作为评价导向对教师的科研方向具有一定指导性。目前我国高校在进行科研评价，特别是晋升中的科研评价，往往会对科研成果数量有一定要求，甚至部分学校会进行强制性要求，这是典型的形式评价。根据腾讯－麦可思的问卷调查结果，教师产生职业倦怠的最主要原因是论文发表压力[1]。这类导向往往会对教师产生误导，使教师科研心态浮躁，着重考虑发表论文的数量而忽视质量，成果的原创性和影响力较低。

因此，对于未来我国高校教师职称晋升中的科研评价而言，应当以内容评价和效用评价导向为先驱，着重强调质量型指标，使教师能够静下心来进行钻研，以原创性标准为导向。评价过程中，在教师成果质量相同的情况下，可利用数量化指标对教师进行比较，但不过于强调，使教师在进行科研时并不会放松自我，促进科研的发展。同时对于具备较强实践性的学科，对成果的实际贡献予以重视。具体操作过程中，首先，在评价标准和指标的设置方面，不强调论文、项目等指标的数量，同时更多地强调论文的原创性、影响力和实际贡献等，为教师树立良好科研成果导向；其次，在评价过程中，可以根据学科特点实行"代表作"评价制，这也是目前我国正在积极践行的一种评价方法，对于部分没有较多数量、但成果质量很高的教师予以相应支持；最后，针对需要较长周期才能产出的学科，可以对教师予以时间周期的宽容，这有助于教师在这种氛围中潜心科研，甘愿坐"冷板凳"，产出重大原创性科研成果。

---

[1] 麦可思研究院 . 当大学教师遭遇职业倦怠 [EB/OL]. [2020–11–13]. http://www.xinhuanet.com/politics/2015–10/21/c_128341570.html.

我国高校师资队伍借鉴"预聘－长聘制"改革的三种模式研究

宋续明　汪　洁 [1]

摘　要：教育、科技、人才是全面建设社会主义现代化国家的基础性、战略性支撑。教育、科技和人才在高校凝聚，一流师资开展一流科研培养一流人才，其中的核心是一流师资队伍。美国的"预聘－长聘制"为我国师资队伍建设提供了重要的参考。通过对国内高校的调研，分析了我国高校"预聘－长聘制"的三种借鉴模式，即全盘改革模式、双轨并行改革模式、逐步并轨改革模式。探讨了我国高校"预聘－长聘制"改革面临的问题，提出了不同类型高校进行路径选择的考虑因素和优化建议。

关键词：预聘－长聘制；高校教师聘用；研究型大学；路径研究

　　党的二十大报告指出，"教育、科技、人才是全面建设社会主义现代化国家的基础性、战略性支撑。必须坚持科技是第一生产力、人才是第一资源、创新是第一动力，深入实施科教兴国战略、人才强国战略、创新驱动发展战略" [2]。教育、科技和人才在高校凝聚，在高校这个平台上，一流师资开展一流科研培养一流人才，而其中的核心是一流师资队伍。如何建设与中国特色世界一流大学发展要求相适应的师资队伍是各高校不断探索与实践的课题。

　　"预聘－长聘制"是近年来国内研究型大学逐步采用的师资队伍建设模式。本文基于对国内9所高校（清华大学、北京大学、浙江大学、复旦大学、南京大学、西安交通大学、东南大学、上海财经大学、苏州大学）人事部门的访谈，以及作者所在的上海交通大学人事制度的梳理，对我国研究型大学"预聘－长聘制"师资队伍建设的路径进行研究，为我国高校高水平师资队伍建设和教师聘任制度改革提供借鉴。

---

① 宋续明，上海交通大学人力资源处副处长、人才工作领导小组办公室常务副主任，研究方向为高校师资体系建设、高校人才管理；汪洁，上海交通大学人力资源处副主任科员，研究方向为高教管理。

② 习近平. 高举中国特色社会主义伟大旗帜　为全面建设社会主义现代化国家而团结奋斗——在中国共产党第二十次全国代表大会上的报告 [M]. 北京：人民出版社，2022.

一、国外高校"预聘－长聘制"的发展及其制度要核

（一）国外高校"预聘－长聘制"的缘起与发展

"预聘－长聘制"（亦称为终身教职或长聘教职制度）是于 1915 年 1 月，由美国大学教授协会（Association of American University Professors 简称 AAUP）发布的《关于学术自由和终身教职的原则宣言》正式确立的。"预聘－长聘制"的首要目标是保护学术自由，赋予教师更多的职业安全感和守护"潜心研究"的效果[①]。一般情况下，该制度包含预聘期和长聘期，在预聘期一般设置"长聘教轨（Tenure Track）"，并明确"非升即走"原则，即新进长聘教轨教师通过 6 年左右的时间进行学术积累并进行评估，如通过评估，教师可获得长聘教职，否则，不再受聘。

通过"预聘－长聘制"的实施，高校可有效避免"庸人积淀"。通过预聘期的选拔考核，高校实现了教师自身利益与学术、学科发展指标的关联，进而形成对青年教师的极大激励；同时，长聘职位的"终身制"特点使教师能获得不被解聘、不受干扰的职业安全感[②]。

"预聘－长聘制"是美国精英研究型大学的核心制度，但是，在非精英学院里，长聘制则是个较少被讨论的话题[③]。丽莎·伍尔夫·温德尔（Lisa Wolf-Wendel）等认为："比起其他类型的学院，长聘制并不是一个社区学院教师中间的重要话题。"[④]在 Lee Waller 和 Jason Davis 调研的 62 所得克萨斯州的两年制公立非精英学院（社区学院）中，"26 所学院有一定形式的长聘制，36 所学院没有官方的长聘制"[⑤]。可见，"预聘－长聘制"并不在美国所有类型的大学中都适用，其更适合在精英研究型大学中应用。

（二）国外高校"预聘－长聘制"的基本要素

尽管对"预聘－长聘制"概念的认识各有不同，但目前国内学者对该制度的认识主要聚焦在三个特征，即试用考核、长期雇佣、职业安全保障。"预聘－长聘制"对预聘期教师有 6 年左右时间的考核，以检验一位青年教师的学术水准、研究活跃程度、独立研究能力是否可以胜任长聘教职岗位。通过预聘期考察，学校能更加充分、科学地遴选出优秀人才，确保教师队伍整体质量。对于通过考核获得长聘职位的教师，学校将提供相

① 吕黎江，卜杭斌，刘红. "双一流"建设背景下高校教师长聘制改革初探 [J]. 现代大学教育，2019（05）：85-89.

② 朱玉成. 高校"预聘－长聘制"改革的风险研判及破解路径 [J]. 教师教育研究，2021，33（01）：40-44，59.

③ 孙昱，邢鑫，刘畅. 长聘制神话：西部高校领导赴美国研修体验 [J]. 现代大学教育，2022（05）：91-101.

④ Wolf-Wendel, L., Ward, K., & Twombly, S. Faculty Life at Community Colleges［J］. Community College Review, 2007，34（4）.

⑤ Waller, L., & Davis, J. An Examination of the Relationship of a Tenure System to Enrollment Growth, Affordability, Retention Rates, and Graduation Rates in Texas Public Two Year Colleges［J］. Academic Leadership-Online Journal, 2006，7（1）.

对宽松的学术环境，保障其潜心从事研究工作，使其能根据自己的优势深入探索开创性强、难度大的科学问题。

本文认为"预聘－长聘制"基本特征应当通过预聘期和长聘期两个层面进行分析。针对长聘期所展现出的"长期雇佣""职业安全保障"特征，是该制度在美国缘起的重要因素。但对于预聘期设置的主要目的不是只有"试用考核"这一单一特点，美国在"预聘期"的设置充分考虑了青年科技人才的创造活力，故而在预聘期给予充足的资源保障，以期预聘期教师能够充分发挥自己的创造力，充足的资源保障又对海内外优秀的青年科技人才产生了巨大的吸引力，所以"充足资源保障"也是预聘期的重要特征。因此，"预聘－长聘制"具有预聘期的充足资源保障、试用考核和长聘期的长期雇佣、职业安全保障的这四个特征。

二、我国高校"预聘－长聘制"的发展历程与路径选择

（一）我国高校"预聘－长聘制"的发展

目前，比较公认的我国高校"预聘－长聘制"改革始于北京大学。该校 2003 年公布的《教师聘任和职务晋升制度改革方案》中，"非升即走"和"分级流动"引发热议，这些新的提法因与当时教师制度差异较大而备受质疑[①]。随着 2005 年起，高校全员聘任制的普遍实施，根据聘用合同依法进行合同管理逐步成为共识。2006 年起，许多高校陆续开始探索适合本校校情、各具特色的人事制度改革。2014 年公布的《事业单位人事管理条例》（国务院令第 652 号）进一步明确了事业单位聘用合同依法签订、解除、终止的条件，成为高校人事制度改革的基本法规依据。2014 年年底，教育部发布了《深化教育领域综合改革实施方案（2014—2018 年）》，允许在先期综合改革试点高校全面实施"预聘－长聘制"师资队伍建设，清华大学和北京大学率先启动。随后，浙江大学、南京大学、复旦大学、上海交通大学等高校均启动了"预聘－长聘制"师资队伍建设改革。2021 年 1 月，教育部等六部门印发的《关于加强新时代高校教师队伍建设改革的指导意见》（教师〔2020〕10 号）中，明确"深入推进岗位聘用改革，实施岗位聘期制管理，进一步探索准聘与长聘相结合等管理方式，落实和完善能上能下、能进能出的聘用机制"[②]，从国家政策层面进一步肯定了"预聘－长聘制"的发展方向；人社部、教育部出台的《关于深化高等学校教师职称制度改革的指导意见》（人社部发〔2020〕100 号）中也明

---

① 李连梅，姜林.中国大学"准聘－长聘"制度的缘起、困境与走向 [J].现代教育管理，2021，（07）：105-111.

② 教育部等六部门关于加强新时代高校教师队伍建设改革的指导意见 [EB/OL].（2020-12-20）[2021-01-04].
http://www.moe.gov.cn/srcsite/A10/s7151/202101/t20210108_509152.html.

确："有条件的高校可探索实行教师职务聘任改革，设置助理教授等职务。"[①] 这些文件为"预聘－长聘制"的不断完善和发展提供了规范指导。

总体来说，由于我国高校教师岗位起初属于事业编制，此种编制是一种"实质长聘"，不但没有预聘期，而且教师不完成指定工作任务也不会被辞退。历史上，我国高校教师的聘用本身就具有很强的职业安全感和长期聘用的特点，因而在整个改革过程中，教育行政部门和相关高校考虑的主要是由"长聘"转变为部分"非长聘"，用以打破"铁饭碗"所带来的"躺平"现象。这与美国研究型大学设立"预聘－长聘制"的缘起不同，但最终可以走向同一个平衡点。

我国高校"预聘－长聘制"的改革和探索，一是通过预聘期的设置，增强了高校人才引进吸引力，提升人才质量。通过预聘期考察和高要求的评估，以及相对应的充足资源，选拔出一批有学术潜力的优秀青年教师。二是促进了高校教师队伍合理流动。通过"非升即走""非升即转"等形式，促进师资队伍不断优化。三是提升了高水平教师队伍的稳定性。从目前的成效看，"预聘－长聘制"改革在教师增强学术水平和稳定职业安全保障等方面产生了积极作用，是我国高校人事制度改革的重要方向选择。

本次访谈涉及各高校的预聘岗位、晋升要求、晋升岗位、后续路径、特殊约定、退出机制、淘汰率、困难点等，因人事工作的敏感性，部分高校作选择性回答。综合各校情况，可以梳理出典型高校"预聘－长聘制"师资队伍建设的基本情况，如表 1 所示。

表 1　典型高校"预聘－长聘制"师资队伍建设基本情况

观测点	基本情况
预聘岗位	助理教授、预聘副教授、准聘副教授、长聘教轨副教授、青年研究员、特聘研究员、特别研究员等
晋升要求	一般为 6 年，最长 8 年，有的 3 年后可申请提前晋升；可有 1-2 次机会
晋升岗位	长聘副教授、常任教职副教授、副教授等
后续路径	长聘教授、校内高层次人才称号（如领军学者）等
特殊约定	部分高校助理教授和教轨副教授因学术活动需要，经批准可使用副研究员或研究员开展学术活动；部分高校长聘副教授可同时获得教授职称
退出机制	未通过评审不再聘任，部分高校在一定条件下可转聘非专任教师岗位
淘汰率	总体不高，最高的约 30%
困难点	编制短缺、博士生指标短缺、经费不足等

（二）我国高校"预聘－长聘制"的典型模式

国内对于我国高校"预聘－长聘制"模式有很多研究，如武汉理工大学李志峰提出

[①] 人力资源和社会保障部　教育部关于深化高等学校教师职称制度改革的指导意见［EB/OL］.（2021-1-27）［2021-01-27］. http://www.moe.gov.cn/jyb_xwfb/gzdt_gzdt/s5987/202101/t20210126_511106.html.

休克疗法、另有炉灶、混合制改革三种模式①。根据前期调研和工作实践，本文认为我国借鉴预聘长聘制改革的模式主要可分为以下三种：

1. 全盘改革模式。学校按岗位需求启动全体教学科研并重系列教师的聘用流程，对达到新的学术标准的教师给予长聘教职岗位；其余教师转为合同制的预聘期教师，如能在一定的合同期内完成岗位期评估将确定新的聘用方式，否则将不再继续聘用。

2. 双轨并行改革模式。该模式同时保留了老体系（即常规体系）和新体系（即长聘体系）教师发展通道。对老体系教师按老办法进行身份管理和岗位管理；新引进的教学科研并重型教师全部按"预聘－长聘制"进行管理，新、老体系教师有不同的晋升路径。

3. 逐步并轨改革模式。该模式是对新引进的教师采取"预聘－长聘制"管理模式，老体系一般不再新引进教学科研并重型教师；同时，持续选拔老体系教师中的优秀者给予长聘教职，进入新体系。通过时间的推移，逐步减少老体系教师数量，最终实现单轨运行。其中，设置老体系教师进入长聘教职的通道以及不再引进老体系的教师是该模式的核心做法。

在前期调研的高校中，采用第一种模式的凤毛麟角，第二和第三种模式均有高校采用。

（三）我国高校"预聘－长聘制"的路径选择的主要因素

赵丹龄认为，中国高校借鉴美国终身教职制度需要探索和试点，既要吸取经验和教训，又要结合实际，探索建立有中国特色的终身教职制度②。本文认为，我国各高校在借鉴美国"预聘－长聘制"改革提升自身师资队伍过程中主要可以考虑以下几方面的因素，从而选择更适合高校自身校情的改革路径模式。

1. 高校类型和发展阶段

教育部发布《教育部关于"十三五"时期高等学校设置工作的意见》明确提出，我国高等教育总体上可分为研究型、应用型和职业技能型三大类型。研究型高等学校主要以培养学术研究的创新型人才为主，开展理论研究与创新，学位授予层次覆盖学士、硕士和博士，且研究生培养占较大比重。应用型高等学校主要从事服务经济社会发展的本科以上层次应用型人才培养，并从事社会发展与科技应用等方面的研究。职业技能型高等学校主要从事生产管理服务一线的专科层次技能型人才培养，并积极开展或参与技术服务及技能应用型改革与创新③。本文认为，职业技能型高等学校不适合进行"预聘－长聘制"改革，应用型高等学校可以探索"双轨并行改革模式"，即通过设置一个特区用于

---

① 李志峰. 高校长聘教职制度：实践困境与改进策略［J］. 清华大学教育研究，2017，38（4）：27-33.

② 赵丹龄，郑承军. 美国终身教职制度与中国式借鉴［N］. 中国教育报，2014-08-18（3）.

③ 教育部关于"十三五"时期高等学校设置工作的意见 [EB/OL]. http://www.moe.gov.cn/srcsite/A03/s181/201702/t2017 0217_296529.html.

吸引一部分非常具有学术发展潜力的青年教师加盟该校，但特区范围应当"小而精"。对于研究型高等学校中双一流建设高校皆可以进行"预聘－长聘制"改革，具体模式可以根据其发展阶段选择相应的模式。

2. 高校资源和财力状况

前文已经总结了"预聘－长聘制"具有"充足资源保障"这一特征，这也意味着要进行"预聘－长聘制"改革必然需要对长聘体系教师给予更多的资源，这包含更高的薪酬待遇、住房津贴以及科研启动经费。这一方面有利于吸引海内外优秀的青年人才，另一方面也必然对要改革高校的财力和资源配置能力提出了更高的要求。本文认为，进行全盘改革模式的高校必须具有很强的财力支撑以及医疗、子女教育、住房等全面的资源配置能力，从调研的情况来看，目前只有清华大学和北京大学按照此种模式进行了"预聘－长聘制"改革。大部分双一流高校进行的改革都可以依据自己的财力和资源配置能力选择逐步并轨改革模式或双轨并行改革模式。另外，对于新成立的民办属性的研究型大学，如西湖大学、南方科技大学等，由于其没有事业编制的约束，师资队伍建设不存在"存量"的问题，可以根据其充足的财力和资源总量情况采用全盘改革模式。

3. 高校学科特点及水平

不同类型的学科在其人才发展评价具有不同的时间特点。相对而言，理科尤其是数学学科需要更长的评价周期，人文社科尤其是人文学科的成果积累具有更长的周期性。因此，综合类高校和理工类高校更适合逐步并轨改革模式或全盘改革模式，而文科类高校则更适合双轨并行改革模式。针对选择双轨并行改革模式的高校在"预聘－长聘制"试点的学科也可以根据学科的发展阶段及特点选择是否进行师资队伍的长聘体系建设。例如，在教育部学科评估结果较好的学科，可以考虑进行"预聘－长聘制"改革，这有利于人才引进，同时也对人才进校后的发展提供了平台信心，可以更好地促进"预聘－长聘制"改革。

三、推进高校"预聘－长聘制"改革的路径优化与建议

（一）立足国情校情，制定符合自身特点的师资队伍建设路径

我国研究型大学"预聘－长聘制"改革的实践表明：在积极借鉴包括美国终身教职制度在内的国外高校师资队伍建设经验的同时，应注重结合中国国情、学校校情，制定符合自身特点的高水平师资队伍建设路径。以是否有利于增强师资队伍整体的创新与活力、是否有利于优秀人才脱颖而出、是否有利于增强教师教书育人的自觉、是否有利于激发教师围绕"四个面向"开展科学研究作为师资队伍建设路径设计的重要考量。"预聘－长聘制"是当前我国高校人事制度改革的重要方向选择，但也非"百校一面"，需要

在对学校的发展阶段、学科特点、师资队伍现状、整体财力和资源配置水平等充分研判的基础上，设计优化"预聘－长聘制"师资队伍建设路径。同时，考虑到在相当长的时间内双轨并存的可能性，应积极建立"人人皆可成才"的制度环境，统筹长聘体系和常规体系师资队伍发展，在充分考虑长聘体系教师职业发展的同时，兼顾常规体系教师的职业发展和资源保障。

（二）强化过程管理，形成系统的预聘期人才培育体系

高校要进一步完善"预聘－长聘制"教师聘用流程和发展阶梯。要以严把入口关为基础，以长期聘用为目标，以培养扶持为保障，以分类考核为动力。一是，要合理设定教师准入门槛，并将教师思想政治和师德师风建设始终摆在第一位，进一步完善人才引进流程。二是，要进一步加强教师思想政治工作，引导广大教师胸怀"国之大者"，围绕"四个面向"，研究真问题，真研究问题，努力使问题真解决。三是，要进一步优化人才成长生态环境。对预聘期教师，学校应坚持"重培养轻淘汰"的理念，建立符合青年教师发展的培养体系和成长阶梯，如设立青年教师导师制、教学能力提升计划、科研支持计划、首聘期诊断型评估等，缓解其职业压力，支持其职业发展，使绝大多数预聘期教师通过正常的努力，可以获得长聘教职。四是，要兼顾晋升考核标准的明确性与灵活性，在明确预聘期教师考核晋升基本要求的同时，对确需开展"十年磨一剑"研究的教师，可考虑长周期考核评价。五是，要强化预聘期教师考核晋升中的教书育人要求。从支持学术发展出发，预聘期教师在首聘期可有一定的教学工作量减免，但应有相应的随堂听课、提升教学能力的要求；要强化其参与学生思政工作的要求，特别是承担本科生班主任、班导师等的要求。

（三）增强社会认同，形成国家层面高校人才优化配置体系

"预聘－长聘制"的顺利实施还需要在加强对教师的人文关怀和强化社会认同上下功夫。一是，要为青年教师群体充分解释好相关政策，从而使大多数"预聘期"青年教师能在情感上理解改革的目标、在价值上认同改革的意义、在行动上真正参与改革。二是，要留有政策执行的空间，对经过评估后认为所开展科研工作确需长周期研究的教师、生育子女的女教师（根据科技部等13部委《关于支持女性科技人才在科技创新中发挥更大作用的若干措施》）等特殊情况，可适度延长预聘期。三是，要逐步营造并形成认可"预聘－长聘制"的社会环境，如（1）不断完善教师流动的顶层设计，通过高校和人才市场协力，做好教师流动的服务保障，使流动的教师尽可能在本地区或中西部地区获得新的可发挥自身作用的岗位。（2）教育行政部门应鼓励不适合进校"预聘－长聘制"改革和选择"双轨并行改革模式"的高校从"全盘改革模式"和"逐渐并轨改革模式"的高校中积极引进优秀人才，从而形成国内人才培育的分层分类发展体系。

党的二十大报告指出，要深入实施人才强国战略。对高校而言，必须持续坚持"人才强校"战略，加快人才引进、培养和使用，聚天下英才而用之。要不断提高人才工作的政治站位，持续优化高校"预聘－长聘制"师资队伍建设路径，努力形成与中国特色世界一流大学建设要求相匹配的高水平师资队伍。

拔尖人才培养与企业科技创新

陈　劲 [①]

摘　要：培养拔尖人才、强化企业科技创新可为社会和经济发展注入源源不断的创新动力，有助于推动企业在科技领域取得突破性进展，进而提升整个国家的科技实力和国际竞争力。党的二十大关于教育、科技与企业的发展提出了新的战略要求，强调了培养拔尖人才和强化企业科技创新对于国家建设的重要性。中国在人才培养方面虽取得较快的发展，但也面临诸多挑战。落实党的二十大精神，需要在培养复合型创新人才、激发学生的创造力和进取能力、重视基础学科建设以及促进跨学科和跨学院的整合等方面综合施策。

关键词：拔尖人才培养；企业科技创新；可行路径

一、国家对教育、科技与企业发展的战略要求

党的二十大报告指出，"要坚持教育优先发展、科技自立自强、人才引领驱动，加快建设教育强国、科技强国、人才强国，坚持为党育人、为国育才，全面提高人才自主培养质量，着力造就拔尖创新人才，聚天下英才而用之。"同时指出，"加快实施创新驱动发展战略"，这是一个科技上的总要求，是我国经济发展的经验。要加快实现高水平自立自强，自立就是要解决关键核心技术"卡脖子"的问题，自强就是要提出一些原创性的技术，包括原创性的科学理论。我国已经不是追赶型的发展，而是要去做原创、做引领，要解决战略性、全面性、前瞻性的科技项目攻关问题。这首先要求我们要有提出好的项目的能力，怎么提出一些战略性、前瞻性和全局性的科研项目是非常重要的。

党的二十大报告强调，要强化企业科技创新主体地位，明确科技型骨干企业的主导地位，融通创新链产业链资金链。这是对企业的要求，要求企业有科学、有技术、有创新。以前企业只需要做技术与工程，现在需要企业来做科学，这就要求我国高等教育领域的人才进入到企业进行科技创新，而且要起到引领支撑作用，推动国家创新链的形成

---

① 陈劲，清华大学经济管理学院教授，清华大学技术创新研究中心主任。

与发展，因为创新链的水平高，就可以促进产业链的发展。所以核心是"双链"推动，"双链"推动的核心是创新链的发展。

企业家精神其实就是不断创新变革的精神。世界一流企业的十六字方针"产品卓越、品牌卓著、创新领先、治理现代"，其中"创新领先"不仅仅是守住我们目前的关键核心技术攻关问题，同时还要求企业走在科技创新前沿。这些对下一步我国高等教育、基础教育、人才培养的规格和要求产生了一些比较大的变化，希望中国企业将来能成为技术创新决策、研发投入、组织和成果转化的主体，我们要努力培养出世界一流创新型企业和具有颠覆性创新能力科技型中小微企业。

未来，企业进一步成为技术创新决策、研发投入、研发组织和成果转化的主体，努力培育十余家世界一流创新型企业，数十家创新型领军企业，持续拥有一批具有自主创新能力和核心技术的创新型企业，形成数以万计的具有颠覆性创新能力的科技型中小微企业。这是我们团队组织的国家技术创新工程"十四五"规划的一些主要内容，这里面决策很多，决策就是提出问题，提出问题的能力要比解决问题的能力要求高得多，所以决策主体只能是企业来完成，这非常重要。

二、我国科技领军企业代表——中国中车科技人才建设状况

中国中车是我国优秀创新企业代表，我国自主创新的一个成功范例就是高铁，从无到有，从引进、消化、吸收、再创新到自主创新，现在已经领跑世界。

高铁成功的经验包括：国家战略举国体制、产业链创新链双链融合，还有最关键的高效稳健管理体制，包括价值至上的精益管理体系、数字赋能驱动数字化转型、光荣奋进的工程创新人才队伍和新时代企业文化国家名片（见图 1）。

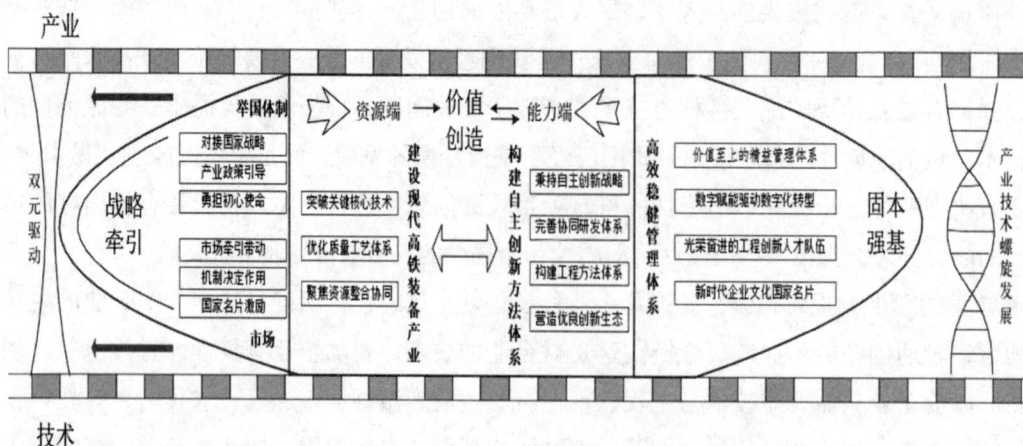

图 1　中国高铁装备自主创新管理模式

而中国中车能高质量发展的核心是，拥有非常高层次的科技创新人才队伍，形成了

2 名院士、10 名百千万人才工程专家，15 名中车科学家、88 名首席专家、486 名资深专家、2430 名技术专家，28791 名工程技术人员的科研团队，构建了一个庞大的科技创新体系，有从院士、首席到技术专家、工程科技人员将近三万名的人才体系，助力中国高铁自主创新水平的世界领先（见图 2）。

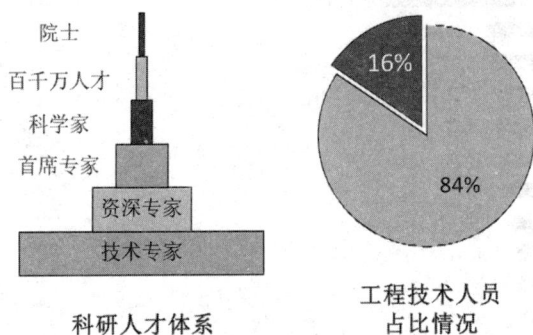

图 2　中国高铁人才队伍建设情况

高铁是我国产业创新非常重要的标志性成果，为什么成功？主要受益于人才培养能力强。

当前，我国人才队伍规模快速壮大，我国已经拥有一支规模宏大、素质优良、结构不断优化、作用日益突出的人才队伍，人才工作站在了一个新的历史起点上。但同时，我国当前面临着"创新型科技人才结构性不足矛盾突出，世界级科技大师缺乏，领军人才、尖子人才不足，工程技术人才培养同生产和创新实践脱节"的问题。这个问题比较尖锐，我们要积极应对。

三、我国科技人才队伍研究分析

为深入分析我国科技人才队伍的发展现状，并与国外比较优势和不足，我们团队重点开展了四个课题研究。

（一）课题 1：国际科技人才队伍的比较分析

重点从五个方面进行了分析。一是 R&D 研究人员（全时当量）。我国自 2012 年赶超美国成为全球第一后，我国研究人员总量逐渐与美国拉开差距，且总量差距愈发明显，2019 年中国的 R&D 研究人员总量为 210.9 万人年，比美国多出了 50 万人，而且我们在最近十年，科技人才总量增加了近 90 万人，增幅高达 74.2%，呈现出快速上涨趋势，日本一直位列全球第三，数量维持在 65 万左右，而全球第四位的竞争则十分激烈，韩国、俄罗斯和德国在最近几年进行了激励的角逐。我国研发人员总量第一，增速第一，这是我们的优势，我们有信心在本世纪中叶成为世界最强的科技强国，这个基础是非常牢靠的。

二是 STEM 专业毕业生总量。STEM 专业毕业生总量最高的是中国，高达 206.1 万人，比第二名的美国多出 120 余万人，比第三名俄罗斯高出 138 万人，而其余国家的 STEM 专业毕业生总量相对较低，均未超过 30 万人。我国这个优势非常明显。

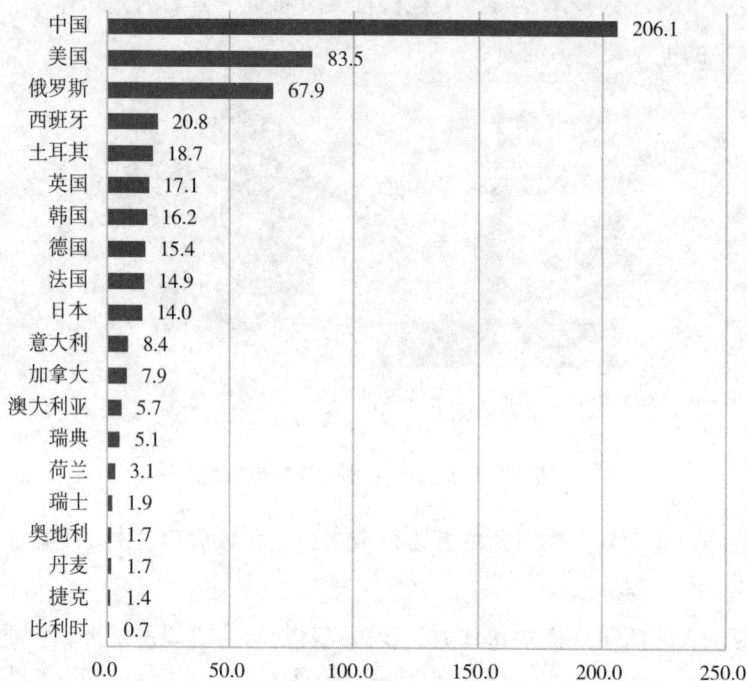

图 3　2019 年 STEM 专业毕业生总量

从近 10 年的趋势来看，中国 STEM 专业毕业生总量呈现出快速上涨态势，由 2010 年的 128.9 万人飙升至 2019 年的 206.1 万人，增长幅度高达 60%。此外，我国 STEM 专业毕业生的增速年均为 5% 左右，具有较大增长潜力，而瑞士和西班牙的年均增速虽然超过 13%，但这两个国家毕业生总量基数小，在短期内难以实现赶超。

三是高被引科学家。美国高被引人才数量远高于其他国家，尤其在 2017 年之后高被引科学家数量大幅增加，当前美国占比达到 39.7%。中国于 2019 年超越英国成为仅次于美国的高被引人才大国，自 2018 年以来中国高被引作者数量的增速为 6.3%，但与第一名美国的差距仍旧显著。

四是 STEM 专业博士毕业生占比。我国有高水平的人才竞争基础，教育结构规划比较好，总量规模也遥遥领先，那反过来要重点关注培养质量问题。我国毕业生比较多，但是博士毕业生数量较少。2019 年，法国和加拿大的 STEM 专业博士毕业生占比高达 70% 以上，中国当前占比接近 65%，位列全球第三。与 STEM 本科毕业生占比排名相比，我国 STEM 博士毕业生占比的排名偏低，说明我国 STEM 专业博士生的培养力度不足，博士培养结构要优化，要向理工科倾斜，适当减少文科，因为目前理工科仍是关键，是时代核心（见图 4）。

国家	百分比
法国	73.7%
加拿大	70.0%
中国	64.4%
丹麦	63.2%
瑞典	60.5%
澳大利亚	60.1%
俄罗斯	59.8%
西班牙	59.7%
瑞士	59.0%
奥地利	58.6%
捷克	58.5%
英国	57.7%
比利时	57.4%
意大利	57.4%
美国	55.7%
德国	53.1%
韩国	46.4%
日本	45.6%
土耳其	44.9%
荷兰	39.7%

0.0%　10.0%　20.0%　30.0%　40.0%　50.0%　60.0%　70.0%　80.0%

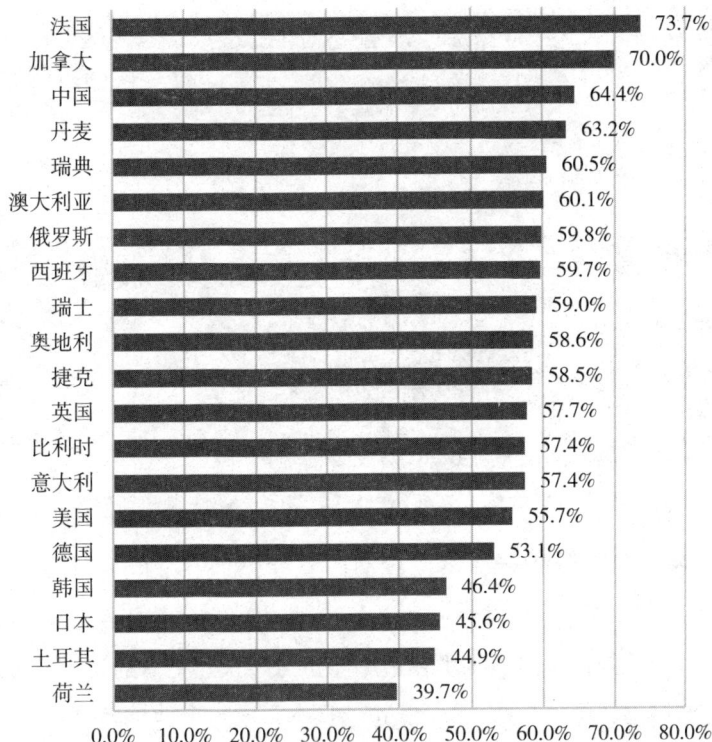

图 4　2019 年 STEM 专业博士毕业生占比

五是在 PCT 专利申请。在 2019 年之前，美国一直在全球 PCT 专利申请量中排名第一，中国作为后起之秀，在最近 20 年间专利申请量呈现出指数增长态势，先后超越德国、日本，并于 2019 年超越美国成为全球 PCT 专利申请量第一大国，中国在 2020 年专利申请数量高达 6.9 万件，比美国多出 1 万余件。

总体上看我们已经做得非常好了，但要看到我们距离世界一流国家还存在差距，比如人均研发人员总量等，所以中国应重视高质量科技人才培养，同时关注全民科技能力提升。我国产学结合、科教结合如何进一步落地，如何培养拔尖工程科技人才，这是我们当前和今后一段时间致力于科技强国建设的关键。

（二）课题 2：科技强国建设评价体系

按照"科技强国"建设总体目标，我们分成"科学强国、技术强国、创新强国、创新条件"四个评价指标，其中科技人才方面，我们把 STEM 专业本科毕业生占比、STEM 专业博士毕业生占比作为一个重要考核指标（见图 5）。

一级指标	二级指标	三级指标	四级指标	指标属性	单位
科学强国	科学创新	知识创新	国外主要检索工具收录的科技论文数	正向	个
			高被引科技论文比例	正向	%
			每万人R&D人员科技论文数	正向	篇
		知识成果	顶级科技奖项获奖数量	正向	%
技术强国	技术创新	技术效益	高技术产品出口额比重	正向	%
			知识产权收入	正向	美元
		技术成果	PCT国际专利数	正向	个
			每千人专利申请量	正向	个
创新强国	创新强国	企业创新	欧盟研发投入50强企业	正向	分
			BCG世界最有创新的企业	正向	分
创新条件	科技人才	科技人才规模	研究人员总量	正向	人
			每万人就业人员中R&D研究人员数量	正向	人/年
		科技人才结构	高被引科学家人数	正向	人
			STEM专业本科毕业生占比	正向	%
			STEM专业博士毕业生占比	正向	%
			STEM专业毕业生数量	正向	万人
	资金经费	经费投入	R&D经费支出占GDP比重	正向	%
			每万人R&D经费投入	正向	万元

图 5　科技强国指标体系（2023 年版）（清华大学技术创新研究中心）

按照以上科技强国评价指标体系，我们研究合成了一个世界科技强国发展指数，2020 年数据显示，美国是世界科技强国第一位，瑞士第二，德国第三，韩国第四，瑞典第五，中国第六，中国的科技发展水平在近十年进入了快速上升通道，从 2010 年科技发展水平远低于全球均值，但到 2020 年已经超越日本，成为全球排名第六的科技强国，中国科技强国建设取得了巨大进展（见图 6）。

科技强国	2010年	2011年	2012年	2013年	2014年	2015年	2016年	2017年	2018年	2019年	2020年
美国	0.576	0.615	0.617	0.656	0.666	0.647	0.671	0.684	0.694	0.702	0.722
瑞士	0.411	0.430	0.438	0.447	0.446	0.437	0.439	0.441	0.432	0.448	0.431
德国	0.309	0.322	0.332	0.357	0.363	0.354	0.358	0.376	0.380	0.375	0.365
韩国	0.256	0.274	0.286	0.294	0.298	0.305	0.308	0.321	0.340	0.348	0.363
瑞典	0.330	0.339	0.346	0.342	0.344	0.352	0.342	0.345	0.343	0.347	0.354
中国	0.183	0.192	0.210	0.210	0.222	0.237	0.242	0.263	0.286	0.295	0.327
日本	0.346	0.345	0.350	0.339	0.353	0.333	0.316	0.313	0.327	0.324	0.317
丹麦	0.290	0.309	0.315	0.310	0.311	0.316	0.327	0.313	0.311	0.307	0.308
英国	0.298	0.277	0.283	0.293	0.281	0.294	0.309	0.303	0.298	0.304	0.298
比利时	0.259	0.261	0.269	0.295	0.274	0.269	0.276	0.274	0.277	0.284	0.287
奥地利	0.253	0.266	0.272	0.279	0.293	0.280	0.293	0.281	0.282	0.291	0.283
法国	0.281	0.277	0.280	0.278	0.302	0.277	0.283	0.283	0.282	0.279	0.275
加拿大	0.248	0.257	0.252	0.256	0.258	0.264	0.246	0.246	0.261	0.245	0.244
意大利	0.225	0.221	0.228	0.234	0.241	0.241	0.234	0.232	0.241	0.231	0.234
捷克	0.172	0.183	0.186	0.194	0.207	0.207	0.202	0.203	0.205	0.207	0.206
俄罗斯	0.086	0.070	0.073	0.089	0.098	0.096	0.101	0.112	0.114	0.124	0.128
土耳其	0.125	0.116	0.109	0.097	0.120	0.127	0.132	0.118	0.118	0.119	0.118

图 6　世界科技强国发展指数

但中国前面还有五位，跟这五个国家相比我们差距在哪里？

从科学强国维度来看，美国呈现出波动上涨，一直保持在全球首位。瑞士一直稳居全球第二，英国和意大利分别位列第三和第四，中国在 2019 年赶超加拿大在科学强国方面位居第五。

从技术强国维度来看，前三名分别是美国、日本和瑞士，中国的技术强国指数在 2015 年后增速较快，2020 年已赶超英、法、日位居全球第七。

从创新强国维度来看，美国位居第一，德国位居第二，日本已由最初的第二跌出全球前三，中国在 2020 年超越日本位列第三，表明中国创新能力在近十年得到较大提升，特别是企业十分注重科技研发投入。

从科技发展条件维度来看，除美国以外，韩国、瑞典、奥地利、比利时和丹麦等国家排名较为靠前，这些国家在科技投入和科技创新人才培养方面表现较为突出。而中国在科技发展条件维度上排名较为落后。

中国在科学强国和创新强国维度上表现较为优异，但当前中国在技术强国和科技发展条件两个维度上仍有一定差距，特别是科技发展条件与美国的差距相对较大。从创新条件维度来看，加大科技人才支持力度和增加研发经费是助力国家科技进步和综合国力提升的关键。

（三）课题 3：高校原始创新

要持之以恒加强基础研究，这是迈向高水平科技自立自强的核心，特别是破解关键核心技术"卡脖子"问题、形成未来技术和未来产业的根本保障。所以根据这一要求，我们最近又做了第三个课题——"高校原始创新"，因为高等学校将来的发展重点就是原始创新，这非常关键。

我们把原始创新分为"原始科学、原始技术和原始工程"三大类创新，覆盖创新环节越多的原始创新成果，是越希望被看到的，也是我国原始创新需要努力的方向。例如，像早期北大方正集团的"汉字信息处理与激光照排系统"就是原始性技术创新，从理论到技术到工程都比较原创。科学创新有如清华大学的薛其坤教授团队的量子反常霍尔效应的实验发现，工程创新有湖南科技大学"海牛二号"海底钻机等。

针对高等学校原始创新成果，我们从"外部指标与内在特征"两个维度也设计了一些指标（见图 7）。

	原始创新成果筛选依据
原始创新 成果外部指标	发表的国际顶级期刊论文（如**nature**、**Science**等）
	国家自然科学奖
	国家技术发明奖
	国家科学技术进步奖
	十大科技进展
	国家专利金奖
	省市科学、技术发明、科学技术进步奖等
	教育部科技创新重大成就
	教育部十大科技进展
原始创新 成果内在特征	突破什么及怎么突破
	突破开辟的新领域及其意义和前景
	主要创见及核心贡献
	相对长期而广泛的同行评议

图 7　原始创新成果外部指标与内在特征

结合上述评价指标，我们团队收集、筛选了 1400 多个以高校为第一完成单位的原始创新成果案例。统计下来，北京的原创成果数量排名第一，除此之外，江苏、上海、浙江、陕西、湖北等地区在全国排名前十位，属于高水平创新。

我们高校原创成果主要是技术创新，占比 73%，工程创新也不错，占比 23%，但是科学创新比例较小，仅有 4%，这就说明这方面要加强。从产生原创成果的高校属性来看，综合性大学原创比较多，占比 73%，为什么？因为这类高校的学科丰富全面，有利于创新（见图 8）。

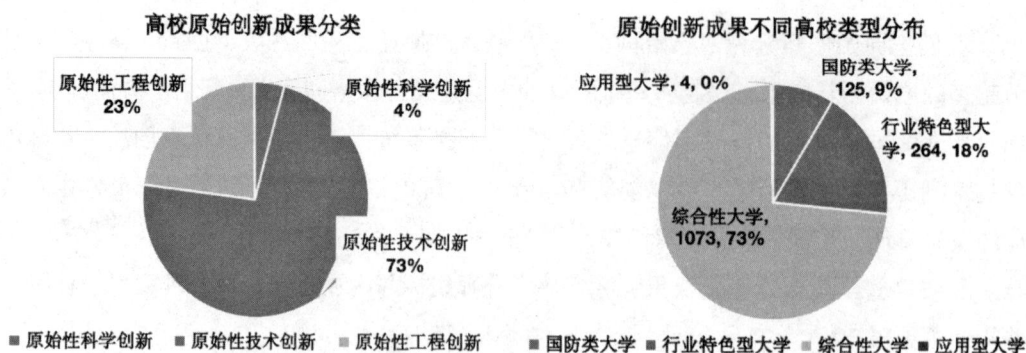

高校原始创新成果分类

原始性工程创新 23%
原始性科学创新 4%
原始性技术创新 73%

■ 原始性科学创新　■ 原始性技术创新　■ 原始性工程创新

原始创新成果不同高校类型分布

应用型大学，4，0%
国防类大学，125，9%
行业特色型大学，264，18%
综合性大学，1073，73%

■ 国防类大学　■ 行业特色型大学　■ 综合性大学　■ 应用型大学

图 8　高校原始创新案例成果分析

那么从具体学科来看，工程材料学科的原创成果比较多，这个是优势，那反过来有什么不足？数学科学比较少，仅有 1% 的原创成果，以及生物科学、环境与生态科学等学科也存在不足（见图 9）。

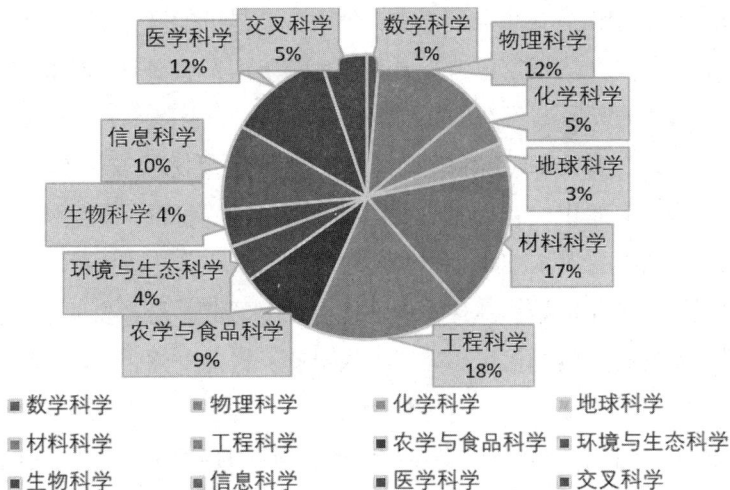

图9　高校原始创新案例学科分布图

　　我们调查了很多案例，怎么才能算原创？它们为什么能够创新？我们选取了清华大学薛其坤院士团队和北京化工大学张立群教授团队为例。

　　（1）薛其坤院士团队。

　　清华大学薛其坤团队因"量子反常霍尔效应的实验发现"获得2018年度国家自然科学一等奖。以下是我们总结薛其坤院士团队成功的关键因素：

　　①敢于挑战。敢于研究量子反常霍尔效应这一最难的科学问题。

　　②坚持不懈。薛其坤是有名的"7-11"教授，带领团队长时间刻苦奋战，攻克实验难题。

　　③长期积累。从1992年攻读博士学位起，薛其坤就一直从事薄膜生长动力学的系统研究，积累了20余年的经验。有20多年薄膜生长动力学研究经历，他能够对样品生长过程进行精确控制的，达到世界领先水平。

　　④国家和学校的场地和实验设备支持。实验室位于清华大学校内，有五套世界顶级的精密实验系统及世界顶尖的实验技术水平。

　　⑤合理的激励机制，如杰出青年基金，百人计划等。

　　⑥广泛的跨团队合作。清华大学、中国科学院物理研究所和斯坦福大学三方研究机构通力合作。

　　（2）张立群教授团队。

　　北京化工大学张立群团队率先在国际橡胶界提出生物基工程弹性体、纳米增强逾渗机制以及橡胶材料跨尺度模拟基因工程等一系列概念，在高性能橡胶纳米复合材料、绿色橡胶材料和特种功能橡胶材料等领域取得多项具有国际先进或领先水平的成果，并转化应用于众多企业。以下是我们总结的张立群教授团队成功的关键因素：

①强化社会需求导向。在张立群心中，创新就要尽可能做大事、做领先的事情、做国家和大家都着急的事，从国家急迫需要和长远需求出发做研究。放弃追踪、仿制，跟随别人，开发原创性的产品。

②锤炼创新思维。要深刻理解和主动感知人类生活、科技、未来发展中的重大需求，以重大需求为导向，有意识、有目的地去发展一些先进的材料。理解从设计到合成、制备、应用全链条，可以更节省时间，更好地能提高效率。

③敢于钻研基础科学问题。抓住本领域或者细分领域的最主要的基础科学问题，依靠先进的手段把基础科学问题逐步研究得更深更透。这是支撑张立群团队理解问题、进行技术创新的必要条件，是基础科学问题。

④注意产学研全链条的合作。企业在实践原创的过程中，把产学研最优秀的队伍抓到手，通过科研体制，解决重大需求问题，从而实现盈利。道恩集团有限公司和北京化工大学张立群教授团队、中策橡胶集团股份有限公司正在联手攻关"热塑性高气体阻隔高柔性内胎技术"，可望变革目前高耗能、长流程、人员密集、设备密集的内胎生产工艺。

这些典型案例对怎么推动高校产生原创成果有借鉴意义，我们总结下来主要有三个层面因素：

①个人因素：不同类型的高校原始创新成功关键因素最多频次强调创新素养，我们需要个人因素的强化，包含创新人格、创新思维、创新知识和创新实践等，缺一不可，我们提出创新发展就是从创新思维的角度出发。

②组织因素：跨团队交流，跨学科交叉、产学研协作为主导因素。

③环境因素：政策占据主导因素，如评价体系、激励机制、科研管理模式等。

我们总结高校原始创新关键成功核心就是要抓住这三个层面因素来促进（见图 10）。我们排列一下，无论是科学创新、技术创新、工程创新，第一位都强调个人因素，因此，"个人"是不同类型高校原始创新的关键。组织和环境因素共同作用于个人的创新素养和创新动力。在组织和环境的推动下，具备创新能力的个人抓住长期攻关或者"偶发"的机会，产生原始创新成果（见图 11）。

关键成功因素维度：★个人因素；◐组织因素；◇环境因素，排序因素被提及频次占所有案例比例从高到低排序

原始创新成果 类型 层次排序	第一因素	第二因素	第三因素
科学创新	★	◇	◐
技术创新	★	◇	◐
工程创新	★	◐	◇

图 10　高校原始创新关键成功因素排序

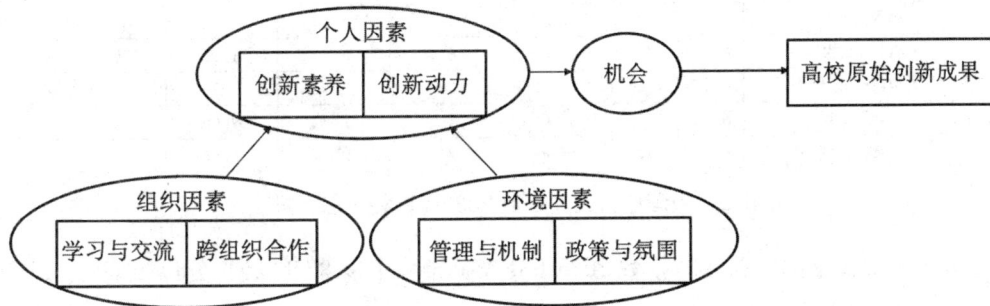

图 11　高校原始创新机理—多层次关键要素

通过三个课题，从宏观和微观的角度来研究，都要把"培养拔尖人才"作为发展的关键。所以这里我们提出一个新的概念就是"创新人才"，因为从经济增长理论来看，创新人才是一种特殊的经济要素，即其作为人力资本扮演重要的核心要素职能，又参与构建代表技术发展水平的指数级系数。可以说，创新人才是推动经济长期高质量发展的根本动力和保障，一个国家、地区或城市的综合竞争力越来越依赖于创新人才的数量和质量。创新人才指数是反映一国、区域或城市人才数量和质量变化的动态相对数，是评价创新人才发展水平和程度的重要指标。

（四）课题 4："中国创新人才指数报告"

我们团队在对科技人才队伍进行深入研究的基础上，积极响应 2021 年中央人才工作会议精神，联合深圳市人才集团有限公司开展"中国创新人才指数"研究工作，其中高校指数榜单设立了"创新学术人才、商业管理人才、大国工匠人才、商业创业人才、创新创业人才"5 个维度的评价指标体系。并形成了以下综合排名（见图 12）。

单位	综合		创新学术人才	商业管理人才	大国工匠人才	商业创业人才	创新创业人才
	得分	排名	得分	得分	得分	得分	得分
清华大学	87.99	1	87.07	100.00	78.18	100.00	69.06
北京大学	84.34	2	89.76	72.67	74.29	68.65	71.32
浙江大学	73.73	3	75.79	74.00	66.12	78.38	81.13
上海交通大学	72.28	4	70.60	74.67	72.65	79.46	84.91
南京大学	70.85	5	72.72	71.33	64.08	66.49	77.36
西安交通大学	68.73	6	68.01	70.00	70.61	65.41	83.40
山东大学	68.47	7	70.51	72.00	60.00	61.08	84.15
中国科学技术大学	68.29	8	73.89	62.67	62.04	64.32	67.55
复旦大学	67.69	9	69.89	64.00	68.87	64.32	68.30
吉林大学	67.22	10	69.45	71.33	60.00	63.24	67.55
华中科技大学	66.93	11	65.83	74.67	60.00	66.49	83.40
中南大学	66.92	12	65.65	78.00	60.30	63.24	71.32
哈尔滨工业大学	66.83	13	69.19	64.00	66.33	63.24	71.32
武汉大学	66.74	14	69.00	68.00	60.30	65.41	73.58
同济大学	66.01	15	65.13	66.67	73.24	63.24	70.57
中国人民大学	65.89	16	62.08	81.33	60.00	63.24	62.26
西北工业大学	65.70	17	65.46	66.00	70.61	60.00	75.09
北京航空航天大学	65.20	18	64.09	62.67	70.41	67.57	69.81
厦门大学	65.15	19	63.23	75.33	62.04	61.08	74.34
重庆大学	64.85	20	62.46	72.00	60.00	60.00	100.00

图 12　中国创新人才指数 2023（高校）综合排名

清华大学在中国创新人才指数 2023（高校）排名中以 87.99 的得分位居首位，北京大学以 84.34 的得分位居第二位，得分远超其他高校。浙江大学以 73.73 的得分位居第三位。上海交通大学和南京大学分别是第四位、第五位，这个指标总体反映高校的真实水平，我们希望通过这个排名加快推进高校创新人才培养，希望创新人才的培养跟整体的高校发展匹配起来，促进高等教育的改革。

在细化统计中，我们对中国创新人才高校省份分布进行了统计分析，发现前 100 强高校分布在 25 个省市，其中位于北京和江苏高校累计占比 27%，数量排名前五的省市累计占比高达 48%；排名前 20 的高校分布在 13 个省市，其中，北京和上海相对集中，其余均衡分布在浙江、江苏、吉林、黑龙江、湖南、湖北、安徽、福建、陕西、山东、重庆等（见图 13）。

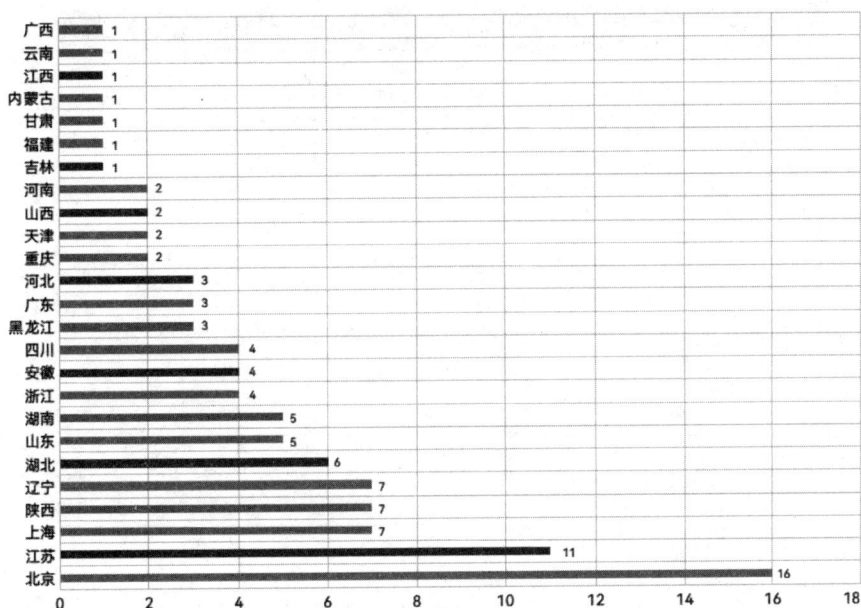

图 13　中国创新人才指数 2023（高校）前 100 强省份分布

细分的"商业管理人才""商业创业人才""创新创业人才"前 20 强排名见图 14、图 15、图 16。

单位	商业管理人才		世界 500 强 CEO	中国 500 强 CEO
	得分	排名	得分	得分
清华大学	100.00	1	100.00	100.00
中国人民大学	81.33	2	73.33	89.33
中南大学	78.00	3	80.00	76.00
厦门大学	75.33	4	66.67	84.00
华中科技大学	74.67	5	73.33	76.00
上海交通大学	74.67	5	73.33	76.00
浙江大学	74.00	7	66.67	81.33
北京大学	72.67	8	66.67	78.67
北京科技大学	72.67	8	66.67	78.67
武汉理工大学	72.67	8	80.00	65.33
山东大学	72.00	11	73.33	70.67
上海财经大学	72.00	11	73.33	70.67
重庆大学	72.00	11	73.33	70.67
吉林大学	71.33	14	66.67	76.00
南京大学	71.33	14	66.67	76.00
中南财经政法大学	71.33	14	66.67	76.00
西安交通大学	70.00	17	80.00	60.00
中国人民解放军国防科技大学	70.00	17	80.00	60.00
华北电力大学	68.67	19	66.67	70.67
中山大学	68.67	19	66.67	70.67

图 14　中国创新人才指数 2023（高校）商业管理人才排名前 20 强

单位	商业创业人才	
	得分	排名
清华大学	100.00	1
上海交通大学	79.46	2
浙江大学	78.38	3
北京大学	68.65	4
北京航空航天大学	67.57	5
华中科技大学	66.49	6
南京大学	66.49	6
南开大学	66.49	6
武汉大学	65.41	9
西安交通大学	65.41	9
复旦大学	64.32	11
华南理工大学	64.32	11
中国科学技术大学	64.32	11
中山大学	64.32	11
北京理工大学	63.24	15
广东外语外贸大学	63.24	15
哈尔滨工业大学	63.24	15
吉林大学	63.24	15
上海财经大学	63.24	15
上海理工大学	63.24	15
同济大学	63.24	15
郑州大学	63.24	15
中国海洋大学	63.24	15
中国人民大学	63.24	15
中南大学	63.24	15

图 15 中国创新人才指数 2023（高校）商业创业人才排名前 20 强

单位	"互联网+"大赛	
	得分	排名
重庆大学	100.00	1
宁波大学	87.92	2
上海交通大学	84.91	3
山东大学	84.15	4
华中科技大学	83.40	5
四川大学	83.40	5
西安交通大学	83.40	5
浙江大学	81.13	8
华南理工大学	80.38	9
电子科技大学	79.62	10
东南大学	78.11	11
广东工业大学	77.36	12
南京大学	77.36	12
南京航空航天大学	76.60	14
南京林业大学	76.60	14
太原理工大学	76.60	14
东莞理工学院	75.85	17
苏州大学	75.85	17
西南大学	75.85	17
浙江工业大学	75.85	17

图 16 中国创新人才指数 2023（高校）创新创业人才排名前 20 强

2021 年 5 月 28 日，在中国科学院第二十次院士大会、中国工程院第十五次院士大会和中国科协第十次全国代表大会上，习近平总书记指出，"当今世界的竞争说到底是人才竞争、教育竞争"。"要更加重视人才自主培养"，"努力造就一批具有世界影响力的顶尖科技人才，稳定支持一批创新团队，培养更多高素质技术技能人才、能工巧匠、大国工匠"。我国的教育是能够培养出大师来的，我们要有这个自信！

四、国家对教育强国和高水平大学建设的要求

我们团队同时也在开展"加快建设教育强国"的相关研究，目前我看到中国教育强国排名位列世界第 23 位，而科技强国排名位列世界第 12 位，说明教育强国差距比科技强国差距更大，对于下一步如何建设教育强国，我们做了一些研究。

（一）国家对教育强国建设的最新要求

党的二十大报告提出"我们要坚持教育优先发展、科技自立自强、人才引领驱动，加快建设教育强国、科技强国、人才强国"，教育优先发展背后是对于人才这一第一资源重要性的充分体现，将育人放在优先位置，以科技自立自强为目的，充分发挥人才第一资源作用和科技创新驱动能力。人才既是科技创新的资源，也是建设高质量教育体系的资源；教育是培养人才的厚土，要与人才战略需求相结合，最终落脚在引领科技创新，才能产生推动经济发展的最大效能，充分发挥教育、科技、人才的基础性、战略性支撑叠加效用。党的二十大报告提出"全面提高人才自主培养质量，着力造就拔尖创新人才，聚天下英才而用之"，强调人才的自主培养是一个新的提法。必须坚定人才培养自信，造就一流科技领军人才和创新团队，培养具有国际竞争力的青年科技人才后备军，更加重视科学精神、创新能力、批判性思维的培养培育。中国发展需要世界人才的参与，中国发展也为世界人才提供机遇。中国必须实行更加积极、更加开放、更加有效的人才引进政策，用好全球创新资源，精准引进急需紧缺人才，形成具有吸引力和国际竞争力的人才制度体系，加快建设世界重要人才中心和创新高地。

（二）国家对高水平大学建设的具体要求

第一，高水平大学更加注重品牌质量。全球已有 100 多个国家高教毛入学率超过 15%，有 50 多个国家超过 50%，有 14 个国家超过 75%。各国的高水平大学建设计划有：韩国有"韩脑计划"（Brain Korea 21，1999）、一流大学项目（World Class University，2008）；日本有 21 世纪 COE 计划（Center of Excellence，2002）、德国有精英倡议计划（2005）；法国有"卓越大学计划"（Initiativesd'Excellence，2006）印度有"卓越大学计划"（Institutions of Eminence Scheme，2017）。我国高等教育 2015 年毛入学率为 40%，超过全球平均水平，2021 年毛入学率为 57.8%，进入高教普及化阶段。我国重点大学建设计划从 985 工程、211 工程到"双一流"建设。我们基本上完成了全球高等教育的大众化阶段，下一步就是抓品质、抓素质。

第二，高水平大学要更加注重全人格教育。1996 年，联合国教科文组织部 21 世纪教育委员会向联合国教科文组织提交《德洛尔报告》，在"学习"的视野下观照"教育"，"开启了"学习为本"的教育时代。《德洛尔报告》提出了"学会求知、学会做事、学会共处、学会做人"四大学习支柱。2017UNESCO 报告《反思教育：向"全球共同利益"

的理念转变？》提出，"学会如何学习从来没有像今天这么重要。"这里特别的是，我们做原始创新的同学要强调使命驱动的学习。

第三，高水平大学更加注重学科交叉。麻省理工学院 MIT 媒体实验室，实现了科技、媒体、科学、艺术和设计的融合，很有参考意义。

第四，高水平大学更加注重国际开放。一流大学普遍把国际化程度作为自身学术实力和办学水平的体现，作为衡量自己国际影响力的重要标志，美国在读研究生中，外国学生约占 40%，其他发达国家的一流大学也是如此。哈佛大学有来自 100 多个国家的学生齐聚一堂。清华大学的国际化能力总体来说比较强，未来还是要继续坚持国际化。

第五，高水平大学更加注重引领社会。企业界对高等教育发展的影响将会越来越强有力；市场需求将成为高等教育发展的强大推动力。前斯坦福大学教务长，硅谷之父弗里德里克·特曼说："如果企业和企业家要使自己长远的明确目标实现，就必须与当地的大学合作。"哈佛大学校长博克《大学与美国的前途》（1990）提到："服务于社会只是高等教育的功能之一，不过却是其最重要的功能之一。当国家面临困难之时，问题不在于大学要不要关心社会上的问题，而是如何尽职尽责地去帮助解决社会上的问题。"斯坦福大学——硅谷创新的源泉，硅谷是世界最为知名的电子工业集中地，引领着世界科技革命和技术创新的潮流。硅谷 70% 的企业总收入是由斯坦福大学的师生创办的企业创造的。社会的进步依赖于高等教育提供先进的科学技术和高素质的专业人才，高等教育也只有在与经济、科技和社会实践的密切结合中才能发展科学技术，培养适应时代要求的人才。

在发展过程中，我们希望由中国的大学引领世界高等教育的发展。这是我们当前的主要目标，也是我们自立自强的关键。

五、国外大学拔尖创新人才培养模式

（一）重视心理学和创造力研究

如果我们想要在今天的世界上保持国际竞争力，需要激发学生的创造力和进取能力。十年前，我翻译过一本书叫《创新者的培养》，作者是美国著名教育学家、哈佛大学教育学院的教授托尼·瓦格纳，他在书中有力地论证了发展创新驱动型经济背后的逻辑。我们教育学需要调整研究的重点，我们要花更多时间研究"什么是创造力"。

在心理学上，对创造力的研究已经有比较系统的定义，创造力研究比较擅长的国家有美国、瑞士等，它们有很多很好的心理学家。我们下一步研究要更重视心理学的学科建设，把心理学，包括科学技术如何促进创造力学科的发展作为研究重点，这是我们拔尖创新人才培养的理论基础。

（二）重视未来研究

面对人工智能等一系列技术创新进步产生的重大不确定性和未来挑战，MIT 于 2018

年春季启动了麻省理工学院未来工作特别工作组。工作组主要开展三大任务：① 新兴技术如何改变人类工作的本质以及使人类在数字经济中茁壮成长的技能？② 我们如何塑造和促进技术创新以补充和增强人类潜力？③ 我们的公民机构如何确保这些新兴创新的成果有助于机会平等、社会包容和共同繁荣？

另外，MIT 联合技术专家、慈善家、商业领袖、政策制定者和社会变革推动者，推出 SOLVE 项目，旨在激励这些领导者推动解决麻省理工学院面临的复杂、重要的未来问题。SOLVE 的四大主题如下：

Learn：由 CSAIL 首席研究员和 edX 首席执行官 Anant Agarwal 策划，将重点关注教育、数字和远程学习。

Make：CSAIL 总监和 Rethink Robotics 首席技术官 Rodney Brooks 策划制作，将深入研究制造、全球基础设施和未来的工作。

Cure：由麻省理工学院教授、麻省理工学院科赫综合癌症研究所附属机构 Phillip Sharp 策划，关注研究护理的可负担性，以及先进的诊断和治疗方法。

Fuel：由麻省理工学院 WM Keck 能源教授 Angela Belcher 策划，重点关注环境可持续性、食品和水安全以及清洁能源。

"解决世界上最紧迫的挑战，部分取决于麻省理工学院所熟知的大胆创新和理念涉及水、食物、能源、人类健康、创新和教育等领域，我们的教师正在开拓新的答案，通过 SOLVE，我们将新的行动理念与能够共同激发和加速有意义变革的人们联系起来"——麻省理工学院教务长马丁·施密特。

（三）加强基础学科建设，形成多样性基础学科群

基础学科建设也是非常重要的，要加强基础学科建设，形成多样性的基础学科群，从而发挥优势基础学科群的合力作用，以基础学科为核心组件追踪科技发展的前沿、交叉、新兴领域，构建面向未来 10—30 年的基础研究储备。很多世界一流研究型大学学科结构设置中，基础学科齐备且实力雄厚，课程覆盖所有基础学科领域，像斯坦福、麻省理工、普林斯顿、哥伦比亚等高校都非常重视博雅教育。（如图 17）

学校	人文科学	社会科学	自然科学
斯坦福大学	历史/哲学/古典文学/比较文学/语言学/英语法语与意大利语	经济学/政治学/东亚研究/德国研究/社会学/心理学/宗教学/人类学	数学/统计学/物理学/应用物理学/化学
麻省理工学院	历史/哲学/文学/语言学/法语德语与西班牙语	经济学/政治学/脑与认知科学/人类学	数学/物理学/地球、大气与行星科学/化学/生物学
普林斯顿大学	历史/哲学/古典文学/英语/德语法语与意大利语/比较文学	经济学/社会学/政治学/心理学/人类学	数学/物理学/化学/神经科学/计算机科学
哥伦比亚大学	历史/哲学/语言学/古典文学/英语法语与西班牙语/意大利语/文学/	经济学/社会学/政治学/心理学/人类学	数学/物理学/天文学/化学/生物学

图 17　4 所研究型大学通识教育课程的基础学科覆盖情况

我们大学也要把底盘坐稳，把基础的通识教育做好，按照我国的国情，加强了历史、哲学、人文等学科的融合，多学科是非常关键的。

（四）斯坦福大学 2025 计划（开环大学）

"斯坦福大学不会像传统的教派学院一样使学生永远生活在'象牙塔'中，而培养他们为'实际'世界的生活做准备。"——斯坦福大学第一任校长戴维·斯塔尔·乔丹。为此，斯坦福大学提出"2025 计划"：

①解除年龄限制。

②弹性学制：将四年学制延长为六年，且六年的学习年限可以中断，从而学习者可以自由组合学习、工作时间，实现校内知识和校外工作实践的融合。

③开放知识获取：依托互联网技术实现线上教育，实现个体学习的个性化、自主化。

④"学友"代替"校友"：将校园环境拓展到社会环境。

最终打造一个开环大学。

我们为什么把大学搞得那么僵化，其实可以开放，它的 Open-loop University 值得我们关注。

斯坦福大学"2025 计划"CEA 三阶段学习的探索也值得我们关注，调整—提升—启动，这样自定节奏的教育（Paced Education），促进学术探索，提升学科的内在严谨性。根据学生个人意愿按照自己的节奏来完成各阶段的学习（见表 1）。

表 1　斯坦福大学"2025 计划"CEA 三阶段学习

阶段	时长	目标	方式
阶段一调整	6—18 个月	让学生了解学习内容，选择合适的学习方式	这一阶段通过提供精心设计的短期微课程，让学生了解不同领域以及教师的专业特长，进而根据自身兴趣选择课程，制订个性化的学习方案
阶段二提升	12—24 个月	引导学生选择专业领域	根据学生需要组建由学术导师、职业规划师、学友等共同组建的个人顾问委员会。逐步取消 lecture 式样的授课方式，代之以个人顾问委员形式开展的小型学术讨论
阶段三启动	12—18 个月	理论知识转为实践	通过实习、项目服务、高水平研究和创业等促进知识转化

斯坦福大学"2025 计划"创立"开环大学"的轴心翻转如图 18 所示。

- 知识第一，能力第二科教育围绕学术主题展开
- 按照知识体系划分院系
- 成绩与简历反映能力

轴心翻转
(axisflip)

- 先能力后知识
- 技能成为本科学习的基础
- 按照学生能力划分院系
- 技能展现能力与潜力

图 18　斯坦福大学"2025 计划"开环大学的轴心翻转

（五）有使命的学习（Purpose Learning）

表2　传统学习与有使命地学习

传统学习	有使命地学习
选择专业后，只围绕具体标准进行学习	学生有长远的愿景和使命，将自己的兴趣融入问题的解决过程中去
学生盲目选择专业	学生通过学习和做项目来实现意义和影响
许多校友的工作领域与所学专业无关	校友通过使命来指导学生的职业发展
学生在人生后期才开始从事社会工作	有全球影响力的实验室拓展了研究的平台

它强调现在新时代不再是知识第一、能力第二，而是能力第一、知识第二，技能成为本科学习的基础，按照学生能力划分院系，技能展现能力与潜力。这个逻辑其实我们一开始就关注到了，我们希望把能力建设、创造力思维开发作为我们的大学或者研究生培养的关键。最后实现 Purpose Learning，有使命地学习，这个特别重要，不是盲目地学习。我们现在培养的目标不清晰，所以最后要重新学习，再学习再就业，这样效率太低了，我们要有效地改善高等教育培养的方式和方法（见表2）。

为了使学生带有使命地学习，斯坦福大学在世界各地建立了一系列"影响实验室"，在这些实验室里，师生们一起通过浸润式学习和讨论，应对全球性的问题和挑战。

通过"大胆实验"改革教育理念与教育方式。

启动"影响实验室"。斯坦福大学计划22年后和麻省理工学院、印度理工学院合作，完成了一项宏伟目标——为生活在南亚地区的每个人提供清洁水源。

斯坦福大学和国际奥委会计划共同组织"脑力奥运会"，把全世界最好的学者和研究人员揽至麾下，共同解决全球面临的各类科研和实际难题。

斯坦福大学创建的这些具有影响力的实验室分布在六大洲25个国家，显著增加了斯坦福大学在全球发展的多样性。

（六）跨学科、跨学院的培养模式探索

普利斯顿大学跨学科培养支撑机制：

（1）独立的跨学科科学研究中心：打破院系屏障，突破学科障碍。

（2）跨专业管理委员会：制定跨学科规范，进行项目宣传、提供跨学科研究资金支持。

（3）联合任制配备跨学科师资：如普林斯顿大学"计算与信息科学"跨学科"证书项目"，联合聘请了计算机科学、电气工程、化学、数学、心理学等多个领域的教师。

曼彻斯特大学的跨学科培养成效显著。曼彻斯特大学在近200年的建校史中，共产生了25位诺贝尔奖获得者。20世纪许多关键的科学技术研究成果出自这里，如飞机发动机的研制、首次分析原子，以及世界上第一台计算机的发明等。其中 UCIL 交叉学习学院

（University College for Interdisciplinary Learning），已成为曼大学术研究的旗帜，允许学生基于自己的研究项目跨院系、跨领域组成个性化学习单元。交叉学习学院同时向学生提供基于全球最新议题的交叉培养项目，如数字革命、全球化、心理健康等。申请 UCIL 的学习单元，申请者需论述以下 3 个问题：

（1）该学习单元是否确实在教学方式上和研究专家上体现了跨学科性？

（2）该学习单元在学习项目、评价设计上是否具有创新性？

（3）该学习单元的设计是否既适应本科学生能力要求，又具有一定的挑战性？

加利福尼亚州立大学的跨学科课程设置与建设有以下三条规定：

（1）课程的研究领域必须涉及两门或两门以上的学科。

（2）跨学科课程的研究领域不能与现有专业或学科重合。

（3）这种综合在现实中是切实可行的。

六、中国大学的使命和拔尖创新人才培养之道

11 世纪时，博洛尼亚大学的理念是人才培养，19 世纪时，柏林大学的理念是人才培养和科学研究，21 世纪创新型大学的理念是以创新和领导力教育引领和推动社会发展。

所以下一步我国大学的使命是，要以创新与领导力引领和推动全世界发展。我们要超越这些大学，核心是要转化成创新和领导力，这里的领导力不是简单地做行政主管，而是要具有敢于领先、善于领先的人才素养。

2018 年，习近平总书记在全国教育大会上的重要讲话强调，"坚持把优先发展教育事业作为推动党和国家各项事业发展的重要先手棋"，教育是民族振兴、社会进步的重要基石，是功在当代、利在千秋的德政工程，对提高人民综合素质、促进人的全面发展、增强中华民族创新创造活力、实现中华民族伟大复兴具有决定性意义。教育是国之大计、党之大计。

要做好人才培养，特别拔尖创新人才培养，习近平总书记在讲话中强调要在六个方面下功夫，即"要在坚定理想信念上下功夫""要在厚植爱国主义情怀上下功夫""要在加强品德修养上下功夫""要在增长知识见识上下功夫""要在培养奋斗精神上下功夫""要在增强综合素质上下功夫"。所以在"六个下功夫"方面，我们只要做得扎实、做得稳健，就一定能培养出更多的拔尖人才，一定能为推进社会主义强国建设、中华民族伟大复兴做出新的贡献。

基于 CIPP-AHP-FCE 模型的高职院校产业学院绩效评价研究 [①]

李 龚 张延昕 屈 璐 [②]

摘 要：高质量的产教融合是职业教育高质量发展的关键，而深植行业、深耕专业、服务产业的产业学院正在成为贯彻产教融合、培养工程技术人才和职业技能人才的新载体和新抓手。自 2006 年第一所产业学院的建成以来，产业学院的发展逐步从实践探索走向政策规范，但对于高职院校产业学院尚缺少明确的参考指南和评价标尺。因此，本文在深入分析高职院校产业学院类型特点基础上，通过综合 CIPP 评价模型与 AHP-FCE 评价方法优势，构建多维度、可操作、可衡量的高职院校产业学院绩效评价体系，并通过 4 所高职院校产业学院进行评价指标适用性验证，实测指标体系的全面性、可靠性、适用性，为高职院校产业学院自评与横评提供评价工具。

关键词：高职院校；绩效评价；产业学院；产教融合；CIPP-AHP-FCE 模型；

高质量的产教融合是职业教育高质量发展的关键，而深植行业、深耕专业、服务产业的产业学院正在成为贯彻产教融合、培养工程技术人才和职业技能人才的新载体和新抓手。自 2006 年第一所产业学院建成以来，产业学院的发展逐步从实践探索走向政策规范。近年来，《国务院关于加快发展现代职业教育的决定》《职业教育产教融合赋能提升行动实施方案（2023—2025 年）》等系列文件的出台，明确提出鼓励和支持企业与院校共建产业学院，深化产教融合校企合作，丰富产教融合办学形态。其中，《现代产业学院建设指南（试行）》的出台重点针对应用型高校产业学院提出了建设目标与任务，但对于高职院校产业学院尚缺少明确的参考指南和评价标尺。因此，本研究在深入分析政策文献、实地调研以及专家征询的基础上，充分考虑高职院校产业学院类型特点，通过综合 CIPP 评价模型与 AHP-FCE 评价方法优势，构建多维度、可操作、可衡量的高职院校产

① 本文系 2022 年度全国教育科学规划课题教育部青年"高职院校产业学院的实践样态与绩效评价研究"（项目编号：EJA220565）的研究成果。

② 李龚，成都农业科技职业学院，助教。张延昕，四川财经职业学院，副教授。屈璐，四川省教育科学研究院助理研究员，博士，中国教育发展战略学会教育评价专业委员会会员。

业学院绩效评价体系，并通过 4 所高职院校产业学院进行评价指标适用性验证，实测指标体系的全面性、可靠性、适用性，为高职院校产业学院自评与横评提供评价工具，以期转变以往"自建自评、评办一体"的经验性、主观性绩效评价方式，有效发挥教育评价在教育发展方向的指挥棒作用 [1]，释放绩效评价在过程、目标管理中的势能 [2]，以多元需求为逻辑起点，重构高职院校产业学院建设目标 [3]。

一、CIPP-AHP-FCE 模型与高职院校产业学院绩效评价的契合度

CIPP 模型，也称改良导向或决策导向评价模型，由美国著名教育评价专家斯塔弗尔比姆（L.D.Stufflebeam）提出。该评价分为背景评价（Context Evaluation）、输入评价（Input Evaluation）、过程评价（Process Evaluation）与结果评价（Product Evaluation），涵盖被评价目标的建设全过程、各环节及关键要素，突出评价的系统性、发展性与改进性，整合了诊断性评价、形成性评价与终结性评价，是一种被广泛应用的管理领域评价模型 [4]。因此，在高职院校产业学院绩效评价体系构建中采用 CIPP 评价模型，正是综合考虑到教育领域的绩效评价并非全然是衡量资金投入与产出回报的线性关系，可以从评价内容上涵盖产业学院建设发展的环境、投入、运行与产出，体现出"全过程"评价；从评价目的上实现以目标为导向，以改进为目的，为处在建设探索期的产业学院建设发展提供优化决策建议。

层次分析法，简称 AHP（Analytic Hierarchy Process），是由美国运筹学家、匹兹堡大学杰出教授托马斯·L.萨蒂（Thomas L. Saaty）提出的对定性问题进行定量分析的一种简便、灵活而又实用的多准则决策方法，适用于具有分层交错评价指标的目标系统，而目标值又难于定量描述的决策问题 [5]。高职院校产业学院发展建设绩效也正因难以直接定量描述，则需要通过自上而下构建层次结构，再进行自下而上的逐层分析，最后得到综合性的建设发展绩效。在指标权重确定中，将专家的主观评价与定量分析紧密结合。分析中的一致性检验，可以避免专家由于主观评价在结构复杂和指标对比较多时逻辑推理判断上的失误，从而减少因主观因素带来的误差或错误，提升客观性与准确性，使评价结果更为可信、可靠。

模糊综合评价法，简称 FCE（Fuzzy Comprehensive Evaluation），是由美国自动控制专家查德（L. A. Zadeh）于 1965 年在《模糊集合论》（《Fuzzy Sets》）中提出的。评价根据模糊数学的隶属度理论，遵循"定性→定量→定性"的步骤，用模糊数学对受到多种因素影响的事物或对象，即模糊的、难以量化的问题，进行一个总体的定性评价 [6]。评价分析过程中，能够充分体现评价因素和过程的模糊性，减少主观评判的弊端。在计算分析步骤中，建立因素集、权重集则可以应用层次分析法的结果，能较好地与层次分析法联合适用 [7]。高职院校产业学院绩效评价中的模糊评价方法，主要用于解决建设发展绩

效受错综复杂的因素影响的问题，以及由于指标绝对数值可能存在的巨大差异而导致的现实问题。具体而言，尤其是在评价不同产业、不同建设周期的产业学院时，专家们可以基于高职院校产业学院的整体背景进行指标评价，通过客观事实参考与主观评价相结合的方式，提升绩效评价的可靠性与适用性。

综上所述，三种模型与方法联合应用能够有效契合高职院校产业学院绩效评价的需求，表现出更强的综合优势：一是评价内容上，能够覆盖高职院校产业学院建设的全过程，评价结果更全面，体现过程性评价与终结性评价；二是评价过程中，将定性评价与定量评价结合，能够尽可能减少主观评判的弊端，使评价结果更可信、可靠；三是评价对象上，能够适用不同产业、不同建设周期的高职院校产业学院，提升绩效评价的适用性；四是评价结果使用上，能够用于自评与横向互评，具有较广泛的应用场景。五是评价方法上，易于实现程序化，直观易懂，可操作性强，具有较好的应用价值。

二、基于CIPP改良导向评价模型的高职院校产业学院绩效评价体系设计

（一）高职院校产业学院绩效评价指标体系初构

本研究在综合分析教育部办公厅、工业和信息化部办公厅印发的《现代产业学院建设指南（试行）》，教育部、财政部印发的《中国特色高水平高职学校和专业建设计划绩效管理暂行办法》，教育部印发的《市域产教联合体建设指标》《行业产教融合共同体建设指南》等政策文件关于产业学院建设方向及内容基础上，结合收集的56所国家高职"双高校"产业学院申报书内容及文献资料，综合东中西部5省市26所高职院校产业学院的实地调研走访情况，梳理出当前高职院校产业学院实然样态。按照《深化新时代教育评价改革总体方案》的总体要求，基于CIPP改良导向评价模型构建高职院校产业学院绩效评价体系，初步搭建环境、投入、运行与产出4个一级指标，产业背景、规划符合性、资金保障、投入持续性等共11个二级指标，以及学校定位与地方经济契合度、地方政府政策协同性、就业对口率等共37个三级指标。

环境评价，主要是针对高职院校开展产业学院建设的外部政策环境能力进行的评价，从区域经济环境、产业发展、政策导向等反映产业学院建设的现实实力和可能潜力，通过诊断性评价判定该产业学院建设是否符合区域经济发展、建设预期是否具有科学性。具体包括学校定位与地方经济契合度、产业学院定位与产业吻合度、地方政府政策协同性共3个三级指标。

投入评价，主要对实现产业学院建设所需的建设规划、组织保障、制度设置、人财物力等方面进行的评价。评价主要考虑产业学院建设所需的各项资源是否具备、基本场所是否满足、组织运营是否得到保障等，确保产业学院建设有效实施可行性评价。具体包括产业精准性、治理结构合理、制度完备、区域政府支持度、持续投入发展力、创新

体制机制等共 6 个三级指标。

运行评价，主要是对产业学院运营实施过程进行实时监控，从日常运营、教学组织管理等观测其真实运营情况，是企业与学校共同运营实现的动态数据，以此评价考虑实施过程与预期目标的达成程度。具体包括资金使用合规性、执行有效性、目标完成率、预算到位率、计划招生稳定率、开课情况、兼职教师课时占比、企业主体兼职教师稳定性、专兼职比例、双师比例、资源共享率、常态化沟通机制、产教联盟影响力等共 13 个三级指标。

产出评价，主要是评价产业学院建设的利益相关者的需求是否实现，对象主体涉及高职院校内部的学生、教师，外部的企业、社会等利益相关者，反应产业学校建设情况、人才培养效果等。具体包括报到率、高薪就业率、就业对口率、创新创业占比、产业项目营收情况、产业学院孵化项目、创新成果数量、员工半年流失率、资源颗粒增长率、开发资源数、科研成果转化能力、获奖数、社会声誉、学生满意度、社会满意度等共 15 个三级指标。

（二）高职院校产业学院绩效评价体系修正

本研究共邀请来自地方政府、龙头企业、高职双高校产业学院负责人等相关领域的 16 位专家，经过两轮德尔菲法，整合专家对指标体系的合理性、适用性、数据可得性等建议，优化并确定"高职院校产业学院绩效评价体系"。

环境评价中，以调整二级指标产业背景为办学背景，将学校定位与地方经济契合度、产业学院定位与产业吻合度合并优化为区域产业契合度，最终优化为区域产业契合度、区域政府政策协同性共 2 个三级指标（见表 1）。

表 1　环境评价指标优化对照表

原始指标			修正后指标	
一级指标	二级指标	三级指标	二级指标	三级指标
环境	产业背景	学校定位与地方经济锲合度	办学背景	区域产业契合度
		产业学院定位与产业吻合度		
		地方政府政策协同性		区域政府政策协同性

投入评价中，二级指标将规划契合性调整为建设规划，将资金保障并入优化后的持续性投入，共 2 个二级指标。优化参建主体吻合度、治理结构合理、制度完备、持续投入发展力、区域政府支持力度、创新体制机制等共 6 个三级指标（见表 2）。

表 2　投入评价指标优化对照表

原始指标			修正后指标	
一级指标	二级指标	三级指标	二级指标	三级指标
投入	规划符合性	产业精准性	建设规划	参建主体吻合度
		治理结构合理		治理结构合理
		制度完备		制度完备
	资金保障	区域政府支持度	持续性投入	持续投入发展力
	投入持续性	持续投入发展力		区域政府支持力度
		创新体制机制		创新体制机制

运行评价中，设置日常运行、教学管理、可持续性发展等 3 个二级指标，将教学管理二级指标下原有的开课情况、专兼职比例、兼职教师课时占比等 6 个三级指标优化整合为规模管理、课程教学与教学团队共 3 个三级指标。形成资金使用合规性、执行有效性、目标完成率、预算到位率、规模管理、教学团队、课程教学、资源共享率、常态化沟通执行性、产教联盟吸引力等共 10 个三级指标（见表 3）。

表 3　运行评价指标优化对照表

原始指标			修正后指标	
一级指标	二级指标	三级指标	二级指标	三级指标
运行	日常运行	资金使用合规性	日常运行	资金使用合规
		执行有效性		执行有效性
		目标完成率		目标完成率
		预算到位率		预算到位率
	教学管理	计划招生稳定率	教学管理	规模管理
		开课情况		课程教学
		兼职教师课时占比		
		企业主体兼职教师稳定性		教学团队
		专兼职比例		
		双师比例		
	可持续性发展	资源共享率	可持续性发展	资源共享率
		常态化沟通机制		常态化沟通执行性
		产教联盟影响力		产教联盟吸引力

产出评价中，从学生获得、企业获得、学校获得、综合满意度 4 个二级指标考察产业学院运行的成绩和效果。优化形成就业对口率、高薪就业率、稳定就业率、创新创业占比、产业项目营收情况、产业学院孵化项目、创新成果数量、员工半年流失率、资源颗粒增长、科研成果转化、荣誉及获奖、社会声誉、学生满意度、社会满意度等共 14 个三级指标（见表 4）。

表 4　产出评价指标优化对照表

原始指标			修正后指标	
一级指标	二级指标	三级指标	二级指标	三级指标
产出	学生获得	报到率	学生获得	就业对口率
		高薪就业率		高薪就业率
		就业对口率		稳定就业率
		创新创业占比		创新创业占比
	企业获得	产业项目营收情况	企业获得	产业项目营收情况
		产业学院孵化项目		产业学院孵化项目
		创新成果数量		创新成果数量
		员工半年流失率		员工半年流失率
	学校获得	资源颗粒增长率	学校获得	资源颗粒增长
		开发资源数		
		科研成果转化能力		科研成果转化
		获奖数		荣誉及获奖
		社会声誉		社会声誉
	满意度	学生满意度	综合满意度	学生满意度
		社会满意度		社会满意度

　　修正后的高职院校产业学院绩效评价体系包含环境、投入、运行、产出 4 个一级指标，10 个二级指标和 32 个三级指标（见表 5）。

表 5　高职院校产业学院绩效评价体系及层次结构模型

目标层	系统层	要素层	指标层	指标描述
	一级指标	二级指标	三级指标	
高职院校产业学院建设发展绩效 A	环境 B_1	办学背景 C_1	区域产业契合度 D_1	产业学院建设与区域社会经济发展需求和产业发展方向的契合度
			区域政府政策协同性 D_2	区域政府给予的产业学院建设的政策支持力度
	投入 B_2	建设规划 C_2	参建主体吻合度 D_3	产业学院参建主体选择是否合理，政策支持方向、实施对象与实际需求是否有效衔接、精准吻合，主要参建合作企业是否在产业链条中居主要地位，能够统筹行业产业资源等；参建院校是否特色鲜明，参加主要专业/专业群水平，是否具有相对优势；是否有产业链上下游相关企业参建等
			治理结构合理 D_4	产业学院是否建立理事会、发展委员会等，隶属机构配置是否结构合理、职责清晰
			制度完备 D_5	产业学院各建设主体在发展方向上达成共识，形成制度性文件；相关指导意见、管理办法、实施细则等管理制度是否完善，是否存在脱离实际、缺陷、漏洞导致执行偏离预期
		持续性投入 C_3	持续投入发展力 D_6	产业学院各参建主体实持续投入的力度。对照中长期发展计划，判断产业学院是否得到专项持续发展计划；企业招工是否向产业学院毕业生倾斜，是否加大实习就业岗位供给；学校是否开放培训机构和继续教育机构，面相产业链内企业员工开展岗前培训、继续教育等
			区域政府支持力度 D_7	区域政府对产学研合作的支持程度、支持力度，是否有产业、教育、科技资源的统筹和部门间的协调机制，推动共同建设、共同管理、共享资源
			创新体制机制 D_8	产业学院是否坚持深化改革，体制机制方面有创新。是否建立有利于产业学院发展的创新体制机制，是否有能实施的环境，是否有成果转化方案
	运行 B_3	日常运行 C_4	资金使用合规性 D_9	产业学院资金使用是否符合相关财务管理制度规定，并严格执行
			执行有效性 D_{10}	产业学院是否为实体化运行，运营各环节深化落实以企业为主体。年初制定年度发展计划，年末有总结报告。每年第一季度完成行业发展分析报告、行业人才需求预测报告、行业人才供需清单等内容
			目标完成率 D_{11}	产业学院阶段性计划完成情况，实施后是否完成预期目标。包括对照产业学院申报书或发展规划等文件，计算高水平教学团队数、精品课程数、各类产学研用平台建设数等
			预算到位率 D_{12}	产业学院各方资金、各专项资金到账的情况
		教学管理 C_5	规模管理 D_{13}	产业学院办学规模稳定性与新生认可度
			教学团队 D_{14}	产业学院专兼职教师结构合理性、稳定性，兼职教师实际教学参与度。包括企业兼职中、高级专业技术职务人员不低于高校专职教师数量、兼职教师课时占比、高校专职教师定期到企业实践锻炼情况等
			课程教学 D_{15}	产业学院教学管理的合规性与高效性。产业学院是否深度参与专业规划、人才培养计划、课程标准、教材开发、师资队伍建设等，以及实践教学学时是否合规

续表

目标层	系统层	要素层	指标层	指标描述
	一级指标	二级指标	三级指标	
高职院校产业学院建设发展绩效A	运行B_3	可持续发展C_6	资源共享率D_{16}	各参建主体实际投入教科研运营的资源共享情况，包括育人标准共享、人员共享、技术共享、实验实训设施、管理理念与方法等
			常态化沟通执行性D_{17}	产业学院各参建主体、区域政府各部门等之间是否进行常态化沟通，促进相互间全面了解产业学院建设发展动态与需求，并有效推动产业学院建设发展
			产教联盟吸引力D_{18}	产业学院吸引更多产业链中企业、学校、机构参与共建数量
	产出B_4	学生获得C_7	就业对口率D_{19}	产业学院毕业生到参建企业就业，以及到产业链内其他企业就业率
			高薪就业率D_{20}	产业学院毕业生毕业半年平均薪资水平评判产业学院培养效果
			稳定就业率D_{21}	产业学院毕业生毕业一年内跳槽情况
			创新创业占比D_{22}	以产业学院创新创业占比评判产业学院服务产业发展情况，包括学生创业人数，取得相关发表专利、实用新型专利、软著等数量
		企业获得C_8	产业项目营收情况D_{23}	由产业学院运行为企业带来的营业收入情况评价产业学院服务地方经济情况
			产业学院孵化项目D_{24}	评价校企实质合作情况，校企合作项目落地孵化质量与数量
			创新成果数量D_{25}	依托产业学院申报的创新成果，具体包括项目获奖、申请专利、发表论文及专著，突破性技术的社会证明材料等
			员工半年流失率D_{26}	产业学院毕业生入职参见企业半年流失率，学生就业稳定性评价可用于产业学院育人效果
		学校获得C_9	资源颗粒增长D_{27}	产业学院校企深度融合，教学融入新工艺、新标准、新计划情况，并以项目分解典型工作任务的教学素材建设情况。建设高水平教科研队伍、开发专业核心课程、开发实践能力项目、研制优质教学装备、系统等
			科研成果转化D_{28}	产业学院科研成果转化率，反映产教研融合情况
			荣誉及获奖D_{29}	教学成果奖、教学能力大赛、教材等国际、国家、省市级荣誉与获奖数
			社会声誉D_{30}	产业学院社会影响力，政府会议、官方媒体等对产业学院的提及与报道等
		综合满意度C_{10}	学生满意度D_{31}	产业学院毕业生（在校生）对于产业学院教学管理满意度
			社会满意度D_{32}	社会群众、行业企业对于产业学院建设发展、学生综合素质等的满意度

三、基于AHP层次分析法确定高职院校产业学院绩效评价体系指标权重

（一）指标权重计算

AHP层次分析法的分析过程主要包括构建层次结构模型、构造两两对比判断矩阵、层次单排序及一致性检验、层次总排序及一致性检验，共4步，通过测算明确指标权重。

1. 构建层次结构模型

基于建构的高职院校产业学院绩效评价体系及层次结构模型（见表6）可见，其中目标层为高职院校产业学院建设发展绩效，系统层为背景、投入、运行、产出等一级指标，要素层则为办学背景、建设规划、持续性投入、日常运行等二级指标，指标层为区域产业契合度、区域政府政策协同性、参建主体吻合度、治理结构合理等三级指标。

2. 构造两两对比判断矩阵

邀请来自区域政府、龙头企业、高职院校双高校产业学院负责人等相关领域的16位专家，采用萨蒂标度法（Saaty Scale），如表6所示，将定性的重要度进行量化，对各指标的重要程度进行两两比较判断，构建判断矩阵。根据专家1评判结果建立的一级指标判断矩阵（见表7），采用几何平法计算的16位专家的综合一级指标判断矩阵（见表8）。由于篇幅限制，二级与三级指标判断矩阵省略。

表6 萨蒂标度法（Saaty Scale）含义及说明

标度值	两种指标（i, j）相对重要性比较含义
1	i 与 j 同等重要
3	i 比 j 稍微重要
5	i 比 j 明显重要
7	i 比 j 强烈重要
9	i 比 j 极端重要
2, 4, 6, 8	重要性比较介于上述标度值之间
倒数	若 i 与 j 的重要性之比为 a_{ij}，那么 j 与 i 重要性之比 $a_{ij}=1/a_{ij}$

表7 专家1系统层（一级指标）指标判断矩阵

高职院校产业学院建设绩效				
$A-B$	环境 B_1	投入 B_2	运行 B_3	产出 B_4
环境 B_1	1	1/3	1/5	1/5
投入 B_2	3	1	1/3	1/5
运行 B_3	5	3	1	1
产出 B_4	5	5	1	1

表8 基于16位专家综合系统层（一级指标）综合判断矩阵

高职院校产业学院建设绩效				
$A-B$	环境 B_1	投入 B_2	运行 B_3	产出 B_4
环境 B_1	1.0000	0.8221	0.2000	0.2000
投入 B_2	1.2164	1.0000	0.8221	0.6934
运行 B_3	5.0000	1.2164	1.0000	1.0000
产出 B_4	5.0000	1.4422	1.0000	1.0000

（二）层次单排序及一致性检验

层次单排序是指每一个判断矩阵中各因素对其上一层指标的相对权重，即指标权重。

第一步，计算单层指标权重。对16位专家一级指标综合判断矩阵，通过方根法（计算几何平均数）进行按列归一化得到一级指标单层排序权重 WB。

结果表示，目标层高职院校产业学院建设绩效下系统层中环境、投入、运行与产出的指标单层权重分别为 0.0936、0.2007、0.3453、0.3604。

第二步，计算最大特征值。其中，为判断矩阵阶数，为单一指标的权重。

第三步，计算一致性指标。

第四步，计算随机一致性比率。RI 为平均随机一致性指标，其值与判断矩阵阶数对应，具体见表9。

表9 平均随机一致性 RI 值表

n 阶	1	2	3	4	5	6	7	8	9	10
RI 值	0	0	0.52	0.89	1.12	1.26	1.36	1.41	1.46	1.49

结果表明，随机一致比率小于 0.1，说明准则层层次分析排序结果具有较好的一致性，即一级指标权重分配较为合理。

同理，可分别计算出要素层与指标层的所有指标权重分配，见表 10。并且，所有随机一致性比率值均小于 0.1，见表 11。

表 10　高职院校产业学院绩效评价指标权重表

目标层	系统层		要素层			指标层		
	一级指标	总权重	二级指标	权重	总权重	三级指标	权重	总权重
高职院校产业学院建设绩效 A	环境 B_1	0.0936	办学背景 C_1	1.0000	0.0936	区域产业契合度 D_1	0.6549	0.0613
						区域政府政策协同性 D_2	0.3451	0.0323
	投入 B_2	0.2007	建设规划 C_2	0.4095	0.0822	参建主体吻合度 D_3	0.6290	0.0517
						治理结构合理 D_4	0.2055	0.0169
						制度完备 D_5	0.1655	0.0136
			持续性投入 C_3	0.5905	0.1185	持续投入发展力 D_6	0.6198	0.0735
						区域政府支持力度 D_7	0.2660	0.0315
						创新体制机制 D_8	0.1142	0.0135
	运行 B_3	0.3453	日常运行 C_4	0.5170	0.1785	资金使用合规性 D_9	0.1116	0.0199
						执行有效性 D_{10}	0.2980	0.0532
						目标完成率 D_{11}	0.3810	0.0680
						预算到位率 D_{12}	0.2093	0.0374
			教学管理 C_5	0.3615	0.1248	规模管理 D_{13}	0.1230	0.0154
						教学团队 D_{14}	0.4671	0.0583
						课程教学 D_{15}	0.4099	0.0512
			可持续性发展 C_6	0.1215	0.0420	资源共享率 D_{16}	0.5942	0.0249
						常态化沟通机制 D_{17}	0.1727	0.0072
						产教联盟影响力 D_{18}	0.2330	0.0098
高职院校产业学院建设绩效 A	产出 B_4	0.3604	学生获得 C_7	0.4739	0.1708	就业对口率 D_{19}	0.4019	0.0686
						高薪就业率 D_{20}	0.2335	0.0399
						稳定就业率 D_{21}	0.2670	0.0456
						创新创业占比 D_{22}	0.0975	0.0167
			企业获得 C_8	0.2278	0.0821	产业项目营收情况 D_{23}	0.1216	0.0100
						产业学院孵化项目 D_{24}	0.3781	0.0310
						创新成果数量 D_{25}	0.2005	0.0165
						员工半年流失率 D_{26}	0.2998	0.0246
			学校获得 C_9	0.1659	0.0598	资源颗粒增长 D_{27}	0.2559	0.0153
						科研成果转化 D_{28}	0.1774	0.0106
						荣誉及获奖 D_{29}	0.3346	0.0200
						社会声誉 D_{30}	0.2320	0.0139
			综合满意度 C_{10}	0.1324	0.0477	学生满意度 D_{31}	0.6125	0.0292
						社会满意度 D_{32}	0.3875	0.0185

表 11　判断矩阵层次总排序一致性检验结果

层次	A–B	B₁–C	B₂–C	B₃–C	B₄–C	C₁–D	C₂–D	C₃–D	C₄–D	C₅–D	C₆–D	C₇–D	C₈–D	C₉–D	C₁₀–D
CR	0.0621	0.0000	0.0000	0.0308	0.0525	0.0000	0.0217	0.0617	0.0652	0.0536	0.0400	0.0292	0.0217	0.0788	0.0000

（三）层次总排序及一致性检验

层次总排序是指计算某层所有指标相对于目标层相对重要性的权重，即指标的总权重。从最顶层到最底层进行计算，得出各指标总权重。

层次总排序也需要进行一致性检验，由最顶层开始逐层检验。以目标层"高职院校产业学院建设绩效"为例，计算如下。

结果表明，目标层"高职院校产业学院建设绩效"的随机一致性比率。

同理，可求系统分层次总排序的一致性检验，所得结果均见表 12。结果表明，层次总排序结果具有较好的一致性，指标权重分配较为合理。

表 12　判断矩阵层次总排序一致性检验

层次	A	B₁	B₂	B₃	B₄
CR	0.0489	0.0000	0.0000	0.0655	0.0367

分析结果表明，本研究所构建的高职院校产业学院建设绩效评价指标体系，其权重结果均具有较好的一致性，指标权重分配较为合理。

从系统层分析，产出与运行权重占比最多，分别为 36.04% 与 34.53%，其次是投入占比 20.07%，最后是环境占比 9.36%。

从要素层分析，总权重占比排序前 5 的，为日常运行 17.85%、学生获得 17.08%、教学管理 12.48%、持续性投入占比 11.85% 与办学背景 9.36%。日常运行下的指标层指标目标完成率与执行有效性占比最高，分别为 38.1% 与 29.8%。学生获得中，就业对口率权重最高，为 40.19%。其次稳定就业率为 26.7%、高薪就业率 23.35%，见表 13 所示。

表 13　要素层指标总权重排序

要素层权重排序		
二级指标	总权重	排序
日常运行	0.1785	1
学生获得	0.1708	2
教学管理	0.1248	3
持续性投入	0.1185	4
办学背景	0.0936	5
建设规划	0.0822	6
企业获得	0.0821	7
学校获得	0.0598	8
综合满意度	0.0477	9
可持续性发展	0.0420	10

从指标层分析，权重占比最高的 10 个指标依次有：就业对口率为 7.56%、持续投

入发展力为 7.38%、区域产业契合度为 6.43%、目标完成率为 5.98%、参建主体吻合度为 5.19%、教学团队为 5.12%、就业稳定率为 5.02%、执行有效性为 4.67%、课程教学为 4.50% 和高薪就业率为 4.39%，如表 14 所示。其中，目标完成率、教学团队、执行有效性、课程教学隶属于系统层的运行，持续投入发展力、参建主体吻合度隶属于系统层权重占比较低的投入，区域产业契合度处于系统层权重占比最低的环境。

表 14 指标层指标总权重排序

指标层指标总权重排序		
三级指标	总权重	排序
就业对口率	0.0756	1
持续投入发展力	0.0738	2
区域产业契合度	0.0643	3
目标完成率	0.0598	4
参建主体吻合度	0.0519	5
教学团队	0.0512	6
稳定就业率	0.0502	7
执行有效性	0.0467	8
课程教学	0.0450	9
高薪就业率	0.0439	10

通过以上数据分析发现，高职院校产业学院绩效评价体系的指标权重反映出职业院校产业学院建设需要坚持以人才培养为中心，强调学生获得的预期效果；需要以高质量运行为先导，引领产业学院高质量发展；需要关注企业与学校的多元获得，引领产业学院可持续性发展等显著性特点。

四、基于 FCE 综合模糊评价法的高职院校产业学院绩效评价实测

本研究选取了 S 省新工科、新文科、新农科、新医科四个领域为代表，建设周期分别为 5 年、2 年、3 年和 4 年的 A、B、C、D 4 所高职院校产业学院进行测评。根据上述高职院校产业学院绩效评价体系从学校获取客观指标数据，通过 AHP-FCE 综合模糊评价法对 4 所高职院校产业学院建设发展绩效进行评价，并进行综合对比分析。

（一）评价过程

采用模糊综合评价法计算分析步骤，共分为建立因素集、建立权重集、建立评价集、建立模糊关系矩阵、单因素评判与模糊综合评价 6 步[8]。其中，指标权重集已由上述 AHP 层次分析法计算获得。

1. 建立模糊综合评价的因素集和评价集

基于上文建立的高职院校产业学院绩效评价指标体系中的指标层的 32 个指标，建立因素集。

将每个指标的评价结果分为 5 个等级，建立评价集，并为其赋值。

2. 建立模糊关系矩阵

邀请此前层次分析法进行指标权重评判的 16 位专家，基于本研究调研的 4 所高职院校产业学院所提供的绩效评价体系中指标等材料，进行模糊评价。由于篇幅限制，仅展示新医科高职院校产业学院 D 绩效评价调查结果统计表，见表 15 所示。

表 15　新医科高职院校产业学院 D 绩效评价调查结果统计表

指标层	弱	较弱	一般	较好	好	指标层	弱	较弱	一般	较好	好
三级指标	0	0.25	0.5	0.75	1	三级指标	0	0.25	0.5	0.75	1
区域产业契合度D_1	0	0	5	9	2	常态化沟通机制D_{17}	0	3	10	3	0
区域政府政策协同性D_2	0	2	12	2	0	产教联盟影响力D_{18}	0	0	4	2	10
参建主体吻合度D_3	0	0	2	7	7	就业对口率D_{19}	0	1	14	1	0
治理结构合理D_4	0	0	1	6	9	高薪就业率D_{20}	0	0	0	0	16
制度完备D_5	0	4	10	2	0	稳定就业率D_{21}	0	0	0	0	16
持续投入发展力D_6	0	3	8	5	0	创新创业占比D_{22}	0	16	0	0	0
区域政府支持力度D_7	0	4	7	5	0	产业项目营收情况D_{23}	0	5	7	4	0
创新体制机制D_8	0	0	2	6	8	产业学院孵化项目D_{24}	0	0	5	8	3
资金使用合规性D_9	0	0	0	0	16	创新成果数量D_{25}	0	0	2	4	10
执行有效性D_{10}	0	0	0	2	14	员工半年流失率D_{26}	0	0	5	9	2
目标完成率D_{11}	0	2	10	4	0	资源颗粒增长D_{27}	0	2	10	4	0
预算到位率D_{12}	0	0	16	0	0	科研成果转化D_{28}	3	9	4	0	0
规模管理D_{13}	0	0	0	0	16	荣誉及获奖D_{29}	0	0	6	8	2
教学团队D_{14}	0	0	0	0	16	社会声誉D_{30}	9	7	0	0	0
课程教学D_{15}	0	0	0	0	16	学生满意度D_{31}	0	0	2	14	0
资源共享率D_{16}	0	0	14	0	0	社会满意度D_{32}	0	1	6	9	0

以要素层办学背景为例，构建模糊评价矩阵表，见表 16 所示。

表 16　办学背景模糊综合评价矩阵表

层次	0	0.25	0.5	0.75	1
D_1	0.0000	0.0000	0.3125	0.5625	0.1250
D_2	0.0000	0.1250	0.7500	0.1250	0.0000

3. 单因素评判与模糊综合评判

单因素评判，以指标层区域产业契合度为例，计算其模糊综合评判价值。

模糊综合评判，以要素层办学背景为例，计算其模糊综合评判值。

同理，可求其他各指标模糊综合评判值。4 所高职院校产业学院模糊综合绩效评价，见表 17，由于篇幅限制省略指标层评价值。

表 17　新医科高职院校产业学院 D 模糊综合绩效

	目标层	系统层				要素层									
	建设绩效	环境	投入	运行	产出	办学背景	建设规划	持续性投入	日常运行	教学管理	可持续性发展	学生获得	企业获得	学校获得	综合满意度
产业学院 A	0.9522	1.0000	0.9865	0.9870	0.8872	1.0000	1.0000	0.9771	1.0000	1.0000	0.8930	0.9528	0.8187	0.7718	0.9152
产业学院 B	0.4913	0.5435	0.5351	0.5272	0.4189	0.5435	0.1990	0.7680	0.2868	0.8448	0.6053	0.3665	0.3388	0.4915	0.6531
产业学院 C	0.6419	0.8717	0.6607	0.6872	0.5282	0.8717	0.6744	0.6512	0.5428	1.0000	0.3714	0.7209	0.3676	0.0887	0.6652
产业学院 D	0.7078	0.6330	0.6510	0.8000	0.6704	0.6330	0.7783	0.5628	0.7074	1.0000	0.5987	0.7259	0.7169	0.4385	0.6824

（二）结果分析

分析结果表明，从建设整体效果来看，建设周期最长的新工科高职院校产业学院 A 评价最高，其评价值为 0.9522 分，处于高于较好，趋近于好的水平。其次是建设 4 年的新医科高职院校产业学院 D 与建设 3 年的新农科高职院校产业学院 C，其综合模糊评价值分别为 0.7078 分与 0.6419 分，处于一般至较好的水平。最后是建设时长为 2 年的新文科高职院校产业学院 B，其综合模糊评判值为 0.4913 分，处于略低于一般水平。建设整体效果与建设周期呈现正相关性。

从系统层来看，4 所学院系统层产出指标评价值均低于目标层建设绩效评价值，并且产业学院 A、B 和 C 系统层指标综合评价值呈现出递减趋势，即环境、投入、运行、产出。产业学院 D 系统层指标综合评价值整体呈递增趋势，其中运行评价值最高，达到 0.8000，处于较好至好水平。此外，产业学院 D 的环境与投入评价值均低于产业学院 C，但运行与产出指标均高于产业学院 C。

从要素层来看，与系统层产出相关的 4 个指标，总建设绩效高于一般水平的产业学院 A、C 和 D 的学生获得评价值均高于其建设绩效评价值；产业学院 A、B 和 C 的企业获得评价值均小于建设绩效评价值；产业学院 A、C 和 D 评价值最低的指标均为学校获得，其中产业学院 C 的学校获得综合评价值仅为 0.0887 分，处于弱水平。此外，4 所产业学院教学管理指标均处于高于较好水平。

从指标层来看，4 所产业学院各自评价值最低的 10 个指标，隶属于要素层企业获得和学校获得的指标占 50%，其中，产业项目营收情况和科研成果转化评价值均排在后 10 位，见表 18 所示。

表 18　基于 4 所高职院校产业学院指标层评价后 10 位指标

产业学院A		产业学院B		产业学院C		产业学院D	
指标名称	评价值	指标名称	评价值	指标名称	评价值	指标名称	评价值
资源共享率	0.9531	治理结构合理	0.4375	常态化沟通机制	0.4531	资源颗粒增长	0.5313
荣誉及获奖	0.9219	资源共享率	0.4375	创新体制机制	0.1875	区域政府支持力度	0.5156
社会满意度	0.7813	制度完备	0.4219	资源颗粒增长	0.1875	区域政府政策协同性	0.5000
产业项目营收情况	0.7500	科研成果转化	0.1406	执行有效性	0.1250	预算到位率	0.5000
产业学院孵化项目	0.7500	执行有效性	0.0938	产业学院孵化项目	0.1094	常态化沟通机制	0.5000
创新成果数量	0.7188	区域政府政策协同性	0.0625	科研成果转化	0.1094	就业对口率	0.5000
科研成果转化	0.7188	参建主体吻合度	0.0625	创新成果数量	0.0938	产业项目营收情况	0.4844
资源颗粒增长	0.7031	创新成果数量	0.0625	产教联盟影响力	0.0625	制度完备	0.4688
产教联盟影响力	0.6719	产业项目营收情况	0.0313	产业项目营收情况	0.0625	科研成果转化	0.2656
社会声誉	0.6719	预算到位率	0.0000	社会声誉	0.0469	创新创业占比	0.2500
创新创业占比	0.5156	稳定就业率	0.0000	荣誉及获奖	0.0313	社会声誉	0.1094

综合而言，基于 CIPP-AHP-FCE 模型的高职院校产业学院绩效评价方法，对 S 省 4 所不同建设时长的产业学院进行评价发现，新工科产业学院 A 建设绩效处于趋近于好的水平，新文科高职院校产业学院 B 处于略低于一般水平，新农科高职院校产业学院 C 和新医科高职院校产业学院 D 发展高于一般水平，但还未达到较高水平。评价结果与 4 所产业学院目前的现实表现状态基本吻合。

五、研究总结

高职院校产业学院建设是推动高职院校深化产教融合、探索破解职业教育高质量发展障碍的重要载体。绩效评价作为教育高质量发展的指挥棒，有利推动高职院校产业学院不断完善引导、规范，在约束和监督状态下发展，让产教融合深化与高质量人才培养落到实处。本研究基于文献梳理、政策解读、实地调研与专家访谈等方法建构的 CIPP-AHP-FCE 绩效评价模型，以及多维度、可操作、可衡量的高职院校产业学院绩效评价体系和方法，为高职院校产业学院提供了一套凸显高职院校类型特点的评价工具。通过选择代表新工科、新文科、新农科、新医科 4 个领域的 4 所建设周期不同的高职院校产业学院进行评价指标适用性验证，实测指标体系有全面性、可靠性、适用性，以期为高职院校产业学院自评与院校间横评提供一套较为科学的评价工具与方法。

对于高职院校产业学院的绩效评价的引入，并非只是单一将评价分数等作为产业学院建设优劣的标尺。CIPP-AHP-FCE 绩效评价模型的引入正是试图打破传统"投入—产出"的结果导向制绩效评价模式，转而为高职院校产业学院发展提供过程性与结果性的综合参考，最终使评价结果转化为建设周期新的任务驱动力，实现"以评促建、以评促改"的目的，实现评价助力高职院校产业学院高质量发展的终极目标。产业学院绩效评价体系的建设与运用是一个系统工程，除了设计完整的考核体系，还要提供充分的实施保障 [9]，评价指标体系也需要不断优化和完善评价体系指标内容，提升绩效评价体系的可靠性与适用性，以为推动高职院校产业学院建设发展提供指引与规范。

参考文献：

[1]中华人民共和国中央人民政府网. 中共中央　国务院印发《深化新时代教育评价改革总体方案》（2023—2025年）》的通知［EB/OL］.（2020-10-13）［2023-08-23］. https：//www.gov.cn/gongbao/content/2020/content_5554488.htm.

[2]于畅，高向辉，李明等. 高校绩效评价的理论逻辑、现实依据及实践探索［J］. 现代教育管理，2022（05）：65-73.

[3]葛高丰. 高职院校产业学院建设的实践演进、功能转型和提升路径［J］. 教育与职业，2023（15）：43-49.

[4]肖远军. CIPP教育评价模式探析［J］. 教育科学，2003（03）：42-45.

[5]许树柏. 实用决策方法——层次分析法原理［M］. 天津：天津大学出版社，1988.

[6]吴秉坚. 模糊数学及其经济分析［M］. 北京：中国标准出版社，1994.

[7]韩利，梅强，陆玉梅等. AHP-模糊综合评价方法的分析与研究［J］. 中国安全科学学报，2004（07）：89-92+3.

[8]黄笑本，范如国. 管理科学理论与方法［M］. 武汉：武汉大学出版社，2006.

[9]吴新燕，席海涛，顾正刚. 高职产业学院绩效考核体系的构建［J］. 教育与职业，2020（03）：27-33.

政府治理视阈下高等教育空间布局对创新经济的驱动效应

鲍　威　吴嘉琦[①]

摘　要：强化教育科技力量推动创新驱动型经济发展成为新时代中国经济发展的重要战略选择。本文旨在探讨高等教育空间布局对创新经济发展的影响效应及其传导机制。通过对历史演变脉络的梳理发现，中国高等教育空间布局经历了低水平均衡、梯度发展、高质量均衡三个阶段，其背后推力是政治逻辑与经济逻辑的高度结合，体现出高度的政府主导特征。在此基础上运用 2005—2019 年省级面板数据的实证分析发现，我国高等教育资源在数量集聚层面呈现总体区域协调和大尺度增长极并行的格局，但在质量集聚层面区域失调矛盾依然严峻。研究证实高等教育空间集聚能够加快区域创新经济发展，相较于数量集聚，质量集聚对创新经济的驱动效应更为显著，该特征在 2012 年之后的高质量均衡阶段尤为明显。此外，高等教育空间布局对创新经济的传导机制受到区域政府治理能力现代化水平的制约。由于政府治理能力的差距，高等教育质量集聚的创新经济驱动效应在京津冀、长三角、西三角经济区、东北地区依次减弱，政府良治的差异为区域间结构性差异提供了跨学科视角的阐释。本文从学理层面拓展了我国高等教育空间布局与经济发展的理论视野，并在实践层面为推进高等教育空间布局优化、实现经济高质量发展和地方政府能力现代化提供了科学指导。

关键词：高等教育空间布局；资源集聚；创新经济；治理能力现代化；高质量发展

一、引言

新一轮科技和产业变革正在重构全球创新版图与竞争态势，面对国际地缘政治的急剧变动、经济全球化的退潮等外部环境不确定性的加剧，强化教育科技力量推动创新驱动型经济发展，建成以国内大循环为主体，国内外"双循环"相互促进发展格局，成为新时代中国经济发展的重要战略选择。在此背景之下，区域创新经济是国家经济战略的

---

① 鲍威，厦门大学高等教育发展研究中心、厦门大学教育研究院教授、博士生导师，主要研究方向为高等教育管理、高等教育财政、高校质量与学生发展，中国教育发展战略学会学术委员；吴嘉琦，中国农业大学高等教育研究中心助理研究员，主要研究方向为教育政策评估、高校学生发展。

空间表现与有效支撑，深刻认知国家愿景在区域维度的映射投影是识别区域经济发展历史使命不可或缺的重要基础。

高等教育是创新驱动发展战略的核心保障要素。创新经济依赖于高等院校的高层次人力资本培育和关键领域科研突破。面对国家战略与区域创新经济发展的需求，在实现高质量普及化的同时，缓解资源集聚的失衡矛盾、优化空间布局，成为当下中国高等教育发展亟须回应的严峻挑战。

长期以来，高等教育对经济增长率的贡献是中国教育经济学领域关注的重要议题。既有研究不仅聚焦于高等教育资源区域分布特征的测度与经济绩效估计，近年也积极尝试将空间分析纳入该研究议题，从空间布局视角拓展了高等教育对经济增长影响机制的解读。然而美中不足的有三点，一是多数研究基于高等院校机构数、学生数、教师数等指标，从高等教育资源的数量集聚维度展开分析，缺乏结合现阶段我国高等教育高质量发展需求，引入质量集聚的观测维度，展开更为细致深入的探讨；二是研究多从区域经济发展水平提升、产业结构升级等观测向度，评估高等教育空间分布的经济贡献，对于高等教育在区域经济中的创新效应，尚未提供充足的分析与阐释；三是研究限于传统教育经济学的分析视角，并未针对中国高等教育发展与经济运行中的政府主导特征，将政府治理纳入分析框架，建构政治学、行政学与教育经济学的整合视角，拓展对教育与经济发展互动机制的深度解读。

基于上述可拓展空间，本文将在梳理中国高等教育空间布局的历史脉络与分布特征的基础上，从数量集聚与质量集聚的双重维度，探究高等教育空间布局对区域创新经济的驱动效应，并且基于"政府—市场—高校"的综合性分析框架，考察政府治理能力现代化在高等教育空间布局与区域创新经济发展两者关联性之间的复杂作用机理。对上述议题的深入洞察，不仅有利于厘清与拓展对我国高等教育空间布局与区域创新经济互动机制的学术理解，更有利于实践层面推进高等教育空间布局的政策精准设计，为实现经济高质量发展和地方政府治理能力现代化提供有益借鉴。

二、文献综述

（一）高等教育空间布局与区域创新经济发展

创新是生产要素的重新优化组合，重构的生产函数能够打破经济循环流通的惯性轨道，实现经济结构变革，激发新的经济增长点。在创新理论框架下，创新经济发展是技术进步与技术应用共同演进的产物。以保罗·罗默（Paul Romer）和罗伯特·卢卡斯（Robert Lucas）为代表的新经济增长理论将人力资本的积累与外溢视为技术进步的表现形式，有效论证了边际递增的技术进步对经济增长的核心贡献。高等教育形成的人力资本具有生产效应和外溢效应，其空间布局不仅有利于高校之间集聚创新要素、共享知识成果、促进良性竞争、提升技术创新速率，同时还能基于院校社会服务与校企合作的路径，拓展知识传播边界，将新兴技术及前沿成果辐射外溢至范围更广的群体与地理区域，从而有效驱动创新经济发展。

国际发展经验表明，高等教育资源在数量与质量层面的空间集聚是催生知识密集型企业，推动科技成果转化，驱动创新经济发展的关键要素。在美国，高水平大学和高科技企业之间呈现高度的空间集聚性和空间匹配性。哈佛大学豪斯曼教授利用 1980 年出台的贝多尔法案（Bayh–Dole Act）分析美国高校与区域经济之间的关联性显示，与高校科技创新优势结合度和地理邻近性更强的行业发展更为迅速。美国西海岸以斯坦福大学、加州大学伯克利分校为主导的硅谷科技园区，东海岸以哈佛大学、麻省理工学院为核心的波士顿科研中心，以及北卡莱罗纳大学、北卡莱罗纳州立大学和杜克大学支撑的北卡科技三角园区，均在实践层面印证了高等教育质量集聚对区域高新技术产业集群发展的重要贡献。在东亚地区，高等教育空间集聚成为政府提升经济发展的重要政策选择。例如，在技术立国的国策驱动之下，日本大学与科研机构的集聚推动筑波科学城等跻身世界著名高科技园区。在科技立国发展战略指导之下，韩国高校与科研机构的空间集群化发展不仅推动了大德创新特区（Daedeok Innopolis）成为韩国科创引擎，更使之跻身全球创新聚集地之一。

自 21 世纪以来，随着经济腾飞与高等教育规模的跨越式发展，高等教育资源集聚与经济发展之间的关联性成为我国教育经济学界关注的重要议题。一系列研究显示，区域高等院校集群规模、学生规模对所在地产业结构升级、人均 GDP 具有显著的提升作用，且其贡献程度随时间推移不断增强。然而伴随研究的深入，学者也发现我国高等教育资源集聚对于经济增长的贡献程度，存在东部、中部、西部由高至低的梯次分布结构，高校扩招以来，将近一半地区的高校对于区域经济发展并未实现预期的推进作用。针对高等教育资源集聚程度与经济增长的非一致现象，相关实证研究发现所有制结构引发的市场发育程度、企业家创业精神、产业协同集聚的差异，导致高等教育资源对经济增长产生一种非线性门槛效应。只有区域相关制度结构跨越门槛值，高等教育资源集聚对于经济增长的促进效应才能实现最大化。近年，随着创新驱动发展成为建设强国的优先战略，高等教育资源对区域经济创新的空间效应成为新的研究焦点。虽然尚处于起步阶段，但研究发现近年我国高等教育资源空间分布重心呈现向西南偏移的趋势，高等教育集聚形成的人力资本显著提高了区域创新成果，扩大了技术溢出效应，但以京津冀、长三角、珠三角城市群为研究对象的相关分析显示，单一的高等教育数量集聚（如在校生数、教师数等）并未对城市创新能力形成显著的正向促进效应。显然，高等教育资源的空间布局结构对于区域创新经济的影响，依然需要本土研究在理论与实证观察层面的丰富与深化。

（二）政府治理在高等教育空间布局与创新经济互动机制中的协调作用

创新主体内嵌于区域制度、文化惯习和政府治理中，区域制度环境深刻影响着高校、企业、科研机构等创新主体的行为逻辑、正式或非正式的合作深度，以及由此形成的创新经济。中国高等教育空间布局与区域经济发展均根植于国家发展愿景与制度转型之中，理解高等教育空间布局与区域创新经济发展的互动机制，政府治理是其中不可忽略的核心变量。

20 世纪后期以来，国际经济学界开始关注政治制度对经济增长的重要作用。学者强调，无论是物资和人力资本的增长，还是技术进步，都仅是增长的结果，并非增长的内在源泉，经济增长的深层决定因素是政府的制度安排。大量研究揭示了国家的司法制度、政府结构、政府面对的权力约束，以及包容性政治制度对于长期经济增长的巨大影响。以中、印、俄等新兴经济体 11 国为研究对象的分析显示，新兴国家虽然从计划经济向市场经济的转型时间较短，但伴随政府治理能力的提升，即政治稳定性、监管质量、法治水平、腐败控制的提高，企业的经营环境得以改善，并由此实现了对外直接投资的跨越发展。针对改革开放后中国经济发展增长的奇迹，一系列研究更是指出了政府治理，尤其是地方政府的强大激励和制度安排在区域经济发展中扮演了极为重要的角色。地方政府通过强化公共服务与社会管理、良好的制度安排、限制腐败等机制和途径，促进区域经济的转型升级。

中国高等教育空间布局的历史演变表明，高等教育资源集聚是自然禀赋与后天发展、教育文化基础与社会经济发展、国家统一性布局与地区差异性发展的综合反映。历史演变背后的驱动机制不仅包括社会经济、历史、文化、地理、气候等因素，中央政府与地方政府的规划引导更是在其中发挥着主导作用。

党的十八届三中全会首次提出推进国家治理体系和治理能力现代化的重大命题，并将此确立为全面深化改革的总目标。然而既有高等教育空间布局与创新经济发展的经验研究在回应地方政府治理的影响效应与作用方向方面，依然存在滞后性与模糊性。鉴于此，将政府治理纳入分析框架，将有利于深化该议题的理论发展与实践贡献。

三、研究设计

综合以上历史脉络与先行研究的梳理，本文将在政府、教育、经济相互映射的框架中，结合政府治理视角，系统考察高等教育空间布局对于区域创新经济发展的影响机制。相较以往研究，本文具有以下特点。其一，在既有高等教育对经济增长影响研究的基础之上，聚焦区域创新经济发展，为拓展高等教育经济驱动效应的学术阐释提供边际贡献。其二，针对新时代高等教育高质量发展需求，借鉴哈佛大学教授迈克尔·波特（Michael E. Porter）对产业集聚的划分理念，从"数量集聚"和"质量集聚"两个观测维度衡量高等教育资源在地理空间的分布，以期更好地度量高等教育空间布局的结构性特征，深化高等教育资源集聚对经济作用机理的理解。其三，将与高等教育空间布局、区域创新经济紧密关联的地方政府治理能力纳入考察范畴，从多学科视角丰富高等教育与经济互动内在机理的经验观察与理论阐释。

（一）数据来源与模型设定

针对以上研究目标，本文基于政府相关公开数据，构建 2005—2019 年我国 31 个省（自治区、直辖市）的面板数据集。具体的分析步骤与计量模型如下。

首先，本文聚焦高等教育空间布局与创新经济发展的关系，运用双向固定效应模型分别分析区域高等教育资源的数量集聚、质量集聚水准对创新经济发展的影响效应，模型设定为公式（1）。

$$Y_{it}=\beta_0+\beta_1 Cluster_{it}+\beta_2 Control_{it}+Prov_i+Year_t+\varepsilon_{it} \tag{1}$$

模型中下标 i、t 分别为省份和年份。Y_{it} 为创新经济发展水平，以高新技术企业利润占 GDP 的比重衡量。$Control_{it}$ 表示高等教育空间布局的集聚程度，关注数量集聚、质量集聚两个维度。$Year_t$ 为时间固定效应，用于控制年份间不可观测变量对创新经济发展的影响。$Prov_i$ 为省份固定效应，用于控制省份间不随时间变化的不可观测变量，如历史传统、文化、自然地理环境等区域禀赋对分析结论的干扰。$Control_{it}$ 为控制变量，ε_{it} 为随机扰动项。同时，在基准回归的基础上，为提升数据分析结果的信效度，在模型中引入区域创新经济发展的其他观测变量，使用替换因变量的方式进行稳健性检验。此外，基于中国高等教育空间布局的历史演变趋势、区域复杂性和战略布局，本文在分析中对历史时段异质性和区域异质性分别展开细致观测。

其次，为探究政府治理能力在高等教育空间布局与创新经济发展之间的条件作用，即假设高等教育空间布局对区域创新经济的影响效应存在一定的门槛特征，当该地区政府治理能力达到一定水平时，高等教育资源集聚的创新效应会呈现显著的跃升和充分的体现。本文构造门槛回归模型对政府治理能力的协调作用做进一步考察，并测算发挥高等教育空间布局创新效应的门槛估计值。门槛回归模型见公式（2）。

$$Y_{it}=\beta_0+\beta'_1 Cluster_{it}\cdot1\cdot(g_{it}\leqslant t)+\beta'_2 Cluster_{it}\cdot1\cdot(g_{it}>t)$$
$$+\beta'_3 Control_{it}+Prov_i+Year_t+\varepsilon_{it} \tag{2}$$

其中，g_{it} 为门槛变量，t 为门槛值。（·1·）为示性函数，如果括号中的表达式为真，则取值为 1，否则取值为 0。$Control_{it}$，Y_{it}、$Cluster_{it}$、$Prov_i$、$Year_t$ 的定义与模型（1）完全一致。

（二）变量说明

表 1 概括了本文相关变量的定义。具体变量选择与相关数据来源说明如下。

表1 变量说明

变量名称		指标具体测度	单位
创新经济发展		高新技术企业利润占 GDP 的比重 高新技术企业数量	% 万家
空间数量集聚		普通高校在校生数比例 / 常住人口数比例	%
空间质量集聚		部属院校在校生数量比例 / 常住人口数比例	%
经济发展水平		人均地区生产总值	元 / 人
产业结构水平		第三产业增加值占地区生产总值的比重	%
科技创新水平		国内发明专利申请授权量	万项
国际贸易水平		人均外商投资企业投资额	万美元
一级指标	二级指标	指标具体测度（指标属性）	单位
地方政府治理能力	法治	每百万名在职人员贪污贿赂案件立案数（－）	件 / 百万
	开放	市场化指数（＋）	－
	效能	社会服务事业费占财政支出的比重（＋）	‰
	稳定	犯罪率（－）	%

1. 因变量

本文因变量是创新经济发展。鉴于高新技术产业是优化区域经济结构、激发经济增长的动力引擎，具体使用高新技术企业营业利润占 GDP 比重作为创新经济增长的测度指标。为保证分析结果的准确性，本文同时使用高新技术企业数量作为替换因变量，开展稳健性检验。相关数据来自各年度《中国统计年鉴》《中国高技术产业统计年鉴》。

2. 自变量

高等教育空间布局是本文的核心自变量。鉴于我国高等教育空间布局存在数量差异和质量差异的结构性特征，借鉴 Michael E·Porter 的产业集聚测量概念，本文建构高等教育资源的空间数量集聚和空间质量集聚两个观测指标，运用区位熵方法衡量高等教育空间分布特征。两个指标的具体计算方见公式（3）。

$$\rho_i = Edu_i / Edu / Pop_i / Pop \tag{3}$$

其中，当 ρ_i 表示普通高等教育资源数量集聚程度（以下简称"数量集聚"）时，Edu_i 表示 i 省（自治区、直辖市）的普通高校在校生数量，Edu 表示全国普通高校在校生总数，Pop_i 表示 i 省（自治区、市）的常住人口数量，Pop 表示全国常住人口总数；当 ρ_i 表示高等教育资源质量集聚程度（以下简称"质量集聚"）时，Edu_i 表示 i 省（自治区、市）以研究型大学为主体、人才培养质量较高的部属院校在校生数量，Edu 表示全国部属高校在校生总数，Pop_i、Pop 的含义不变。对于集聚程度 ρ_i，若数值大于1，则表明该省高等教育空间集聚程度高于全国平均水平；若数值小于1，则表明该省高等教育空间集聚程度低于全国平均水平。此外，针对在校生总数的计算方式，本文参照教育部公布的高校在校生折算标准[1]，对不同学历阶段的学生权重赋值后加总（在校生数量＝本、专科数量＋硕士生数量 ×1.5＋博士生数量 ×2）。数据来源于各年度《中国教育统计年鉴》等相关资料。

3. 门槛变量

地方政府治理能力是本文的门槛变量。相较于统治，治理意味着参与社会管理的是包括政府在内的多元主体，意味着政府管理行为必须符合法治、民主、责任、效率、有限、合作、协调等治理理念。所谓"国家治理体系和治理能力现代化"，即是改革国家治理体系和治理能力以使其适应现代社会发展的要求。政府治理能力是规范社会运行、维护公共秩序、深化公共利益的一系列制度和程序体系。为此，治理现代化既是治理理念，也是治理过程和治理结果，意味着政府治理要适应中国特色社会主义现代化事业的发展要求。对于政府治理能力的测度国内尚未形成统一的标准。在借鉴世界银行和世界银行学院构建的"全球治理指数"（Worldwide Governance Indicators，WGIs）基础上[2]，本文结合中国国情，尝试从法治、开放、效能、稳定四个亚维度，构建我国地方政府现代化治理能力的综合测度指标体系。本文使用熵权法计算各二级指标的权重，最终加总计算各地方政府治理能力得分。具体各项亚维度内涵定义、具体测度指标及数据来源说明如下。

首先，法治是政府治理的基本方式，法治构成政府治理现代化的核心指标和主要标志。现代法治为政府治理注入良法的基本价值，提供了良治的创新机制。政府治理的相关研究表明，腐败控制是政府良治的重要表征之一，故本文将《中国检察年鉴》公布的各省市每百万名在职人员贪污贿赂案件立案数作为逆向测评指标，衡量地方政府与监察机关、审判机关互相配合、互相制约、依法履行职能与腐败监管的力度，即地方政府治理现代化能力综合测度的"法治"亚维度。

其次，政府调整传统的管控职能定位，构建与现代市场经济体制相适应的治理格局，是政府治理现代化的重要表征。技术市场内嵌于现代市场经济环境之中，创新主体的技术成果转化有赖于开放竞争合作、要素优化配置的市场环境。鉴于此，本文使用市场化指数测度地方政府治理现代化能力的"开放"亚维度，具体数据来源于《中国分省份市场化指数报告 2021》中提供的各相关年度数据。

此外，提供充足且有效的公共服务是现代政府治理的主要效能体现。地方政府治理职能从管制走向服务，提供完善高效的公共服务，精准对接新时代人民群众日益增长的

---

[1] 根据教育部关于印发《普通高等学校基本办学条件指标（试行）》的通知，本专科数量、硕士生数与博士生数按照 1:1.5:2 进行折算。

[2] "全球治理指数"是由（1）话语权与政府问责制（Voice and Accountability）、（2）政治稳定与低暴力（Political Stability and Lack of Violence）、（3）政府效能（Government Effectiveness）、（4）监管质量（Regulatory Quality）、（5）法治（Rule of Law）和（6）腐败监管（Control of Corruption）六个子指标构成。

多样化需求，对于提高政府公信力尤为关键。故本文利用《中国社会服务统计资料》和历年社会服务发展统计公报中社会服务事业支出占政府财政支出的比重作为测度地方政府治理现代化能力的"效能"亚维度。

最后，社会稳定既是政府运行的基础，亦是政府良治的体现。现代政府治理能力集中体现在政治稳定与社会和谐程度，社会经济行稳致远更是"十四五"时期我国发展愿景目标之一。故本文将《中国检察年鉴》公布的各年度各省（自治区、直辖市）犯罪率视为表征社会稳定程度的逆向测评指标，用以测度地方政府治理现代化能力的"稳定"亚维度。

4. 控制变量

为精准估计高等教育空间布局的数量集聚与质量集聚对创新经济的影响效应以及地方政府治理现代化能力在其中的调节作用，本文在参考已有文献基础上将区域创新经济发展的其他影响因素作为控制变量纳入分析模型。具体控制变量包括经济发展水平，以人均 GDP 测度；产业结构，以第三产业增加值占 GDP 的比重表征；技术进步，以地区发明专利申请授权量衡量；国际贸易水平，以人均外商投资企业投资额测度。为保障数据跨年度间的可比性，经济相关指标均以 2005 年为基期进行价格指数调整。

四、实证分析结果

（一）我国高等教育资源空间布局的演变趋势

首先就数量集聚而言，我国高等教育资源空间布局十五年间已基本实现总体区域协调与大尺度增长极并行的发展态势。2005—2019 年间我国高等教育数量规模的增幅虽然存在一定程度的区域差异，但整体呈现逐步均衡发展的态势，尤其体现在西三角经济区数量集聚变化趋势与其他地区保持协同一致。这期间珠三角、长三角地区集群面积明显膨胀，表明增长极区域高等教育数量集聚增幅远高于其他地区。与之相异，西三角经济区以外的其他西部地区面积呈明显萎缩态势，表明其高等教育数量集聚增幅处于较低水平。

其次从质量集聚而言，十五年间我国高等教育优质资源空间布局的区域失衡矛盾严峻，整体东西分化态势加剧。京津两地、长三角、西三角经济区集群面积膨胀显著，高等教育质量集聚指数增长幅度分别高达 20%、19%、13%，表明上述区域在优质高等教育资源中的领先优势进一步强化，质量集聚的区域鸿沟加剧。相较而言，华中、华东其他地区的高等教育质量集聚指数增幅平均仅约 6.5%，优质高等教育资源处于稳态增长状态；而西北、西南其他地区的高等教育质量集聚指数增幅处于停滞状态，导致图中区域行政区划面积极度缩减。

（二）高等教育空间布局对创新经济的驱动效应估计

1. 基准回归

表 2　高等教育空间集聚对创新经济的影响程度

变量	（1）高新技术企业利润占 GDP 的比重	（2）高新技术企业利润占 GDP 的比重滞后一期	（3）高新技术企业数量
高教资源数量集聚	0.002***	0.003***	0.015
	（0.000）	（0.001）	（0.014）
高教资源质量集聚	0.009***	0.012***	0.019**
	（0.001）	（0.002）	（0.007）
经济发展水平	0.003	0.002	0.156***
	（0.003）	（0.003）	（0.028）
产业结构水平	0.019***	0.019***	0.149***
	（0.005）	（0.006）	（0.050）
科技创新水平	0.002***	0.002***	0.044***
	（0.000）	（0.000）	（0.003）
国际贸易水平	−0.288***	−0.339***	−2.387***
	（0.085）	（0.087）	（0.754）
常数项	−0.042	−0.039	−1.529***
	（0.030）	（0.033）	（0.267）
控制变量	是	是	是
省份固定效应	是	是	是
时间固定效应	是	是	是
样本量	465	434	465
观测值	31	31	31
拟合优度	0.345	0.388	0.527

注：括号中为稳健标准误 *** p<0.01，** p<0.05，* p<0.1

为了检验高等教育空间布局对区域创新经济的影响，本文使用双向固定效应进行实证分析。表 2 汇报了回归结果，其中列（1）为基准回归结果。分析显示，在控制其他影响因素的前提下，高等教育资源集聚对于区域创新经济发展程度提升具有显著的促进作用。具体而言，高等教育资源的数量集聚和质量集聚每提升 1 个单位，区域高新技术企业利润占 GDP 的比重分别显著提高 0.2% 和 0.9%。该分析结果表明，相较于单纯的高等教育空间布局中数量规模的扩增，优质高等教育资源质量集聚的区域创新经济驱动效应更为显著，提质驱动效应是扩容驱动效应的 4.5 倍。

2. 稳健性检验

为检验上述研究发现的稳健性，本文使用因变量时间滞后一期和高新技术企业数量作为新的代理因变量进行实证分析，表 2 中列（2）、列（3）为回归结果。

时间滞后一期模型有利于降低高等教育空间布局与区域创新经济之间潜在的双向因果问题。分析显示，高等教育空间集聚在 1% 的置信水平下显著促进了区域创新经济发展。尤为值得关注的是，该模型中高等教育质量集聚的影响估计系数从 0.009〔列（1）〕增至 0.012〔列（2）〕。这意味着区域内高等教育资源的提质不仅与当期区域创新经济之间存在正相关，更为创新经济发展提供强大的持续驱动作用。

以高新技术企业数量作为替代因变量的分析表明，高教资源数量集聚程度每提升 1 单位，区域内高新技术产业企业则增加约 150 家，但未通过显著性检验。与之相异，高教资源质量集聚程度每提升 1 单位，区域内高新技术企业数则在 5% 的置信水平下显著增加 190 家。可见，优质高等教育空间集聚对创新经济发展具有稳定的积极影响，不仅扩增了高新技术产业发展规模，而且提升了高新技术产业的附加值。

3. 时段与区域的异质性分析

鉴于中国高等教育空间布局在不同历史发展阶段、不同区域之间存在差异，本文进一步考察不同时段、不同区域高等教育空间集聚对创新经济发展影响的异质效应。表 3 和表 4 分别概括了时间向度、区域向度的异质性分析结果。

表 3　不同时段高等教育空间集聚对创新经济发展的影响差异

变量	（1） 梯度发展阶段 2005—2011 年	（2） 高质量均衡阶段 2012—2019 年
高教资源数量集聚	0.002***	−0.000
	（0.001）	（0.000）
高教资源质量集聚	0.012***	0.008**
	（0.003）	（0.004）
常数项	−0.100	−0.041
	（0.070）	（0.056）
控制变量	是	是
省份固定效应	是	是
时间固定效应	是	是
样本量	217	248
观测值	31	31
拟合优度	0.419	0.250

注：括号中为稳健标准误 *** $p<0.01$，** $p<0.05$，* $p<0.1$

表 3 列（1）分析显示，在 2005—2011 年的高等教育布局梯度发展阶段，高等教育资源的数量集聚与质量集聚均对创新经济发展呈现出显著正向影响，影响系数分别为 0.002、0.012。这表明，伴随中国高等教育从精英阶段向大众化阶段的过渡与建设世界一流大学 985 工程的推进，高等教育空间布局中数量集聚虽然依然保持对区域创新经济发

展的驱动效应，但质量集聚在其中的驱动效应已更为凸显，其对于区域创新经济的影响作用是数量集聚的 6 倍。

表 3 列（2）分析表明，2012—2019 年的高等教育布局进入高质量均衡阶段以来，高等教育资源的数量集聚对于区域创新经济发展已失去统计意义上的显著作用，相反质量集聚继续保持显著的正向促进作用。这反映了随着这一阶段我国高等教育快速进入普及化阶段，单一的数量规模扩大已无法有效撬动区域创新经济，伴随"双一流"建设的深入，唯有优质高等教育资源的集聚才能有效推动区域经济创新发展。

表 4　四大重点区域高等教育空间集聚对创新经济发展的影响差异

变量	（1）	（2）	（3）	（4）
	京津冀	长三角	东北区	西三角经济区
高教资源数量集聚	0.001	−0.002	−0.002	−0.006
	（0.001）	（0.002）	（0.002）	（0.004）
高教资源质量集聚	0.016***	0.004***	0.030	0.002**
	（0.004）	（0.001）	（0.041）	（0.001）
常数项	−0.288	−0.044	−0.062	0.225
	（0.274）	（0.129）	（0.041）	（0.180）
控制变量	是	是	是	是
省份固定效应	是	是	是	是
时间固定效应	是	是	是	是
样本量	45	45	45	45
观测值	3	3	3	3
拟合优度	0.829	0.936	0.956	0.886

注：括号中为稳健标准误 *** $p<0.01$，** $p<0.05$，* $p<0.1$

表 4 聚焦京津冀、长三角、东北区、西三角经济区四大集群地区，对高等教育资源配置的结构性特征与创新经济发展关系的区域异质性展开深入分析。

回归结果显示，在上述四大高等教育集群，高教资源的数量集聚均未对创新经济形成显著的影响作用，其中长三角、东北区、西三角经济区甚至出现负向关联。与之相异，高教资源的质量集聚对京津冀、长三角和西三角经济区的创新经济呈现出显著促进效应，两者之间呈现明显的关联性，其中京津冀集群优质高等教育资源对创新经济的驱动作用分别是长三角、西三角经济区的 4 倍与 8 倍。相比之下，东北区高教资源的质量集聚并未发挥预期作用。之所以出现如此之大的区域异质性，可能与不同集群地区优质高教资源的差距有着密切的关联，京津冀地区在此向度上处于明显的领先优势。

（三） 高教资源质量集聚与创新经济的政府治理门槛效应

1. 门槛回归

历史脉络的梳理清晰了中国高等教育空间布局是政治逻辑与经济逻辑的高度结合。以上分析虽然明晰了高教资源质量集聚对区域创新经济发展的有效驱动作用，但为深入探究两者之间的作用机制，须将地方政府治理能力水准作为门槛变量，考察高教资源质量集聚对区域创新经济的非线性影响。表5和表6分别展示了地方政府治理能力影响高教资源质量集聚与创新经济关系的门槛效应检验和门槛回归结果。

表5　门槛效应检验

门槛变量	门槛类型	门槛估计值	95% 置信区间	F 值	P 值	临界值		
						10%	5%	1%
政府治理能力	单门槛	0.343	［0.338，0.344］	18.31	0.020	15.94	22.10	31.74

注：***、** 和 * 分别表示在 1%、5% 和 10% 水平上显著

在进入门槛回归之前，本文首先对是否存在门槛效应及门槛数量进行了检验。研究采用 BootStrap 反复抽取 300 次，得到门槛值及显著性，并以此确定门槛数量。检验结果如表5所示，在5%的置信水平下，高等教育资源质量集聚对创新经济发展的驱动效应在政府治理能力中存在单门槛效应，门槛值为0.343。根据门槛变量估计值，可将各省（自治区、市）的政府治理能力划分为"政府治理能力不足门槛值（govn ≤ 0.343）"和"政府治理能力超过门槛值（govn > 0.343）"两个区间。基于上述分析，本文采用单门槛回归模型分析地方政府治理能力影响高教质量集聚与创新经济关系的作用机理。

表6　门槛回归结果

变量	高新技术企业利润占 GDP 比重
Cluster · govn（thr ≤ λ）	0.003***
	（0.001）
Cluster · govn（thr > λ）	0.008***
	（0.001）
常数项	−0.040***
	（0.007）
省份固定效应	是
时间固定效应	是
控制变量	是
样本量	465
观测值	31
拟合优度	0.425

注：括号中为稳健标准误 *** p<0.01，** p<0.05，* p<0.1

如表 6 所示，当区域（省、自治区、直辖市）政府治理能力不足 0.343 时，高教质量集聚在 1% 的置信水平下驱动创新经济发展，但回归系数仅为 0.003。相反，当区域政府治理能力高于 0.343，高教资源质量集聚对创新经济发展不仅具有显著的促进作用，且影响效应为前者的 2.7 倍（β=0.008，p=0.000）。这表明优质高等教育集聚对创新经济发展的驱动效应受政府治理能力的制度溢出效应影响，当区域政府治理能力提升至一定水平后，高教资源质量集聚程度对创新经济发展的驱动作用将出现扩增。换言之，区域政府治理能力的现代化有利于优质高等教育资源更充分地发挥创新经济发展的驱动效应。

2. 不同集群区域政府治理现代化水准的组间差异和组内差异

基于上述分析，本文进一步评估我国高等教育空间分布主要集群的政府治理能力的动态变化趋势及其结构性差异。

首先，从动态变化趋势而言，2006—2019 年期间各大集群政府治理能力均呈现动态提升的态势。2006 年珠三角、长三角、京津冀三大集群的政府治理能力得分为 0.401、0.395、0.378，超越门槛值，均实现政府治理能力现代化。西三角集群政府治理能力虽于 2007 年跨越门槛值，但政府治理能力现代化水准依然较低（λ_{west}=0.348）。相较于前者，在长达 14 年的期间，东北集群政府治理水准持续陷于低于门槛值状态，与前四大集群区域之间存在不同程度的差距。

其次，各大集群区域政府治理能力在组间差异和组内差异层面存在明显的结构性特征，该研究发现与相关机构对副省级城市治理能力的评价结果基本一致。各大集群政府治理能力存在明显的组间差异。长三角区域政府治理能力现代化水准处于全国领先地位，珠三角与京津冀位列第二梯队，紧随其后。相较而言，西三角经济区和东北两大集群的水准依然较低，特别是东北集群低于门槛值。不仅如此，各大集群内部的区域政府治理能力差距，即组内差异也呈现多元化特征。长三角集群和东北集群的内部各省一致性较强，前者江、浙、沪三地政府治理均实现高度现代化，而后者吉、辽、黑三地政府治理现代化均处于低水准。与前者相反，京津冀、西三角经济区集群内部各省的政府治理能力差异颇为明显。京津冀集群内部北京市政府治理能力明显高于天津、河北两地，西三角经济区集聚内部四川政府治理能力明显高于其他地区。

五、研究结论与政策启示

随着中国经济步入优化经济结构，从传统要素驱动向创新驱动，转化增长动力的攻坚阶段，优化高等教育资源的空间布局结构，充分发挥高等教育对区域创新经济发展的驱动效应成为新时代高等教育强国建设过程中面临的时代性和结构性挑战。但既有研究对高等教育资源的测度限于数量规模，而且在高等教育的创新经济驱动机制阐释方面存在进一步深化的空间。本文在梳理我国高等教育空间布局的历史发展脉络的基础上，利用 2005—2019 年我国省级面板数据，从数量集聚和质量集聚双重维度系统测度高等教育空间布局对区域创新经济的驱动效应，并引入政府治理能力分析视角，拓展高等教育对创新经济作用机制的深度理解。

首先，新中国成立以来，在外部国际环境、国家发展愿景、区域经济发展战略的多重张力中，中国高等教育空间布局分别经历了低水平均衡、梯度发展、高质量均衡三个不同阶段。通过分析 2005—2019 年期间的高等教育空间布局演变趋势发现，高等教育资源在数量集聚层面呈现总体区域协调和大尺度增长极并行特征，但在质量集聚层面呈现严重区域失调，由此形成东西差距和南北分化双重失衡并存的格局。

其次，高等教育资源的空间集聚布局能够加快创新经济发展，尤其质量集聚对创新经济的显著驱动效应。优质高等教育资源集聚不仅有利于高新技术产业规模扩增，还明显提升了高新技术产业的附加值。这一特征在 2012 年之后，即高等教育空间布局进入高质量均衡阶段后依然显著，而数量集聚的驱动效应则消失。该研究发现打破了既有研究将高等教育视为同质化共同体分析探究高等教育与经济发展关系的思维惯性，实证彰显了高质量高等教育在新一轮科技革命和产业变革中驱动经济高质量发展的引擎作用。此外，研究还表明技术进步是引领创新经济发展的关键，而过度依赖外商投资带来的技术溢出可能造成自主研发缺位、技术变革迟滞，甚至抑制创新经济发展。

最后，高等教育质量集聚对京津冀地区、长三角地区、西三角经济区、东北地区的创新经济发展驱动效应依次减弱，政府治理现代化水平的差异为区域间结构性差异提供了跨学科视角的阐释。研究表明，高等教育资源的质量集聚对创新经济发展的驱动效应在一定程度上要依赖"政府良治"（Good Governance）。当区域政府在法治、开放、效能、稳定四大维度，即政府治理能力现代化水准突破门槛值后，高等教育质量集聚对创新经济发展的影响系数提升近三倍。在五大集群的横向比较中，珠三角、长三角和京津冀地区的政府治理能力已基本跨越现代化门槛值，由此实现高等教育质量集聚对创新经济的最优效应。相反，东北地区、西三角经济区囿于区域政府治理能力的局限，在很大程度上抑制了高等教育质量集聚对创新经济发展的驱动作用。

本文研究对于未来优化高等教育空间布局，实现经济高质量发展和地方政府能力现代化具有重要的政策意涵。

首先，迫切需要推进加强东、中、西部地区优质高等教育资源的跨时空交互、协作联动机制，突破高等教育的传统空间布局限制，最大化地拓展优质高等教育资源的辐射作用，形成东西共济、南北共行的高等教育高质量均衡空间布局。具体实施路径可凝练为以下三点。一是把握教育数字化转型机遇，借助跨区域优质教育资源共享和知识交流载体，缩减区域间的质量集聚差距。可通过"慕课西行"等数智化教育平台建设，扩大优质高等教育资源向欠发达区域的辐射与传递，促进高等教育空间布局从基本均衡向高位均衡递进。二是引育高水平人才，促进优质师资向欠发达区域的流动，解决部分地区师资供求不均衡不充分的困境。可通过发挥东部顶尖高校退休教师优势资源的"银龄计划""青年教师支教计划""中西部教师东部访学计划"，激发银龄教师和青年教师的智慧红利溢出效应，提升西部高校师资队伍的质量建设。欠发达地区高校可启动"暑期学校"项目，吸引国内外顶尖高校教师利用假期在中西部地区高校开设线下课程，实现优质教学资源辐射范围的最大化。三是加强中西部高校与东部"双一流"高校的深层次交流合作。发挥高水平大学的龙头作用，在合作办学、科学研究、学科建设等方面互联互通，着力推进一流大学在中西部地区的集群发展，推动高质量高等教育均衡发展。

其次，作为实现高等教育创新经济驱动效应的重要保障，须破除阻碍社会进步的体制机制障碍，通过制度改革与创新，提升政府治理能力现代化建设。不能忽视的是，东西差距、南北分化的背后不仅是地理位置、历史文化等先赋性资源差距，治理观念衍新、管理模式创新、服务效能优化、市场化程度高等政府治理能力现代化的领先优势，更是东部地区充分发挥高等教育资源集聚优势、实现创新经济发展的重要因素。为此中西部地区需在结合区域特色的基础上，充分借鉴东部地区的发展经验，积极推进行政制度、决策制度、司法制度、问责制度的变革与完善，加快实现区域政府治理能力现代化。

当然，对于高等教育空间布局在区域经济发展的作用机制，本文的探索依然存在继续完善的空间。后期需要通过数据资料的不断完善和区域案例的深度剖析，在该领域开展持续深入的研究。

参考文献：

[1]习近平. 在教育文化卫生体育领域专家代表座谈会上的讲话[EB/OL].（2022-09-22）[2022-12-01]. http://www.gov.cn/xinwen/2020-09/22/content_5546157.htm.

[2]中华人民共和国中央人民政府网. 中华人民共和国国民经济和社会发展第十四个五年规划和 2035 年远景目标纲要[EB/OL].（2021-03-13）[2022-12-01]. http://www.gov.cn/xinwen/2021-03/13/content_5592681.htm.

[3]李兰冰，刘秉镰. "十四五"时期中国区域经济发展的重大问题展望[J]. 管理世界，2020，（05）：36-51.

[4]王录仓，武荣伟，梁炳伟等. 中国农业现代化水平时空格局[J]. 干旱区资源与环境，2016，30（12）：1-7.

[5]劳昕，薛澜. 我国高等教育资源的空间分布及其对地区经济增长的影响[J]. 高等教育研究，2016，37（06）：26-33.

［6］聂娟，辛士波. 我国高等教育质量差异化及对区域经济增长的效应分析［J］. 中国软科学，2018（11）：58-65.

［7］梁爽，姜文宁. 高等教育资源空间结构变迁及其创新效应——基于我国三大城市群［J］. 中国高教研究，2021（08）：78-85.

［8］刘国斌，宋瑾泽. 中国区域经济高质量发展研究［J］. 区域经济评论，2019（02）：55-60.

［9］［日］大塚丰. 现代中国高等教育的形成［M］. 黄福涛，译. 北京：北京师范大学出版社，1998.

［10］王瑞琦. 百年来中国现代高等教育［M］. 台北：台湾政治大学大陆研究中心，2007.

［11］刘洋，胡晓菁. 三线建设时期高教部所属高等院校的布局调整研究［J］. 科学文化评论，2019，16（04）：87-97.

［12］［加］许美德. 中国大学 1895-1995：一个文化冲突的世纪［M］. 许洁英，译. 北京：教育科学出版社，2000.

［13］别敦荣，邢家伟. 我国高等教育普及化发展面临的"西北部现象"及其破解策略［J］. 高等教育研究，2022，43（01）：11-21.

［14］陈慧青. 中国高校布局结构变革研究［D］. 厦门大学，2009.

［15］魏后凯. 外商直接投资对中国区域经济增长的影响［J］. 经济研究，2002（04）：19-26+92-93.

［16］陈先哲. 高等教育从改革开放中汲取发展力量. 中国教育报，2021-11-04

［17］鲍威. 中国民办高等教育的生成机制和区域发展模式［J］. 北京大学教育评论，2006（04）：149-159.

［18］刘国瑞. 我国高等教育空间布局的演进特征与发展趋势［J］. 高等教育研究，2019，40（09）：1-9.

［19］杜育红. 我国地区间高等教育发展差异的实证分析［J］. 高等教育研究，2000（03）：44-48.

［20］王洋，修春亮. 1990-2008 年中国区域经济格局时空演变［J］. 地理科学进展，2011，30（08）：1037-1046.

［21］别敦荣，陈春平. 普及化背景下跨省域高等教育欠发达片区问题及其解决策略［J］. 大学教育科学，2023（04）：15-22.

［22］李兰冰，刘秉镰. "十四五"时期中国区域经济发展的重大问题展望［J］. 管理世界，2020，（05）：36-51.

［23］新华网. 教育部：全面振兴中西部高等教育，建设教育强国［EB/OL］.（2022-06-13）［2022-12-01］. http://m.xinhuanet.com/2023-06/13/c_1129690414.htm.

［24］Romer P M. Increasing returns and long-run growth［J］. Journal of political economy，1986，94（5）：1002-1037.

[25] Lucas Jr R E. On the mechanics of economic development [J]. Journal of monetary economics，1988，22（1）：3-42.

[26] Rauch J E. Productivity gains from geographic concentration of human capital: evidence from the cities [J]. Journal of urban economics，1993，34（3）：380-400.

[27] 李立国，杜帆. 我国研究生教育对区域创新的溢出效应研究[J]. 清华大学教育研究，2021，42（04）：40-49+90.

[28] 侯纯光，杜德斌，史文天，桂钦昌. 世界一流大学空间集聚对研发密集型企业空间布局的影响——以美国为例[J]. 地理研究，2019，38（07）：1720-1732.

[29] Hausman N. University innovation，local economic growth，and entrepreneurship[J]. US Census Bureau Center for Economic Studies Paper No. CES-WP-12-10，2012.

[30] 闵维方. 高等教育运行机制研究[M]. 北京：人民教育出版社，2002.

[31] Chatterji A，Glaeser E，Kerr W. Clusters of entrepreneurship and innovation[J]. Innovation policy and the economy，2014，14（1）：129-166.

[32] 智瑞芝. 区域创新视角下大学衍生企业发展的影响因素——以日本为例[J]. 经济地理，2009，29（08）：1336-1341+1349.

[33] Oh D S，Yeom I. Daedeok Innopolis in Korea: From science park to innovation cluster[J]. World Technopolis Review，2012，1（2）：141-154.

[34] 李硕豪，魏昌廷. 我国高等教育布局结构分析——基于 1998-2009 年的数据[J]. 教育发展研究，2011，31（03）：8-13.

[35] 王海虹，卢正惠. 人力资本集聚对城市群经济发展影响分析——以长三角城市群为例[J]. 商业经济，2017（06）：6-11+17.

[36] 胡永远，刘智勇. 不同类型人力资本对经济增长的影响分析[J]. 人口与经济，2004（2）：4.

[37] 郑鸣，朱怀镇. 高等教育与区域经济增长——基于中国省际面板数据的实证研究[J]. 清华大学教育研究，2007（4）：6.

[38] 程锐. 高等教育资源分布对经济增长的非线性门槛效应——基于所有制结构和产业协同集聚视角[J]. 上海经济，2019，（02）：68-83.

[39] 劳昕，薛澜. 我国高等教育资源的空间分布及其对地区经济增长的影响[J]. 高等教育研究，2016，37（06）：26-33.

[40] 钱晓烨，迟巍，黎波. 人力资本对我国区域创新及经济增长的影响——基于空间计量的实证研究[J]. 数量经济技术经济研究，2010，27（04）：107-121.

[41] 黄容霞，魏萍，潘孝珍. 高等教育人力资本集聚对技术创新的空间效应——以湖北省地级市为例的实证分析[J]. 中国高教研究，2021（01）：70-76，95.

[42] 梁爽，姜文宁. 高等教育资源空间结构变迁及其创新效应——基于我国三大城市群[J]. 中

国高教研究，2021（08）：78-85.

[43]Cooke P ，Morgan K. The Associational Economy：Firms，Regions，and Innovation［J］. Research Policy，2000，32（6）.

[44]Robinson J A，Acemoglu D. Why nations fail：The origins of power，prosperity and poverty［M］. London：Profile，2012.

[45]Acemoglu D，Johnson S，Robinson J A. Institutions as a fundamental cause of long-run growth ［J］. Handbook of economic growth，2005（1）：385-472.

[46]Shleifer A，Vishny R W. Corruption ［J］. The quarterly journal of economics，1993，108（3）：599-617.

[47]Acemoglu D，Verdier T，Robinson J A. Kleptocracy and divide-and-rule：A model of personal rule ［J］. Journal of the European Economic Association，2004，2（2-3）：162-192.

[48]许真. 政府治理能力、融资障碍与OFDI——基于新兴经济体11国的实证分析［J］. 经济问题，2017（07）：14-19.

[49]周黎安. 转型中的地方政府：官员激励与治理（第二版）［M］，上海：格致出版社，2017.

[50]周黎安. 行政发包制［J］. 社会，2014，34（06）：1-38.

[51]刘冲，乔坤元，周黎安. 行政分权与财政分权的不同效应：来自中国县域的经验证据［J］. 世界经济，2014，37（10）：123-144.

[52]郭根龙，王宁. 自然资源与FDI：政府治理的作用——基于30个省级单位面板数据分析 ［J］. 价格理论与实践，2018（05）：139-142.

[53]张梁梁，杨俊. 社会资本、政府治理与经济增长［J］. 产业经济研究，2018（02）：91-102.

[54]高正平，张兴巍. 社会资本、政府治理与区域企业自生能力——基于我国省际数据的实证 研究［J］. 财贸经济，2013（09）：121-129.

[55]中共中央文献编辑室. 十八大以来重要文献选编［M］. 北京：中央文献出版社，2014，第 547页.

[56]Porter M E. Clusters and the new economics of competition ［M］. Boston：Harvard Business Review，1998.

[57]吴嘉琦，闵维方. 教育对产业结构升级的作用机制［J］. 教育研究，2022，43（01）：23-34.

[58]邱均平，温芳芳. 我国高等教育资源区域分布问题研究——基于2010年中国大学及学科专 业评价结果的实证分析［J］. 中国高教研究，2010（07）：17-21.

[59]Rosenau J N. Governance in the Twenty-first Century ［J］. Global Governance，1995，13-43.

[60]格里·斯托克，华夏风. 作为理论的治理：五个论点［J］. 国际社会科学杂志（中文版），1999（2）.

[61]唐天伟，曹清华，郑争文. 地方政府治理现代化的内涵、特征及其测度指标体系［J］. 中国

行政管理，2014（10）：46-50.

[62]王浦劬. 国家治理、政府治理和社会治理的含义及其相互关系[J]. 国家行政学院学报. 2014（03）.

[63]俞可平. 推进国家治理体系和治理能力现代化[J]. 前线，2014（01）：5-8+13.

[64]唐天伟，曹清华，郑争文. 地方政府治理现代化的内涵、特征及其测度指标体系[J]. 中国行政管理，2014（10）：46-50.

[65]郭未 马炬申. 重大突发公共卫生事件下的政府治理能力与公众社会安全感——基于 GSSCH2020 数据的门槛效应分析[J]. 社会科学杂志，2023.1（1）. 28-59.

[66]张文显. 法治与国家治理现代化[J]. 中国法学，2014，No.180（04）：5-27.

[67]La Porta R，Lopez-de-Silanes F，Shleifer A，Vishny R. The quality of government. Journal of law，economics，& organization. 1999；15（1）：222-79.

[68]傅勇. 财政分权、政府治理与非经济性公共物品供给[J]. 经济研究，2010，45（08）：4-15+65.

[69]陈朋. 地方治理现代化的困境与路径研究[J]. 中国特色社会主义研究，2015，No.124（04）：61-65.

[70]王小鲁，胡李鹏，樊纲. 中国分省份市场化指数报告（2021）. 社会科学文献出版社，2021.

[71]Kaufmann D，Kraay A，Mastruzzi M. Governance matters VIII: aggregate and individual governance indicators，1996-2008[J]. World bank policy research working paper，2009.

[72]赵正旭，任利敬. 基于 Cartogram 可视化的信息传承方法研究[J]. 中国人口·资源与环境，2016，26（S1）：526-529.

[73]于飞. 对 15 个副省级城市治理能力的测评及排名[EB/OL].（2016-04-07）[2022-12-01]. http://www.rmlt.com.cn/2016/0407/422673.shtml.

[74]柳卸林，胡志坚. 中国区域创新能力的分布与成因[J]. 科学学研究，2002（05）：550-556.

三、基教基石

系统筹谋促进基础教育高质量发展

王 琪[①]

摘　要：习近平总书记关于教育高质量发展的系列重要的高瞻远瞩的指示与论述，均是对新时代教育高质量发展服务中华民族伟大复兴重要使命的重大部署，为新时代教育高质量发展促教育强国建设指明了发展方向。本文着重阐述基础教育高质量发展内涵、关键突破口与突破路径。

关键词：筹谋；基础教育；高质量发展

党的十八大以来，以习近平同志为核心的党中央高度重视教育工作，坚持教育优先发展，注重发挥教育对经济社会发展支撑功能。2018 年，习近平总书记在全国教育大会上明确提出，教育是国之大计，党之大计。党的二十大报告明确 2035 年要建成教育强国，将教育、科技、人才一体部署，并放在加快构建新发展格局、着力推动高质量发展之后的突出位置。2023 年 5 月 5 日，习近平总书记主持召开二十届中央财经委员会第一次会议，指出人口发展是关系中华民族伟大复兴的大事，必须着力提高人口整体素质，以人口高质量发展支撑中国式现代化；提出把教育强国建设作为人口高质量发展的战略工程，全面提高人口科学文化素质、健康素质、思想道德素质。2023 年，习近平总书记在二十届中央政治局第五次集体学习时，强调要"全面提升教育服务高质量发展的能力"。习近平总书记在《求是》杂志发表的《扎实推动教育强国建设》一文中指出："当前，我国教育已由规模扩张阶段转向高质量发展阶段。要坚持把高质量发展作为各级各类教育的生命线，加快建设高质量教育体系，以教育高质量发展赋能经济社会可持续发展。建设教育强国，基点在基础教育。基础教育搞得越扎实，教育强国步伐就越稳、后劲就越足。"这些重要的高瞻远瞩的指示和论述，均是对新时代教育高质量发展服务中华民族伟大复兴重要使命的重大部署，为新时代教育高质量发展促教育强国建设指明了发展方向。基础教育作为建设教育强国的基础性工程，根据新时代的发展要求，在发展路向上要实现从规模扩张发展到高质量发展的根本战略性转变。

[①] 王琪，中国教育发展战略学会教育教学创新专业委员会秘书长。

一、追求基础教育的高质量发展，是应对国际教育竞争、建设教育强国的必然选择

我国基础教育发展正在发生历史性的重大转变：要以满足国家和人民群众对高质量教育需求为改革导向，全面推动基础教育由过去普及性的规模扩张转向优质化的结构升级，由外延式的达标化发展转向可持续的内涵式发展，在标准化的均衡式发展基础上走向优质化、特色化的高质量发展。即我国在解决了基础教育"有学上"的问题之后，实现"上好学"的梦想已经成为社会各界对基础教育最殷切的期盼。基础教育理念的这一正在发生的转换明确告诉我们：新时代的基础教育改革并不是在均衡基础上实现更公平、更均衡、更协调、更全面、更优质的发展，而是要立足于我国面临的现实挑战、建立创新型国家和教育强国的客观需求以及数智时代发展对教育的根本性变革来重新考虑"上好学"的时代内涵。

从国际上看，推动教育的高质量发展也几乎成了国际组织和发达国家的普遍共识。早在 2016 年，联合国发布的《改变我们的世界——2030 年可持续发展议程》（*Transforming our World: The 2030 Agenda for Sustainable Development*）就已经明确提出："确保包容和公平的优质教育，让全民终身享有学习机会。"进入 21 世纪后，美国在对以往学业成绩至上教育理念和政策的深刻反思中也提出了新的质量标准："高质量的学校不等同于高的学业成绩，好的学生应该具备全新的'3R'标准：善于推理（reasoning）、有韧性（resilience）和责任感（responsibility）。"（大卫·拉斯提克，2006）美国随后在题为《塑造未来：投资科学发现与创新》的 2018—2022 财年战略规划中进一步明确提出基础教育战略目标就是为所有基础教育阶段学生提供平等地获得高质量教育的机会。日本从 2007 年就开始通过学力测试来审视以往教育措施的成效和问题，改进学校及学生的不足，以促进全国中小学教育的优质发展。2017 年通过的小学和中学《学习指导要领》中，日本更是将学生培养目标从"学力"延伸到"资质与能力"。自 2021 年起，日本还在学力测试中包括了对学生学习意愿、学习方法和学习环境等非学业因素的书面调查内容。进入 21 世纪后，英国的义务教育也转向追求"均衡和高质量"发展，并为此建立了《国家课程标准》，确定了六项核心技能目标（交流、数的处理、信息与通信技术、与他人合作、改进学习、解决问题的技能），并建立了九个水平的学业质量标准，通过组织国家课程考试，对学生课程掌握的情况、学生能力发展状况进行实时监测，保证课程目标的达成和学生能力的提升。基础教育发展水平很高的北欧地区各个国家，也都将基础教育在公平基础上实现高质量发展作为教育改革的主要目标和核心内容。

可见，追求基础教育的高质量发展，已经成为国内外的共识。因此，新时代我们国家促进基础教育高质量发展，是深入贯彻党的二十大精神、习近平总书记在中共中央政

治局第五次集体学习时的重要讲话精神及系列重要指示，切实办好更加公平、更高质量基础教育的客观要求，也是顺应国际领先的基础教育改革趋势，进一步深化基础教育改革，应对国际教育竞争、建设教育强国的必然选择。

二、教育高质量发展的几个关键内涵

从现实挑战来看，目前我国面临着百年未有之大变局，基础教育作为国家先导性、基础性、全局性的战略资源和战略手段，在这一大变局中面临着全新的观念更新、价值转型、目标优化和方式变革等任务。

首先，历史已经告诉我们：跟不上时代步伐的教育思想和实践范式的落后，必将带来国家的整体落后和被动挨打的屈辱。因此，新时代教育高质量发展的内涵之一是国家安全。其次，从实现"两个一百年"的奋斗目标和中华民族伟大复兴的中国梦来看，要充分发挥教育的基础性贡献力，实现从"人口红利"向"人才红利"的历史跨越，关键在于基础教育的高质量发展能否实现。实现中华民族从"站起来""富起来"再到"强起来"的发展目标，关键在于我们能否优先建成教育强国，能否顺利实现从"人口大国"到"人力资源强国"。因此，新时代教育高质量发展的内涵之二是人才竞争力。再次，我们已经进入了数智时代。数智时代将开启对教育的根本性变革，彻底颠覆以往传统学校的教育模式、学习空间以及教学过程，需要在全面推动学校教育智能化升级的过程中建构全新的教育场景、教育生态和教育模式。如果我们不能自觉融入数智时代教育变革的时代探索和推进过程之中，成为数智时代教育变革的自觉参与者、适应者、组织者、创新者和引领者，我们就会落后于这个时代，甚至会被时代所抛弃。因此，新时代教育高质量发展的内涵之三就是"数智力"。

由此可见，新时代我国基础教育领域的高质量发展，并不仅仅意味着我们要不断提高基础教育发展的优质资源配置和学生对优质教育资源的受益程度及水平，而是立足于国家安全、时代要求来铸造和确立未来激烈竞争中能够凸显核心竞争力优势的人才综合素质。这种教育高质量发展的关键并不是外在占有的资源优势，而是依靠内在强大的人才素质优势。这也就意味着我们对于基础教育改革的导向，要从立足国家创新发展与国际竞争需要，以培养未来有效服务国家战略、提高人民生活幸福指数的人才素质为核心去确立学校发展的先进教育理念，并由此而进行有力的、差异化的政策安排支持、必要的教育资源配置和科学合理的评估标准建立，真正推动我国基础教育整体在中国特色的发展道路上，快速达到世界中高收入国家先进水平，甚至达到世界高收入国家先进水平，从而为国家和社会发展提供强有力的教育支持。而这也就意味着基础教育阶段的扩优提质行动，不同的学校要在落实国家标准的前提和基础上，需要充分结合本地和学校实际，以学生德智体美劳全面发展、创新思维及实践能力培养为核心进行特色化建设，以结合实际的特色教学来贴近学生的真实生活世界，并以贴近学生真实生活世界的问题解决训练来有效培养学生的创新思维和提升面向未来的竞争力。这是我国的基础教育在解决了基本均衡、基本公平的基础上要向高质量发展的基本方向所在。

三、促进新时代基础教育高质量发展的关键突破口与路径

（一）结构化审视高质量的基础教育和优质学校构成要素

从根本上看，高质量的基础教育和优质学校一般的构成要素主要包括：符合党的教育方针的办学方向、向上团结和谐的学校管理团队、科学且人性化的学校管理、良好的富有特色的面向未来的学校文化、系统开放的课程结构、高效优质的课堂教学、优秀且勤于钻研的教学团队、主动积极的学生发展、充足完善的办学条件、显著办学特色的发展；包括进行优质学校集团化办学，利用已有基础教育领域的教育资源和优质学校资源，产生显著的外溢效应与优质教育资源输出效应，并在周边产生示范辐射和推广效应，不断带动区域基础教育的高质量发展。

从学校品质办学的内涵来看，需要积极增加与时代发展相适应的，有助于学生健康成长、个性发展和品质养成的新的教育思想、理念、制度、文化等；需要从根本上改变传统的人才培养方式，努力构建起能够体现新时代基础教育改革要求、培养学生创新素质和核心素养的学校教育教学新形态，更好地满足建设创新型国家和教育强国的国家战略目标要求。这就要求我们强力改变已有的教育评价标准和评价方法，增加对学生成长创新性、发展过程性和素质结果性综合评价的教育供给，努力减少乃至避免过去工具理性和升学主义主导下的旧有教育质量评价观念、习惯、方法、标准等对的干扰与影响，推动新教育质量观的确立、教与学策略的更新与优化、师生思维品质的重塑与提升，推动基础教育学校通过差异化发展形成特色、凝练特色、创造特色，推动学校自主发展、特色发展、优质发展，进而推动基础教育的全面高质量发展，走出一条具有中国特色的基础教育自我创新的发展之路，并为世界基础教育发展贡献中国智慧。

（二）关键突破路径：提升校长课程与教学领导力

2023 年 5 月，教育部办公厅关于印发《基础教育课程教学改革深化行动方案》，要求从 2023 年开始持续推进基础教育课程教学深化改革，至 2027 年培育一批实施新课程的典型区域和学校，"加强国家课程方案向地方、学校课程实施规划的转化工作"；聚焦核心素养开展教学方式重点难点问题改革创新，打造精品课程。在这场宏大的教育改革过程中，中小学校长如何增强课程与教学领导力，推动课程教学改革落到实处，尤为关键。校长的课程与教学领导力，包括三个方面：一是指校长领导教师团队创造性实施国家课程计划的能力，二是合理开发和整合教育资源建设校本课程的能力，三是组织学校课程与教学实践的决策、引领和调控能力。从而能够促进全体教师专业发展、整合校内外教

育资源提升学校课程育人质量、最终改善学生的学习品质与思维品质。校长需在党的教育方针的指引下，按照自己办学理念制定学校科学的发展规划，能够使学校有序发展，并更容易获得校内外的支持，从而使学校三级课程体系的贯通和贯彻事半而功倍。这需要确保投入，加强对全体校长的课程与教学领导力培训；教育督导行政部门需要构建校长课程与教学领导力督导评估体系，并进行专项督导与改进跟踪；在学校高质量的课堂教学评价标准、精品课程评价标准等方面，教科研院所需要加强对校长、对学校的专业指导。

（三）关键突破口与路径：促进教育数字化转型

当前，云计算、移动互联网、大数据、人工智能、区块链等技术迅速发展，世界开始从信息社会向智能社会转变。教育信息化也从 1.0 时代进入到 2.0 的新时代，即以人机交互、协同合作、资源共享为基本特征的智能教育。AI 技术、虚拟实验室、教育机器人等新技术方兴未艾，应用前景广阔。社会的信息化、智能化的快速发展，加速了世界的深度变革，给教育发展带来前所未有的挑战和机遇，也为我们建设高质量教育体系创造了条件和可能。当今社会是一个信息化社会，未来的文盲不再是不识字的人，而是不会使用新技术的人。教育数字化的本质特征是教材多媒化、资源数字化、教学个性化、学习自主化、任务合作化、环境虚拟化和管理自动化。

政府、学校和行业协会等相关部门应该为数字化教育发展提供更好的政策支持和资源保障，从而助推构建、完善数字化教育基础设施。需要确定数字化教育转型所需的硬件、软件资源，并在此基础上系统构建各级学校数字化基础设施建设评估标准，准确评估每所学校数字化教育基础设施的现状，并提出改进建议，各级政府确保财政投入，改善学校办学所需的数字化基础设施。高校需要加强数字化教育专业人才的培养，包括教育技术、数字化媒体等多个专业领域；同时，基础教育学校也应该加强现有教师的数字化教育培训，提高学生理解和应用数字化教育技术的能力。教育行政部门、学校应加强数字化教育内容开发，开发符合学科特点和学生认知特点的数字化教育资源，提高学生学习效率和兴趣。学校应该积极探索、创新数字化教育背景下的教学模式，如网络教学、混合式教学、游戏式教学等，让学生的学习方式更加灵活、个性化、灵动化。各级教育行政部门、学校应建立以数字化教育为核心的教育管理系统，实现数字化教育的智能化、网络化和集约化管理。这些需要政府部门、行业学会、学校、社会的整体合力，从而不断推动教育数字化转型，为学生提供更加优质的教育资源和服务，促进教育的高质量发展，在此过程中，顺利实现支撑"人力资源强国"和"人才强国"的教育转型。

参考文献：

[1] 习近平. 高举中国特色社会主义伟大旗帜　为全面建设社会主义现代化国家而团结奋斗——在中国共产党第二十次全国代表大会上的报告. [EB/OL]. （2022-10-16）. https：//www.12371.cn/2022/10/25/ARTI1666705047474465.shtml.

[2] 新华社. 习近平主持中央政治局第五次集体学习并发表重要讲话. [EB/OL]. （2023-05-29）. www.gov.cn/govweb/yaowen/liebiao/202305/cotent_6883632.htm.

[3] 怀进鹏. 新时代加快建设教育强国的重大战略意义[J]. 新教育，2023（04），1.

[4] 褚宏启. 何谓"教育强国"[J]. 中小学管理，2023（07）.

[5] 国家统计局. 2022中国统计年鉴. [EB/OL]. http://www.stats.gov.cn/sj/ndsj/2022/indexch.htm.

[6] 张志勇. 深刻把握党的二十大关于教育的新战略新部署新要求[J]. 中国基础教育，2023（01），6-11.

[7] 中华人民共和国教育部网. 牢牢把握教育改革发展的"九个坚持"——论学习贯彻习近平总书记全国教育大会重要讲话. [EB/OL]. （2018-09-14）. http：//www.moe.gov.cn/jyb_xwfb/xw_zt/moe_357/jyzt_2018n/2018_zt18/zt1818_pl/mtpl/rmrb/201809/t20180914_348681.html.

[8] 中华人民共和国教育部网. 《中国智慧教育蓝皮书（2022）》发布：智慧教育将突破学校教育的边界. [EB/OL]. （2023-02-14）. http：//www.moe.gov.cn/jyb_xwfb/xw_zt/moe_357/2023/2023_zt01/mtbd/202302/t20230214_1044426.html.

[9] 中华人民共和国教育部网. 2022年全国教育事业发展统计公报. [EB/OL]. （2023-07-05）. http：//www.moe.gov.cn/jyb_sjzl/sjzl_fztjgb/202307/t20230705_1067278.html.

[10] 中华人民共和国中央人民政府网. 中共中央、国务院印发《中国教育现代化2035》. [EB/OL]. （2019-02-23）. https：//www.gov.cn/zhengce/2019-02/23/content_5367987.htm.

[11] 中华人民共和国中央人民政府网. 中华人民共和国国民经济和社会发展第十四个五年规划和2035年远景目标纲要. [EB/OL]. （2021-03-13）. https：//www.gov.cn/xinwen/2021-03/13/content_5592681.htm.

[12] 中华人民共和国中央人民政府网. 中共中央关于认真学习宣传贯彻二十大精神的决定. [EB/OL]. （2022-10-30）. https：//www.gov.cn/zhengce/2022-10/30/content_5722612.htm.

[13] 朱永新. 朱永新委员：关于建设国家教育基础信息数据库的提案. [EB/OL]. （2013-08-01）. https：//www.mj.org.cn/mjzt/2013nzt/2013lh/2013lhrdrw/2013lhrw4/2013lhrwtaya4/201303/t20130307_159311.htm.

优质均衡视角下学区划分理论及优化模型研究[①]

王海涛[②]

通过对公共教育服务政策和设施的不断优化提升教育公平，是我国教育政策制定者、研究者和社会公众共同关注的焦点。近年来，随着进城务工子女增多和二孩政策的实施，尽管我国不断加大在教育资源方面的投入，但是优质教育资源的稀缺和分配不公长久以来仍然未能得到妥善解决。《中华人民共和国义务教育法》规定义务教育阶段学生免试入学、就近入学等学区划分原则。2017 年教育部办公厅印发《关于做好 2017 年义务教育招生入学工作的通知》（以下简称《通知》），针对具体问题，从巩固三年改革成果、有序扩大覆盖范围、统筹城乡招生工作等方面做出部署，要求各地继续深化改革，确保教育机会公平。同时《通知》要求 2017 年 19 个副省级以上重点大城市各区（县）要实现 100% 的小学、95% 的初中划片就近入学。2020 年教育部等八部门联合印发《关于进一步激发中小学办学活力的若干意见》指出，完善学区治理体系，科学规划学校布局，合理划分学区范围，统筹学区资源，促进学区内学校多样特色、优质均衡发展。

在国家倡导各地完善学区治理体系、合理划分学区的政策背景下，各地纷纷探索适合当地的学区划分模式，在最初单校划片的基础之上尝试多校划片、公共缓冲区、规定学位占用年限、积分入学、集团化办学、学区制管理等各种学区政策，缓冲民众对于优质教育资源需求与教育资源不够均衡的现状之间的矛盾。与此同时，学区划分研究也不断丰富，纵观学区划分研究，在学区划分模型建构方面主要基于公共服务设施区位理论，围绕空间可达性、资源公平性进行学区划分影响因素的研究，结合 GIS 等空间分析技术进行学区规划和调整的模型建构。但是现实中人口规模预测的不确定性，区域、学校之

① 本文系国家社科基金"十三五"规划教育学一般课题"优质均衡视角下学区优化模型研究"（课题编号 BFA190059）的研究成果。

② 王海涛，中国海洋大学教授、教育系主任、基础教学中心副主任、学习支持中心副主任、教育评估与质量监测中心副主任，山东省大中小学海洋文化教育指导中心副主任，国家基础教育信息化教学专委会委员，中国教育发展战略学会教育教学创新专委会副理事长，中国教育学会中青年教育基本理论工作者分会常务理事。主持研究全国教育科学规划项目《优质均衡视角下学区划分优化模型研究项目》；国家社科基金重大研究专项子课题《海洋强国背景下海洋文化教育的普及推广与人才培养研究项目》；主持研究北京师范大学委托《国家基础教育课程、教材、教学调查项目》；主持研究教育部基础教育管理专项课题《委托建设"海洋教育"数字教学资源》；主持研究教育部人文社会科学研究项目、省部级《基于建构性评价的高职院校专业评估研究项目》等，均已结项。

间差异化的教育资源和多重利益主体之间的博弈使得划分学区依旧是教育行政部门工作的重难点。

本研究立足学区划分和优化在实践中需要关注的重点问题，评析优质均衡视角下的学区划分方法和标准，探索学区划分多目标优化模型。

一、模型建构的理论基础

多目标优化是研究多于一个目标函数在给定区域上的最优化结果。多目标优化问题的研究，一直是个热门的话题。多目标优化的解决办法有很多，可以通过构建评价函数的方法，将多目标优化问题转化为求评价函数的单目标优化问题；也可以通过分层序列法、协调曲线法等方法，将多目标优化问题单一化，变成求解一系列单目标优化问题。许多学者在多目标优化方法领域进行了很多有意义的研究。H. Ishaq 等研究了天然气太阳能驱动蒸汽与自热联合重整系统的多目标优化相关问题 [1]；Q. Chen，P. Hu 等通过多目标优化的方法对双陶瓷层热障系统的灵敏度进行了分析 [2]；Youzhi Wang 等研究了基于缺水风险的用水量结构优化问题，并对其进行了双层多目标线性分式规划 [3]；Yamin Yan 等完成了游轮应用的冷、热、电联合系统的多目标优化设计 [4]；R.D. Aponte 等通过 CFD 多目标优化方法，最大限度地减少混凝土涡轮机不同工作点的腐蚀磨损 [5]。因此，多目标优化方法应用领域极其广泛，可以解决很多现实中的实际问题。

Huff 概率模型是依据万有引力原理，计算两个目标之间的吸引力。Tammy Drezner 等采用 Huff 模型的方法，解决了竞争设施选址的问题，并且还设计了一个全局最优解过程，在给定精度下寻找全局最优解 [6]。Shengnan Wang 等利用 Huff 模型对洛阳的绿地进行系统设计 [7]。Ting（Grace）Lin 等将 Huff 模型与地理信息系统（GIS）技术结合在一起，开发了一个框架，用于推导出停车换乘（PnR）集水区的空间边界 [8]。Massimo Del Gatto1 将 Huff 模型应用于意大利的零售业，建立了一个包含企业异质性的竞争模型 [9]。

孔云峰利用线性回归的方法，构建最优学区划分模型 [10]；粟敏光等利用加权距离成本的方法进行学区规划 [11]。现有模型只考虑学生上学步行距离、学校的服务能力两种因素，对学校的综合质量、学区边界的稳定性（模型规划的学区边界与原始学区重叠的比例）等方面缺乏深入的研究。

前人的研究大多数只是纵向考虑每个目标，忽略每个目标横向之间的联系，对于解决实际复杂情况下的优化问题不再适用。本研究与现存文献研究相比不仅实现了多目标优化，还充分考虑了各个目标之间的相互影响，更加符合实际情况。

本研究建立了多目标规划数学模型，并以学区划分为目标进行研究。科学合理地制定学区边界是实施教育公平的关键举措。本研究综合考虑多种因素进行多目标优化，将 Huff 模型应用到多目标优化方法中，求解全局最优解，除此之外，利用加权的方法来增强模型的稳定性。对于权重的选择，本研究建立了新的评价函数，将多目标优化问题转化为求评价函数最优化的问题，更加方便准确。目标包括：学生上学步行距离最小化，学校最大限度地满足周边学生的入学需求，尽量为学生选择综合质量优秀的学校，学区边界的微调。本研究建立的新模型为最短路径划分模型，并将其与之前提出的基于 Huff 吸引力的多目标划分模型进行对比分析，除此之外，还将其与现存的模型以及现存的学区进行综合比较。通过对比整体上学平均距离、整体分配的学校平均综合质量、学区边界的稳定性以及评价函数等各项因素，表明最短路径划分模型是表现最好的模型。

二、划分及优化标准的延展

国内在开展学区划分及布局优化工作的过程中，科学性在逐步增强。从开始的维持历史延续性进行学区边界微调，到以社会人文因素进行初步定性分析作为边界划分科学依据，再到现在引入 GIS 空间模拟分析，基于户籍、学校基本条件数据进行建模等方法开展定量分析。与此同时，对于划分标准精确性的需求也愈加迫切。

目前，学区划分标准中对于学校指标设定较为单一，多围绕学校位置、占地规模、硬件配备、教师数量等内容设置，缺乏更加多元的学校办学水平指标。

（一）将教育质量评价指标纳入学区优化标准的意义

教育质量的含义并非一成不变的，而是历史的、动态的，会随着时代、社会的发展变化而变化[12]。《教育大辞典》对于教育质量的定义是教育水平高低和效果优劣的程度。最终体现在培养对象的质量上。衡量的标准是教育目的和各级各类学校的培养目标。前者规定受培养者的一般质量要求，亦是教育的根本质量要求；后者规定受培养者的具体质量要求，是衡量人才是否合格的质量规格。教育质量的情况展现了教育的属性是否满足教育主体的需要及其满足的程度，教育质量的优劣直接影响到教育功能的发挥。教育质量评价并非为得到单一的表现好坏的数据，而是为了获得综合性的教育水平以及教育效果情况。

在现有学区优化工作中，结合教育质量评价指标来设置学区优化标准可以更加全面展示学校的办学质量，更好实现教育资源的均衡。教育质量评价为全面展示学校办学水平提供了一条思路，评价结果可以展示更加多维、立体的学校情况。教育质量评价是义务教育发展的指挥棒，教育质量评价的标准是围绕立德树人、促进人的全面发展的教育目标设定的，评价内容包含学生的德智体美劳发展情况、教师的专业发展情况、学校办学水平，可以更加全面科学评价和考核区域、学校、学生，其评价结果不同于传统评价仅关注分数和升学率，能够真正体现学校办学质量和水平，进而呈现学校动态规模数据，反映学校的承载能力。

下图展示了教育质量评价、学区优化、教育优质均衡发展之间存在的三层关系。第一，教育优质均衡发展和教育质量评价的双向关系。教育优质均衡发展是新时代义务教育发展的新要求，是教育质量评价的政策导向，围绕立德树人总目标进行的教育质量评价也将促进义务教育优质均衡发展。第二，教育质量评价的结果可以作为学区优化调整的标准。基于教育质量评价结果而设定的学区优化标准能够更加全面准确地将学校情况作为学校分析指标纳入到划分过程中。第三，恰当的学区划分与教育优质均衡发展具有双向促进的作用。学区的合理划分可以起到优化教育资源配置的作用，给民众以更高质量的教育公平；教育优质均衡发展可以逐步缩小不同学区之间的教育水平差距，从而弱化学区的边界问题，得到学区教育水平的整体提升。

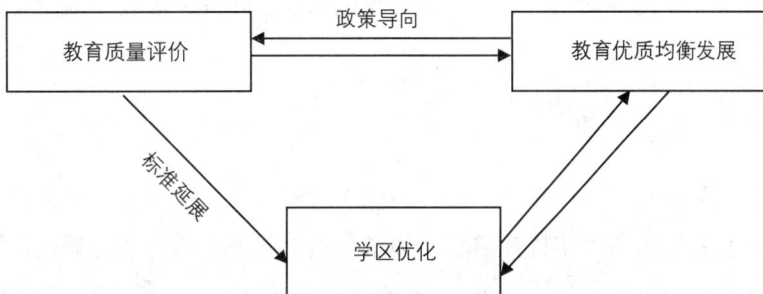

图1 教育质量评价、学区优化、教育优质均衡发展的关系

美国教育评价家斯塔弗尔比姆曾经说：评价不是为了证明，而是为了改进。在学区划分标准中引入教育质量评价指标的目的除了更全面分析学校办学情况外，也可以对学校的教育质量发展起到促进作用。将教育质量评价指标纳入学区划分的标准，当教育质量评价结果成为学区划分中学校办学水平的重要体现，会引起学校的重视，从而促进教育质量评价导向作用的发挥。

（二）如何纳入教育质量评价指标

2021年，教育部等六部门印发《义务教育质量评价指南》中公布的义务教育质量评价指标，细化并明确了县域、学校、学生3个层面的义务教育质量评价的具体指标和内容。在学区划分的标准制定中，需要更加注重学校办学质量评价结果和学生发展质量评价，进而更加全面描绘学校办学水平。学校层面上，应重点关注办学方向、课程教学、教师发展、学校管理、学生发展5项重点内容12项关键指标；学生层面上，应重点关注品德发展、学业发展、身心发展、审美素养、劳动与社会实践5项重点内容12项关键指标。

为获得更加准确的学校教育质量评价结果，还应该考虑科学、真实获取学校办学质量评价结果。一方面，要加强教育评价人员专业化建设，吸纳更多教育测量与评价、教育政策、课程与教学、学校管理等领域的专业人才加入教育评价队伍，完善教育评价从业人员的职前、职后培训，充分利用高校科研机构等第三方评价力量，从而形成更为可靠的评价结果。另一方面，要逐步对教育质量评价结果进行公示，采取政府约谈、限期整改、效果追踪和问责等一系列政策制度，提高政府、学校对教育质量评价和教育质量监测实施的重视程度，保证各方的认真参与，从而确保结果的真实有效[13]。

为获取更加综合全面的学校教育质量评价结果，还应该保证教育评价价值取向的多元和评价主体的多元。这种"多元"的价值观需要集中在学生全面发展上，需要尊重学生的差异化发展，对于学生发展应该有更加科学的恰当的评判标准和方法。用一把尺子衡量所有学校教育质量是不合理、不公平的，局限于分数、升学率的评价标准致使不少学校的优势被忽略，也给部分在分数上不太突出的学生关上了一扇窗，加剧了学校同质化问题。评价主体的多元也可以保证评价价值取向的多元，客观呈现学生以及学校的全貌。

三、多目标优化模型

现有的学区划分模型（以下称为传统模型）大多只考虑居民与学校之间的步行距离和学校的学位数两种因素，将优化目标设为学校最大限度地满足周边居民区学生的入学需求（数学表达式为 $max\left(\sum_{j=1}^{m}\sum_{i=1}^{n}x_{ij}\,a_i\right)$，$a_i$ 表示第 i 个居民单元的学生人数，x_{ij} 表示决策变量（$0 \leqslant x_{ij} \leqslant 1$）。这些方法仅从空间距离的角度进行分析，未对学校的综合质量、服务能力做重点研究。本研究综合考虑居民和学校之间的步行距离、学校的服务能力（学位数）以及学校对周边居民的吸引力、学区边界的稳定性等因素，站在学生家长择校和学校服务社会的角度，提出两种多目标优化的学区划分模型，从而设定更加科学合理的学区边界。

（一）简单优化模型

本模型是一种综合考虑学校的服务能力、学生上学步行距离和学校的综合质量等因素的新型学区划分模型。首先采用 Huff 模型（吸引力模型）计算各个学校对周边居民单元的吸引力，吸引力最大的为此居民单元的首选学校。优化目标为在满足最大入学需求的同时选择吸引力较大的学校。

$$A_{ij} = \frac{b_j}{d_{ij}^2} \tag{1}$$

$$P_{ij} = A_{ij} \times \frac{1}{\sum_{j=1}^{m}A_{ij}} \tag{2}$$

其中，j 表示学校（$j=1 \ldots m$），i 表示居民单元（$i=1 \ldots n$），b_j 表示 j 学校的综合质量（考虑学校的排名、师资力量、学校硬件设施、未来发展趋势、学生家长的评价），本研究采取十分制的方式对各个学校的综合质量设定相应的分数；d_{ij} 表示第 i 个居民单元到第 j 所学校的步行距离；A_{ij} 为第 j 所学校对第 i 个居民单元的吸引力，但为了模型的稳定性和准确性，需对 A_{ij} 进行标准化处理得到 P_{ij}，P_{ij} 即为模型计算所使用的吸引力数值。

优化目标为 $max\left(\sum_{j=1}^{m}\sum_{i=1}^{n}x_{ij}a_ip_{ij}\right)$，约束条件包括三条：坚持就近入学的原则，根据实际情况设定走读半径（本研究设为 4 千米）；不能超出学校的服务能力（划分人数不可超过学校的学位数）；每个居民单元内学生只能选择一所学校入学，不可重复占用教育资源。根据三个约束条件，建立对应的不等式（3）—（5）。

$$x_{ij}\left(d_{ij}-4\right)\leqslant 0 \tag{3}$$

$$\sum_{i=1}^{n}x_{ij}a_i\leqslant c_j\ \ \forall_j \tag{4}$$

$$\sum_{j=1}^{m}x_{ij}\leqslant 1\ \ \forall_j \tag{5}$$

其中，c_j 表示第 j 所学校所能提供的学位数；a_i 表示第 i 个居民单元的学生人数；d_{ij} 表示第 i 个居民单元到第 j 所学校的步行距离；x_{ij} 表示决策变量（$0\leqslant x_{ij}\leqslant 1$），若 $x_{ij}=0$ 则表示第 i 个居民单元不能分配到第 j 所学校；若 $0<x_{ij}\leqslant 1$ 则表示第 i 个居民单元内有 $x_{ij}\times a_i$ 人被成功分配到第 j 所学校。

（二）加权优化模型

针对一些已经实行学区划分计划的城市，学区边界的大幅度调整可能会遭到学生家长的质疑和反对，从而产生不必要的纠纷。因此，本模型采用给每个居民单元可选择的学校之间分配不同的权重的方法来实现学区边界的微调，即居民的原始划分学校所占的权重高于其他学校的权重（例如 A 居民在现存的学区中属于 B 学校，则分配给 B 一个较大的权重，其他学校的权重相等，此时新模型在为 A 居民选择学校时会优先考虑 B 学校）。优化目标兼顾满足最大入学需求的学校、选择吸引力较大的学校和选择权重系数较大的学校三个指标（数学表达式为 $max\left(\sum_{j=1}^{m}\sum_{i=1}^{n}x_{ij}a_ip_{ij}R_{ij}\right)$，为第 i 个居民单元分配到第所学校的权重系数）。

为了计算便捷，本研究采用插值法探究更加科学合理的 R_{ij} 值，对于每一个居民单元，将其原始所属的学校权重值设为 $\dfrac{1+\mu}{m+\mu}$，其他学校的权重值分别设为 $\dfrac{1}{m+\mu}$，m 为可供选择的学校数量（本研究中 $m=25$，$\mu=0.05$，0.1，0.15，0.2，0.25，0.3，$\cdots$，1）。定义学区划分的评价函数 $E(\mu)$：

$$E(\mu)=\frac{b_\mu}{d_\mu^2} \tag{6}$$

$$b_\mu=\frac{\sum_{j=1}^{m}\sum_{i=1}^{n}x_{ij}a_ib_j}{\sum_{j=1}^{m}\sum_{i=1}^{n}x_{ij}a_i} \tag{7}$$

$$d_\mu=\frac{\sum_{j=1}^{m}\sum_{i=1}^{n}x_{ij}a_id_{ij}}{\sum_{j=1}^{m}\sum_{i=1}^{n}x_{ij}a_i} \tag{8}$$

其中，b_μ 为整体综合质量平均值，d_μ 为整体学生步行距离平均值。$E(\mu)$ 为评价函数，通过 $E(\mu)$ 的变化选择合适的 μ 值，从而确定最为恰当的权重 R_{ij}。

四、数据处理与结果分析

本研究根据实际问题考虑整体划分和非整体划分两种方案，整体划分方案为同一个居民单元必须被划分到同一所学校，不可拆分；非整体划分方案为同一个居民单元可以被划分到不同的学校。

（一）数据处理

本研究使用的原始数据为 2017 年和 2018 年某区 25 所公立小学的基本信息：包括学生的家庭住址信息，学校地址信息，学校学位数，学校综合质量排名等。2017 年入学儿童人口数量为 4218 人，2018 年为 4272 人，该统计数据均不包括外来务工子女。数据处理流程图如图 2 所示：

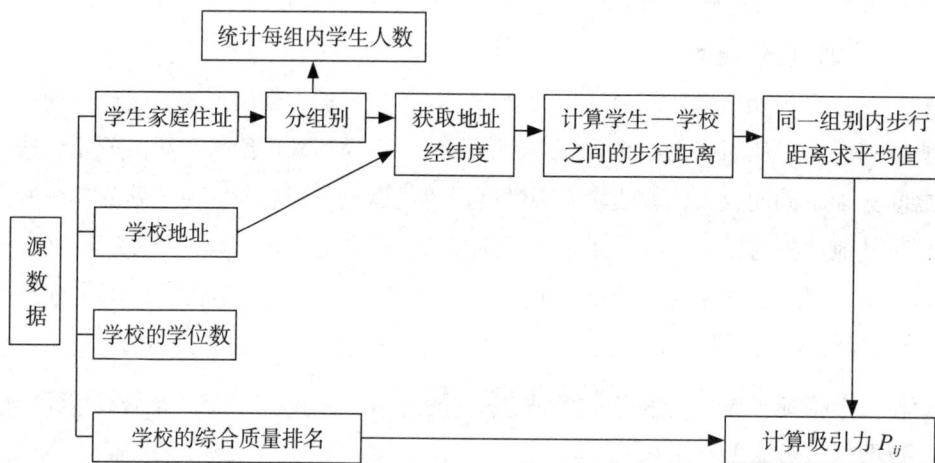

图 2　数据处理流程图解

数据处理主要包括以下（1）—（7）。

（1）分组别。通过 Python 程序将学生的家庭住址按照省、市、区、路、门牌号的顺序进行分词；建立路名词典，该词典包含研究区域内所有路的路名；同一路且同一号的家庭住址分为同一个组。2017 年学生住址被分为 1803 组，2018 年被分为 1793 组，每组作为一个居民单元。

（2）获取地址经纬度。通过调用高德开放平台地理 / 逆地理编码 API，将学生家庭住址、学校地址等转换为经纬度。

（3）获取步行距离。通过调用高德开放平台路径规划 API，计算学生与学校之间的步行距离。分别生成 4218×25，4272×25 两个矩阵，即为每一个学生到每一所小学的步行距离矩阵。

（4）步行距离求平均。将同一居民单元内学生到学校的步行距离求平均值，并将此值作为该居民单元到该所学校的步行距离。分别生成 1803×25，1793×25 两个矩阵，即为每一个居民单元到每一所小学的步行距离矩阵。

（5）统计每所学校的学位数和综合质量。该数据由当地教育部门提供，如表 1 所示。

（6）计算吸引力 P_{ij}。根据公式（1）—（2）计算各个学校对每一个居民单元的吸引力，分别生成 1803×25，1793×25 两个矩阵，即为每所小学对每一个居民单元的吸引力矩阵。

（7）统计每个居民单元内学生人数。分别生成 1803×1，1793×1 两个矩阵。

表 1　各学校综合质量评分和学位数

学校代号	1	2	3	4	5	6	7	8	9	10	11	12	13	14	15	16	17	18	19	20	21	22	23	24	25
综合质量	7	8	6	6	7	6	7	7	6	7	7	7	8	7	7	8	9	8	8	7	7	8	7	6	8
学位数 2017 年	34	25	73	372	148	67	145	98	340	239	182	212	208	158	174	75	233	361	103	170	167	136	119	42	337
学位数 2018 年	42	23	79	291	128	68	177	96	366	209	213	299	254	198	160	90	203	311	106	184	113	172	95	55	340

（二）简单优化模型划分结果

简单优化模型兼顾最大入学需求和选择吸引力较大的学校两个目标，划分结果如表 2、表 4 所示。由表 2 可知，针对非整体划分方案，在 2017 年，简单优化模型的学生上学平均距离约为 0.59km，相较于传统模型，降低了约 1.48km；在 2018 年，简单优化模型的学生上学平均距离相较于传统模型的 2.10km 降低了 1.52km；针对整体划分方案，2017 年的数据结果显示，简单优化模型的学生上学平均距离为 0.59km，传统模型的平均距离为 2.14km，简单优化模型在平均距离上比传统模型降低了 1.55km，同时，2018 年的数据结果显示，简单优化模型的平均距离比传统模型的分配结果降低了 1.65km。以上结果表明，简单优化模型的划分结果比传统模型更合理，平均距离更小，更符合就近入学的原则。除此之外，通过两年的数据结果对比，也验证了简单优化模型的稳定性。

由表 3、表 4 可知，简单优化模型加入吸引力模型后，不仅大幅度降低了学生上学的平均距离，而且尽量为其选择综合质量更高的学校。例如，第 540 个居民单元，传统模型将其划分给第 9 所学校，简单优化模型将其划分给第 23 所学校，不仅上学平均距离由 2.42km 降为 0.41km，学校的综合质量也由 6 变为 7，由此证明简单优化模型为其选择了更合理更优秀的学校，划分结果更加科学标准；关于整体划分和非整体划分两种方案的比较，可见表 3 第 1536 个居民单元，传统模型将其划分给第 5 所学校，综合质量为 7，但是简单优化模型将其拆分，50% 的学生被划分到第 19 所学校，另外 50% 的学生被划分到第 21 所学校，为其中 50% 的学生选择了综合质量更高的第 19 所学校，这样划分的原因是综合质量更高的学校有空余学位，这种非整体划分方案就是优先将优秀学位占满，更符合划分原则。而对于被拆分的居民单元，教育部门可以根据模型划分结果对相关学校的学位数进行调整，从而设定标准更加合理的学区边界。

表 2 划分结果

		传统模型		简单优化模型	
		2017 年	2018 年	2017 年	2018 年
非整体划分	平均步行距离（km）	2.0698	2.1014	0.5902	0.5799
	参与分配的学生人数	4203	4249	4160	4231
整体划分	平均步行距离（km）	2.1419	2.2273	0.5904	0.5796
	参与分配的学生人数	4203	4249	4159	4231

表 3 非整体划分方案（2017 年部分）

居民单元		540	541	594	794	796	1536	
传统模型	学校	9	9	9	10	10	5	
	综合质量	6	6	6	9	9	7	
	x_{ij}	1	1	1	1	1	1	
	d_{ij}	2.418	2.451	0.079	1.866	1.931	1.746	
简单优化模型	学校	23	23	9	18	18	19	21
	综合质量	7	7	6	8	8	8	7
	x_{ij}	1	1	1	1	1	0.5	0.5
	d_{ij}	0.414	0.437	0.079	0.439	0.36	0.738	0.86

表 4 整体划分方案（2017 年部分）

居民单元		152	155	182	197	385	764	765
传统模型	学校	3	3	10	10	10	3	3
	综合质量	6	6	9	9	9	6	6
	x_{ij}	1	1	1	1	1	1	1
	d_{ij}	2.945	3.449	2.341	2.925	2.94	3.001	2.972
简单优化模型	学校	4	4	18	4	4	4	4
	综合质量	8	8	8	8	8	8	8
	x_{ij}	1	1	1	1	1	1	1
	d_{ij}	0.543	0.532	0.371	0.351	0.366	0.156	0.127

（三）加权优化模型划分结果

加权优化模型是针对已经实施学区划分计划的城市，本模型采用对学校之间分配不同的权重配额的方法来实现学区边界的微调。

由图 3 和图 4 可知，（a）为整体平均距离曲线图，加权优化模型相较于现存的学区统计结果（图中表示为原始划分），整体划分和非整体划分两种划分方案的步行距离平均值均显著降低，约降 0.09km。随着 μ 的增大，平均距离曲线也呈微弱的上升趋势，此

时由于 μ 的增大导致原始划分学校所占的权重增大，模型在进行划分时优先选择原始学校的概率变大，从而导致学区调整的部分越来越少；见（d）稳定性变化图，稳定性即加权优化模型划分的学区和原始学区划分重复的比例，随着 μ 的增大，稳定性增高，表明学区调整的比例变小，因此，加权优化模型与原始学校的平均距离差距缩小。除此之外，当 μ 逐渐增大，居民单元的原始学校所占权重也随之增大，模型依旧对部分居民单元进行了学区调整，由此证明该居民单元的原始所在学区十分不合理。

评价函数 $E(\mu)$ 作为衡量权值的标准，见（c）评价函数 $E(\mu)$ 的变化图，针对非整体划分方案，当 $\mu=0.1$ 时，$E(\mu)$ 取最大值；而整体划分方案中，在 $\mu=0.15$ 时，$E(\mu)$ 取最大值，虽然曲线走势有所波动，但并未超过该两点的 $E(\mu)$ 值，因此，该点为权重 R_{ij} 的最优值。本研究通过两年的数据进行试验，各项指标均保持稳定，曲线走势也相同，表明加权优化模型具有很好的稳定性。

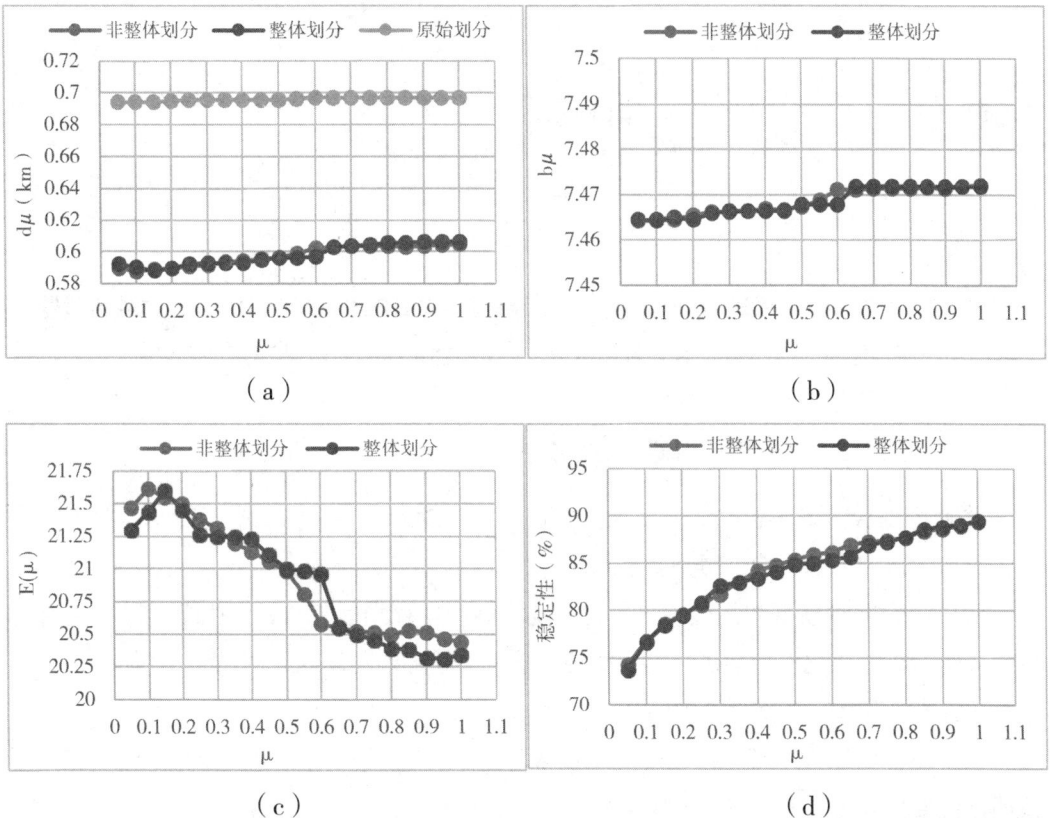

（a）

（b）

（c）

（d）

图3　2017年加权优化模型划分结果，（a）为整体平均距离曲线图；（b）为整体综合质量平均值曲线图；（c）为评价函数 $E(\mu)$ 的变化图；（d）为稳定性变化图

（a）

（b）

（c）

（d）

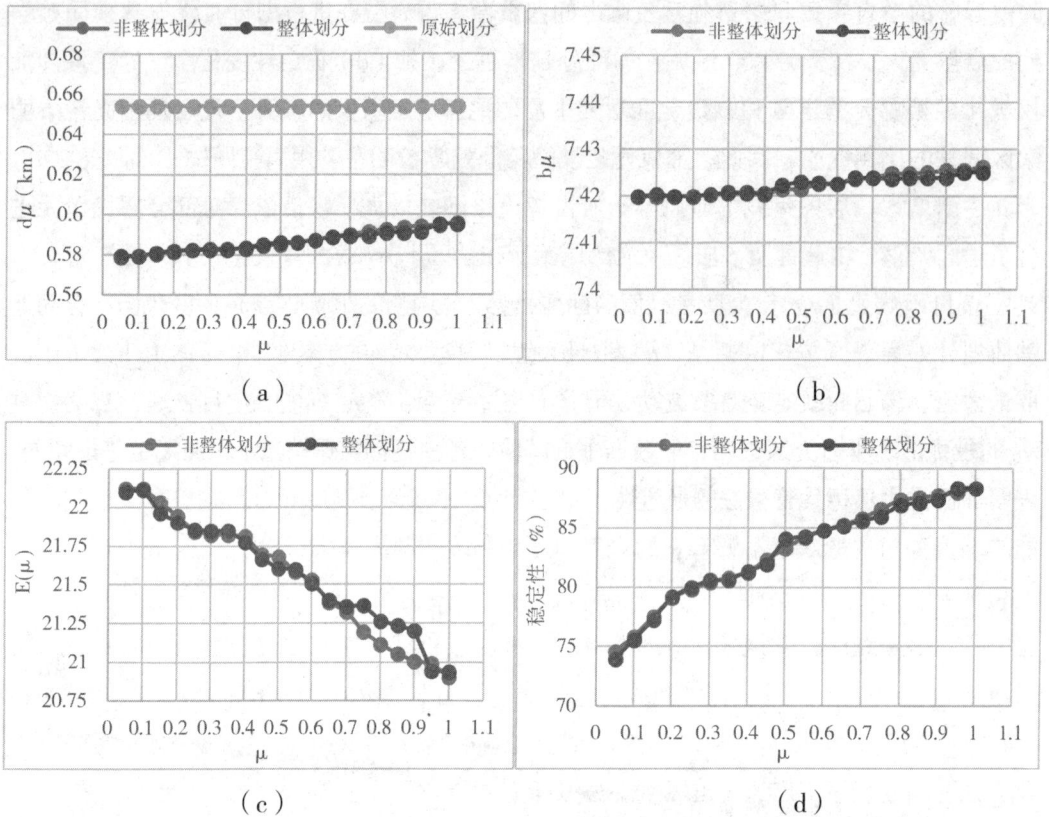

图4　2018 年加权优化模型划分结果，（a）为整体平均距离曲线图；（b）为整体综合质量平均值曲线图；（c）为评价函数 E（μ）的变化图；（d）为稳定性变化图

五、学区划分影响因素研究结论

本研究综合考虑学校的综合质量、学校的服务能力、学生的上学步行距离等多方面的因素对学区划分的影响，得到如下结论：

（1）综合两种模型的划分结果，与传统模型和现存学区相较，学生上学平均距离均明显减小，简单优化模型与传统模型相较，学生上学平均距离约降低 1.5km；加权优化模型与现存学区相较，约降低 0.09km。

（2）整体的综合质量保持稳定，非整体划分方案优先将综合质量高的空余学位占满，表明该模型尽量为学生选择优秀的学校。

（3）加权优化模型通过加权的方式对现存的学区边界进行微调，结果表明，学区的稳定性保持在 74% 以上，且随着 μ 的增大，稳定性增高，此时整体的平均距离虽有上升趋势，但是依旧小于原始学区的上学平均距离。

（4）加权优化模型建立评价函数，通过其变化选择合适的权重，将多目标优化问题转化为单目标优化问题，随着 μ 的增大，呈先增后减的趋势，在本研究研究范围内，只存在一个峰值，获得权重的最优解。

（5）本研究通过两年的数据进行计算分析，各项指标均保持稳定，该模型具有良好的稳定性和泛化能力。

六、未来展望

义务教育学区划分是落实就近入学、促进教育公平的重要保障。这一改革在全国各地一直在进行，但是在制度创新、政策设计和实际操作中存在不少需要破解的问题和难题，处理不当，容易引发社会矛盾。本研究对义务教育学区划分问题的诊断和分析，尤其是基于公共服务设施区位理论以及相应的数理模型构建的义务教育学区划分方案，有望为教育行政部门从宏观和中观层面完善义务教育综合治理提供决策参考，为深化义务教育领域综合治理的实践提供理论及方法论指导。

参考文献：

[1] H. Ishaq，I. Dincer. Multi-objective optimization and analysis of a solar energy driven steam and autothermal combined reforming system with natural gas [J]. Journal of Natural Gas Science and Engineering，2019：69.

[2] Q. Chen，P. Hu，J. Pu，J.H. Wang. Sensitivity analysis and multi-objective optimization of double-ceramic-layers thermal barrier system [J]. Ceramics International，2019，45（14）.

[3] Youzhi Wang，Liu Liu，Shanshan Guo，Qiong Yue，Ping Guo.A bi-level multi-objective linear fractional programming for water consumption structure optimization based on water shortage risk [J]. Journal of Cleaner Production，2019：237.

[4] Yamin Yan，Haoran Zhang，Yin Long，Yufei Wang，Yongtu Liang，Xuan Song，James J.Q. Yu.Multi-objective design optimization of combined cooling，heating and power system for cruise ship application [J]. Journal of Cleaner Production，2019：233.

[5] R.D. Aponte，L.A. Teran，J.F. Grande，J.J. Coronado，J.A. Ladino，F.J. Larrahondo，S.A. Rodr í guez.Minimizing erosive wear through a CFD multi-objective optimization methodology for different operating points of a Francis turbine [J]. Renewable Energy，2020：145.

[6] Tammy Drezner，Zvi Drezner. Finding the optimal solution to the Huff based competitive location model [J]. Computational Management Science，2004，1（2）.

[7] Shengnan Wang，Meng Li. Green space system design in Luoyang using Huff model [J]. Geoinformatics，2008.

［8］Ting（Grace）Lin，Jianhong（Cecilia）Xia，Todd P. Robinson，Doina Olaru，Brett Smith，John Taplin，Buyang Cao. Enhanced Huff model for estimating Park and Ride（PnR）catchment areas in Perth，WA［J］. Journal of Transport Geography，2016：54.

［9］Massimo Del Gatto，Carlo S. Mastinu. A Huff model with firm heterogeneity and selection. Application to the Italian retail sector［J］. Spatial Economic Analysis，2018，13（4）.

［10］孔云峰. 利用 GIS 与线性规划学校最优学区划分［J］. 武汉大学学报（信息科学版），2012，37（05）：513-515.

［11］栗敏光，董琳琳. 基于加权距离成本的最优学区划分算法［J］. 测绘与空间地理信息，2017，40（12）：216-218.

［12］陈旭远，胡洪强. 审视当前初中教育质量评价的价值取向［J］. 华南师范大学学报（社会科学版），2015（01）：89-93+190.

［13］辛涛，李刚. 高质量发展时代教育质量评价的功能定位和重点内容［J］. 人民教育，2020（20）：16-18.

能力分组教学何以促进学生个性化发展[①]

刘美凤　刘文辉[②]

摘　要：在个性化教育的大趋势下，能力分组教学作为差异化教学重要形式之一，在实践中得到了广泛探索，但学界对其应用成效还存在较大争议。能力分组教学在不同时期具有不同含义。从单维能力分组、学科能力分组到灵活能力分组，能力分组教学目的逐渐从社会选拔转变为满足学生的个性化发展需求，更加注重灵活性与学生的自主选择性，致力于为学生提供多元发展途径。能力分组教学实践受文化环境、资源配置、期望传达、教学互动、同伴构成、组内互动等多种因素影响。正确践行能力分组教学，需把握以促进学生的个性化发展为目的，以满足学生复杂差异导致的发展诉求为依据，以系统思考与动态灵活的设计为保障的基本原则。当前，基于上述原则有效实施能力分组教学还面临学校、教师、学生三个层面的挑战。智能技术可以通过助力学校系统设计与实施、支持教师有效差异化教学、促进学生的个性化学习，为能力分组教学提供支持。未来，可以融合多学科视角，对能力分组教学尤其是不同能力结构小组的交互规律以及如何将理论与技术应用实践相结合，进行系统、深入的研究。

关键词：能力分组教学；个性化教学；影响因素；基本原则；技术支持

一、问题提出

以知识经济为主要特征的 21 世纪对学校教育提出了新的要求，学校需关照学生的个体独特性，培养个性化、多样性、创造性的人才。教育的本质也要求促进每一个学生的个性化发展。同时，现代心理学的发展不断揭示出学生之间存在着影响其学习与发展的多重差异，学校面临"如何满足这些复杂差异"的巨大挑战。现有的教学组织形式"固

① 刘美凤，刘文辉. 能力分组教学何以促进学生个性化发展［J］. 现代远程教育研究，2023，35（01）：37-48.
本文系全国教育科学"十四五"规划 2021 年度国家一般课题"信息技术支持下的分层教学系统设计研究"
（CA210083）的研究成果。
② 刘美凤，北京师范大学教育学部教育技术学院博士、教授、博士生导师，中国教育发展战略学会未来教育专业
委员会副理事长；刘文辉，北京师范大学教育学部教育技术学院博士研究生。

定与统一"，缺乏灵活性，难以实现个性化教学；对同一性学生的培养，也与社会需求相悖。因而，灵活、富有弹性的教学组织形式亟需被研究及实践（赵茜等，2020），以使学生即便在课堂学习的情况下，也能获得差异化对待。

在这样的现实需求下，作为差异化教学的重要形式之一的能力分组（Ability Grouping）教学在实践中得到广泛探索。能力分组教学指将学生按照"某种差异"进行分组，以进行针对性的教学（Mccoach et al.，2006）。它包含三个关键特征：（1）以学生学习的某种差异为分组依据；（2）属于教学组织形式，与教学目标、内容、模式、活动相搭配，以更好促进教学；（3）根据班级或小组成员的异质性程度，一般分为同质与异质（又称混合能力）两种相对的分组策略（Kim et al.，2020）。本研究关注学校中的能力分组教学实践，包括班级间分组（Between-Class Grouping）与班内分组（Within-Class Grouping）两个层次。前者指根据学生的学业成就、能力等差异，将学生分配到不同的班级，包括跨年级与不跨年级能力分组、学科或综合能力分组、特殊能力项目等形式（Steenbergen-Hu et al.，2016；Taylor et al.，2022）。后者指教师根据学生的差异表现，将一个班级内的学生分配到不同的小组（同质或异质）进行教学（Kulik et al.，1992）。在新高考的背景下，将班级能力分组与走班制等结合起来是普通高中的变革趋势，而班内灵活分组是教师教育实践中主要采用的差异化教学形式之一。

能力分组教学虽然在实践中得到广泛应用，但学界对其应用成效还存在较大的争议。一部分研究报告了能力分组教学对学生的积极影响。例如，汉密尔顿（Hamilton）等在调查苏格兰小学按学科分组教学后，发现这些学校各层次学生的成绩、对学习的态度、自信心等都有了很大提高（Hamilton et al.，2011）；一项对肯尼亚 121 所小学进行的能力分组随机跟踪实验结果也显示，分组学校相比于不分组的学校，高、低两个能力组的学生都获得了更大的进步（Duflo et al.，2011）；一些元研究也证明灵活的班内能力分组教学对学生具有积极的影响（Slavin，1993；Steenbergen-Hu et al.，2016）。然而，能力分组教学是一个复杂的教学实践，一些研究也发现，其可能会导致教育不公平。例如，有研究提出社会经济水平较低的弱势学生群体更易被分配到低能力组（Francis et al.，2017；Von Hippel et al.，2022）；能力分组后，学校在教育资源投入、学习机会提供等方面存在不公平现象；低能力组学生的学业成绩、学习态度、自我概念、人际关系等会受到负面影响，不同层次学生之间的差距会不断增大（McGillicuddy，2021；Hargreaves et al.，2021）。

真正的教育公平不是"划一"，而应该是"相称"的（曾继耘，2005），最好的教育是"适合"（葛道凯，2021）。有质量的教育公平强调为所有学生提供高质量、有差异、个性化的教育（褚宏启，2020）。合理的能力分组教学能够差异化地满足学生的学习需求，实现个性化教学。但不可否认的是，虽然理念美好，但实践中却可能因认识不足而产生与其目的不符的负面效果，这是导致其争议的根本原因。我国多数学校班额较大，个性化教学与班级教学之间存在矛盾，能力分组教学仍然是现实可操作且在实践中广泛存在的差异化教学形式。因此，为了帮助研究者和实践者更好地理解和践行能力分组教学，本研究在梳理能力分组教学的发展脉络和影响因素基础上，探讨信息社会背景下能力分组教学的基本原则以及技术支持框架，旨在为相关研究提供参考。

二、能力分组教学的发展脉络

历史上，对能力分组进行过不同层次与形式的实践探索。正如 Oakes（2005）所说，能力分组在不同的时间对不同的人具有不同的含义。

（一）基于选拔的单维能力分组

能力分组教学的出现源于对学生智力差异的认识。智力被认为是学生生来就有的、稳定且可衡量的、影响学生学习的能力。能力在多数情况下是对智力的替代说法。20 世纪初期，为了能够测量出儿童的能力，并安排他们到合适的班级，法国心理学家阿尔弗莱德·比奈（Alfred Binet）与泰奥多尔·西蒙（Theodore Simon）首次设计出测量儿童心理年龄（Mental Age）的比奈—西蒙智力量表（安妮塔·伍尔福克，2015），由此推动了能力分组在西方教育的大范围实施。当时的理念是"存在一定的标准能够挑选出胜任学习的儿童，需要给予能力不足的学生特殊待遇"。这种认识下的能力分组实践包括：英国的"Streaming"模式（根据对学生一般能力的测量进行分班，学生在分班班级中学习大多数课程）；美国的"Tracking"模式（根据学业成绩将学生分到不同的学校、班级、项目中）（Chiu et al., 2017）；中国一些学校曾经出现过的"火箭班""重点班""普通班"模式等，这些实践都根据学生的学业成绩或智力测试将他们分为了不同的层级，实施不同层次的教学。

受工业社会意识形态的影响，单维能力分组具有明显的精英主义取向，其实质是选拔、分流学生。这种形式没有关注到学生的独特性，评价维度单一；分组固化，没有认识到学生的发展变化；不同能力组学生的学习机会具有较大的差异，因而限制了一些学生的发展。

（二）基于选拔的学科能力分组

能力分组的第二个阶段由"智力单维"发展为"学科能力"分组，即在特定学科中根据学生的学科表现进行分组。心理学家关注到智力不仅有 G（一般因素），还由多种 S（特殊因素）构成，G 会影响个体在所有认知任务上的表现，而一些特殊任务由 S 与 G 共同作用（安妮塔·伍尔福克，2015）。不同学科由于具有特殊性，儿童的表现也不一样。根据分组方式，此阶段出现了"Banding""Setting"等实践形式。Banding 指首先将学生按照一般能力分为不同的能力带，每个能力带具有适度的能力范围，为了保障灵活性，能力带一般被限制为 2—3 个；在此基础上在带内再根据学生的学科能力差异进行分班教学（Ireson et al.，1999）。Setting 相比于 Banding 更具有灵活性，在一些特殊学科（如数学、英语）中，根据学科能力差异进行分班教学，其他学科在混合能力班级中进行。

学科能力分组具有一定优势，减少了教师差异化教学的压力；教学可以保持合适的速度，提高效率；分组更加灵活，公平性也相对提高，减少了对学生，尤其是对处于不利地位的学生的伤害。然而，此阶段的实践仍存在局限。虽然人们已经认识到学生的学科能力差异，但对能力的认识还是不足，主要关注言语—数理能力，主要的分组科目还是语言和数学（Hallam et al.，2003）；选拔英才仍是主要目的，旨在采用一定的标准来衡量与排序学生。同时，实践中容易出现另一种情况的分流：将一些学生的所有科目都划分在高能力组，而将另一些学生的所有科目都划分在低能力组（Ireson et al.，1999）。

（三）基于学生个性发展的灵活能力分组

随着社会逐渐转向"后工业"时代，人们对人的理解、对教育的认识不断深入，开始重视个体的"多元化"和"差异化"，珍视每个人独特的个性与价值，追求个体价值与社会价值的统一（吴佳莉，2021）。教育的社会职能也发生了改变，从社会调适到社会更新，开始注重培养个性化、创造性人才（吴康宁，2019）。同时，智力的多元理论挑战了以竞争为取向的传统智力测试，为更全面地看待学生提供了依据。如心理学家罗伯特·斯滕伯格（Robert J. Sternberg）提出三元智力理论，认为智力同时受个体内部成分、外部情境、个体经验的影响，强调智力的动态性、情境性以及经验性本质（Sternberg，1984）。教育心理学家霍华德·加德纳（Howard Gardner）提出多元智力理论，认为智力是"被社会认为有价值地解决问题或创造产品的能力"，存在 8 种以上同等重要且相互独立的智力结构，每个人都有自己独特的智力结构（强项及弱项），参与社会生产的途径各不相同（霍华德·加德纳，2008）。这启示教育应该全面、平等地看待学生，提供多元的课程与教学，发展学生智力的多样性与独特性。另一方面，非智力因素（动机、兴趣、情感、意志、性格等）对学生学习与发展的影响也逐渐被重视（燕国材，2014）。教育开始更加关注学生的个人兴趣、选择意愿，注重培养与发挥非智力因素的积极作用。

在这些研究的促动下，选拔性、以成绩为依据的能力分组逐渐被淘汰，能力分组教学的目的从社会选拔转变为满足学生的个性化发展需求，更加注重灵活性与学生的自主选择性，致力于为学生提供多元发展的途径。比如美国高中课程一般分为必修课、选修课，选修课广泛地考虑了学生的兴趣、爱好、知识基础等；必修课又被分为不同类型、不同难度层次的课程，供学生自主选择（荣维东，2015）。我国以北京十一学校为代表的多所高中也建立了分层、分类、综合、特需等的课程体系，学生可以根据不同科目的成绩及个人兴趣进行选课（李希贵等，2014）。

三、能力分组教学的影响因素

能力分组教学的实践受多种因素的影响。首先，学校是能力分组教学的发生场所，学校的文化环境与资源配置决定了能力分组教学的导向；其次，在教师与学生的互动中，教师所传达的期望以及所实施的教学直接影响着学生的学习动机与成效；最后，在共同学习的群组中，同伴构成及同伴之间的互动也会对学生的心理与行为产生影响。基于以上考虑，本文将影响能力分组教学实践的因素归纳为六大类，具体如图1所示。

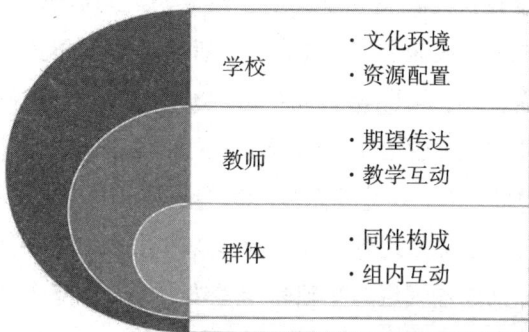

图1　能力分组教学的影响因素

（一）文化环境

顾明远（2006）将学校文化定义为"经过长期发展历史积淀而形成的全校师生（包括员工）的教育实践活动方式及其所创造的成果的总和"。一切都是文化的体现，一切也皆受文化之影响。学校的价值观念、办学思想、教育理念等都属于学校文化，也都受学校文化的影响。在针对最佳能力分组教学实践的调查中，研究者发现学校文化环境起到了至关重要的作用（Ellison et al.，2004）。文化环境会对能力分组教学的具体实施、教师的教学理念与行为，以及学生对学校的归属感、学习态度、学习动机等各个方面产生影响。

功利主义、以竞争为导向的"唯分数论"学校文化容易走入能力分组教学的误区，导向选拔性教育分组的实践，对学生造成伤害。而只有在承认每个学生的潜力、鼓励每个学生个性化发展的学校文化中，能力分组才会充分发挥作用。因此，学校进行能力分组教学的首要任务就是培育文化，在精神层面树立起"尊重每一个学生独特价值，促进每一个学生个性化发展"的育人理念，并在环境、制度、行为层面一以贯之地将其理念落实。

同时，文化需要在学校服务的社区层次达成共识。学校需要连接管理者、教师、学生以及家长等利益相关者建立共同体，树立个性化教与学的共同信念；通过协作对话促进共同体成员积极参与学校组织和实践，为学校变革做出贡献（Ló pez-Azuaga et al.，

2020），共同创建关心、关怀每一位孩子，促进每一位孩子个性化发展的学习环境。

（二）资源配置

资源不足是学校进行能力分组教学面临的突出问题（薛庆水等，2018）。资源不足极易导致教育不公平现象的发生。尤其是在绩优主义、表现性文化的评价体制下（刘云杉，2021），以学生成绩排名为依据的升学率是考察学校实力和管理者绩效的主要指标，成绩优异的学生成为学校重点资源倾斜的对象。实践中的能力分组教学容易沦为学校资源再分配、追求最大升学率的工具。"将学生按照成绩分班，并将最好的老师分配给成绩最好的班级"依然是多数学校（尤其是在学生多、师资缺乏的情况下）的潜在做法。因而，显性及隐性的资源不公平，成为人们对能力分组教学最大的担忧，也是导致不同能力分组之间差异增大的主要原因之一（Trinidad et al.，2022）。

能力分组教学需要"差异性公平"的资源理念，根据学生的个体独特性，进行适切的资源分配，满足因为群体差异、个体差异导致的不同教育需求（褚宏启，2020）。分组是为了给学生提供适合的老师、适合的课程与资源、适合的学习支持、适合的个性化发展路径，促进学生在达到国家规定的基础标准之外，根据自身的兴趣和潜力实现精而深的个性化发展。第一，教师的分配应该依据教师的教学经验、风格、特点与不同班级的匹配度进行。这要求学校能对教师进行特征与能力的全维画像并设计公平的教师评价和管理制度。第二，学校需为所有学生开放课程选择的机会，提供公平、差异化且能够满足不同层次学生需求的个性化课程与学习资源，尤其重要的是为那些难以融入的、学习困难的学生提供个性化资源以激发他们的学习动机、展现他们的优势。第三，学校需建立完善的学生支持体系。比如，苏格兰的学校对有特殊需求、学习困难的学生提供学习支持服务，2/3 的学生都可以得到支持。具体支持机制为学习支持，教师每周与学科教师进行教学计划安排，为每位学生定制个人教学计划。学习支持教师还负责促进、监督学生个人教学计划的实施（Aylett，2000）。

（三）期望传达

心理学家罗伯特·罗森塔尔（Robert Rosenthal）和莱诺·雅各布森（Lenore Jacobson）的研究验证了教室里的"自我实现的预言"效应——即学生的行为会逐渐符合外界所传达的期望，即使这是一种无根据的期望（安妮塔·伍尔福克，2015）。这在教育领域引起广泛的关注。

能力分组极易导致期望效应（Francis et al.，2017；Valdés，2021；Johnston et al.，2022）。一种可能是，学生感知到了他们所处的位置，自动调整了对自己的期望。另一种可能是，教师传达的差异期望对学生造成了不同的影响。教师容易陷入期望误区，比如对低（高）能力组的学生同质化的低（高）期望；又如不能根据学生的发展调整期望导向，仍以先前的期望对待已经改变了的学生，产生持续性期望效应（Sustaining Expectation）（安妮塔·伍尔福克，2015）。而这种错误的期望，通过一定的机制（对不同的学生使用不同的教学策略，进行不同的互动等）传达并影响了学生的心理与行为，使学生越来越符合教师对他们的期望。长此以往，教师甚至可能会将不同的学生标签化，产生"标签效应"。约翰斯通（Johnston）等通过案例研究发现：在班级能力分组中，学生感受到的教师期望是同质的，且多数学生能感受到来自教师的约束、压力、限制和归类等（Johnston et al.，2022）。

能力分组教学需要建立多元评价机制，由以成绩为导向的总结性评价转变为过程性、多维性、个性化的评价，通过全面、动态的学生画像，促进学生正确认识自己、教师全面看待学生。在学生层面，基于评价结果生成相关建议，有助于学生更全面地认识自己的兴趣及潜力、优势及劣势、职业发展及生涯规划，正确调整自己的期望导向，做出更能发挥自身潜能与独特价值的主动选择。在教师层面，通过科学、全面的评价数据支持教师决策，可以避免因主观判断导致对学生的片面认识。同时，教师应该时刻提醒自己，切勿陷入期望误区，应对所有学生秉持合理的期望，为学生提供在最近发展区内的"有挑战的学习"。

（四）教学互动

与低期望共同起作用的是不恰当的教学。很多研究已证明，教师的教学能力直接影响着能力分组教学的效果（Wang et al.，2021；Tan et al.，2022）。而不恰当的"差别化"教学是造成能力分组效果两极分化的主要原因之一。比如，有研究者通过质性研究发现，在班内能力分组中，教师通过感知差异在同一个教室里创造了不同的环境，对不同的学生产生了不同的心理影响（Du Plooy，2019）。还有研究发现，低能力组学生更易被安排结构化、机械的作业以及针对基本技能的重复性任务，很少有独立学习、参与讨论和活动的机会；高能力组学生被安排了更多的分析性、批判性、创造性等有挑战的任务，且有更多独立思考、讨论的机会（Ireson et al.，1999；Mazenod et al.，2018）。因此，教师的差异化教学水平是能力分组教学的关键（Lavrijsen et al.，2022）。若低能力组的学生能得到高水平教师的支持，他们也能取得和高能力组学生一样的成绩（Wang et al.，2021）。

能力分组教学不会显著提高学生的成绩，除非课程的设计充分考虑了学生的学习风格、学习兴趣、学习能力差异（Kim，2012）。教师需要改变固有习惯，基于对学习者科学的分析，对教学目标、内容、过程、支持、评价等进行合理的差异化设计（刘美凤等，2022），为每一个学生提供充分的知识学习、能力提升、情感发展等机会。

然而，差异化教学操作复杂，对教师的能力要求也高，学校需要为教师提供必要的培训与支持（Valiandes et al.，2018）。在培训方面，需提供学习者分析，科学教学设计，差异化教学理念、方法、策略等相关内容，提升教师专业能力。在支持方面，可构建教师实践共同体，通过不同教师共同备课、教研、反思等，并定期举办工作坊、案例分享等活动，在实践过程中不断支持教师提高教学质量。

（五）同伴构成

同伴效应是能力分组教学不可忽视的一个影响因素。在社会学层面，群体是一个会受各种因素影响的复杂系统。由于人际间的社会互动，群体成员之间会彼此相互影响，产生同伴效应（Peer Effect）（郑磊，2015）。同伴效应包括同伴的背景、行为、成绩等几乎所有的外部性因素对个体成就的影响（Sacerdote，2011）。同伴效应是一把"双刃剑"。

一方面，同伴群体具有社会遵从功能，即大家熟知的"近朱者赤，近墨者黑"效应和榜样效应。同伴之间能够传递社会规范、教育价值和学习技能等。与优秀同伴相处可以互相学习与激励，自己也会变得更好，反之亦然（吴愈晓等，2020）。人们对实行能力分组教学的担忧之一，即是其可能会增大同伴效应。成绩好的学生之间更可能建立友谊、互相影响，发展出更高水平的参与度和更积极的学术行为；反之亦然。

另一方面，同伴群体具有社会比较功能。马什（Marsh，1987）基于社会比较理论提出了"大鱼小池塘"效应，指出学生会以他所属的群体为参照与自己的能力进行对比，来判断自己的学术自我概念。即是说，同等能力的个体在高平均水平的群体中，其自我概念会降低；在低平均水平的群体中，其自我概念会提高。那么，能力分组意味着学生可能与相同水平的学生对比。对于高能力组学生，对比压力可能会随之增大，导致更低的自我评价。例如，有研究显示高能力组中的边缘学生（排名最后的学生）由于过大的压力，容易产生更多的学习困难，且与同龄人关系恶化（Belfield et al.，2020）。而对于低能力组学生，虽然可能会保护他们免受负面的比较和自我评价，但也意味着他们错过了与高能力组学生进行比较的机会（Webb–Williams，2021）。

面对同伴之间的多重影响，现有研究证明，增加群体能力结构的异质性程度，能较大限度地帮助群体中个人的发展，尤其是能力较低的学生（吴愈晓等，2020）。单维的能力分组会导致同伴群体的同质化，造成群体隔离，产生不利的学业与心理影响；但多维、灵活、动态流动的能力分组，能够扩大学生的人际交往范围，形成更多元、更丰富的同伴结构。

学校需要建立起相应的管理与实施制度，以保障能够实现这样的分组。比如，同时设立混合能力行政班与流动的教学班，增加学生与不同学生交往的机会；举办各种社团活动等，为学生之间深入地交流合作提供机会（纪德奎等，2016）。需要注意的是，心理影响的程度具有个体差异。学生在生理、心理及社会意识等方面都尚未成熟，教育需要最大限度地尊重、保护他们的选择，设置自主选择、弹性缓冲、调整机制，减少不适性，引导并发挥同伴带来的积极影响。

（六）组内互动

个体之间通过复杂的交互可达到认知、情感、交往等能力的共同发展。在群体层面，不同能力结构小组内的互动行为差异也是能力分组教学需要考虑的重要因素。在异质能力小组中，某方面能力强的学习者会影响此方面较弱的学习者，在学习过程中为他们提供解释、指导。社会认知理论也提出，学习者可以通过观察与模仿榜样行为进行学习。墨菲等（Murphy et al., 2017）通过能力分组协作学习的实验研究，发现异质能力分组能促进低能力学生的提升，因为在协作过程中存在较多的提问—解释社会互动行为。但是，在异质能力小组中，不同学生的参与可能会不均衡，具有较高能力的学生往往具有更高的话语权，从而可以占据更多的学习资源和机会；而具有低能力的学习者可能会处于边缘地位，甚至成为"搭便车者"。普尔（Poole, 2008）对两个读写能力混合小组的教学视频进行了质性分析，发现不同能力的学习者在课堂中存在着互动差异，低能力学习者在课堂中阅读量少，被打断的频率高，长期参与其中可能会对他们产生负面效应。与此同时，在同质能力分组中，低能力小组虽然能得到关注以及与之能力匹配的任务，但缺乏指引与示范，可能只能维持低水平互动；而高能力小组可能会从中受益，因为他们的学习机会不会受到影响，还可以高效率地完成与其能力相匹配的挑战任务。

可见，在社会互动层面，任何分组形式都有一定的优势及局限性。因此，分组需要依据目标、内容、任务等情境需求，考虑学习者多维特征的最优匹配，充分发挥分组策略的优势，使每个学生都能在合作中获益。精心设计的分组也能够促进教师更好地为学生提供支持（Sormunen et al., 2020）。另外，可以根据不同能力结构小组的互动特征与问题所在，设计针对性支架以改善局限性，促进所有成员的共同参与和有效互动。比如，为同质小组设计导师角色，提供内容、方法上的学习支持；在异质小组中，关注不同能力学生的学习困难与参与，特别是边缘学生，设计个性化的支持工具，促进其共同参与和能力发展。

四、能力分组教学的三大原则

基于对能力分组教学发展脉络的梳理，以及对影响能力分组教学因素的分析可知，正确践行能力分组教学应该把握三个原则：（1）以促进学生的个性化发展为目的；（2）以满足学生复杂差异导致的发展诉求为依据；（3）以系统思考与动态灵活的设计为保障，如图2所示。三大原则勾勒出信息时代能力分组教学的应然状态。

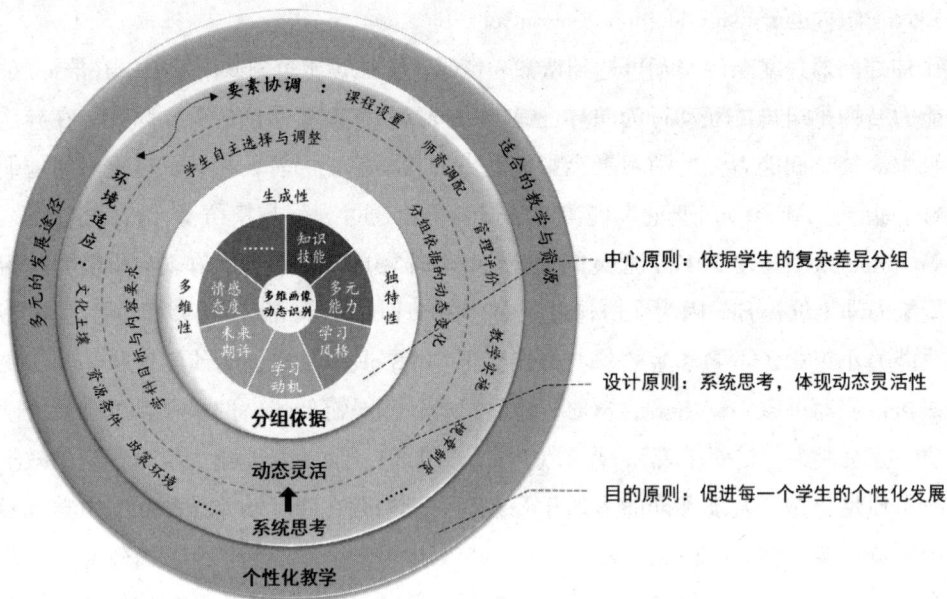

图 2 能力分组教学的三大原则

（一）目的原则：促进每一个学生的个性化发展

教育的本质要求、学生的多元差异以及社会的发展需求等都对个性化教学提出了要求，未来教育将会朝着规模个性化的方向发展。学校除了需要保证每个学生都可以接受基础知识、技能培养外，更为重要的是要能发现、发展每个学生的独特价值。

个性化教育理念为能力分组教学的合理性提供了辩护，也为区分和淘汰那些不利于学生发展的能力分组行为提供了依据。例如：选拔性能力分组存在着较大的不公平，与当前的价值观与教育理念相悖；而符合学生意愿、能促进其自身发展且能满足社会发展的灵活能力分组，则具有积极影响（吴佳莉，2021）。

合理的能力分组教学可以作为实现个性化教育的有效途径之一。一方面，基于学生的多样性与独特性，开设多种选修课、提供多种资源或活动，为每个学生提供多元的发展途径，有助于唤醒、发掘每个学生的个性潜能，促进其个性化发展。另一方面，在学校学科教学实施的主战场，依据学生在某学科学习基础、学习潜能、学习兴趣等方面的差异，将学生分成不同的组别，并据此提供适合不同组别学生特点的教学与资源，有助于使每个学生都能获得其应有的发展。可见，个性化教学是能力分组教学的起点和终点。

（二）中心原则：依据学生的复杂差异分组

分组的合理性决定了能力分组教学的有效性，彰显了施教者的认识观。从字面意义来看，能力分组教学中的"能力"表达了分组的依据：基于学生的"能力"差异。但在教育中，能力是一个广泛使用且涵义模糊的概念——"完成某项活动所必须的个性心理特征"（叶奕乾等，2010）。这种概括性的心理学定义难以将其具体化。在实践中，受智力理论带来的学生观影响，能力可能被等同于综合成绩、学科成绩、任务表现、性格特质等，反映了对学生差异的不全面认识。正如拉德维格等（Ladwig et al.，2017）所揭示的，能力的真相在于我们如何使用这一概念，如何认识观察到的学生差异。研究发现，实践中学校及教师经常存在对能力的误用，认为能力是单维的、固定的、等级制的（Gripton，2020）。

对"能力"具体化需要考虑其复杂的本质。其一，能力具有社会性。社会学家认为能力是社会建构的术语，隐含了社会发展阶段、文化背景的影响。客观上的能力差异其实是社会定义的。在学生社会化培养的同时不能忽视学生自身独特个性的发展。其二，学生的能力是复杂的，不能单维解释。一方面，能力与情境关联，有多少种问题或任务，就可以定义多少种能力。能力包含多个层面，可以被多维度地分解（张学新等，2022）。另一方面，影响能力表现的因素复杂，莫衷一是。教育领域一般认为包括学生的知识、认知能力、动作技能、个体经验、情感态度等因素（袁贵仁，1988）。其三，学生的能力是动态变化的。能力在相应的情境和任务中形成并动态发展，同时具有生成性（吕勇江，2006）。由此，建立在对能力正确认识上的分组绝不只是成绩分组，而是对个体独特性、多维性、生成性等复杂差异的综合考虑。

独特性与差异多维性要求对学生进行多维画像，包括对知识技能、多元能力、学习风格、学习动机、未来期许、情感态度等的全面认识。个性化教学需在对学生全面认识的基础上，以识别出的关键差异作为依据，针对性地设计组织形式与教学。比如，针对具有不同知识基础的孩子，设计差异化内容学习分组；针对兴趣与潜能的差异，基于学习者意愿进行个性化安排等。生成性要求至少在时间、情境两个维度上动态地考虑差异，针对性地调整组别设置。一方面，在不同的教学情境（学科、单元、课堂、活动等）下，学生的差异会发生变化，如学生可能擅长数学，而不擅长语文；可能擅长数学中的代数，却不擅长几何；可能对课程中某些主题、活动感兴趣，而对其他内容缺乏学习动机；可能擅长协作学习，而不擅长自主学习等。另一方面，学生的知识、能力、情感等会在学习活动中动态发展，且可能随着时间的推移而达到质变，表现出独特的变化路径。因此，能力分组教学应该基于学生的多维画像进行动态识别，这也是其必须遵守的中心原则。

个体差异的复杂性也增加了实践者认识分组教学行为的难度。学生主体间以及主体内的差异绝不能简单化，否则就可能背离能力分组的初衷，伤害到部分甚至全部学生的发展，因此应该充分考虑其复杂性，在实践中谨慎处理。

（三）设计原则：系统思考并体现动态灵活性

分组只是一种形式，其目的是与学校教学系统的其他要素搭配，为个性化教学提供可行的路径。要达到此目的，能力分组教学设计时必须系统思考，体现动态灵活性，防止在个性化教学的外衣下出现"快慢班"等手段与目的不统一的做法。

系统思考是指将能力分组置于整个教育系统中加以考察，判断能力分组的适用性，并利用系统方法对学校整体方案进行设计与实施。一方面，学校整体层面的变革需要有成熟的文化土壤、充足的资源条件、相应的政策引导等，需要谨慎对待、系统考虑。另一方面，能力分组教学的实施是一个极其复杂的过程，涉及学校内部各要素之间的协调，包括校园文化、规章制度、资源条件、师资调配、课程设置、教学实施、学生与家长情况等。只有系统设计才能保障效果，部分或片面地实施很可能带来相反的结果。

由于教学情境与学生差异的复杂性，为了满足学生多样化需求，能力分组教学要最大限度地体现动态灵活性，具体表现在三个方面：（1）根据不同学科内容灵活选择分组形式。并不是所有学科都要进行同质分组，可以根据学科目标与内容性质灵活设计同质或异质，甚至是跨年级、跨学科的组织形式。（2）满足分组依据的动态变化。不同情境下能够灵活组织不同目的、不同依据的分组教学。（3）保障学生可以自主灵活选择，并在过程中动态调整。为了实现这样的动态灵活要求，能力分组必定需与走班、选课、学分、导师、项目等形式相结合，线上与线下相融通，力争使每位学生都拥有一个个性化、灵活性且可以动态调整的课表与学习安排。

五、能力分组教学的技术支持框架

基于三个原则有效实施能力分组教学面临着诸多挑战。一是学校整体层面面临数据分析量大、管理场景复杂、资源需求多元等挑战；二是教师实施有效差异化教学面临如何实现对学生多维度动态分析，如何对学习内容、过程、支架等的多路径、多层次设计等挑战；三是学生的分组与个性化支持带来了决策与适应的复杂性。智能技术的发展为解决上述挑战提供了支持。能力分组教学可在学校、教师、学生主体的主要活动场景中融入技术支持，如图3所示。

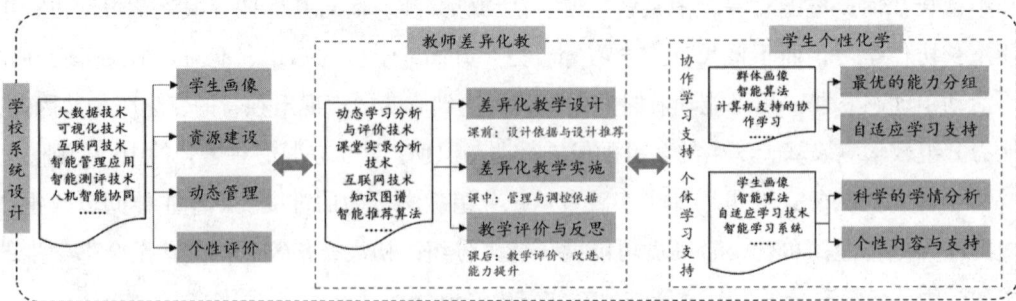

图 3　能力分组教学的技术支持框架

（一）助力学校系统设计与实施

学校在能力分组教学的系统设计与实施中，需要进行对每个学生的需求识别、多元资源建设、灵活动态管理、个性评价等。互联网、大数据、人工智能等新一代信息技术，可以突破传统个性化教学的时空、规模局限，助力学校真正实现针对每一个人的个性化教学。

首先，数据挖掘、分析与可视化技术可助力学校进行全维学生画像，实现分组依据的科学分析与动态识别。通过对知识水平、学习风格、认知特点、学习动机等多维度多模态数据的智能感知与采集，利用数据挖掘与机器学习技术对学生进行动态建模，能够形成全维学生画像，并随着时间与情境的变化，动态呈现学生的个性特征与差异（刘邦奇等，2021）。

其次，互联网、泛在学习环境等可助力学校打破时空限制，实现线上与线下融合教学；建设充足的个性化资源，满足每个学生的多元需求。除了分层、分类、分兴趣等线下个性化课程与活动的建设外，学校还可以利用互联网优势，依据学生画像，建设针对不同群体需求的个性化在线学习资源，包括不同难度、类型、主题等的微课、大型网络开放式课程、学习项目等，以支持不同学生的自主选择、学习探索。目前，已经有很多学校在探索"网上走班"，学生通过校园内网络学习平台或互联网共享课程平台，进行有计划、个性化的学习活动（薛庆水等，2018）。

再次，借助与教育数据连接的智能管理平台可以实现能力分组教学的灵活与动态管理，应对一系列的复杂管理需求。比如，对线上线下多元形态、多重内容、多样类型的课程与活动进行灵活管理，有效协调每一个学生的时间、空间，落实"一生一策"；可视化学生的发展与变化，实现分组的动态流动管理；促进对教师的全维能力画像，进行最优的班级分配与管理等。

最后，智能测评技术实践与理论的融合，能够更加全面、科学地展现教学效果及学生发展情况。学校可以实时监控教学的多维效果，包括认知与非认知层面的、正面及负面的效果，以便有效设计及调整决策。同时可实现对学生的情境化、多维性、过程性、公平性以及个性化的评价，通过科学评价促进真正的公平与个性化教学。

（二）支持教师有效差异化教学

技术能够为教师差异化教学提供课前、课中、课后全过程支持。课前教学设计阶段，学生分析是较难靠人力完成的工作。学习分析与可视化技术能够帮助教师较为精准地完成此项工作，识别出特定情境下学生的多维差异表现。以此为依据，教师可以进行差异化的目标、内容、活动、策略等设计。同时，建立针对教师的教学资源库，包括学科知识图谱、学习活动库、支持策略库等，并将学习分析结果与教学资源之间建立关联，为教师智能推荐相关设计建议，辅助其进行各教学要素的分析与设计。课中教学实施阶段，教师需要根据学生的反应快速做出判断，利用既往经验调整教学、有效回应（Parsons et al.，2018）。通过学生课堂学习数据的及时获取、分析及可视化呈现（比如课堂实录数据、师生互动反馈数据等），能够为教师提供临场差异化教学实施的决策依据。在课后教学评价阶段，智能测评技术能够支持教师对学生进行过程性、多维度、差异化的形成性学习评价，全方位呈现课堂教学效果，促进教师教学反思、教学改进以及教学能力的提升。

（三）促进学生的个性化学习

学生层面有两种典型的个性化学习活动：协作学习与个体学习。技术能够与教师协同作用，促进最优分组决策，提供个性化、自适应的学习支持。

在协作学习中，一方面能够通过采集、综合、分析技术，形成适配学生特征与学习任务的最优协作小组，并能够根据小组成员的动态发展进行灵活调整。如人工智能领域已在算法方面探索"在线学习群体形成模型"，基于学生的个体特征和需求，根据亲密性、互补性、公平性、均衡性等指标自动形成最优的在线学习群体（李浩君等，2022；Chen et al.，2019）。另一方面，通过分析不同能力结构小组的互动差异（Murphy et al.，2017；Van Dijk et al.，2020），学习支持技术能够自适应、有针对性地提供协作支持，促进小组成员均衡参与、有效互动、共同发展。例如，CSCL 领域的协作脚本技术，通过引导小组协作的交互结构、活动序列以及角色参与等（Vogel et al.，2016），促进协作效果的提升与个体认知发展。

在个体学习中，基于动态学生画像，技术能够为不同学生提供个性化学习内容以及自适应学习支持。例如，基于学习者学习轨迹的分析，推荐适切的学习路径、资源等（周伟等，2022），可以补充、拓展课堂学习；融合数据技术、人工智能算法、自适应技术等的智能导学系统，可以作为教育角色补充，为学习者提供及时的反馈（祝智庭等，2018）和必要的学习支架。

六、总结与展望

虽然国际上已经对能力分组教学进行了广泛的探讨，但是国内结合实际情况的研究还较为有限。已有研究集中于分散的实践经验，还未形成较为全面、系统的理论。因此，针对目前的研究与实践现状，本研究考察了能力分组教学形式的发展脉络，辨明了对能力分组教学的应然认识。研究结合对影响因素的思考，提出未来研究的三方面建议。其一，融合哲学、心理学、教育学、社会学等更广阔的视角，对能力分组教学进行系统、深入的研究。能力分组教学与传统文化观念、经济与社会发展、利益相关者的信念与行为，以及学习者自身的认知、动机、情感、人际互动等息息相关。只有全面审视能力分组教学的影响因素及其作用关系，才能在实践中更有效地开展。其二，关注不同能力结构小组的交互规律。以问题解决为导向的协作学习越来越成为学校中重要的学习方式，对个体智能的研究逐渐转向了集体智能（Collective Intelligence）。不同能力结构的小组具有什么样的交互特征，由此会对群体协作能力及个体发展产生什么影响还尚未清晰，需要进一步研究。其三，虽然科学技术如火如荼地发展，但应用理论的匮乏与现实条件的局限导致一些实践还停留在畅想阶段，如同"空中楼阁"。如何将理论与技术应用实践相结合，让技术真正助力于学校的管理、教师的教与学生的学，还有待进一步研究。

参考文献：

[1][美]安妮塔·伍尔福克. 教育心理学（第 12 版）[M]. 伍新春，译. 北京：机械工业出版社，2015.

[2][美]霍华德·加德纳. 智能的结构[M]. 沈致隆，译. 北京：中国人民大学出版社，2008：27.

[3]褚宏启. 新时代需要什么样的教育公平：研究问题域与政策工具箱[J]. 教育研究，2020，41（2）：4-16.

[4]葛道凯. "适合的教育"才是最好的教育[J]. 教育研究，2021，42（3）：19-22.

[5]顾明远. 论学校文化建设[J]. 西南大学学报（人文社会科学版），2006（5）：67-70.

[6]纪德奎，朱聪. 高考改革背景下"走班制"诉求与问题反思[J]. 课程·教材·教法，2016，36（10）：52-57.

[7]李浩君，岳磊，张鹏威，等. 多目标优化视角下在线学习群体形成方法[J]. 小型微型计算机系统，2022，43（4）：712-722.

[8]李希贵，等. 学校转型：北京十一学校创新育人模式的探索[M]. 北京：教育科学出版社，2014：36-37.

[9]刘邦奇，张金霞，许佳慧，等. 智能技术赋能因材施教：技术框架、行业特点及趋势——基于智能教育行业发展实证数据的分析[J]. 电化教育研究，2021（2）：70-77.

[10]刘美凤，刘文辉，梁越，等. 差异化教学何以施行：班内多层次教学方案的设计与实施[J]. 中国电化教育，2022（1）：124-133.

[11]刘云杉. 拔尖的陷阱[J]. 高等教育研究，2021，42（11）：1-17.

[12]吕勇江. 哲学视野中的能力管理[D]. 北京：中共中央党校，2016：87.

[13]荣维东. 美国教育制度的精髓与中国课程实施制度变革——兼论美国中学的"选课制""学分制""走班制"[J]. 全球教育展望，2015，44（3）：68-76.

[14]吴佳莉. 影响英国基础教育数学分层教学的政策措施及其历史演进[J]. 数学教育学报，2021，30（2）：97-102.

[15]吴康宁. 教育社会学[M]. 北京：人民教育出版社，2019：57-74.

[16]吴愈晓，张帆. "近朱者赤"的健康代价：同辈影响与青少年的学业成绩和心理健康[J]. 教育研究，2020，41（7）：123-142.

[17]薛庆水，李凤英. 我国走班制教学文献分析（2000—2017 年）：困境与发展[J]. 现代远程

教育研究，2018（4）：59-69.

[18] 燕国材. 非智力因素与教育改革[J]. 课程·教材·教法，2014，34（7）：3-9.

[19] 叶奕乾，何存道，梁宁建. 普通心理学（第四版）[M]. 上海：华东师范大学出版社，2010：586.

[20] 袁贵仁. 人的哲学[M]. 北京：工人出版社，1988：226.

[21] 曾继耘. 论差异发展教学与教育公平的关系[J]. 中国教育学刊，2005（6）：32-35.

[22] 张学新，李国丽. 能力评价四层次模型的构建[J]. 教学研究，2022，45（1）：1-7.

[23] 赵茜，马力，范彦等. 以教学组织形式的变革实现因材施教：校内公平的可能路径[J]. 中小学管理，2020（12）：28-31.

[24] 郑磊. 教育中的社区效应和同伴效应：方法、证据及政策启示[J]. 教育学报，2015，11（5）：99-110.

[25] 周伟，杜静，汪燕等. 面向智慧教育的学习环境计算框架[J]. 现代远程教育研究，2022，34（5）：91-100.

[26] 祝智庭，彭红超，雷云鹤. 智能教育：智慧教育的实践路径[J]. 开放教育研究，2018，24（4）：13-24，42.

[27] Aylett, A. Setting: Does It Have to Be a Negative Experience？[J]. Support for Learning, 2000, 15（1）：41-45.

[28] Belfield, C., & Rasul, I. Cognitive and Non-Cognitive Impacts of High-Ability Peers in Early Years [J]. Fiscal Studies, 2020, 41（1）：65-100.

[29] Chen, C.-M., & Kuo, C.-H. An Optimized Group Formation Scheme to Promote Collaborative Problem-Based Learning [J]. Computers & Education, 2019, 133：94-115.

[30] Chiu, M.-M., Chow, B. W.-Y., & Joh, S. W. Streaming, Tracking and Reading Achievement: A Multilevel Analysis of Students in 40 Countries [J]. Journal of Educational Psychology, 2017, 109（7）：915-934.

[31] Du Plooy, L. L. The Manifestations of the Practice of Within-Class Homogeneous Ability Grouping [J]. South African Journal of Childhood Education, 2019, 9（1）：a690.

[32] Duflo, E., Dupas, P., & Kremer, M. Peer Effects, Teacher Incentives, and the Impact of Tracking: Evidence from a Randomized Evaluation in Kenya [J]. American Economic Review, 2011, 101（5）：1739-1774.

[33] Ellison, B. J., & Hallinan, M. T. Ability Grouping in Catholic and Public Schools [J]. Catholic Education: A Journal of Inquiry and Practice, 2004, 8（1）：107-129.

[34] Francis, B., Connolly, P., & Archer, L. et al. Attainment Grouping as Self-Fulfilling Prophesy？A Mixed Methods Exploration of Self Confidence and Set Level Among Year 7 Students [J].

International Journal of Educational Research, 2017, 86: 96−108.

[35]Gripton, C. Children's Lived Experiences of "Ability" in the Key Stage One Classroom: Life on the "Tricky Table" [J]. Cambridge Journal of Education, 2020, 50(5): 559−578.

[36]Hallam, S., Ireson, J., & Lister, V. et al. Ability Grouping Practices in the Primary School: A Survey [J]. Educational Studies, 2003, 29(1): 69−83.

[37]Hamilton, L., & O Hara, P. The Tyranny of Setting(Ability Grouping): Challenges to Inclusion in Scottish Primary Schools [J]. Teaching and Teacher Education, 2011, 27(4): 712−721.

[38]Hargreaves, E., Quick, L., & Buchanan, D. "I Got Rejected": Investigating the Status of "Low-Attaining" Children in Primary-Schooling [J]. Pedagogy Culture and Society, 2021, 29(1): 79−97.

[39]Ireson, J., & Hallam, S. Raising Standards: Is Ability Grouping the Answer? [J]. Oxford Review of Education, 1999, 25(3): 343−358.

[40]Johnston, O., Wildy, H., & Shand, J. Students' Contrasting Their Experiences of Teacher Expectations in Streamed and Mixed Ability Classes: A Study of Grade 10 Students in Western Australia [J/OL]. Research Papers in Education, DOI: 10.1080/02671522.2022.2030396.

[41]Kim, S., Lin, T.−J., & Chen, J. et al. Influence of Teachers' Grouping Strategies on Children's Peer Social Experiences in Early Elementary Classrooms [J]. Frontiers in Psychology, 2020, 11: 587170.

[42]Kim, Y. Implementing Ability Grouping in EFL Contexts: Perceptions of Teachers and Students [J]. Language Teaching Research, 2012, 16(3): 289−315.

[43]Kulik, J. A., & Kulik, C. C. Meta−Analytic Findings on Grouping Programs [J]. Gifted Child Quarterly, 1992, 36(2): 73−77.

[44]Ladwig, J. G., & McPherson, A. The Anatomy of Ability [J]. Curriculum Inquiry, 2017, 47 (4): 344−362.

[45]Lavrijsen, J., Dockx, J., & Struyf, E. et al. Class Composition, Student Achievement, and the Role of the Learning Environment [J]. Journal of Educational Psychology, 2022, 114(3): 498−512.

[46]López−Azuaga, R., & Suárez Riveiro, J. M. Perceptions of Inclusive Education in Schools Delivering Teaching Through Learning Communities and Service−Learning [J]. International Journal of Inclusive Education, 2020, 24(9): 1019−1033.

[47]Marsh, H. W. The Big−Fish Little−Pond Effect on Academic Self−Concept [J]. Journal of Educational Psychology, 1987, 79(3): 280−295.

[48]Mazenod, A., Francis, B., & Archer, L. et al. Nurturing Learning or Encouraging Dependency?

Teacher Constructions of Students in Lower Attainment Groups in English Secondary Schools [J]. Cambridge Journal of Education, 2018, 49: 1-16.

[49] Mccoach, D. B., O'Connell, A. A., & Levitt, H. Ability Grouping Across Kindergarten Using an Early Childhood Longitudinal Study [J]. Journal of Educational Research, 2006, 99(6): 339-346.

[50] McGillicuddy, D. "They Would Make You Feel Stupid" —Ability Grouping, Children's Friendships and Psychosocial Wellbeing in Irish Primary School [J]. Learning and Instruction, 2021, 75: 101492.

[51] Murphy, P. K., Greene, J. A., & Firetto, C. M. et al. Exploring the Influence of Homogeneous Versus Heterogeneous Grouping on Students' Text-Based Discussions and Comprehension [J]. Contemporary Educational Psychology, 2017, 51: 336-355.

[52] Oakes, J. Keeping Track: How Schools Structure Inequality [M]. New Haven & London: Yale University Press, 2005: 2-4.

[53] Parsons, S. A., Vaughn, M., & Scales, R. Q. et al. Teachers' Instructional Adaptations: A Research Synthesis [J]. Review of Educational Research, 2018, 88(2): 205-242.

[54] Poole, D. Interactional Differentiation in the Mixed-Ability Group: A Situated View of Two Struggling Readers [J]. Reading Research Quarterly, 2008, 43(3): 228-249.

[55] Sacerdote, B. Peer Effects in Education: How Might They Work, How Big Are They and How Much Do We Know Thus Far? [M] // Hanushek, E. A., Machin, S., & Woessmann, L. Handbook of the Economics of Education (Vol. 3). North-Holland: Elsevier, 2011: 249-277.

[56] Slavin, R. E. Ability Grouping in the Middle Grades-Achievement Effects and Alternatives [J]. Elementary School Journal, 1993, 93(5): 535-552.

[57] Sormunen, K., Juuti, K., & Lavonen, J. Mak-er-Centered Project-Based Learning in Inclusive Classes: Sup-porting Students' Active Participation with Teacher-Directed Reflective Discussions [J]. International Journal of Science and Mathematics Education, 2020, 18(4): 691-712.

[58] Steenbergen-Hu, S., Makel, M., & Olszewski-Kubili-us, P. What One Hundred Years of Research Says About the Effects of Ability Grouping and Acceleration on K-12 Stu-dents Academic Achievement: Findings of Two Second-Order Meta-Analyses [J]. Review of Educational Research, 2016, 86(4): 849-899.

[59] Sternberg, R. Toward a Triarchic Theory of HumanIntelligence [J]. BehavioralandBrainSciences, 1984, 7: 269-315.

[60] Tan, C. Y., & Dimmock, C. The Relationships Among Between-Class Ability Grouping, Teaching Practices, and Mathematics Achievement: A Large-Scale Empirical Analysis [J].

Educational Studies, 2022, 48（4）: 471−489.

［61］Taylor, B., Hodgen, J., & Tereshchenko, A. et al. Attainment Grouping in English Secondary Schools: A National Survey of Current Practices［J］. Research Papers in Education, 2022, 37（2）: 199−220.

［62］Trinidad, J. E., & King, R. B. Ability Grouping Predicts Inequality, Not Achievement Gains in Philippine Schools: Findings from PISA 2018［J］. Educational Research for Policy and Practice, 2022, 21（2）: 305−322.

［63］Valdés, M. T. Looking at the Future from the Periphery of the System: Low−Ability Grouping and Educational Expectations［J/OL］. Educational Review. https://doi.org/10.1080/00131911.2021.1978400.

［64］Valiandes, S., & Neophytou, L. Teachers' Professional Development for Differentiated Instruction in Mixed−Ability Classrooms: Investigating the Impact of a Development Program on Teachers' Professional Learning and on Students' Achievement［J］. Teacher Development, 2018, 22（1）: 123−138.

［65］Van Dijk, A. M., Eysink, T. H. S., & De Jong, T. Supporting Cooperative Dialogue in Heterogeneous Groups in Elementary Education［J］. Small Group Research, 2020, 51（4）: 464−491.

［66］Vogel, F., Wecker, C., & Kollar, I. et al. Socio−Cognitive Scaffolding with Computer−Supported Collaboration Scripts: A Meta−Analysis［J］. Educational Psychology Review, 2016, 29（3）: 477−511.

［67］Von Hippel, P. T., & Cañedo, A. P. Is Kindergarten Ability Group Placement Biased? New Data, New Methods, New Answers［J］. American Educational Research Journal, 2022, 59（4）: 820−857.

［68］Wang, H., King, R. B., & McInerney, D. M. Ability Grouping and Student Performance: A Longitudinal Investigation of Teacher Support as a Mediator and Moderator［J/OL］. Research Papers in Education, DOI: 10.1080/02671522.2021.1961293.

［69］Webb−Williams, J. L. Teachers' Use of Within−Class Ability Groups in the Primary Classroom: A Mixed Methods Study of Social Comparison［J］. Frontiers in Psychology, 2021, 12: 728104.

区域义务教育高质量发展评价：内涵框架、现实掣肘与突围之路

李英哲　刘剑玲　胡中锋①

摘　要：深化教育评价改革是义务教育高质量发展的根本保障。义务教育高质量发展是在全面加强质量管理和监测的基础上形成的一个新浪潮，是教育质量发展到高水平阶段所表现出来的一种新质态。区域义务教育高质量发展评价是根据一定的教育价值观及教育目标，运用可行的科学手段，通过系统地搜集信息、分析解释，对教育现象进行价值判断，从而为不断优化教育和教育决策提供依据的过程。本研究将区域定位以我国行政区域划分为参考，基于对《义务教育质量评价指南》的分析理解，从内涵标准、影响因素、基础条件三个方面来建构区域义务教育高质量发展的内涵框架。在此基础上对区域政府在具体评价过程中依旧面临着政策解读不到位、实施细则难出台、评价工具不科学、评价结果不合理等影响区域义务教育高质量发展的现实掣肘，提出细化区域性指标，探究"交互性影响"评价指标，构建区域教育评价模型等突围策略。

关键词：区域；义务教育质量评价；高质量发展

义务教育质量评价在国际上并非是一个新问题，从20世纪90年代以来，各国均已开展相关研究并出台相关政策，如联合国教科文组织的"学习者核心"全面教育质量评价、欧盟的"关键能力"教育质量监测、英美地区"结果导向"的教育评价体系等。我国对其关注及研究起步相对较晚，2015年教育部正式启动全国义务教育质量监测工作，2020年教育部出台《关于深化教育教学改革全面提高义务教育质量的意见》《深化新时代教育评价改革总体方案》，2021年教育部等六部门印发《义务教育质量评价指南》，使得义务教育质量评价这一议题再次引发社会热议。

义务教育质量的发展常受到区域发展条件的制约，区域经济发展水平和自然条件差异导致了我国区域间义务教育发展水平的差异。推动区域义务教育高质量发展是推动教

---

① 李英哲，华南师范大学基础教育学院讲师，管理学博士，研究方向：教育测量与评价，中国教育发展战略学会教育评价专业委员会会员；刘剑玲，华南师范大学儿童发展与教育研究中心主任、教授，研究方向：教育基本理论；胡中锋，华南师范大学政治与公共管理学院院长、教授、博士生导师，研究方向：教育测量与评价。

育实现共同富裕的基本构成，也成为我国教育政策制定的重要取向之一。因此，以区域为主体开展义务教育质量评价显得尤为重要，《义务教育质量评价指南》首次将区域政府纳入评价，强调了区域义务教育质量评价的现实要求，如何有效解决区域义务教育质量评价过程中"数量决定质量、结果重于发展"的难题，成为下一阶段亟待深入研究的新课题。

一、区域义务教育高质量发展评价的概念界定

（一）义务教育高质量发展

教育高质量发展是共同富裕理念引领下的发展，是全面转变教育发展方式、优化教育结构、转换增长动力的发展，是从"数量追赶"转向"质量追赶"的优质发展、从"规模扩张"转向"结构优化"的均衡发展、从"要素驱动"转向"创新驱动"的现代化发展。

义务教育高质量发展从发展目标来看，义务教育高质量发展的核心目标必然是更彻底地贯彻党的教育方针，更完全地落实立德树人根本任务，培养德智体美劳全面发展的社会主义建设者和接班人，是创新为第一生产力的全面均衡发展；从发展方式看，义务教育发展要从依靠规模扩张、资源投入、应试技能强化转化为教育治理体系优化、教师专业发展和育人方式转变等更具生长性的轨道上来，是绿色为普遍形态、开放为必由之路的健康发展；从发展动力来看，义务教育的高质量发展必须从外部推动转向走内生发展的道路，从自上而下的行政主导转变为上下互动协同驱动创新的新局面，充分激发义务教育阶段地方政府和学校的办学活力，是协调为内生特点的可持续发展；从发展的保障上看，义务教育高质量发展要求深化教育评价改革，用评价明确义务教育发展目标，推动义务教育发展方式的转变，是实现优势互补，全面提升的共享发展。

总体而言，义务教育高质量发展是教育追求更高质量发展的整体性功能的再升级，是指向区域协调、优质均衡，学校质量管理优化，学生全面发展，民生需求改善，实现办好"让人民满意的教育"目标，解决人民日益增长的对美好生活的需要和向往同发展不平衡、不充分矛盾的整体发展。义务教育高质量发展应当重点体现出优质均衡、全面公平、区域协调、创新安全、家校共育的目标特征。

（二）区域义务教育高质量发展评价

质量是教育的生命线，是教育的永恒主题，是教育的核心竞争力。教育质量评价是通过系统全面地搜集影响教育活动的相关信息，对教育所产生的价值进行考察和判断，进而提出改进教育活动的方案，更好地满足相关主体的需要。义务教育质量评价是依据义务教育发展的阶段和根本目标，系统地搜集影响义务教育活动的相关信息数据，对义务教育发展进行价值考察和判断，进而提出改善义务教育的有效对策建议，持续提升义

务教育质量，以保障义务教育高质量发展。

义务教育的发展常受区域条件的制约，区域间的社会经济发展水平和自然禀赋差异导致了区域义务教育发展质量的差异化局面。因此以区域为单位对义务教育质量进行评价显得更加科学合理，我国义务教育实行国务院领导，省、自治区、直辖市人民政府统筹规划实施，县级人民政府为主导的管理体制。《义务教育质量评价指南》提出了评价县级党委、政府履行提高义务教育质量职责的内容与方式，并突出强调县域义务教育质量评价的现实迫切性。

区域并不是一个明确的界定概念，而是相对性概念，其文本解读为一定的地域空间，放眼世界亚太地区、欧美地区都是可以看作一个独立的区域，国内珠三角、长三角地区也是区域，各省内如广东粤西北地区也可以看做是区域，对于佛山市来说南海区、顺德区都是区域，因此不对区域的范围进行界定，其教育评价的指标设计、评价对象选取等问题都难以确定。本研究将区域定位以我国行政区域划分为参考，按照《义务教育质量评价指南》中强调的实行县域评价主体，将区域义务教育评价研究范围定位在县区这一层级，以县级行政区、市辖区为研究范围。

区域义务教育高质量发展评价是根据一定的教育价值观及教育目标，运用可行的科学手段，通过系统地搜集信息、分析解释，对教育现象进行价值判断，从而为不断优化教育和教育决策提供依据的过程。这一过程包括区域义务教育评价理论、方法模型及实施策略，关注到义务教育投入、发展、结果的全过程、全要素，是在明确我国新时代教育评价改革的指导思想、主要原则和改革目标的基础上，充分考虑区域义务教育评价改革的理论政策、主体客体关系、内容标准、影响因素、方法模型、体制机制等，将区域义务教育的质、量、场有机结合起来，通过分析态势，发现问题，实践研究等方法构建的区域义务教育生态的一种动态评价实践过程。

二、区域义务教育高质量发展的内涵框架

本研究在对《义务教育质量评价指南》分析理解的基础上，认为可以从内涵标准、影响因素、基础条件三个方面来建构区域义务教育高质量发展的内涵框架。区域义务教育高质量发展体现在区域政府主导、学校办学、学生成长三个层面，受到经济、社会、政策等环境的约束和教育投入、师资队伍、创新技术等基础性条件的支持，目标是办好让人民满意的教育，形成更有质量、更加公平的义务教育生态系统，让义务教育呈现出更加美好的样态，满足人民日益增长的对美好生活的向往及对优质教育服务的需求。

（一）内涵标准

教育评价改革是实现教育高质量发展的推动力，为了更好地实现义务教育改革，从根本上破解义务教育发展唯分数论、唯升学论的历史弊端，中共中央、国务院印发了

《关于深化教育教学改革全面提高义务教育质量的意见》（2019）、《深化新时代教育评价改革总体方案》（2020），明确提出要健全质量评价监测体系，建立以发展素质教育为导向的科学评价体系，健全科学性综合评价体系，探索增值性评价的改革要求，为义务教育评价改革指明了方向。2021年，教育部等六部委联合发文出台了《义务教育质量评价指南》从县域、学校、学生三个层面提出了评价指标，针对目前义务教育发展的关键环节和薄弱环节提出了新的发展要求，为义务教育发展提供了新的框架路径。要从县域、学校、学生三个层面来实现义务教育高质量发展，三者之间是从属与包容关系，学生发展是衡量学校办学质量的重要标准，学校是衡量区域教育发展的关键指标。县域政府是义务教育高质量发展的主导，发挥着价值导向的重要作用；学校是义务教育发展的重要载体；学生全面发展是教育高质量发展的根本目的，三者之间各有侧重，内在统一，构成了区域义务教育高质量发展的整体框架（见图1）。

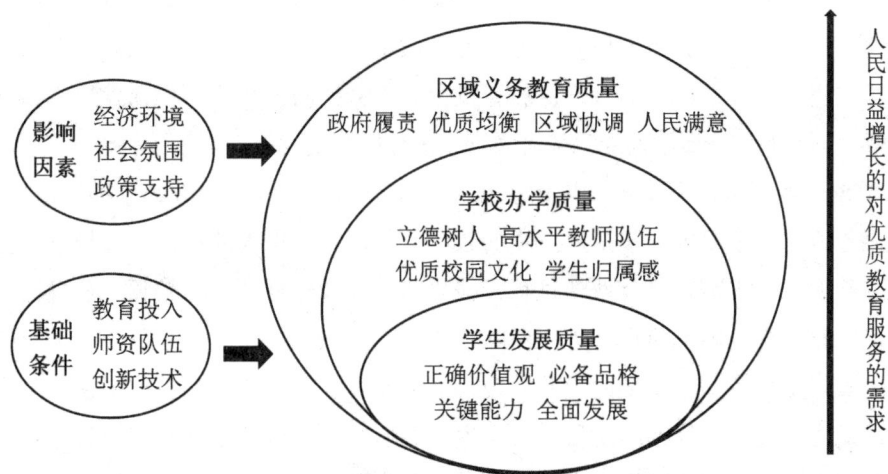

图1　区域义务教育高质量发展的整体框架

我国义务教育在全面普及的基础上一级实现了县域的基本均衡发展，下一阶段的目标是到2035年全面实现义务教育的优质均衡发展，到2050年全面建成高质量教育体系。因此优质均衡发展成为义务教育高质量发展的首要目标特征。均衡发展不是简单的数量上的平均、均等，更多是突出平衡的趋向。义务教育在实现基本均衡的过程中主要体现了数量上的范畴，现阶段进入优质均衡发展，更多是体现质量的范畴，以解决发展不平衡、不充分的问题。均衡发展更多是要缩小学校间的差距，其根本立场是实现教育质量的优化提升，在实际操作中并不是限制强校发展，而应该是鼓励强校带弱校，基于高品质、多样化特色发展的积极发展，逐渐消除薄弱学校，进而实现均衡发展。优质均衡发展是在均衡发展基础上体现的一种整体高质量发展结构状态，表现在区域教育发展的程度、学校办学质量、学生全面发展情况的好与不好上。总体而言，义务教育高质量发展的优质均衡应当包括全要素均衡、全过程均衡与全方位优质。全要素均衡是指包括教育价值导向、教育投入、学校发展、教师发展、学生成长、教育评价等全部教育要素的优质发展；全过程均衡是教育发展的整个过程，包括入学、教育过程、教育资源配置、教育结果机会都要优质；全方位优质是教育发展生态上的整体优质状态，即区域内全体教育空间的整体优质均衡。优质均衡作为义务教育高质量发展的旨归，追求的是品质、个性与卓越，最终亦是教育公平乃至社会正义的价值表达。具体而言可以从区域发展、学校发展、学生发展三个层面来理解。

从区域发展的层面理解，义务教育高质量发展是指教育整体发展情况稳定，城乡区域发展均衡，以创新为动力实现绿色发展，形成多样性、丰富性、发展性、共生性的教育生态系统，让优质的教育资源和发展成果更多更公平惠及全体人民，不断提升人民群众对教育的满意度和获得感。区域层面义务教育高质量发展包括价值导向、组织领导、教学条件、教师队伍、均衡发展等维度，主要内容包括形成正确的教育价值导向，打造良好教育生态；健全教育领导机制；保障地区教学条件，加大教育投入；培养高水平的教师队伍、提升教师地位待遇；确保教育机会均等，推动区域协调均衡发展，提升群众教育满意度。因此，高质量发展意味着教育全过程的全面发展。

从学校层面理解，高质量发展体现在办学方向、课程教学、教师发展、学校管理、学生发展等维度，主要内容包括加强党的领导，坚持立德树人的育人价值导向；优化教学方式，落实课程方案，规范教学过程；强化师德师风建设，推动教师专业发展；打造优质校园文化，提升内部治理能力；保障学生全面发展，提升学生对班级、学校的归属感。学生发展是学校办学质量的重要体现，但学校办学质量的内容与范围远大于学生发展层面的概念范畴，学校办学质量除了学生发展情况外还包括了学校的治理、教师队伍建设、校园文化、后勤保障等一系列问题。学校办学的高质量发展是实现区域教育优质均衡发展形成教育高质量发展体系的重要支撑，学校办学机制的变革直接影响着区域教育发展的结构与质量。

从学生发展层面理解，义务教育高质量发展最终体现在每个学生的品德发展、学业发展、身心发展、审美素养、劳动实践能力等方面，主要内容包括学生具有正确的理想信念，养成良好的行为习惯并能够担当一定的社会责任；形成良好的学习习惯，有一定的阅读理解能力和创新精神；养成良好的身体素质，健康生活快乐成长；具备积极向上、正确的审美格调，能够发现美、感受美、表达美；具有一定的生活劳动技能，形成吃苦耐劳的品质精神。教育的最终目的是育人，教育是培养人的社会活动，是生命与生命间的影响，义务教育高质量发展是要更好地培养德智体美劳全面发展的社会主义建设者和接班人，因此义务教育高质量发展的最终体现仍旧在于学生，学生健康全面的发展是检验教育发展的最终标准。

　　学校高质量发展是直接满足人民日益增长的对优质教育服务需求的重要方式，学校办学质量的提升意味着要不断满足民众对于教育个性化、多样化发展的升级需求，并能够引导学生全面发展的方向，影响教育质量的发展水平。目前，区域义务教育发展质量参差不齐，主要原因也在于优质教育资源的供需不平衡。从供给侧来看，早年间的教育规模扩张导致了义务教育学校数量充足，甚至部分地区出现产能过剩的情况，但办学质量优异的教育资源却有效供给不足；从需求侧来看，民众对于教育服务是要求升级明显，"有学上"这一基本条件已经难以满足民众对教育的要求，中国早已告别了学校数量不足，需要翻山越岭去上学的阶段，但仍有许多民众千里迢迢花费高额成本将学生送到离家更远的学校读书，以获得更好的教育资源，这种典型的现象更加反映出了我国目前义务教育的供给与民众需求间的错位和发展的不平衡。

　　当下，我国已经全面建成小康社会，人民生活质量和收入水平日益提升，而义务教育服务体系还未发生根本意义上的转变，造成城乡义务教育差异明显，区域义务教育发展协调，办学质量、教师水平、教育投入等问题成为区域义务教育高质量发展的主要短板，严重制约了教育对社会经济发展的促进作用。义务教育要高质量发展，只有顺应时代的改革需求，提升教育服务质量，才能构建形成高质量的发展体系，实现立德树人，全面实施素质教育的目标。

　　此外，教育高质量发展不仅是激发学校办学动力，还体现在政府主导，资源配置，教育投入方式等多方面的转变，更加重要的是，义务教育高质量发展涉及教育发展的全要素全过程，从要素投入到社会再分配都要实现高质量发展，最终要实现办人民满意的教育的目标，让义务教育更加优质均衡、全面公平、区域协调、创新安全的可持续发展。

（二）影响因素

　　从区域义务教育高质量发展的整体宏观趋势来看，其主要影响因素包括经济环境、社会氛围、政策支持等方面。教育的发展与社会政治经济的发展密不可分，但同时又具有着自身的独特发展规律，也体现着教育发展的社会制约性和对立性。

　　义务教育高质量发展受到经济发展阶段的直接影响。经济发展水平直接影响着教育事业的发展规模、速度和发展水平。实现教育高质量发展首先要准确判断现阶段我国经济发展的基本形势、发展特征及其对教育产生的影响。当下，我国经济发展进入新发展阶段，开始从高速发展向高质量中速发展转变，由速度规模的快速扩展转向更高质量、更有效率、更加公平、更可持续的新常态化发展。纵观历史变化，从20世纪初期开始，教育先进国家地区都经历了经济发展的转型与变化，均经历了从量的扩张到质的提升的转变过程。可见质量的提升不仅成为中国经济发展的关键点，也成为教育事业发展的核心要素。随着中国经济发展进入新常态，教育事业的发展也要发生变革，原有教育方法的优势受到越来越多的冲击，要构建新的教育生态系统，打造个性化教育，满足每个孩子的成长需求，实现教育强国目标，质量的提升尤为关键。从经济发展看，义务教育作为重要的公共服务体系，质量是其发展的基础，提高教育服务的质量，可以有效提升全面素质水平，提升国家竞争力。要实现义务教育的高质量发展，要提升教育资源供给的质量水平，保障区域协调，把区域办学质量提升作为新常态经济发展过程中教育事业发展的内生动力和追求目标。借鉴中国经济发展的阶段性特质，义务教育高质量发展是中国特色社会主义教育事业的道路自信，是义务教育从普及到优质发展的更高追求的切换。

义务教育高质量发展需要良好的社会教育氛围和质量文化环境。义务教育质量提升，推动教育事业从"有没有"向"好不好"的高质量发展转变，预示着中国义务教育将要开展一场从理论、目标到评价制度等具体领域工作的全方位发展变革。高质量这一概念也首次被作为重要的发展理念文化提到了国家层面的高度，并被赋予了重要意义。对于质量的文化氛围形成已久，质量文化是一个民族和国家在长期的实践发展中形成的公民普遍认同的相对稳定的质量发展方式、价值观念、管理体制等质量发展方面的总和。中国古代时期便对质量有了较为明确的认识，战国时期开始出现对于质量的检验方法，通过检验来保证产品质量，如《考工记》中详细记录了六种对车轮制造的检验方法等。在国外发展经验中，质量文化更加体现了工业文明的特征，如德国在工业革命后兴起的制造业，以精益求精的做功和对品质的坚守让德国制造成为世界制造业的标杆。对于教育事业的发展，质量文化依旧重要，儒家思想中"知之为知之，不知为不知"强调对于事物的认知与学习不能仅仅停留在发生现象，而是要探究其内在本质和发展规律，这样才算是真正地知道。互联网时代，科技高速发展，人民对于教育也开始追求短频快的节奏，不再静下来去探讨事物的本质，急功近利的心态让本应轻松愉快的学习氛围变得焦虑起来。过去一段时间在义务教育上，成绩好上好学校，成绩好被老师关注好像是理所应当，根据学生的成绩划分学校和班级，企业、社会精英人士都在想办法让子女上好学校，通过补课、培训等各种办法让自己的孩子成为所谓的"好学生"。表面上看大家都有着对于优质教育资源和高质量教育的需求，但实际上，这种高质量是以牺牲部分普通人利益和排挤一般学习成绩学生而形成的，并不是真正意义上的高质量发展。这样的教育观念和社会氛围不仅影响着学生身心发展，也影响着区域义务教育的均衡协调发展。因此，义务教育的高质量发展也要营造出良好的教育质量文化氛围，让民众形成正确的教育价值观念和科学的教育评价观念，看到教育的本质而不是仅仅关注升学和分数。

义务教育高质量发展要以法律政策为基本支持保障。世界上各个国家的社会发展普遍是通过立法和政策指引来推动的。教育事业的立法也是保障教育发展的重要手段，我国从 1986 年实施《中华人民共和国义务教育法》到 2000 年实现了"基本实施九年义务教育和基本扫除青壮年文盲"的计划目标，再到全面普及城乡义务教育，2021 年，义务教育巩固率达到 95%，已经解决了"有学上"这一历史难题，实现了中国向教育大国转变的历史跨越。《关于深化教育教学改革全面提高义务教育质量的意见》（2019）、《义务教育质量评价指南》（2021）等政策针对义务教育发展现状提出了在义务教育发展基本均衡的基础上向更高水平、更加优质迈进。党的二十大报告指出，要加快建设高质量教育体系，发展素质教育，促进教育公平，义务教育高质量发展成为新时代教育改革的重要使命和必然要求。各地方政府应该加紧出台符合区域义务教育发展的政策指南，更好地履行政府主导责任，促进家—校—社协调育人模式的建立，不断弥补现有政策制度对于多元主体参与义务教育治理的制度性短缺，明确责任主体，整合教育资源，实现责任共担，资源共享，促进区域义务教育高质量发展。

（三）基础条件

义务教育高质量发展以教育投入作为重要基础。随着国民收入水平的不断上升，人们对于教育消费的要求也从数量向质量消费过渡，消费升级对教育质量的要求不断增加，义务教育也进入到质量发展升级的新阶段。目前的教育投入和义务教育资源供给难以满足民众需求侧的要求，由于教育投入不足或投入不合理导致义务教育学校办学活力不足，影响了办学质量。教育投入能够促进经济的高质量发展，国内外诸多学者对于教育投入与高质量发展间的关系做了探究，发现教育投入能够增强消化吸收外来技术与创新的能力，促进自主创新提供全要素效率。同时加大教育投入有利于提高人力资本存量，义务教育作为国民教育的起点，起着基础性的作用，义务教育的高质量发展影响未来人才培养的走向，良好的教育投入能够有效促进知识和技能的传递，为创新型人才培养提供基础和保障。作为教育高质量发展的基础条件，区域政府应当在义务教育投入方面给予高度重视，落实财政教育支出责任，确保基础教育投入"两个只增不减"（一般公共预算教育支出逐年只增不减、按在校学生人数平均的一般公共预算教育支出逐年只增不减），生均一般公共预算大幅增加让教育发展与经济发展相匹配，加大教育经费统筹力度，整合优化经费使用方向，推动义务教育经费从规模扩张向质量提升、结构优化转移，从硬件设施建设向教育教学改革和教师队伍建设等转移，着重保障提升教育质量。

义务教育的高质量发展依赖于高水平的教师团队。目前义务教育教师供给差异是造成城乡义务教育发展不均衡、不充分的重要原因。由于发展差异，城市学校教师普遍呈现高学历、年轻化的特点，而薄弱学校、乡村学校则呈现教师数量相对缺乏、年龄老龄化、班师比失调的特点。教师是立教之本、兴教之源，要想实现教育高质量发展，必须建强教师队伍，发挥好教师是教育第一资源的作用，必须以高质量发展为主线，找准教师队伍建设的突破口和着力点。在教师队伍建设方面，要着力提升教师思想政治素质和师德、师风水平，始终坚持把思想政治和师德师风建设摆在教师队伍建设的首位；提升教师人文素养，引导教师树立政治要强、情怀要深、思维要新、视野要广、自律要严、人格要正的价值取向；增强教师信息化素养，加强教师信息技术应用能力培训，不断提升教师应用信息技术、人工智能等创新教育教学方式的能力。完善教师专业化发展体系和管理体制，推进校长及教师交流轮岗、教师退出机制建设。重点配齐心理教师，配好美育教师，配强体育老师，建设一支专兼职相结合的劳动教育师资队伍。要切实保障教师待遇，全面提升教师岗位吸引力。建立有吸引力和竞争力的教师薪酬制度，不断完善绩效工资分配制度，优化绩效工资结构。只有打造优秀的教师团队，实现义务教育师资供给均衡才能实现义务教育高质量发展的目标。

教育高质量发展要以创新技术为新的发展基础。新科技革命为我国社会发展提供了新的机遇和变革动力。党的十九大报告指出要推动互联网、大数据、人工智能等与实体经济发展的深度融合。2018 年，教育部印发《教育信息化 2.0 行动计划》，引领推动教育信息化转段升级。教育信息化从 1.0 时代走向 2.0 时代，教育信息化 2.0 更聚焦应用层面，尤其关注学校、课堂的实践落实和创新。在基础教育领域，教育部办公厅发布《关于开展人工智能助推教师队伍建设行动试点工作的通知》(2018)，探索教师智能助手应用、教师智能研修、智能教育素养提升、智能帮扶贫困地区教师、教师大数据建设与应用等。区域义务教育信息化 2.0 要更加聚焦在应用层面，尤其关注学校、课堂的实践落实和创新。要将数字教育基础设施建设作为新基建的重要内容，加大投资力度，建设教育专用网络基础设施。开展"数字化校园"建设，为师生提供安全、稳定、高效的信息化服务。义务教育高质量发展要实现教育大数据广泛汇聚、深度融合与创新应用，推动建立大数据支撑下的教育治理与服务新模式。

三、区域义务教育质量评价的现实掣肘

《义务教育质量评价指南》虽然针对当前义务教育发展的关键环节和薄弱之处提出了县域、学校、学生三个层面、十五项重点评价内容及考察要点，为义务教育质量评价提供指引，但区域政府在具体评价过程中依旧面临着政策解读不到位、实施细则难出台、评价工具不科学、评价结果不合理等问题，这也成为影响区域义务教育高质量发展的现实掣肘。

（一）基于区域特质的政策分析研究不足，区域评价实施细则难以出台和落实

笔者在前期对深圳市光明区、佛山市顺德区等地走访调研时发现，许多地区经济发展迅速，综合实力发展走在全国前列，但在义务教育发展方面依旧相对迟缓，与快速的经济发展难以匹配，家长对义务教育质量的满意度亟待提升。虽然《义务教育质量评价指南》的出台一定程度上扭转了各界义务教育质量评价观，为良好义务教育生态的形成提供指引，但在区域具体落实中依旧存在的政策解读不到位，缺乏区域化细则的问题。《义务教育质量评价指南》明确了由学生到学校，再到县域的评价流程，提出了明确的评价导向，强调了区域政府在义务教育质量评价及管理方面的职责。但现实中政府对于

政策的分析和解读并不到位，相关政府工作者每天面临大量的文件，难以深入分析研读，许多地区仅仅是将文件加个"帽子"便下发给教育行政部门或学校，并未起到真正的作用。

各地区尚未形成符合地方发展特点的具体化的义务教育评价的各项指标细则，例如，"双减"政策出台后各地为响应号召纷纷开展了相关活动，但对于具体如何操作，课后服务怎么开展大部分地区缺乏明确指引，调查中部分地区学校课后服务就仅仅是看管活动，既增加了教师的压力，又添加了家长的焦虑，与"双减"本意背道而驰，区域政府对各类学校政策落实的评价仍旧存在"一刀切"的做法，评价标准固定不变，导致小规模薄弱学校难以达到相关要求，政策很难落到实处。

（二）区域教育评价指标权重划分不明确，区域义务教育质量评价指导性不强

《深化新时代教育评价改革总体方案》提出"坚持科学有效，改进结果评价，强化过程评价，探索增值评价，健全综合评价，并且要坚持分类多主体评价。"目前各区域并未对义务教育质量评价指标进行较为明确的细化和权重划分，部分地区每年通过审核学校准备的各项评估材料来对德育工作、学校工作、校园管理等方面工作进行的评价，由于各部分评价内容相对独立，未形成对学校办学的综合化评价体系，家长等社会方面参与度不足，导致最终仍靠学生成绩来反映教师能力和学校办学质量。

部分地区对于学校办学评价结果采用等级评价的形式呈现，评价参考指标体系没有区分学校规模和类型，也未划分指标权重。学生成绩及教师工作的评价也是通过 ABC 等级呈现。这种评价方式导致评价的教育功能和激励功能无法充分发挥，学校将注意力放在了"为等级而评估"上，难以依据自身的发展目标来完善学校内部的教育教学质量保障体系。

（三）教育评价模型工具应用研究不足，区域义务教育质量科学评价难进行

在学校管理与教学改革中，学校需要通过数据说话，以数据为基础促进学校改进，要求运用数据和证据界定问题、分析问题与解决问题[1]。如何将《义务教育质量评价指南》中 36 个关键评价指标及 84 个考察要点转化为具体可用、便于评价和收集的标准化数据指标，成为区域义务教育质量评价面临的一大难题。

目前，对于各区域对于义务教育质量评价模型系统工具的研究尚浅，缺乏数据管理和质量控制的支持系统。现有评价更多是通过专家现场打分或简单的问卷调查来完成，对于问卷数据背后的分析和挖掘不足，影响了评价结果的认可度和信效度，导致区域政府难以履行提高义务教育质量的主体责任。

四、区域义务教育高质量发展评价的突围之路

义务教育质量评价是一项复杂的系统工程，《义务教育质量评价指南》已经明确了

评价内容及评价主体，各区域政府需要在此基础上进一步解决评价实施方法和路径问题，构建科学可行的支持性评价系统，才能使区域义务教育质量评价真正突围，形成义务教育高质量发展体系，推动实现共同富裕。

（一）加强过程性指导，明确区域工作指引方案，保障政策落实

义务教育质量评价的目的是以评促改，以评促建、把质量评价真正转化为全面提升整体发展水平，建设高质量义务教育体系的直接动力。科学的义务教育质量观要从区域义务教育的实际出发，注重评价过程的指导，区域政府要进一步出台符合区域义务教育发展特点的工作指引，并逐步完善改革评价督导体制，加强义务教育发展过程中工作指引和工作评价，在关注结果的同时注意增值性评价，将学校和学生发展过程中产生的"净增长"纳入评价之中，对于存在短板的地方要及时补救。开展分类评价是为了更好地帮助家长、教师、学校形成统一的教育质量评价观，推进家—校—社协同育人，而不是绝对化、形式化的满足外部的排序和分类。各区域政府要明确义务教育督导规定，构建区、县级相关部门和乡、镇（街道）履行教育职责的分级督导机制，不能将评价工作担子压给学校，如在"双减"政策的落实中，除学校外，可以对校外资源进行评估，规范引入第三方教育培训机构，依托"街乡吹哨、部门报到"机制[2]，发挥家庭、社区在校外培训机构治理和课后服务、暑期托管等方面的作用。

（二）细化区域性指标，探究"交互性影响"评价指标，科学开展评价

义务教育质量提升不仅是学校的事情，更涉及多部门间的协作。在指定区域义务教育质量评价指标是除了基本底线指标和关键性因素指标外，还要考虑到交互性影响指标，只有这样教育质量评价才能更好地凸显其价值功能。

基本底线指标是指根据国家政策提出的义务教育质量的保障性指标，如室内安全、班额等。关键因素指标是影响义务教育质量的重要因素，如规范课程教学等。交互性影响指标是指标间非线性关系对义务教育质量带来的影响。可以尝试结合已有指标通过一致度和覆盖度来检验条件变量 X1—Xn 与结果变量 Y 之间隶属关系，进而明确条件变量间的交互性影响。例如，社会满意度是义务教育质量的重要体现，社会满意度往往受到多方面的影响，如教师教学水平、学生学习态度、校园环境、学习氛围等；假设社会满意度高为结果 Y，其余条件分别为教师教学水平高 X1、学生学习态度积极 X2、校园环境良好 X3、学习氛围浓厚 X4，运用公式计算 $Consistency（Xi \leq Yi）=\sum [min（Xi，Yi）]/\sum（Xi）$；$Coverage（Xi \leq Yi）=\sum [min（Xi，Yi）]/\sum（Yi）$ 得到结果为：$Y=X1*X2+X1*X2*X4*（-X3）$ 则可以认为教师教学水平高且学生学习态度积极的时候教育社会满意度较高，当教师教学水平高、学生学习态度积极、学习氛围浓厚的时候，即使校园环境相对较差，社会满意度也是比较高的。可以看出影响义务教育质量的因素不是独立的，是具有非线性复杂关系的，因此探究交互性影响指标对区域义务教育质量的影响是突破区域义务教育质量评价现实掣肘的重要途径。

（三）开发可行性工具，构建区域教育评价模型，凸显评价张力

区域政府可以借助第三方专业团队的力量，在教育管理、教育评价理论及相关政策的支撑下，有效识别影响区域义务教育质量的关键因素，细化区域义务教育质量评价指标，科学合理地划分评价指标权重，构建易理解、易操作的区域义务教育质量评价模型工具。可以依据《义务教育质量评价指南》对县域、学校、学生等方面内容，在现有指标基础上分别细化县域、学校、学生的具体评价指标，设计问卷量表，进行测评和访谈研究。对所收集的数据利用 SPSS 等统计软件进行因子分析和回归分析，筛选出影响区域义务教育质量的基本底线指标和关键因素指标，利用 QCA 等定性比较分析方法对关键因素指标数据进行分析，确定交互性影响指标。通过 AHP 层次分析法及德尔菲法确定指标体系权重，通过 MySQL 等计算机数据库建立数据统计分析模型，开发简单易应用的网页程序。真正解决区域义务教育质量评价难操作、难分析、难预判的难题，帮助区域政府更好地履行"提高义务教育质量"的职责。

参考文献：

[1]中华人民共和国中央人民政府网.中共中央　国务院印发《深化新时代教育评价改革总体方案》[EB/OL].（2020-10-13）[2023-10-18].http://www.gov.cn/zhengce/2020-10/13/content_5551032.htm.

[2]中华人民共和国教育部网.教育部等六部门关于印发《义务教育质量评价指南》的通知[EB/OL].（2021-03-04）[2023-10-20].http//www.moe.gov.cn/srcsite/A06/s3321/202103/t20210317_520238.html.

[3]联合国教科文组织网站.UNESCO declares environmental education must be a core curriculum component by 2025[EB/OL].（2021-05-20）[2023-10-20].https://www.unesco.org/en.

[4]中华人民共和国教育部网.教育部等六部门关于推进教育新型基础设施建设构建高质量教育支撑体系的指导意见[EB/OL].（2021-07-08）[2023-10-21].http://www.moe.gov.cn/srcsite/A16/s3342/202107/t20210720_545783.html.

[5]韩保江.以新发展理念引领高质量发展[J].理论导报，2019（12）：48+50.

[6]赵昌文.深刻认识"我国已进入高质量发展阶段"[N].经济日报，2020-10-21（011）.

[7]田秋生.高质量发展的理论内涵和实践要求[J].山东大学学报（哲学社会科学版），2018（06）：1-8.

[8]潘希武.教育发展的时代内涵：基于资本逻辑超越的视域构造[J].教育学术月刊，2020（7）7：3-7，24.

［9］刘振天. 教育高质量发展的理论基础及其方向引领［J］. 中国高教研究，2022（05）：8-13，33.

［10］管培俊. 建设高质量教育体系是教育强国的奠基工程［J］. 教育研究，2021，42（3）：12-15.

［11］邬志辉，范国睿，李立国，刘振天，王顶明，王传毅，石中英等. 教育高质量发展笔谈［J］. 清华大学教育研究，2022，43（02）：24-39.

［12］柳海民，林丹. 优质均衡：加快义务教育高质量发展［J］. 人民教育，2022（21）：38-40.

建设有利于拔尖创新人才培养的基础教育体系

胡　卫[①]

一、科学认知，走出误区

从基础教育领域来讲，培养拔尖创新人才是在党的二十大报告中提出的，是在我国的外部发展环境变数增多，新一轮的科技革命、产业革命突飞猛进，社会主义强国建设深入推进的大形势下提出的。是在坚持教育优先发展，坚持科技自立自强，坚持人才引领驱动的大战略下提出的。如何建立高质量的基础教育体系，着力造就拔尖创新人才？我认为关键是要在弄清内涵的基础上，坚持基础教育的公平性、全人性，遵循人才培养的规律和常识，全方位深化基础教育体系改革，以更好地适应时代快速变化的需要，努力在激发学生创新潜能和提高学生创新素养上下功夫。

（一）关于创新人才的辨析

我先把创新人才的观念说一下。创新人才培养是一个逐步积累、逐步发展的过程。我们讲主导实施创新实践，并通过创新取得显著社会效益或经济效益的人，都可以被称为创新人才。创新来自社会各个阶层。所有被称为创新人才者，只能是实现创新之后，而不是创新之前，包括有些在校学习的学生，即使他们的学业成绩或者某一方面特别优秀，但若没有创新实践及产生效益的时候，这些优秀的学生便还不是创新人才。

（二）关于拔尖创新人才的辨析

从创新成果的经济价值和社会效益的大小来看，创新可以分为一般创新、重要创新、重大创新等不同等级，相应的创新人才也可以分为不同等级。所谓的"拔尖创新人才"应该是指那些作出非常突出或持续做出重要创新贡献的人才。没有作出重大创新成果的人才，不宜被称为拔尖创新人才。重大创新人才基本上都有国际影响力，中国在这方面尽管没有很明确的界定，但是若他的成果受到国家的表彰，产生很重要的经济效应，得到一定的市场认可，则可以称为拔尖创新人才。

（三）实践中的误区

实践当中的误区主要在我国基础教育阶段，创新人才的培养方面有一种普遍的做法，

---

① 胡卫，中国教育发展战略学会学术委员、上海市人民政府参事、研究员。

就是通过考试和竞争来进行掐尖，并将这些高分的学生集中在一起进行超强、超前的学习，但都不成功。关于拔尖创新人才的形成，我们做过一个调研，发现科研类的创新人才和学科竞赛类的人才在行为模式、人格特征、负反馈和困惑以及成长表现等方面有很明显的差异。所以我们认为把单一类型的学霸集中到一起进行超前、超强度、超难度的学习，除了能够增强他们的认知水平和提高他们学习分数以外，并不能有效激发他们的创新能力。所以我认为创新能力的培养需要一个多样化的生态，只有通过不同类型伙伴的激发，才能逐步实现。

二、突出全人，注重全面

要培养拔尖创新人才，前提是要关注每一个鲜活生命的不同特点，尊重个性、挖掘潜能，通过德智体美劳全面教育，促进每个学生全面而有个性的发展。

德智体美劳各育并举，互相联通、互为载体、循环赋能，不仅有助于增进学生知识、技能等基础认知能力，而且有利于增强学生意志力、思维力、高感性、责任感等非认知能力的培养。针对创新人才的培养，在五育并举上并非就是简单地均衡用力，而是要创造条件，着力为有特殊创新发展潜能的学生，提供有针对性、时效性且能有效激发其创新潜能的个性化培养方案。

（一）学校德育不能搞简单的价值灌输

德育应该开发有效载体，通过情景创设、角色体验、两难问题讨论、社会实践与参政议政，把学生的道德认知和道德情感，包括态度与行为培养有机结合起来，提高学生的道德判断能力，培养学生公德心、责任心、同情心等品质。既能"独善其身"，又有"兼济天下"的抱负。另外，德育还要注意避免公德和私德混淆。

（二）学校美育不能只是进行简单的艺术知识和技能学习传授

除了德育以外，美育也很重要。美育不是知识灌输，不是技能灌输，重点是培养学生的审美能力。例如，美术艺术有很重要的一条，它是直观的、非线性的。进入艺术思维就等于进入了一个创造的实验室，所以艺术和创造有着异曲同工之妙。一方面我们要通过艺术教育，着力提升学生的文化理解、审美能力，从而陶冶情操、温润心灵；另一方面我们要通过艺术教育培养学生的创新和创造能力，将艺术教育作为美育的主载体和主阵地，坚持以美育人，以美化人，以美培元。

（三）学校体育的目的不能视同为竞技比赛

体育对于学生而言也是很重要的。学校的体育不等同于竞技体育，而是要以强身健体为目标，要让学生在体育锻炼中享受乐趣，增强体质，健全人格，磨炼意志，学习包容，学会合作，学会承担责任，更重要的是面对失败和挫折，学会从冲突当中解决问题，实现体育的育智和育心功能。

（四）劳动教育的内涵不能窄化

中国传统教育重脑力劳动，轻体力劳动，"心手分离""手脑分离""道义分离"，是中国传统教育哲学的产物。所以要解决这个问题，应该特别重视引导学生在系统学习文化知识之外，有目的、有计划地参加体力劳动，包括日常生活劳动、生产劳动和服务性劳动，培养学生正确劳动价值观和良好劳动品质。

第一要做到针对不同学段、类型和学生特点，循序渐进；第二要适应科技发展与产业变革，针对劳动形态变化，注重新知识、新技术、新工艺、新方法应用；第三要加强劳动教育和职业教育的融合，做到"职普融通"，把职业教育看做劳动教育的专业版；第四要重视学生在劳动教育过程中对所学知识的领悟和运用，努力做到学以致用、学用结合。

三、适应变化，完善体系

（一）打造自主可选择的教育生态

当前科学技术日新月异，重构创新版图，推动产业转型升级，创新人才培养也一定要顺应时代变化。要打造自主可选择的教育生态。现在我们的教育有一个很重要的问题就是学生知识面太窄，课本是学生的全部世界。所以现在要重视拓展学生的知识面，让学生有更多自主选择的空间。学校和政府部门要创造良好的教育生态，突破一刀切、一律化的课程模式，强化专业能力的个性化培养和自主化发展。

我们要致力于改变学生被动学习的课堂教学模式，确立以学生为中心的新样态。老师要退出教学主导地位，全面推动学生自主学习。老师不再单纯传授知识，而是要指导和帮助学生们自主学习。重点培养学生的阅读、讨论、写作与演讲能力。这是创新能力的重要体现。

（二）培养沟通合作的能力

美国历史学家史蒂夫·约翰逊写了一本书叫《伟大创意的诞生》，他调查了600年内的200位拔尖创新人才，最后总结出两个特点，一是现代社会的大部分创新，都是集体智慧的产物；二是基于公益的创新，日渐成为主流。

正因为如此，人类社会由少数天才单打独斗情况正变得越来越罕见，所以今天的教育更要重视培养学生的沟通能力、合作与信息能力，以及公民、全球与跨文化意识，这也是拔尖创新人才必不可少的品质。

（三）重视跨学科学习和考试评价改革

我们要重视跨学科学习和考试评价改革。现在中国教育注重的是分科教学，注重的是知识记忆。而且过度向知识的深度和难度去挖掘。另外，中国教育片面强调知识系统性和全面性，导致学生在基础知识的学习上花了太多时间和精力，远远超过欧美国家的学生。

我认为，一是要更加强调不同学科之间的关联。通过跨学科的主题学习、项目学习等形式，拓展学生知识面，强化学生自主发展，夯实学生理工科方面的基础以及交叉和复合专业能力，增强跨学科和学科综合思维能力。二是要切实深化教育评价改革。改进结果评价，强化过程评价，探索增值评价，健全综合评价，从根本上打破"以分取人，分分计较"的局面。

（四）重视在科学教育中强化实证能力的培养

现在，云计算、大数据、人工智能、物联网、区块链等数字技术创新活跃，数据的价值日益凸现。如果说过去是研究产生数据，那么现在则是数据产生数据。广大中小学要依托各种平台条件，汇集和应用多数据源的数据信息，并结合科学教学，引导学生通过实地调研和案例分析等手段，进一步对多源数据信息加以提炼和验证，以实现基于系统数据的实证分析、实地调研和专家研讨相互印证。不难发现，实证研究是对学生的科学研究精神、发现问题、解决问题能力、创新能力素质的考验，需要从小加以培养。

（五）坚持走校企合作、产学研一体化道路

在拔尖创新人才的培养上，除了政府部门要高度重视，并切实加大对学校科学教育的支持力度外，还要鼓励企业发挥自身资源优势，参与学校人才的培养。包括教材、课程，双师型教师队伍建设，实习实训基地建设等，这是因为企业对科技创新最了解、最敏感，需求也最为迫切。尤其要创造条件，引导学生深入到企业，在"闻得见硝烟，听得见枪声，看得见战场"的地方去学习、实习和见习。

（六）推动人工智能与教育深度融合

目前最新版 ChatGPT 横空出世，对教育产生了很强的冲击。AI 将从目前扮演的老师助手的角色转变为学生的"虚拟老师"，孩子完全可以利用 ChatGPT 工具，做一个属于自己的个性化的学习工具，从而极大地促进学生个性化学习和高质量学习，成为推动教育公平、实现教育优质均衡发展的"新装备"。所以随着新一代人工智能的高速发展，积极推动人工智能与教育深度融合势在必行、刻不容缓。让教育理念的变革、教育方式与内容的创新成为必须。这不仅仅关乎就业的问题，更重要的是影响到下一代的发展。

四、兼顾特殊，全程护航

我们的教育要做到兼顾特殊、全程护航。从中小学尤其是在高中开始，学校和政府相关部门对某一方面有特殊爱好和超常才能的学生，要开启护航模式，突破标准化评价框架，不受既定课程方案和课程标准的约束，采取特殊的选拔以及培养方式，以充分激发其创新潜能。

五、总结

从整个社会来说，造就拔尖创新人才是党之大计、国之大计。而从学校角度来说，迫切需要统筹考虑各方面因素，坚持破立结合，建立健全更加完善的"教育生态系统"，为实现拔尖创新人才脱颖而出打造更好的平台、更宽的路径。

以普通高中高质量发展助力教育强国建设[①]

安雪慧[②]

随着全国县域义务教育基本均衡发展目标的全面实现，如何进一步普及高中阶段教育、优化教育资源配置、提升高中教育质量，成为下一阶段我国加快建设高质量教育体系的战略重点。2022 年，我国高中阶段毛入学率为 91.6%，新增劳动力平均受教育年限为 14 年，意味着新增劳动力受教育水平已经达到高中阶段以上教育水平，高中教育贡献显著。近日，教育部等三部门印发《关于实施新时代基础教育扩优提质行动计划的意见》（教基〔2023〕4 号）（以下简称《扩优提质计划》），强调要进一步优化普通高中教育资源供给及配置，扩大优质资源供给，推进普通高中内涵建设。

一、适应区域人口变动趋势，完善学位供给动态调整机制

学龄人口规模是优化教育资源配置的前提和基础。近年来，我国学龄人口呈现新态势。一是总和生育率下降。"七普"数据显示，2020 年人口总和生育率为 1.3，达到极低水平。生育率下降，意味着现有学校学位供给存量与未来学龄人口就学学位需求之间的动态平衡改变。各地要根据人口变动趋势有针对性地新建普通高中学校。二是人口流动率高。"七普"数据显示，我国流动人口仍处于高速增长态势，其中城乡人口流动仍是城镇化发展的主要动力。2020 年我国流动人口达 3.76 亿。从流动区域看，省内流动人口占流动人口总数的 66.78%，即大约三分之二的流动人口是在省内近距离流动。《扩优提质计划》提出建立城乡学位供给调整机制，就是要求各地根据区域人口结构变化新趋势，统筹考虑学龄人口变化与学位存量供给之间的平衡，建立学位动态调整机制，这对各地统筹规划普通高中学校建设提出了新要求，意味着既要能够提供充足学位，又不能"一哄而上"建设新学校，避免未来学校"一生"难求的情况发生。因此，有些区域要新建普通高中学校，有些区域则要在原有高中学校建设基础上优化学校布局、改扩建学校、扩大优质学校教育资源供给。同时，《扩优提质计划》还提出要因地制宜推进职普协调发

① 本文系中国教育科学研究院中央级公益性科研 院所基本科研业务费专项资助课题"区域优质教育 生态指标体系构建研究（GYB2022006）"的研究成果。
② 安雪慧，中国教育科学研究院区域教育研究所所长、研究员，中国教育发展战略学会学术委员。

展新要求和人民群众愿望，新建和改扩建一批优质普通高中。这就要求各省（区、市）在统筹规划省域内普通高中学校的布局建设中，充分考虑到人民群众的就学愿望和区域经济产业结构需要，因地制宜统筹设定普职比，支持县域行政区特别是没有配建普通高中的县域新建和改扩建一批优质普通高中，办好人民满意的教育。有些人口缩减明显、校舍开始呈现富余的区域，可探索推进提高普通高中班额设置标准，探索小班教学，适应新课程的改革需要，提高课堂教学质量。

二、适应新型城镇化发展要求，加强县中标准化建设

党的二十大报告提出深入实施新型城镇化战略。新型城镇化战略的核心是推进以人为核心的新型城镇化，其中县域高中的质量很大程度上决定了县域人口促进新型城镇化的水平和质量。数据表明，县域高中占普通高中学校一半，在校生占一半以上，是县域教育的龙头。"七普"数据显示，全国人口中 15 岁及以上人口的平均受教育年限为 9.91 年，其中 9 年以下的省份有 4 个（青海、云南、贵州、西藏），均为欠发达地区。根据"七普"数据测算，2020 年城市、镇、乡村 15—19 岁（不含 15 岁、19 岁）人口中高中及以上学历的占比分别为 83%、78% 和 52%。国家经济社会发展规划明确提出"十四五"时期要将劳动年龄人口平均受教育年限提高到 11.3 年，即劳动年龄人口平均受教育水平达到高中阶段二年级以上。由此看来，县域普通高中是培养区域新型劳动力和人才的基础路径。有了这些新型劳动力，才能有效促进城乡劳动力要素的充分流动及优化配置，推进农村人口就地就近城镇化。从一些县域的调研看，一些县域人口、劳动力流失严重的重要原因之一是县中办学条件差、质量不高，毕业生既升不了大学，也缺乏就业的基本知识和技能，导致区域缺乏适应产业发展和创新的劳动力，影响区域经济发展和产业转型升级。《扩优提质计划》提出"加强县中标准化建设"，就是要确保每一所县域普通高中都达到建设标准，重点改善办学条件，补齐区域普通高中发展短板，整体提升县中办学质量。《扩优提质计划》要求各地实施本地县中标准化建设工程，因此省级和市级政府要加大经费保障统筹力度，重点解决县中建设不达标、资源配置不达标等突出问题，为县中教育高质量发展奠定办学基础。中央财政继续实施支持计划，支持激励各地提升县中投入保障，重点支持薄弱区域提高县中办学条件，加快推进县中标准化建设，提升区域基本公共教育服务水平和能力。教师是建设高质量教育体系的基础支撑。根据《扩优提质计划》，要推动建立新招聘教师在办学水平较高学校的跟岗实习制度，让新教师能够快速成长，适应县中高质量教育教学要求。各地各校要结合教师成长规律和各地实际，做好相应培养规划，探索建立适合新教师成长的跟岗实习制度和专业成长路径。

三、深化区域协调发展机制，扩大优质高中教育资源

《扩优提质计划》明确提出在区域内可通过集团化办学和城乡结对帮扶等方式扩大区域内优质普通高中教育资源。集团化办学的本质是兼顾集团成员校的共同意愿，将若干所学校组成发展共同体的办学模式。一种常见的集团化办学模式。以一所优质学校带动若干所薄弱学校，在教育理念、学校管理、教师管理、教育教学、教研活动等方面发展提升，把每一所学校都办成社会认可度较高的普通高中，整体扩大优质教育资源覆盖面。这种模式不是简单的复制和覆盖，而是要结合每所学校的实际情况制订相应的实施方案。这种模式还要确保每所学校拥有充分的自主权，否则可能会出现集团学校"一面化"现象。另一种是共建式的集团化办学模式。区域内如果没有特别成熟的优质学校，地方还可探索不同普通高中结合各校的优势特色（包括课程资源）成为牵头校，建立优质资源共享共建共创的办学模式，带动每一所学校扩大优质资源领域，整体扩大区域优质资源供给面。这种共建式的集团化办学对区域教育管理、学校管理水平和能力提出了新要求，各地必须因地制宜、因校制宜，研究制订适宜方案，强化资源统筹，不能让学校简单抱团发展。

由于多种原因，一些区域特别是特殊类型地区普通高中发展基础薄弱，发展和改革动力不足，通过区域间协同发展可以带动薄弱区域的普通高中改革发展，既可以实现原有优质高中资源的扩展，又可以带动薄弱县中改革发展，加快提升整体办学水平和质量。在区域帮扶模式中，除了按照国家对口支援关系和部属高校的托管外，各地也要组织有条件的地方高校和城区优质普通高中开展县中托管帮扶工作。近年来，我国脱贫攻坚期间的教育帮扶案例为区域协同机制的完善提供了丰富经验。未来区域间的结对帮扶、组团帮扶要从资源帮扶向能力建设转化，注重加强提升帮扶薄弱县中的基本发展能力，激发内生动力，只有这样的帮扶才可持续、深化，才能为区域社会经济发展提供有力的人才支撑。

四、推动学校多样化发展，满足人才培养需要

普通高中教育不同于义务教育，承担着升学、成人、成才等多方面功能。《扩优提质计划》明确提出要"推动普通高中多样化发展"，以满足不同学生的发展需要。各地要推动普通高中多样化发展，建设一批具有科技、人文、外语、体育、艺术等方面特色的普通高中，积极发展综合高中。从当前特色普通高中建设情况来看，以科技、人文、外语、体育和艺术为特色的学科高中，是比较普遍的建设模式，其中外语、体育和艺术高中发展相对成熟一些。综合高中是将普通高中与职业教育（体验、实践）结合起来，实现职普融通教育，但从各地探索情况来看，综合高中建设仍面临着不少困难和问题，比

如职业教育内容单一、与区域产业结合不紧密、课程方案不适应学生需要等，存在形式化问题。

普通高中多样化发展，要统筹优化资源配置。一是统筹引导、支持建设好市域内各类学校。有些县域普通高中少，多样化发展存在一些困难。各地要结合自身的优势特色和资源优势建设特色高中，不能盲目建设，可率先在有基础的学校、学科进行试点，再逐步推开。二是统筹支持多样化课程建设。高中学校多样化发展不仅体现在类型上，更在课程建设上。各地各校要在开齐开好必修课程基础上，结合学生特长优势和发展需要，提供分层分类、丰富多样的选修课程。有些课程可探索学校间的共建共享机制，实现区域内多样化课程及相应教研教学丰富供给。这就要求市域层面根据区域优势、禀赋条件，统筹推动各校在发展要素上优势互补，让各类优质教育教学要素充分发挥，最终实现各校共同高质量发展。三是充分利用好评价考试政策。各地要探索实施分类评价制度，对普通高中学校的评价要与高中多样化发展目标结合起来，避免对所有高中用一把尺子衡量。随着职教高考改革，也为综合高中的发展提供了多种可能，如职业人才的贯通培养等。

五、深化育人方式改革，促进学生全面发展

《扩优提质计划》明确提出要"实施素质教育提升行动，促进学生全面发展"。课程是落实素质教育的重要载体。各地各校要加强对普通高中课程方案实施的领导和管理，制定课程实施规划，全面落实普通高中课程标准，开齐开好国家课程。在学科教学上注重初高中学段的有效衔接，加强贯通教学。深化相关学科课程内容的有效融合，实现综合育人。加强高中科技教育，强化实验教学，激发学生科学探究兴趣，促进学生自主、合作和探究学习，提升学生探究和解决问题的能力。加强高中学校与普通高校协同育人，鼓励有条件的高校相关重点实验室、职业院校实训室向普通高中开放，鼓励联合开课，探索拔尖创新人才的早期发现和培养机制。各地各校要按照高中学校建设标准和课程方案，加强实验室建设，丰富各学科教育装备资源。

各地中考由省级统一命题，对普通高中学校的教研提出了新要求，各地各级教研部门要对本省中高考、课程改革进行专门研究，推动区域和学校校本教研常态化，加强教研队伍建设，让普通高中教师尽快适应新考试和评价模式，调整教育教学方案，并将新要求与区域学校及学生特点紧密结合起来，满足学生成人成才需要。教研部门特别是市域层面要主动深入县中，开展针对性教育教学研究与指导，协助提升县中学校教研能力，鼓励跨区域教研和网络教研。各地要深化普通高中招生制度改革，实现属地招生和公民同招，坚决杜绝违规跨区域掐尖招生，积极营造良好教育生态。各地各校要将综合素质评价作为学生高中毕业的重要参考，完善学生综合素质档案，为高校招生录取参考提供

重要支撑。在信息技术支撑综合素质评价试点基础上，充分用好数字化平台，对学生成长过程进行科学分析，及时诊断和改进教育教学，增强评价有效性，以评价改革牵引德智体美劳五育融合，努力培养全面发展的社会主义建设者和接班人。同时，随着高等教育分类发展体系的建立，普通高校、职业院校（本专科）的录取标准也要进一步优化，将出口和入口多元化结合好，为学生成长发展提供多种可能性。

中小学教师有效课堂教学行为指标研究①

秦建平　李迎春　景　友　彭　颖②

摘　要：通过对六个国家教师专业标准、优秀教师标准、杰出教师标准共同要素分析，提取 25 个课堂教学行为指标，建立预设框架，编制教师教学行为调查问卷，运用因素分析方法对 580 名初中教师进行实证调查。分析发现，教师有效课堂教学行为可以分为基于学情的教学准备与设计、聚焦目标的教学实施、营造课堂环境引导学生学习等三大因素，共提炼出 17 个关键行为变量。在此基础上，利用教师教学行为调查问卷，再对 472 名小学教师进行验证检验后发现，这些行为指标能够有效区分教学成绩好与差的教师，能够区分非优秀教师、优秀教师和特级教师。有效课堂教学行为指标对于指导教师的课堂教学实践、提升教学质量、增强教师专业素养有重要价值。

关键词：中小学教师；课堂教学；有效课堂教学行为指标

一、中小学教师教学行为研究概述

国际上从理论研究到学校教学实践领域，人们都十分关心教师什么样的教学行为才是最有效的。从 19 世纪末开始的优秀教师人格特征研究，一直到 20 世纪 70 年代的有效教师特征研究，研究者们通过采用观察法、调查法等，调查各类人员对优秀教师品质的意见和看法，试图获得社会所公认的一套好教师的标准。1915 年，有学者根据此类研究结果，制定了第一个教师特征量表，以此衡量教师教学的表现，在当时对教师教育决策产生了很大影响。[1]20 世纪 70 年代初，国外已有多项教师教学有效性方面的研究，这些研究给出了优秀教师具有的身心特征或人格品质等众多信息。[2]国内相关研究也发现，运

---

① 本文系全国教育科学"十三五"规划教育部重点课题"卓越教师关键特质和高绩效行为标准的实证研究"（DHA190372）的研究成果。

② 秦建平，北京师范大学系统科学学院教育规划与教育治理研究中心执行主任，研究员，中国教育发展战略学会区域教育专业委员会学术委员，研究方向：教师专业水平测评、教育发展规划研究；李迎春，北京师范大学系统科学学院教育规划与教育治理研究中心副主任，副研究员，主要从事教师专业发展评价、教学质量提升研究；景友，北京实证优师教育研究院技术员，研究方向：教育质量评价研究；彭颖，华南师范大学心理学院硕士研究生，研究方向：教育质量评价研究。

用卡特尔 16PF 测评结果，在乐群性、聪慧性、情绪稳定性、责任心、沉着自信、进取创新、心平气和、自律严谨等人格特质方面，有教学成就的教师显著优于普通教师，[3] 这些人格品质成为有效教师的典型性格特征。这类研究虽然形成了有效教师必备的条件，得到了区分高低效能教师的特征等一致性强、公认度较高的结论，但并未具体回答教师的特征或个人品质与其教学行为表现或学生学习成绩之间的关系。

1963 年，Gage 采用观察程序客观记录教师课堂教学行为表现，该方法为教师教学有效性研究开辟了一条新途径。[1] 教师的课堂教学行为研究逐渐发展成为当代欧美有效教学和教师专业发展研究的主流，部分教育行政部门甚至将校长关注和能否有效引导教师关注教学作为判断其管理行为是否有效的一个行动指标。进入 21 世纪后，美国、英国、法国、日本均制定了教师特征、教学行为标准，重点关注学生学习成果的综合性教师专业标准或评价体系。[4] 美国著名教师评价专家诺兰和胡佛认为，高质量教师督导评价体系的一个显著特征就是有一个清楚的、直接的、描述合格教师课堂教学行为的指标。[5] 英国的教师专业标准也放弃了旧有的专业素养框架，用全新的杰出教师标准取而代之。杰出教师标准申请者不设置年龄、教龄和职级限制，不限于特定教师标准的角色、职责描述，而是较多地使用形容词和动词以连贯、清晰地描述教师课堂教学行为的特点。我国学者张娜等以 8 名卓越幼儿园教师的教学视频作为观察对象，采用自编幼儿园教师课堂教学行为分析框架，对卓越幼儿园教师的教学行为特征进行了编码分析，结果发现卓越幼儿园教师善于传递积极的教师期望以增强幼儿学习效能，形成恰当的教学张力以保证幼儿真实参与，实施高效的深度教学以发展幼儿高阶思维。[6]

教师课堂教学行为的研究已成为一种趋势。笔者拟对中小学教师的课堂教学行为进行分析，以寻找直接影响学生学习成绩的最有效的教学行为，进而识别教师课堂教学行为的有效性，判断教师的专业技能，改善教师的课堂教学。

二、中小学教师课堂教学行为指标选取与框架搭建

为了研究并提炼中小学教师有效课堂教学行为指标，课题组首先对中国、美国、英国、澳大利亚、日本、法国 6 个国家的教师专业发展标准、优秀教师标准或者教师评价指标进行了共同要素分析，提炼出 6 个国家都共同关注的教师行为指标。再遵循教师工作场景的真实性和课题组调研情况，选取与教师课堂教学行为直接相关的指标，最终搭建"教师有效课堂教学行为指标预设框架"（见图 1）。

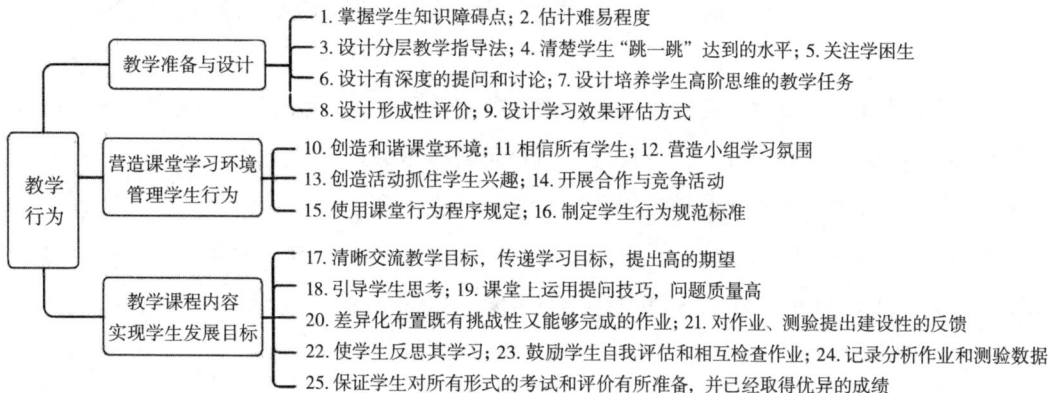

图1 教师有效课堂教学行为指标预设框架

6个国家的相关文件包括：中国的全国优秀教师评选条件以及《特级教师评选规定》《小学教师专业标准（试行）》《中学教师专业标准（试行）》；美国教师专业教学标准委员会（NBPTS）开发的优秀教师专业标准、夏洛特·丹尼尔森研制的《专业实践构成框架》在宾夕法尼亚州运用的评价指标；英国2012年版中小学教师专业标准和杰出教师标准；澳大利亚2011年修订的《澳大利亚国家教师专业发展标准》；日本"新教师评价"优秀等级的标准；法国教育部2013年出台的教师专业能力标准。

遵循教师工作场景的真实性，按照"教学准备与设计→营造课堂学习环境/管理学生行为→教学课程内容/实现学生发展目标→承担专业责任/追求专业发展"的实践顺序，课题组共寻找到26个教师有效教学或优秀教师行为群，保留共性率在50%以上的25个行为群。进一步合并相似的同类项，整合相关表述后，最终得到22个行为群约100条关键行为特征，[7]并从中选取与教师有效课堂教学行为直接相关的指标。

自2019年以来，课题组在上海市，四川省成都市、达州市，新疆维吾尔自治区博乐市，陕西省西安市等地的中小学课堂教学改革实验点对教师的课堂教学行为进行了深入的观察，并总结出了一系列被认为是卓有成效的课堂教学行为。我们将这些课堂教学行为与所选取的22个行为群及关键行为进行有效整合，并改造了相关表述后，形成了更适合我国中小学教师课堂教学实际的25个指标，组成了"教师有效课堂教学行为指标预设框架"。

三、中小学教师有效课堂教学行为指标的探索性因素分析

根据"教师有效课堂教学行为指标预设框架"，将图1中反映的教师有效课堂教学行为的25个指标转化为调查问卷，对580名初中教师进行了测量。其中，特级教师1名，

优秀教师 181 名，非优秀教师 398 名；[①] 语文教师 192 名，数学教师 198 名，英语教师 190 名。[②]

问卷采用 4 点计分法，高分代表教师课堂教学行为非常符合题目描述。使用 SPSS25.0 对数据进行探索性因素分析，结果表明，KMO 值等于 0.982，因子分析效度好；巴特利特球形检验中 P<0.05，变量间有较强相关，因此做因子分析有意义。

运用主成分分析法，提取了两个公因子，前两个公因子的累计方差贡献率已达 82.7%：因子 1 在第 6—25 题这 20 个变量上有较大载荷；因子 2 在第 1、3、4、5 题这 5 个变量上有较大载荷。

运用第二次探索性因素分析再次优化后，用主成分法抽取因子，因子分析以特征值大于 0.5 为因子抽取的基本原则，辅之以总解释率和陡阶检验，淘汰了 8 个题目，最终得到 17 个题目，抽取的 3 个因子，可解释的方差累积贡献率从第一次的 82.7%，提升到了 85.3%。

表 1 的因素载荷情况表明，每个观测指标为相应的潜变量的解释率较高，因子载荷都大于 0.8，题目的因子载荷全部达到优秀水平。[8] 因子 1 为基于学情的教学准备与设计，由题目 1、2、3、4、5 所表达的教学行为构成；因子 2 为聚焦目标的教学实施，由题目 8、9、24、25 所表达的教学行为构成；因子 3 为营造课堂环境引导学生学习，由题目 10、11、12、13、15、16、17、19 所表达的教学行为构成。

表 1　教师有效课堂教学行为因子分析的因素载荷

	因子 1		因子 2		因子 3	
	项目	载荷	项目	载荷	项目	载荷
课堂教学行为	1	0.886	8	0.902	10	0.918
	2	0.909	9	0.858	11	0.925
	3	0.916	24	0.887	12	0.929
	4	0.832	25	0.893	13	0.922
	5	0.829	—	—	15	0.930
	—	—	—	—	16	0.908
	—	—	—	—	17	0.919
	—	—	—	—	19	0.918

---

① 优秀教师是指调查对象中被评为学校、区县、市、省、全国各级优秀教师的教师，非优秀教师就是没有被评为优秀教师的教师，特级教师就是被评为特级教师的教师。

② 由于课题组开展调查所在地的教育质量监测只监测了语文、数学、英语三个学科，因此本文只对这三科教师进行调查。

四、中小学教师有效课堂教学行为指标的验证性因素分析与指标的结构效度

在探索性因素分析基础上，课题组使用教师课堂教学行为问卷再次对 472 名小学教师进行调查。其中，特级教师 1 名，优秀教师 245 名，非优秀教师 226 名；语文教师 201 名，数学教师 192 名，英语教师 79 名。

通过 AMOS 软件检验模型的各拟合指数，由表 2 可知，除 RMSEA 外，NFI、TLI、CFI 等指标达到可接受的水平，模型拟合效果较好，说明具有较好的结构效度。

表 2　模型拟合指数

χ^2	df	χ^2/df	RMSEA	NFI	TLI	CFI	GFI
855.774	116	7.377	0.105	0.938	0.937	0.946	0.842

五、中小学教师有效课堂教学行为指标的信度和效标关联效度

（一）信度检验

由表 3 可知，教师教学行为测验每个因子的内部一致性系数都大于 0.9，全卷的内部一致性系数高达 0.982，信度非常好，说明用该问卷诊断教师的课堂教学行为符合有效的行为标准，其结果的可靠性很高。

表 3　教师有效课堂教学行为测验的内部一致性系数

信度	因子 1	因子 2	因子 3	全卷
内部一致性系数	0.940	0.935	0.978	0.982

（二）题目的鉴别力

将问卷每个题得分率前 25% 的初中教师和后 25% 的初中教师比较，计算每道题对初中教师的区分度，并考察调查题目整卷得分率高、低两个组别教师已经取得的教学成绩，以此检验课堂教学行为指标的效标关联效度。从表 4 可见，17 道题目对初中教师的区分度都在 0.3 以上，均属于良好水平。其中，第 4 题达到 0.4，属于区分度优秀。每道题目反映出来的两个组别的初中教师课堂教学行为的差异对教学成绩都有显著差异。初中语文的成绩差异集中在 5 分左右，初中数学的成绩差异集中在 13 分左右，初中英语的成绩差异集中在 4 分左右。而第 24 题所代表的教师课堂教学行为，对初中语文、数学、英语三门学科教学成绩造成的差异最大，分别差 14 分、28 分、12 分；第 4 题所代表的教师课堂教学行为，对初中语文、数学、英语的成绩分别造成了 5 分、12 分、6 分的差异；第 1 题所代表的教师课堂教学行为，对初中语文、数学、英语的成绩

分别造成了 10 分、15 分、4 分的差异。说明这 3 道题目所代表的课堂教学行为能够很好地区分初中教师教学成绩的优劣。

表 4　有效课堂教学行为测验各指标对初中教师的鉴别力差异

题目	PH	PL	D	初中语文成绩			初中数学成绩			初中英语成绩		
				PH 组	PL 组	差异	PH 组	PL 组	差异	PH 组	PL 组	差异
1	1.0	0.66	0.34	99	89	10	106	91	15	92	88	4
2	1.0	0.65	0.35	99	94	5	106	88	18	92	86	6
3	1.0	0.67	0.33	98	92	6	106	93	13	92	83	9
4	1.0	0.60	0.4	98	93	5	106	94	12	92	86	6
5	1.0	0.63	0.37	99	94	5	106	101	5	92	89	3
8	1.0	0.67	0.33	99	94	5	106	98	8	92	88	4
9	1.0	0.63	0.37	99	94	5	106	95	11	92	88	4
24	1.0	0.67	0.33	99	85	14	106	78	28	92	80	12
25	1.0	0.68	0.32	99	95	4	106	100	6	92	87	5
10	1.0	0.69	0.31	99	96	3	106	101	5	92	89	3
11	1.0	0.70	0.30	99	94	5	106	98	8	92	89	3
12	1.0	0.70	0.30	99	96	3	106	98	8	92	88	4
13	1.0	0.69	0.31	99	94	5	106	101	5	92	88	4
15	1.0	0.69	0.31	99	94	5	106	99.5	6.5	92	87	5
16	1.0	0.68	0.32	99	94	5	106	98	8	92	88	4
17	1.0	0.70	0.30	99	92	7	106	101	5	92	88	4
19	1.0	0.68	0.32	99	93	6	106	101	5	92	87	5

　　注：PH 为高分组的得分率（得分前 25% 的教师得分率），PL 为低分组的得分率（得分后 25% 的教师得分率），D 为题目的鉴别力指数。下表同。

　　将问卷用于小学教师调查，考察问卷对小学教师课堂教学行为优劣的甄别能力，进一步检验课堂教学行为指标的效标关联效度。在调查的 472 名小学教师中，将问卷每道题得分率前 25% 的小学教师和后 25% 的小学教师比较，计算每个题对小学教师的区分度，并考察题目问卷得分率高、低两个组别教师的教学成绩。从表 5 可知，17 个题目对小学教师的区分度都在 0.2 以上，接近 0.3，均属于合格水平。每道题目反映出来的两个组别的小学教师课堂教学行为差异对教学成绩造成了显著的差异。小学语文的成绩差异集中在 3.5 分左右，小学数学的成绩差异集中在 8 分左右，小学英语的成绩差异集中在 25 分左右。说明问卷题目所代表的教学行为，能够较好地区分小学教师课堂教学效果的优劣。

表5　有效课堂教学行为测验各指标对小学教师的鉴别力

题目	PH	PL	D	小学语文成绩			小学数学成绩			小学英语成绩		
				PH组	PL组	差异	PH组	PL组	差异	PH组	PL组	差异
1	1.0	0.72	0.28	88.6	85.5	3.1	90	81	9	76	51	25
2	1.0	0.71	0.29	88.6	85.2	3.4	90	81	9	76	49	27
3	1.0	0.73	0.27	88.6	85.6	3.0	90	82	8	76	52	24
4	1.0	0.70	0.30	88.6	84.6	4.0	90	82	8	76	51	25
5	1.0	0.73	0.27	88.6	85.4	3.2	90	82	8	76	53	23
8	1.0	0.74	0.26	88.6	85.6	3.0	90	82	8	76	53	23
9	1.0	0.71	0.29	88.6	85.4	3.2	90	80	10	76	50	26
24	1.0	0.71	0.29	88.6	85.5	3.1	90	81	9	76	51	25
25	1.0	0.71	0.29	88.6	84.4	4.2	90	82	8	76	52	24
10	1.0	0.74	0.26	88.6	85.4	3.2	90	82	8	76	52	24
11	1.0	0.74	0.26	88.6	84.5	4.1	90	82	8	76	52	24
12	1.0	0.74	0.26	88.6	84.9	3.9	90	82	8	76	52	24
13	1.0	0.74	0.26	88.6	85.5	3.1	90	82	8	76	51	25
15	1.0	0.74	0.26	88.6	85	3.6	90	82	8	76	51	25
16	1.0	0.73	0.27	88.6	84.7	3.9	90	82	8	76	51	25
17	1.0	0.74	0.26	88.6	84.5	4.1	90	82	8	76	52	24
19	1.0	0.73	0.27	88.6	84.9	3.7	90	81	9	76	51	25

（三）全卷的区分度

用区分法来估计问卷的效标效度。如表6所示，问卷对小学、初中教师的全卷区分度为0.33、0.27。问卷得分高分组（前25%）和问卷得分低分组（后25%），对小学、初中语文成绩的差异分别都是4分，对小学数学成绩的差异是10分，对初中数学成绩的差异是13分，对小学英语成绩的差异是25.8分，对初中英语成绩的差异是8.3分。

表6　问卷全卷对小学、初中教师有效课堂教学行为的区分度

教师类别	PH	PL	D	语文成绩			数学成绩			英语成绩		
				PH组	PL组	差异	PH组	PL组	差异	PH组	PL组	差异
小学教师	1.0	0.67	0.33	89	85	4	90	80	10	75.9	50.1	25.8
初中教师	1.0	0.73	0.27	99	95	4	106	93	13	92.4	84.1	8.3

从表7可知，小学和初中非优秀教师、优秀教师、特级教师在问卷上的得分率差异显著。这说明问卷能够较好地把非优秀教师、优秀教师、特级教师区别开来，再次检验了有效课堂教学行为指标的效标关联效度。

表 7　不同荣誉的中小学教师问卷得分率

教学荣誉	小学教师得分率（%）	初中教师得分率（%）
非优秀教师	86.40	81.40
优秀教师	90.63 *	87.74 *
特级教师	96.00 *	100.00 **

注：* P<0.05，** P<0.01

六、讨论与建议

（一）讨论

1. 教学行为指标框架能够产生出有效教学行为指标，并与国际通行的教师标准保持一致

本研究在分析比较中国、美国、英国、法国、澳大利亚、日本 6 个国家教师专业标准、优秀教师标准或教师评价指标的共同要素时，放弃了原来各个国家标准所呈现的框架结构，转而遵循教师工作场景中的"实践顺序"。结果发现，最终整理出来的顺序架构与美国丹尼尔森标准相似度较高，而且丹尼尔森标准具体条款与从 6 个国家标准抽取的共同要素的吻合度也是最高的，达到 88%。这也从另一个角度解释了为什么丹尼尔森标准在美国的使用最为普遍，最受中小学校的欢迎。因为它的表述结构最接近工作实际，具有较强的操作性，能够直接指导教师的课堂教学行为。事实上，发达国家对教师专业标准的研究趋势表明，促进教师专业发展的方式越来越转向对教师教学行为技能、教学行为标准的重视。英国 2012 年修订的新的教师标准和杰出教师标准，都放弃了 2007 年英国教师专业标准的专业品质、专业知识、专业技能这样的表述架构，而是采用了更加接近教师工作实践操作的行为表述，例如，教师标准第一条：一名教师应当激励、激发学生学习动机，对学生寄予具有挑战性的较高期望；对杰出教师则直接提出了教学成果的要求：保证学生对所有形式的考试和评价有所准备，他们的学生在问题情境下能取得优异的成绩。

2. 教师有效课堂教学行为问卷结构效度良好，信度高，并且具有较好的效标效度

通过因素分析发现，教师有效课堂教学行为可以分为基于学情的教学准备与设计、聚焦目标的教学实施、营造课堂环境引导学生学习等三大因素，每个行为变量的因子载荷达到优秀水平。

第一，有效课堂教学行为的因子 1 "基于学情的教学准备与设计"，其 5 个教学行为变量都体现了教师对学生学情的把握，这与中共中央、国务院印发的《关于深化教育教学改革全面提高义务教育质量的意见》、教育部等六部门印发的《义务教育质量评价指

南》、教育部印发的《普通高中学校办学质量评价指南》都强调的"精准分析学情"高度一致。特别是第4题所指的教学行为"我非常清楚我的每一位学生'跳一跳'就可以达到的水平",精细地刻画了教师"精准分析学情"的程度,并且对教师教学行为有效性具有最大的区分度。

第二,有效课堂教学行为的因子2"聚焦目标的教学实施",其4个教学行为变量与逆向教学设计关注学生学习结果高度一致。特别是第24题"关注每个学生的日常进步,我有对学生的学习表现情况、作业和测验数据做系统的记录和分析",对初中语文、数学、英语的成绩有很大的区分度。说明关注教学质量和学生成绩是非常关键的有效教学行为指标。

第三,有效课堂教学行为的因子3"营造课堂环境引导学生学习",其8个教学行为变量关注了课堂学习环境、师生间相互尊重融洽的良好关系、良好的同伴关系、相信学生的学习潜力、引导学生自信并乐于表现自己、吸引学生注意、管理学生课堂行为等。

每个有效课堂教学行为指标题目及全卷都能够从课堂教学行为上把教学业绩高的小学、初中教师与教学业绩差的小学、初中教师有效区分开来。整个有效教学行为问卷能够区分非优秀教师、优秀教师和特级教师。总体来看,所探索出来的三大因素17个具体行为指标能够鉴别教师教学的优劣,对于改善教师的课堂教学、提高课堂有效性和提升教学成绩,提升教师专业素养有直接的帮助。

(二)建议

1. 对研究者的建议:关注教师课堂教学行为的研究

教师的专业素养特征是通过其教学行为表现出来的,并通过有效课堂教学行为产生教学效能,形成教学业绩。长期以来,我们习惯从教师的课堂教学行为中抽离出来,抽象地谈论教师专业发展素养,使用不少"高大上"的词汇,看起来"先进"而"专业"的表述,结论却是空泛的。只有通过教师有效课堂教学行为的研究,我们才能找到卓越教师或者教学成功教师的行为特征,将其萃取出来,用于指导教师的课堂教学实践,提升教师专业素养。国内对教师有效课堂教学行为的研究目前还不多,已有的少量研究主要是基于一些教学案例进行教学行为个案分析,大样本的研究很少。建议教育行政部门、教育研究机构、一线学校予以更多关注,各级教育科研项目、教师专业发展项目应强化指向教师有效课堂教学行为的大样本调查研究和实验研究。

2. 对教师培训者的建议:重点培训教师的教学行为技能

我国制定教师专业标准,从国家层面到区县和学校层面开展教师培训等,主要目的是建立教师教育质量保障体系,不断提高中小学幼儿园教师培训质量,引导教师专业发展。长期以来,中小学教师培训的课程体系与活动安排重视的是理念、理论的学习,很少重视对普遍有效的教学行为技能的培训,导致教师培训费钱费时费力,效果不佳。培训活动中所谓的"跟岗实践"也只是盲目、随意地安排听课，或者观摩太具个性化、个人特色的教师个体经验。因此，建议加强对参加培训的教师应获得有效课堂教学行为方面的指导，以此提高教师培训的质量和效果。

3. 对教师专业发展的建议：重点放在提高学生学习成绩上

事实上，关注教师专业行为的着眼点是提高学生的学习成绩，这已经成为各国共同的行动。美国在 20 世纪 80 年代前的基本目标是建立一套界定明确且极佳的教师专业发展策略。80 年代中后期到 90 年代则发生了变化，多数教师专业发展设计者所期待实现的目标，是为教育工作者提供一种帮助所有学生实现高层次学习的专业知识和技能，也就是把教师专业发展的重点放在了提高学生的学习成绩上，而不是教师专业发展的方法和手段上。这种转变在英国和澳大利亚的教师标准修订以及日本推行新的教师评价中也是如此。例如，英国教育部 2016 年 7 月公布的"教师专业发展标准"第一条就强调，教师专业发展应着眼于提高和评价学生的学业成绩。在本研究的教师有效课堂教学行为问卷中，问卷得分较高的教师（前 25%）与得分较低的教师（后 25%），无论是语文、数学，还是英语的教学成绩均有较大差异，可见，培养训练教师具备有效课堂教学行为技能，是提高学生学习成绩、促进有质量的教育公平、建设高质量教育体系的有效路径。

参考文献：

［1］贺菲. 20 世纪西方教师效能研究的历程、反思与启示[J]. 西北师大学报（社会科学版），2008（3）：99-102.

［2］姚利民. 国外有效教学研究述评[J]. 外国中小学教育，2005（8）：23-27.

［3］秦建平，张新建，张均先. 有成就教师个性特征的初步研究[J]. 贵州师范大学学报（社会科学版），1992（4）：92-97.

［4］秦建平. 国内外教师评价研究及其应用进展述评[J]. 上海教师，2020（1）：93-102.

［5］[美]James Nolan, Jr. Linda A. Hoover. 教师督导与评价——理论与实践的结合[M]. 兰英，译. 北京：中国轻工业出版社，2007：35.

［6］张娜，蔡迎旗. 卓越幼儿园教师的教学行为特征[J]. 学前教育研究，2019（9）：24-36.

［7］游森，秦建平，王逸尘. 卓越教师教学行为评价指标研究[J]. 中国教育学刊，2021（12）：72-78.

［8］邱皓政，林碧芳. 结构方程模型的原理与应用[M]. 北京：中国轻工业出版社，2012：100-101.

着力解决拔尖创新人才培养的"土壤"问题

夏惠贤 ①

改革开放 40 多年来，我国能够迅速崛起得益于我国的教育体系培养了众多的中国特色社会主义建设者和接班人，应该说，我国现有教育系统适合普通学生的培养与成长，也积累了丰富的相关经验。我国每年有 1000 余万大学毕业生，是有选拔拔尖创新人才基数上的优势的。那么，拔尖创新人才如何进行选拔与培养？现有的教育体系该如何进行变革？该以什么样的新思维、新方法来推进拔尖创新人才培养的系统性变革？这些问题值得我们思考。其中，当前迫切需要解决的就是拔尖创新人才培养的"土壤"问题，要将那些束缚、阻碍拔尖创新人才培养的错误观念、清规戒律等一一列出来，松一松促进拔尖创新人才成长的"土壤"。笔者认为，有三个方面需要有新的突破。

第一，解决好一致性与差异性问题。现有教育体系的一致性像交通规则一样，全国通用，体现在课程、教师、评价制度、环境氛围等方面。这种一致性有它的价值，可以确保所有受教育者的基准水平，即劳动力的整体素养。一致性是工业化生产模式的产物，是教育普及化的集中体现。瑞典学者胡森所提出的教育公平三要素说，将教育公平具体阐释为教育的起点公平、过程公平及结果公平。在我国教育发展历程中，我们也是一直按照这样的思路去做的。但是，当下的教育公平研究更加转向对个体差异的关注，更加注重为满足人的个性化发展需求提供多样化的教育选择。个性化是教育普及化基础上的高级阶段，是对每个个体发展的关注。这就是美国学者罗尔斯所提出来的新教育公平观，也是我们对拔尖创新人才培养进行整体构思、开展顶层设计的出发点。人的发展包括两个方面：一是"整体人的发展"，二是"个体人的发展"，个体人的发展就是差异化发展。拔尖创新人才培养正是人的差异化发展的具体表征。所以，我们要深入研究拔尖创新人才培养背后的基本原理，对拔尖创新人才开展深度研究，创新体制机制，聚天下英才而用之。

第二，解决好严苛性与宽松性问题，现有教育体系对学生的成长严苛性强、宽松性弱。但是，拔尖创新人才个性鲜明，他们有时不按常理出牌，会有着独特的认知方式、

---

① 夏惠贤，中国教育发展战略学会学术委员，上海师范大学教育学院原院长，教授。

创新思考，所以"松绑"就显得尤为重要。如何以宽松的、合理的要求包容拔尖创新人才的所作所为、所思所虑，或者说如何保护好这类学生发展的可能性，值得深入思考。因此，我们整个教育体系还要对这类学生的内涵进行重新界定，建议加强这方面的研究，重新审视人才培养的严苛性与宽松性问题。

第三，解决好普适性与个性化问题。拔尖创新人才培养没有统一的模式，从国际比较视角来看，有两种基本模式：一是由培养拔尖创新人才的专门学校进行培养，如莫斯科大学附中模式。俄罗斯每年通过层层甄别、选拔 300 余名学生集中到莫斯科大学附中学习。这些学生集中上大课的机会很少，更多的课程都是 5—6 个或 7—8 个学生一起参与，有大量的课堂提问和讨论，气氛相当活跃。莫斯科大学附中的初中、高中教师与教授共同为这类学生授课，量身定制培养。高中毕业后，这类拔尖学生将进入莫斯科大学就读，有的学生会在学术上继续深造；有的本科毕业后则进入国家重要部门工作。二是借助分散模式培养拔尖创新人才，即在普通学校发现拔尖创新人才后，提供适切的专门课程，寻找好的教育资源，进行个性化培养，如新加坡南洋理工大学附中模式。南洋理工大学附中对特别优秀的拔尖学生，学校则采用高中与大学联合开展个性化培养。由大学教授在中学建立工作室，为拔尖学生进行个性化的定制设计，在完成统一的学校课程后，由南洋理工大学的教授团队为这些学生开设高阶课程，因势利导地对拔尖学生进行全方位的指导。

从我国当下专门学校的发展情况来看，现实不尽如人意，"抢生源"的嫌疑大于实质性的培养。这些学校把优秀学生"圈"起来，然后再按照传统的教育方式进行培养。我们要对这一现象做根本性的变革。但当下学术界对拔尖创新人才的基本理论问题还没有达成共识。对此，我们可以先从个案或案例着手来加以研究。一是对部分学校的拔尖创新人才成长案例进行深入剖析，探讨拔尖创新人才的成长历程与基本路径，尤其是对拔尖创新人才的成长案例进行深度挖掘。二是集中相关研究力量，深入有关学校开展系统研究。建立研究团队，从学校的课程设计、师资素养、评价制度、资源保障等多方面入手，分析上述两种拔尖创新人才培养模式运行的可能性及其利弊，为拔尖创新人才培养提供中国经验。

手机成瘾倾向对初中生成长的危害及成因分析

龚春燕 ①

摘　要：本文意在通过大规模学生监测调查深入探寻手机成瘾的危害及其成因。基于从西部某省抽测的 2 万余名九年级学生调查数据，采用大数据、人工智能技术通过相关分析、差异检验、回归分析、中介模型等分析方法，主要得出以下结论：（1）手机成瘾不仅危害学生学业发展，同时也显著影响学生综合素质发展（如勤劳、节俭等）；（2）手机成瘾的形成原因包括学校、教师、家庭、个人等各方面影响因素，其中，家庭方面的父母教养风格、教师方面的教育公平、学校的课业负担等因素都与学生手机成瘾息息相关。

关键词：手机成瘾倾向；九年级学生；学业表现；综合素质；影响因素

一、 前言

随着互联网的普及，移动通信技术的不断发展，手机已经成为当代人们生活的常态，随处可见人们吃饭玩手机、走路看手机等行为，目前，我国针对学生的手机成瘾倾向的研究取得了一定的进展，深入探讨了学生手机成瘾倾向的现状、原因以及其对学生身心的不良影响，其中，刘红[1] 等人的研究指出：孤独感是影响手机成瘾的重要因素，梁维科[2] 指出：青少年应加强自我调适，必要时可向心理医生寻求帮助和家长尽量疏导是消除手机游戏成瘾的有效办法。但是，目前的研究主要是通过访谈法和问卷法，采用了定性分析，且研究对象更多集中在大学生，且研究范围比较小。

因此，本研究通过对文献的整理分析，针对以上几点不足，意在基于大规模调查数据，对中学生以及影响中学生发展的学校、教师、家庭因素进行调查，并借用这批调查对象在某次大规模测试中的数学、英语学业成绩数据，实现各类数据的关联，深入分析手机成瘾对学生学业发展[3]-[4] 和综合素质[5]-[8] 的危害，以及深入探寻引起学生手机成瘾倾向的各方面影响因素。

---

① 龚春燕，重庆第二师范学院教师，中国教育发展战略学会教育大数据专委会副理事长兼秘书长。

二、研究设计

（一）样本选择

本研究数据来自国内某大规模教育测评项目（该项目采用 PPS 分层不等概率抽样方法，此方法为大规模测评项目常用的抽样方法，可确保样本的代表性）部分学校测评结果，涵盖西部某省部分区县不同类别的 378 所中学，其中，按学校类型分，公办校 314 所，民办校 64 所；按学校区域分，农村乡镇学校 194 所，城市学校 184 所。

本研究调查对象主要为九年级学生，抽测学生 25371 名，其中，男生 13575 人（53.5%），女生 11796 人（46.5%）；独生子女 15376 人（24.5%），非独生子女 19165（75.5%）。

（二）调查工具及内容

1. 手机成瘾倾向调查

本研究采用量表主要调查了九年级学生使用手机的情况，包括使用手机用途、对待手机的态度等，来反映学生的手机成瘾倾向，如"经常用手机打游戏来打发时间""没带手机会觉得不自在""宁愿选择手机聊天也不愿直接面对面交谈"等 17 个题项（量表信度为 0.90），答案设置为"完全不同意""不太同意""比较同意""完全同意"。

2. 学生发展指标调查

本研究通过一系列量表工具，进一步测查了学生的数学学习兴趣、英语学习兴趣、数学学习态度、英语学习态度、数学师生关系、英语师生关系、同伴关系、国家荣誉感、勤劳、节俭等学业发展和综合素质指标。各量表的信度分别为 0.716—0.877 之间，这表明该问卷具有较高的可信度和稳定性；各量表中题目与量表总分的相关系数均在 0.485—0.800 之间，大部分相关系数达到 0.600 以上，达到了中高度相关。

（三）分析方法与工具

本研究采用项目反应理论（IRT）对学业发展（包括学业成就）、综合素质等指数进行分数计算，以获得学生学业表现及综合素质水平得分，得分越高，表明学生在某一方面表现越好或程度越深。同时，采用相关分析、差异检验、多元线性回归、逐步回归、中介模型等方法，进一步分析手机成瘾倾向对学生发展的危害，以及挖掘手机成瘾倾向的主要影响因素。所用软件工具主要为 SPSS22.0、R3.2.4。

三、分析过程与结果

（一）学生手机成瘾倾向与其学业表现、综合素质的相关关系

将学生的手机成瘾倾向得分与其学业表现、综合素质各指标进行双变量相关分析，结果如见表 1。

表1　相关系数表

	手机成瘾倾向	数学学业成绩	英语学业成绩	数学学习兴趣	英语学习兴趣	数学学习态度	英语学习态度	数学师生关系	英语师生关系	同伴关系	国家荣誉感	勤劳	节俭
手机成瘾倾向	1												
数学学业成绩	-.210**	1											
英语学业成绩	-.243**	.691**	1										
数学学习兴趣	-.352**	.361**	.286**	1									
英语学习兴趣	-.350**	.217**	.466**	.447**	1								
数学学习态度	-.275**	.352**	.342**	.627**	.403**	1							
英语学习态度	-.299**	.295**	.444**	.392**	.610**	.503**	1						
数学师生关系	-.309**	.322**	.323**	.648**	.451**	.555**	.414**	1					
英语师生关系	-.309**	.273**	.422**	.464**	.685**	.441**	.548**	.585**	1				
同伴关系	-.199**	.057*	.081**	.375**	.324**	.301**	.240**	.390**	.360**	1			
国家荣誉感	-.302**	.208**	.233**	.421**	.391**	.397**	.374**	.407**	.407**	.321**	1		
勤劳	-.331**	.055*	.095**	.310**	.319**	.242**	.269**	.286**	.277**	.261**	.397**	1	
节俭	-.380**	.058*	.069**	.386**	.344**	.321**	.299**	.341**	.328**	.272**	.465**	.491**	1

结果表明，学生手机成瘾倾向与其数学、英语学业成就呈显著负相关，相关系数分别为 –0.210、–0.243（P<0.01），同时与学生的学习兴趣、学习态度、师生关系、同伴关系、国家荣誉感、勤劳、节俭呈显著负相关关系（P 值均小于 0.01）。

（二）学生手机成瘾倾向对学业表现、综合素质发展的影响

为进一步分析学生手机成瘾倾向对学业表现、综合素质发展的影响，本研究根据学生的手机成瘾倾向得分从大到小排序，得分排在前 25% 的学生为高分组学生，这部分学生的手机成瘾倾向较明显；得分排在后 25% 的学生为低分组学生，这部分学生的手机成瘾倾向较轻微。分别对这两组学生的学业发展和综合素质指标进行分析，并采用独立样本 T 检验，对两组数据进行差异比较，结果见表2。

表2　手机成瘾倾向高分组与低分组的各个指标差异情况

学生发展指标	手机成瘾倾向低分组	手机成瘾倾向高分组	统计量	P值
数学学业成绩	538.05	481.70	22.687	0.000***
英语学业成绩	531.29	464.76	25.634	0.000***
数学学习兴趣	548.04	453.01	35.08	0.000***
英语学习兴趣	549.13	454.41	35.411	0.000***
数学学习态度	537.08	462.70	27.398	0.000***
英语学习态度	539.84	458.64	30.589	0.000***
数学师生关系	544.53	464.00	29.7	0.000***
英语师生关系	544.77	462.88	29.076	0.000***
同伴关系	531.53	478.97	18.942	0.000***
国家荣誉感	542.72	460.98	29.919	0.000***
勤劳	548.15	454.93	34.762	0.000***
节俭	557.79	453.73	39.116	0.000***

结果显示，手机成瘾倾向轻微的学生在学业成就、学习兴趣、学习态度、师生关系和同伴关系、国家荣誉感、勤劳和节俭等各方面的表现均显著好于手机成瘾倾向明显的学生（P 值均小于 0.01）。

（三）学生手机成瘾对学业成就影响的路径

采用 Hayes[9] 编制的 SPSS 宏中的 Model6（与本研究的理论假设模型一致）进行数

据处理，进行中介模型检验。采用温忠麟和叶宝娟[10]提出的方法，对学习兴趣、学习态度、师生关系在手机成瘾倾向与学业成绩之间的中介效应进行检验。模型结果见表3、表4。

表3 中介模型检验

变量名		模型1学业成绩		模型2-1学习兴趣		模型2-2学习态度		模型2-3师生关系		模型3学业成绩	
		β	t	β	t	β	t	β	t	β	t
自变量	手机成瘾倾向	-0.208	-23.195	-0.353	-40.659	-0.061	-7.944	-0.079	-10.686	-0.074	-8.181
	学习兴趣					0.606	78.468	0.467	51.068	0.154	12.481
中介变量	学习态度							0.238	26.764	0.179	16.039
	师生关系									0.101	8.915
R2										0.124	
R2		0.044		0.125		0.397		0.453		0.169	
F		537.990***		1653.158***		3806.778***		3191.956***		586.775***	

注：模型中各变量均采用非标准化后的变量带入回归方程，下同

表4 总效应、直接效应及中介效应分解表

	效应值	BootSE	BootLLCI	BootULCI	相对效应值
总效应	-0.208	0.009	-0.226	-0.191	
直接效应	-0.074	0.009	-0.092	-0.056	13.5%
中介效应	-0.135	0.005	-0.144	-0.125	86.5%

注：Boot 标准误、Boot CI 下限和 Boot CI 上限分别指通过偏差矫正的百分位 Bootstrap 法估计的间接效应的标准误差、95% 置信区间的下限和上限；所有数值通过四舍五入保留三位小数

结果表明，手机成瘾倾向对学生学习成绩的负向影响显著（$p < 0.001$），且当放入学生学习兴趣、态度、师生关系等指标作为中介变量后，手机成瘾倾向对学习成绩的直接影响依然显著（$p < 0.001$），但是效应值降低，表明被中介变量解释了一部分。此外，手机成瘾倾向对学习成绩影响的直接效应及学习动力的中介效应的 Bootstrap 95% 置信区间的上、下限均不包 0，表明手机成瘾倾向不仅能够直接对学习成绩产生影响，还能够通过影响学生学习动力来影响学生的学习成绩，且直接效应和中介效应分别占总效应的 13.5%、86.5%。

（四）学生手机成瘾产生的影响因素

本研究采用向后逐步回归筛选变量，分析手机成瘾倾向的影响因素[11]-[13]。初步选择自变量见表5。

表5　手机成瘾倾向的影响因素初始变量

变量名	变量中文名
X1	性别
X2	住宿生
X3	独生子女
X4	留守学生
X5	流动学生
X6	家庭经济地位
X7	教师的教育公平
X8	课业负担指数
X9	亲子沟通满意度
X10	父母控制
X11	父母关爱
X12	父母鼓励自主

首先我们考虑如表5、表6的回归模型：

其中，Y_i 表示第 i 个学生的手机成瘾倾向得分，$X1_i \pm X12_i$ 表示第 i 个学生各变量的均值。

对逐步回归筛选后剩余变量进行回归分析发现，X2（住宿生）、X4（留守学生）、X5（流动学生）、X9（亲子沟通满意度）、X11（父母关爱）、X12（父母鼓励自主）未通过显著性检验，因此删除这些变量。得到如下最优回归模型，调整 R^2 为 0.108。

表6　各变量回归系数

	回归系数	标准误	t 统计量	P值
（X1）性别	1.43E-01	5.30E-02	2.69	0.007**
（X3）独生子女	-1.55E-01	5.90E-02	-2.641	0.008**
（X6）家庭经济地位	-8.80E-02	2.90E-02	-3.05	0.002 **
（X7）教师的教育公平	-2.30E-01	2.70E-02	-8.604	0.000 ***
（X8）课业负担指数	-1.09E-01	2.60E-02	-4.19	0.000 ***
（X10）父母控制	7.60E-02	2.70E-02	2.838	0.005 **

四、结论与展望

（一）结论

根据相关分析、差异检验、中介模型等分析结果可知，手机成瘾倾向与学生发展息息相关，手机成瘾倾向越明显的学生，其学业水平越低、学习动力越不足、师生关系、同伴关系越差，道德品质越差。同时，学生手机成瘾倾向对学业成就不仅能够直接影响，还会通过影响学生的学习兴趣、学习态度和师生关系来间接影响。

同时，本研究采用逐步回归筛选显著影响学生手机成瘾的因素，结果表明，男生的手机成瘾倾向高于女生，非独生子女的手机成瘾倾向高于独生子女，同时，学生在学校的课业负担越重、感受到的教师教育公平程度越高、家庭的社会经济地位指数越高，学生的手机成瘾倾向越明显；且父母教养风格中控制度越重，学生的手机成瘾倾向越高。

（二）展望

本研究探查了手机成瘾倾向对学生成长的危害及成因分析，扩展并深化了有关初中生手机成瘾倾向的研究。但本研究尚有几点不足之处需要指出：第一，青春期的不同阶段青少年所感知到的手机成瘾倾向是不同的，例如，手机成瘾倾向表现出随年级增长而增长的趋势[12]，手机成瘾倾向对学生成长的危害及成因是否也呈现出动态变化的关系尚不得而知，因此，未来研究有必要进行追踪研究来进一步探讨和确定上述各变量之间的关系及其动态变化。第二，本研究是基于初中生的自我报告，可能会存在社会赞许效应，例如，手机成瘾倾向问卷中涉及因为玩手机不专心听课的行为选项，初中生可能会为了迎合社会期望而做出不诚实的回答，未来研究可以结合家长评价、同伴互评等多种方式收集数据以进一步增强数据的可靠性。

参考文献：

[1] 刘红，王洪礼. 大学生手机成瘾与孤独感、手机使用动机的关系. 心理科学[J]. 2011，34（6）：1453-1457.

[2] 梁维科. 青年手机游戏成瘾的原因与负面影响分析[J]. 山东青年政治学院学报，2011（5）：26-29.

[3] 曲星羽，陆爱桃，宋萍芳，蓝伊琳，蔡润杨. 手机成瘾对学习倦怠的影响：以学业拖延为中介[J]. 应用心理学，2017，23（01）：49-57.

[4] 房香莲. 中学生手机依赖及其对学业成绩的影响——基于泉州市泉港区中学生的调查[J]. 福建教育学院学报，2014，15（05）：4-5.

[5] 袁维. 高中生手机成瘾的现状及与人际关系和主观幸福感的关系研究[D]. 湖南师范大学，2014.

[6] 贾继超. 师生关系与青少年网络成瘾：心理安全感和越轨同伴交往的中介作用[A]. 中国心理学会. 第十九届全国心理学学术会议摘要集[C]. 中国心理学会，2016：1.

[7] Jun，S. The reciprocal longitudinal relationships between mobile phone addiction and depressive symptoms among Korean adolescents [J]. Computers in Human Behavio，58，179-186.

[8] Kim，H. What drives you to check in on Facebook？ Motivations，privacy concerns，and mobile

phone involvement for locationbased information sharing [J]. Computers in Human Behavior，54，397-406.

[9]温忠麟，叶宝娟. 有调节的中介模型检验方法：竞争还是替补？[J]. 心理学报，2014，46（5）：714-726.

[10]苟延峰，孙丹丹，周洁. 大学生手机控影响因素研究[J]. 安徽理工大学学报（社会科学版），2017，19（05）：86-90.

[11]马洪涛，景学安. 中学生手机上网成瘾情况调查及相关因素分析[J]. 精神医学杂志，2015，28（03）：201-204.

[12]马荣华，田周泰. 高职生手机成瘾与人际关系的相关研究——基于不同手机 App 使用习惯[J]. 郑州铁路职业技术学院学报，2019，31（01）：59-64.

西部乡村教师定向培养效益与高质量路径研究①

程艳霞②

摘　要：乡村教师定向培养与输送是我国为解决乡村地区师资力量不足的重要举措之一，如师范生公费教育政策、全科教师培养以及特岗计划等，在很大程度上缓解了西部乡村教育的数量短缺、结构不均衡与教育质量低下等问题。但是，师范生定向就业入职乡村学校之后，由于学科结构不均衡、教育教学能力不充分等问题，其成长与发展仍然面临着多重困境："留乡躺平"与"离职向城"的心理困境，"学科差异"与"岗位不适"的专业困境，"成长期待"与"培训同质"的发展困境，"城乡不均"与"资源匮乏"的支持困境。因此，需要构建师范生培养院校、政府、社会等多元主体协同培养的保障与支持体系，建议采取以下路径促进乡村教师定向培养政策高质量实施：摸底乡村教育需求；科学预测定向乡村师范生学科结构；厚植教育家精神：深度融入公费师范生培养课程体系，融合全人关怀视角；构建乡村教师生命成长自我支持与社会保障体系，坚持高质量发展导向；赋能乡村教师专业成长的成就感与可持续。

关键词：西部地区；师范生；乡村教师；培养效益；高质量路径

乡村教师包括全国乡中心区、村庄学校教师[1]。近年来，国家先后出台了关于乡村教师队伍建设的系列文件。2022年9月6日，教育部"教育这十年"系列发布会指出，在部属师范大学示范带动下，全国28个省份实行地方院校师范生公费教育，每年约5万名高校毕业生到乡村中小学任教。由于国家和各级政府持续推进乡村教师支持计划，乡村教师"下得去、留得住、教得好"的局面基本形成，这种局面的形成证明了国家倾向中西部地区定向培养政策实施有积极效益，但实践调研也发现，西部乡村教师队伍的定向培养实施也存在一定的隐性机制问题，在一定程度上影响了乡村教师队伍"下得去、留得住、教得好"局面的可持续性发展。

---

① 本文系重庆市人文社科重点研究基地"重庆市统筹城乡教师教育研究中心"2023年自设项目"面向乡村教育振兴的卓越师范生画像及培养机制研究"（项目编号JDZS202306）的研究成果。

② 程艳霞，重庆第二师范学院教师、教育学院研究员，重庆市统筹城乡教师教育研究中心研究员，中国教育发展战略学会教育大数据专委会副秘书长。

一、西部乡村教师定向培养类型与模式分析

在我国，西部乡村教师定向培养与输送是为了解决乡村地区师资力量不足的问题，确保乡村学校拥有高质量的教师队伍。我国一直高度重视师范生定向培养，主要以免（公）费师范生培养为主，还包括小学全科教师培养、特岗计划。

（一）师范生公费教育：指向城乡教育师资数量供给充分

公费师范生政策的实施经历了多次调整和改革。从 1985 年最开始实行的"大规模培养初中教师计划"开始推进师范生免费教育；到 2018 年 3 月，教育部等五部门印发的《教师教育振兴行动计划（2018—2022 年）》提出，改进完善教育部直属师范大学师范生免费教育政策，将"免费师范生"改称为"公费师范生"；2018 年 7 月 30 日，《教育部直属师范大学师范生公费教育实施办法》对部属师范大学师范生公费教育政策进行了系统全面规定，将"师范生免费教育政策"调整为"师范生公费教育政策"。

公费师范教育彰显了国家通过均衡配置教师资源、促进教育公平的逻辑旨趣，隐藏着国家补偿教育短板、追求教育均衡发展的政策旨趣，并用契约监控和公费教育两大政策杠杆为其提供制度保障，赋予其国家荣誉。[2] 因此，从公费教育制度来讲，师范生公费教育政策是指由中央财政负责安排师范类学生在校期间的学费、住宿费，并发放生活补贴；从契约监控制度来讲，学生毕业以后一般可双向选择中西部省份或回到生源省份从事至少六年教育工作；从专业化程度分析，国家一直倡导考查学生的综合素质、职业倾向和从教潜质，择优选拔乐教、适教的优秀学生加入公费师范生队伍，并且鼓励公费师范生长期从教、终身从教。2021 年，"优师计划"的出台进一步彰显了国家对师范生质量与乡村教育的极大重视。

（二）农村小学全科教师：指向乡村教育师资质量供给均衡

全科教师是国内外为了适应各自国家社会发展需求与教育状况而产生的教师群体。在我国，全科教师主要是乡村振兴背景下的产物。长期以来，小学全科教师的角色定位都是面向农村、定向培养、扎根本土，小学全科教师是为贯彻落实国家乡村振兴战略、国家免费定向培养后直接奔赴乡村教育一线的典型群体。自 2012 年教育部等五部门大力推进农村义务教育教师队伍建设的意见出台以来，全国多个省份、自治区（直辖市）如河北、陕西、河南、湖北、广西、重庆、西藏、青海等都将小学全科教师纳入地方公费师范生培养。如重庆市自 2013 年至 2022 年，全科师范生招生人数已达 12000 人以上 [3]。

全科教师培养模式旨在通过系统的教育专业学习、实践教学和评定程序，培养具备教育理论知识和实践经验的小学全科教师。这样的培养模式旨在保证小学教师的专业素养和教学质量，以提供优质的小学教育服务。

（三）特设岗位计划：指向城乡教育师资数量供给均衡

国家决定自 2006 年起在西部地区实施"农村义务教育阶段学校教师特设岗位计划"（特岗计划），目的是加强农村义务教育教师队伍建设，促进农村义务教育均衡发展，创新教师补充机制，提高教师队伍整体素质，逐步解决教师总量不足和结构不合理等问题。特岗计划实施最开始阶段的对象范围主要为国家扶贫开发工作重点县、原"两基"攻坚县、边境县、民族自治县和少小民族县，到后来逐步扩大为面向中西部省份实施，重点向原"三区三州"、国家乡村振兴重点帮扶县、民族地区等倾斜；重点为乡村学校补充特岗教师，引导和鼓励高校毕业生到乡村学校任教。

特岗教师坚持服务与管理相结合，深入一线了解特岗教师需求，帮助改善生活和工作条件。通过采取集中培训、网络远程培训、跟岗实习和"一对一"指导等多种方式，开展以教师职业道德、岗位技能和教学技能等为主要内容的岗前培训。"特岗计划"的优点是精准招聘、快速补充。

二、西部乡村教师定向培养后的效益结构分析

乡村教师的定向培养与发展在很大程度上缓解了西部乡村教育的数量短缺、结构不均衡与教育质量低下等问题。

（一）数量效益

师范生培养大规模补充了西部教师数量短缺问题。我国通过公费师范教育等方式，为农村学校定向输送一大批本科以上学历教师。截至 2022 年，6 所教育部直属师范大学以中西部为重点，累计招收公费师范生 14 万人。同时，各地通过在学免费、到岗退费等方式，每年为农村中小学培养 4 万余名地方公费师范生。[4]如甘肃在"十三五"期间，累计为乡村学校补充 2.3 万名教师，重点补充小学全科教师和初中一专多能教师，边远乡村地区教师补充难的矛盾得到缓解[5]。广西创新实施"聘用教师控制数"制度，2016 年和 2020 年两次共新增编制控制数 12.3 万个，按需分配到各市县，有效缓解了教师编制不足的问题。[6]重庆市定向师范生工程有效地补充了乡村学校师资，目前乡村教师数量为 3.4 万人，乡村中小学教师总量满足，占整个义务教育阶段教师总量的 15.5%，同时，重庆市自 2013 年开始实施的"两免一补"全科教师计划为全市乡村小学定向招生培养全科教师 1.24 万人，截至 2022 年为重庆市乡村小学补充教师 7547 人。[7]内蒙古按规定核定教师编制，"定向培养师资计划"累计招生 2500 多人，边远农牧区教师补充难的矛盾得到缓解[8]。

以特岗教师为例，2006 年至 2020 年特岗教师招生计划呈稳步增长趋势，2021 年开始呈现数量减少趋势。截至 2023 年，累计有 109.5 万名高校毕业生赴中西部农村学校任教[9]。

单位：万人

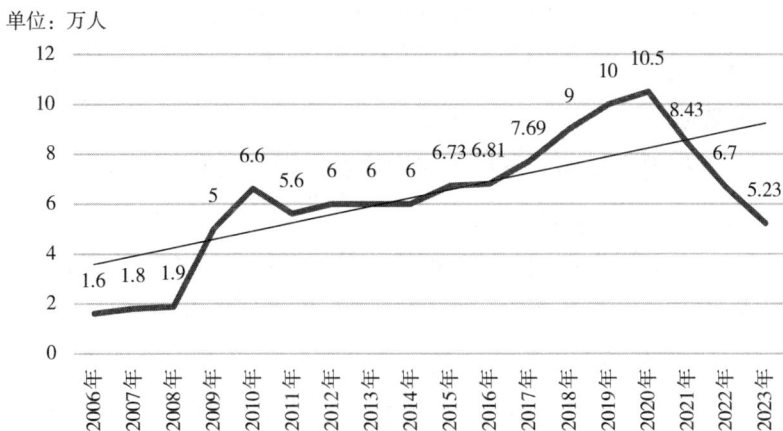

图 1　2006 年至今特岗计划招聘规模趋势

表 1　2019—2023 年特岗计划招聘规模趋势（单位：人）

省区市	2019 年	2020 年	2021 年	2022 年	2023 年
内蒙古	1200	1561	1300	1000	270
吉林	1400	2400	1700	2000	1500
黑龙江	2000	2400	1900	1500	900
安徽	2950	3000	3700	2200	1330
江西	6800	6100	5800	4800	3110
河南	9800	11000	12500	8400	7400
湖北	3000	4600	3000	3600	3500
湖南	4800	5218	4000	3800	900
广西	8000	8350	7400	6700	6000
海南	500	700	700	1000	700
重庆	700	280	230	200	100
四川	3300	2333	1700	800	880
贵州	6800	5527	6000	6400	4920
云南	6500	8711	1800	1700	2380
陕西	6500	5700	5400	5000	3320
甘肃	5000	5400	5500	5000	5000
青海	300	300	100	100	100
宁夏	550	500	500	200	160
新疆	18000	18000	8500	4000	4100
兵团	1900	2020	1300	700	540
总计	100000	105000	84330	67000	52300

数据来源：《教育部办公厅关于 2018 年农村义务教育阶段学校教师特设岗位计划实施情况的通报》（教师厅函〔2019〕1 号）、教育部办公厅 财政部办公厅关于做好 2019 年农村义务教育阶段学校教师特设岗位计划实施工作的通知（教师厅〔2019〕3 号）、《教育部办公厅 财政部办公厅关于做好 2020 年农村义务教育阶段学校教师特设岗位计划实施工作的通知》（教师厅〔2020〕2 号）、《教育部办公厅 财政部办公厅关于做好 2021 年农村义务教育阶段学校教师特设岗位计划实施工作的通知》（教师厅〔2021〕1 号）、《教育部办公厅 财政部办公厅关于做好 2022 年

农村义务教育阶段学校教师特设岗位计划实施工作的通知》（教师厅〔2022〕1 号）、《教育部办公厅 财政部办公厅关于做好 2023 年农村义务教育阶段学校教师特设岗位计划实施工作的通知》（教师厅〔2023〕1 号）。

（二）结构效益

当前，西部乡村教师培养与发展的结构效益主要表现为学历结构与学科结构的逐步优化。截至 2022 年，我国农村义务教育阶段本科以上学历专任教师占比达 76.01%，比 2012 年增长 35.29 个百分点。农村教师整体学历和能力水平持续提升，教师结构不断优化。[10]35 岁（不含）以下教师占 43.4%，本科以上学历占 51.6%，中级以上职称占 44.7%。[11]从学科均衡的角度来看，从 2014 年开始，"特岗计划"明确提出"加强体音美、外语、信息技术等紧缺薄弱学科教师的补充"，2021 年在此基础上增加思想政治这一学科，2022 年则进一步增加了科学、劳动、心理健康、特殊教育四门学科。如广西从 2016 年至 2022 年，全区 106 个有扶贫开发任务的县（市、区）通过公开招聘、特岗计划、定向培养等方式，补充义务教育教师 6.03 万名，其中乡村教师 3.87 万名，紧缺学科教师 1.56 万名[12]。

调研发现，乡村师资学科结构性短缺问题仍突出。从教育部对西部各省市督导检查的数据分析，新疆、青海、甘肃、内蒙古、广西、重庆、宁夏、西藏等地区仍然存在师资学科结构性短缺的严重问题。新疆截至 2020 年年底，有 77 个县存在教师结构性短缺问题，共缺音乐、体育、美术、信息技术、科学、英语等学科专任教师 7788 人。青海省小学教育的难点在农村和牧区，根据 2020 年统计数据，青海的 3000 多所各级各类学校中，有 80% 在农牧区，2021 年年底，全省农牧区有 600 多个"一人一班""一人一校"的教学点，小学全科教师需求总数比例非常大。甘肃截至 2020 年底，有 68 个县存在教师结构性短缺问题，共缺音乐、体育、美术、信息技术、科学、英语等学科专任教师 7273 人。内蒙古截至 2020 年年底，全区共缺音乐、体育、美术、信息技术、科学、英语等学科专任教师 7080 人。四川截至 2020 年年底，按核定编制缺教职工 1729 人，共缺音乐、体育、美术、信息技术、科学、英语等学科专任教师 1717 人。西藏 2021 年 12 个申报县中，共缺音乐、体育、美术、信息技术、科学、英语等学科专任教师 774 人。广西截至 2020 年年底全区共缺音乐、体育、美术、信息技术、科学、英语等学科专任教师 6802 人。重庆截至 2022 年，乡村教师数量为 33926 人，乡村教师学科结构性缺编与超编现象共存，体育、美术、劳动等结构性缺编 1798 人，但语数外等结构性超编 9021 人。

（三）质量效益

西部乡村教师培养与发展的质量效益主要表现在教育质量的提升、城乡教育公平的促进以及教育持续发展等方面。

西部各省市采取多种方式优化师资质量。2017 年以来，"国培计划"中西部项目培训农村校长和教师 934.3 万人次，截至 2022 年，已有 1800 余万人次参加培训，中央财政累计投入经费 200 余亿元，中西部教师教学能力不断提升。通过"省管校用""县来县回""交流轮岗""对口支援"等方式，保障乡村学校教师队伍优质资源。2022 年 3 月，云南省印发《关于建立教师"省管校用"对口帮扶机制的实施方案》，设立"省管校用"专项事业编制，用于支持帮扶学校开展对口帮扶工作并补充教师。依托全省 57 所优质普通高中，每校派遣 5—10 名骨干教师，"组团式"帮扶 57 所乡村振兴重点帮扶县普通中学，对帮扶教师参加职称评审和岗位聘用给予政策倾斜，对帮扶教师待遇给予保障，按照每人每年 4 万元标准对帮扶教师予以补助。陕西开展"百校行"西部基础教育服务对接，深入实施"国家优师计划"，探索"县来县回模式"，与公费师范生"省来省回模式"共同为 832 个脱贫县和中西部陆地边境县培养优质师资，助力乡村教育振兴。宁夏以"县管校聘"改革为抓手，优化教师资源配置，指导盐池、西吉等 6 个县（市、区）试点开展"县管校聘"改革，共 1.3 万名教师参加竞聘，762 名教师交流轮岗，其中向乡村流动教师 215 名，完善乡村教师职业发展保障机制，每年按 10% 的比例评选认定乡村骨干教师，评选 100 名"最美乡村教师"进行表彰奖励。青海 2018 年从西宁、海东选派优秀教师赴青南地区支教，不断加大省内东部地区对口支援青南地区的力度，已累计选派 3063 名。重庆市永川区将全区近 100 所小学划为 8 个片区，为辖区 10 所学校教师开展订单式培训，先后组织 8 次专项集中短期培训、50 余次主题式培训、6 次区外跟岗研修，助力乡村教师抱团订单培训共成长。开展"三格"培养培训机制。按"三年入格、五年合格、十年风格"的培养机制，以片区培训为抓手，推进不同层次教师呈阶梯式成长。

对乡村教师队伍特别是公费师范生的持续培养与交流提升，促进了城乡教育资源的互动，优秀教师的注入带动了乡村教师队伍整体面貌改变，不仅对学生产生积极的影响，还能够起到示范和引领作用，吸引更多有潜力的教师选择到乡村地区从教，进一步提升整体师资水平，确保乡村学生享有与城市学生同等的教育权益。同时，通过提供优质教育，乡村教师有助于培养地方人才，提升人力资源质量，促进乡村地区的经济发展，改善农村居民的生活质量。

三、西部乡村教师定向就业后的困境与原因

西部乡村教师定向就业入职乡村学校之后，其成长与发展面临着多重困境，如"留乡躺平"与"离职向城"的心理困境，"学科差异"与"岗位不适"的专业困境、"成长期待"与"培训同质"的发展困境，"城乡不均"与"资源匮乏"的支持困境。

（一）"留乡躺平"与"离职向城"的心理困境

定向培养的师范生一旦真正到乡村学校就业后，心理上就会产生较强的流动意愿。首先，一方面是职前定向培养"包分配"的政策红利，另一方面是 6 年硬性捆绑式的服务期规定；一方面是不用愁稳定工作的"躺平式"思想，另一方面是对发展前景的就业

期望与提高社会地位的生活期望。矛盾的心理困境加上职后专业素养发展评价制度不健全以及学校管理的复杂性，极大程度上影响了乡村教师职业效能感的实现程度。因此，大部分教师有意在服务期满甚至未满期间，努力寻找工作环境更好、个人发展机会更大、更优质的教育资源环境。究其原因，政策环境与相关制度是小学全科教师心理流动性产生的根本原因。一是乡村地区教育资源相对匮乏，师资培训和专业发展机会有限。与城市相比，乡村教师往往面临着更少的学习和进修机会，缺乏与同行交流和分享经验的平台，限制了他们的专业发展空间。二是职业发展和培训机会不足，乡村学校在职业发展和培训方面的机会相对有限，缺乏职业晋升通道和提升教育专业能力的培训机会，使得一些教师不愿意长期在乡村学校从事教育工作。

（二）"学科差异"与"岗位不适"的专业困境

面向乡村的师范生培养普遍存在所学无以致用的专业困境。一是理论与实践脱节，培养院校一方面理论性课程设置较多，通识教育、学科专业教育、教师教育三大课程比例各占三分之一，理论课与实践课的学分占比为 79.25% 和 20.75%。因此，在实际的教学工作中，乡村教师可能发现这些理论知识无法很好地应用于实际情境中。二是所学学科与就业需求的学科衔接性不够，如全科教师通常也是一专多能，大多数只能教语、数、外等学科，而音体美结构性短缺问题仍然没有得到解决。同时实习环节基本上是语数学科为主，但就业后可能是英语或其他音体美学科教学。三是关于班级管理、家校沟通等课程设置较弱，导致实际教学时缺乏实践指导，无法灵活应对学生的差异化需求，从而感到困惑或无措。

（三）"成长期待"与"培训同质"的发展困境

乡村教师专业化培训同质性强而针对性弱。一是培训内容背离乡村教学实践，有些培训过于理论化或关注城市教育问题，理论授课的内容在一定程度上缺乏具体课堂案例的呈现，难以为乡村教师提供具有针对性和实操性的培训，且无法针对乡村教育改革的需求进行专项培训工作设计，外加缺少对乡村地区地域特性的考察，使得乡村教师无法在教学工作中因地制宜，导致乡村教师"学得会"却"不能用"，培训的教学内容无法落实到乡村课堂实际中去，将乡村教师的培训学习变为一场追赶城市教师专业发展的"文化苦旅"（李慧等，2023）。[13] 二是乡村教师因学历较低、普通话水平不高，比如，民族地区，缺少专门针对少数民族幼儿教师的培训，培训者在讲解过程中使用普通话且语速较快，培训内容较多、难度较大等，导致其教师专业发展频频受阻（尹清蓉，2022）。[14]

（四）"城乡不均"与"资源匮乏"的支持困境

乡村教师定向就业后，首先面对的是与城市环境完全不同的乡村社会经济环境，其基础设施、生活条件和公共服务设施不足；其次是乡村学校资源匮乏，包括教学设备、图书馆、实验室等教学资源方面不足，乡村教师需要在有限的资源条件下开展教学工作；

再次是师资交流支持不足，根据相关数据显示，西部多省市采取教师交流轮岗的方式，然而效果并不太好。乡村教师交流轮岗形式化重而实效性弱。比如，西藏部分县教师交流比例较低，加查县有 229 个符合交流条件的义务教育阶段专任教师，但 2018—2020 年全县只有 45 名义务教育阶段教师交流，未达到每年 10% 的比例。聂拉木县 2020 年交流教师仅占符合交流条件教师数的 6%。[15] 甘肃教师交流比例偏低，有 65 个县 2020 年交流教师占符合交流条件教师数的比例低于 10%，其中临潭县比例为 7.8%[16]，新疆哈密市伊州区 2020 年交流教师 221 人，仅占符合交流条件教师数的 7.78%[17]。另外教育培训经费不足，据相关数据显示，四川、西藏、新疆等省区市未按规定落实教师培训费。四川德格县 2018 年公用经费中教师培训的经费占比 3.3%；2020 年占比 1.9%[18]；西藏年度公用经费中用于教师培训的经费所占比例偏低。2020 年，加查县、聂拉木县所占比例均不到 2%；江达县个别学校未达到 5%[19]。新疆教师培训经费比例偏低。如和田县 2018—2020 年度义务教育学校公用经费支出中，教师培训经费占比分别为 3.58%、2.86%、0.78%，均低于 5%[20]。最后，乡村教师要面临相对狭窄的社交压力，缺乏与同行交流和分享的机会。

四、西部乡村教师定向培养的可持续发展路径

作为特定时代奔赴乡村教育事业的一代人，定向培养的师范生群体在面向教育强国战略和教育高质量发展的时代，依然要厚植乡村教育家精神、树立乡村教育理想，愿意为乡村事业"留得下、扎得根、教得好"。这就需要师范生培养院校、政府、社会等建立系统的培养体系与支持体系保障乡村教育的师资结构——数量供给、结构供给、质量供给更充分、更均衡，更大程度地促进城乡教育优质均衡发展，实现乡村振兴。

（一）摸底乡村教育需求：科学预测定向乡村师范生学科结构

当前中西部农村地区、民族地区、艰苦边远地区学校教师和紧缺学科教师的短缺问题仍然十分严峻。基于此，建议科学预测乡村教师结构需求，精准投放招生计划；改革师范院校招生培养模式；实施师资在校内、学区内、县域内的统筹调配使用。

一是科学预测，精准投放招生计划。针对乡村教师队伍退休自然减员、流失非正常减员规律，结合基础教育各学段教师缺编预测，精准投放招生计划。乡村小学重点补充英语、体育、美术、劳动、地方课程、校本课程等缺编学科；乡村初中重点补充体育、音乐、美术、综合实践、劳动、地方课程、校本课程等缺编学科。

二是实施师范院校进行招生培养模式改革。小学全科教师实行大文科（语文＋其他文科）、大理科（数学＋其他理科）招生培养，对英语、音乐、美术、体育等专业性较强学科实行单科培养，既增强乡村学校教师工作的适应性，又保证教师教学质量。

三是实施校内、学区、县域师资合理统筹使用。通过校内统筹，学校将超编学科教

师通过培训，转化承担专业技术要求相对偏低的缺编学科教学；通过学区统筹，实行学区教师资源统筹安排，特别是音乐、美术、英语等专业性强的学科；通过县域统筹，对于交通条件便利、校际学科教师资源发展严重不平衡区县，严格落实"县管校聘"教师管理体制，在县域内实行教师统筹安排。

（二）厚植教育家精神：深度融入公费师范生培养课程体系

中共中央、国务院发布的《关于全面深化新时代教师队伍建设改革的意见》指出，兴国必先强师，要到 2035 年培养造就数以万计的教育家型教师。在第三十九个教师节前夕，习近平总书记在致全国优秀教师代表的信中强调，要大力弘扬教育家精神，牢记为党育人、为国育才的初心使命，树立躬耕教坛、强国有我的志向和抱负。[21]

乡村教师的教育家精神是厚植心有大我、至诚报国、爱国报乡的理想信念；是言为士则、行为世范的道德情操；是立足乡村、启智润心、因材施教的育人智慧；是深耕乡村、勤学笃行、求是创新的躬耕态度；是爱乡爱民、乐教爱生、甘于奉献的仁爱之心；是胸怀天下、以乡土文化浸润乡村学生成人成才的弘道追求。因此，在教育家精神的乡村属性融入中，师范院校培养方案可以在设置时，除了学科教育教学技能课程外，关注以下内容：

一是强化思想政治教育。对于准备长期驻扎或已经在乡村奉献多年的乡村教师队伍而言，提升思想政治素养，关系到乡村教师能否坚定理想信念、能否用习近平新时代中国特色社会主义思想铸魂育人、能否引导乡村孩子增强中国特色社会主义道路自信、理论自信、制度自信、文化自信并自觉融入坚持和发展中国特色社会主义事业、建设社会主义现代化强国、实现中华民族伟大复兴的奋斗之中。

二是强化师德师风建设。师范院校要"加强和改进新时代师德师风建设，常态化推进师德培育涵养，激发教师涵养师德的内生动力"，通过强化师德师风教育，让优秀的人才勇于奔赴乡村社会，践行立德树人的教育使命。

三是完善培养方案与课程。倡导实施政府—高校—中小学校（GPS）共同培养模式，强化师范生校内外协同培养。完善面向乡村特色的培养课程体系，包括乡村教育文化、乡村教育实践与案例研究、乡村教育心理学、乡村教育领导与管理、乡村教育创新和实践等。建立健全实践教学体系，分层次、分阶段将实践教学融入乡村大环境，包括乡村社区、乡村学校和乡村教室，丰富师范生对西部地区乡村教育的整体认识和对乡村学校和课堂的了解，积累有效的乡村任教经验。

通过课程体系与内容的完善，引导师范生理解乡村教育需求，了解乡村文化价值，增加乡村教育情感归属，树立乡村教育理想，明确乡村教育目标，从而更"接近乡村"。

（三）融合全人关怀视角：构建乡村教师生命成长自我支持与社会保障体系

全人关怀理论强调个体的自我实现和成长，认为在关怀和支持的环境中，个体能够实现自身潜能和满足基本的心理需求。它强调尊重个体的主观体验和情感需求，注重人际关系的质量和情感表达的重要性。坚持全人立场，才是关怀教师的根本立场。既要引导教师学会"自我关怀"，注重生理健康、心理健康、行为健康、心智健康，又要让教师感受到"他者关怀"，建立健康友好的社会关系支持体系与资源支持环境。

一是引导乡村教师关注生命成长。关注教师身心健康、情感需求和生活品质，每年定期组织教师体检，关心教师生活与家庭；提供心理健康支持和咨询服务，建立教师申诉机制，帮助他们应对工作压力和挑战，促进心理健康和情绪稳定。关怀师生关系的良性建立和维护，帮助教师了解和尊重乡村学生的个体差异，提供个别化的关怀与指导，鼓励教师与学生家庭建立紧密联系，促进家校合作。

二是构建乡村教师成长的社会保障体系。在住房、待遇、职称评定等方面陆续制定政策保障基础上，重点关注乡村教师的职称晋升问题。针对乡村教师"评职难、晋升难"的问题，"强师计划"提出对在乡村学校工作的中小学教师，职称评聘可按规定"定向评价、定向使用"，中高级岗位实行总量控制、比例单列，不受各地岗位结构比例限制的政策，为乡村教师职称评聘实行特殊支持。同时，建立一定的激励制度，对乡村教师的优秀表现给予肯定和激励，提升他们的职业荣誉感和自豪感。同时，加强社会对乡村教师的认可和尊重，营造尊师重教的良好社会氛围。

（四）坚持高质量发展导向：赋能乡村教师专业成长的成就感与可持续

持续成就力获得是乡村教师在乡村"留得下、稳得住、扎得根、教得好"的重要效能要素。因此，在新时代强师计划背景下，要让师范生职后成长有成就感、有可持续发展的后劲。

一是指导乡村教师做好职业发展规划。针对职后发展与学校学术性师范教育不一定完全匹配的情况，建立跟踪指导机制，深化精准培训改革，继续实施"国培计划"，充分发挥名师名校长辐射带动作用。指导乡村教师做好合理适切的职业规划，看清自身所处的发展阶段以及存在的问题，针对性地制定专业发展计划，帮助教师了解职业发展路径和机会，提供定期的评估和反馈机制。实施好"农村学校教育硕士师资培养计划"，扩大培养院校范围，让更多符合条件的乡村教师有学习深造的机会。

二是联合教研助力教育家型乡村教师培养。鼓励师范院校采取多种方式，长期跟踪、终身支持乡村教师专业成长，引导师范院校教师与乡村教师形成学习共同体、研究共同体和发展共同体；积极实施名师名校长培养工程，遴选时向乡村学校倾斜，支持他们立足乡村、大胆探索，努力成为教育家型乡村教师；与教育研究机构、高等院校、企业等建立合作伙伴关系，提供专家指导、资源共享和合作项目，为乡村教师提供专业支持和发展机会。

三是提升乡村教师数字素养与应用能力。充分利用国家智慧教育公共服务平台中小学资源，全面提升乡村教师数字素养和应用实践能力，帮助教师掌握并使用信息技术手段改进教学。探索城乡学校教学精准帮扶模式，实现发达地区和欠发达地区学生"同上一堂课"、教师共同"备好一节课"，让乡村教师汲取数字化时代的优质教育教学资源，服务高质量的课堂教学。

参考文献：

［1］中华人民共和国中央人民政府网. 国务院办公厅关于印发乡村教师支持计划（2015—2020 年）的通知［EB/OL］.（2015-06-08）［2023-09-12］. https://www.gov.cn/zhengce/content/2015-06/08/content_9833.htm.

［2］刘全国，张赵清. 公费师范教育的制度逻辑与改革路径［J］. 西南大学学报（社会科学版），2020，46（06）：91-100+212-213.

［3］数据来源于重庆市教委师范处招生数据。

［4］［9］［10］中华人民共和国教育部网. 农村义务教育本科以上学历专任教师达 76.01%［EB/OL］.（2023-04-10）［2024-06-08］. http://www.moe.gov.cn/jyb_xwfb/s5147/202304/t20230410_1055013.html.

［5］［16］中华人民共和国教育部网. 国家教育督导检查组对甘肃省义务教育基本均衡发展督导检查反馈意见［EB/OL］.（2022-01-04）［2024-06-08］. http://www.moe.gov.cn/jyb_xwfb/gzdt_gzdt/s5987/202201/t20220104_592381.html.

［6］中华人民共和国教育部网. 国家教育督导检查组对广西壮族自治区义务教育基本均衡发展督导检查反馈意见［EB/OL］.（2021-01-22）［2024-06-09］. http://www.moe.gov.cn/jyb_xwfb/gzdt_gzdt/s5987/202101/t20210122_510738.html.

［7］数据由重庆市教育委员会提供。

［8］中华人民共和国教育部网. 国家教育督导检查组对内蒙古自治区义务教育基本均衡发展督导检查反馈意见［EB/OL］.（2021-10-19）［2024-06-09］. http://www.moe.gov.cn/jyb_xwfb/gzdt_gzdt/s5987/202110/t20211019_573586.html.

［11］中华人民共和国教育部网. 乡村教师队伍结构趋于科学合理 地位待遇明显改善［EB/OL］.（2020-09-04）［2023-11-23］. http://www.moe.gov.cn/jyb_xwfb/xw_zt/moe_357/jyzt_2020n/2020_zt16/meitibaodao/202009/t20200907_485978.html.

［12］中华人民共和国教育部网. 广西教育脱贫攻坚暨乡村振兴典型经验材料［EB/OL］.（2022-07-29）［2023-12-11］. http://www.moe.gov.cn/jyb_xwfb/xw_zt/moe_357/jjyzt_2022/2022_zt04/dongtai/difang/202207/t20220729_649581.html.

［13］李慧，陈坤. 价值认同与实践掣肘：乡村全科教师专业发展困境与突破［J］. 中小学管理，

2023,（06）：48-52.

［14］尹清蓉，李文艺.幼儿教师专业发展现状——基于对四川西部地区的调查研究［J］.教育观察，2022，11（24）：82-84+115.

［15］［19］中华人民共和国教育部网.国家教育督导检查组对西藏自治区义务教育基本均衡发展督导检查反馈意见［EB/OL］.（2021-07-23）［2024-06-09］.http://www.moe.gov.cn/jyb_xwfb/gzdt_gzdt/s5987/202107/t20210722_546236.html.

［17］［20］中华人民共和国教育部网.国家教育督导检查组对新疆维吾尔自治区义务教育基本均衡发展督导检查反馈意见［EB/OL］.（2021-07-23）［2024-06-08］.http://www.moe.gov.cn/jyb_xwfb/gzdt_gzdt/s5987/202107/t20210722_546243.html.

［18］中华人民共和国教育部网.国家教育督导检查组对四川省义务教育基本均衡发展督导检查反馈意见［EB/OL］.（2021-07-23）［2024-06-08］.http://www.moe.gov.cn/jyb_xwfb/gzdt_gzdt/s5987/202107/t20210722_546239.html.

［21］中华人民共和国中央人民政府网.中共中央　国务院关于全面深化新时代教师队伍建设改革的意见［EB/OL］.（2018-01-31）［2023-09-11］.https://www.gov.cn/zhengce/2018-01-31/content_5262659.htm.

以高质量教育体系支撑教育强国建设[①]

刘复兴[②]

党的十九大报告指出："建设教育强国是中华民族伟大复兴的基础工程。"党的二十大报告要求"加快建设教育强国"。2023 年 5 月 29 日，习近平总书记在中共中央政治局第五次集体学习时强调，加快建设教育强国，为中华民族伟大复兴提供有力支撑，"要坚持把高质量发展作为各级各类教育的生命线，加快建设高质量教育体系"。实现高质量发展是中国式现代化的本质要求，加快建设高质量教育体系是建设教育强国的奠基工程，是新时代我国教育改革创新必须解决好的根本性、战略性问题。

一、以中国式现代化理论指导高质量教育体系建设

党的二十大报告指出，要"以中国式现代化全面推进中华民族伟大复兴"，阐明了中国式现代化的丰富内涵，强调了中国式现代化的本质要求与重要特征，是科学社会主义的最新重大理论创新成果。新时代，中国式现代化的核心是人的现代化，是新时代中国人的全面发展。实现人的现代化与人的全面发展，是中国式现代化的必然要求。习近平总书记指出，"'两个一百年'奋斗目标的实现、中华民族伟大复兴中国梦的实现，归根到底靠人才、靠教育"。[③]实现中国式现代化，全面建设社会主义现代化国家，关键在人才；实现高质量发展，关键在高质量人才与拔尖创新人才。

高质量教育体系是解决新时代人的现代化问题与实现人的全面发展的体系基础。建设高质量教育体系，要充分认识我国在人才方面的不足与差距。高水平人力资本总体规模不足，人才结构不够合理，高端人才特别是创新型前沿科技人才不足，已经成为制约我们加快建设科技强国、人才强国与全面建成社会主义现代化强国的一个重要问题。在西方对我国"卡脖子"、进行人才围堵愈演愈烈的情况下，需要我们加快人才培养的战略布局，前瞻性制定并实施新时代助力我国成为世界重要人才中心和创新高地的人才战略规划。一方面要努力建设"聚天下英才而用之"的文化氛围与制度体系，"在全社会树立科学的人才

---

① 刘复兴. 以高质量教育体系支撑教育强国建设［J］. 人民教育，2023（12）.

② 刘复兴. 中国人民大学教育学院学术委员会主任、中国教育发展战略学会高等教育专业委员会副理事长.

③ 杨丹. 立足更高站位培养时代新人［N］. 人民日报，2020-11-19（09）.

观、成才观、教育观，加快扭转教育功利化倾向，形成健康的教育环境和生态"；另一方面的是要扎根中国大地，依靠教育加强拔尖创新人才的自主培养。既做好引导与教育青少年学生听党话、跟党走这篇大文章，引导教育青少年学生继承红色基因，追求高尚境界，树立家国情怀，具备责任担当，争做复兴栋梁；又要坚持尊重劳动、尊重知识、尊重人才、尊重创新，建设支撑创新人才培养的创新文化体系，促进有利于创新的社会文化、学校文化、课堂文化建设，为实现中国式现代化提供基础性、战略性人才支撑。

二、系统优化教育结构体系，努力建设 "幼有所育、学有所教"覆盖全民的终身教育体系

当前我国的教育结构体系具有典型的金字塔形特征，也可称之为多锥体结构，即接受高层次高等教育的人员在人才培养存量中比重偏小。同时，随着深度老龄化社会加速到来，我国由人口红利期快速转入人口负担期。为跨越中等收入陷阱，需要持续不断推进产业结构转型升级，但目前整个教育结构体系离满足社会经济发展的新要求还有一定距离，需要建设全民终身学习的学习型社会、学习型大国，不断提高国民受教育程度，全面提升人力资源开发水平。建设好"幼有所育、学有所教"的覆盖全民的终身教育体系。

在中国特色社会主义新时代，我们面临加快建设制造强国与进入创新型国家前列两个重大战略目标。过去建立起来的面向建设世界工厂和制造业大国所需人才的教育体系与人才培养制度已不再完全适应社会、经济发展的需要。一方面，我们要吸取西方制造业空心化的教训，继续为保持世界工厂、具有世界上最全面产业链的制造强国地位培养所需人才；另一方面，又要面向新一轮科技革命与世界百年未有之大变局，提高人才培养规格，为进入创新型国家前列提供人才支撑。这需要在现有的教育体系与人才培养体系之上，叠加、融合、创新一个适应新时代需要的教育体系结构与人才培养制度体系。如何处理好两者之间的关系，是今后我们的教育体系建设将要面对的一个重大问题。

一是面向进入创新型国家前列的战略目标，扩大高层次人才招生规模，逐步形成中国特色的梯形教育结构乃至"目"字形高等教育结构，逐步提升高等教育毛入学率，适度扩大研究生教育规模，适度扩大顶尖大学的招生规模，培养更多的高质量高端人才，发挥好高等教育的龙头作用。二是面向建设智能制造强国，构建职普融通、灵活多元的高质量现代职业教育体系，努力实现职业教育的升级、赋能与迭代发展，全面推进职普融通，科教融汇，产教融合。三是积极应对未来社会人口结构的重大变化，贯彻终身学习与终身教育理念，大力发展中国特色的以职业培训与社会教育、老年教育为核心的学校后教育体系，建设好全民终身学习的学习型社会、学习型大国。

三、把高质量人才培养体系作为建设高质量教育体系的基础工程

建设高质量教育体系的核心要义与根本目的是培养高质量人才，是保障自主培养拔尖创新人才。建设高质量人才培养体系是建设高质量教育体系的基础。

一是要全面布局大中小幼一体化拔尖创新人才培养模式改革。党的十八大以来，习近平总书记高瞻远瞩地提出"创新是第一动力"和"创新驱动实质上是人才驱动"等重要论断。当前，在中国式现代化与实现共同富裕的战略要求下，与改革开放初期时一样，我们又进入一个人力资本开发的关键历史阶段。高端人才特别是创新型前沿科技人才不足，已经成为制约我国进入创新型国家前列的一个重大问题，亟须创新人才培养体系，尽快解决"卡脖子"领域科技人才培养与国家急需战略方向上的拔尖创新人才培养问题。要努力建设中国特色拔尖创新人才培养体系。充分发挥基础教育的作用，注重实施英才教育与创新人才早期培养；加强创新文化建设，形成有利于创新的社会、学校与课堂文化氛围；加强协同育人，建设家庭、学校、社会、政府、企业协同育人机制；反映世界科学前沿，改革课程与教材，加强跨学科人才培养；把加强教师队伍建设作为建设教育强国最重要的基础工作，打造一支富有创新精神的教师队伍；全社会都要重视科普教育，激发学生崇尚科学、探索未知的兴趣，培养其探索性、创新性思维品质。

二是要把情感态度与价值观教育置于人才培养中的核心、首要、引领性地位。2022年4月25日，习近平总书记在中国人民大学考察调研时指出："立足新时代新征程，中国青年的奋斗目标和前行方向归结到一点，就是坚定不移听党话、跟党走，努力成长为堪当民族复兴重任的时代新人"[①]。落实立德树人根本任务，要以"培养堪当民族复兴重任的时代新人"为着眼点，以社会主义核心价值观教育为突破口，引导青少年学生扣好人生的第一粒扣子，广泛开展理想信念教育，加强社会主义核心价值观教育，把思想政治工作贯穿于教育教学全过程，加强中华优秀传统文化和革命文化、社会主义先进文化教育，加强伟大建党精神教育。

三是要建设中国特色实践性人才培养模式与培养体系。习近平总书记在2022年考察中国人民大学时指出："希望广大青年用脚步丈量祖国大地，用眼睛发现中国精神，用耳朵倾听人民呼声，用内心感应时代脉搏，把对祖国血浓于水、与人民同呼吸共命运的情感贯穿学业全过程、融汇在事业追求中。"[②] 长期以来，教育与实践相脱离产生了理论与实践相脱节、学校与社会相疏离、青年学生缺乏家国情怀与社会责任感等问题。新时代建设高质量教育体系，应致力于发展建设中国特色实践性人才培养体系，把青少年学生

---

① 本报评论员. 坚定不移听党的话跟党走［N］. 新华日报, 2022-05-12.
② 李炼. 不负青春韶华 勇担时代重任［N］. 山西日报, 2022-05-04.

的学习成长与生产劳动相结合，与社会实践相结合，与人民群众相结合，与新一轮科技革命相结合，与"四个伟大"相结合，引导青年学生在理论联系实践的过程中建立信仰，增长才干，守正创新。

四是以胸怀天下的格局深入探索"跨文化"人才培养模式改革。新时代中国日益走近世界舞台中央，积极参与全球治理体系改革和建设，不断贡献中国智慧、中国方案和中国力量，努力为人类发展做出更大贡献。习近平总书记指出："参与全球治理需要一大批熟悉党和国家方针政策、了解我国国情、具有全球视野、熟练运用外语、通晓国际规则、精通国际谈判的专业人才。"[1] 为更好地服务于我国参与全球治理、开展对外交流的发展需要，要从追求全人类共同价值与建设人类命运共同体的大视野大胸怀出发，以胸怀天下的格局探索"跨文化"人才培养模式改革，深化拓展与世界各国在教育领域的互利合作和交流互鉴，培养大批具有卓越全球视野与世界眼光、良好"跨文化"理解和沟通能力的高层次国际化人才。

四、以教育数字化转型为契机，把数字化提升到本体论和方法论层面指导建设新时代新型教育体系

人类社会正进入数字文明阶段。新一轮科技革命带来科学技术的井喷式、叠加式快速发展。正如蒸汽机革命、电动机革命与计算机革命一样，人类社会正在进入一个科学技术发展日益发挥决定性作用的新时代。以人工智能为标志的智能机器革命以及数字化技术的体系化发展，正在不断加快人类社会发展速度，快速改变人们的生活方式、生产方式与社会活动方式，形成人类活动新的物质、技术结构的基础。现代科学赖以建立的主客二分、人与非人的二元论世界观将被打破，算法成为解释和认识人与世界的基本法则和思维方式。数字文明时代新型的哲学观、科学观、知识观、发展观也将深深影响世界范围内的教育实践与教育理论的发展。

习近平总书记指出："教育数字化是我国开辟教育发展新赛道和塑造教育发展新优势的重要突破口。"[2] 在数字文明时代，哪一个国家占据了世界教育数字化的前沿领域与制高点，哪一个国家就可能拥有世界上最先进的教育，就可能摘得这个时代人类教育皇冠上的明珠。建设教育强国，必须正视数字文明时代世界观与方法论的变化，正视万物互联条件下教育与学习实践的变化，关注数字文明时代的教育体系与教育改革问题。在教育数字化转型的过程中，体系化的数字化技术与人工智能技术等不仅是人类社会发展的工具，而且已经成为包括教育在内的人类社会活动结构的内在技术要求与物质基础，我们

---

① 肖永平. 坚持上下联动、内外协同 破解涉外法治人才培养难题［J］.《习近平法治思想研究与实践》专刊，2024（04）.

② 钟曜平. 坚定走好教育数字化的中国道路［J］. 中国教育网络，2024（21）.

必须把数字化提升到本体论和方法论层面来指导建设新时代新型教育体系。必须站在数字技术变革的前沿，以守正创新、原始创新与集成创新的精神，全面深入前瞻性布局教育数字化转型进程，把数字文明时代数字技术的体系化发展及其对于社会结构、经济结构、人类活动结构的深远影响及时反映到教育结构体系的变革之中。我们只有全面拥抱数字技术，全面推进教育数字化转型，在体系化数字技术不断变革发展的基础上建设高质量教育体系，才能够建成、建好教育强国。

四、数字转型

数据驱动高校管理服务数字化转型

王士贤 ①

摘　要： 新时代对高校管理服务数字化转型提出更高要求，高校探索数据驱动下管理服务数字化转型具有十分重要的意义，华中科技大学通过数据治理、开展智能化应用建设和建设数字孪生校园三个方面推动学校管理服务数字化转型。开展数据治理，通过建设网上办事大厅、电子签章平台、"一张表"等平台，实现了管理服务流程再造与优化，提高管理服务水平，提升师生办事体验。开展智能化应用建设，通过建设大数据平台、智能问答系统、智能推荐系统、智能就业系统等智能化系统，提高了管理服务智能化水平。加强数据的综合利用，通过建设数据看板、"一张图"平台和数字孪生校园平台，实现校园更高层次的智慧化管理，助力学校实现管理服务数字化转型。

关键词： 数据驱动；流程再造；管理服务智能化；数字孪生校园；数字化转型

党的二十大报告指出："推进教育数字化，建设全民终身学习的学习型社会、学习型大国。"同时，高校探索数据驱动的管理服务数字化转型对于提高高校治理体系和治理能力现代化水平具有重要意义。华中科技大学在以下三个方面进行了积极探索。

一、加强数据治理，开展管理服务流程再造

互联网时代，"让信息多跑路，让群众少跑腿""只进一扇门、最多跑一次""马上办、网上办、一次办""就近办、不用办"等新的服务理念在不断更新。华中科技大学贯彻新的服务理念，通过多项举措推进管理服务流程再造。在全校开展工作流程设计与再造竞赛。随着信息技术的应用，师生对办事服务的效率和质量要求越来越高，传统的管理服务方式不能满足师生的需求，需要对管理服务流程进行重新设计、优化或再造，运用更加先进的信息技术，简化流程，学校开展了五届流程设计大赛，发动师生积极参与，激发督促机关各职能部门改进管理服务流程，涌现出了一大批优秀方案。例如，数字迎新、出国（境）审批、2244维修服务平台、"一张表"平台等新型办事流程和平台脱颖而

① 王士贤，博士，副研究员，华中科技大学软件学院党委书记，中国教育发展战略学会教育管理信息化专业委员会理事，研究方向：教育信息化。

出，大幅提升了师生办事的体验感。

为了给师生提供更加友好的服务，将服务形式分为线上、自助和窗口三种形式，并且按照"能线上办的线上办，不能线上办的自助办，不能自助办的窗口办"原则提供服务，尽量减少面对面的人工服务。线上服务主要通过网上办事大厅信息平台、门户、业务信息系统等提供，网上办事大厅于2016年上线，已上线流程411项，服务师生78万余人次，事项流转320万余次。为了提供优质的线下服务，学校建设了线下"一站式"服务大厅——师生服务中心，为师生提供集中的窗口服务，包括加盖学校公章、学生注册、合同打印、出国咨询、校园卡补办、入党材料审核等事务，同时，师生服务中心专门设置了自助服务区，布置了本科教务、研究生、校园卡、设备家具、荣誉证书、财务等校园自助服务一体机，以及武汉通、天然气、火车票、身份证自助取证机、政务通等城市相关自助设备共20余台。线下自助与窗口服务与网上办事大厅平台共同构成了线上线下一体的智慧化办事服务体系。

大力推进电子签名、一张表、移动信息门户等系统，使管理服务效率明显提升。按照国家密码相关管理规定，以电子签名平台为核心建立了学校密码基础设施平台，使用了国际密码和国产密码双密码算法，实现了对学生中英文成绩单、在读证明、荣誉证书、答辩证明、奖学金证书等近60种电子文件进行电子签名或签章，此外还实现了档案电子签章归档、专家对评审意见等文件电子签名，也与财务系统、网上办事大厅、超算平台等多个系统进行了对接，实现了电子签名或签章，极大地减少了师生因盖章而跑腿的麻烦。

建设了"一张表"平台，通过校内职能部门收集到369张师生和院系常填写的表格，对表格内的数据项进行分析整理，确定每个数据项的来源，将所有数据项汇总后形成一张逻辑上的大表，即"一张表"，将各职能部门需要的表格数据直接从"一张表"中抽取，避免师生反复填写。[1] 为便于数据收集，实现了80多个数据子集的数据自动汇总，为确保数据的准确性和时效性，以院系对教职工年度考核为抓手，数据从各业务系统同步到"一张表"平台后，通过教师本人以及院系科室的双重审核后沉淀生效，从而确保数据的权威性。院系可在"一张表"平台上进行人事、教学、科研、论文等多种统计分析，并可定制生成各类报表。"一张表"平台为网上办事大厅、院系学科发展考核系统、职称申报等系统提供数据支撑服务，提高数据利用水平，减少教师反复填报数据的麻烦。"一张表"平台架构如图1所示。

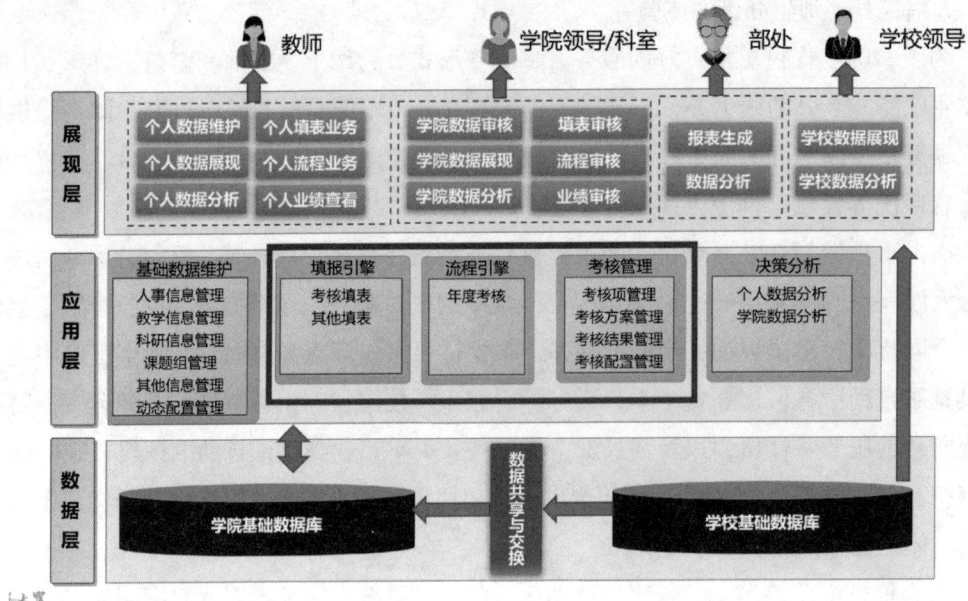

图 1 　"一张表"平台架构

二、挖掘数据价值，推动管理服务智能化

建设大数据分析平台，通过建设学生画像、学业预警、经济困难辅助认定、重点关注学生管理、智能就业等模块实现学生管理服务的智能化。学生画像分为总体画像和个体画像。总体画像包括学生人数、男女比例、年龄分布、民族分布、生源分布等学生概况，平均成绩、挂课人数、挂课人数占比、平均挂课学分等学业情况，月均消费、食堂就餐率、三餐平均消费、近 30 天日均上网时长、周末日均上网时长等生活情况，以及奖助贷勤等各类统计分析。个人画像包括学生的在校信息、学生学习、图书借阅、奖助勤贷、学生消费、基本信息、在校信息、联系方式、入学信息、注册信息、课表查询、学业成绩、毕业信息等。

学业预警是指基于学生的历史学业成绩，结合学生的学习生活习惯（生活消费、图书借阅等），通过深度数据建模提前预测本学期可能挂科的学分，为学生管理提供针对每个学生的分级预警功能，帮助学校及时识别学业存在风险的学生，从而及早干预。主要包括以下步骤。首先进行数据抽取，选取影响因子，主要包括上学期加权平均分、上学期成绩趋势、专业基础课成绩、月均消费额、餐均消费额、月均早餐次数、早餐规律性、中餐规律性、晚餐规律性、奖励次数、违纪次数等；对缺失数据、异常数据等进行处理，对所有因子做 Min-Max 标准化；根据相关性是否显著，选择因子主要包括：早餐规律性、中餐规律性、餐均消费额、上学期加权平均分、上学期成绩趋势等；从常见的预测模型决策树、随机森林、AdaBoost、SVM、线性回归等中，根据数据训练结果，选择适合于成绩预测的模型——随机森林；使用历史数据，计算出学生成绩预警名单。将预警名单中学生可通过其个人画像进行核实。

经济困难辅助认定系统是指利用校园卡数据及模型对学生经济困难情况和等级进行判定。[2]基于校园卡消费数据，建立评价学生经济困难程度的指标体系。对评价指标作归一化处理并确定相应权重，将各指标的加权和定义为"经济困难指数"，通过该指数排名可筛查出消费异常的经济困难学生、疑似经济困难学生。主要包括数据预处理、建立评价指标体系、归一化评价指标、确定各指标的权重、计算经济困难指数、评价结果分析等几个步骤。经济指标主要包括：食堂消费占比、食堂就餐率、早餐餐均水平、午餐餐均水平、晚餐餐均水平等，如三餐餐均水平越低、食堂就餐率越高、食堂消费占比越高，经济困难指数越大，模型如图2所示。

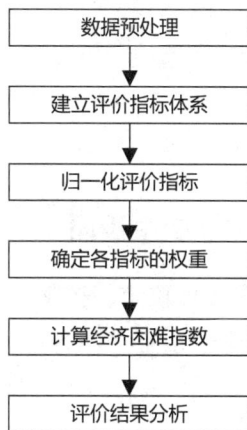

图2　经济困难辅助认定模型

智能就业系统，实现专业岗位库、岗位推荐、岗位搜索、学生就业综合能力分析、历史毕业生就业分析等，面向学生工作部和所有院系开放，向1.3万毕业生精准推送招聘信息，毕业生访问人数3400余人次，累计访问推送招聘信息1.1万余条，就业高峰期日均毕业生访问约400人次。学生安全预警系统，实现心理健康、学业情况、晚出晚归、疑似不在校、社交孤僻、沉迷网络等各类危机预判预警，进行了试运行。

智能问答系统以全天候、全方位、全覆盖、全过程为目标，建立了职能部门、直属附属单位以及院系的知识库，优化学校师生的咨询服务生态环境，建设了服务全校的智能问答平台。[3]知识库可以打通为一个全量数据库，也可以对各部门的知识库进行隔离。智能问答系统以"华小智"机器人形象为师生提供服务，使用全量数据库提供问答服务，也可以个性化为某个部门的服务机器人，例如，它可以作为财务处的"华小财"机器人，此时，使用的是隔离后的财务专用知识库。智能问答系统具有访问渠道多样、问答方式灵活、展现内容丰富、分级分权管理、统计分析全面等特点。通过建设和使用智能问答平台，降低相关工作人员的咨询服务压力，提高师生咨询效率，提升学校智能化服务水平和师生的服务满意度。接入单位 15 个，其中 6 个单位实现了官网或微信公众号集成，接入问答 2961 个，累计提问次数 110825 次，单日最高访问 1411 次。

智能推荐系统旨在建设具有开放性、智能化、多样性、灵活性、可扩展性等特点的聚合内容推荐平台，结合师生特征画像，为师生提供来自校内外优质网站和权威公众号的精彩资讯、办事服务、开放存取论文、网络课程，并利用人工智能技术为师生精准推送，达到"千人千面"的推荐效果，满足师生个性化需求。[4] 随着智慧校园的快速发展，高校网站、公众号等资讯发布平台的数量急速增长，信息过载、内容长尾效应、个性化程度低等问题也随之日渐凸显。学校提出并建设了一种基于数据采集层、数据挖掘层、推荐引擎层和应用层四层架构的高校资讯推荐系统。系统试运行期间，累计采集涵盖学校网站群平台、校内微信公众号、专业领域微信公众号等共 582 个资讯源的 93 万条资讯，累计访问量达 19 余万次。推荐系统的活跃用户数、忠实用户数及访问次数是客观反映用户体验的重要指标，从活跃用户到忠实用户的转换率达 28.93%，充分体现了师生对学校智能推荐系统的积极评价。

三、综合数据应用，探索数字孪生校园

学校建设数据看板系统，实现今日校园、教学、科研、人事人才、国资、资产设备、后勤等 12 大类的数据集中性展示，方便各级管理人员依据权限查看各类统计和详细数据。根据展示层级，分为数据板块统计数据、分项统计数据和详细数据等类型。板块统计数据主要指板块的较为宏观的数据，分项统计数据是指对某类或某项数据进行统计、分析和展示，详细数据是指下钻到具体数据项或个人的数据。今日校园数据包括基本校情、就业分析、舆情分析、各学院生师比、今日课堂、今日校园进出、今日校园卡、今日校园网等；教学数据主要包括本科生教授授课情况、本科生思政课授课情况、本科生课程建设及教学成果、研究生教授授课情况、研究生思政课授课情况、研究生课程建设及教学成果等；科研总览数据主要包括项目分析、经费分析、科研成果等；人事人才数据主要包括在职教职工统计分析、部门单位信息、教职工职称情况统计分析、离退休情况等；学生数据主要包括本科生基本情况、研究生基本情况、研究生规模等；资产数据主要包括房产、设备、家具、图书等数据；网络与信息化数据主要包括网络安全、数据中心、高性能计算公共平台、网站群、办事大厅、信息门户、统一身份认证、校园卡等；学院综合数据以"一张表"平台为基础，主要包括学院的人事、教学、科研等数据，并可下钻到每一位教师的详细数据；总务后勤数据主要包括住宿情况、社区服务、生活、园林绿化等；党建数据主要包括党员人数、党员比例（教师、学生、性别）支部数等数据。

以地理信息系统（GIS）技术为核心，建设"一张图"平台，构建二维、三维、2.5维和实景图四种类型校园地图，实现房产、资产、树木、交通、消防、危险源、管网、大型仪器设备、AED、校园活动等数据在校园地图上的展示、统计和分析。[5]通过精准测量，构建校园基础空间信息数据库。利用无人机倾斜摄影技术采集了覆盖两大校区、共8平方公里的校园景观纹理，采集内容包括建筑物、道路、湖泊与植被等，应用专业处理软件及三维模型处理软件，生成了实景校园三维地图、虚拟校园三维地图、正射影像平面地图、二维平面地图等多种形式的地图。对校园内的291栋教学办公楼以及学生宿舍绘制分层平面图，将其叠加在二维平面地图上，赋予其平面地图坐标，形成了一整套重点突出、色彩协调、符号形象、图面美观的地图系统。保持实时，建立地名地址更新联动机制，制订了一套标准地名地址数据的建库技术规范，使之成为对同一地理实体要素进行描述的实际标准，对校园各类地名地址进行逐一梳理，形成校园标准地名地址数据，同时发布全校使用。建设了标准地名地址管理系统，实现了地名地址的分级授权管理，形成了地名地址的周期更新制度，保证了学校标准地名地址的长期有效性。融合推广，挖掘业务数据潜在关联。建设标准地名地址数据五万余个，为业务系统提供地名标准服务，与房屋管理系统、设备管理系统、常住人口管理系统等进行关联，实现单位、房屋、资产、人等在地图上的融合展现。

使用腾讯RayData探索建设数字孪生校园平台，对校园主要建筑进行建模，实现人、空间、活动在虚拟校园中的映射和交互。[6]设计了高校数字孪生校园平台架构，平台由基础设施层、支撑层、数据层、平台层、数字孪生服务层、展示交互层六层组成。基于学校"数据一个库"和"一张表"数据治理的全域贯通，数字孪生校园平台将学校"一张图"作为数字孪生底座，实现了数据驱动下的校园全景可视化展示和动态智能化管理，初步实现了校园运行监测、教学管理等数字孪生应用服务。将校园人/物、活动等各类孪生数据与"一张图"对接，实现了校园内空间位置数据与业务数据的关联，目前管理图层已达98个，管理要素超过7.8万个。将RayData作为建模平台，实现了数据驱动下的校园全景可视化。数字孪生校园平台的建设，实现了对校园运行监测和教育教学的动态智能化管理，提供包括校园概况、平安校园、今日教学、信息网络、办事服务等数字孪生应用服务，有效提升了学校的智能化管理和服务水平。例如，在今日教学场景，可实时监控教育教学情况，包括今日课程、教室使用、教师授课、学生上课等情况；可分层查看公共教学大楼的楼内布局，实现远程听课、巡课等功能，有效提升了教学资源利用率和教学质量。同时，为正在进行的课堂提供教师画像，展示教师教学能力、教学成果、科研水平等，提供在上课学生的集体画像和个体画像，包括学生存在学习困难、预计可能挂课的学生等列表以及学生个体360度相关数据的展现。

四、总结与展望

当前，信息技术飞速发展，随着大模型等新一代人工智能技术热潮的到来，数据的作用和价值将更加明显，数据驱动高校管理服务流程不断优化，管理服务更加精细化和智能化，不断提升师生信息化体验，提高高校办学水平，最终推动实现教育数字化转型。

参考文献：

[1] 刘雅琴，毛文卉，吴驰，等. 基于"一张表"平台推动面向高校教师的数据治理实践[J]. 现代教育技术，2022，32（01）：118-126.

[2] 严帆，刘晓兰，毛文卉，等. 基于校园卡消费数据的学生经济困难程度的综合评价指标体系的构建[J]. 电脑知识与技术，2022，18（33）：100-103.

[3] 李凯，秦楠，熊鹰，等. 高校智能问答平台的建设与应用研究——以华中科技大学为例[J]. 现代教育技术，2022，32（02）：109-117.

[4] 秦楠，郑竞力，吴驰，等. 高校资讯智能推荐系统的架构设计与关键策略研究[J]. 现代教育技术，2023，33（12）：100-110.

[5] 吴驰，郑竞力，李俊峰. 华中科技大学：打造校园地图服务体系[J]. 中国教育网络，2021（11）：62-63.

[6] 王士贤，文坤梅，李俊峰，等. 高校数字孪生校园平台设计与建设实践——以华中科技大学为例[J]. 现代教育技术，2023，33（11）：118-126.

教育强国视角下教育数字化转型的动因、价值与路径选择

李绍中 ①

摘　要：教育数字化转型是一场由数字技术发展带来的教育颠覆式变革，数字中国的建设、教育内在变化、新一代信息技术的支撑及国际国内政策的指引，共同推动了教育数字化转型进程。数字化转型作为数字中国建设的重要内容和必要支撑，是推进教育高质量发展的必由之路和应有之义，是重塑教育新生态的不二之选和重要举措，也是推进教育、科技、人才"三位一体"协同发展的有力抓手和根本保证。以建设"一平台、一生态和三体系"为抓手，构建具备连接、开放、共享、个性化特征的"人工智能+"教育新形态，实现基于数据的教学、管理、服务和治理。

关键词：教育数字化；转型；动因；价值；路径

一、教育数字化转型的时代动因

（一）数字中国建设呼唤教育数字化转型

一是数字中国建设成为推进中国式现代化的重要引擎。党的十八大以来，以习近平同志为核心的党中央着眼时代发展大势和国内国际发展大局，高度重视、系统谋划、统筹推进数字中国建设，提出一系列新思想新观点新论断，出台一系列重大政策，作出一系列战略部署，擘画新时代数字中国建设的宏伟蓝图，推动数字中国建设取得重要进展和显著成效，为推进中国式现代化提供有力支撑、注入强大动力。

二是数字经济蓬勃发展，数字经济规模占 GDP 比重逐年提升，并明显加速。数字经济是指以使用数字化的知识和信息作为关键生产要素、以现代信息网络作为重要载体、以

---

① 李绍中，教授，广州番禺职业技术学院副校长，国家级职业教育教师教学创新团队核心成员，全国职业院校技能大赛教学能力比赛和全国高校混合式教学创新大赛资深评委和指导专家，全国高等职业院校技术应用服务联盟副理事、中国教育发展战略学会信息化专委会理事、广东省委网络安全和信息化委员会副主任、广东省信息化与教学能力教指委副主任等职。长期从事教学、管理和信息化建设工作，曾主持"职业教育数据共享机制研究"等国家、省、市课题 10 余项，发表论文 30 余篇，参与编制教育部印发的《职业院校大数据中心建设指南》，多项信息化建设成果被教育部采纳。主编教材 7 部（其中两部为国家规划教材），获国家发明专利 6 项，软件著作权 2 项，排名第一获国家教学成果二等奖、省教学成果一等奖各 1 项。

信息通信技术的有效使用作为效率提升和经济结构优化的重要推动力的一系列经济活动，即通过数据的应用，引导、实现资源的快速优化配置与再生，实现经济高质量发展的经济形态。

（二）教育内部变更驱动教育数字化转型

一是教育者的变化。以政府、学校和教师为主体的教育者正在发生变化。由于在线教育等多种教育形式的涌现，教育者范围逐渐扩大，不再局限于包括学校教师、教育管理人员等在内的传统教育者。二是受教育者的变化。现在的学生属于互联网"原住民"，他们喜欢自主选择学习内容，习惯于屏幕学习以及碎片化学习方式，因而对于教学方法、学习习惯、思维方式等方面提出新的要求。三是教育内容的变化。科学技术发展越来越快，新知识呈指数级增长，教育内容更新速度加快。特别是在数字技术推动下，数据、知识和信息的迭代速度越来越快。四是教育手段的变化。在线教育形式和种类多样化发展，智慧校园搭建起一体化智能化教学、管理与服务平台，数字技术推动人才规模化教育与个性化培养相结合，助推教育教学管理精准化和决策科学化。随着互联网等数字技术的迅速发展，教学工具、学习工具、考试评价工具、课程结构与课堂形态等都发生着演变，其本质上是由于互联网颠覆了信息传播"中央复杂、末端简单"的传统规律，新的学习渠道和教学方式悄然形成，我们不能再用昨天的方式将今天的学生培养为明天的人才。

（三）技术演进为教育数字化转型提升必要支撑

随着云计算、大数据、人工智能、区块链、5G、数字孪生、虚拟现实、元宇宙、边缘计算等新技术应用日益成熟，数字技术在教育数字化上的使用契合度也在不断提升。云计算技术让教育数字应用系统研发效率大幅提升，让系统建设成本大幅降低，进而有助于教育成本的降低。一方面让更多的社会资源更低门槛的进入教育产业，另一方面也让教育活动创新更低成本、更高效率。随着数字化时代到来，物联网、区块链、人工智能等数字技术的不断创新和快速发展，社会和企业需要的不是知识记忆为主和操作规范的人才，而是具有创意、技术、整合和国际视野、持续学习力的综合素质人才，从而引发当前的终身学习、新工科教育、网络认证国际教育等新教育方式发展。大数据技术让教育过程的"千人千面"成为可能。通过对学生进行知识画像、能力画像，自动化定制出专属的教学方案，而且随着教学的推进，该方案还能持续优化调整，以及时匹配学生的实际学习情况。人工智能技术帮助老师从传统教学中大部分重复的、效率低下的工作解放出来，关注学生的差异化和教育活动的灵活性。

二、教育数字化转型的价值取向

（一）教育数字化转型是教育高质量发展的必由之路和应有之义

2023 年 5 月 29 日，习近平总书记在主持中共中央政治局第五次集体学习时指出：

"教育数字化是我国开辟教育发展新赛道和塑造教育发展新优势的重要突破口。"数字技术的深入发展和应用打破了时间和空间的限制，改变了传统的教学模式，形成了多元化、多维度的教学场景。教师借助大数据等技术对学生的学习过程和结果进行了全面科学的分析，为优化教学评价模式、突出过程性评价提供了必要的技术支持。

（二）教育数字化转型是贯彻数字中国战略的重要内容和必要支撑

一方面，教育数字化是数字中国建设的重要内容。2023 年 2 月，中共中央、国务院印发《数字中国建设整体布局规划》，提出了"2522"的数字中国建设框架，其中提出数字社会的建设，明确提出了对教育数字化的建设要求和内容。另一方面，数字中国战略对于驱动教育的创新发展具有重要的价值。学校借助数字技术，推动教育的数字化发展，利用数字技术的优势引领教育的创新和转型。学校结合社会发展的需要和学生成长需求，不断优化教学设施建设，打造数字化教学场景，打破传统教学模式的束缚，积极将数字技术应用到教学实践中，推动教育的数字化转型，创新教学理念和教学模式，打造符合技术发展趋势的教育环境，实现高等教育发展的融合创新。

（三）教育数字化转型是推进教育、科技、人才"三位一体"协同发展的不二之选和根本保证

党的二十大报告指出，"教育、科技、人才是全面建设社会主义现代化国家的基础性、战略性支撑。必须坚持科技是第一生产力、人才是第一资源、创新是第一动力"。今天的教育培养明天的人才，决定今后国家科技发展的水平。教育能否培养适应数字产业的创新人才，直接影响我国的科技发展水平。数字为转型推进人才培养模式和方法的创新，强化因材施教、分类发展、个性评价，实现最大程度的增值，培养真正有创新精神的时代新人。

三、数字化转型的路径选择（以广州番禺职业技术学院为例）

学校以新一代数字技术为支撑，以数据资源作为关键要素，以数据治理为突破口，以数据的分析应用为手段，以技术与教育教学融合创新作为价值追求，建设可感知、可记忆、可聚合、会学习、能思考的"番职超级大脑"，促进教育过程中各类数据的获取、挖掘、分析、利用，构建以学生为中心，具备连接、开放、共享、个性化特征的"人工智能 +"职业教育新形态，实现基于数据的教学、管理、服务和决策。

（一）完善智慧校园基础平台，为数字化转型提供坚实底座

基于新一代数字技术，全面升级智慧校园基础平台，推动下一代网络 IPV6 的部署和 5G 网络的应用，优化基础网络，改造学生宿舍区有线网络，新建学生宿舍无线网络，扩建数据中心，升级一卡通系统，建设校园传感网络和校园应急指挥中心。以"大平台 + 微服务"的设计理念为引领，新建或升级云平台、门户系统、统一认证平台、工作流引擎、统一支付平台、统一通信平台、自助打印平台、智能运维平台等应用支撑平台，为各类业务系统搭建支撑平台，实现新的业务系统灵活、快速上线。建设数字孪生系统和信息安全体系，实现数据的全面感知、快速传输、存储和高效处理，确保信息安全，为数字化转型提供根本保证。

（二）构建智慧教育生态环境，助推教学改革与创新

云计算、大数据、物联网、人工智能、移动应用、区块链等新兴技术为引领，开展支持教学模式变革和生态重构的信息化建设。为更好地适应数字经济带来的新变化、新需求，以"数字技术＋专业"升级改造专业群，形成聚焦高端产业和产业高端的专业新布局。为更好地支撑专业升级、教学改革和技术创新，重点推进实训室信息化、数字资源、智慧教室、教学质量管理平台、信息化教学机制等五方面信息化建设及应用。一是加强人工智能、大数据、物联网、区块链等新一代数字技术的实训室建设，大力开展在线智能实验室、虚拟工厂、VR/AR 等智能学习条件建设。二是以智慧学习理论为指导，开展智慧学习支持环境建设。根据专业、课程教学特色，分类、分层建设精品智慧教室、普通型智慧教室、专业实训型智慧教室和公共空间学习区、讨论室等。三是加大优质数字教学资源建设和应用力度，与行业龙头企业、兄弟院校、数字资源开发企业合作，建设"三维一体"的专业群数字教学资源库，即教学资源库同时具备学生自主学习、教师组织教学、企业员工培训与学习三大功能，加大 MOOCS 的建设和使用力度，助力教育服务供给模式升级和优秀师资的共享，深化在线学习平台（含移动平台）应用，建立教师、学生网络学习空间，以自建和外引相结合方式，进一步推进微课、多媒体教学软件、仿真资源、VR/AR 资源等优质数字教学资源和精品在线开放课程建设。四是完善教学质量管理信息平台，实现对教学过程中影响质量的各环节进行全员、全程、全面诊断、控制和预警。五是建立学生在线学习和教师应用线上线下混合式教学方式的激励机制，积极探索"以学习者为中心"的教学模式，以信息化教学为抓手，创新课堂教学，推动课堂革命，促进自主、泛在、个性化学习，积极探索基于大数据等新技术的智能学习效果有效评价方式，推进数字技术和智能技术深度融入教学全过程。

（三）建设自助办事服务体系，助推学校服务效能和水平提升

按照管理与服务分离的原则，建设"一站式"网上办事大厅，集中数据资源，贯通业务流程，将数据共享、业务申报审批和信息发布等众多业务服务集中起来，由专门系统来承担，实行统一管理、内部协调、协作实施，变传统的体外循环为高效的体内协同的信息化服务模式，从而助推服务效能和水平提升。一是建设统一信息平台，实现服务搜索、服务分类查找、服务事项信息发布、服务评价与反馈、服务注册、发布、下线、权限设置以及运行数据采集、分析、运行状态监测、公告发布、新闻订阅等。二是建设校园服务中心，实现对现有管理系统进行重构和碎片化，充分利用现有的业务系统构建全新的学校信息化生态，建立基于学校特征的校园服务中心，实现将用户办事过程从业务系统中剥离出来。三是建设校园流程中心，实现对校内现有业务流程进行整合与重构，构建符合学校真实管理与业务需要的跨部门、跨业务域的校级流程运行中心，依托工作流引擎平台作为技术支撑，将所有部门的流程打通、融合，并为学校提供优化管理流程、增强服务品质的决策辅助数据。四是建设自助办事系统和移动办事系统，为师生提供更加便捷的网上办事服务。

（四）建设三级数据应用体系，助推学校治理方式变革

目前学校已建成教学、科研、人事、行政办公、财务、后勤等近30个业务系统，学校管理基本实现信息化。为更好地发挥数字技术在学校管理、决策中的重要作用，打通业务系统数据，实现不同系统间数据融通共享，新建个人数据中心、部门数据中心和校级数据分析平台组成的数据应用体系。（1）个人数据中心建设。建设个人数据中心，为师生提供数据填报、数据展示、数据下载等服务，减少重复上报，达到数据的高效利用。（2）部门数据中心建设。建设部门数据中心，为二级单位提供数据查询、统计、分析、展示功能。（3）校级数据分析平台建设。建设校级数据分析平台，实现数据的统一和标准化管理，构建跨部门、跨系统的数据分析和展示平台，运用大数据开展教学、管理过程监测，实现管理的精细化和基于大数据的多维度智能评价，推动学校管理方式变革，全面提升学校管理水平。

（五）健全数字素养培养体系，助推师生数字技术应用能力提升

一是全面提升学生的数字素养，推动从技术应用向能力素质拓展，使之具备良好的信息思维，以及应用数字技术解决学习、生活中问题的能力。通过开设以云计算、大数据、物联网、人工智能、移动技术、区块链等新一代数字技术基本知识为主要内容的数字素养通识必修课程，将人工智能、物联网等新一代数字技术融入专业课程，开展"数字技术+"第二课堂活动，引进第三方学生数字素养评价等方式，加强学生信息意识、信息知识、信息能力和信息道德等方面的培养；二是对标《教师数字素养》标准大力提升教师数字素养，推动教师主动适应信息化、人工智能等新技术变革，积极有效开展教育教学，推动教师更新观念、重塑角色、提升素养、增强能力。针对教师数字素养的养成和教师信息化教学能力提升，组织集中培训、专题讲座、在线学习、岗位历练、教学能力比赛等活动，进一步提升教师的"数字技术+"专业、"数字技术+"课程、"数字技术+"教学方法等方面的能力。

四、结束语

教育数字化转型作为教育高质量发展的重要助推器，已经达成广泛共识，它将为教育插上腾飞的翅膀，助力构建"面向人人，适合人人，伴随一生，开放灵活"的教育新形态。

参考文献：

［1］宁连举，刘经涛，苏福根..高等教育数字化转型：内涵、困境及路径[J]. 中国教育信息化，2022，28（10）：3-10.

［2］程莉莉. 教育数字化转型的内涵特征、基本原理和政策要素[J]. 电化教育研究，2023，44（04）：53-56+71.

［3］中华人民共和国中央人民政府网. 教育部等六部门关于推进教育新型基础设施建设构建高质量教育支撑体系的指导意见[EB/OL].（2021-07-01）[2024-01-19]. https://www.gov.cn/zhengce/zhengceku/2021-07/22/content_5626544.htm.

［4］中华人民共和国教育部网. 加快教育高质量发展 2022 年全国教育工作会议召开[EB/OL].（2022-01-17）[2024-01-19]. http://www.moe.gov.cn/jyb_xwfb/gzdt_gzdt/moe_1485/202201/t20220117_594937.html.

［5］李绍中，龚静娴. "服务驱动"的职业院校智慧校园建设探索——以广州番禺职业技术学院为例[J]. 教育信息技术，2018，（05）：50-53.

［6］中华人民共和国中央人民政府网. 中共中央 国务院印发《数字中国建设整体布局规划》[EB/OL].（2023-02-27）[2024-01-19]. https://www.gov.cn/zhengce/2023-02-27/content_5743484.htm.

［7］中央网络安全和信息化委员会办公室网. 国家互联网信息办公室发布《数字中国发展报告（2022 年）》[EB/OL].（2023-05-23）[2024-01-19]. http://www.cac.gov.cn/2023-05/22/c_1686402318492248.htm.

［8］李志民. 互联网推动教育数字化转型的机遇与挑战[J]. 佛山科学技术学院学报（社会科学版），2022，40（06）：5-11.

［9］李绍中，宋良杰. 信息化助力职业院校"双高计划"实施的研究与实践——以广州番禺职业技术学院为例[J]. 广东职业技术教育与研究，2023，（07）：75-77+87.

［10］陆诗雨. 我国数字经济发展的路径研究[D]. 中共辽宁省委党校，2023.

［11］胡煜. 新时代高等教育数字化转型的价值、要点及路径选择[J]. 黔南民族师范学院学报，2023，43（02）：50-55.

教育场景驱动的高校数据治理^①

刘英群　周　潜　韩锡斌 [②]

摘　要：教育数字化转型的重要任务之一是通过数据治理提高教育治理能力，当前数据治理呈现出场景化和智能化的趋势，但是以管理和标准为核心的静态治理理念难以适应应用场景的数字化转型和创新。本文首先从数据治理的视角探讨了教育场景的概念和特征，然后分析了当前高校教育场景数据治理中存在的数据不够"大"、数据不够"好"、数据未尽其"用"三个核心问题，提出高校教育场景驱动的数据治理方法和治理流程，教育场景中的原始数据经过数据资产化、数据标准化、数据要素化三个关键环节演化为具有计算属性、组织属性和教育属性的场景数据资产，作为关键要素进入到教育教学过程中，从而形成良性循环的数据资产生态，充分发挥数据资产的教育价值。

关键词：职业教育；数据治理；教育场景；数据资产；数据资产生态

一、引言

学校治理是高校立足自身可持续发展，通过制定一系列治理制度达到协调各方力量，划分利益主体权、责、利，以支持学校良性发展的过程[1]，强调的是以学校为主要承担者和主要场景的治理[2]。高校数据治理与学校治理密不可分，数据治理既是学校治理对象的一部分，也是学校治理的工具和手段。数据治理必须在学校治理的框架、机制和组织机构基础上围绕数据资产相关问题建立适合的决策和问责机制，以信息化领导小组、信息化部门、业务部门、教师、学生、相关企业等多元化的利益相关者为数据治理主体[3]，围绕教学、科研、管理服务和校园生活等教育场景形成数据治理活动所依据的原则、策略、标准和规范。数据治理的战略性目标是通过数据应用来充分发挥数据资产的

① 刘英群，周潜，韩锡斌. 教育场景驱动的高校数据治理 [J]. 中国电化教育，2024，（01）：38-43+67. 本文系国家社科基金 2019 年度教育学一般课题"高职院校信息技术融入技术技能培养的理论与实践研究"（课题编号：BCA10075）研究成果。

② 刘英群，高级工程师，博士，研究方向：职业教育信息化、混合教学、数字治理；周潜，高级工程师，博士，研究方向：信息化环境下的教学改革与创新、职业教育信息化；韩锡斌，教授，博士，研究方向：职业教育信息化、混合教学，中国教育发展战略学会未来教育专业委员会副理事长。韩锡斌为本文通讯作者。

价值，而教育场景提供了必要的教育情境和教育价值内涵，是数据治理中不可忽视的关键要素之一。《数据治理——2035 数字议程重大议题研究报告》中提出数据治理将更具场景化和智能化的趋势[4]，数据治理中以管理和标准为核心的静态治理理念与场景中数据和业务的动态变化之间的矛盾将越发突出，以往大而全的标准、统一的流程和工具难以适应场景的数字化转型和创新。

现有的高校数据治理研究聚焦在两个方面：一是有研究提出了高校数据治理框架、体系和实施路径[5]，这些研究往往局限于对抽象的治理框架和治理体系的论述，难以体现高校的教育情境和特定问题；二是有研究对特定教育场景的数据治理进行了初步探索，如阐述基于用户画像这个典型教育场景实现高等教育"依数治理"的"五步"实施框架[6]，但是这类研究尚未对教育场景与数据治理两者之间关系做进一步的探讨和揭示，限于对某个特定场景具体实施方法的讨论。鉴于此，本文将从高校教育场景出发，探讨教育场景驱动的数据治理方法及过程。

二、教育场景的概念和特征

场景是理解人类社会行为的一个重要信息单元，通过场景分析可以了解人类社会行为模式和社会规律，以获得对当下社会生活的更高解释力[7]。"场"指的是"场所"和"场合"，"景"指的是"景色"和"景象"，通常被理解为在物理空间中发生的行为，及由此形成的具有情节的故事，因此场景既可以描述为人物的行为链，也可以描述为故事的情节链。在数字化转型背景下，场的概念得到进一步扩展，从以往的物理空间延伸到数字空间和社会空间，人的行为从身体动作行为扩展到信息操作行为，故事情节在数据中介和数字技术的作用下内容更为多样和丰富。徐步刊等认为场景是"某一状态下所包含的情境信息及其所需执行动作（事件）的集合"[8]，通过构建场景模型以实现对场景的识别和分类。武法提等认为，互联网时代下的"场景"是基于特定的时空领域范围，围绕以"人"为中心，以需求为导向，以感知设备为载体，以事件为表现形式的行为序列总和。[9]教育情境下的场景包含狭义和广义两个方面。狭义的教育场景特指教学情境，描述发生在教学场所内、教学过程中的教师教学行为和学生学习行为，参与的主体一般为教师和学生。广义的教育场景则泛指围绕一般性教育教学活动所形成的教学、管理和服务行为，主体除教师和学生之外，还可以是校内、校外其他人员和组织。教育场景中的数据是高校教育数据的核心，应包含五个方面的信息：场景的情境信息、场景参与主体的行为意图、主体行为过程、主体行为结果、主体之间的交互信息。教育场景中积累了大量数据，且以不同的形态存在，蕴含着场景内在的运行规律和教育价值，因此它既是高校数据治理的起点，也是终点。从数据治理的视角，教育场景具有政策引导性、技术驱动性和动态发展性的特征。

（一）政策引导性：教育数字化转型重构教育场景

教育部于 2022 年启动的教育数字化战略行动，构建智慧化的教育发展生态是教育数字化转型的重要目标之一。教育新生态需要更多使用数字思维重构的教育场景，将原有的教育场景通过数字化改造适应未来"数据驱动、人机协同、跨界融合、共创分享"的智能形态和产业发展。教育场景的数字化重构不仅仅是将数字技术作为工具在原有流程和模式中的应用，而是针对场景中的难点和痛点问题，通过数据治理将技术与场景过程充分融合，形成有效的信息链，实现业务流程再造。[10]

（二）技术驱动性：新一代信息技术创新教育场景

随着新一代信息技术的兴起，人工智能、虚拟现实、大数据等技术在教育中的应用越发广泛，以技术为基础的教育场景不断丰富。国际经合组织（OECD）提出未来教育的四个场景[11]，描绘了随着新一代信息技术的发展未来可能出现的教育服务供给方式和学习方式。杨晓哲等提出未来人工智能可以在智能辅导、微格教学、自适应学习、沉浸学习、自动测评、课堂评价、数据决策、智能治理等 8 个方面的应用场景中发挥作用，从而提出教育人工智能的下一步推进策略。[12]网易的"子曰"教育大模型[13]采用"场景为先"的策略，通过提供具有语义理解、知识表达等基础能力的基座模型来支持广泛的教育场景，并为口语训练、作文批改、习题答疑等六大教育场景设计了定制化的模型，以实现模型与场景的高度契合，展现了新一代信息技术在教育领域的广泛应用前景。综合应用新一代信息技术所形成的数字孪生技术[14]在教育中得到广泛的应用，通过装配可视化设备、信息化空间收集装置等优化实训教学过程，为多模态实训学习分析和智能决策提供了信息化环境支撑。

（三）动态发展性：数字化教育形态拓展教育场景

党的二十大报告提出"统筹职业教育、高等教育、继续教育协同创新，推进职普融通、产教融合、科教融汇"。[15]数字化打破职普之间、产教之间、科教之间的资源与信息壁垒，破除体制机制障碍，通过学分银行、国家资历框架与劳动力市场的交互对接、学习成果的"校—校"及"校—企"互认等智慧服务体系构建终身学习的全生态链条。此外，产教融合、校企合作使得高校与社会其他组织机构形成联系更为紧密的利益共同体，场景之间的交叉和融合使其具有更为广泛的场域、内容和形式。数字化教育形态的演变本质上是教育场景在时空多个维度的拓展和延伸，打破原有场景中制度、利益、文化、资源等方面的阻碍和限制，形成新的生态和发展范式。

三、高校教育场景数据治理的核心问题

随着教育数字化的持续推进，高校的数字校园已经从初期的以"建设"为中心发展到以"应用"为中心，促进了越来越多教育场景的数字化转型。四川省教育厅 2023 年开

展的《四川省教育厅关于开展数字校园应用场景典型案例征集评选活动》评选出 55 个数字化应用场景,涵盖了管理服务、教学科研等多个领域。[16] 丰富的应用场景推动高校构建了较多业务系统并积累了大量的校本数据,从而催生了对数据治理的需求。当前高校的数据治理存在较多的问题,从教育场景的角度,核心问题体现在以下三个方面。

(一)数据不够"大"

尽管高校现有的数据结构复杂、来源多样,但是在数据量、数据类型、数据全量性等方面还达不到大数据的标准。在数据量方面,一方面高校用以支撑教育场景的业务系统的建设采用了自建、企业主导建设、政府公共平台、云服务等多种形式,数据资产的权属存在权责不明的问题;另一方面,校本数据的集成和共享仍存在信息孤岛问题,主数据还不够完整,对于那些跨业务、跨领域、跨部门的教育场景的支持还不充分。在数据类型方面,一般侧重于教育场景中的结构化数据,对于教师教案、课堂互动、教学视频、学生信息化作品等非结构化数据缺乏有效的收集和处理,而这些恰恰是教育大数据的主体。在全量性方面,严重缺乏过程性、反馈性和评价性的数据,如对于电子教材的场景,反映电子教材教学设计、教学实施和教学效果的数据目前普遍是缺失的。这对于学校治理无论是战略层面还是战术层面都难以形成有效的绩效评估,无法为各项教育教学改革举措的持续性实施和推进提供决策支持。

(二)数据不够"好"

数据质量通常被认为是数据治理的基本目标和出发点,其核心是确定高质量数据的标准和指标,通过持续的监测发现海量数据中不满足要求的数据,并进行整改和质量提升。在 GB/T 36344–2018 中,定义了规范性、一致性、完整性、准确性、时效性和可访问性六个评估维度,并给出了具体的计算指标(国家标准化管理委员会,2018)。[17] GB/T 42381.8–2023 遵照 ISO8000 数据质量标准,将数据质量划分为语法质量、语义质量和语用质量三个维度。[18] 目前教育数据还缺乏专门的数据质量标准,数据质量管理制度和监控机制也普遍缺乏,通常是在日常统计分析中发现并提出数据质量问题,问题追溯和分析缺乏过程性数据支持。一般情况下学校的数据质量应遵循和参照国家标准,制定适合学校自身需求的标准,但是具体到每个教育场景,则需要根据数据治理的目标确定适合的数据质量评估维度和计算指标。比如在"混合学习"教育场景中,视频播放数据就需要针对播放时间不准确、无效播放、播放流畅度等问题确定数据质量标准,使其能够更精准地反映实际播放情况。

(三)数据未尽其"用"

2021 年发布的《中国数据治理现状调研报告》显示,有 84.3% 的机构以业务分析驱动数据治理工作[19],而针对在数据应用中反映出存在较高比例的数据与场景融合不够、数据应用面窄、业务需求支持度不高等问题,报告建议"机构可以在业务中寻找数据应用场景，在场景中明确数据治理的目标和标准"。高校的教育场景往往涉及多个层级和部门，利益相关者中既包括数据消费者，又包括数据生产者，他们有不同的目标和诉求，且会随着时间、外部环境的变化而变化。这导致数据治理的目标模糊且难以分解和量化，建立稳定的、具有普遍适用于各利益相关者的需求得不到满足，其参与的积极性和主动性会受到较大的影响，又进一步加大了数据治理的难度和复杂度。

鉴于此，高校应针对数据治理中的问题，从教育场景分析入手，结合现有的数据治理框架和实施路径，确定针对场景的数据治理方法和过程，促进场景的数据建设和应用的良性循环，为利益相关者提供更丰富、更好的数据服务体验。

四、教育场景驱动的高校数据治理框架

教育场景是数据治理的基本载体，就数据治理包含的四个基本要素，即治理主体、治理客体、治理目标和治理方式[3]而言，数据治理主体是场景中参与活动的个体，数据治理客体包括场景产生的数据、使用的数据及相关的数据事务，治理目标受场景的教育目标、业务流程和数据特征的影响，不同的治理目标需要采用不同的治理方式、治理流程和治理工具。Zhao-ge LIU 等[20]针对政府大数据治理提出基于场景的模型框架，用于决策支持。刘革平等构建了职业院校数据治理的总体框架，包含数据治理层级和数据治理体系，将数据应用场景作为数据治理的一个层级。[21]张秦等认为院校数据治理需要形成以数据系统为核心，政府、学校、社会和市场等多元利益主体所构成的协同运行的新型治理机制。[5]在这个新机制中，将教育场景作为数据治理体系的某个层级是不恰当的，因为场景本身不仅包含了完整的数据生命周期，而且承载了多元利益主体不同层次的诉求。数据治理的核心是数据资产，目的是通过数据的标准化来保障数据的高质量和可信任，发挥数据资产的价值，并围绕数据全生命周期形成数据治理组织、制度、标准和规范。数据资产的价值是在数据应用中体现出来的，无论是传统教育场景的数字化转型，还是已经数字化的教育场景都需要依托数据资产的管理和运营，将教育场景中内涵的教育价值转化为数据资产的价值。教育场景中的数据资产在标准化之后成为学校整体数据资产的一部分，进入到全生命周期管理流程中，在规范和制度约束下得以在更大范围内流通和使用。教育场景驱动的高校数据治理框架如图1所示。

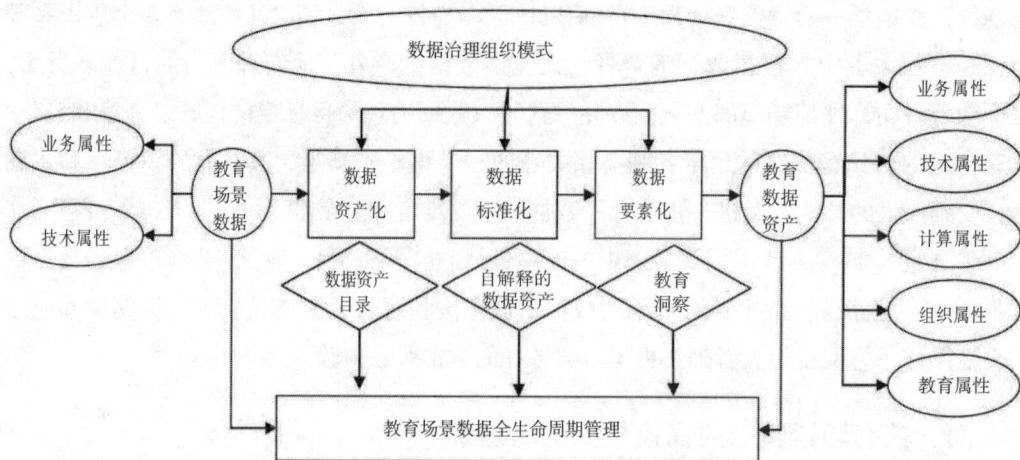

图 1 教育场景驱动的高校数据治理框架

本质上数据治理需要完成两种价值传递，一是通过数据治理实现数据、信息、知识到洞察的信息链[22]，二是基于生产要素理论通过数据治理实现数据、数据资源、数据资产到数据要素的资产链[23]。从信息链和资产链转换为教育链和人才链是教育数据治理的核心命题。教育场景中的数据从原始数据到最终成为教育教学中的数据要素，数据的属性发生了演变，在原有的业务属性和技术属性基础上增加了计算属性、组织属性和教育属性。业务属性描述数据与业务相关联的特性，包括业务定义、业务规则、统计口径、数据质量要求等；技术属性描述数据与信息技术相关联的特性，包括数据格式、数据类型、数据存储等；计算属性描述数据资产从语法、语义、语用三个层面的可计算特征，是应用人工智能技术挖掘数据资产价值的前提和基础，依据计算属性可以提取场景主体的行为链；组织属性描述数据资产的所属人、管理单位、数据标准、管理流程等，规定了对数据资产的管理和控制方式；教育属性是数据中蕴含的教育模型、教育规则、问题解决策略等。这个过程需要经过数据资产化、数据标准化、数据要素化三个关键数据治理环节，依托特定的数据治理组织模式完成。

（一）教育场景驱动的数据资产化

数据资产化是从业务的数据需求端出发，打通组织内部数据、引入组织外部数据，加深数据与场景业务的融合，应用数据分析技术，实现数据赋能业务发展，在合规化的条件下进行共享和开放[24]。高校需要通过数据资产化解决数据的集中和确权问题，构建数据资产目录，明确数据的管理归属、使用权限和流通范围，并对数据资产的价值进行评估。数据的价值在于与应用场景的结合，依照发展阶段，教育场景中的数据资产可以分为原始数据、粗加工后的层次化数据、精加工后的多维化数据、场景虚实融合后的模型化数据、场景创新后的衍生性数据等[25]。数据治理视域下的数据具有异质性特征，不同应用场景下，数据所贡献的价值有所不同[26]，不同应用场景其数据资产价值评价指标和权重需要依据场景主要参与者的协商确定，最终形成数据价值评价的规则库。教育场景中数据资产价值的评价要更为复杂，取决于数据中蕴含的教育机理和教育规律，可以充分利用学习分析和教育数据挖掘技术形成数据资产价值评价模型，提高数据的教育解释力，洞察隐藏在数据背后的内在关系与运行逻辑，揭示教育发展演变的客观规律。

（二）教育场景驱动的数据标准化

数据标准化是对数据的定义、组织、监督和保护进行标准化的过程，主要包括组织架构、制度规范、技术工具、标准体系、作业流程、监督考核等方面[27]。教育场景中的业务流程和业务规则部分隐含在业务数据中，最终体现为数据项的约束、数据项与数据对象之间的关系以及数据对象与数据对象之间的关系，这些约束和关系需要解释和提炼，最终以数据标准的形式显性表达，形成对数据的命名、定义、结构和取值规范方面的规则和基准，提高数据资产的可自解释性。对于教育场景中的数据资产，数据标准化的意义主要体现在三个方面。一是在原始数据资源的基础上增加元数据，提高数据的可解释性和可计算性，能够进一步提高数据应用的能力和范围。二是促进数据流通和共享，实现与其他教育场景中数据的可交互性。三是形成数据完整性规则、一致性规则、精确性规则等，提升数据质量。

（三）教育场景驱动的数据要素化

数据要素指在生产和服务过程中作为生产性资源投入，创造经济价值的数据、数字化信息和知识的集合。2022年国务院发布《"十四五"数字经济发展规划》提出"要充分发挥数据要素作用、强化高质量数据要素供给"。[28]数据要素化是发现、挖掘、发挥教育数据价值，并将数据嵌入、融合到教育教学过程的关键环节。杨现民等认为"教育数字化转型的关键特征之一是教育数据要素化"[29]，提出通过教育数据要素化在教育解释力、教育诊断力、教育预测力、教育决策力、教育监督力五个方面提高教育生产力。汪维富等提出采用"数据故事化"的方法来转化教育数据价值，将数据故事化作为数据可视化的发展和演进，促进从数据的表面感知转向数据的深度认知。[30]当数据要素脱离教育场景的情境、利益相关者、事件发展逻辑时，就难以形成对教育行为有意义的解释和理解。中国信通院的《数据要素白皮书》中提出了三种数据要素价值转化途径：通过业务贯通实现一次价值转化、通过业务智能化决策实现二次价值转化、通过对外流通和赋能实现三次价值转化。[26]当前高校数据要素价值转化仍停留在第一个阶段，更深层次的价值转化仍处于探索阶段，未形成广泛的应用。

（四）教育场景驱动的数据治理组织模式

目前，高校中大多已经形成了以校级领导或领导小组为统筹决策部门、以信息中心为运行管理和监督部门、以院系部处为执行部门的三层次信息化组织架构。高校的数据治理往往依托于现有的信息化组织架构，并进一步明确和分配数据治理的角色和职能。一般而言，企业的数据治理具有四种较为常见的组织模式：分散模式、归口模式、半集中模式和全集中模式[21]。由于高校中业务职能部门往往不具备数据治理的能力，且信息化管理和监督部门的人员配备和技术力量难以支撑各业务职能部门单独开展数据治理，因此高校多采用全集中模式，即以学校信息化运行管理和监督部门为主体，抽调各相关部门的资源和力量构建专职的数据治理团队，并由该团队全面负责整个学校的数据治理工作。这种模式管理较为简单，但是作为利益相关者的业务职能部门往往置身事外，缺乏主动性和积极性，数据治理各项制度和规范往往流于形式，不利于数据治理的常态化管理[31]。在教育场景驱动的数据治理模式中，以业务职能部门为主，围绕场景数字化转型和升级、教学改革、数据上报等不同层面的需求，信息化管理和监督部门在数据治理方法、平台工具、标准规范、流程制度等方面给予支持，将场景的数据治理在整个学校的数据治理框架下统筹思考，确定规划和实施方案，并借助社会力量在技术上加以实现。

五、面向高校教育场景的数据资产生态

在多方因素驱动下，高校的教育场景不断发展变化和融合创新，数据治理中的数据资产需要形成一个良性循环的生态系统以支持教育场景的数字化转型和快速迭代。董慧敏提出数据资产的生态系统是由数据创造者、数据利用者、内外部因素和数据中介者构成的，目标是使数据资产价值最大化[32]。普华永道的《数据资产生态白皮书》[33]认为数据资产价值与风险维度、质量维度、成本维度和应用维度四个因素相关。其中应用维度指的是不同场景下，数据所贡献的业务价值，包括场景性、时效性、稀缺性和多维性四个指标。在数字经济时代，数据资产的价值可以转化为经济价值，并通过良好的商业模式构建平衡的数据资产生态[34]。在教育领域中，数据治理是为高校治理和人才培养服务的，对数据资产的价值核算和评估应构建一套适合的逻辑和方法，所形成的生态系统也要与教育本身的生态融合，成为其有机组成部分。教育生态理论主张通过优化各种生态要素和生态环境，促进教育生态系统安全、稳定、协调、持续的发展，从教育生态系统的内部规律性探讨教育管理的最佳途径和最优机制[35]。因此教育体系既是教育数据资产生态赖以生存和价值体现的外部环境，也是为促进数据资产生态发展和演变提供人员、制度、需求、经济、文化等基本要素的动力系统。其中，教育场景对于数据资产生态的影响最为直接，场景中蕴含的教育战略和政策、教育标准和法规、教育理念和规律等都会影响数据资产生态的形成和发展，而对数据资产价值的评估也离不开场景本身的价值目标。总体上，面向教育场景的数据资产生态由宏观和微观两个层面构成，包含工具价值和教育价值两种价值取向，需要经历共生和融合两个发展阶段。

（一）数据资产生态的构成

数据资产生态与教育体系的融合是宏观层面的融合，在教育现代化的框架下，代表了最广泛的多元利益主体，为"构建央地互动、区域联动，政府、行业、企业、学校协同的发展机制"[36]提供基础支撑。国家层面构建的国家智慧教育平台集成了各类在线课程、教学资源及教育管理数据等，成为数据资产生态中最大的数据中介。通过这个数据中介，集中反映国家在现代教育体系中的工作重点、教育政策方向以及教育标准和规范要求，同时也反映了各利益主体与国家战略、学校战略和企业战略的差异化和个性化诉求。微观层面的融合是数据资产生态与高校治理体系的融合，体现了高校的整体战略在数据资产中的价值实现。数据资产融入高校治理的组织体系、运行体系、关系体系、价值体系和制度体系中，成为其重要的生产要素，以及实现高校治理体系和治理能力现代化的驱动力量。高校数字校园和大数据中心的建设为中观层面的融合提供了必要的信息化基础设施，高校的信息化体制机制是数据资产生态的组织保障。

（二）数据资产生态的价值取向

价值是客体对主体的意义和目的性[37]。教育场景的教育参与者和数据资产生态中的数据创作者和数据利用者都是整个生态中的主体，但是这些主体对场景和数据资产的诉求并不相同，从而产生了不同的价值选择和价值取向。对于教育场景而言，数据资产的价值取决于对场景应用绩效的贡献度，教育场景的数字化能够促进业务流程简化、效率提升以及组织之间的权力转移和平衡等，其中的直接绩效体现为工具价值，间接绩效体现为教育价值。在数据资产生态中，数据资产的工具价值取决于数据创作者和数据利用者对数据资产诉求的满足程度，教育价值则体现为发现数据中的教育规律，促进个体发展。

（三）数据资产生态的发展阶段

随着教育场景的应用不断深入，场景中的数据不断产生并逐渐丰富，当数据量和数据类型积累到一定程度时，经过数据治理后形成数据资产，其数据价值得到进一步提升，数据应用的范围和人群进一步扩大，逐渐形成数据资产生态。在这个形成过程中，教育场景和数据资产生态是一种共生的关系，两者相互促进，不断改良并完善原有的教育场景，形成良性循环。在数据资产生态发展阶段，其与教育场景之间是一种融合的关系，数据资产将会在原有教育场景的基础上发展出新的教育场景，甚至改变原有场景的模式和形态，促进场景的创新和演变。

参考文献：

[1]孙晓庆.基于国际比较视野的高职院校治理结构研究[J].职教论坛，2015，（23）：49-52.

［2］肖凤翔，肖艳婷. 高职院校治理之维：研究综述及展望［J］. 职教论坛，2018，（5）：13-18.

［3］董晓辉. 活动理论视角下高校教育数据治理体系构成要素研究［J］. 中国电化教育，2021，（3）：79-87.

［4］李晓东，安筱鹏，等. 2035 数字议程重大议题研究报告：数据治理［EB/OL］.［2022-09-27］. https：//www.fuxiinstitution.org.cn/content_635881273667227648.

［5］张秦，孙长坪. 数据治理：高职院校治理方式的创新［J］. 中国职业技术教育，2021，（27）：32-37.

［6］于方，刘延申. 大数据画像——实现高等教育"依数治理"的有效路径［J］. 江苏高教，2019，（3）：50-57.

［7］黄石华，武法提. 场景化分析：一种数据驱动下的学习行为解释性框架［J］. 电化教育研究，2023，44（5）：51-59.

［8］徐步刊，周兴社，等. 一种场景驱动的情境感知计算框架［J］. 计算机科学，2012，39（3）：216-221.

［9］武法提，黄石华，等. 场景化：学习服务设计的新思路［J］. 电化教育研究，2018，39（12）：63-69.

［10］李高勇，刘露. 场景数字化：构建场景驱动的发展模式［J］. 清华管理评论，2021，（6）：87-91.

［11］OECD.Back to the future of education：four oecd scenarios for schooling［EB/OL］.［2023-08-18］. https：//doi.org/10.1787/178ef527-en.

［12］杨晓哲，任友群. 教育人工智能的下一步——应用场景与推进策略［J］. 中国电化教育，2021，（1）：89-95.

［13］网易. "子曰"教育大模型［EB/OL］.［2023-08-18］. http：//aicenter.youdao.com/#/ home.

［14］艾兴，张玉. 从数字画像到数字孪生体：数智融合驱动下数字孪生学习者构建新探［J］. 远程教育杂志，2021，39（1）：41-50.

［15］怀进鹏. 加快教育强国［A］. 党的二十大报告辅导读本［M］. 北京：人民出版社，2022.

［16］四川省教育厅. 四川省教育厅关于开展数字校园应用场景典型案例征集评选活动［EB/OL］.（2023-08-18）. http：//edu.sc.gov.cn/scedu/c100495/2023/4/24/3 c31b02bb31f456591ece f2bceb4b4eb.shtml.

［17］国家标准化管理委员会. 信息技术 数据质量评价指标［EB/OL］.［2023-08-18］. http：// c.gb688.cn/bzgk/gb/showGb？ type=online&hcno=D12140EDFD3967 960F51BD1A05645FE7.

［18］国家标准化管理委员会. 数据质量 第 8 部分：信息和数据质量：概念和测量》［EB/OL］.（2023-08-18）. https：//openstd.samr.gov.cn/bzgk/gb/newGbInfo？ hcno=B 09B01B2800D73 4D288920DD14393DAC.

［19］CIO时代. 中国数据治理现状调研报告［EB/OL］.［2023-08-18］. https：//www.sgpjbg. com/baogao/76749.html.

［20］Zhao-ge LIU，Xiang-yang LI，et al.Scenario modeling for government big data governance decision-making：Chinese experience with public safety services［EB/OL］.（2022-02-18）. https：//doi.org/10.1016/j.im.2022.103622.

［21］刘革平，罗杨洋，等. 职业院校数字校园中的数据治理探究——《职业院校数字校园规范》解读之五［J］. 中国职业技术教育，2021，（4）：32-38.

［22］王兆君，王铖，等. 主数据驱动的数据治理——原理、技术与实践［M］. 北京：清华大学出版社，2019.

［23］祝首宇，蔡春久. 数据治理：工业企业数字化转型之道［M］. 北京：电子工业出版社，2020.

［24］中国信通院. 数据资产管理实践白皮书（6.0）［EB/OL］.［2023-08-18］. https：//www. sgpjbg.com/baogao/111944.html.

［25］普华永道. 数据资产价值评价指标分析［EB/OL］.［2023-08-18］. https：//www.pwccn. com/zh/services/audit-and-assurance/risk-assurance/publications/data-asset-value-evaluation-index-analysis-jul2022.html.

［26］中国信通院. 数据要素白皮书［EB/OL］.［2023-08-18］. http：//www.caict.ac.cn/kxyj/qw fb/bps/202301/P020230107392254519512.pdf.

［27］祝首宇，蔡春久. 数据标准化：企业数据治理的基石［M］. 北京：电子工业出版社，2023.

［28］国家发改委. "十四五"数字经济发展规划［EB/OL］.［2023-08-18］. https：//www.ndrc. gov.cn/fggz/fzzlgh/gjjzxgh/202203/t20220325_1320207.html.

［29］杨现民，吴贵芬，等. 教育数字化转型中数据要素的价值发挥与管理［J］. 现代教育技术，2022，32（8）：5-13.

［30］汪维富，闫寒冰，等. 数据故事化：教育数据要素价值转化的新视角［J］. 电化教育研究，2023，44（5）：13-19+28.

［31］Abraham R，Schneider J，et al.Data governance：A conceptual framework，structured review，and research agenda［J］. International journal of information management，2019，49：424-438.

［32］董惠敏. 生态系统视角下数据资产价值最大化路径探析［J］. 质量与市场，2021，（22）：166-168.

［33］普华永道. 数据资产生态白皮书［EB/OL］.［2022-12-21］. https：//www.xdyanbao.com/ doc/gabm1sk84p.

［34］Elizabeth Davidson，Lauri Wessel，et al.Future directions for scholarship on data governance，digital innovation，and grand challenges［EB/OL］.［2023-02-09］. https：//doi.org/10.1016/

j.infoandorg.2023.100454.

［35］尹达. 教育治理现代化：理论依据，内涵特点及体系建构[J]. 重庆高教研究，2015，3
（1）：5-9.

［36］中共中央办公厅　国务院办公厅. 关于深化现代职业教育体系建设改革的意见［EB/OL］.
［2022-12-21］. https：//www.gov.cn/zhengce/2022-12/21/ content_5732986.htm.

［37］杨志成，柏维春. 教育价值分类研究[J]. 教育研究，2013，34（10）：18-23.

数字化教育背景下的生涯教育发展走向及其智能延伸①

李晓烽　张海昕②

摘　要：随着教育现代化的不断推进，教育产业的发展依赖于数字化教育的技术突破。通过比较的方式研究生涯教育的发展现状，目前存在的技术难题有网络交互、学习者建模、教育决策以及学习资源供给等。数字化教育也完成了从资源共享到教育生态系统的演变，通过技术创新，教育能够在多个维度进行深度融合。

关键词：数字化教育；发展走向；延伸资料；演变路径

引言

教育是一个国家的立国之本，数字化信息技术的迅猛发展对于生涯教育有着至关重要的影响，对生涯教育现代化改革有着积极的促进作用。数字化生涯教育应该如何开展，传统的生涯教育在新的历史时期如何应对数字化教育的挑战，这是生涯教育改革过程中需要解决的重要课题。

一、发展数字化教育的重要性

党的政策文件中，多次强调数字化教育的重要性，要贯彻落实好数字化教育，利用信息技术以及人工智能技术的巨大优势，对现有的教育模式以及教育方法进行创新，逐步形成适用性强、灵活性高的现代化教育体系。不断对教育体系进行创新和变革，打造出数字化、终身化、信息化以及个性化的教育体系，建设全民学习和终身学习的学习型社会，将数字化技术和教育体系有机结合起来，促进教育体系的创新发展。[1]2016年4月19日，习近平总书记在信息网络安全和信息化工作座谈会上的讲话，基于网络空间命

---

① 2022年中国教育发展战略学会生涯规划课题《中国式现代化视域下的福建省高，本一贯制生态体验式生涯规划课程体系构建》（课题编号：syn2023008）。2023年福建商学院校级教改课题《中国式现代化视域下的高校教学管理人工智能技术改革方法探究》（课题编号：2023JGB06）的研究成果。

② 李晓烽，硕士（在读博士），福建商学院助理研究员，研究方向：生涯教育研究、高考政策研究、劳动教育研究；张海昕，硕士（在读博士研究生），中国教育战略发展学会生涯教育专委会理事长，研究方向：生涯教育研究，教育管理研究，法学研究。

运共同体的战略角度，创造性提出了互联网＋教育的人才培养模式，为教育体系的改革指明了方向，同时也促进了教育的创新，借助互联网的巨大优势培育创新型人才，在社会发展中不断增强教育体系的信息化程度，并利用信息化的技术手段让教育资源覆盖到更多的人群，逐步减少城乡之间的教育资源差距，解决好区域经济发展不均衡的问题，努力实现教育公平。[2]同时在基层的扶贫工作中也需要借助信息化网络技术，让深山里的孩子也能像城市里的孩子一样接受现代化的教育。

在国家的发展规划中也有多次提到，不断促进教育体系的现代化。从教育现代化的本质来说，是将教育和生产劳动有机结合起来，培养出全面发展的技能型人才。现代生涯教育往往有着非常明显的生产性质，随着社会生产的不断发展，从最早的手工业到后面的机器大工业再到如今的互联网信息技术，现代生涯教育所呈现出的内容也在不断地丰富，内容与过去相比也更加科学化，教育途径也更加智能化和信息化。也就是说信息化是实现生涯教育现代化的基础，教育信息技术化也是生涯教育现代化最重要的特征之一，数字化信息技术的深入发展对生涯教育产生了非常重要的影响。

教育部门也非常重视数字化教育发展，并根据教育开展现状出台相应的政策文件扶持教育信息化的发展。[3]在世界教育论坛会议中曾指出，教育的愿景和使命需要实现公平的优质教育制度以及终身学习习惯，需要在所有的环境中为公民提供终身学习的机会，利用多种教育途径使得学习的方式变得更加灵活，同时随着社会的进一步发展，需要承认非正式教育获得的知识以及技能水平。[4]从现代生涯教育的包容属性和个性化的角度出发，阐述了生涯教育发展的重要方向和目标，生涯教育体系的发展需要向全体公众提供教育服务，服务对象不应是少数，而应大规模发展。同时也阐述了生涯教育服务的出发点应该是个体学习者，生涯教育的发展需要为每个学习者提供差异化的教育服务。为了更好地实现教育的普惠属性和个性化特征，必须创新当前的生涯教育模式，利用信息技术提高生涯教育实践的覆盖面，同时提高生涯教育发展的效率和质量，构建全新的教育理念、技术应用和教育组织模式，形成现代化的生涯教育形式。在人工智能教育会议中，也多次强调将大数据技术和人工智能技术运用到现代化教育系统中去，利用这两项关键的技术为社会公民提供个性化的教育服务，构建全新的学习型社会，发展信息化技术也是实现生涯教育现代化的重要内容。[5]通过对相关生涯教育统计数据的研究，数字化教育体系具有极为丰富的内容，涉及基础教育、职业教育、高等教育以及终身教育等，包含众多的院校以及学生。数字化教育产业的规模正在逐年增长，产业布局在当前社会阶段已经逐渐成形，同时数字化教育服务正处于高速增长的时期，有着非常大的潜力和市场前景。

但是需要认识到的是，信息技术和生涯教育之间的融合程度还不够，相关的基础理论数据以及技术模式还没有完全形成，同时在发展生涯数字化教育过程中核心技术也相对缺乏，导致很难产业化，这些因素会直接阻碍网络数字化生涯教育的健康发展，现阶段数字化教育提供的教育服务主要体现在教育产品的供给上。[6]因此，对生涯教育的服务能力相对薄弱。完善数字化生涯教育的关键技术创新，不断完善生涯教育方案以及教育标准，为现代化生涯教育改革中提供全新的思路和方案，使得生涯教育服务产业能够获得进一步的发展，这也是现阶段我国数字化生涯教育发展所面临的重要研究课题。

二、数字化生涯教育的发展走向与智能延伸分析

（一）远程教学交互和知识建模分析

数字化信息技术在教育领域有着众多的运用场景，从生涯教育行业本身来说，其会涉及家庭和社会以及学习者个人的成长，同时也会在一定程度上对社会经济发展水平产生影响。因此，解决好数字化生涯教育中面临的关键技术难题也是实现现代化生涯教育变革的重要举措。数字化信息化技术在教学和管理等多个方面都具有着非常重要的作用，这其中包含教育交互、学习分析以及知识建模等。如何将信息传输和信息互动按生涯教育教学的规律进行有效的应用，在实践中还存在一些问题。将这些问题通过分解来分析，这个研究方向需要解决的是交互理论和交互模型、自然交互技术以及多模态数据融合技术等。其中交互理论和交互模型主要侧重对生涯教学中的理论数据展开研究，同时对深层模型展开深入地探讨，研究出全新的交互模型，使得在数字化信息技术视域下，教师能够找到和学生之间交互的规律以及特征。自然交互技术包含众多的研究内容，如体感计算、脑机界面和情感计算，以及在数字生涯教育中应用其他自然交互技术实现沉浸感和情境感知的数字生涯教育。[7]多模态数据融合技术主要研究自然交互技术存在的多模态数据融合问题，重点研究集成标准和高效的数据融合算法，使自然交互技术能够稳定运行，具有一定的准确性和容错性。基于高速传输技术，在5G技术和融合通信技术中都能得到有效应用。优化知识库和资源模型，需要使用建模技术和知识分析技术，需要不断加强对智能信息技术的研究，在相关技术研究的基础上，创新开发学习资源和学科知识。[8]知识建模技术通常需要研究人员找到正确的资源描述技巧，使得学习资源能够和知识形成相互对应的关系，这种技术在学习情境以及教学方法中都有着广泛运用，同时能够促使在资源再利用过程中不断累积学习经验和智慧。知识分析技术需要借助本体匹配等多种技术，并同时解决好多种知识以及多种模型结构在融合过程中出现的不匹配问题。对此类问题展开深入的研究，找到相关的处理技术，将相关技术资源围绕知识点汇集在一起，同时不断完善资源内容以及资源的外部结构等，促使信息资源内部基因能够稳定进化和健康成长。知识服务技术主要研究界面制作技术和内容生成等关键技术，从内容生成的角度，需要对空间生成和特征计算进行深入研究，从形式生成的角度，需要对知识图形生成技术进行深入研究，以及布局算法、分层技术和图形界面。[9]

（二）数字技术 + 生涯教育，形成万物互通的生涯教育体系

数字化技术的发展对知识的生产以及存储模式产生了改变，随着印刷传播媒介形成的知识生产以及存储的传统结构，正在逐渐被数字化技术所取代。与此同时，数字化所形成的学习环境，能够突破时间和空间的限制，对于传统的印刷媒介形成的教育模式形成巨大的冲击，使得学校的课堂结构也在逐渐发生着变化，在生涯教育服务提供过程中，时间和地点的因素已经不再是关键因素，数字化技术对生涯教育行业的影响，和印刷技术对传统班级授课教学的影响一样重大，数字化信息技术也是现代生涯教育实现的媒介基础，从这个角度来说，"数字技术 + 生涯教育"的创新和发展是具有系统性的，它对生涯教育体系中的结构做出了改变，属于生态变革的范畴。学校、企业、家庭以及政府等生涯教育主体和教师、学生以及学习内容这些要素之间通过信息数字化连接，形成了生态化的生涯教育系统，这是和传统的生涯教学场景所不同的。数字直播等相关平台的出现，使得学校的教学活动具有了更加多样化的选择，学生个体意识被激活，同时知识具有了多元化的分享渠道，并且和其他知识之间形成了信息化的连接，在生涯教学过程中，教师成为学生学习的合作者和引导者，是学生教学服务的提供者之一。在生涯学习环节教育者和学习者之间的界限逐渐被打破，人人都可以成为生涯教育的学习者或者教育者，利用碎片化时间展开学习，满足学习者个性化的生涯学习需求。人工智能技术在现阶段得到了深入的发展，并对教育产生了重要的影响，换句话来说，人工智能技术也是数字化技术成熟发展的重要特征之一。从发展时间来说，人们对人工智能技术的研究要早于对互联网技术的研究，但是长时间以来没有取得实质性的进展，直到数字化技术的成熟，通过机器学习以及大数据分析，借助图像识别以及情感计算等关键技术寻求突破。[10] 人工智能技术将在生涯教育领域中有着广泛的运用，其可以充当智能化的生涯学习导师，还能在学生的生涯学习中扮演学习伙伴等，对学生的生涯学习状态展开全面的数据分析。此外，人工智能技术对学生的生涯学习成功开展精准化的测试和评价，还能够为学生提供个性化的教学服务。

譬如说"好未来"创新研发的魔镜教育系统中就有值得生涯教育发展借鉴之处。魔镜教育系统借助于图像识别以及语音识别技术，将学校的教学过程进行数字化处理，并将其分析整理成多角度的测评报告，为学校的教学管理者提供管理数据，在网络教学过程中，形成主讲教师和辅导教师以及 AI 助理教师的"三师"协同工作模式。同时智能网站还能对学生的作文开展智能评分，同时生成针对性的修改意见，帮助学生找到自身的不足和问题，及时进行完善。[11]

在当前阶段，人工智能技术在教育行业有着非常广泛地运用，可以对生涯教育内容展开定制，同时为师生提供精准的生涯教学服务，随着信息技术的深入发展，生涯教育内容、生涯教育目标以及教育环境都会发生改变，人类将和智能机器人一起分工协作，提升生涯教学的效率和质量，丰富生涯教学的场景。

（三）平台聚合，为学习者提供全新的生涯教学服务

随着数字技术的深入发展，基于互联网技术诞生了很多全新的教学内容和形式。慕课就是其中之一，随着相关教育平台的建立，慕课在世界范围内得到了广泛的响应和追捧，我国很多有名的学校也积极响应，根据各自学校的教学特色打造全新的慕课教育平台，[12]如慕课、学堂在线等。

慕课是对传统教学模式的一次创新，它成功打破了传统教育模式的束缚，不再以专业为单位，学校也不再是固定的教学场所，教育也不再是面向少数人开展的精英教育。慕课这种全新的课程形式，以课程为相关单位，教育覆盖的范围也更加广泛，能够向全社会提供教育服务，有利于生涯教育实现由"点"至"面"的突破，实现由小众授课到全民普及的生涯教育目标。

虽然现阶段慕课在技术创新层面还有很大的提升空间，但是却对生涯教育发展产生了非常深远的影响，学校的围墙不再是接受教育的门槛。同时，借助数字化将世界上优秀的生涯课程内容聚合在一起，向学习者提供相应的生涯教学服务，这种全新的数字化公开课是对传统生涯教育资源的一种补充。生涯教学资源的提供也不再是单一的教育主体，秉持着共建共享的教育理念，有效实现了生涯教学资源的优化配置。

结语

数字化教育是我国生涯教育创新改革的重要着力点，在生涯教育发展过程中，应该遵循信息数字化发展的客观规律，不断对数字化生涯教育的形态进行创新，同时为数字化生涯教育的发展提供政策保障，促进我国数字化生涯教育的健康发展。

参考文献：

[1]郑志来. 民族地区"互联网+"教育差异性问题与高质量发展路径构建[J]. 民族教育研究，2022，31（01）：91-96.

[2]卢红云，尹敏敏，庾晓萌，黄昭鸣. "互联网+"教育康复人才培养CLP模式的构建与应用[J]. 现代教育技术，2021，30（02）：104-110.

[3]张召，金澈清，周傲英. 基于区块链技术重构互联网时代的开放教育[J]. 现代远程教育研究，2022，32（01）：33-40+50.

[4]李爽，鲍婷婷，王双. "互联网+教育"的学习空间观：联通与融合[J]. 电化教育研究，2021，41（02）：25-31.

[5]林华. 网络谣言治理市场机制的构造[J]. 行政法学研究，2020（01）：66-76.

［6］黄荣怀，陈丽，田阳，陆晓静，郑勤华，曾海军. 互联网教育智能技术的发展方向与研发路径［J］. 电化教育研究，2020，41（01）：10-18.

［7］彭广谦，刘军，张喜来. 初中阶段学科互动美育模式探究［J］. 中国教育学刊，2019（S2）：47-48.

［8］边亚琳. "互联网＋"下地方行业特色院校创业教育研究——评《互联网＋教育：教与学的变革》［J］. 中国科技论文，2020，14（12）：1383.

［9］区碧茹. "教育＋出版＋技术"融合创新路径探索——以"南方云教育"为例［J］. 科技与出版，2019（11）：18-21.

［10］王飚. 数字教育出版发展趋势浅析［J］. 科技与出版，2019（11）：6-11.

［11］学习工作尽责助人是享受［J］. 中小学管理，2019（08）：64.

［12］沈欣忆，李营，吴健伟. 规范与引导：互联网教育企业质量评价指标体系研究［J］. 教育科学研究，2019（06）：27-32.

发挥数字化优势，助力学习型社会与学习型大国建设

张少刚 ①

在"一带一路"倡议大背景下，从四个维度与大家分享数字化发展助力学习型社会与学习型大国建设的一些体会。

一、技术发展，迭代应用速度快

技术发展越来越快，被动式学习增多。数字化、网络互动传播及其对社会的影响产生的能量仿佛"精神核武"。生成式人工智能，短短几个月时间，就呈现出"百模大战"的态势。人们有意无意地被卷入其中，直接或间接地了解、尝试、学习和使用。如在"星火认知"大模型上，询问数字化、人工智能如何助力中国式现代化与学习型大国建设，怎么发挥信息化优势创新教育服务供给等问题，在不同时间询问，其结果是不一样的，这表明大模型也在与时俱进地学习。可以说，不久的将来，生成式人工智能作为学习帮手是可行的，也可以成为很好的工作助手。

综上所述，新技术的加持、智能手机等终端设备的应用普及、人工智能的迭代参与，必将极大地方便全民终身学习，从一定意义上说，学习型大国建设有技术赋能，将日新月异。

二、数字化背景

（一）适应数字时代，建设学习型大国

党的二十大报告提出"推进教育数字化，建设全民终身学习的学习型社会、学习型大国"。国家"十四五"规划和 2035 年远景目标提出，迎接数字时代，激活数据要素潜能，推进网络强国建设，加快建设数字经济、数字社会、数字中国，以数字化转型整体驱动生产方式、生活方式和治理方式变革，其中每个战略构想都在各领域稳步推进。

（二）教育数字化

党的十九大报告中明确提出建设网络强国、数字中国、智慧社会，"数字中国"被首

---

① 张少刚：中国教育技术协会常务副会长，国家开放大学原党委副书记，学术委员会主任，中国教育发展战略学会学术委员。

次写入党和国家纲领性文件。2023 年 2 月，教育部、中国联合国教科文组织全国委员会在北京共同举办以"数字变革与教育未来"为主题的世界数字教育大会，会上，怀进鹏部长认为，数字教育应是更有质量的教育、适合每个人的教育、绿色发展的教育、开放合作的教育。在教育部及社会各界的大力推动下，各级各类教育快步进入教育数字化战略行动中来。国内智慧城市、智慧社区、智慧校园、智能课堂、数字课程等建设全面深化。2023 年 8 月，中国 – 东盟数字教育联盟成立，首批申请加入联盟的有来自中国、马来西亚、新加坡等国家的近 60 家各类学校、教育机构，联盟秘书处机构设立在中国国家开放大学。

（三）学习型大国建设

党的二十大报告指出："推进教育数字化，建设全民终身学习的学习型社会、学习型大国。"第六届数字中国建设峰会以"加快数字中国建设，推进中国式现代化"为主题，于 2023 年 4 月在福州召开，开展以"数字赋能　全民共享"为主题的"2023 年全民数字素养与技能提升月"活动。各地以推广数字技术应用，丰富教育学习资源，加强能力提升培训，弘扬向善网络文化等丰富多彩的内容和形式全面展开。

三、教与学生态

教育数字化服务全民学习的生态环境正在形成。从 2015 年，教育部相继发布《职业院校数字校园建设规范》（教职成函〔2015〕1 号）、《职业院校数字校园规范》、《中小学数字校园建设规范（试行）》、《高等学校数字校园建设规范（试行）》，以推进数字教育规范、有序、高质量发展。2018 年，国家标准《智慧校园总体框架》（GB/T36342–2018）发布。2022 年 3 月国家智慧教育公共服务平台（smartedu.cn）正式上线，涵盖了中小学智慧教育、智慧职教、智慧高教等。截至 2024 年 1 月，国家智慧教育平台连接了 51.9 万所学校，辐射 1880 万名教师、2.93 亿名在校生及广大社会学习者，访问用户覆盖全球200 多个国家和地区，截至 2023 年年底，平台累计注册用户突破 1 亿，浏览量超过 367亿人次，访客量达 25 亿人次，数字技术的叠加、倍增、溢出效应充分显现。数字资源富矿初步建成。国家智慧教育平台已汇聚中小学资源 8.8 万条、职业教育在线精品课程超 1万门、高等教育优质慕课 2.7 万门，智慧高教平台新设"创课平台"板块，系统集聚整合创新创业要素资源，遴选近 500 门创新创业课程，切实提高学生创新能力和知识转化能力。[①]

数字校园向智慧社区延伸，数字化让区域教育更智慧。2023 年 3 月，国家老年大学在国家开放大学挂牌成立，是构建老有所学的终身学习体系和建设高质量教育体系的重

---

① 郑翅，高毅哲. 数字教育 引领未来——我国教育数字化工作取得积极成效综述 [N]. 中国教育报，2024 年 1 月 30 日。

要举措。2023 年，北京市教委与北京市老龄委联合开展"新时代老年学习共同体培育认定工作"，落实《北京市学习型城市建设行动计划（2021—2025）年》，丰富老年人精神文化生活，促进老年教育高质量发展。教育部等十部门联合印发《国家银龄教师行动计划》，搭建国家层面老有所为平台，挖潜退休教师资源优势，发挥其有益补充、示范引领作用。通过汇聚各方力量、整合全社会资源，以满足老年人对高质量"银发生活"的美好期待。

综上所述，数字化助力学习型社会建设遍及全民终身，即学前教育普惠化，义务教育优质均衡发展和城乡一体化，职业教育层次化，纵向贯通，横向融通，高等教育普及化，继续教育全民化、终身化，学习内容丰富化，学习渠道和方式方法多样化。

四、数字化教育优势

（一）数字化服务学生成长，赋能教师发展

学习的根本在学生、教师和环境。数字化时代，技术变化影响教育内容与方式方法，影响专业与职业的未来走向，有些影响甚至是革命性的。教育数字化变革为学习者提供更加丰富多样的学习资源和方式，有效支撑个性化学习。教育数字化变革为教师提供更加高效的教学工具和平台，扩大优质教育资源覆盖面，改善助学、助教、助管、助评、助研、助服、助交流合作的功能。

（二）数字化推进教育公平，赋能教育弱势群体

办好人民满意的教育，让教育发展成果更多和更公平惠及全体人民。教育数字化变革弥合数字鸿沟，促进数字经济普惠共享，助力老年人、残疾人、偏远地区居民、文化差异人群等信息无障碍设施保障。中国信息通信研究院发布《中国数字经济发展研究报告（2023 年）》强调，数字经济发展要关注社会弱势群体。乡村振兴教育先行，乡村教育是中国教育的"神经末梢"，数字化变革要助力乡村教育"在农村""富农村""为农民"的教育功能的发挥。[①]

（三）数字化促进文化传承与创新，赋能对外交流

中国社科院金融研究所发布《全球数字经济发展指数报告（TIMG2023）》显示，"数字丝绸之路"建设已成为共建"一带一路"的重要组成部分和未来国际合作的突破口。国内一些职业院校在开发专业教学资源库中，建设了"一带一路"海外交通史博物馆、"一带一路"经济地理博物馆等；有些院校加强国际推广，研发出"跨境电子商务技术工程师 8 级"和"移动应用开发技术工程师 7 级"等职业教育标准体系，线上和线下组织国外师生职业教育培训等。数字化变革极大地方便了"走出去"与"请进来"的对外合

---

① 中国通信院. 中国数字经济发展研究报告［R.］2023，04.

作交流。[①]

（四）数字化赋能公共教育资源供给与服务，创新教育服务供给模式，为教育机构提供更加精准有效的管理和服务

不同类型教育主体殊途同归，为全社会提供更加开放共享的教育资源和服务。国家财政和院校、社会投入建设了更多"金课""精品课""名师课"和"积木式微课"等优质的数字教育资源，已经可以服务到各个学龄群体。智能学伴亦正悄然走进课堂和寻常百姓家。"资历框架"下的"学分银行"制度设计为学习成果转化搭建了"立交桥"。

（五）探求教育数字资产有效性及其价值挖掘，普惠全民终身学习

在物质化信息时代，数据是副产品，到了数字化信息时代，数据是可再生资源，是新的生产力。教育数字资源将成为有价值的资产，必将对教育数字化优势发挥，为全民终身学习的学习型社会建设、学习型大国建设奠定理论和实践基础。为此，中国教育技术协会确定了专项研究课题"教育数字资产有效性及其价值挖掘"，跨学科研究教育数字资产的内涵、外延、知识确权、资产交换等相关的问题，让优质教育资源成为有效资产，进而焕发出其应有的学习价值，服务社会，普惠全民终身学习。

综上所述，发挥数字化优势，助力学习型社会与学习型大国建设，方兴未艾。各级教育主体要建设丰富的学习资源，疏通便捷的学习通道，通过市场引导，将数字教学资源转化为教育数字资产，才能彰显有效性和价值，这是可持续发展要破解的新课题。教育数字资产要尽量避免出现像金融领域中一样的坏账、呆账和死账。

建设学习型社会和学习型大国，尽快使我国成为教育强国，使命光荣，责任重大，教育数字化变革大有可为，上下齐心协力，以数字教育赋能学习大国和教育强国建设。

---

① 中国社会科学院金融研究所，国家金融与发展实验室，中国社会科学出版社. 全球数字经济发展指数报告（TIMG 2023）[R.] 2023 05.

探索高校教育数字化生态建设

陆以勤 ①

摘　要：数字化浪潮势不可挡，数字化技术的突破影响教育生态，然而生态是个宏观的概念，需要结合高校具体情况分析其良好发展的要素，探索打造数字化良好生态的工作方式，用以指导工作实践。本文从教育数字化在高校的具体实施出发，结合作者的工作实践，提出基于数字化组成架构研究数字化技术对信息化生态的影响，并面向教育数字化的三个关键技术点，提出沿数字世界空间维度融合同一技术层次的不同模块，实现信息跨技术维度闭环流动，建设数字平台实现数据赋能，通过业务和 IT 使能形成数据、业务处理的闭环系统，基于数字平台建设多系统协同业务，推动师生参与数字化活动，在人才培养中注重提高师生数字化思维能力等打造良好数字化生态的方法。

关键词：教育数字化；生态；高校；高等教育

数字化是推动高等教育高质量发展的重要引擎，对高等学校学科建设、科研教学模式、治理体系等方面产生深层影响，引发高等教育体系的重塑和再造，形成高等教育的新生态。随着数字技术的不断发展，数字化的形式也会发生变化，数字化技术的突破影响教育生态。然而，生态是个宏观的概念，在我们的具体工作中，需要面向数字化技术的特点，探索其影响教育生态的要素，以塑造教育新生态为目的，积极探索结合高校自身人才培养特点和信息化发展状态的教育数字化实践之路。

一、数字化技术突破影响教育生态

2023 年 5 月，教育部部长怀进鹏在第七届世界智能大会开幕式上表示，教育部积极推进人工智能技术与教育的深度融合，全面提升师生素质素养，促进教育变革创新和高质量发展。他指出，历史证明，每次科技革命与产业变革都会对教育产生深刻的影响，推动教育方法、教育形态乃至教育模式不断革新。在教育信息化进入数字化的阶段，以

---

① 陆以勤，工学博士，二级教授，博士生导师，国家重点研发计划项目首席科学家，华南理工大学副首席信息官兼网信办主任，中国教育和科研计算机网华南地区网络中心主任，中国教育发展战略学会教育信息化专业委员会常务理事。

人工智能为代表的新一代数字化技术的产生，将深刻影响教育数字化的生态。

生态是个宏观的概念，为了厘清人工智能技术对教育数字化生态的影响，我们可以分析人工智能的要素对于数字化架构中各组成部分的影响。目前的人工智能以机器学习为特征，而机器学习需要训练数据集（算数）、机器学习算法（算法、模型）、科学计算平台（算力）等要素，我们将其映射到图1所展示的教育数字化架构中。

图1的纵轴是技术层次，横轴是数字空间各系统。根据人工智能的上述要素，可以列出在数字化架构中和人工智能"强相关"的模块，如科学计算平台（算力）、数据中台（算数）、教学模型库（模型）以及课堂质量评价和学习效果评估（算法），并在此基础上列出和应用场景强相关模块关联的"弱相关"模块，如作为数字化新基座的网络层的各类网络（校园有线网、校园 Wi-Fi、移动网、教科网、专用网、互联网）和设备层的数据中心，以及和用户相关的网站、门户等。在列出受人工智能技术影响的模块后，可以通过分析应用场景中信息和数据在这些模块的流动，将这些模块关联起来，如果业务信息和数据在这些模块的流通是顺畅的，说明这个生态是健康的。

图1 人工智能在数字化架构中强相关和弱相关的组成部分

通过这个方式，可以逐步分析数字化技术突破对教育生态的影响以及我们在生态建设中需要付出的努力。下文将结合若干应用加以说明。

二、教育数字化的关键技术点和生态探索

为了探索面向数字化的本校教育生态的建设，首先可以结合学校的实际，把图1的数字化架构图具体化为学校的数字化体系结构图，图2是华南理工大学数字化的架构图，它是图1所示的架构在学校实施层面的体现；其次，需要分析数字化和传统信息化的区别以及数字化技术的一些新的特征，以此指导我们的规划和建设，把握好工作的关键点。

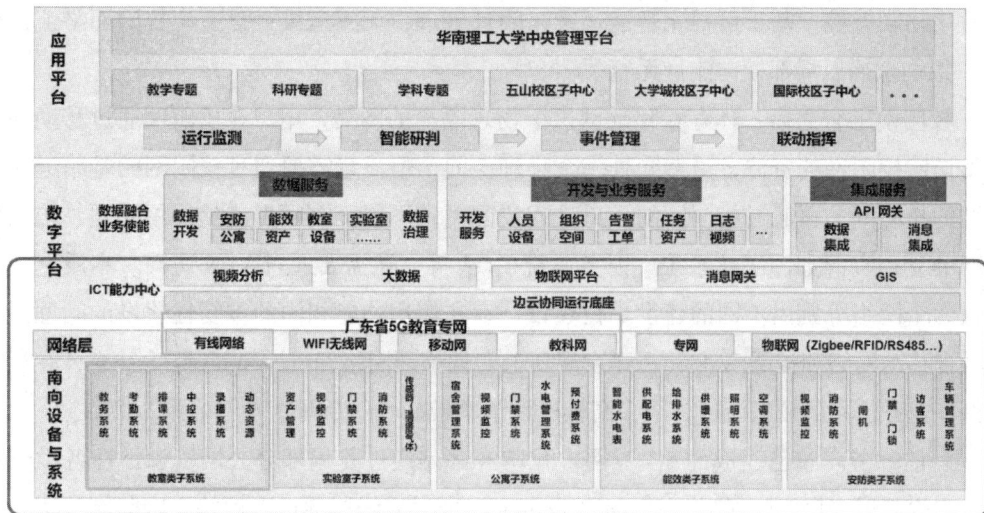

图2 华南理工大学数字化校园体系架构

数字化和信息化的区别之一是数字化业务在统一数字空间开展的。数字化转型是在业务数据化后利用人工智能、大数据、云计算、区块链、5G 等新一代信息技术，形成物理世界与数字世界并存的局面，因此，需要构建一个与物理世界对应的数字世界，把物理世界的活动映射到数字世界，使业务活动在数字世界中开展，并让物理世界响应数字世界的指令。

（一）教育数字化的关键技术点之一是构建统一的数字空间

构建华南理工的数字空间涉及如图2所示南向设备与系统层、网络层、数字平台的基础部分。在规划过程中，我们发现，在以往的信息化工作中，实际上已形成和各应用系统所在物理空间对应的虚拟空间，如线上教室、线上考场、线上会议室、虚拟实验室、虚拟助教等，但如果这些虚拟空间在图1的数字化架构图中，沿横轴方向是割裂的，不能融合在一起，就不能形成统一的数字世界。因此，要构建统一的数字空间，就需要把图1和图2中同一技术层次沿数字世界空间维度（横轴）分列的不同模块融合起来。

1. 案例1：广东省5G教育专网——沿数字世界空间维度融合同一技术层次的不同模块

网络是数字世界的神经系统，在图2所示的网络层中，华南理工分别建设了校园有线网络、Wifi无线网、移动网、教科网、专网、物联网等，这些网络如果融合不起来，信息和数据的流通就不是顺畅的，形成的生态就不是最优的。

基于这个思路，我们建成了融合式多网合一的校园网络系统。网络系统采用集中SDN控制器结合VxLAN技术，实现面向业务的智能自适应校园网。核心价值在于：场景化的高性能无线全覆盖，有线无线深度融合；网络任意灵活切片（一网多用），服务教务、财务、IoT、科研专网，集中控制，设备零干预；物联网海量哑终端自适应管控，极大简化物联管控；基于可视化智能运维，闭环管理，无感运维；自适应校园网络流量模型—纵向全局、局部横向流量无瓶颈。

校园网融合之后，还存在移动网这个物理隔离的网络，用户在校园网通过移动网的基站访问校园网的资源，虽然同处一个物理空间，但流量需要通过校园网的基站进入移动网的核心网，再通过校园网的入口进入校园网，不仅存在师生流量费用问题，访问校园网的受控资源如图书馆系统、财务系统、OA 等，还需要通过 VPN 访问。本质上，由于这两个网络分别由不同的建设单位建设，存在使用功能相同的重复性建设的问题。为了融合移动网络和校园 WiFi，在建设规划上实现移动网络和校园 WiFi 互为补充，在运行中保证业务信息的顺畅流通，很多高校建设了本校的 5G 专网。

目前部分学校已建成的 5G 专网方式基本都是通过复用部分公网资源，在各学校核心机房内部署专网 UPF（User Plane Function），通过专线连通运营商核心网与园区网，园区网业务数据在本地加载，使用户终端无需绕行运营商核心网、互联网即可直接访问内网业务。然而以上方式需采购专属设备，建设难度和成本较高，并且都是基于各学校独立部署，无法做到同行业基础网络资源有效共享，在行业内大规模推广应用难度较大。

为了解决这个问题，华南理工大学和三大运营商合作，于 2022 年 6 月开发建设了国内首个省级教育 5G 专网——广东省 5G 教育专网。该省级 5G 教育专网采用基于广东省教科网的 5G 绿色专网组网方式，依托广东省教科网现有的网络基础，通过在华南理工的广东省教科网网络中心下沉部署一套教育行业共享的 5G 专网设备，利用网络切片和 ULCL 技术，接入教科网 168 所高校无需增加光纤线路和网络设备，即可通过共享 5G 专网设备，低成本、简单、快速地构建绿色安全的 5G 校园专网。目前，广东省 5G 教育专网可以实现三大运营商同时接入，实现全国范围漫游（全国范围访问校园网的流量属于专网专属流量），并且和 4G 兼容。这相当于把广东省各高校校园网扩展到运营商的移动网络，把校园网、移动网和教科网融合为一体。

广东省 5G 教育专网可以减少各高校 Wi-Fi 投资；通过公网分担校园网流量，减轻出口带宽压力；通过校园专属流量包，降低高校用户公网流量费用；实现无感知上网，不需要 VPN，只要接入 5G/4G 即自动接入校园网；利用 5G 的大带宽、低时延等技术，满足智慧教育应用的多样化网络需求。目前，5G 教育专网已覆盖华南理工校内 60 多个业务平台。基于这个专网，学生除了通过校园网外，还可以通过 5G 或者 4G 网络进入课堂的虚拟空间，不产生另外的流量费用，因此可以很方便地实现线上和线下的教学的融合，实现了"人人皆学、处处能学、时时可学"智慧校园教研新模式。

广东省 5G 教育专网建设成功，形成了校园网和移动网融合发展的新生态，获得社会上普遍肯定。广东省 5G 教育专网 2022 年 9 月获第五届"绽放杯"5G 应用征集大赛融合媒体专题赛一等奖，2023 年 6 月在上海世界移动通信大会 2023 亚洲移动大奖（AMO）

5G 行业挑战奖，2023 年 9 月获第六届绽放杯 5G 应用征集大赛 5G + 教育专题赛一等奖。

2.案例 2：课堂教学数字化——信息跨技术维度闭环流动

上文谈到同一技术层次沿数字世界空间维度（横轴）分列的不同模块融合起来，其实，很多应用的业务信息是跨技术层面流动的，如基于智慧课室的课堂教学数字化（见图 3）。

图 3　课堂教学数字化需要业务信息多技术层面的流动

课室是人才培养的主要阵地之一，最近几年，很多高校都开展了智慧课室的建设和改造。智慧课室的智慧表现在两个方面，第一方面是课室物理空间，也就是教学环境的升级和弹性化部署，可以支持不同教学模式的，如 MOOC、SPOC、研讨式教学、反转课堂、线上线下融合式教学等；第二方面是在课室所对应的数字世界中，对课堂教学的数据，如音频数据、视频数据、课件、板书、师生互动数据等，依赖于数字技术，进行深度的处理，对教学的状态进行评估，动态形成教学资源，并以一定的方式推送给教师和学生，形成课堂教学数字化的闭环系统，或者说形成课堂教学数字化新的发展生态（见图 4）。一般来说，实现信息跨层闭环流动的生态是良好的生态。

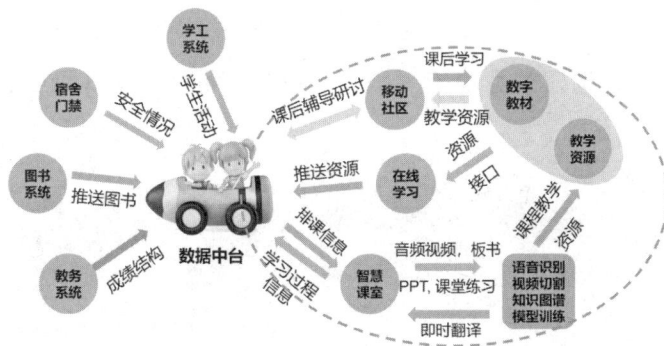

图 4　课堂教学数字化信息化闭环流动的新生态

基于这个观点，华南理工大学最近在规划推动学校课堂教学的"百步梯学堂"工程。工程先在目前已有的 200 间高标准智慧课室基础上，对剩余的 240 多间多媒体课室进行改造，实现线上线下互动设备的全面升级和智慧教室全覆盖。依托改造后全覆盖的智慧课室采集的课堂教学数据，基于 AI 技术，进行深度处理，如进行语音转写、OCR 识别、模型训练、视频切片和视频活动分析，实现 AI 协同笔记、双语字幕、无感知考勤、合规性提醒、智能组卷等，动态生成课堂学习资源，支持二次开发，形成课堂资源门户、移动学习社区等，通过知识图谱的快速构建和 AI 模型训练提供知识点的互动式搜索，可以制作虚拟人助教、进行 AI 语言训练等。进一步结合学生综合信息，实现教学多维评价和学习状态评估，提供个性化学校资源推动和学习路径规划。在这个基础上，可以进行一些教学改革，实现数字化转型，如我们学校推出的虚拟第三学期和虚拟教研室，就比较受欢迎。

（二）教育数字化的关键技术点之二是数据赋能

数字化的重点在数据价值挖掘和业务赋能及创新。数据是重要的生产要素，数字化通过业务数据化、数据资产化、资产服务化、服务价值化实现数据赋能，简单来说就是实现以数据说话、以数据管理、以数据决策、以数据创新。关于数据赋能，很多文章都有详细的论述，本文仅强调一下物联网数据的融入。

本文所说数据赋能中的数据，除了业务数据，智慧校区建设的物联网海量物理节点也形成了学校核心数据资产。例如，在图 5 所示的华南理工大学数据管理架构中，数字平台（具体功能见图 2 所示）打通了图中左边的业务数据，同时也融合了右边的物联网数据。例如华南理工大学广州国际校区就有九万三千多个设备监控点，实装近七千支摄像头，有 100GB 物联网数据，在打通了 30 个子系统的基础上，把数据汇集到数据中台上，形成主题库，通过 API 接口向应用层提供数据能力。

为了克服数据更新问题，可以通过职能部门保证数据更新，但更好的方法是由个人维护其数据空间，例如，我们通过"一张表"系统，给老师们提供补充数据的入口，老师们如果发现数据不全，可以在"一张表"上进行补充，审核后就可以成为权威数据，以后不需要反复录入。

通过数据赋能，构建智慧校园大脑，实现数据可视、事件可管、业务联动（见图 2）。

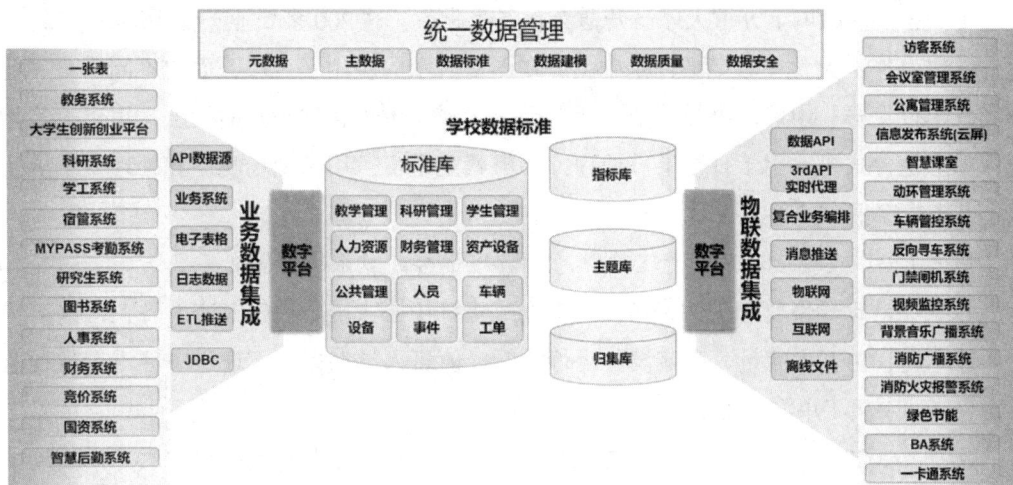

图5 华南理工大学数据资产包含业务数据和物联网数据

（三）教育数字化的关键技术点之三是数据和业务双驱动

数字化转型以数据为核心对业务进行改造，数据之间建立连接，建立业务模型或者应用主题，数据对上层业务提供服务。在数据融合基础上用新技术来解决更多的"业务问题"。

在体系结构上应充分考虑组织、流程、运营和技术深度结合，通过业务使能和 IT 使能，形成数据、业务处理的闭环的系统，见图 6。

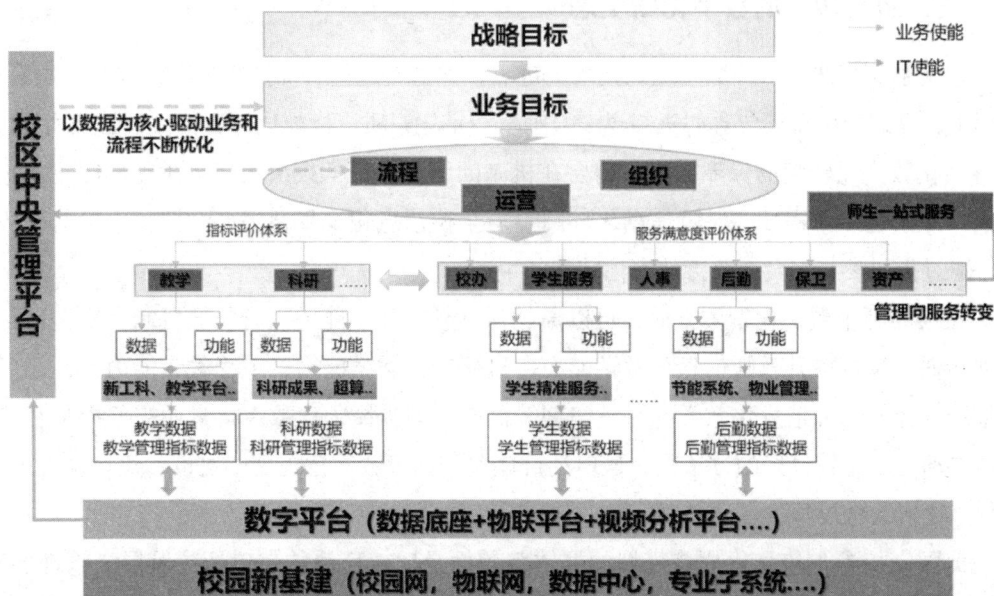

图6 通过业务使能和 IT 使能，形成数据、业务处理的闭环的系统

在数据治理基础上，业务在数字空间开展，可以保证其良好的发展生态，例如，华

南理工大学双语版网上办事大厅已开通 200 多个业务，这 200 多个业务使用率都非常高。此外，华南理工大学在数字平台基础上，在图 2 所示的应用平台层，面向不同用户、业务场景提供大屏、中屏、小屏三个作业界面。大屏是中央管理中心的大屏，用于决策指挥；中屏是台式机，用于日常事件处理，小屏就是手机，用于现场响应和处理。三屏实现了基于数字平台的业务联动。

3. 案例 3：大型活动预案管理——基于数字平台的多系统协同业务

以大型活动预案管理为例，指挥人员通过指挥中心大屏可以实时查看各关键路口视频、停车场、访客人流量、设施设备运行状况，值班人员在办公室通过中屏进行过程监控，小屏即手机工单派发现场人员。

例如：2020 年 11 月，第六届中国国际"互联网 +"大学生创新创业大赛在我校举办，这是首次以"国际"命名的互联网 + 大赛，来自国内外 117 个国家和地区 4186 所学校 631 万人报名参赛，是一场真正的百国千校的国际大赛。为克服疫情影响，大赛采用线上线下相结合的方式，并运用一系列新技术、新方式，也是一场真正意义上的"互联网 +"大赛，对大赛信息化服务保障能力提出了极大的挑战。学校充分利用数字技术，打造了全新的数字化平台，实现零故障和零失误，圆满地完成了本次大赛网络保障任务。

再如，疫情防控期间，我们开放 MyPass，针对学生返校利用人脸识别，扫描二维码定位等技术，实现学生报到无接触 5 秒入校。

三、面向转型的数字化新生态

前文强调了研究教育数字化的技术关键点，并针对这些特征探索数字化的生态建设，实际上，良好的生态还包含如机制建设、师生数字化素质、标准化等因素，如图 1 所示。

强化数字化转型的保障措施，需要在机制问题上保证学校决策层、相关部门主要负责人、专家的参与程度，保障信息化部门参与全校信息化规划，提高全校师生参与积极性，通过提供参与平台，改善数字化转型的生态。

在培养师生数字化素质方面，可以通过建立教师教学能力提升长效机制，实施三年轮训计划，重点提升教师信息化教学能力、科研转化教学能力、工程教学能力等，还可以采用教育技术和信息化教学一对一咨询等措施，但提高师生数字化素质需要内生和持续的推动力。比较良好的方法是让最广泛群体参与教育数字化规划、决策、建设、维护，让数字化成为全校师生自己的事情。

美国高校参与信息化战略规划的群体覆盖面是比较广泛的，包括决策层、管理层、专家、师生等。华南理工大学通过加大智慧校园技术体系的开放，鼓励师生开发应用，支持师生创新创业，通过"信息化搭台，全校师生唱戏"的方式，营造师生共同参与数字教育建设新生态。

作为理工见长的高校，华南理工大学还从高校承担着培养数字化人才的重要使命出发，通过设立相关专业、开设数字化课程、加强数字技术培训等方式，培养具有数字化技能和知识的高素质人才，特别是培养师生的数字化思维，为数字化变革提供源源不断的人才支持。

参考文献：

［1］封面新闻. 教育部：积极推进人工智能技术与教育深度融合，直击世界智能大会.［EB/OL］.（2023-5-18）［2023-12-19］. https://baijiahao.baidu.com/s?id=1766203236506366640&wfr=spider&for=pc.

［2］唐湘民. 汽车企业数字化转型：认知与实现［M］. 北京：机械工业出版社，2023.

［3］华为企业架构与变革管理部. 华为数字化转型之道［M］. 北京：机械工业出版社，2022.

［4］华南理工大学. 全国首个省级 5G 教育专网在华南理工大学启动运行［EB/OL］.（2022-10-17）［2023-12-19］. https://news.scut.edu.cn/2022/1010/c41a46049/page.htm.

［5］华南理工大学. 学校获第五届"绽放杯"5G 应用征集大赛融合媒体专题赛一等奖［EB/OL］.（2022-10-1）［2023-12-19］. https://news.scut.edu.cn/2022/0928/c41a46024/page.htm.

［6］张瑾. 美国高校信息化部门建设特色探析［J］. 中国教育网络. 2014（10）. 41-42.

云网协同技术赋能思想政治理论课教学的智慧化评价[①]

邹　赛[②]

摘　要：基于习近平总书记在全国高校思想政治工作会议上提出，"高校思想政治工作关系高校培养什么样的人、如何培养人以及为谁培养人这个根本问题"的相关指示及《国家中长期教育改革和发展规划纲要》，以三全育人为目标，克服"五唯"顽瘴痼疾，扭转不科学的教育评价体制为指引，探索高校思政课堂教学效果智能化自主评价新方法。针对智慧教育区域建设不平衡、师生信息素养不一致、缺少精准动态定制的评价体系三大问题，引入云网协同技术赋能思想政治理论课教学的智慧化评价。攻克了全栈可定义和全维可度量的智慧教育边缘云平台总体架构技术，开发了云网边端协同的智慧教育管理云平台，解决了"教育业务动态可定义"问题。开发业务编排部署系统及算力快速调度管理系统，解决了"定制化转发及云网边端融合服务"问题。开发了云网一体的智慧教育评价系统，解决了教育评价数据的多域异构融合性、时效性问题以及学生、教师、学校的个性化、差异化问题。整个研究旨在通过各种网络和智能化技术所打造的智慧化学习环境的支撑，为学习者提供开放的和按需供给的教育，实现信息技术与教育教学的深度融合。

关键词：思想政治理论课；教学智慧化评价；云网协同技术

一、引言

习近平总书记指出："要坚持把立德树人作为中心环节，把思想政治工作贯穿教育教学全过程"。[③]"思想政治理论课是落实立德树人根本任务的关键课程""要用好课堂教学

---

① 本文系国家社会科学基金思政专项"基于云网协同的思想政治理论课教学智慧化评价"（课题编号：21vsz126）的研究成果。

② 邹赛，博士，贵州大学教授、博士生导师，贵州省"千人创新创业人才"，重庆巴渝青年学者，贵州省云网协同大数据创新中心主任，贵州省云网协同确定性传输工程中心主任，中国教育发展战略学会教育大数据专委会学术委员，研究方向：智慧教育、无线网络、生物信息化。

③ 本报评论员.坚持把立德树人作为中心环节 [N].光明日报，2016-12-09.

这个主渠道"。①2023 年 2 月,《教育部思想政治工作司 2023 年工作要点》中强调,强化"质量党建、精准思政、积极维稳、数字赋能、系统推进",以全面实施"时代新人铸魂工程"为牵引,着力构建高校思想政治工作新生态。依托理念革新与技术支撑,精准思想政治教育将驱动高校思想政治教育完成从传统"普遍式漫灌"到现代"精准式滴灌"的育人理念和方式的深刻转型,实现从"大而泛之"到"精而准之"的效度跨越。可见,思想政治理论课教育教学是高校思想政治工作的主阵地和主战场,加强高校思想政治教育,课堂教学是第一要义。

高校思想政治理论课教学评价作为思想政治理论课教学过程的重要环节,是思想政治理论课教学改革创新的重要推手,充分利用信息技术,提高教育评价的科学性、专业性、客观性,实现"以评促教、以评促学、以评促改",全面提升思想政治理论课教学质量。随着 5G 及后 5G 时代的商业化加速,云计算、物联网、天地一体等新应用的出现,科技的飞跃发展将人类带入云网协同的智能时代,研究云网协同技术赋能思想政治理论课教学评价,对高校落实立德树人的根本任务具有极其重要的理论意义及实践价值。

二、云网协同智能时代课堂教学评价的变革

课堂教学评价,作为一种综合性评估体系,主要目标在于通过评估教师的教学方法和学生的学习成效,提升教师的教育教学能力和提高课堂教学质量。从其价值意蕴层面上看,课堂教学评价是多元主体协作下进行价值判断的过程,是采集多方面信息发现价值的过程,是精准采集为教学改进提供决策的过程,是发挥其反馈功用发展价值的过程。

齐媛等人认为在物理世界和数字世界双重发展的基础上,教育评价急需实践创新[1]。说明传统的评价追求功利价值,忽略过程性评价。仇德成等人指出传统教学质量评价存在数据分散不完整,数据分析能力低,评价结果反馈不及时等问题[2]。可见,传统的教学评价维度缺失、指标难量化;评价结果单一、缺乏交互分析。

肖建立等人提出以数据可视化作为技术手段,对教育大数据进行挖掘[3]。贺丹分析了大数据为高校教育教学改革带来的机遇和挑战[4]。刁智刚分析了高校教育大数据分析挖掘系统的基本设计思路和关键技术[5]。王坤利用教育大数据促进高校教学决策的数据化进程,建立教育数据库并配备相应的技术体系[6]。然而,张生等人认为实践创新的根本在于评价理念创新,研究学评融合才是促进评价改革落地的关键[7]。说明教育评价不能只强调技术应用,而忽略教学本质。

毛刚等人认为智慧评价驱动教学生态进化、从而开启多样化的学习结果成为可能[8]。宋乃庆等人认为利用大数据可以获得并挖掘更多原始基础教育数据信息,利于打破单一

---

① 本报评论员.思政课是落实立德树人根本任务的关键课程［N］.中国教育报,2019-03-21.

的评价类型，实现结果公平的多元评价生态[9]。田爱丽认为大数据智能化学习评价的目标在于全域的数据终端、科学的评价模型、较强的算力支持、学生的隐私保护[10]。何永红认为学业质量评价需要信息技术支持下的伴随式、自动化采集和智能化记录[11]。张琪等认为建立有反映能力的预测效能的教育分析模型才是关键[12]。比尔等认为教学和评价需要一体化、同步化[13]。倪国良等人认为数字孪生技术能够构建个性化、动态化、沉浸化、智慧化场景，在创新载体、增拓时间、延展空间上不断发力，从而赋能思想政治教育[14]。田珊认为数字技术可以鲜活红色资源，推动高校思政课资源"多"起来、方式"新"起来、效果"强"起来，通过开发特色创意产品、搭建数字共享平台，形成分享思政模式，进而真正赋能高校思政课[15]。付安玲等人认为数字时代不仅参与文化得到释放，而且数字技术给参与文化提供强大的技术支撑，推动参与文化成为思想政治工作的新载体[16]。王莎认为数字化时代数字技术能够赋能教育评价创新，在指标体系、评价系统、运行机制、制度保障上发力，可以助力思想政治教育评价改革[17]。说明对思想政治理论课教学智能化评价已经刻不容缓，只有引进新的信息技术，体现评价的智慧性，教育本身的智慧性，才能响应中共教育部党组的号召，实现云网协同技术赋能思想政治理论课教学的智慧化评价。

三、云网协同技术赋能教学智慧化评价的实践路径

（一）总体思路

1. 优化教学评价

传统教学评价指标过于理论化和主观，依赖于教育专家的经验，特别是在高校思政课程评价中，这导致评价模型缺乏泛化能力。这些传统评价指标通常基于主观判断，一旦设定便难以调整，且权重分配多依赖于个人经验，导致评价结果往往与实际情况不符。由此采用大数据技术结合多源数据，通过数据挖掘和机器学习技术，找出最具价值的评价指标，为评价模型的建立提供有力支撑。通过评价模型结果反馈，动态调整评价指标体系。

2. 构建标准化教育数据库

当前教育教学质量评价面临着缺乏标准化和科学化的大型教育数据库的挑战。教育数据普遍分散、零碎，缺少一个真正意义上的综合性教育数据库，这导致了对学校质量发展的反馈缺乏标准化和科学性。现行的教学评价方法在操作性上不强，尤其是对学生的个人评价过于依赖主观判断，缺乏对学生个体数据的深入分析，使评价结果带有较强的主观色彩。针对这个问题，如何能通过多源数据分析，结合教学评价基本指标体系建立一个既能解决全员的定性研究，也能解决个体的定制研究评价模式，是亟待解决的问题。建立基于大数据分析主观和客观数据来源的教学评价模型，特别是对主观数据的置

信性分析，是提高教学评价有效性的根本保障。

3. 可视化技术优化学习

思政课堂的学生普遍存在学习积极性不高、学习专注度不够等问题，其主要原因在于目前的学业质量评价以终结性评价为主，对教学互动中的评价要么缺失，要么采用纸笔记录等方式，导致学生只关注期末考试，不关注平时课堂学习；同时，教师的教学设计与教学实施严重脱节，缺乏实时督导评价。鉴于此，如何提高思政课堂的有效性，在教学实施中将学生的学习质量实时可视，如何强化教学设计与实施的关联性，是当前提高课堂教学有效性迫切需要解决的技术问题。通过大数据技术与可视化技术，将学生在每一次课堂学习的过程质量实时展示给学生个体及教师，让学生个体重视每一次课的学习，让教师重视每一次课的教学，从而提高课堂互动的有效性，进而提高课堂教学质量。

4. 云网协同和信息技术在教育评价中的应用

随着云计算和物联网等技术的迅速发展，社会已步入云网协同时代。云网协同通过对丰富的计算、存储和通信资源灵活调度，融合应用、网络、营销体验，可以为用户提供一种可扩展、可配置、按需调用的服务能力。因此，对思想政治理论课教学智能化评价研究需要将大数据、云平台、人工智能、物联网等新兴现代教育信息技术融入，以"云网一体、共享协同"为核心理念，才能智慧化赋能思想政治理论课教学过程。

针对教育区域建设不平衡、师生信息素养不一致、现有评价方式与中共中央、国务院印发《深化新时代教育评价改革总体方案》不符等问题，基于相关政策，结合智慧教育现状，利用感知、传输、分析、处理、评价、推荐等信息技术，构建"互联网＋教育"大平台，突破智慧教育边缘云平台下教育资源全栈可定义问题。从教、学、管、评、督五个环节入手，促进线上线下教育融合发展，推动教育数字转型、智能升级、融合创新，支撑教育高质量发展，开发教育业务及传输网络编排体系，突破教育业务全程可编排，服务网络随时可定制问题。以智慧教育的客观性、动态性、差异性、多样性、全员性、全程性、预警性等综合治理为出发点，打造教育质量精准度量体系，突破教育质量全维可度量等关键技术瓶颈问题。最终以云网协同的智慧教育管理平台为载体，业务编排系统为工具，教育评价为方法，共同促进智慧教育常态化发展，如图 1 所示。

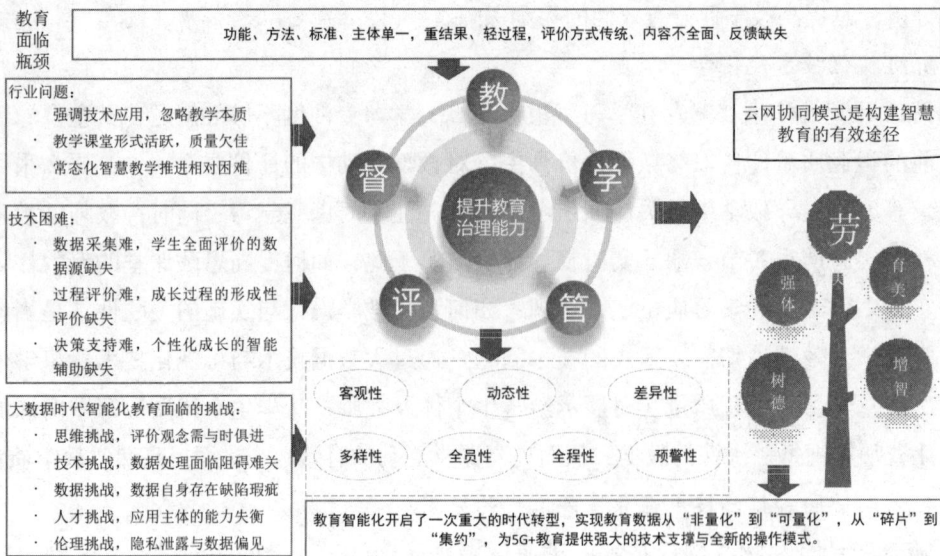

图 1　总体思路

（二）云网协同的智慧教育管理平台架构

针对智慧教育区域建设不平衡、区域师生信息素养不一致问题，利用云网协同技术，推动各级各类教育平台协同发展，构建互联互通、资源共享、应用广泛、个性定制的云网边端协同的智慧教育管理平台，实现多域异质教育数据的采集、清洗、分析、推送、决策、展示等功能于一体，如图 2 所示。

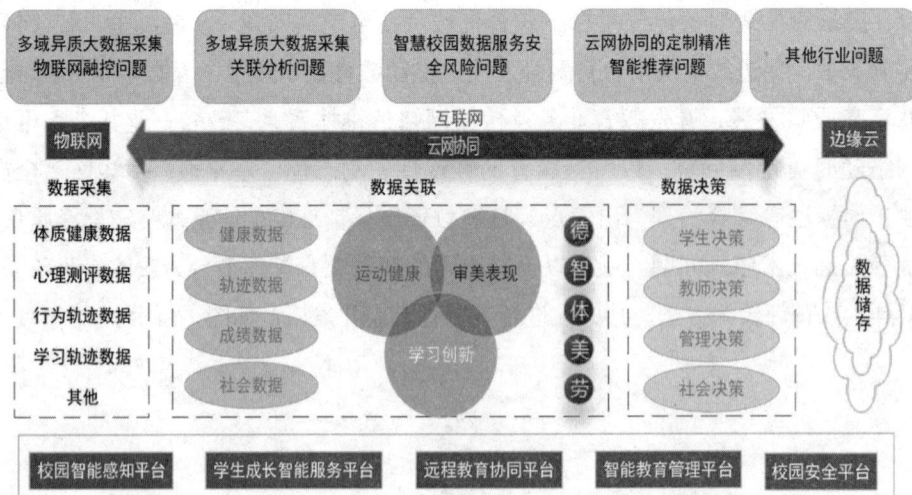

图 2　云网协同的智慧教育边缘计算平台

1. 智慧教育边缘云平台集成

以学生德智体美劳全面发展为重点，研究高效能数据采集方法与采集技术、多域异质数据融合技术、云网协同统一化管理技术，建立定性评价的量化表达模型、跨领域异构数据挖掘模型、多域数据关联模型、伴随式监测预警模型，设计个性化成长智能跟踪算法、知识推荐算法、学生（个体／群体）精准画像算法，开发集身份识别、健康监测、行为监测、疫情监控、在线教学、全息评价等功能于一体的教育智能云平台，创建多维度、多对象、全要素教育协同感知，以"云网一体、共享协同"为核心理念，形成以人工智能、大数据技术支撑的智慧服务，建立以数据为核心，以评价为抓手，以智能决策为重点的应用体系，解决学生多源数据融合、全面评价的数据源缺失、数据自身存在瑕疵、数据关联模型缺失、个性化成长的智能辅助缺失问题。

2. 数据中心整合

为应对智慧教育中非结构化数据的挑战，提出了一个基于多源异构特征的分布式存储框架，专门处理和整合不同类型的非结构化数据。在此基础上，我们构建了一个多站融合的边缘计算模型，集成了教师、学生、学校组织等多种权威数据源。这个模型不仅支持"一数一源"的数据管理策略，确保数据来源的可靠性和可追溯性，还促进了跨部门、地域和层级间的数据流动与共享。极大提高智慧教育系统处理和分析数据的效率，为教育决策提供准确、及时的信息支持，并助力教育资源的优化分配和质量提升。

3. 教育资源数据融合

为最大化利用教育资源，升级师生网络学习空间，自动采集各校名师的教学数据，构建全面的教育经历服务体系。这一体系将通过学科知识图谱，明确不同知识点之间的内在联系，从而提高教育资源的有效性。知识图谱的建立依赖于大数据分析，揭示学科间的关联和逻辑结构，使学生能更深入理解和应用知识。

4. 师生行为数据采集

为了深入理解学生行为和优化学习环境，通过物联网技术如人脸识别、红外测温、视频监控、智能录播和射频识别等，实时采集全样本、全时空的学生活动数据。我们能够详细记录学生在校的活动轨迹，构建学生行为轨迹的信息结构化方法。通过这种方法，我们能够分析学生的行为模式，为教育管理者和教师提供关键数据，改善教学方法和校园生活，从而促进智慧教育环境的发展。

5. 多元异质数据关联

通过建立科学全面的学生素质评价指标体系，全过程、全方位、多层面地对学生的成长背景、日常行为表现、学业成绩、心理测评、认知诊断结果、生理健康指标等各项数据构建综合素质评价模型。

（三）教育业务自主编排体系

针对新的教育业务快速涌现、生命周期短，需求指标差异大，师生个性化问题，开发教育业务自主编排系统及智慧教育边缘平台的算力调度系统，满足不同教育业务及传输网络可扩展、可定制需求，实现教育业务的全维可定义，如图 3 所示。

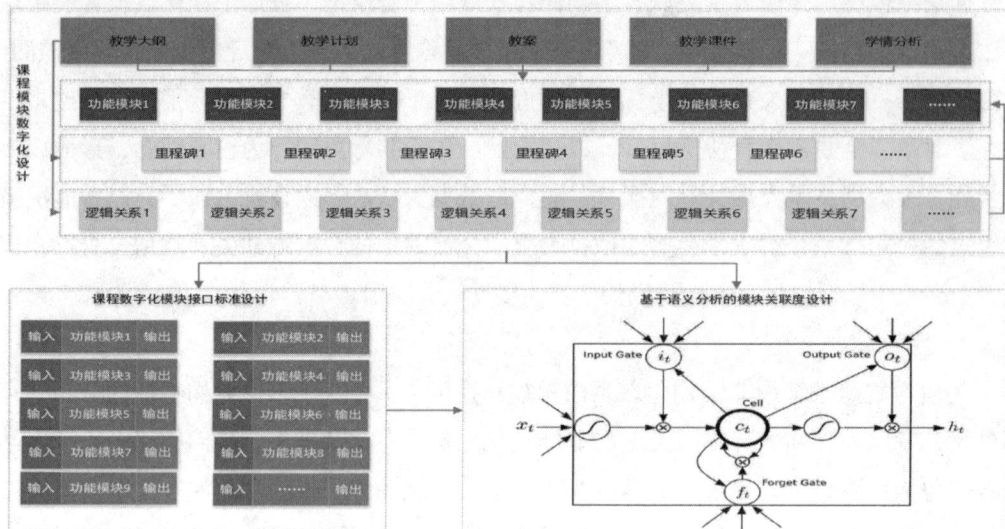

图 3　教育业务的内容编排系统

1. 教育业务自主编排系统

首先将各个课程及教学资源离散成一个个知识点或者课程的功能模块，再根据教学大纲设立各个里程碑，以教学大纲为本建立知识点的逻辑关系，开发教育业务编排系统，提供以师生个性化为导向的定制教育业务。

2. 教育业务的传输网络编排系统

针对教育业务传输网络及平台的定制需求问题，把云平台、传输的互联网、感觉及控制的物联网进行抽象和虚拟化，开发教育业务的传输网络编排系统，实现端到端的传输延迟、抖动、带宽、接入、吞吐量等定制化，满足多场景的确定性传输。最终支持混合式、合作式、体验式、探究式等教学方式，实现"人机共教、人机共育"，提高教育教学质量。

3. 远程定制教育教学系统

通过信息资源整合和数据治理，构建多维智能感知系统，并运用人工智能、大数据技术结合学校教学、管理、发展和师生生活的多维实时数据，提供管理定制分析；根据学生个性差异表现，开发基于人工智能的智能助教、智能学伴等教学应用，通过云网的协同融合，提供远程教育、资源推送，解决教育资源不均衡问题。

（四）教育质量精准度量体系

针对以考试成绩为唯一标准的学生评价模式的固化思维，全面记录学生学习实践经历，客观分析学生能力，建立涵盖学习者、教师、教学环境等对象的精细化评价体系，开发可视化评价系统，实现质量预警，促进个体健康成长，如图 4 所示。

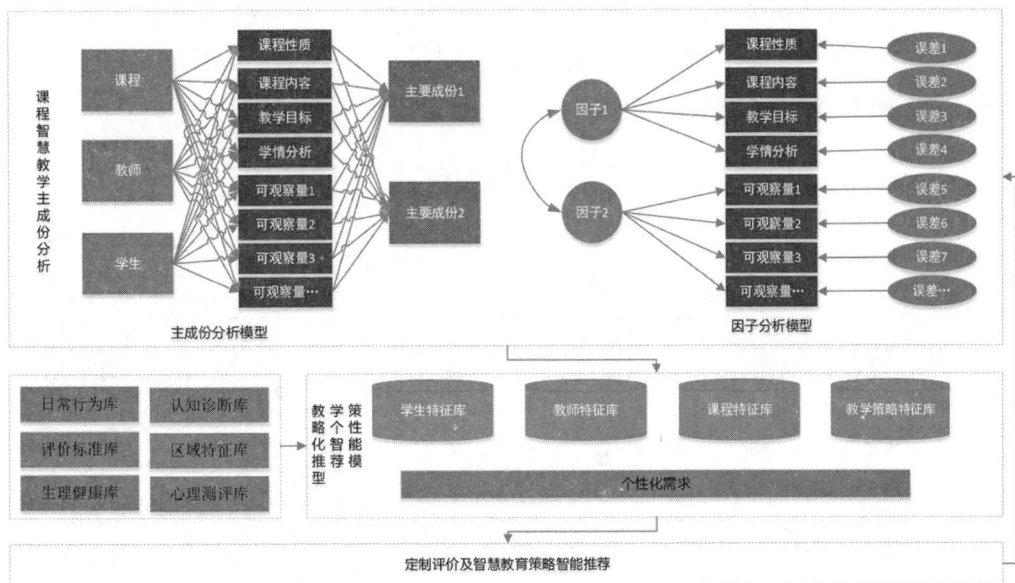

图 4　面向教育智慧化的精准评价指标体系

1. 面向教育智慧化的精准评价指标体系

基于日常行为表现、学业成绩、心理测评、认知诊断结果、生理健康指标的数据特征，对各指标数据进行标准化处理，消除各指标的量纲，计算出学生综合发展指数，建立面向教育智慧化的精准评价指标体系。

2. 多目标多对象全息评价模型

针对现有教学评价指标体系不可量化问题，引入并改进 COMET 职业能力模型，采用强化学习技术，建立多目标多对象全息评价模型，实现测评指标、各指标权重系数因人而异、因时而异的动态、过程性评价。

3. 大规模能力诊断融合能力

针对当前教育质量评价存在数据分散，零碎，缺乏整体性、系统性的问题，通过多源数据分析，结合教学评价基本指标体系建立基于大数据分析主观和客观数据来源的教学评价模型，从而提高课堂教学质量。

四、应用效果

（一）成果评估

国家工程软件产品质量监督检测中心对本成果进行了测评。在功能上比国内外同类产品多出基于教育业务的传输网络编排功能及算力度量能力、基于客户定制的知识图谱自主编排功能、线上线下教育业务全程自动评价功能，如表 1、表 2 所示。在产品性能上系统容量支持单堂不少于 20 万人的并发直播，平台支持千万级用户观看，且系统服务器承载量支持向上无限扩展；业务识别准确率可以达到 96% 以上；支持直播实时全链路监控，端到端抖动小于 40ms，多家 CDN 自动调度，全国节点超千家，支持流量配比、冗余机制、智能调度，如表 3、表 4、表 5 所示。

表 1　平台教学功能对比

序号	名称	功能							服务对象
		备课	教学资源	AI	智慧教育管理	课堂交互	网络行为监控	大数据支持	
1	百度智慧课堂	√	√	√	√	√		√	中小学、高校（仅资源库）
2	阿里智慧教育		√		√	√	√	√	无限制
3	腾讯智慧教育		√		√		√	√	无限制
4	超星学习通		√		√			√	无限制
5	蓝墨云班课		√		√			√	无限制
6	雨课堂	√	√		√			√	无限制
7	本项目	√	√		√	√	√	√	无限制

表 2　平台实现手段对比

实现手段	美国普渡大学	SIMtone	Socrative	网易云课堂	雨课堂	南京易学	超星	本项目
资源建设标准		√	√	√		√	√	√
教学设计流程	手动			手动	手动			自动
数据采集方式						√		自动
数据关联分析		√	√	√	√		√	√
数据安全风险		√		√	√		√	√
课堂互动分析			√	√			√	√
精准智能推荐				√			√	√
数据自动预警	√		√				√	√
全程客观评价						自动		自动
可视质量诊改			√		√			√
传输网络定制								√

表 3　业务识别情况对比

对比内容	本成果所提出的方法	国际相关的方法
单独业务测试误判率	0.117%	未见文献报道
混合业务测试误判率	0.1095%	未见文献报道
未训练应用测试误判率	3.0696%	未见文献报道
识别时间与迁移性	30000 条数据运行后趋向于平衡	未见文献报道
识别率与迁移性	30000 条数据运行后趋向于正常	未见文献报道

表4　业务拒绝情况对比

对比内容	本成果所提出的方法	国际相关的方法
新业务占比 <=1% 的拒绝率	0.08%	0.1%
新业务占比 <=50% 的拒绝率	1%	47%
新业务随机的拒绝率	1%	90%

表5　网络传输情况对比

对比内容	本成果所提出的方法	国际相关的方法
系统容量支持单堂不少于 20 万人的并发直播	支持	支持
支持直播实时全链路监控	支持	部分支持
端到端抖动小于 40ms	支持	未见报道

重庆市产学研合作促进会组织了专家对本项目的成果进行了鉴定，主要结论为：

（1）以大数据为前提，以学生日常课堂、学习中的各种信息数据为内容，以国家与时俱进的思政教育为目标，对学生进行数据化解构与重构，建立了贝叶斯数学模型，动态多目标高校课堂教学智能评价模型。

（2）提出了一种业务自动生成架构，实现了虚拟化网络功能与资源自动编排，对顶层的应用提供海量差异化服务，对底层差异化基础设施进行高效管理，场景适应性强，识别准确率可以达到96%以上。评审专家组认为：该成果总体技术达到国内先进水平，其中所提出的业务编排技术达到国内领先水平。

（二）推广应用

针对智慧教育区域建设不平衡、师生信息素养不一致、缺少精准动态定制的评价体系三大问题，引入云网协同技术，面向智慧校园、远程教育、教育业务的定制化等需求，对"云网协同的智慧教育边缘计算平台的关键技术"在教育行业进行了应用示范。针对教育业务动态可定义问题，开发了云网边端协同的智慧教育管理云平台，在重庆、北京、广东、上海、江苏、江西、陕西等20多个省市建设了智慧教育边缘云数据中心。针对教育业务定制化转发及云网边端融合服务问题，突破跨域复合业务的融合编排与教育业务对网络的通信存储算力跨层调度技术，开发业务编排部署系统及算力快速调度管理系统，在全国线上线下教育进行了应用。针对教育评价数据的多域异构融合性、时效性问题以及学生、教师、学校的个性化、差异化问题，开发了云网一体的智慧教育评价系统，在重庆、贵州进行了推广应用。

赛尔网络有限公司认为项目成果基于各个接入单位的特色，对教育行业的高带宽业务的精准接入服务能够进行自动切片，提高了网络安全性、用户体验度，促进了教育信息的发展。山西省教育厅职成处、浙江省教育评估院、沈阳市教育研究院、巫溪县教育委员会、黔江区教育委员会、武隆区教育信息技术与服务中心、重庆万州技师学院、甘肃智信教育评估有限公司、重庆市九龙坡职业教育中心等单位认为项目成果能够提高教学水平，具有推广价值。

五、结论与展望

随着人工智能技术的发展，基于云网协同技术赋能思想政治理论课教学的智慧化评价带来了评价主体、评价体系、评价结果、教学决策等的积极改变。研究成果有助于实现全过程、全方位、多层面地对学生日常行为表现、学业成绩、心理测评、认知诊断结果、生理健康指标等各项数据进行动态、自动采集。项目成果可以智能分析学生行为特征、思想品德、认知水平等，有助于有针对性开展相关教育，促进学生全面发展，从而解决学校教育"为谁培养，培养什么样的人问题"。本研究通过云网协同技术可以实现对学生全面、全过程、全方位各类行为数据的收集与分析，可以更加全面反映学生的真实情况和综合素养，从而有助于从评价标准、选拔机制到招生录取等环节建立更加公平而科学的新型考试招生制度。

参考文献：

［1］齐媛，张生. 学评融合：落实评价改革的重要路径［N］. 中国教育报，2020，10-31（03）.

［2］仇德成，仇思宇，赵国营. 大数据分析在教学质量评价中的应用［J］. 计算机时代，2019（02）：26-29.

［3］肖建力，沈昱明，尚丽辉，苏湛. 利用教育大数据可视化提高本科生培养质量［J/OL］. 中国教育技术装备：2019，1-3.

［4］贺丹. 大数据背景下高校教育教学改革研究［J］. 教育现代化，2018，5（49）：101-103.

［5］刁智刚. 高校教育大数据的分析挖掘与有效利用［J］. 中国信息化，2018（11）：65-66.

［6］王坤. 支持与实现：教育大数据对高校教师教学决策的价值所在［J］. 中国成人教育，2018（16）：145-147.

［7］张生，王雪，齐媛. 人工智能赋能教育评价："学评融合"新理念及核心要素［J］. 中国远程教育，2021（02）：1-8，16，76.

［8］毛刚，周跃良，何文涛. 教育大数据背景下教学评价理论发展的路向［J］. 电化教育研究，2020，41（10）：22-28.

［9］宋乃庆，郑智勇，周圆林翰. 新时代基础教育评价改革的大数据赋能与路向［J］. 中国电化教育，2021（02）：1-7.

［10］田爱丽. 综合素质评价：智能化时代学习评价的变革与实施［J］. 中国电化教育，2020

（01）：109－113，121.

［11］何永红. 智慧教育背景下学业质量评价的设计：以学习者为中心［J］. 教育发展研究，2019，39（24）：28－32.

［12］张琪，王丹. 智能时代教育评价的意蕴、作用点与实现路径［J］. 中国远程教育，2021（02）：9－16，76.

［13］Bill Cope，Mary Kalantzis. Big Data Comes to School：Implications for Learning，Assessment，and Research［J］. AERA Open，2016，2（2）：1－19.

［14］倪国良，冯琳. 数字孪生赋能思想政治教育探析［J］. 思想教育研究，2022（12）：39－45.

［15］田珊. 数字化红色文化资源赋能高校思政课的价值及路径探析［J］. 思想理论教育导刊，2022（07）：155－159.

［16］付安玲，张耀灿. 数字化参与文化视域下思想政治教育的功能优化［J］. 思想教育研究，2020（08）：31－36.

［17］王莎. 新时代高校思想政治教育评价的数字化变革［J］. 思想理论教育，2021（12）：62－68.

教育数字化转型：国际背景、发展需求与推进路径①

吴　砥② 李　环　尉小荣

摘　要： 教育数字化转型是构建教育新生态、解决人才供需矛盾、支撑教育高质量发展的必然要求，已成为教育领域备受关注的新热点。本文首先系统分析了世界各国推进教育数字化转型的主要举措与实施成效；然后梳理了不同时期我国教育信息化的发展历程及关注重点；接着从提升教育质量、推动教育公平、优化教育治理、实现终身学习四方面剖析了我国进行教育数字化转型的必要性；最后提出了推进教育数字化转型的实施路径思考，以期为我国未来教育数字化转型的工作重点和发展方向提供参考。

关键词： 教育数字化转型；教育信息化；国际背景；需求分析；实施路径

新一轮科技革命和产业变革深入发展，世界数字化转型加速，数字政府、数字经济等各领域数字化向纵深发展（国务院，2022）。随着人工智能、大数据等新兴技术在教育领域广泛应用，教育数字化已成为教育领域备受关注的新热点，也是今后教育改革实践的主要方向（祝智庭等，2022）。《教育部2022年工作要点》明确提出要实施教育数字化战略行动，加快推进教育数字转型和智能升级（教育部，2022）。

一、教育数字化转型的国际关注热点

随着全球范围内的数字化转型步伐不断加快，世界主要发达国家和国际组织陆续出台一系列教育数字化发展战略，将教育数字化作为国家数字化战略的重要组成部分，如表1所示。结合世界各国发布的教育数字化政策文件和采取的教育改革举措，可以发现当前国际教育数字化转型主要关注"基础设施建设""数字教育资源""教育教学创

---

① 吴砥，李环，尉小荣. 教育数字化转型：国际背景、发展需求与推进路径 [J]. 中国远程教育，2022，（07）：21-27，58，79.

② 吴砥，华中师范大学教授，博士生导师。国家数字化学习工程技术研究中心副主任，教育大数据应用技术研究中心副主任，教育信息化战略研究基地（华中）常务副主任，湖北教育数字化研究院院长，入选国家级人才计划1项。兼任教育部教育信息化专家咨询委员会秘书长，教育部基础教育教学指导委员会技术（信息技术、通用技术）教学指导专委会副主任委员，全国信息技术标准化技术委员会教育技术分技术委员会副主任，中国教育发展战略学会常务理事、未来教育专委会秘书长等。研究方向：教育数字化发展战略与政策规划、教育数字化绩效评估、师生数字素养监测与评估、教育数字化标准与应用。

新""数字素养提升""标准规范研制""数字伦理安全"等方面，具体如表1所示。

表1　世界典型国家／组织的教育数字化战略及文件

国家／组织	教育数字化战略及文件
联合国教科文组织（UNESCO）	《一起重新构想我们的未来：为教育打造新的社会契约》（2021）
经济合作与发展组织（OECD）	《回到教育的未来：经合组织关于学校教育的四种图景》（2020） 《2021年数字教育展望》（2021）
欧盟	《数字教育行动计划2021—2027》 《欧洲教育工作者数字能力框架》（2017） 《欧洲公民数字能力框架的自我反思工具》（2020）
美国	《帮助美国学生为21世纪做好准备：迎接技术素养的挑战》（NETP 1996） 《数字化学习：为所有学生提供触手可及的世界课堂》（NETP 2000） 《迎来美国教育的黄金时代：因特网、法律和学生如何变革教育期望》（NETP 2004） 《面向教师的国家教育技术标准》（第二版，2008） 《ISTE教师标准》（2008） 《变革美国教育：技术推动学习》（NETP 2010） 《迎接未来学习—重思教育技术》（NETP 2016） 《重塑技术在教育中的角色》（NETP 2017） 《ISTE教育工作者标准》（2017）
韩国	教育信息化发展规划Master Plan 1（1996—2000） 教育信息化发展规划Master Plan 2（2001—2005） 教育信息化发展规划Master Plan 3（2006—2010） 教育信息化发展规划Master Plan 4（2010—2014） 教育信息化发展规划Master Plan 5（2014—2018） 教育信息化发展规划Master Plan 6（2019—2023）
新加坡	教育信息化发展规划Master Plan 1（1997—2002） 教育信息化发展规划Master Plan 2（2003—2008） 教育信息化发展规划Master Plan 3（2009—2014） 教育信息化发展规划Master Plan 4（2015—2019） 教育技术十年规划（2020—2030）

（一）不断升级改造数字化基础设施

良好的数字化教学环境是实现教师智能化的"教"和学生个性化的"学"的基础保障，世界各国在推进信息基础设施建设、升级改造校园数字化环境方面不断进行尝试和探索。例如，美国早在2013年就提出"连接教育计划"，让高速网络联通学校（Office of Educational Technology，2013）。截至2019年，99%的美国公立中小学接入光纤，每个学生的平均网速超过670kbps（Education Superhighway，2020）。2018年，俄罗斯启动"数字化教育环境"项目，提出在2024年前让所有学校接入高速互联网，建立师生可使用的基础设施和数字平台（Russia Ministry of Education，2018）。同年，德国联邦政府发布的《学校数字协定》也提出持续5年每年投入5亿欧元用于学校信息化平台建设（Federal

Republic of Germany，2018）。2020 年，新加坡教育部提出到 2024 年实现所有初一年级学生每人配备一台数字化学习设备，到 2028 年实现所有中学生人手一台个人电脑；因受疫情的影响，又提出加速落实中学生数码学习计划，将原定 8 年完成的发展任务压缩到 1 年完成（Singapore Ministry of Education，2020）。

（二）稳步提升数字教育资源供给能力

在数字教育资源供给服务方面，世界主要发达国家高度重视数字教育资源平台的搭建，逐步形成从建设、应用到评价的数字教育资源体系。例如，联合国教科文组织与英联邦学习共同体共同组建开放教育资源大学，为全球学生提供免费的教育资源与在线课程，开展跨国跨地区的学分认证，促进不同地区间教育资源的开放交流（UNESCO，2012）。法国教育部设立国家远程教育中心汇聚覆盖学前教育到高等教育的在线远程学习项目超过 3000 个，并提供相关的教育培训资源（French Ministry of Education，2020）。澳大利亚开设国家数字学习资源平台，收录 16000 多个免费的数字资源并在全国范围内开放共享，形成高水平的数字教育资源库。欧盟发布《数字教育行动计划（2021—2027年）》，强调要进一步整合教育资源，在中小学教育方面打造欧盟统一线上教学平台，在高等教育方面推进欧盟高校在线教学平台建设（European Commission，2020）。

（三）推行数字技术支持的教育教学创新

随着各类教育大数据应用系统的不断涌现，世界各国积极利用数字技术改变传统教学方法，为学生提供个性化、定制化的学习支持服务。以美国为例，可汗学院的学习仪表盘能够将海量的学习行为数据转变为有价值的行为信息，并基于高效的数据分析帮助学生开展个性化学习。目前，可汗学院已与美国 45 个州超 280 个地区达成合作并辐射全球，平台课程内容被翻译成超过 36 种语言。在自适应学习平台方面，美国的 Knewton 平台汇集心理测量、机器学习等功能为一体，能精准分析学生的优势、学习兴趣和认知投入水平，通过不断收集和监测学习过程数据，为达成高质量学习提供决策支持，目前全球有超过 4000 万学生使用；DreamBox Learning 系统基于学生行为评估其数学理解能力，为教师了解不同学生发展水平提供支撑，并引导学生向正确的方向努力，目前该系统已为 600 多万学生提供服务；ALEKS 系统利用大数据为学生提供中小学数学、化学等学科学习评估服务，目前已有 2500 多万名学生用户。

（四）注重培养教师的数字素养与技能

随着数字技术与教育教学的融合发展，教师的数字素养与技能已成为国际关注的焦点，各国纷纷采取措施培养教师的数字技术应用能力。例如，联合国教科文组织于2011 年颁发的《教师信息与通信技术能力框架》中详细描述了教师运用数字技术进行有效教学应具备的能力（UNESCO，2011）。欧盟委员会联合研究中心于 2017 年颁发了《欧洲教育工作者数字能力框架》，使各级各类教育工作者能够全面评价和发展其数字能力（European Commission，2017）；2020 年公布的《欧洲公民数字能力框架的自我反思工具》，通过知识、技能和态度三方面来衡量公民数字能力水平（European Commission，2020b）。此外，欧盟于 2020 年颁发的《数字教育行动计划（2021—2027 年）》中特别强调要建立"欧盟数字技能认证"制度，强化教师数字技能评估（European Commission，2020a）。美国教育技术国际协会于 2017 年发布的《ISTE 教育工作者标准》，从多角度分析教师在信息时代教育教学中扮演的不同角色，定义教师角色职责和能力标准，以促进教师应用数字技术创新教学（ISTE，2017）。

（五）高度重视教育数字化标准规范研制

世界主要标准化组织和机构高度重视教育数字化相关标准研制，近年来发布了一系列数字化学习、教育大数据分析等相关标准规范，为教育数字化的推进实施提供指引。例如，美国高级分布式学习组织 ADL 长期致力于研究数字化学习相关技术标准，其发布的可共享内容对象参考模型 SCORM 标准，为数字教育资源的规范化组织、传输和发布提供了支撑，在世界范围内得到广泛采用；其在 2013 年发布的 xAPI 标准现已成为国际上教育大数据分析中广泛采用的学习行为数据规范。此外，国际标准化组织 ISO 联合国际电工技术委员会 IEC 共同组成了专门负责教育数字化标准研制的技术委员会 ISO/IEC JTC1/SC36，以信息技术支持的学习、教育和培训作为主要对象，从术语、元数据、学习者信息、学习分析互操作等方面研制发布了系列国际标准。在 2021 年 9 月召开的 SC36 全会上，脑机接口、教育数字孪生、虚拟实验室等方向的标准议题成为各国标准专家共同关注和探讨的焦点。

（六）优化完善数字技术应用伦理规范

近年来，由数字技术引发的一系列伦理道德问题逐渐进入公众的视野，如何确立合理、安全的数字技术应用伦理规范也逐渐得到世界各国和组织的高度重视。2019 年 5 月，中国政府与联合国教科文组织合作举办了国际人工智能与教育大会，来自全球 100 多个国家、10 余个国际组织的约 500 位代表参会，审议并通过成果文件《北京共识——人工智能与教育》，提出要确保教育数据和算法使用合乎伦理、透明且可审核，并采用新兴人工智能技术和工具，确保教师和学习者隐私数据保护和数据安全（教育部，2019）。2021 年 11 月，联合国教科文组织发布全球首个针对人工智能伦理制定的规范框架《人工智能伦理问题建议书》，特别关注人工智能系统与教育、科学、文化、传播和信息等教科文组织核心领域有关的广泛伦理影响（UNESCO，2021）。美国高等教育信息化协会每年发布涵盖高等教育信息化领域关注焦点和前沿问题的"十大 IT 议题"的报告，在 2016 至 2021 年提出的议题中均含有"信息安全"或"信息安全战略"，2019 至 2020 年提出的议题还包括"隐私"，建议以可持续的方式管理、保护数据和隐私。

二、中国教育信息化的发展脉络回顾

"十二五"初期,《教育信息化十年发展规划(2011—2020 年)》发布,明确提出了信息技术与教育深度融合的核心理念,确定了以应用驱动与机制创新为基本方针的发展思路,预期到 2020 年基本形成独具中国发展特色的教育信息化体系,我国的教育信息化水平能够走在国际前列,教育事业整体蓬勃发展(教育部,2012)。"十三五"期间,教育信息化持续发力,党的十九大报告提出要"办好网络教育",以此为标志,我国教育信息化正式进入 2.0 阶段。在此期间,我国的教育信息化事业蒸蒸日上,实现了跨越式发展,取得了显著成效:中小学(含教学点)联网率达到 100%,出口带宽达 100 兆的学校超过 99.9%,约 3/4 的学校实现了无线网络全覆盖,99.5% 的中小学拥有多媒体教室,教育信息化条件得到明显改善(吕玉刚,2021);"课堂用、经常用、普遍用"的信息化教学新常态已基本形成;通过整合各级各类教育资源公共服务平台和支持系统,逐步实现了优质资源、管理应用的互通、衔接与开放,初步形成国家数字教育资源公共服务体系,教育资源公共服务水平逐渐实现均等化、普惠化、便捷化;在"全国中小学教师信息技术应用能力提升工程 2.0"支持下,我国教师的信息化教学能力得到稳步提升(教育部,2020)。

"十四五"期间,我国在推动信息技术与教育融合发展方面迎来新突破,教育的全面数字化转型成为我国教育改革发展的主要方向(祝智庭等,2022)。2021 年 3 月,国务院印发《中华人民共和国国民经济和社会发展第十四个五年规划和 2035 年远景目标纲要》,要求聚焦教育等重点领域,推动数字化服务普惠应用;同年 7 月,教育部等六部门联合发布《关于推进教育新型基础设施建设构建高质量教育支撑体系的指导意见》,明确指出以教育新基建推动线上线下教育的创新发展,积极促进教育数字化转型(教育部等六部门,2021);同年 11 月,《提升全民数字素养与技能行动纲要》发布,明确提出加快建设完善数字基础设施,全面推进数字校园建设,建成一批智慧教室、智慧教学平台、虚拟实验室、虚拟教研室等,全面提升数字化水平,并把提升全民数字素养与技能作为建设网络强国、数字中国的一项基础性、战略性、先导性工作(中央网络安全和信息化委员会,2021);同年 12 月印发的《"十四五"国家信息化规划》,强调要提升教育信息化基础设施建设水平,构建高质量教育支撑体系,推动新兴信息技术赋能教育教学变革,深化教育领域大数据应用(中央网络安全和信息化委员会,2021)。2022 年 1 月,国务院印发《"十四五"数字经济发展规划》,要求加快推动文化教育等领域公共服务资源数字化供给和网络化服务,拓展教育、对口帮扶等服务内容,助力基本公共服务均等化。

从发布的一系列政策文件可以看到,教育数字化转型已经充分引起国家的关注,逐渐成为我国教育信息化未来发展的焦点。我国的教育数字化转型工作在基础设施、数字资源、信息平台等的建设与应用方面也取得了阶段性突破。2021 年初，上海市提出全面推进城市数字化转型；同年 8 月，上海被批复成为全国首个教育数字化转型试点区。上海教育数字化转型与城市数字化转型相互依存、相互促进，两者有着共同的理念指引，城市数字化转型为教育改革发展提供新动力，支撑着教育数字化转型的稳步推进。2022 年 3 月 28 日，国家智慧教育公共服务平台正式上线。国家智慧教育公共服务平台作为教育数字化战略行动的阶段性成果，为广大师生提供了海量优质数字教育资源；通过将学生学习、教师教学、学校治理、教育创新等功能汇聚于一体，能够有效助力精准教学、智能研修和智慧治理，极大程度地支撑"停课不停学"；数据显示，国家智慧教育公共服务平台自试运行以来，平台日均浏览量已达 2888 万以上，最高日浏览量达 6433 万，现有资源总量为 2.8 万余条，资源质量得到社会广泛认可（教育部，2022）。

三、中国教育改革对数字化的需求分析

（一）教育数字化是提升教育质量的内在需求

随着我国经济发展由高速增长阶段转向高质量发展阶段，人民群众对美好教育的需求不断提升。2021 年 5 月，由国家发展改革委等三部委联合印发的《"十四五"时期教育强国推进工程实施方案》中明确指出要全面提升教育体系的内在质量水平和人民群众的教育获得感（国家发展改革委等部门，2021）。要建设"坚持以人民为中心"的教育强国，满足人民群众的高品质、个性化学习需要，这就必然要求信息化全面赋能教育，供给更高质量的教育服务。在中国这样的人口大国，只有充分利用大数据、云计算、人工智能等新兴信息技术，提供数字化、个性化的教育服务支持，才能精准提升教育质量，助力教师专业发展和学生健康成长；也只有基于智能技术实现精细化资源配置与科学决策，才能为"办好人民满意的教育"提供关键支撑（杨宗凯，2022）。因此，加快实施国家教育数字化战略、积极推进教育数字化转型，是我国教育实现从基本均衡到高位均衡、教育大国到教育强国的必然选择。

（二）教育数字化是推动教育公平的有效手段

教育公平是社会公平的重要基础。受教育管理体制的限制、经济发展水平的制约以及区位等因素的影响，与东部地区相比，中西部地区的教育发展机会和发展空间受限状况一直没有得到根本解决。尤其在当今的数字时代，城乡"数字鸿沟"依然较大，数字化教育必备的网络连接、学习环境、数字资源和高素质师资队伍等方面均存在着分布不均衡的现象（郭绍青，2022）。为弥补"数字鸿沟"、促进教育公平，教育数字化是一个重要推手。一方面，利用数字化手段可以扩大优质教育资源覆盖面，增加数字资源的有效共享；另一方面，通过将数字技术融入教育教学全过程，可以打破时空限制，有效支持学生自主学习和教师专业发展。例如，华中师大一附中依托"5G+ 全息投影"技术，

通过创设异地师生的互动课堂，实现了优质课程的高清、实时远程覆盖，针对我国教育资源分布不均衡问题探索出了一种全新的解决方案，推动教育服务逐步走向平等（吴砥，2021）。

（三）教育数字化是优化教育治理的重要抓手

教育治理现代化是国家治理现代化的重要组成部分（孙杰远，2020）。教育部党组书记、部长怀进鹏多次指出要大力提升教育治理体系和治理能力现代化水平（怀进鹏，2022）。全面实施教育治理是建设教育强国必须要面对和解决的重大理论与实践问题（袁玉芝等，2022），"数字化"的出现为教育治理注入了新的活力与方向。一方面，通过以数据为核心建立网络化、数字化、智能化的全业务、全流程教育治理体系，可以有效实现治理模式向"数治"转变，提升教育治理效能（杨宗凯，2022）。另一方面，通过完善一体化教育政务服务公共支撑体系，能够打破数据之间的壁垒，加速实现数据共享和办公协同，提升政务服务水平。此外，通过联结、贯通、整合各类教育数据，有助于形成丰富、准确、可信的教育基础数据，从而支撑教育的精准管理和科学决策。

（四）教育数字化是实现终身学习的有力支撑

2020 年，习近平总书记在教育文化卫生体育领域专家代表座谈会上的讲话强调，要建立健全终身学习推进机制，构建灵活、丰富、便捷的全民终身学习体系。[①]《"十四五"国家信息化规划》首次明确提出"开展终身数字教育"，强调要"发挥在线教育、虚拟仿真实训等优势，深化教育领域大数据分析应用，不断拓展优化各级各类教育和终身学习服务"（中央网络安全和信息化委员会，2021b）。"教育数字化"的快速发展和不断渗透，为终身学习奠定了良好的资源与技术基础。一方面，通过依托校内外的开放数字教育资源，基于全民学习需求与能力监测数据，可以为学习者提供实时、便捷的学习内容推介和学习方法指导，支持开展适合自身需求的自主学习；另一方面，通过建设国家和省级互通的学分银行体系，可以将个人学历教育、培训、职业经历和非正规、非正式学习活动等学习成果存入账户，形成个人终身学习数字档案，实现终身学习成果的认定、累积和转换；此外，通过深入开展继续教育课程认证、学分积累和转换试点，有助于搭建各类教育纵向衔接，普通教育、职业教育和继续教育横向沟通的学习"立交桥"（杨宗凯，2022）。

四、教育数字化转型的实施路径

推动教育数字化全面落地是一项系统工程，必须基于"保障机制"，从"物""人""数"三方面着手，瞄准"教学"和"管理"两大领域，才能最终实现教育全面数字化转型的目标，如图 1 所示。

---

① 中央纪委国家监委网站.完善全民终身学习推进机制 构建终身学习体系［EB/OL］.（2020-10-20）［2024-09-24］. https://www.ccdi.gov.cn/yaowen/202010/t20201020_227470.html.

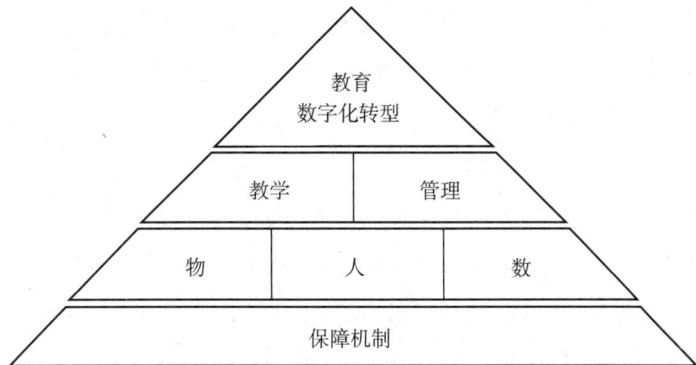

图 1 教育数字化转型的实施路径

"保障机制"是指从政府层面制定教育数字化相关的战略规划和标准规范,构建适当的管理体制和运行机制。只有坚持目标导向、应用驱动,做好教育数字化顶层设计和战略部署,加强教育数字化标准规范建设和技术产品研发,才能为教育数字化的落地实施提供方向和保障。一方面,要从瞄准教育需求、注重应用导向的视角出发,研制符合我国国情的教育数字化战略行动方案,明确各重点应用的工作目标、主要任务及实施路径。另一方面,要围绕"设备环境""平台工具""数字资源""教育数据""在线教学""师生素养""网络安全"等方面的标准化建设需求,建立一批教育数字化标准"产学研用"创新基地,加强一系列重要国家/行业标准和规范的研制、修订、发布、宣传和应用,加快标准测评技术和产品的研发推广,引导教育数字化标准应用与服务产业链健康有序发展。

"物"即基础设施和数字资源。在基础设施方面,要加快学校教学、实验、科研、管理、服务等设施的数字化和智能化升级,实现各级各类学校无线网络全覆盖;同时要提升教室、实验室和实训室的数字化教学装备配置水平,升级传统技术设备和系统,打造具有良好体验的新型课堂教学环境,推动学校数字化转型(黄荣怀,2022)。在数字资源方面,要提供优质数字教育资源共享服务。一方面,要基于需求牵引、应用为王、服务至上的原则,针对一线实际,多渠道汇聚连通不同地区、不同教育阶段资源库,升级国家数字教育资源公共服务体系;另一方面,要拓展资源体系接入范围,试点连接一批数字博物馆、科技馆和图书馆,促进跨平台、跨地域、跨层级的资源开放共享。

"人"即信息素养与数字技能。教育数字化对人才培养提出了新的要求,提升师生信息素养与数字技能迫在眉睫,已成为实现教育现代化、建成教育强国的重要内容(吴砥,等,2021)。一方面,要探索线上线下相结合的分层分类研修培训机制,提高教师信息技术应用能力、教研员信息化指导力和教育管理者信息化领导力。另一方面,要高质量实施国家中小学信息技术课程,积极开发各类信息素养区本、校本课程,提升学生利用信息技术解决问题的能力;深化信息技术的跨学科融合,构建基于课堂、应用驱动、注重创新的学生信息素养培育机制。此外，还要开展师生信息素养常态化测评，绘制师生信息素养地图，实现师生信息素养的动态监测（吴砥，等，2021）。

"数"即推进教育数字化过程中产生的核心数据资产。《中共中央　国务院关于构建更加完善的要素市场化配置的体制机制的意见》将"数据"列为五大生产要素之一。当前数字经济正在引领新经济发展，"数据"被视为数字经济时代的基础性资源、战略性资源和重要生产力，维护数据主权、保护数据安全隐私至关重要。首先，要建立健全教育数据的安全保障制度，通过定期开展教育数据的安全评估，实现重要数据的异地容灾备份。其次，还要进一步强化师生信息保护，规范身份信息、隐私信息、生物特征信息的采集、传输和使用，加强对收集使用教师和学生信息的安全监管能力。再次，要开展人工智能教育应用伦理规范研究，探索建立保障人工智能教育应用健康发展的伦理道德框架。

"教学"即数字化条件下的"教"和"学"。教育改革的阵地在课堂，课堂教学是数字化转型的核心（黄荣怀，等，2022）。只有同时从教师的"教"和学生的"学"两方面入手，才能实现教学过程的数字化。一方面，要推广信息技术支持下的选课走班、校际协同、校企联动等灵活开放的教学组织模式，促进学生的个性化培养和协同育人。另一方面，应加强深化网络学习空间应用，构建线上线下混合教学的有效模式，并推进常态化应用（吴砥，2022）。此外，还要积极利用基于人工智能的智能助教、智能学伴等教学产品，深入探索虚拟现实、增强现实等新型技术在教学中的应用，通过开展启发式、探究式、讨论式、参与式的课堂教学活动，打造网络化、沉浸式、智能化的智慧教学新模式，以此促进学生深度学习的发生，达到培养学生核心素养的目的。

"管理"即基于数据驱动的教育管理。随着泛在海量的数据被采集应用到教育领域，数据驱动的教育管理已然成为未来的发展趋势（顾小清，2022）。一方面，要建立统一、安全、便捷的部、省、市数据交换通道，不断提升教育数据采集、分析、挖掘等处理能力，推动教育数据的有序流动，实现跨地域、跨层级、跨部门的数据共享，促成校内外业务协同、教育服务一站式办理，从而提升管理效率（杨宗凯，2022）。另一方面，要积极推行基于大数据的区、校教育管理，通过人工智能技术实现管理流程数字化，推动管理业务流程再造，为精准制定决策提供支持。例如，学校管理者可以借助智慧校园管理平台发布文件通知、查看班级学情、审批合同业务等，通过将线下管理流程转移到线上，不仅可以节省人力和物力成本，也能有效提升管理服务质量。

教育数字化是当今教育改革发展的重要主题，是国际广为关注的焦点，是我国"数字中国""数字经济"发展战略的明确要求，同时也是破解教育公平与教育质量等重难点问题的必由之路。全面推动教育数字化转型，对于支撑教育高质量发展意义重大，值得引起高度重视和广泛关注。

参考文献：

［1］习近平主持召开教育文化卫生体育领域专家代表座谈会强调　全面推进教育文化卫生体育事业发展　不断增强人民群众获得感幸福感安全感［EB/OL］.（2020-09-23）［2022-04-21］. http://jhsjk.people.cn/article/31871319.

［2］中华人民共和国中央人民政府网. 中共中央　国务院关于构建更加完善的要素市场化配置体制机制的意见［EB/OL］.（2020-04-09）［2022-04-21］. http://www.gov.cn/zhengce/ 2020-04/09/content_5500622.htm.

［3］中华人民共和国中央人民政府网. 中华人民共和国国民经济和社会发展第十四个五年规划和2035年远景目标纲要［EB/OL］.（2021-03-12）［2022-04-21］. http://www.gov.cn/xinwen/ 2021-03/13/content_55 92681.htm.

［4］中华人民共和国中央人民政府网. 国务院印发《"十四五"数字经济发展规划》［EB/OL］.（2022-01-12）［2022-04-21］. http://www.gov.cn/zhengce/content/2022-01/12/content_5667817.htm.

［5］国家发展改革委、教育部、人力资源和社会保障部. 关于印发《"十四五"时期教育强国推进工程实施方案》的通知［EB/OL］.（2021-05-10）［2022-04-21］. http://www.gov.cn/zhengce/zhengceku/2021-05/20/content_5609354.htm.

［6］中华人民共和国教育部网. 教育部关于印发教育信息化十年发展规划（2011-2020年）的通知［EB/OL］.（2012-03-13）［2022-04-21］. http://www.moe.gov.cn/srcsite/A16/s3342/201203/t20120313_133322.html.

［7］中华人民共和国教育部网. 联合国教科文组织正式发布国际人工智能与教育大会成果文件《北京共识——人工智能与教育》［EB/OL］.（2019-08-28）［2022-04-21］. http://www.moe.gov.cn/jyb_xwfb/ gzdt_gzdt/s5987/201908/t20190828_396185.html.

［8］中华人民共和国教育部网. 关于政协十三届全国委员会第三次会议第1729号（教育类134号）提案答复的函［EB/OL］.（2020-11-17）［2022-04-21］. http://www.moe.gov.cn/jyb_xxgk/xxgk_jyta/jyta_kjs/ 202012/t20201217_506111.html.

［9］中华人民共和国教育部网. 教育部2022年工作要点［EB/OL］.（2022-02-08a）［2022-04-21］. http://www.moe.gov.cn/jyb_sjzl/moe_164/202202/t20220208_597666.html.

［10］中华人民共和国教育部网. 四平台齐上线 推动教育数字化转型［EB/OL］.（2022-04-06）［2022-04-14］. http://www.moe.gov.cn/jyb_xwfb/s5147/202204/t20220406_614072.html.

［11］中华人民共和国教育部网. 教育部等六部门关于推进教育新型基础设施建设构建高质量教育支撑体系的指导意见［EB/OL］.（2021-07-08）［2022-04-21］. http://www.moe.gov.cn/

srcsite/A16/s3342/202107/t202107 20_545783.html.

［12］中央网络安全和信息化委员会. 2021-11-05a. 提升全民数字素养与技能行动纲要［EB/OL］.［2022-04-21］. http://www.cac.gov.cn/2021-11/05/c_1637708867754305.htm.

［13］中央网络安全和信息化委员会印发"十四五"国家信息化规划［EB/OL］.（2021-12-27b）［2022-04-21］. http://www.cac.gov.cn/2021-12/27/c_1642205314518676.htm.

［14］顾小清. 教育信息化步入数字化转型时代［J］. 中小学信息技术教育. 2022，244（04）：5-9.

［15］郭绍青. 用数字化转型促进城乡教育均衡［N］. 光明日报，2022-04-05（06）.

［16］怀进鹏. 教育部举行党组理论学习中心组集体学习暨教育信息化首场辅导报告会［EB/OL］.（2022-02-21）［2022-04-21］. http://www.moe.gov.cn/jyb_zzjg/huodong/202202/t20220221_600 942.html.

［17］黄荣怀. 未来学习，要构建智慧教育新生态［N/OL］. 光明日报，2022-04-05（06）.

［18］黄荣怀，杨俊峰. 教育数字化转型的内涵与实施路径［N］. 中国教育报，2022-04-06（04）.

［19］吕玉刚. 中国中小学联网率达 100%［EB/OL］.（2021-12-16）［2022-04-21］. https://baijiahao.baidu.com/s?id=1719287689728592179&wfr=spider&for=pc.

［20］孙杰远. 教育治理现代化的本质、逻辑与基本问题［J］. 复旦教育论坛. 2020，18（01）：5-11.

［21］吴砥. "5G+智慧教育"试点促进教育教学与评价改革［EB/OL］.（2021-09-29）［2022-04-21］. https://m.gmw.cn/baijia/2021-09/29/35202116.html.

［22］吴砥. 开展人工智能教育社会实验研究 助力教育高质量发展［EB/OL］.（2022-03-08）［2022-04-21］. http://www.cac.gov.cn/2022-03/08/c_1648363726040578.htm.

［23］吴砥，王美倩，杨金勇. 智能时代的信息素养：内涵、价值取向与发展路径［J］. 开放教育研究. 2021，27（03）：46-53.

［24］杨宗凯. 加快教育信息化 支撑终身数字教育［EB/OL］.（2022-03-08）［2022-04-21］. http://www.cac.gov.cn/2022-03/08/c_1648363725755324.htm.

［25］杨宗凯. 教育的全面数字化转型已成必然趋势［N/OL］. 中国青年报，2022-04-11（05）.

［26］袁玉芝，刘复兴. 教育治理的关键在于制度现代化［EB/OL］.（2022-04-12）［2022-04-21］. https://m.gmw.cn/baijia/2022-04/12/35651599.html.

［27］祝智庭，胡姣. 教育数字化转型的本质探析与研究展望［J］. 中国电化教育. 2022，423（04）：1-8+25.

［28］祝智庭，胡姣. 教育数字化转型的实践逻辑与发展机遇［J］. 电化教育研究. 2022，43（01）：5-15.

［29］European Commission. Digital Education Action Plan（2021-2027）［EB/OL］.（2020-09-30）［2022-04-21］. https://education.ec.europa.eu/focus-topics/digital-education/about/digital-education-action-plan.

[30] Federal Republic of Germany. Make schools fit for the future with the DigitalPakt [EB/OL]. (2018-08-01) [2022-04-21]. https://www.bmbf.de/bmbf/shareddocs/downloads/files/vv_digitalpaktschule_web.pdf?__blob=publicationFile&v=1.

[31] Office of Educational Technology. ConnectED [EB/OL]. (2013-06-06) [2022-04-21]. https://tech.ed.gov/connected/.

[32] Singapore Ministry of Education. Opening Address by Mr Ong Ye Kung, Minister for Education at the 2020 Schools and Institutes of Higher Learning Combined Workplan Seminar [EB/OL]. (2020-06-28) [2022-04-21]. https://www.moe.gov.sg/news/speeches/20200628-opening-address-by-mr-ong-ye-kung-minister-for-education-at-the-2020-schools-and-institutes-of-higher-learning-combined-workplan-seminar.

[33] UNESCO. Recommendation on the Ethics of Artificial Intelligence [EB/OL]. (2021-11-23) [2022-04-21]. https://unesdoc.unesco.org/ark:/48223/pf0000381137?posInSet=3&queryId=adcadf25-5764-4092-af63-15f3190c6560.

技术与治理：数字化驱动乡村学校改进的双重逻辑 [①]

赵磊磊　周慧蓉　季吴瑕 [②]

摘　要：随着数字化技术与教育教学的深度融合，数字化如何驱动乡村学校改进成为热点议题。本文探讨了数字化驱动乡村学校改进的双重逻辑，即技术逻辑与治理逻辑，以及针对面临的现实困境所提出的实践路径。在技术逻辑方面，数字化技术为乡村学校提供了丰富的教学资源、创新的教学方法以及高效的管理工具，有助于提高教育质量和效率。在治理逻辑方面，数字化技术通过优化治理结构、增强监督能力、促进民主参与等方式，政府、社会各界与学校形成合力，推动乡村学校的改进和发展。数字技术与治理机制相互作用，相互影响，共同促进乡村学校改进。

关键词：数字化；乡村学校改进；技术逻辑；治理逻辑

引言

在当今社会，数字化技术已经深入到各个领域，为人们的生活、工作和教育带来了巨大的变革。随着科技的不断发展，数字化教育逐渐成为推动教育改革的重要力量。乡村学校改进是城乡教育一体化建设中极为关键的一环。在乡村地区，由于地理位置偏远、教育资源相对匮乏等诸多因素，乡村学校改进一直以来面临众多现实困境，数字技术的引入为乡村学校改进提供了新的机遇与契机。早在 2018 年颁布的《中共中央　国务院关于实施乡村振兴战略的意见》中即提出"实施数字乡村战略"。习近平总书记在二十大报告中指出要推进教育数字化，建设全民终身学习的学习型社会、学习型大国。要建设我国高质量数字化教育体系，促进乡村教育数字化变革势在必行。2022 年印发的《数字乡村发展行动计划（2022—2025 年）》强调继续夯实农村地区教育信息化基础，协同推进

---

① 本文为 2023 年度教育部人文社会科学研究青年基金项目"数字化转型背景下中小学教师技术焦虑纾解策略研究"（课题编号：23YJC880153）的研究成果。

② 赵磊磊，博士，硕士生导师，南京师范大学教育科学学院副教授，中国教育发展战略学会现代教育管理专业委员会理事，江苏省教育学会教育管理专业委员会副秘书长，中国智慧工程研究会智能学习与创新研究工作委员会专家库成员，研究方向：教育技术、教育管理；周慧蓉，南京师范大学教育科学学院硕士研究生；季吴瑕，南京师范大学教育科学学院硕士研究生。

教育专网建设，加快推动农村地区学校数字校园建设，持续改善农村地区薄弱学校网络教学环境。2022 年全国教育工作会议指出，新时代教育工作要做到"五个深刻认识和把握"，明确提出要"实施教育数字化战略行动"。教育数字化转型相关政策的推进成为乡村学校改进亟需回应的现实背景。以往教育信息化建设在技术整合与赋能层面已做了较多投入，然而，除了技术整合与赋能，我们的教育信息化如果迈向数字化，还要注意什么？教育数字化驱动乡村学校改进是一项系统工程，数字技术赋能属于社会公众及教育人士的正向期待，然而，技术本身具有极强的不确定性，技术整合过程也可能出现诸多"负能"现象。在数字化驱动乡村学校改进方面，已有研究主要集中在技术应用和教育公平性等方面，而对于治理逻辑的研究尚不充分。因此，本文将从技术与治理两个角度出发，对数字化驱动乡村学校改进进行全面探讨。

本研究采用文献综述与案例分析相结合的方法，对数字化驱动乡村学校改进的双重逻辑进行深入探讨，即数字化技术与治理机制在推动乡村学校教育质量提升中的共同作用。分析数字化驱动乡村学校改进面临的困境，并结合技术与治理双重逻辑探讨数字化驱动乡村学校改进的实践策略。探讨研究数字化驱动乡村学校改进的双重逻辑，有助于深入了解数字化教育在乡村学校的实际应用情况，为推动乡村教育改革提供理论支持和实践指导。首先，有助于乡村学校深入了解数字化教育的优势和应用方法，从而更好地开展数字化教育工作。其次，可以为政府和教育部门提供政策制定的参考依据，帮助他们制定更加科学合理的数字化教育政策和规划。最后，可以促进全社会对数字化教育的关注和支持，为推动我国教育现代化进程作出贡献。

一、文献综述

（一）乡村学校改进

近年来，随着政策对农村地区教育的倾斜，乡村学校在硬件设施、师资力量、教学质量等方面都有了明显的改善。在此基础上，许多研究者基于问题导向，围绕着教育资源配置不均、家庭教育缺失、师资力量薄弱三方面对乡村学习教育问题展开探索。根据对已有研究的梳理，发现乡村学校改进相关研究存在以下几方面的特点：首先，现有研究大多关注乡村教育资源或教师等单方面问题。其次，实证研究和案例研究相对较少。最后，多元化视角研究较为匮乏，从技术与教育的跨领域结合研究较少。

（二）技术赋能乡村学校改进

关于技术赋能乡村学习改进，在教育信息化相关政策的驱动下，已有研究相较于上一阶段更为全面，聚焦于数字技术的应用、教师培训与专业发展、信息化基础设施建设、教育资源共享与均衡以及教育教学创新方面，旨在通过技术手段深入乡村，推动乡村学校的改进和发展，提高乡村学校教育质量和效果。根据已有研究梳理发现关于技术赋能乡村学校改进的相关研究存在以下问题：首先，现阶段研究聚焦于特定技术的应用，而未对乡村教育数字技术的实用性与普适性进一步探索。其次，仅仅依靠技术手段并不能完全解决乡村学校面临的教育公平问题，全面实现教育公平还需多方面协同合作。最后，技术赋能乡村学校改进过程中，部分研究未能扎根乡村文化进行深入探索。

（三）数字化转型背景下乡村学校改进

党的二十大召开以后，在数字化转型的大背景下，乡村学校改进的已有研究主要聚焦于如何优化数字化教育资源建设、创新数字化教学模式创新、数字化教育人才培养以及数字化教育评估与优化等方面的问题。旨在为乡村学校的数字化转型提供全方位的支持和指导，推动乡村教育的现代化发展。根据对已有研究进行梳理，发现数字化转型背景下乡村学校改进的研究在以下几方面仍需进一步完善。首先，数字化教学模式的创新和实践在应用上仍然存在适用性问题。其次，乡村教师共同体在应用数字化技术方面次存在积极性不高、创新精神不足等问题。最后，数字技术和乡村教育治理机制之间的关系研究较少。

二、历史变革：从单一取向走向"技术与治理"

在过去的几十年里，数字技术的飞速发展和广泛应用，为乡村学校的改进提供了新的机遇和动力。同时，治理机制的优化与创新，也为乡村学校的持续发展提供了重要的保障。数字技术与治理机制的双重逻辑，在乡村学校改进的历史变革中发挥着重要的作用。

（一）数字技术的引入和应用

20 世纪末，随着计算机和互联网技术的快速发展，数字技术开始进入教育领域。初期，数字技术在乡村学校中的应用主要集中在在线教育、多媒体教学等方面。这些技术的应用，使得原本只能依赖传统纸质教材的学生，可以通过网络接触到更丰富、多元化的教育资源。同时，数字技术的引入也极大地提高了教学效果和学生的学习效率。进入21 世纪，随着移动通信、云计算、大数据等新一代数字技术的快速发展，乡村学校的教育形态发生了深刻的变化。在线教育、智能化教学等新型教育模式不断涌现，使得乡村学校能够更好地满足学生个性化学习的需求。同时，数字技术也使得教育资源的分配更加均衡和合理，有效地缩小了城乡教育之间的差距。

第一，从辅助教学到主导教育：早期的数字化技术主要作为辅助教学的工具，用于提高教学效果。随着技术的发展，数字化逐渐成为主导教育的力量。第二，从城市到农村：随着网络技术的发展，数字化教育逐渐覆盖到农村地区，为乡村学生提供了平等的教育机会。第三，从单一学科到全面覆盖：数字化技术在单一学科的应用逐渐扩展到全面覆盖。

（二）治理机制的优化与创新

在数字技术引入和应用的背景下，乡村学校的治理机制也经历了一系列优化和创新的变革。传统的以经验决策和行政命令为主的治理方式，已经无法适应数字化时代的需求。取而代之的是，基于数据分析和民主参与的治理方式，这使得乡村学校的决策更加科学化和透明化。

第一，从集中式管理到分布式治理：随着数字化技术的应用，治理模式从传统权力相对集中的乡村学校管理逐渐转向分布式治理，提高治理的民主性和科学性。第二，从管理为主到服务为本：传统的乡村学校管理以管理为主，后来逐渐转向服务为本，强调为师生提供优质的教育环境和资源，以满足他们的需求。第三，从静态到动态：传统的乡村学校管理侧重于静态的规范和管理，而数字化技术使得治理模式更加动态和灵活。

（三）双重逻辑的相互作用与影响

在数字化驱动乡村学校改进的历史变革中，技术与治理双重逻辑表现为相互促进、相互影响的关系。一方面，数字化技术的不断发展和应用为乡村学校的教育改进提供了强大的技术支持，同时也对治理机制提出了新的挑战和要求。另一方面，治理机制的优化和创新也为数字化技术的应用和推广提供了良好的制度环境和保障机制。

在双重逻辑的相互作用下，数字化驱动乡村学校改进取得了显著的成效。通过搭建数字化平台，有效拓宽了乡村教育资源的获取渠道，提高了教育资源数量和质量。同时，基于高水平数字化信息技术应用，加强跨地区教育合作，保障了乡村教育资源共建共享和供需精准对接。此外，利用数字技术为特定学科、课程提供教学方法、工具和实践场域，不断优化调整课程形态和教学模式。随着科技的持续进步和社会环境的变化，数字化驱动乡村学校改进的技术逻辑和治理逻辑还将继续深化和拓展。未来，数字化技术将更加深入地渗透到乡村教育的各个领域和环节中，推动教育内容的全面数字化、教学方式的多元化和评价体系的科学化。同时，治理逻辑也将进一步优化和完善，形成更加开放、透明和灵活的治理机制，为数字化教育的深入推进提供更加有力的保障和支持。

三、数字化驱动乡村学校改进的双重逻辑

（一）数字化驱动乡村学校改进的技术逻辑

1.赋能乡村学校教育资源优化与共享融合

首先，实现教育资源供给类型多样化及内容升级。传统的乡村学校往往受到地理位置和资源限制，难以获取丰富的教育资源。而数字化技术的出现，有效地拓宽了乡村教育资源的获取渠道，提升乡村教育资源数量和质量，可以实现教育资源供给类型多样化及内容升级，有效缓解乡村教育资源单一匮乏、参差不齐的矛盾。

其次，数字化技术可以促进城乡教育资源共享融合，缩小城乡教育差距，促进教育

的优质均衡发展。我国教育资源地区分配不均、城乡教育发展差距过大等现实问题延续至今，这势必会影响乡村教育发展整体进程，导致乡村教育发展远远滞后于城市，严重阻碍中国高质量教育体系建设。通过数字化平台，城市和乡村学校可以共享优质的教育资源，不仅可以缩小城乡之间的教育资源差距，提高教育公平性，还可以使优质的教育资源得到更加充分的利用，提高教育资源的利用效率。

2. 赋能乡村学校教学方式和学习方式创新

从教师层面来看，数字化赋能使得教师的教学突破时空限制，不再局限于在固定的教室里进行，在信息化时代下，通过数字平台可以开展混合式教学模式，改变传统单一的教学模式，利用数字化设备和平台实现跨时空互动，并且可以线上提问答疑。同时，数字化技术也使得个性化教学成为可能，根据学生的特点和需求进行因材施教，为乡村学校提供更加个性化的教育服务，可更好满足学生的需求，提高他们的学习效果和学习体验。不仅丰富了教学手段和内容，提高了教学效果和学生学习兴趣，还可以探索出适合乡村学情的数字技术与教育技术全面深度融合的新型教学模式，帮助教师不断提高自身的教育教学能力。

从学生层面来看，数字化助力学习方式更新，培养学生自主学习能力。数字化技术为乡村学校带来了多样化的教学方式、工具和实践场域。在线学习、互动教学、虚拟实验等新型教学方式的出现，使得学生在学习过程中能够更加主动和积极，增加学生的参与度和互动性。同时，学习方式不再局限于传统课堂上的老师教、学生学的学习方式，而是强调以学习者为中心的教学模式，学生可以根据自己的学习兴趣和学习能力自主选择教学资源进行自主学习，发展自身的兴趣特长，拓宽学生视野，提高自身的可持续发展能力。

3. 赋能乡村学校师生自我发展与互动变革

首先，数字化技术促进乡村学校教师的专业发展。数字化技术可以为教师提供更多的学习和发展机会，如在线培训、虚拟教研等。通过数字化平台，也可以接触到各种专业知识和教学方法。这些机会可帮助教师提高教学水平和专业素养，从而更好地服务于学生。同时，数字化技术也使得教师之间的交流和合作变得更加便捷和高效。

其次，数字化技术拓展乡村学校学生的视野，提升学生的自我发展能力。数字技术与乡村教育的深度融合可以释放出巨大的数字红利推动乡村教育的振兴和发展。不仅可以改变乡村教育的面貌，提高乡村教育的质量和水平，还可以促进乡村教育的创新和发展，所带来一系列的连锁反应和效益促进乡村地区的整体发展和社会进步，为乡村学生提供了更广阔的视野。通过互联网，学生可以接触到各种文化、知识和思想，增强文化自信和创新能力。

最后，数字化技术赋能乡村学校师生互动的变革。数字技术的应用还可以改变乡村教育内容呈现方式、师生互动方式以及教学方式。例如，利用多媒体技术，可以将传统的教学内容转化为数字化、多元化的形式，使得学习内容更加生动、有趣；利用网络互动平台，可以实现教师和学生之间的在线交流和互动，增强师生之间的联系和沟通。

4.赋能乡村学校教育管理智能化与民主化

首先，数字化技术可以帮助乡村学校实现信息化、智能化管理，使得学校管理具有更强的系统性、渗透性和建构性，提高乡村学校的管理能力和管理效率。通过数字化平台的建设，可以实现信息的实时传递和共享，加强各部门之间的沟通和协作，推动学校内部治理结构的优化。还可以简化管理流程，提高工作效率；通过智能化数据采集和分析，可以对学生的学习行为和成绩进行全面的数据挖掘和分析，为教育管理者提供科学决策的依据。

其次，数字化技术可以促进学校内部监督能力以及民主参与度的提升。通过数字化平台的建设，可以实现信息公开和透明化，增强学校内部的监督和制约机制。同时，这种公开和透明化还可以促进学校与社会的互动和沟通，增强社会对学校的信任和支持，为学生、教师和家长提供更加便捷的参与渠道和反馈机制，鼓励学生、教师和家长参与学校的管理和决策中来，增强学校的民主氛围和管理水平。总之，数字化技术为乡村学校通过智能化管理平台的建设，可以实现学校各项工作的智能化管理和服务。

（二）数字化驱动乡村学校改进的治理逻辑

治理逻辑是数字化驱动乡村学校改进的重要保障，是一个多方面综合作用的过程。数字化驱动乡村学校改进的治理机制需要在政府、社会和学校三个方面的协同作用下形成一种协同发展的格局，才能有效推动乡村学校的数字化发展，提升教育质量和公平性，促进学生的全面发展，进一步推动乡村教育的振兴。

1.政府层面：制定数字化政策与投资设施建设

首先，制定数字化发展战略和政策并进行监管与规范。政府需要制定数字化发展战略和政策，以引导和支持乡村学校的数字化发展。通过明确数字化发展的目标和路径，为乡村学校的数字化改进提供战略指引。同时，还需要对乡村学校的数字化发展进行监管和规范。制定相关法规和规范性文件，明确数字化教育的标准和要求，加强数字版权保护和信息安全监管，确保数字化教育的健康、有序发展。

其次，完善数字化基础设施与资源建设。政府需要投资建设数字化基础设施，为乡村学校提供基本的数字化教育条件。还需组织建设数字化教育资源平台，整合优质教育资源，实现资源共享和互动交流，开发各类数字化教育资源，满足乡村学校的教育需求。

再次，加强数字化培训与支持。政府可以组织开展数字化培训和支持活动，帮助乡村学校教师提高数字化技能和信息技术应用能力，促进数字化教育的应用和发展。通过定期举办数字化教育培训班、提供技术支持和咨询服务等方式，提升乡村学校教师的数字化素养。

最后，建立数字化评价机制。政府可以通过数据分析、在线测评等方式，对乡村学校的教学效果和学生学业水平进行全面、客观地评估，为改进教学提供参考；建立数字化评价系统，对乡村学校的教学过程、学生学业成果等进行实时监测和评估，为改进教学和提高教育质量提供科学依据。

2. 社会层面：参与数字化建设与开展合作交流

首先，参与数字化建设。政府可以通过政策引导和社会宣传等方式，引导社会力量参与和支持乡村学校的数字化发展。如企业和个人可以设立数字化教育公益基金以及捐赠资金和物资，为乡村学校的数字化发展提供资金支持，帮助乡村学校改善数字化教育条件；组织数字化教育论坛、建立数字化教育联盟等方式，加强社会各界对乡村学校数字化发展的关注和支持。

其次，开展数字化合作与交流。社会力量可以与乡村学校开展数字化合作与交流，共享资源、互通有无，提高乡村学校的整体竞争力。同时，通过开展数字化合作与交流，社会各界可以促进城乡教育的均衡发展，弥补城乡数字鸿沟。另外，加强数字化教育的国际合作，引进国外先进的数字化教育理念、技术和资源，为乡村学校的数字化发展提供更多支持。

最后，开展数字化教育普及活动。社会各界可以组织开展数字化教育普及活动，向乡村学校的学生和家长宣传数字化教育的优势和重要性。如举办数字化教育讲座、展示数字化教育成果等方式，增强乡村学校学生和家长对数字化教育的认识和接受程度。

3. 学校层面：推进数字化应用与建立评价机制

首先，制定数字化发展战略和规划。乡村学校需要将数字化发展纳入整体发展规划，明确数字化发展的目标、任务和措施，根据学校实际情况和发展需求，制定数字化发展战略和规划，为数字化驱动的学校改进提供战略指引。

其次，推进数字化教学应用。乡村学校应鼓励教师运用数字化技术改进教学方法和手段，提高教学效果，通过开展数字化教研活动、推广数字化教育应用等方式，促进数字化技术与学科教学的深度融合，提高教学质量。为教师提供数字化技能培训和支持，提高教师的数字素养和数字化技术应用能力。

再次，建立数字化评价机制。乡村学校应建立数字化评价机制，通过数据分析、在线测评等方式，实时监测和评估教师的教学效果和学生学业成果，进行全面客观的评估，为改进教学和提高教育质量提供科学依据。同时也可以作为政府和社会对项目投入的决策依据，从而形成一种有效的治理机制。

最后，保障数字化教育的安全与规范。乡村学校需要加强对数字化教育的安全管理，确保数字化教育信息的安全性、规范性和合法性。通过建立网络安全管理制度、加强网络安全教育等方式，提高师生的网络安全意识。加强与家长的沟通和合作，引导家长参与数字化教育过程，促进家庭教育与学校教育的协同发展，共同保障数字化教育的安全和规范。

（三）双重逻辑之间的相互影响

1.技术逻辑对治理逻辑的影响

首先，技术推动治理创新。数字化技术的运用为乡村学校治理带来了新的机遇和挑战。通过引入数字化技术，学校可以优化治理流程，提高治理效率，同时也可以加强与外部利益相关者的沟通和合作，促进学校治理的现代化和民主化。其次，技术增强信息透明度。数字化技术可以增强学校内部和外部的信息透明度，通过数字化平台和数据可视化工具，学校可以向利益相关者展示学校的办学理念、教学质量、管理情况等信息，提高学校的公信力和透明度。同时，利益相关者也可以通过数字化平台对学校进行监督和评价，促进学校的改进和发展。最后，数字化技术可以促进学校内部各部门之间的合作和沟通，推动学校的改进和创新。

2.治理逻辑对技术逻辑的影响

首先，治理优化技术应用。乡村学校的治理逻辑对技术应用具有重要影响。学校的治理结构、管理制度和组织文化等都会影响数字化技术的引入和应用。良好的治理逻辑可以为数字化技术的应用提供稳定的环境和支持，促进技术的有效运用和优化。其次，治理引导技术方向。乡村学校的治理逻辑对数字化技术的发展方向具有引导作用，学校可以根据自身的战略目标和治理需求，制定数字化技术的发展战略和规划，引导技术的应用方向和优化路径。最后，治理保障技术安全。乡村学校的治理逻辑对数字化技术的安全具有保障作用，通过建立健全的治理机制和管理制度，学校可以加强数字化技术的安全管理和风险控制，保障学校的信息安全和资产安全。

3.技术逻辑与治理逻辑的相互作用

首先，技术与治理的相互促进。数字化技术和治理逻辑在乡村学校改进过程中相互促进、共同发展。一方面，数字化技术的运用为学校治理带来了创新和变革的机会，提高了治理的效率和透明度；另一方面，良好的治理逻辑为数字化技术的应用提供了稳定的环境和支持，促进了技术的有效运用和优化。

其次，技术与治理的相互制约。在某些情况下，数字化技术和治理逻辑也可能存在一定的相互制约关系。例如，某些数字化技术的运用可能会挑战现有的治理结构和制度，或者某些治理措施可能会限制数字化技术的进一步应用和发展。因此，在推进数字化驱动的乡村学校改进过程中，需要充分考虑技术和治理之间的相互制约关系，寻求平衡和协调发展。

综上所述，数字化驱动乡村学校改进过程中，技术逻辑和治理逻辑是相互影响、相互作用的。通过加强技术应用和治理管理的协调发展，可以实现技术与治理的良性互动，推动乡村学校的数字化建设和改进取得更好的成果。

四、数字化驱动乡村学校改进的现实困境

尽管数字化技术为乡村学校改进带来了巨大的可能性，但我们也必须正视一些现实困境。这些困境源于多方面的因素，包括乡村地区的经济发展水平较低、教育资源的分配不均、教师技术能力的不足以及师生数字化意识观念滞后等。这些因素都可能阻碍数字化技术在乡村学校的推广和应用，从而影响乡村学校改进的进程。

（一）关于技术的治理困境：技术整合与数据治理

1. 技术整合层面：技术准入与出局机制建设乏力难以有效助力乡村学校可持续改进

数字化教育需要一定的资金投入，包括购买硬件设备、软件资源以及培训教师等。然而，乡村地区往往经济相对落后，教育经费有限，乡村学校往往缺乏足够的资金支持，导致数字化教育所需的硬件设备不足。在许多乡村地区，网络覆盖范围有限，甚至存在网络信号不稳定的情况。这使得乡村学校在获取和利用数字化教育资源时面临诸多困难。乡村学校往往缺乏足够的计算机设备和多媒体教学设施，使得教师在进行数字化教学时难以达到预期的效果。并且在信息化平台的建设上往往比较滞后，缺乏统一的信息管理系统和数字化教育平台。这使得学校在管理和教学方面难以实现数字化，影响了教学效率和管理质量。此外，基础设施的更新和维护也是一个难题，由于资金和技术的限制，学校往往无法及时更新设备，导致设备老化严重，影响教学质量。

2. 数据治理层面：乡村学校数据治理观念难以紧跟数字化转型步伐

在乡村地区，由于信息相对闭塞，加之文化背景往往与城市存在一定的差异，这导致乡村学生在接受数字化教育时可能会面临一定的困难。许多学校领导和教师以及家长对数字化转型的认知不足，对数字化教育的认识仍停留在初级阶段，将数字化教育等同于校园网、多媒体教学等初级阶段，即认为数字化教育就是简单地使用计算机和网络进行教学，而未能充分认识到数字化教育的潜力和优势以及数字化转型对于乡村学校改进的重要性和必要性。缺乏对数字化教育的深刻理解和积极态度，导致他们在推进数字化教育时存在一定的阻碍和困难。乡村学校数据治理观念也难以紧跟数字化转型步伐，数字化教育产生了大量的学生数据，包括学习行为、成绩、个人信息等，而乡村学校在数据治理方面往往缺乏经验和制度规范，难以保障学生数据的安全和隐私。此外，学校与政府部门、企业等之间的数据共享和协作也存在一定的难度和风险。

（二）基于技术的治理困境：资源配置与队伍保障

1. 资源配置层面：数字化教学资源配置低效难以应对乡村教学高质量发展需要

目前，乡村学校教育数字化建设在硬件层面虽有一定的改善，但是如何将硬件建设

与课程教学有效整合依然任重道远。与城市相比，乡村学校在教育资源方面也面临较大的缺口，例如数字化教材、教学软件、学习工具等，导致教师在教学过程中无法充分运用数字化工具和资源，也限制了学生的学习体验。并且现有的数字化教育资源往往存在质量不高的问题，尤其是在针对乡村学校的需求方面。许多资源并不符合乡村学校的实际教学需求，或者存在内容老化、更新不及时等问题。除此之外，由于政策和历史等原因，数字化教育资源的分配仍然存在不均衡问题，"资源配置质量与公平"亟待回应。优质的教育资源往往集中在城市地区，而乡村学校则难以获得与城市学校相同的资源支持。这使得城乡之间的数字鸿沟进一步扩大，不利于教育的均衡发展。

2. 队伍保障方面：师生数字素养培育滞后于数字化变革与应用进程

长期以来，技术更新与升级速度较快。技术与教育的碰撞，往往会出现教育主体的被动应对现象。我国乡村学生的数字素养能力整体偏弱，应加快建设数字素养教育的制度化、体系化、标准化，并针对乡村地区建设"多方联动"的数字素养教育体系。由于资金和资源等方面的限制，乡村教师往往缺乏参加专业数字化教育培训的机会，无法及时更新自身的数字化技能和知识。导致他们的数字化素养不高，无法有效地将数字化技术应用于课堂教学，从而影响教学质量和效果。又或现有的培训内容往往没有考虑到乡村学校的实际需求和教师的接受能力，导致培训效果不佳，无法满足教师的实际需求。除此之外，乡村学校在培养学生数字化技能方面的重视程度不够，缺乏对学生信息技术应用能力的培养。并且部分乡村学生的家庭条件较为困难，缺乏必要的计算机和网络设备，导致他们在家中无法进行有效的数字化学习。

五、数字化驱动乡村学校改进的实践路径

面临数字化驱动乡村学校改进的现实困境，我们应该关注如何采取有效的实践路径来解决这些问题。数字化技术为乡村学校改进提供了新的可能性，但要实现这些可能性，从技术与治理双重逻辑出发，我们需要采取一系列实践措施，逐步推进乡村学校的数字化进程，提高教育教学质量和效果。

（一）加大技术追踪力度，完善乡村学校技术准入、考核与退出制度

首先，建立技术追踪机制。通过建立技术追踪机制，可以及时了解和掌握乡村学校的技术需求和变化，以及技术的发展趋势和最新应用。可以通过定期开展技术调查、收集和分析相关数据，组织专家进行技术评估等。政府也应不断加大对乡村地区教育经费的投入力度和政策倾斜，以充足的资金为乡村地区数字化技术的引入提供物质保障。其次，在乡村学校中引入新技术时，需要建立完善的技术准入制度。包括技术评估、审核和批准等环节，以确保引入的新技术符合乡村学校的实际需求和条件，并且能够为学校的教学和管理带来实质性的改进。再次，为了确保技术的有效应用和乡村学校的改进，

需要建立一套完善的技术考核制度。包括对技术的实施效果、应用成果、教学质量等方面的考核，并且应该结合实际应用情况进行定期评估和调整。最后，对于那些经过实践证明不符合乡村学校需求的技术，或者已经过时的技术，需要建立完善的退出机制。包括设置技术的终止使用、清理和更新等环节，定期检查设备运行状况，及时维修和更换损坏的设备，以确保技术的及时更新、替换以及正常运行，并且不会对乡村学校的教学和管理造成负面影响。同时，建立数字化设施管理制度和规范，明确各项设施的维护和管理职责，保证数字化设施的可持续发展。

（二）关注数据效能激发与风险防范，加强乡村学校数据治理机构与体系建设

首先，增强大数据驱动效能。乡村学校应建立有效的数据收集机制，确保数据的准确性和完整性。通过对收集的数据进行深入分析，可以发现教学、管理等方面的问题，为学校改进提供决策依据。与此同时，乡村学校还可以与其他地区或学校进行数据共享，借鉴他人的经验和做法，加速学校改进的进程。其次，加强数据伦理风险预警与防范。乡村学校应建立完善的数据安全保护机制，确保数据的保密性、完整性和可用性。加强对数据存储、传输和处理等环节的安全管理，防止数据泄露和损坏。定期进行数据安全风险评估，及时发现和应对潜在的数据安全风险。制定完善的数据安全应急预案，确保在发生数据安全事件时能够迅速响应和处置。此外，在收集和使用学生数据时，乡村学校应严格遵守相关法律法规和政策要求，确保学生隐私得到充分保护。加强对学生数据的加密处理和使用限制，防止学生隐私泄露。最后，加强数据治理机构与体系建设。设立专门的数据治理机构或指定专人负责数据治理工作，负责制定和执行数据治理政策、标准和流程，监督和管理学校的数据使用和安全。建立完善的数据治理体系，包括数据的采集、存储、处理、使用和共享等环节的管理规定和操作指南。同时，加强对数据治理人员的培训和管理，提高其数据治理能力和水平。乡村学校可以与政府、企业、研究机构等外部机构进行数据治理方面的合作。借助外部资源和技术支持，提高学校的数据治理能力和水平，共同推动乡村学校的数字化建设和改进。

（三）聚焦数字资源分层分类定制，弥合城乡教育数字鸿沟与促进教育公平

首先，政府应加强对乡村学校数字化教育的规划和管理，加大对乡村学校的支持力度，优化资源配置，确保各类资源能够得到有效利用。例如，可以通过制定相关政策引导社会力量参与乡村学校的数字化建设，推动城乡教育的均衡发展。乡村学校应结合自身实际情况，积极开发适合本校师生的数字化教材、课件、学习工具等软件资源。可以通过引进优秀的开源教育资源，或者与相关机构合作共同开发，提高软件资源的适用性和有效性。并积极探索创新的教学方法，将数字化教育资源与学科教学深度融合，提高资源的利用效率。其次，定位数字资源需求群体，明晰数字资源类型与供需配置。乡村学校应根据自身的教学需求和实际情况，对数字资源进行分层分类定制。包括对不同年级、不同学科、不同教师和学生需求的深入了解和分析，以确保数字资源的针对性和实用性。最后，乡村学校之间可以加强合作，建立数字化教育资源共享平台，实现资源互通有无，联合政府和社会力量，共同推动数字化教育的普及和公平。例如，可以通过建设数字化教育资源库、推广数字化教育平台、组织优秀教师制作数字化课程等方式，实现城乡之间、地区之间的数字化资源共享，以缩小城乡数字鸿沟。

（四）立足师生数字画像，创设校本化师生数字素养测评与个性化培育机制

首先，师生数字素养定位与刻画。通过对乡村学校师生在数字化学习、教学和管理等方面的行为、习惯、能力和兴趣等进行深入了解和分析，构建出他们的数字画像。对师生数字画像中的数据进行深入分析，发现其中的规律和问题，帮助学校更好地了解师生的需求和特点，为后续的数字素养测评和个性化培育提供基础。其次，创设校本化师生数字素养测评机制。结合乡村学校的实际情况和需求，制定校本化的师生数字素养测评标准。标准应涵盖数字化学习、教学和管理等方面的能力和素养，确保测评的全面性和准确性。根据测评标准，开发适合乡村学校的师生数字素养测评工具，可以是问卷调查、在线测试、案例分析等形式，以确保测评的有效性和便捷性。定期组织师生进行数字素养测评，并根据测评结果为师生提供个性化的反馈和建议，为后续的个性化培育提供依据。最后，建立师生数字素养个性化培育机制。根据师生的数字画像和测评结果，为他们推荐个性化的学习资源，以满足不同师生的学习需求和兴趣。针对不同年级、不同学科和不同数字素养水平的师生，制定差异化的教学策略和方法。为师生提供个性化的辅导和支持服务，对师生的数字化学习和教学情况进行持续跟踪和评估，及时发现和解决问题，同时，根据评估结果对个性化培育机制进行调整和完善，确保机制的针对性和有效性。

六、结语

本文梳理了数字化驱动乡村学校改进的历史变革，探讨了数字化驱动乡村学校改进的双重逻辑，即技术逻辑与治理逻辑，即数字化技术与治理机制在推动乡村学校教育质量提升中的共同作用。首先，介绍了数字化技术如何赋能乡村学校改进，并分析了治理机制在数字化驱动乡村学校改进中扮演的角色。其次，在此基础上分析了数字化驱动乡村学校改进面临的现实困境。最后，结合技术与治理双重逻辑，探讨了数字化驱动乡村学校改进的实践策略。数字化技术能够提高教学效果和学生的学习效率，同时也能使得教育资源的分配更加均衡合理，有效地缩小了城乡教育之间的差距，促进教育公平。而治理机制的优化和创新也使得乡村学校的决策更加科学化和透明化，同时也能更好地满足师生的需求，提高治理的针对性和有效性。双重逻辑相互作用与影响，共同促进数字化驱动乡村学校改进。

参考文献

［1］新华社. 高举中国特色社会主义伟大旗帜　为全面建设社会主义现代化国家而团结奋斗［N］. 人民日报，2022-10-17（01）.

［2］中华人民共和国中央人民政府网. 中共中央　国务院. 关于实施乡村振兴战略的意见［AOL］.（2018-01-02）［2023-06-15］. https://www.gov.cn/gongbao/content/2018/content_5266232.htm.

［3］魏继宗，史汪盼. 数字化赋能乡村教育振兴的价值意蕴、现实困境及实践路径［J］. 当代教育与文化，2023，15（04）：24-29.

［4］孙波，杨清溪，姜欣怡. 技术赋能乡村义务教育高质量发展的优势与路径［J］. 教学与管理，2023（23）：6-9.

［5］雷励华. 技术扩散背景下教师专业发展生态研究［D］. 华中师范大学，2017.

［6］向磊，杨文琼. 数字化转型赋能城乡义务教育一体化策略研究［J］. 中国信息技术教育，2023（17）：95-98.

［7］［13］胡姣，彭红超，祝智庭. 教育数字化转型的现实困境与突破路径［J］. 现代远程教育研究，2022，34（05）：72-81.

［8］朱永新，杨帆. 我国教育数字化转型的现实逻辑、应用场景与治理路径［J］. 中国电化教育，2023，（01）：1-7，24.

［9］赵磊磊，张黎，代蕊华，王晓茜. 人工智能赋能教师教育：基本逻辑与实践路向［J］. 中国教育学刊，2022，（06）：14-21.

［10］邱利见，刘学智. 人工智能时代的乡村教育振兴：机遇、挑战及对策［J］. 教育学术月刊，2023，（05）：47-53.

［11］张治，戴蕴秋. 基于"教育大脑"的智能治理——上海宝山区教育数字化转型实践探索［J］. 中国教育信息化，2022，28（06）：64-69.

［12］黄小倩，沈小强. 教育数字化转型背景下乡村教师专业发展策略研究［J］. 贵州师范学院学报，2022，38（09）：70-76.

［14］崔艳叶，荣翊贝. 乡村教育数字化转型的内涵、困境与路径［J］. 知识窗（教师版），2023，（07）：66-68.

［15］郝建江，郭炯. 数字化背景下"云端学校"构建的价值导向与实践路径——数字技术促进乡村教育高质量发展研究［J］. 电化教育研究，2023，44（12）：48-54，72.

五、国际交流

讲好中国教育故事，服务人类教育发展

——专访上海师范大学张民选教授

张民选　孔令帅　舒美豪 [①]

摘　要：张民选教授长期致力于讲好中国教育故事，服务人类教育发展。为了贯彻联合国教育可持续发展的理念、响应国家参与全球教育治理战略、助力上海全球城市建设计划，张民选教授带领团队建立联合国教科文组织教师教育中心，并发展成为国际教育经验交流的重要平台。张民选教授在访问中探讨了"为什么要讲好故事""如何吸引别人来听故事""讲什么故事""怎么讲故事"和"谁来讲故事"五个问题，主张各国相互借鉴优秀教育经验。张民选教授指出，在信息技术与数字时代带来的挑战之下，我们要勇立潮头，积极探索数字时代下的教师教育新路径。张民选教授还寄语广大青年学者与研究生，应突破文献研究，深入教育实践，同时应该怀有广阔胸怀，以传播中国教育经验与服务全球教育发展为己任。

关键词：中国故事；教育故事；联合国教科文组织教师教育中心；人类教育

党的十八大以来，以习近平同志为核心的党中央高度重视提升国家文化软实力，讲好中国故事。习近平总书记多次提出，"立足中国大地，讲好中国故事"，努力展示一个真实、立体、全面的中国，提升我国在国际上的话语权和影响力，为推动构建人类命运共同体谱写新篇章。讲好中国教育故事是讲好中国故事的重要部分。作为联合国教科文组织教师教育中心（Teacher Education Center under the auspices of UNESCO，以下简称UNESCO TEC）的主任，张民选教授带领其团队，努力将联合国教科文组织教师教育中心打造为推动中国教育经验对外传播的重要平台。那么，联合国教科文组织教师教育中心

---

① 张民选，香港大学哲学博士，上海师范大学教授、博士生导师。现任联合国教科文组织教师教育中心主任，中国教育学会比较教育分会副理事长，中国教育发展战略学会国际胜任力培养专业委员会学术委员会副主任。曾任上海师范大学校长、上海师范大学国际与比较教育研究院院长、上海市教育委员会副主任、上海市教育科学研究院院长、上海实验学校校长等，教育部国际教育研究与咨询中心主任，亚洲首位"全球教育领导者"获奖者。此外，还担任上海国际学生评估项目（PISA）负责人、教师教学国际调查项目（TALIS）负责人、中英数学教师交流项目负责人。孔令帅，教育学博士，上海师范大学教育学院教授、博士生导师，联合国教科文组织教师教育中心研究员；舒美豪，上海师范大学教育学院硕士研究生。

如何作为讲好中国教育故事的平台而成立与运作，如何全面深入地挖掘中国教育的新经验？如何利用新技术讲好中国教育故事？青年学者又在讲好中国教育故事上有什么新作为？带着这些疑问，孔令帅教授接受《教师教育学报》的委托，对联合国教科文组织教师教育中心主任张民选教授进行了专访，力求更加深入地了解"讲好中国教育故事，服务人类教育发展"这个时代命题。

一、建立新中心：高端性的全球持续对话平台

访谈者：张老师，您好！非常感谢您拨冗接受采访。您领导和创建了联合国教科文组织教师教育中心，在此过程中倾注了大量心血，也经历了很多曲折。可否请您介绍一下联合国教科文组织教师教育中心的筹建历程？

张民选：联合国教科文组织教师教育中心的建立，源于对联合国教育可持续发展理念的贯彻、对国家参与全球教育治理战略的回应，以及对上海全球城市建设计划的助力。我们生逢其时，有责任为国家和世界教育发展贡献出自己的一份力量。

2015 年 9 月，联合国在纽约总部召开联合国成立 70 周年的庆典大会，同时又赋予了本次会议一个新的主题，即联合国可持续发展峰会（United Nations Sustainable Development Summit 2015，以下简称峰会）。峰会指出，联合国于 2000 年所提出的"千年发展目标"（包括普及小学教育在内的八项目标）并未实现。于是，世界各国领导人在峰会上共同商定了一套新的可持续性措施，提出了 17 个优先发展领域，也可以被称为可持续发展目标（Sustainable Development Goals，即 SDGs），其中第四个领域为"教育可持续发展"，即 SDG4。

为了使教育的可持续发展目标更加有效地落实，联合国教科文组织又进一步细分出七个子目标和三个条件性目标。教育可持续发展的七个子目标用 SDG4.1、SDG4.2、SDG4.3……SDG4.7 等来表述，突出了 2030 年所要实现"确保包容和公平的优质教育，让全民终身享有学习机会"目标的核心要义。另外三个条件性目标是教育可持续发展目标的前提条件，并且用 SDG4.a、SDG4.b、SDG4.c 来进行区分。如果这三个条件性目标未能实现，那么七个子目标也无法实现。其中的一个条件性目标是教师方面（SDG4.c）。SDG4.c 提出，必须通过包括国际合作在内的各种方法，为发展中国家，特别是最不发达国家和小岛屿发展中国家，培养足够数量的中小学合格教师，到 2030 年全球才有可能实现联合国提出的教育可持续发展目标。

同年，联合国教科文组织在韩国仁川专门召开了世界教育发展论坛，邀请世界各国的教育领袖、教育部长们参加。会议通过了《仁川宣言暨 2030 年教育行动框架》（Education 2030: Incheon Declaration and Framework for Action，以下简称《宣言暨框架》）。在韩国仁川举行的世界教育发展论坛和联合国发展峰会主题紧密契合，都强调解决世界

合格教师的短缺问题，是普及中小学教育、提供"优质教育"的必要前提。《宣言暨框架》中指出，在发展中国家，尤其是欠发达国家和小国、小岛屿国家，缺乏的中小学教师数量达到了 800 万，且无法通过他们现有教师教育体系而填补的合格教师空缺数量。教育委员会预测，为了能够在 2030 年实现教育可持续发展目标，全球必须招聘 6900 万名合格教师，其中 76% 以上的合格教师缺口分布在撒哈拉以南非洲和南亚。只有通过包括国际合作在内的一切手段，才有可能培养足够数量、专业合格的教师。如果没有足够的合格中小学教师，我们将无法实现教育可持续发展目标，无法实现普及九年义务教育或小学初中教育，也难以实现终身学习。

为了响应联合国所提出的《2030 年可持续发展议程》，我国已经明确宣布参与教育可持续发展，并提出了三个重要倡议：全球发展倡议、文明交流倡议和世界安全倡议。推广"推动全球治理格局更加公正更加合理，为我国发展和世界和平创造有利条件"这个命题，创建联合国教科文组织教师教育中心，国家参与全球教育治理、增强中国在国际组织中的话语权做出重大贡献。

上海提出"全球卓越城市"建设方案。我们抓住时机写了一份专报并附信一封给时任上海市委书记韩正同志。我们提出，无论是哪个"全球城市"或"国际大都市"，都不仅应该是经济发展的中心，还应该提高"文化软实力"，成为一个全球道德与文化的高地和国际组织的入驻地。例如，美国纽约有联合国总部和联合国儿童基金会、英国伦敦有英联邦总部（Commonwealth of Nations）、世界海事组织（International Maritime Organization）；法国巴黎有联合国教科文组织（United Nations Educational, Scientific and Cultural Organization）；日本东京有联合国大学（United Nations University）；德国法兰克福有欧洲中央银行（European Central Bank）等。上海要建立成为一个全球性的国际大都市，但目前没有全球性的国际组织。所以，如果要将上海建立成一个国际大都市，不能只是追求建设港口、吸引公司和银行进来提升经济辐射力和资源配置能力，还需要成为国际组织的入驻地，在人类的文化教育和价值引导以及文明交流方面树立榜样。韩正同志在一个星期后就回信，支持上海开展这项工作。我们同时提请市政府和教育部抓紧时机建设联合国教科文组织教师教育中心，以助力实现联合国的 SDG4.c 目标、促进教师教育发展，推进全球教育发展，为人类命运共同体做出贡献。在上海申办建立联合国教科文组织教师教育中心，还可以助力上海发展成为世界和区域的文化中心，成为全球对话的舞台。

我们很快就得到了上海市和教育部领导的全力支持，2015 年 11 月上海市教委就正式来函要求我们负责启动申办筹建联合国教科文组织教师教育中心（以下简称"联教中心"或"UNESCO TEC"）。由于这是一项全新的事业，我们奋斗了整整 7 年时间，经历了各种困难、挑战、探索与创新，可以说五味杂陈。我们认为，这是在为中国参与全球治理、讲好中国教育故事搭建一个可持续的全球平台，也是为全球教师发展和教育治理贡献力量做的一件大事，我们值得为此奉献力量与智慧！

访谈者：您所带领的团队在中国教育走向世界、讲好中国教育故事、服务人类教育发展方面有扎实的理论研究和实践探索。如在理论上，您的专著《国际组织与教育发展》《国际组织人才培养与选送》开拓了我国比较教育研究的新领域；在实践上，中英数学教师交流项目以及坦桑尼亚数学教师研修项目成果显著。请您谈谈您带领的团队在讲好中国教育故事、服务人类教育发展方面所做的具体工作。

张民选：要创建联合国教科文组织教师教育中心，就必须首先研究联合国教科文组织、研究国际教育组织的出现、发展与功能，研究联合国和国际教育组织的实现宗旨与目标的机制，研究国际组织的人力与内部管理机制，从理论上提升我们自己的专业水平。因此，我们团队从 2005 年起花了十几年时间出版了《国际组织与教育发展》《国际组织人才培养与输送》和一套国际教育组织的研究专著和译著。经过努力争取，在联合国教科文组织和中华人民共和国政府的协议中，我们被赋予了四大发展目标与使命愿景。四大使命就是全球教师教育领域的"服务提供者、标准制定者、研究中心和资源管理中心"。为了实现这四大使命，中心也被赋予了四大职能。第一个职能是"知识生产"职能，即进行教师教育领域的知识创造和研究开发工作。第二个职能是"能力建设"，为各国教育者提升能力素养而提供培训和研修。第三个职能是"信息分享"，向世界各国传达教师教育的知识经验和最新方案。第四个职能是"技术支持"职能，包括为发展中国家提供人员和物资的支持。坚守四大使命，发挥四大职能，我们中心已经正常运作。

疫情防控期间，我们坚持远程国际服务，先后为英国、苏丹、中亚哈萨克斯坦等及东盟十国各类教育工作者提供"云端教研""教师教育现代化""高阶思维""信息技术在特殊教育中的运用"等研修活动。最近几个月，我们线下的国际合作交流迅速增加。例如，2023 年 3 月份，中心副主任胡国勇老师率领团队前往坦桑尼亚进行交流与合作。4月份，我随中国政府代表团前往美国参加全球教师专业发展峰会。5 月份，坦桑尼亚的教育官员与联合国教科文组织、世界银行、联合国儿童基金会等机构的代表一起来到我们中心。同时，还有一批坦桑尼亚的数学教师教育者和课程开发人员在我们中心学习了 20余天。此外，我们还与坦桑尼亚国家教育科学研究院合作建立"联合教育研训中心"，为进一步的合作奠定了基础。5 月底 6 月初，东盟驻华教育参赞们集体来访我们中心，共同研讨中心与东盟 10 国的教育合作与交流。6 月我们还召开了国际顾问委员会会议，邀请了来自不同国家的 10 余名国际组织代表和教师教育专家。这几天，我们又迎来了联合国教科文组织的高级官员，包括联合国教科文组织负责教育问题的助理总干事、联合国教科文组织执行局主席、联合国教科文组织负责外联事务和非洲优先事务的助理总干事。可以说，我们创建的这个具备全球性可持续的高端平台，能够为讲好中国故事，分享中国经验，参与全球治理，为人类命运共同体作出贡献。

二、传递新经验：人类优秀教育成果的互相借鉴

访谈者：感谢您带领的团队所做的大量工作。您觉得当前我国应如何讲好中国教育故事？最有可能向世界传递的中国教育经验有哪些？

张民选：如果我们要探讨如何讲好中国教育故事，我们需要进行更多研究。值得一提的是，我也看到了刘宝存教授在《比较教育研究》中写的一篇题为"中国教育国际传播体系刍议——基于拉斯韦尔 5W 传播过程理论视角"的文章，借鉴了外国学者的 5W 理论，谈论关于讲好中国教育故事的相关问题。我先前也在《教育发展研究》中结合了中英数学教师交流项目，探讨了"为什么要讲好故事""如何吸引别人来听故事""讲什么故事""怎么讲故事"和"谁来讲故事"五个问题。实际上，我认为我们与国外国际传播学者是有共识的，我们也可以在实践的基础上建构我们的国际教育传播理论。在 2013 年 12 月，我们的这篇论文荣获的"上海市第十六届哲学社会科学优秀成果奖一等奖"。

在文章中，我们首先是从"为什么要讲好故事"开始思考的，即讲好中国教育故事的意义是什么。我们需要通过讲好中国故事，向世界展现一个更加全面、真实和进步的中国形象，提升中国在国际事务中的话语权与主动权。改变我国在国际传播中的"逆差""反差"和"落差"问题。同时，通过更好地讲述中国教育故事，让世界了解中国教育经验，促进中外教育工作者专业上的共同发展。与此同时，中国也能更加深刻地了解他人和世界，也能更好地认识自己。

其次，"如何吸引别人来听故事"，即为什么别人要听我们讲故事。你不能仅仅是一自吹自擂的人，也不能指望"酒香不怕巷子深"，否则别人不会来听。你需要参与国际事务与大型国际教育活动。通过在国际事务中的交流、中国在国际教育测评中的表现，亮出我们的成就。我们应该积极向其他国家学习，弥补我们的不足之处，对于优秀之处我们要自信地寻找相关故事。用事实和行动来吸引其他国家听中国故事、研究中国经验。

第三，"讲什么故事"一定要清楚明了。我们在 5W 中的"What"部分进行了非常细致地分析。实际上，对于我们每个行业来说，我们需要挖掘出"什么是你的故事"，这之中就蕴含着中国经验。中国成就和中国故事是不同的。成就是已经取得且显现出来的，比如我们参加 PISA 测试获得了 613 分，这是一个成就。当外国人来了之后，如果你仅仅说我获得了 613 分就没有意义了，因为他们已经看到了。如果你的回答仅仅就是我们做了大量的功课，这显然没有总结出故事的核心。因此，在国际测评国际活动当中显示出我们的成就以后，就必须研究我们实实在在的经验到底是什么。在上海，我们有很多人讲中国教师的优秀经验，但外国代表团来了却很难清楚地解释我们的教育经验。后来，我做了一个教师教育与培训三角互动机制（Triangle Interactive Mechanism for Teacher

Education and Training，见图 1）。实际上我们中国的经验和上海的经验也很简单。在教师动机和政府机制的基础上，教师职业发展阶梯、在职培训与发展以及绩效评价与表彰的三角互动，表征着中国教师群体专业发展的基本特征。

图 1　教师教育与发展三角互动机制

图 1 中最上面的这个三角形代表了教师的职业发展阶梯，从初级、中级、高级到特级，现在我们已经有了正高级教师，相当于教授级教师。有些国家也有类似的制度，但具体评价却难以操作。而在美国，他们反对这种制度。我曾经在美国科学促进会（The American Association for the Advancement of Science，AAAS）的报告厅中做了一个讲座，他们说他们的教师不需要职称制度，因为他们认为中小学教师非常专业。我询问他们认为大学教师是不是专业人员？他们回答当然是专业人员。那为什么大学教师可以评职称而中小学教师不行，大学教师的评职更加困难。中小学教师教授的内容是相同的，而大学教师教授的内容却不尽相同，并且大学教师还可以自主发现新知识，这更难评价。不能因为难以评价就不评价。在美国，大部分教师进修需要自己承担费用。于是，大家都不愿意参加进修了。而在中国，职称制度让教师有进修的动力，接受评价合格之后就可以提升教师职称，这样形成了一个连续的循环，三个部分相互关联。我们有许多教师竞赛，比如中青年教师教学大奖赛，以及各种制作课件等比赛。如果你想升职称，你需要每年都接受评估和参加竞赛，并且能够表现出色。如果你想改善自己的行为，你可以进行免费的进修。当我逐部分介绍这个系统时，人们都非常认可。没有一个国家能够同时具备这三个部分，我们是最为系统的。某些国家可能有评价体系，比如美国的一些州，但他们没有职称体系。同时，评价的过程并未得到统一，比如美国也有总统奖，但其他教师可能不会认可。当然，这还涉及教师地位等其他问题。因此，你必须挖掘自己的经验和知识，并建立起你的知识理论。通过这样，你向他人讲的不仅仅是一般的成就，而是告诉他们你取得的成就是如何实现的。

第四，"怎么讲故事"。首先，我们需要讲外国人渴望听、爱听的教育故事。我曾经对坦桑尼亚同事说，40 年前上海可能比你们稍微先进一些，但是 40 年前我插队落户的地方也不见得比你们先进，我也在贫困的大山里当过教师。只要努力，坦桑尼亚也可以实现自身的迅速发展。这样他不仅爱听，在听完后还会愿意尝试一下，学一学。其次，要讲外国人听得懂的教育故事。经过我们的传播，现在英国人也在讲教研组，坦桑尼亚最近也在举办青年教师竞赛。通过我们的讲述，中国教育的经验被他们认可、借鉴，并且得以实施。

第五，"谁来讲故事"。如果就靠我一个人，即使喇叭叫得再响亮也没用。我们需要让中国的教育研究工作者、中国的一线教育工作者，甚至全世界的同事一起来共同讲述这个故事。就像在过去的几年中，弗里德曼写的关于《上海的秘密》(The Shanghai Secret) 的文章、世界银行的《上海如何做到》(How Shanghai Does It) 都在与我们一起讲述中国教育故事。2021 年英国女王最后一次的生日奖项就授予了英国每年带队到上海学习的教师队长 Debbie Morgan。她每年都来上海带队，英国的数学成绩也有所提高，最终她获得了这一殊荣。她在领奖时外面穿着西装，里面穿着在上海购买的旗袍。这样的场景让人感到中国教育故事的传播是有成效的。

访谈者：您觉得当前我国应该如何借鉴世界的优秀教育经验呢？

张民选：联合国教科文组织教师教育中心这个平台也为我们向世界各国学习提供了很好的机会。我们可以通过这个平台及时地将世界各地的文明成果传递给中国人民，并与我们的教师进行分享。举例来说，联合国教科文组织在 2021 年和 2022 年举办了许多重要的峰会，开始突出强调教师作为知识发现者和生产者的角色。我们应该怀有海纳百川的胸怀，吸纳人类文明中的优秀成果。通过这样的方式，我们的教育发展将变得更好、更快，我们也能看到自身的不足。就像我在《教育研究》2016 年发表的论文中所提到的那样，要保持自信、自省和自觉。我们应该相信我们拥有的独特的教育经验，辩证地认识到我们教育存在的弱点、盲点和问题，自觉参与国际事务，成为自觉的发展者、改革者。同时，联合国于 2022 年 9 月召开世界"教育变革峰会"，对教师产生了新认知和新期望，即教师应该是知识的生产者，即教师应该从知识的传授者转变为知识的发现者与生产者，成为危机与变革的驾驭者。借助这个平台，我们了解到了世界改革的最新动态，服务于中国教育的发展。因此，传递教育经验其中一方面是关于讲述中国故事，另一方面则强调我们应该坚持向世界各国学习。

三、利用新技术：数字技术赋能教师专业发展

访谈者：您刚才提到教研组和教研体系是我国特有，那么在数字时代应如何更好地用数字技术促进教师的成长与发展呢？

　　张民选：作为一个教师，我们首先应该是一个终身学习者。当新的技术出现时，应该积极拥抱它、细心体验它、认真研究它，而不是恐惧害怕或一概排斥。如果我们持有消极态度，我们将无法找到出路，只会被历史所淘汰。就像过去红缨枪面对洋枪大炮一样，如果你盲目地认为自己刀枪不入，那么敌人一枪你可能就被击毙了。因此，在新时代出现巨变时，我们必须看到技术带来的优势，看到信息技术为我们带来的便利。我认为，如果细分信息时代和数字时代两个阶段的话，信息时代主要解决了输送的问题，是西方人所谓哥白尼式的革命。在以前我们为了学习，你都是走向老师。以孔子为例，他并不安于一个地方教学，而是需要参政议政，经常在不同国家之间奔波。为了求学，他的弟子们紧随其后，因为如果离开他，你就无法获得学问了。后来人们发现了书籍等资源，我们有了藏书楼，而西方有图书馆和博物馆。这些资源非常宝贵，不再被个人所独霸。你可以去图书馆借阅书籍，可以去博物馆学习。尽管如此，教育成本依然很高。你必须跟随老师，为了去学校读书可能需要翻山越岭，可能需要从乡村跑到城市去图书馆学习、去参观天文馆。学习资源非常有限，于是人们不得不走向它们。

　　信息技术就像是为我们打开了一条高速公路。你的电脑就像一辆汽车、轿车或高速的火车，里面的内容就像满载的集装箱，就像博物馆不断增加的收藏品。因此，我们实现了一个反转，你只需一台可以连接网络的电脑，在家里就能看到你想学习的资源。我个人认为，学习资源来到我们的面前，因此人人可学、处处可学、时时可学，这是信息时代给我们带来的优势。

　　然而，这些东西还没有实现因材施教的个性化教学。在线上，即使你也可以看到哈佛大学的课程，但45分钟你可能坐不住，效果依然不如面对面授课。因为人们是社会性的动物，我们需要互动。此外，每个人的认知风格是不同的，在线上很难解决这个问题。因此，许多国家在疫情后选择回到课堂。但是，如果我们回到课堂，信息技术就没有用武之地了，我们会甘心吗？除了及时和远程传递信息之外，信息技术还有什么好处？在数字时代，还有什么潜力可以利用？当你使用抖音时，只要你有这个类型的爱好，它就会输送你这方面的内容。每次你使用这些产品时，你的偏好已经被了解。它根据你的偏好，为你提供你所需要的东西。在数字化时代，由于大数据的收集和算法的支持，可以更迅速地提供符合你喜好和认知风格的内容。所以，接下来是对我们的一个考验，老师是否会利用这一点。如果不会，老师可能会被淘汰。如果有一天你决定找家教，实际上你是在寻求个性化教育。班级授课制无法解决个别化需求的问题，你会寻求其他的解决方案。比如有家长会选择购买科技产品，而不是聘请家教，这样也能实现个别化教育。老师应该成为信息技术的驾驭者，发现信息技术的缺陷，并将信息技术应用到教学过程中。

　　此外，信息和数字技术在许多方面也可以帮助老师。我们需要学习和使用它，同时我们也可以看到人类还有三个独特的优势，无法被数据所替代。首先，人类可以通过观察和判断为孩子的成长提供服务。比如，ChatGPT 只能告诉你截至 2021 年的数据，它无法做出前瞻性的判断。计算机技术目前仍然主要基于以往的经验和数据，而我们可以对未来社会的发展趋势进行判断，了解适合不同性格的孩子从事的工作和适宜的人生道路。其次，许多情感和社会性问题机器无法帮助我们解决，在学生的学习过程中，我们还可以提供社会情感的支持。最后，尽管数字技术提供了许多资源，但它只是一种资源，而我们可以整合使用多种资源。很多的资源不是信息技术附加给我们的，例如，我们可以利用计算机上虚拟课程，但也可以请到专业人士作为外部教育资源，例如音乐家或舞蹈家。除了信息技术，教师还可以混合应用多种技术，我认为这是我们应该具备的能力。虚拟学习和实体学习各有千秋，我们可以采用各种混合技术，而不仅仅依赖于数据技术，以实现更好的教育目标和效益。同时，我们还可以通过创造适宜的学习环境来帮助孩子们。我们必须充分利用所提供的便利，明确未来教师不再是知识的垄断者，而是成为学生学习的协助者。当然，新的技术也会带来新的风险，我们必须在努力研究后，遏制、防止和减弱新技术对学生和人类造成的安全、伦理和其他风险。

四、提出新展望：讲好中国故事、服务人类发展大有可为

访谈者： 如您所说，比较教育学界的学者和研究生应在讲好中国教育故事的时代背景下做出更大的贡献。那么您对我国比较教育学界的学者和研究生有哪些寄语与期望呢？

张民选： 我觉得有两个方面。一方面，向世界各国学习的时候，一定要突破文献研究。我以前非常重视文献研究，但是我现在觉得有两个问题。当一个学生写一篇文章，他能够很容易获得所需的文献资料。在大家都能轻松获取外国文献的时候，我们比较教育常常会感到一种危机感。因为如果你能够获取文献，其他人也可以通过使用 ChatGPT 等工具来获取文献。ChatGPT 现在可以帮我们把文献梳理得很好。那么你的竞争优势在哪里呢？因此，我认为我们需要超越现状，迈向更高的境界，要深入研究文献的来龙去脉。拥有大量的文献并不等于对文献有深刻的理解。现在有许多年轻人能够规范地整理文献，但可能根本就没有认真阅读过这些文献，这些文献只是 ChatGPT 告诉他们的，而不是真正通过千辛万苦、研究搜索才获得的。我们要问，ChatGPT 告诉你这些文献的存在，但你自己真正进行阅读和研究过这些原始文献吗？如果回答是肯定的，那你真正研究过这些文件的缘起、形成和发展吗？因此，我对此感到担忧，担心我们会被大量的文献所埋没。而且我们只是停留在文献的表面，其他学科的学者对我们的"依赖"和"仰仗"就会减少。无论是德育研究还是课程与教学论学者，他们怎么会不研究外国文献呢？以前你可能会说你懂外语，但现在他们不再担心了，他们使用 ChatGPT 等工具，甚至可以使

用翻译器，而你没有任何竞争优势。因此，我们应该在广泛的文献研究基础上，深入研究文献的来龙去脉。我们与世界银行合作出版的一本书就是这样做的，对文献进行数据分析。我们收集了世界各国的文献，然后进行比较研究。例如，我们将所有的内容转化为问卷形式，不是直接提问，提问文献中是否包含这个问题。比如，"有没有设定对教师的明确期望"，这个问题有四个等级。第一个级别是没有出现，是一种"潜在"状态；第二个级别是"出现"了，但并无落实的支撑文件与资料；第三个级别是"建立"起来了，即文件的要求已经得到落实和制度化；第四个级别是在国际比较中"超越"了其他国家，具有国际先进性。我们通过文献数据分析，将这些问题全面呈现，而上海在50多项文献研究统计分析中都是处于3和4这两个级别。因此，这本书的名字是《上海是如何做到的？》。超越文献研究并非没有办法，我们可以对文献进行统计分析，弄清楚其来龙去脉，了解哪些作者一起撰写了这些文献？他们的思想倾向是什么？他们遇到了什么问题？为什么会出现今天这样的情况？

另一方面，现在世界变得越来越小，我们需要想办法超越文献，深入到实践领域中去。如果你要研究美国，就必须亲身去美国；如果你要研究英国，就必须亲身去英国。就像比较教育学家埃德蒙·金所强调的，我们需要了解文献、背景和操作的实际运作方式，我们要弄清楚操作和文献之间的联系。我们不仅仅是拿外国文献来炫耀，我们获取外国文献是为了研究和借鉴它们，要评估是否适用。因为他们自己说的话与实践中存在很大差距，而我们不能仅仅因为某个东西很好就盲目追随。所以，我们的文献研究也应该超越文献本身，要深入到实践领域去观察，走进他们的实践环境、进入他们的课堂，进行研究和比较。我认为参加国际测试就是一个很好的比较方法。这既是引进外部经验，也是走出去的方式。当我们走出去的时候，如果你说你对上海的经验一无所知，那你该怎么办呢？为什么我鼓励年轻老师去教育部门挂职历练呢？事实上，挂职的一个目的就是让你们更了解上海、了解中国。一个不了解中国的人不可能讲好中国的故事，将你小时候的经历视为如今中国教育的经验是不行的。通过国际比较，我们可以了解哪些中国经验是其他国家没有的。因此，人们会认为你们做得很好。我们应系统地向他人讲述，这建立在我们对中国自身有深刻理解的基础上，而不仅仅是负责翻译中国经验，你也要知道如何讲述给别人听。除了掌握外语，你是否理解别人的需求？如果他们听不懂，我们可以找到让他们听得懂的方法。所以我们始终从别人的需求出发，因为满足需求才是最好的方式。总结比较教育工作者的使命，是向世界各国学习。中国的比较教育工作者现在既要继续向世界各国学习，又要讲好中国故事。

另外，我个人认为，我们比较教育学界除了向世界各国学习和探索教育发展规律以外，还要讲好中国故事，为全球教育发展提供服务。设在埃塞俄比亚的联合国能力建设研究所的所长是一个退休的日本学者。她曾经来访过我们中心。我们一起讨论过日本教育问题。她坦率地说，她对如今的日本了解不多，远不如她对非洲教育的认识与理解。我觉得这种胸怀很了不起！我们的部分比较教育工作者认为为发展中国家提供服务不是我们的事情。实际上，如果你不为别人提供服务，你又怎么能朋友遍天下？当初我们相对落后，很多美国专家、英国学者不是也来到中国了吗？我们的比较教育工作者当然可以去牛津、剑桥、哈佛学习，学完之后为中国发展服务。但是当中国发展到比较发达的时候，我们不应该到埃塞俄比亚、坦桑尼亚、赞比亚这些国家去做志愿者吗？我认为我们应该去，我们不去谁去？服务人类教育发展应该成为我们比较教育工作者的胸怀。为发展中国家教育服务，那不仅仅是讲好中国故事，也是为人类的教育发展做出贡献。

访谈者：您的格局和视野非常宏大，详细阐述了"讲好中国故事，为人类发展提供服务"这个时代命题，内容和信息非常丰富，为我们教育科研工作者、国际组织研究者和实践者提供了宝贵的经验与启发。再次感谢您接受采访。

参考文献：

［1］中共中央文献研究室. 习近平关于社会主义文化建设论述摘编［M］. 北京：中央文献出版社，2017.

［2］中华人民共和国中央人民政府网. 习近平主持中央政治局第五次集体学习并发表重要讲话［EB/OL］.（2023-05-24）［2023-06-27］. https：//www.gov.cn/yaowen/liebiao/202305/content_6883632.htm?device=app&wd= ht&eqid=cc3cdbe3000866020000000026489798f.

［3］张民选. 联合国教科文组织教师教育中心创建纪实与价值意义［J］. 比较教育学报，2022，（01）：3-15.

［4］UNESCO.Education 2030：Incheon declaration and framework for action［M］. Paris：UNESCO，2015：54.

［5］中华人民共和国中央人民政府网. 习近平在中共中央政治局第二十七次集体学习时强调推动全球治理体制更加公正更加合理为我国发展和世界和平创造有利条件［EB/OL］.（2015-10-13）［2023-06-28］. https：//www.gov.cn/xinwen/2015-10/13/content_2946293.htm.

［6］央广网. 习近平联合国大会演讲全文［EB/OL］.（2015-09-27）［2023-06-28］. http：//china.cnr.cn/gdgg/ 20150927/t20150927_519987141.shtml.

［7］中华人民共和国中央人民政府网. 习近平在中共中央政治局第二十七次集体学习时强调推动全球治理体制更加公正更加合理为我国发展和世界和平创造有利条件［EB/OL］.（2015-10-15）［2023-06-28］. https：//www.gov.cn/xinwen/2015-10/13/content_2946293.htm.

［8］刘宝存，王婷钰. 中国教育国际传播体系刍议——基于拉斯韦尔 5W 传播过程理论视角［J］. 比较教育研究，2023，45（01）：3-13.

［9］张民选，朱福建，黄兴丰，吕杰昕. 如何讲好中国教育故事：需要研探的命题——以中英数学教师交流项目为例［J］. 教育发展研究，2021，41（12）：1-10.

［10］中共中央文献研究室. 习近平关于社会主义文化建设论述摘编［M］. 中央文献出版社. 2017：212-213.

［11］Zhang M，Ding X，Xu J. Developing Shanghai's Teachers：Teacher quality systems in top performing countries［R］. National Center on Education and the Economy，2016.

［12］张民选，黄华. 自信·自省·自觉——PISA2012数学测试与上海数学教育特点［J］. 教育研究，2016，37（01）：35-46.

［13］张民选. 教师是知识生产者：世界的新认知新期待［J］. 上海教育，2023，（02）：7-9.

［14］Liang X，Kidwai H，Zhang M，et al. How Shanghai does it：Insights and lessons from the highest-ranking education system in the world［R］. World Bank Publications，2016.

［15］埃德蒙·金. 别国的学校和我们的学校：今日比较教育［M］. 王承绪，等译. 北京：人民教育出版社，2001.

学生数字素养框架的国际经验与本土建议 [①]

刘宝存　易学瑾 [②]

摘　要：随着信息技术的飞速发展，世界正快速进入数字化时代。国际组织和各国逐渐意识到培养学生数字素养的必要性，并构建数字素养框架以指引人才培养方向。我国同样重视学生数字素养的培养，但尚未构建专门的数字素养框架以培养数字化人才。因此，该研究通过对比分析 8 个主要的学生数字素养国际框架，发现其主要维度包括"数字公民""操作""信息""交流""内容创作""安全"和"问题解决"七个方面。在此基础上参照我国国情和政策要点进行本土转换，最终形成由 5 个一级维度、14 个二级维度和 34 个三级维度所组成的学生数字素养框架。同时，该框架基于教育目标分类法划分为基础、中级、高级和专业级四个难度等级，形成了四级六段的框架体系，并且难度划分与不同学段相对应，以便于促进不同年龄和能力水平阶段学生的数字素养发展。

关键词：数字素养框架；数字化人才；国际比较；本土建议

一、引言

数字技术的发展推动了教育数字化转型与人才需求结构升级，这无疑对学生的数字素养提出了更高的要求，因此国际组织和世界各国都积极推进学生数字素养的培养。中央网信办（2021）印发了《提升全民数字素养与技能行动纲要》，提出要"切实加强顶层设计、统筹协调和系统推进，注重构建知识更新、创新驱动的数字素养与技能培育体系，注重建设普惠共享、公平可及的数字基础设施体系，注重培养具有数字意识、计算思维、终身学习能力和社会责任感的数字公民"。2022 年中央网信办等四部门又联合印发《提升全民数字素养与技能工作要点》，部署了加大优质数字资源供给、提升劳动者数字工作能力、促进全民终身数字学习等 8 项重点任务。同年我国还发布了《义务教育信息科技课

---

① 本文系教育部人文社会科学重点研究基地重大项目"教育数字化转型战略的国际比较与中国行动研究"（项目编号：23JJD880001）的研究成果。

② 刘宝存，北京师范大学国际与比较教育研究院院长、教授，中国教育发展战略学会学术委员；易学瑾，北京师范大学国际与比较教育研究院硕士研究生。

程标准》，强调全面提升中小学生的数字素养，从信息意识、计算思维、数字化学习与创新、信息社会责任四方面培养中小学生的信息科技素养（教育部，2022）。可见，提升全民数字素养已是我国建设网络强国与数字中国的一项先导性工作，而提高学生数字素养则是数字化时代人才培养的内在需要，也是教育数字化转型的核心，其重要性不言而喻。

目前也有不少国内外学者关注学生的数字素养，并指出构建数字素养框架的必要性。有学者认为，制定数字素养框架有助于明晰数字素养的内涵，基于此开发课程、选择教学模式和方法，并设计配套的评价模式，以确保数字化人才培养的成效（刘宝存 & 岑宇，2023）。还有研究指出，随着数字技术对教学、学习和研究的影响逐渐加大，高校也开始构建数字素养框架，以确保学生不仅能够正确使用数字工具，而且能批判性地看待和创造数字内容，并基于数字素养框架评估学生的相关能力（Feerrar，2019）。当前我国仅发布了《义务教育信息科技课程标准》文件，对义务教育阶段学生的数字素养做出了相关规定和指导，但仍缺乏对整个学生群体数字素养框架的关注，而后者是保障学生在整个教育过程中持续发展其数字素养的重要抓手。本研究通过比较既有的学生数字素养框架，总结它的一般规律，再结合我国国情和政策要点进行本土转换，试图为构建中国特色的学生数字素养框架提供参考和建议。

二、数字素养的内涵及国际框架

目前国际社会对数字素养的概念及其界定尚未达成共识。在英语文献中，常见的概念包括 "digital literacy" "digital competence" "digital skill" 等。其中，"digital literacy" 是一个较为复杂的概念，它包含了信息素养、计算机素养、媒体素养、传播素养、视觉素养和技术素养等，且大部分学者将其视为与读写算一样的通识性素养（Marín&Castañeda，2022）；"digital competence" 或 "digital competency" 包括知识、技能、态度三方面，它与 digital literacy 存在一定的重叠（Tondeur et cl.，2023），但它多指与行业有关的专业性数字素养，有时也可以指通识性数字素养；"digital skill" 一般是指 "使用数字设备、通信应用程序、网络访问和管理信息所需的一系列能力"（UNESCO，2023）。在中文语境中很难对这些概念进行细致的区分，因此将它们都翻译为 "数字素养"，只作为一个概念使用。

1994 年，以色列学者约拉姆·埃谢特·阿尔卡莱（Y. Eshet-Alkalai，2004）首次提出了 "数字素养" 的概念，并认为数字素养是理解及使用各种数字资源及信息的能力。2018 年，欧盟委员会（European Commission，2022）将数字素养定义为 "在学习、工作和社会参与中自信、批判和负责任地使用数字技术的能力"。2021 年，联合国教科文组织提出：数字素养包括自信和批判地使用数字技术，在生活的各个方面进行信息交流，并运用数字技术解决基本问题的能力。它的基础是使用计算机检索、评估、存储、制作、呈现和交换信息，以及通过互联网进行沟通和参与协作网络等（UNESCO，2022）。中央网信办（2021）印发的《提升全民数字素养与技能行动纲要》使用了"数字素养与技能"一词，并将其界定为"数字社会公民学习工作生活应具备的数字获取、制作、使用、评价、交互、分享、创新、安全保障、伦理道德等一系列素质与能力的集合"。但鲜有研究对学生的数字素养做出明确界定。仅有学者指出，提升学生的数字素养即培养具备学科知识跨界融合能力、沟通与协作精神、批判性思维、复杂问题研究解决、团队合作意识、创意与创新性、计算思维以及掌握低碳、环保、可持续发展的绿色技能的数字时代新人（杨宗凯，2023）。

在提出"数字素养"这一概念的同时，阿尔卡莱首次提出了数字素养的框架，他认为数字素养应包含图片图像识别与理解素养、再创造素养、分支素养、信息素养和社会情感素养五方面内容（Eshet-Alkalai，2004）。国际组织和各国政府也逐渐重视数字素养框架的构建，目前影响最大的是欧盟和联合国教科文组织的数字素养框架。2010 年，欧盟就启动了"欧洲公民数字素养框架"（The Digital Competence Framework for Citizens，以下简称 DigComp 框架）项目，并于 2013 年发布首版"欧洲公民数字素养框架"（DigComp 1.0），随后对其进行不断升级和调整，至 2022 年发布了"欧洲公民数字素养框架 2.2 版"（DigComp 2.2）（刘晓峰等，2023）。2018 年联合国教科文组织也发布了"数字素养全球框架"（Digital Literacy Global Framework）。这一框架是在"欧洲公民数字素养框架 2.0 版"（DigComp 2.0）的基础上拟定的，并增加了"操作"和"职业相关"两个一级维度（UNESCO，2018）。此外，美国、英国、法国、荷兰等国也纷纷研制学生数字素养框架。表 1 对国际上主要的学生数字素养框架进行了梳理。

表 1 学生数字素养的国际框架

年份	名称	简介	一级维度
2016	国际教育技术协会学生标准（美国）	由国际教育技术协会（ISTE）研制，面向全学段的学生，并被美国 50 个州和多个国家所采纳	赋权学习者、数字公民、知识建构者、创新设计者、计算思维者、创意沟通者、全球合作者
2018	数字素养全球框架（联合国教科文组织）	由联合国教科文组织统计研究所发布，面向全体公民	操作、信息、交流、内容创作、安全、问题解决、职业相关
2019	数字素养参考框架（法国）	由教育部、青年和体育部以及高等教育、研究和创新部研制，适用于全学段的学生	信息和数据、沟通与协作、内容创作、保护和安全、数字环境
2019	数字素养学习领域（荷兰）	由国家课程发展研究中心发布，阐明了中小学生在各学段要掌握的知识、技能和态度层面的学习目标	数据和信息、数字世界的安全与隐私、数字技术的运行与使用、数字交流与合作、数字公民和数字经济
2020	数字智能标准（DQ研究所）	由国际性组织电气与电子工程师协会（IEEE）的标准委员会制定，适用于全体公民	身份、使用、风险、安全、情商、素养、沟通、权利
2021	数字素养课程领域（澳大利亚）	由澳大利亚课程评估和报告管理局制定，面向基础教育的学生	数字实践安全和健康、沟通与协作、审查、创造、管理和选择

年份	名称	简介	一级维度
2022	欧洲公民数字素养框架 2.2 版（欧盟）	由欧盟委员会联合研究中心发布，在内容上更加突出公民应对新技术、新现象、新事态需具备的知识、技能和态度	信息和数据、沟通与合作、数字内容创作、安全、问题解决
2022	联合信息系统委员会数字素养框架（英国）	由英国联合信息系统委员会开发，适用于领导者、教职员工和任何学段的学生	数字熟练度和生产力；信息、数据和媒体素养；数字创作、解决问题和创新；数字通信、协作和参与；数字化学习与发展；数字身份和福祉

由表 1 可知，大部分的学生数字素养框架面向全体学生，仅有澳大利亚和荷兰明确说明其框架面向基础教育或中小学阶段的学生。而且，除英美两国和 DQ 研究所未对数字素养框架划分不同等级之外，其余框架都根据难度或学段进一步细化了每一素养维度。例如，欧盟的数字素养框架分为基础、中等、高等、专业四级，每级又细分为两个子级，构成了四级八段的框架体系（EU，2022）；澳大利亚将学生数字素养框架划分为六个等级，分别是一级（基础）、二级（1—2 年级）、三级（3—4 年级）、四级（5—6 年级）、五级（7—8 年级）和六级（9—10 年级）（ACARA，2021）。此外，DQ 研究所、欧盟和荷兰还将具体素养拆分为知识、技能与态度三个层面，以进一步诠释学生数字素养的培养目标。

三、学生数字素养框架的国际比较

基于国际主要的 8 个学生数字素养框架在一级维度上的对比，有助于探究学生数字素养框架的一般规律。

（一）既有学生数字素养框架的对比分析

在学生数字素养的国际框架中，联合国教科文组织发布的"数字素养全球框架"无疑是最具代表性的。该框架是在"欧洲公民数字素养框架 2.0 版"的基础上构建的，并以布鲁姆分类法（Bloom's Taxonomy）区分具体素养内部的水平层次。它既参考了其他国际数字素养框架，又重点考虑了发展中国家的素养水平。从整体上看，该框架指标多元并以实践运用为导向，因而更具有普适性。

将表 1 中的其他 7 个学生数字素养框架与联合国教科文组织的"数字素养全球框架"在一级维度上进行横向比较（详见表 2），有助于分析学生数字素养国际框架的特点和一般规律，从而为我国学生数字素养框架的构建提供参考。

表 2　学生数字素养国际框架的一级维度比较

一级维度	法国	荷兰	DQ	澳大利亚	美国	欧盟	英国
操作	数字环境	√	√	√	赋能学习者		√
信息	√	√	√	√		√	√
交流	√	√	√	√	全球合作者	√	√
内容创作	√	√	√	√	√	√	√
安全	√	√	√	√	√	√	√
问题解决	数字环境	√	数字身份		√	√	√
职业相关		数字经济					
其他		数字公民	数字情商 数字身份				数字化学习 与发展

注：其他学生数字素养框架可能与"数字素养全球框架"的一级维度表述不一致，如果内容相同或相近则标注√。同时，"数字素养全球框架"的某些一级维度在部分框架中可能作为二级维度存在，因此如果显示为"数字环境"，指的是"问题解决"被包含在"数字环境"维度内。"其他"一栏显示的是未被"数字素养全球框架"包括在内的一级维度

由表 2 可知，以上 8 个学生数字素养的国际框架具有一些共性。具体来说，国际组织和各国在"信息""交流""内容创作"和"安全"四个维度上保持高度一致，且大部分认可"问题解决"和"操作"维度，而在"职业相关"这一维度上则重合率较低。"职业相关"维度是联合国教科文组织在"欧洲公民数字素养框架 2.0 版"基础上增加的一个维度，鉴于数字素养框架应符合可持续发展目标[1]的需要，联合国教科文组织认为应将职业相关的能力纳入主要针对劳动力的数字素养框架（UNESCO，2018）。但英美等发达国家可能将"职业相关"所指的专业化数字技术视为特定阶段（如高等教育、职业教育等）的教学内容，而并未将其纳入面向全体学生的数字素养框架。唯一涉及该维度的荷兰框架，也是因其面向中小学生而提出要"利用与数字技术相关的知识与技能，为未来的学习和职业选择探索可能的方向"（Curriculum.nu，2019），但并未指向更为详细和专业化的数字技术。

同时，其他 7 个学生数字素养的国际框架也有一些独特之处。一方面，一系列的"欧洲公民数字素养框架"都较少关注数字伦理（Kurnia et cl，2022），但在其他学生数字素养框架中，"数字公民"和"数字身份"作为一级维度出现的频率较高，这两个维度刚好弥补了联合国教科文组织和欧盟对数字伦理的忽视。荷兰框架的"数字公民"维度包括拥有数字身份的认知、懂得塑造数字形象、识别和尊重他人的数字身份、具有基本价值观、批判地认识多媒体信息、行使权利与履行义务等（Curriculum.nu，2019）。这

---

[1] 联合国可持续发展目标指出，到 2030 年，切实增加具备相关技能的年轻人和成年人数量，这些技能面向就业、获得体面工作及创业，包括技术技能和职业技能。其中指标 2 的内容为"达到最低限度水平数字素养技能的年轻人 / 成年人比例"。

一维度的部分内容出现在联合国教科文组织的框架中，但前者更加具体和细致，并且将"数字公民"作为单独的一级维度以凸显其重要性。"数字身份"基本上被包含在"数字公民"的维度之内，它同样强调对自我形象和身份的认识，以及遵守相关法律、道德和网络礼节（Netiquette）等。与之类似的还有 DQ 研究所强调的"数字情商"（digital emotional intelligence），它包括数字同理心、自我意识与管理和关系管理（DQ Institute，2019）。这三个方面其实是数字化背景下伦理、道德和规范的映射，以确保学生合理、合法、合规、负责任地使用数字技术，这也是在技术占据主导的时代对人文素养的不断追求。另一方面，美国的学生数字素养框架要求学生有意识地运用数字技术赋能自身的学习，如利用技术帮助实现个人学习目标并反思学习过程、使用技术改进学习实践等（ISTE，2016）。英国的学生数字素养框架也关注到这一点，其"数字化学习与发展"维度认为学生应通过数字工具规划或参与学习，并在数字社会中持续学习以此来与不断变化的世界保持同步（Jisc，2022）。这种数字化学习突出了学生关于数字技术赋能学习的意识和意愿，强调学生要主动接触、了解和运用数字技术改善自身的学习，这在一定程度上弥补了联合国教科文组织框架在意识层面的缺失。

（二）学生数字素养框架的一般规律

基于上述分析，可以看出学生数字素养框架基本上都会涉及"操作""信息""交流""内容创作""安全""问题解决"六方面。同时，鉴于对数字伦理方面的重视，可以考虑在以上内容之外补充"数字公民"维度（见表3）。通过整合荷兰框架中的"数字公民"和 DQ 研究所框架中的"数字情商"，"数字公民"维度应包含自我意识与管理（数字身份）、对他人数字身份的尊重、数字同理心（移情与关心）、遵循网络礼节、行使权利与履行义务五个方面。

表 3　学生数字素养框架的主要维度

一级维度	二级维度
设备和软件操作	数字设备的物理操作
	数字设备的软件操作
信息和数据	浏览、搜索和过滤数据、信息和数字内容
	评估数据、信息和数字内容
	管理数据、信息和数字内容
沟通与协作	通过数字技术进行交互
	通过数字技术进行共享
	通过数字技术参与公民活动
	通过数字技术进行合作

续表

一级维度	二级维度
数字内容创作	开发数字内容
	整合和重新设计数字内容
	版权及许可证
	编程
数字安全	保护设备和数字内容
	保护个人资料及隐私
	保护自己免于风险和威胁
	保护环境
问题解决	解决技术问题
	通过技术解决需求
	创造性地使用数字技术
	识别数字素养差距
	计算思维
数字公民	自我意识与管理
	对他人数字身份的尊重
	数字同理心
	遵循网络礼节
	行使权利与履行义务

注：由于"数字公民"维度所包含的内容与联合国教科文组织框架有小部分重叠，所以将原先"沟通与协作"中的管理数字身份和遵循网络礼节与"数字公民"维度合并

四、学生数字素养框架的本土建议

由上可知，大部分国家面向全学段的学生群体构建了专门的数字素养框架，而我国仅在 2021 年印发的《提升全民数字素养与技能行动纲要》中强调了数字素养应包含数字意识、计算思维、终身学习能力、社会责任感四大方面（中央网信办，2021）；2022 年教育部制定的《义务教育信息科技课程标准》对信息意识、计算思维、数字化学习与创新和信息社会责任做出了规定，并附有各学段的目标、内容、教学等详细要求（教育部，2022），但其仅面向义务教育阶段（1—9 年级）的学生。数字化时代对学生不断提出新的要求，我国应专门为学生群体构建数字素养框架以帮助其适应复杂多变的学习和生活场所，并不断促进自身的全面发展。

（一）学生数字素养框架的维度建议

正如前文所述，学生数字素养框架的主要维度包括"数字公民""操作""信息""交流""内容创作""安全""问题解决"，这无疑为我国学生数字素养框架的构建提供了国际经验。不同数字素养框架对于上述共同素养的强调，反映了数字素养的一般规律；不同数字素养框架的个性化特征则是不同国家和国际组织的理念差异和社会独特性需求的

反映。我国在制定数字素养框架时，既要参考国际框架的共性，也需基于本土情况进行调整，以构建中国特色的学生数字素养框架。

通过查阅我国学生数字素养现状与问题的相关文献，发现既有研究中数字内容创造、数字化意识和计算思维被反复强调，并且一些实证研究表明我国学生在这些方面稍有欠缺（李晓静等，2023；宋灵青等，2023）；数字社会责任、情感与价值等维度也不可忽视（包晓峰，2022；吴砥等，2023）；还有学者强调维护数字意识形态安全也是数字安全中非常重要的一环（周海涛 & 朱元嘉，2023）。同时，构建我国学生数字素养框架还需参照相关政策文件，如《提升全民数字素养与技能行动纲要》《义务教育信息科技课程标准》和《教师数字素养》等对学生数字素养框架的主要维度进行调整和完善。根据学生数字素养框架的主要维度与我国现实需求和政策关切，本研究构建的我国学生数字素养框架分为 5 个一级维度、14 个二级维度和 34 个三级维度。一级维度包括数字化意识、数字技术知识与技能、数字化应用、数字社会责任、通用素养及自我发展。每个一级维度由若干二级维度组成，每个二级维度由若干三级维度组成（详见表 4）。

表 4　我国学生数字素养框架的维度建议

一级维度	二级维度	三级维度
数字化意识	数字化认识	理解数字技术的价值
		认识其带来的挑战与机遇
	数字化意愿	主动学习和使用数字技术的意愿
	数字公民	自我意识与管理
		对他人数字身份的尊重
		数字同理心
数字技术知识与技能	数字技术知识	掌握常见数字技术的概念、基本原理
	设备和软件操作	数字设备的物理操作
		数字设备的软件操作
	信息和数据处理	浏览、搜索和过滤数据、信息和数字内容
		评估数据、信息和数字内容
		管理数据、信息和数字内容
数字化应用	沟通与协作	通过数字技术进行交流
		通过数字技术进行共享
		通过数字技术参与公共事务
		通过数字技术进行合作
	问题解决	解决技术问题
		通过技术解决需求
		创造性地使用数字技术
	数字内容创作	开发数字内容
		整合和重新设计数字内容
		编程

续表

一级维度	二级维度	三级维度
数字社会责任	法制道德规范	依法规范上网
		合理使用数字产品和服务
		维护积极健康的网络环境
		版权及许可证
	数字安全保护	保护设备和数字内容
		保护个人信息和隐私
		注重网络安全防护
		注重意识形态安全
	可持续发展	保护环境，减少污染
通用素养及自我发展	通用素养	计算思维
		批判思维
	自我发展	识别数字素养差距

第一个维度是数字化意识，这是数字化时代学生需具备的基本素养。面对技术带来的巨大变化，学生需要正确认识这种变化的必然性，理解其存在的价值和带来的机遇，并明白自身、家庭和社会因此面临的困难和挑战。该框架特意将"数字化意愿"作为二级维度纳入"数字化意识"维度，有助于在各级各类教育中强调学生的主观能动性，重视学生数字化意识的培养。在数字化时代，所有人都将成为数字公民，这种基于自由、平等、团结的基本价值观，以批判的、积极的、负责任的公民身份参与数字社会，是学生融入数字社会的必须作为（魏小梅，2020）。

第二个维度是数字技术知识与技能，它是指学生习得的数字知识和掌握的关于数字设备、软件与工具的基本操作技能。数字技术知识与技能是学生掌握计算机和互联网及参与数字社会的前提。此外，数字技术的蓬勃发展使得数字资源愈发丰富，在大数据中如何搜索和辨别所需信息而不被欺骗和误导也成为一项重要的数字/生活技能。

第三个维度是数字化应用，它体现的是学生在数字化时代生存的综合能力。数字化应用相比数字化意识、知识和技能而言处于更高层级，它是指学生彻底融入数字社会，能合理运用技术应对数字生活中的困难，并进行一定的创造性活动。人既是技术的使用者又是创造者，学生应善于利用数字渠道进行沟通与合作、表达自己，并开发新的数字内容。

第四个维度是数字社会责任，它是指学生在智能社会中的文化修养、道德规范和行为自律等方面应承担的责任。数字化发展给生活带来便利的同时，也带来了个人数据泄露、伦理失范等隐患。在数字社会中学生应遵守相关法制规定和道德规范，积极主动维护良好的数字环境；同时还应做好个人安全防护和学会识别网络安全隐患。此外，联合国教科文组织和欧盟十分重视保护环境，他们期望学生能意识到数字技术及其使用对环境的影响，并在数字化时代仍牢记保护环境、促进可持续发展的理念（EU，2022）。

第五个维度是通用素养及自我发展，这是对学生在数字社会的未来发展的期望。计算思维是一种解决问题的方式，它包括四个步骤：分解问题；将问题抽象化；数据和信息可视化；算法设计（提出并不断完善解决方案）（Brooks，2022）。批判思维即对事物保持怀疑和批判的态度，持续进行思考而非直接接受。这些良好的素养有助于学生更好地处理所接收的信息，应对日常和学习生活中的各类问题和挑战。由于技术在不断向前发展，社会也在持续变化，学生必须贯彻终身学习理念，在明晰自身数字素养水平的基础上不断促进自我发展，积极利用数字技术充实自身，从而融入学习化社会，成为与时代同步的数字公民。

（二）学生数字素养框架的分层建议

我国在构建学生数字素养框架时，还需参照联合国教科文组织和欧盟等框架对每一个三级维度进行更加细致的难度分层，或依据澳大利亚等国家的框架进行学段分层，以适应不同水平、年龄段学生的需求，并助力学生数字素养课程和评价工具的开发。这种分层框架有助于处于不同能力水平阶段或年龄的学生找准自身的定位，明确发展方向，也可以在服务政策制定、学生数字素养发展和评估标准实施等方面发挥重要作用。

参照联合国教科文组织和欧盟的学生数字素养分层框架，它们都在一定程度上运用了布鲁姆分类法以区分素养的水平层次。布鲁姆分类法即教育目标分类法，它是由美国教育家、心理学家本杰明·布鲁姆（Benjamin Samuel Bloom）于1956年提出的，后续这一理论被广泛应用于各门学科的教学和课程设计。它分为认知领域、情感领域和动作技能领域三个不同的领域。认知领域包括记忆、领会、运用、分析、综合和评价六个层次；情感领域包括接受、反应、价值作用、组织化、个性化五个主要层次（王晓艳，2014）；动作技能领域在创立时并未制定出具体的分类方法，1972年伊丽莎白·辛普森（E.J.Simpson）等人将其分成感知、准备、有指导的反应、机械动作、复杂的外显反应、适应和创新七级，这也是目前应用较广泛的一种分类体系。2001年，教育心理学家大卫·克拉斯沃尔（David Krathwol）对最初的教育目标分类法进行了修订，以反映学习是一个主动的过程。这一修订主要是将认知领域划分为记得、理解、应用、分析、评价和创造（Ruhl，2023）。欧盟的学生数字素养分层框架就考虑到任务的复杂度、学生的自主性和教育目标分类的认知领域三方面，从低难度到高难度分别对应着从简单、常规任务到非常规、复杂问题；从他人指导、帮助到独立自主再到指导他人甚至是为相关实践做出贡献；从记得、理解到应用、评价再到创造（Carretero et al.，2017）。这种区分帮助欧盟学生数字素养框架形成了四级八段的难度分层。

同时，参考澳大利亚的学生数字素养框架和我国《义务教育信息科技课程标准》可知，学段分层大多以两个年级为一学段，但由于"学生"一词面向群体范围过大，最终决定以三个年级为一学段，共划分为六个难度等级。具体分为：小学阶段对应难度一和难度二，也就是基础级别；中等教育阶段处于中间级别——中学对应难度三，高中对应难度四；高等教育阶段对应难度五及以上，这一学段的学生可能达到高级甚至专业级别的水准。基于上述难度和学段划分，本研究构建的学生数字素养分层框架详见表5。

表5　我国学生数字素养框架的分层建议

难度类别	难度等级	对应学段	具体描述
基础	难度一	1—3 年级及以下	在教师和家长的指导下，记得、接受和感知新知识、新观念、新事物
	难度二	4—6 年级	在偶尔的指点下，理解新知识、新观念、新事物
中级	难度三	7—9 年级	开始独立应用新知识处理常规任务
	难度四	10—12 年级	根据自己和他人的需求独立分析和完成非常规任务
高级	难度五	大学及以上	可以指导他人解决非常规问题，并进行评估
专业级	难度六		能够创造性地解决自己和他人所面临的复杂问题，并为相关实践做出贡献

总而言之，当前全球关于数字素养的共识正在逐步形成，即数字素养应包含建构和超越数字世界的能力，如思考技术伦理、做出价值选择、增进人际互动、引导科技向善、助力社会发展等（林可，2023）。数字素养的关键在于以人为本，其框架的构建也应优先考虑学生的终身福祉，而不仅仅停留于数字工具的使用。因此，学生数字素养框架不仅包括数字获取、制作、使用、评价、交互、分享、创新、安全保障等内容，而且包括态度、情感、价值观、伦理道德等维度，这些应在后续的课程开发和评价设计中继续贯彻。

参考文献：

［1］中华人民共和国教育部网. 教育部关于印发义务教育课程方案和课程标准（2022 年版）的通知［EB/OL］.（2022-04-08）［2024-09-29］. http://www.moe.gov.cn/srcsite/A26/s8001/202204/t20220420_619921.html.

［2］中华人民共和国教育部网. 刘宝存，岑宇. 以数字素养框架推动数字化人才培养.［EB/ OL］.（2022-02-27）［2024-09-29］. http://www.moe.gov.cn/jyb_xwfb/xw_zt/moe_357/2023/ 2023_zt01/mtbd/202302/t20230227_1047949.html .

［3］包晓峰. 国家战略背景下的数字素养框架建构［J］. 中国广播电视学刊，2022，（08）：9-12.

［4］李晓静，刘祎宁，冯紫薇. 我国青少年数字素养教育的现状问题与提升路径——基于东中西部中学生深度访谈的 NVivo 分析［J］. 中国电化教育，2023，（04）：32-41.

［5］刘晓峰，兰国帅，杜水莲，李晴文，黄春雨. 迈向教育数字化转型的欧盟四版公民数字能力

框架：演进、比较、特点和启示[J]. 现代远距离教育，2023，（03）：1-13.

［6］林可. 超越技术素养的公民品格建构——国际数字公民教育经验及其对我国德育变革的启示[J]. 教育学报，2023，（02）：29-43.

［7］宋灵青，许林，朱莎等. 我国初中生数字素养现状与培育策略——基于东中西部6省市25032名初中生的测评[J]. 现代远程教育研究，2023，35（03）：31-39.

［8］王晓艳. 浅议布鲁姆"教育目标分类"与化学教学. 课程教育研究，2014，（01）：176.

［9］吴砥，李环，杨洒等. 教育数字化转型背景下中小学生数字素养评价指标体系研究. 中国教育学刊，2023，（07），28-33.

［10］魏小梅. 荷兰中小学生数字素养学习框架与实施路径. 比较教育研究，2020，（12）：71-77.

［11］杨宗凯. 数字教育的内涵、发展目标与路径. 光明日报，2023-03-14（15）.

［12］周海涛，朱元嘉. 提升大学生数字素养的创新路径. 中国电化教育，2023，（05）：49-55.

［13］中央网络安全和信息化委员会. 提升全民数字素养与技能行动纲要.［EB/OL］.（2021-11-05）［2024-09-29］. https://www.cac.gov.cn/2021-11/05/c_1637708867754305.htm.

［14］中华人民共和国中央人民政府. 四部门印发《2022年提升全民数字素养与技能工作要点》.［EB/OL］.（2022-03-02）［2024-09-29］. https://www.gov.cn/xinwen/2022-03/02/content_5676432.htm.

［15］Brooks，R. What is computational thinking？ University of York.［EB/OL］（2022-9-1）. https://online.york.ac.uk/what-is-computational-thinking/.

［16］Carretero，S.，Vuorikari，R.，&Punie，Y. DigComp2.1：The digital competence framework for citizens with eight proficiency levels and examples of use［J］. Luxembourg：Publications Office of the European Union，2017.

［17］Curriculum.nu. Toelichting Digitale Geletterdheid：Toelichting op het Voorstel voor de Basis van de Herziening van de Kerndoelen en Eindtermen van de Leraren en Schoolleiders uit het Ontwikkelteam Digitale Geletterdheid［M］. Den Haag：Curriculum.nu，2019.

［18］Eshet-Alkalai Y. Digital Literacy：A Conceptual Framework for Survival Skills in the Digital Era［J］. Journal of Educational Multimedia and Hypermedia，2004（13），93-106.

［19］European Commission. DigComp 2.2 Update：The Digital Competence Framework for Citizens. JRC Publications Repository.［EB/OL］.（2022-3-23）. https://digital-skills-jobs.europa.eu/en/inspiration/research/digcomp-22-update-digital-competence-framework-citizens.

［20］Jisc. Building digital capabilities framework［M］. Bristol：Jisc Data Analytics，2022.

［21］Julia Feerrar. Development of a framework for digital literacy［J］. Reference Services Review，2019，47（2），1-17.

［22］Kurnia S.，Adnan H.R.，Wicaksana，A.P.，Hidayanto，A.N.，Dilnutt，R.，Lawi，A.，

& Utami, R. Development of Digital Literacy Framework in the Context of Supply Chain Management [M]. In PACIS 2022 Proceedings.

[23] Marín, V.I., Castañeda, L. Developing digital literacy for teaching and learning. in handbook of open, Distance and Digital Education [M]. Springer, 2022.

[24] Ruhl, C. Bloom's Taxonomy Of Learning. Simply Psychology. [EB/OL]. (2022-10-24). https://www.simplypsychology.org/blooms-taxonomy.html.

[25] Tondeur, J., Howard, S., Van Zanten, M., Gorissen P., Van der Neut I., Uerz D.& Kral M. The HeDiCom Framework: Higher education teachers' digital competencies for the future. Educational Technology Research and Development 2023 (71), 33-53.

[26] UNESCO. A Global Framework of Reference on Digital Literacy Skills for Indicator 4.4.2.UNESCO. [EB/OL]. http://uis.unesco.org/sites/default/files/documents/ip51-global-framework-reference-digital-literacy-skills-2018-en.pdf.

[27] UNESCO. SDG 4 Ensure Inclusive and Equitable Quality Education and Promote Lifelong Learning Opportunities for All.UNESCO. [EB/OL]. (2022-3-23). https://tcg.uis.unesco.org/wp-content/uploads/sites/4/2021/08/Metadata-4.4.2.pdf.

[28] UNESCO. Digital Skills Critical for Jobs and Social Inclusion.UNESCO. [EB/OL]. (2023-4-20). https://www.unesco.org/en/articles/digital-skills-critical-jobs-and-social-inclusion.

推动新时代中国教育对外开放的高质量发展

赵可金 ①

摘　要：对外开放是建设教育强国的必要条件。随着中国开启建设社会主义现代化国家新征程，中国教育对外开放步入新时代，其核心是提升国际竞争力，坚持走内涵式高质量发展之路。当前，中国教育对外开放存在的问题是过于聚焦教育单个领域，尚未将教育、科技、人才三个领域的对外开放结合起来，没有形成一个全方位、立体化、多层次的制度体系和开放生态。对此，应加大全球胜任力人才培养，以高素质人才培养引领高水平教育开放。展望未来，新时代中国教育对外开放必须坚持高质量发展，以制度性开放引领教育生态优化，打造中国教育高质量发展的新格局。

关键词：新时代；中国教育；对外开放；高质量发展；教育强国

教育兴则国家兴，教育强则国家强。环顾世界，举凡大国在世界舞台上的崛起，都伴随着一大批与其国际地位相适应的一流大学的兴起，甚至大学的崛起是国家崛起的前奏和先声。十七世纪时，牛津大学与剑桥大学对英国在世界舞台上的崛起提供了强大的思想支持。二十世纪以来，哈佛大学、耶鲁大学、普林斯顿大学、斯坦福大学、麻省理工学院等一大批一流大学直接推动了美国国家实力和国际影响力的迅速壮大。在亚洲，京都大学、东京大学、早稻田大学等高校助力了日本在战后的迅速恢复，首尔国立大学、高丽大学、延世大学推动韩国开创了"汉江奇迹"，新加坡国立大学、南洋理工大学创造了新加坡作为亚洲四小龙之一的发展成就。随着中国开启建设社会主义现代化国家新征程，中国比以往任何时候都需要建设教育强国，推进高等教育对外开放、建设中国特色的社会主义世界一流大学势在必行。

对外开放是建设教育强国的必要条件。建设教育强国，是实现高水平科技自立自强的重要支撑，是培养高素质战略人才的有效途径，是以中国式现代化全面推进中华民族伟大复兴的基础工程。总揽全局，教育、科技、人才三位一体的高质量发展均离不开高水平对外开放，因为只有在高水平对外开放的生态环境中，这些要素才能实现自由流动，

---

① 赵可金，清华大学社会科学学院教授，博士生导师，中国教育发展战略学会国际胜任力培养专业委员会学术委员会副主任。

进而高效发展。说到底，教育对外开放在本质上是教育资源在世界范围内优化配置的问题，只有不断优化教育资源在世界范围内的配置效率，教育、科技、人才才能步入世界一流前列。先秦时期李斯在《谏逐客书》中揭示了大秦崛起的秘诀，"夫物不产于秦，可宝者多；士不产于秦，而愿忠者众"。秦国之所以能够力压六国而一统天下，最核心的原因是秦国通过商鞅变法进行了制度改革，打开了天下人入秦效力的通衢大道，为秦国源源不断地输送了科技、教育和人才资源。殷鉴古今中外的历史经验，推进中国教育对外开放的高质量发展的确是建设教育强国的必由之路，在中国式现代化战略全局中处于战略先导地位。

一、中国教育对外开放步入新时代

教育对外开放是中国对外开放事业的重要组成部分。改革开放以来，中国十分重视教育发展，先后提出了科教兴国战略、人才强国战略和创新驱动发展战略，把教育对外开放放在优先发展的战略位置上，国际竞争力也随之快速提升。中国是一个拥有 14 亿多人口的人口大国，目前，我国已建成世界上规模最大的教育体系，教育现代化发展总体水平跨入世界中上国家行列。经中国教育科学研究院测算，我国目前的教育强国指数居全球第 23 位，比 2012 年上升 26 位，是进步最快的国家之一。[1]

党的十八大以来，随着人类命运共同体理念的提出和"一带一路"倡议的推进，中国教育对外开放取得显著进步，并已步入了服务实现中华民族伟大复兴、构建人类命运共同体的新时代。自 2016 年起，《关于做好新时期教育对外开放工作的若干意见》《推进共建"一带一路"教育行动》《关于加快和扩大新时代教育对外开放的意见》等一系列文件陆续出台，从顶层设计上构建教育对外开放的蓝图，始终坚持以"人类命运共同体"思想为指导，全面推进共建"一带一路"教育行动，增进教育合作与交流的广度和深度，逐步形成了更全方位、更宽领域、更多层次、更加主动的教育对外开放局面，推动我国教育对外开放不断向前发展。

一是教育对外开放进入制度型开放新阶段。目前，我国已经和世界 188 个国家和地区以及联合国教科文组织等 40 多个国际组织建立了教育合作和交流关系，国际学生在中国教育中的角色定位更趋制度化。[2]中国与主要留学目的地国和来华留学国家建立了很多机制性的合作。教育部数据显示，2021 学年在册国际学生来自 195 个国家和地区，学历教育学生占比达 76%，比 2012 年提高 35 个百分点；76 个国家将中文纳入国民教育体系。[3]中外合作办学也同样取得实质性进展。2020 年在办的各级各类中外合作办学机构和项目达 2282 个，与 188 个国家和地区、46 个重要国际组织建立了教育合作与交流关系，与 54 个国家签署了高等教育学历学位互认协议。[4]综合来看，中国教育合作协议正在稳妥推进，为推进制度型对外开放奠定了坚实的基础。

二是中外双向留学和教育合作开拓新格局。中国目前正在不断拓展重点国家留学合作渠道和项目，大力输送和培养国家急需的科技创新人才。教育部数据显示，2019 年，全国高等教育国际学生招生和在校生人数达到近年高峰，分别为 172571 人和 333072 人。然而，新冠疫情使教育国际交流脚步放缓，2020 年招生人数腰斩，只有 89751 人，在校生人数也减少 17.8%，至 273792 人。2021 年，尽管在校生人数继续减少至 255720 人，但招生人数小幅恢复至 93643 人。[5] 对此，应大力推动中外双向留学和教育合作，促进制度型对外开放不断加强，以制度创新引领国际留学和教育合作创新，才能开辟更高水平开放的新格局。

三是"一带一路"教育合作取得新进展。"一带一路"是推进构建人类命运共同体的实践平台，教育领域的国际合作是高质量共建"一带一路"的重要组成部分。2016 年 7 月，教育部推出《推进共建"一带一路"教育行动》，持续推进省部共建"一带一路"教育行动，基本实现主要节点省份签约全覆盖。同时，我国通过改革高校公共外语教学，不仅为"一带一路"建设培养大批懂外语的各类专业技术和管理人才，也能够进一步助力国内高校与世界一流大学和学术机构深化实质性合作，开展高水平人才联合培养和科学联合攻关。截至 2023 年 6 月底，中国与 45 个"一带一路"沿线国家签署了高等教育学历学位互认协议，在 132 个共建国家建设 313 所孔子学院和 315 个孔子课堂。[6] 在下一阶段中，如何高质量推进共建"一带一路"教育行动是新时代教育对外开放的重点工作。

四是中外教育与人文交流实现新突破。为适应和延续中外人文交流蓬勃发展的趋势，中办、国办下发了《关于加强和改进中外人文交流工作的若干意见》，意见指出，中外人文交流是党和国家对外工作的重要组成部分，是夯实中外关系的社会民意基础，也是提高我国对外开放水平的重要途径。迄今为止，中外人文交流已经形成了中俄、中美、中法、中英、中欧盟、中印尼、中南非、中德等八大中外人文交流机制。近年来，中外高级别人文交流机制共举办 37 场会议，签署 300 多项合作协议，达成近 3000 项具体合作成果，对于推动中国与八个国家的交流互鉴、助力外交关系发挥了显著的作用。[7] 同时，中国在国（境）外建设了 25 个鲁班工坊，与教科文组织合作在华设立了 10 个二类中心，设立了 12 个联合国教科文组织教席和姊妹大学网络，为中外教育交流合作打开了广阔的新天地。[8] 在此基础上，新时代的教育对外开放需要进一步将教育、科技和人才融为一体，不断优化教育对外开放的生态体系。

五是参与教育全球治理迈出新步伐。在积极参与全球教育治理的过程中，中国教育的话语权不断扩大。在规则制定方面，我国积极参与国际教育规则的制定工作，加大参与教育领域国际规则、标准研究的制定和修改力度。我国提出 2030 教育可持续发展指标的"中国方案"，成功加入《亚太地区承认高等教育资历公约》，积极参与联合国、二十国集团、金砖国家、上海合作组织、APEC（亚太经合组织）等多边框架下的教育治理机制，并进一步加强与教科文组织的战略合作。经过长期不懈的努力，我国已与 46 个教育相关的重要国际组织建立了经常性交流合作关系，在《亚太经合组织教育战略》《全球高等教育学历互认公约》等文件的制定过程中发挥建设性作用。在培养人才方面，中国持续做好国际职员及各领域专家培养推送工作，不断加大推送高校毕业生到国际组织实习任职的力度，为参与全球治理培养和输送更多高素质国际化人才。同时，人类命运共同体、文明交流互鉴等理念在联合国教科文组织等重要国际组织的影响力越来越大。

总之，对外开放程度是教育强国建设的重要指标，也是教育强国建设的重要助力。2023 年，第 60 届中国高等教育博览会高等教育强国建设大会发布的 2023"高等教育强国指数"显示，世界高等教育体系根据发展阶段可分为六大方阵，美国为第一方阵，中国则领跑包括日本、英国、德国等国家在内的第二方阵。[9] 当今世界，新一轮科技革命和产业变革深入发展，围绕高素质人才和科技制高点的国际竞争空前激烈。与国际先进水平相比，我国在建设教育强国存在大而不强的问题，仍有不少差距、短板，突出体现为质量不高、结构不优、竞争力不强。目前，我国吸引来华留学工作仍存在结构性短板，主要问题有生源国大多是周边国家，欧美发达国家较少；研究生层次留学生占比低；来华留学生主要学习语言、中医药等传统专业等。因此，实现我国从教育大国向教育强国的跨越依然任重道远，这对推进新时代中国教育对外开放提出了新的更高的要求。

二、提升国际竞争力是中国教育对外开放的核心使命

国际竞争力是评价中国高等教育高质量发展的重要标志，新时代中国教育对外开放的核心是聚焦国际竞争力，坚持走内涵式高质量发展。竞争力最初是一个企业经营概念，来自美国哈佛商学院教授迈克尔·波特的《竞争优势》。在波特看来，竞争力是指一个企业或国家在某些方面比其他的企业或国家更能带来利润或效益的优势。[10] 因此，从一个更广义的层面看，竞争力是参与者双方或多方的一种通过角逐或比较而体现出来的综合能力，是一种必须通过竞争才能表现出来的相对指标。后来，这一概念被广泛运用到社会各个领域。

同时，中国教育国际竞争力的构建和提升是一个复杂的体系，学界关于教育国际竞争力的概念内涵并未达成共识。有的学者将大学国际竞争力理解为不同大学之间的比较办学优势和参与国际竞争的基本能力；有的学者则强调不同大学竞争获取国际资源的能力；还有的学者将两者结合起来理解，将大学国际竞争力理解为资源与能力的结合。[11][12][13] 这些界定均强调中外大学的比较竞争优势，区别不过是对不同指标的理解及其比重上存在分歧。综合来看，中国教育国际竞争力是指中国教育体系在履行人才培养、科学研究、社会服务、文化传承创新和国际交流合作等职能的过程中，相对其他国家的高等教育体系所展现出的竞争优势和领先优势的合力。当一个国家的高等教育达到一定

规模后，内涵式高质量发展就成为提升其国际竞争力的必由之路。

目前，衡量高等教育国际竞争力的主要参考依据是世界大学排名，受到广泛关注且影响力较大的世界大学排名有英国泰晤士高等教育世界大学排名（THE）、英国 QS 世界大学排名、美国 U.S. News 世界大学排名、中国软科世界大学学术排名（ARWU）以及教育部学位与研究生教育发展中心（简称学位中心）组织开展的中国大学学科评估排名等。以上指标体系在评价国际竞争力上各有侧重，比如，泰晤士的评价指标注重评价教学（学习环境）、研究环境（成果发表数量、收入和声誉）、研究成果（成果引用及影响）、国际化程度（工作人员、学生和研究合作）、产业收入（知识转移）等指标。[14]QS 的评价指标注重评价学术领域的同行评议、全球雇主声誉、师生比例、单位教职的成果引用数、国际教职工比例、国际学生比例、国际研究网络、就业成果、可持续发展事业投入等指标。[15]U. S. News 的评价指标包含毕业率、同行评议、师生比例、学生人均财政投入、成果引用及影响等 19 个指标。[16]软科评价指标则包括教育质量、教师质量、科研成果、师均表现等。[17]中国大学学科评估评价指标关注人才培养质量、师资队伍与资源、科学研究水平、社会服务与学科声誉四个重大指标。[18]上述排名采用的指标普遍考虑的是高等教育投入、高等教育发展水平和高等教育贡献等因素。尽管指标内涵不一，但均通过可量化的、具有国际可比性的客观指标对全世界范围内重点大学的学术能力和学术表现进行评价和比较，从而提炼出大学国际竞争力的基本评价标准和构成要素。

中国大学的国际竞争力要体现世界一流和中国特色的统一。2014 年 5 月 4 日，习近平总书记在北京大学师生座谈会上的讲话对办好中国特色世界一流大学提出了新要求："世界上不会有第二个哈佛、牛津、斯坦福、麻省理工、剑桥，但会有第一个北大、清华、浙大、复旦、南大等中国著名学府。我们要认真吸收世界上先进的办学治学经验，更要遵循教育规律，扎根中国大地办大学。"[19]结合高等教育的五项职能和世界大学排名的具体指标，可以将大学国际竞争力分解为人才培养、科学研究、师资队伍、国际合作和社会声誉五个基本要素。

一是人才培养。人才培养是大学最基础的职能，也是大学的国际核心竞争力之所在。QS、ARWU、THE 等世界大学排名分别赋予该要素 20%、11.2% 和 12.75% 的权重，国务院学位中心的学科评估则将人才培养放在首位。可见，是否对最优秀的生源有强大吸引力以及能否培养出一流的拔尖创新人才，是一所大学是否具有高水平国际竞争力的重要衡量标准，也是衡量教育对外开放水平高低的重要尺度。

二是科学研究。科学研究是大学国际竞争力的核心要素，在 QS、ARWU、THE 等世界大学排名中的权重分别为 20%、44.4% 和 44.5%。一般来说，科学研究主要关注重大课题、标志性成果（论文或著作）、科研获奖、实验室和研究平台等。尤其是能否在国际顶刊如 Nature、Science 以及行业旗舰期刊发表论文，或者能否获得专业学会的大奖，这些成就既对大学的国际竞争力具有相当大的影响力，也体现着对外开放的水平和程度。

三是师资队伍。师资队伍是文化传承创新的主要载体，具有国际水准的高水平师资队伍对于人才培养和科学研究非常重要。其中，学术带头人、首席专家、具有国际影响力的科研团队的配备是提升大学国际竞争力的关键要素。除此之外，一个学校的校风校训、校园文化等软性因素对国际竞争力也具有一定影响，优良的校园文化和人文积淀不仅与师资队伍质量紧密相关，也能够进一步增强高等教育对外交流的"软实力"。

四是国际合作。国际合作是大学国际竞争力的直接体现。QS、THE 等世界大学排名分别赋予该要素 10% 和 5% 的权重。环顾世界，大学的国际化已经成为不可阻挡的历史趋势。目前，各类国际合作办学、教师互访、学生交换、国际学术会议、国际合作研发平台、大规模开放在线课程（MOOC）、国际校区、双学位等国际化进程如火如荼。是否具有充分的国际合作规模、是否具有深入开展国际合作的能力，是体现大学国际竞争力的核心要素。

五是社会声誉。社会声誉是一种纯主观性的、综合性的考察要素，需要长期的积累和沉淀才能形成和体现。QS、THE 等世界大学排名都非常看重大学声誉，分别赋予该要素 50% 和 33% 的权重。社会声誉体现着高等教育的社会贡献，一般来说，这一贡献主要通过声誉调查来进行，包括基于高校五项职能引申而来的高校对人才培养、科学研究、社会服务、文化传承与创新、国际交流合作的贡献。良好的社会声誉可以成为大学的无形资产，进而显著增强大学的国际竞争优势，提升大学的国际竞争地位。

总而言之，上述五个指标在教育对外开放中均具有十分重要的地位，甚至有的指标直接成为教育对外开放的主要内容。2022 年 10 月 16 日，习近平总书记在中国共产党第二十次全国代表大会上作的报告中强调推进高水平对外开放，这为推进教育高水平对外开放打开了政策空间。"依托我国超大规模市场优势，以国内大循环吸引全球资源要素，增强国内国际两个市场两种资源联动效应，提升贸易投资合作质量和水平。稳步扩大规则、规制、管理、标准等制度型开放"。[20] 2023 年 5 月 29 日，习近平总书记在中共中央政治局第五次集体学习时的讲话中明确了新时代中国教育对外开放的路线图，即"完善教育对外开放战略策略，统筹做好'引进来'和'走出去'两篇大文章，有效利用世界一流教育资源和创新要素，使我国成为具有强大影响力的世界重要教育中心"[21]。因此，高质量发展和高水平开放已经成为中国新时代国家发展战略的关键词，也成为教育对外开放的关键词。提升国际竞争力要求中国教育对外开放必须加强制度型开放，抓住了推进制度型开放这个"牛鼻子"，既抓住了中国教育国际竞争力的关键，也抓住了教育强国建设的关键。

三、推动中国教育对外开放高质量发展的新思路

当今，世界正经历百年未有之大变局，中国也已开启建设社会主义现代化国家的新征程，两者同步交织，相互激荡，共同推动中国教育对外开放步入高质量发展的新轨道。特别是在推动构建人类命运共同体理念的指引下，建设教育强国要求立足中国、放眼世界，以更高的站位、更宽的视野、更远的眼光谋划教育对外开放的新愿景，推动教育强国实现高质量发展，为助力民族复兴、促进人类进步做出更大贡献。

（一）推进世界文明交流互鉴的教育对外开放

中国共产党是一个胸怀天下的党，中国教育也是胸怀天下的教育。党的十八大以来，习近平总书记不断丰富构建人类命运共同体的思想，提出弘扬和平、发展、公平、正义、民主、自由的全人类共同价值，弘扬平等、互鉴、对话、包容的文明观，以文明交流超越文明隔阂，以文明互鉴超越文明冲突，以文明共存超越文明优越，推动世界文明交流互鉴，深化中外人文交流，明确了推动人类命运共同体的新目标和创造人类文明新形态的新使命，为新时代的教育对外开放指明了方向。

新时代教育对外开放必须推进世界文明交流互鉴，重在以我为主、兼收并蓄，切实加强中华文化与世界各国文化之间的交流互鉴，稳步推进中华文化走向世界。一方面，推进新时代教育开放，要坚持以我为主，与世界各国文化互通有无，在中国日益接近世界舞台中心的进程中，推动中华文化在世界舞台上真正实现走出去、走进去、走上去，广交朋友，深交朋友，不断扩大中国在世界上的"朋友圈"，提升中华文化的国际话语权和影响力。另一方面，推进新时代人文交流，要坚持兼收并蓄，以促进中外民心相通和文化交流为宗旨，坚持走出去和引进来双向发力，深入推进不同国家、不同地区、不同文明之间的相互促进，强调文化为媒，心灵互通，以文会友，以文建信，以文促和，努力实现化干戈为玉帛，文化天下和协和万邦的理想境界。

（二）推进以人民为中心的对外开放

改革开放以来，中国教育对外开放更多聚焦于教育发展本身，不断推进教育体制机制的改革和教育规模的提升，导致存在片面强调规模而相对忽视质量的问题。新时代的中国教育对外开放必须坚持高质量发展，推进以人民为中心的教育对外开放。教育事业归根到底是培养人的事业，推进教育对外开放关键不是钱的问题，而是人的问题。长期以来，在教育对外开放的很多项目中，存在着以钱为中心的错误认识，认为开展国际教育合作只需为来华留学生提供更多奖学金。比如"丝绸之路"留学推进计划每年会资助 1 万名共建国家新生来华留学。2023 年 2 月，"一带一路"教育国际交流研讨会发布的调查报告显示，进入中国本科院校留学的学生中，共建国家来华留学生占 60%，其中共建国家来华留学博士生占全部来华留学博士生总数更是接近 75%。[22] 2017—2022 年，中国选

派了 3000 多名国际问题研究及非通用语种人才出国留学，涉及 68 个非通用语种，涵括 45 个共建国家。[23] 事实上，仅仅靠奖学金还是不够的，更重要的是坚持以人民为中心，办人民满意的教育，不仅要完善"平安留学"机制，构建贯通"出国前、在国外、归国后"全流程服务链条，更要把教育纳入共同市场制度建设，助力人才流动、师资流动、课程流动、服务流动，真正把教育、科技、人才结合起来，一体谋划，一体推进，一切着眼于人民素质的提升和高素质人才的成长，真正形成教育对外开放的良好生态。

（三）推进以高水平项目为引领的对外开放

新时代教育对外开放不是靠空喊口号，而是需要通过踏踏实实地依托高水平教育新合作项目不断推进。高水平教育新合作项目是推进教育对外开放的强大依托。目前，我国高校在近 50 个国家举办了 100 多个不同类型和层次的境外办学机构和项目。[24] 除了引进发达国家的优质教育资源外，中国还与俄罗斯、马来西亚等 10 多个共建国家开展了 160 多个不同层次的合作办学项目，甚至与共建国家合作创办了具有独立法人资格的中外合办大学，如深圳北理莫斯科大学与广东以色列理工学院。这些项目均呈现出鲜明的个性特色，对于推进深层次教育对外开放起到了开路先锋的作用。据统计，在丝绸之路经济带衔接的 13 个省（直辖市 / 自治区）中，除西藏自治区外，其余 12 个省份总共建有 185 所国际化学校，其中近 80 所是近十年建成的；与海上丝绸之路联结的上海、江苏、浙江、福建、广东等 5 个省市总共建有 514 所国际化学校，其中 259 所是近十年建成的。[25] 在推进这些项目的过程中，很多体制机制性问题都获得了解决，这为推进中国教育对外开放积累了经验，提供了镜鉴。今后，推进教育对外开放必须更加有力地支持打造高水平教育合作项目，以高水平项目引领教育高水平对外开放，提升中国教育的国际竞争力和影响力。

（四）推动以制度型开放为保障的对外开放

制度型开放是新时代中国教育对外开放的必由之路，制度创新是推进教育对外开放的重要保障。党的十八大以来，我国先后建立并完善了中俄、中美、中欧、中英、中法、中国—印尼、中国—南非、中德等八大中外高级别人文交流对话机制。同时，截至 2023 年 10 月，中国高校已在共建国家开办了 313 所孔子学院和 315 个孔子课堂，各类学员 210 万人。[26] 此外，中国与其他国家高校还建立了"中国—东盟教育周""中国—阿拉伯大学校长论坛""中国—非洲高校 20+20 合作计划""中国—拉美教育交流平台""金砖国家大学联盟"等一批多边教育合作与对外援助平台。这些机制、平台和机构都为中国教育对外开放提供了可靠的支撑，即便遭遇外部环境变化的冲击，也展现了强大的韧性。因此，高水平开放意味着需要稳步扩大规则、规制、管理、标准等制度型开放。例如，要鼓励大学设立教育开放特区，总结清华大学苏世民书院、北京大学燕京学堂、中国人民大学"一带一路"经济研究学院等项目经验，出台推进教育制度性开放的指导文件，不断开拓制度型开放的新空间。

（五）推进构建以全球教育治理为依托的对外开放

坚持共商共建共享的全球治理观，推进全球治理体系向着公正合理的方向发展，是新时代中国参与和引领全球治理体系改革与建设的主导战略。积极参与全球治理，是新时代中国教育对外开放的重要依托。习近平总书记指出，"要积极参与全球教育治理，大力推进'留学中国'品牌建设，讲好中国故事、传播中国经验、发出中国声音，增强我国教育的国际影响力和话语权。"[27] 近年来，中国积极参与全球教育治理，在全球教育治理中的话语权和影响力大大提升。一方面，中国在联合国教科文组织、金砖国家、上海合作组织、亚太经合组织、二十国集团等多边机制角色越来越重要，在《教育 2030：行动框架》《APEC 教育战略》等文件制定中发挥建设性作用。另一方面，中国也发挥好国际大学生体育联合会、丝绸之路大学联盟等平台作用，举办了世界数字教育大会、世界职业技术教育发展大会、世界大学校长论坛等教育主场外交活动。此外，中国与区域高等教育组织的联系也不断加深。例如，中国—中东欧高校联合会已经成为双方高校之间共享教育资源和深化教育合作的重要平台；中非大学联盟交流机制通过启动"中非高校百校合作计划"，推动中非高校的交流合作，为厚植中非命运共同体的民意基础做出了突出贡献。

全球教育治理是推进教育对外开放的战略制高点，事关教育标准、规则和话语权。目前，中国在参与全球教育治理方面也存在过于聚焦教育领域的国际组织的问题。对此，中国必须积极推进与联合国及上海合作组织等多边框架下的教育合作，共同打造"一带一路"学术交流平台，助力更多青年学生共享优质教育资源，不断提升参与教育全球治理的国际胜任力。另一方面，中国未来应拓展更多国际组织和全球治理平台，加大以国际胜任力为核心的人才培养，以高质量治理人才引领高水平教育开放。

四、结论与思考

对外开放是中国长期坚持的基本国策，更是建设教育强国的必要条件。改革开放以来，中国教育在对外开放中取得了显著成就，极大地助力了中国教育的发展。当前，中国教育对外开放存在的问题是过于聚焦教育领域的对外开放，尚未将教育、科技、人才三个领域的对外开放结合起来，形成一个全方位、立体化、多层次的制度体系和开放生态，特别是以加大全球胜任力人才培养为核心，以高素质人才培养引领高水平教育开放。随着中国开启建设社会主义现代化国家新征程，中国教育对外开放的核心应落在聚焦参与全球教育治理和提升中国教育的全球竞争力，坚持走内涵式高质量发展之路，从而不断开辟教育对外开放的新境界。

新时代推进中国教育对外开放高质量发展是建设教育强国的必然需求，也是构建人类命运共同体的重要依托。目前，中国与世界的关系已经发生了历史变化，中国教育对外开放不仅要打开国门请进来，坚持改革开放政策，以开放促改革，以开放促发展，更要打开国门走出去，坚持开放创新方针，以开放促创新，以开放促治理。展望未来，新时代中国教育对外开放必须坚持高质量发展，以制度型开放引领教育生态优化，打造中国教育高质量发展的新格局，为推进教育强国战略和实现中华民族伟大复兴不断做出新的更大的贡献。

参考文献：

［1］习近平. 扎实推动教育强国建设［J］. 求是，2023，18.

［2］中华人民共和国教育部. 我国已与 188 个国家和地区建立教育合作与交流关系［EB/OL］. http://www.moe.gov.cn/jyb_xwfb/s5147/201712/t20171219_321724.html.

［3］［8］教育部发展规划司. 数说"教育这十年"［EB/OL］.（2022-09-27）［2024-03-12］. http://www.moe.gov.cn/fbh/live/2022/54875/sfcl/202209/t20220927_665124.html.

［4］中华人民共和国中央人民政府网. 后疫情时代，国际教育服务如何危中寻机？——2020 服贸会教育板块观察［EB/OL］.（2022-09-06）［2024-03-12］. https://www.gov.cn/xinwen/2020-09/06/content_5541066.htm.

［5］21 世纪经济报道. 教育国际交流回暖：中外合作大学留学热度上升［EB/OL］.（2023-11-30）［2024-03-12］. https://static.nfapp.southcn.com/content/202311/30/c8354999.html.

［6］李盛兵. "一带一路"教育合作十周年：回顾与展望［N］. 光明日报，2023-10-19（14）.

［7］林焕新，程旭. 我国各级各类教育达到历史最好水平［N］. 中国教育报，2022-9-28（01）.

［9］张渺. "高等教育强国指数"发布，中国领跑第二方阵［EB/OL］.（2023-10-18）［2024-03-13］. https://s.cyol.com/articles/2023-10-18/content_gG2Xgpcz.html.

［10］［美］迈克尔·波特. 竞争优势［M］. 陈小悦，译，华夏出版社，2004.

［11］杨志坚. 进一步提升我国高等教育的国际竞争力［J］. 中国高等教育，2001，（23）.

［12］吕芳. 我国研究型大学国际竞争力评价浅析［J］. 课程教育研究，2012，（03）.

［13］王琪，冯倬琳，刘念才. 面向创新型国家的研究型大学国际竞争力研究［M］. 中国人民大学出版社，2012 年.

［14］Times. World University Rankings 2024: methodology.［EB/OL］.［2024-3-14］. https://www.timeshighereducation.com/world-university-rankings/world-university-rankings-2024-methodology.

［15］QS Quacquarelli Symonds. QS World University Rankings 2024: Top global universities.［EB/OL］.［2024-3-14］. https://www.topuniversities.com/world-university-rankings？

tab=indicators&sort_by=rank&order_by=asc.

［16］U.S. News. How U.S. News Calculated the 2024 Best Colleges Rankings.［EB/OL］.［2024-3-14］. https://www.usnews.com/education/best-colleges/articles/how-us-news-calculated-the-rankings.

［17］软科. 排名方法-2023 世界大学学术排名［EB/OL］.［2024-3-14］. https://www.shanghairanking. cn/methodology/arwu/2023.

［18］中华人民共和国教育部网. 第五轮学科评估工作方案［EB/OL］.（2020-11-03）［2024-3-14］. http://www.moe.gov.cn/jyb_xwfb/moe_1946/fj_2020/202011/t20201102_497819.html.

［19］习近平. 青年要自觉践行社会主义核心价值观——在北京大学师生座谈会上的讲话［N］. 人民日报，2014-5-5（02）.

［20］习近平. 高举中国特色社会主义伟大旗帜　为全面建设社会主义现代化国家而团结奋斗——在中国共产党第二十次全国代表大会上的报告［N］. 人民日报，2022-10-26（01）.

［21］习近平. 加快建设教育强国　为中华民族伟大复兴提供有力支撑［N］. 人民日报，2023-5-30（01）.

［22］白波、吴娜. "一带一路"国际教育合作打开全新局面［N］. 北京日报，2023-2-18（04）.

［23］姜朝晖、李洋. 以高质量教育全面支撑共建"一带一路"［N］. 中国教育报，2023-10-19（07）.

［24］教育部等八部门印发意见：加快和扩大新时代教育对外开放［N］. 人民日报，2020-6-23（16）.

［25］余永和. "一带一路"提升中国教育对外开放水平［EB/OL］.（2023-11-24）［2024-03-14］. https://www.gmw.cn/xueshu/2023-11/24/content_36988642.htm.

［26］唐芊尔. 一张越织越密的教育交流合作网［N］. 光明日报，2023-10-21（04）.

［27］加快建设教育强国　为中华民族伟大复兴提供有力支撑［N］. 人民日报，2023-5-30（1）.

加速培养国际治理专业人才，推动构建人类命运共同体

赵龙跃[①]

摘　要： 当今世界面临百年未有之大变局，逆全球化思潮、单边主义、贸易保护主义愈演愈烈，多边治理机制陷入前所未有的困境，加强全球治理、推进全球治理体系的改革与建设已经是大势所趋。推动构建人类命运共同体已成为中国对外开放的重要战略，而构建人类命运共同体思想更是当代中国对世界的重要思想和理论贡献，已经成为中国引领时代潮流和人类文明进步方向的鲜明旗帜。推动构建人类命运共同体是一项伟大的系统工程，需要完善知识体系、制度体系和人才队伍的建设，需要从国家层面制定相应的政策和措施，加快打造一支政治过硬、本领高强、作风优良的高水平专业化对外开放工作队伍。广东外语外贸大学国际治理创新学院积极响应习近平总书记"积极参与全球教育治理，加快建设教育强国"的重要指示精神，创立并坚持"五位一体"的创新型人才培养模式，从理想格局、知识拓展、能力提升、学科建设和国际合作五个方面，为推动构建人类命运共同体培养综合型复合型高端国际治理专业人才做出积极的探索，积累初步的经验。

关键词： 人类命运共同体；全球治理体系；国际治理人才

当今世界面临百年未有之大变局，逆全球化思潮、单边主义、贸易保护主义愈演愈烈，多边治理机制陷入前所未有的困境，加强全球治理、推进全球治理体系的改革与建设已经是大势所趋。作为现行全球治理体系的参与者、建设者和奉献者，中国在引领全球治理体系改革、推动国际经济秩序朝着更加公正合理方向发展发挥着越来越重要的作用。特别是党的十八大以来，我国先后提出共建"一带一路"倡议、全球发展倡议和全球安全倡议、"和平、发展、公平、正义、民主、自由"的全人类共同价值、"相互尊重、公平正义、合作共赢"的新型国际关系、推动构建人类命运共同体的伟大思想，不仅赢得了国际社会的高度认可和尊重，而且国际社会希望中国在全球治理体系的改革和建设中发挥更大的作用。

[①] 赵龙跃，广东外语外贸大学教授、博士生导师、云山领军学者、国际治理创新学院院长，中国教育发展战略学会国际胜任力专业工作委员会学术委员会副主任，研究方向：国际经济，国际规则，国际谈判，国际组织与国际治理。

然而与中国国际地位和国际影响力的不断提高相比，我国国际治理专业人才的培养和使用问题也开始逐渐显现。首先是国际治理人才的知识结构问题，熟悉国际政治、经济和法律的综合型复合型高端专业人才严重不足；其次是在国际组织的代表性问题，不仅中国籍职员的数量不足，而且具有中高级职务的岗位较少，都与当今中国的国际地位不相符合；最后是国际治理人才的使用问题，如何发挥国际组织在培养国际治理人才方面的作用，研究疏通国际组织与国内机构用人的互动机制，创造条件充分发挥国际治理人才的作用，有待深入研究。

一、构建人类命运共同体需要突破人才瓶颈

加速培养一大批综合型、复合型国际治理高端专业人才，突破人才瓶颈，做好人才储备，不仅是为我国应对日趋激烈的国际竞争、参与国际规则的重构与创新、推动全球治理体系的改革与建设提供有力人才支撑；而且是向世界讲好中国故事、贡献中国智慧，推动构建人类命运共同体，维护人类和平、促进世界发展的需要。

推动构建人类命运共同体，需要培养一大批综合型、复合型国际治理高端专业人才，代表中国参与国际规则制定和全球治理事务。当今世界正经历百年未有之大变局，世界多极化、经济全球化在曲折中前行，地缘政治热点此起彼伏，单边主义、保护主义愈演愈烈。党的十八大以来，我国应对世界风云变幻，破解"全球治理赤字"，提出"一带一路"倡议、共商共建共享全球治理观和构建人类命运共同体等一系列改革完善全球治理体系的新思想和新理念。构建人类命运共同体理念提出以来，不仅写入党的十九大报告、二十大报告，载入党章和宪法，而且连续七年写入联合国大会决议，多次写入上海合作组织、金砖国家等多边机制决议或宣言，已经成为中国引领时代潮流和人类文明进步方向的鲜明旗帜。国际组织是制定国际规则、分配国际资源、协调多边事务的重要平台，国际治理人才能够将我国的治理理念和价值观融于国际组织工作中，为我国在国际事务中争取更多参与和引领空间。

我国正面临国际治理专业人才严重短缺的问题，在培养国际治理人才、积极参与国际组织的治理改革、疏通国内机构与国际组织之间的用人渠道等方面还需要做很多的工作。首先是缺乏完善的国际治理人才选拔、培养、派送、任用机制。我国虽然在国际化人才培养方面做了大量的尝试，取得了一定的成果，但是系统培养国际治理人才的工作起步较晚，国际治理人才引入和派出机制建设有待加强。政府需要促进人才引入和派出的良性互动，开辟国际职员输送新渠道，同时搭建平台让有国际组织工作背景的人才在回国后仍有施展本领的舞台。其次是我国在许多国际组织的代表性不足，就职人员的职位结构也不平衡。中国在联合国的会费分摊比例位居世界第二位，但截至2022年，在联合国总计12.5万人的职员中，中国籍工作人员只有1564人，仅占总人员的千分之一。此

外，目前中国员工在各大国际组织中主要是从事一些入门级的工作，职位性质属于服务性和非决策性，因而难以在国际事务中起到决定性作用。因此，加速国际治理人才培养，努力向国际社会输送更多的国际治理人才，是我国目前推动全球治理体系改革，构建人类命运共同体的重中之重①。

习近平总书记高度重视国际治理人才培养工作，多次强调参与全球治理需要一大批熟悉党和国家方针政策、了解我国国情、具有全球视野、熟练运用外语、通晓国际规则、精通国际谈判的专业人才。2015 年 10 月，习近平总书记在十八届中共中央政治局第 27 次集体学习时指出，随着全球性挑战增多，加强全球治理、推进全球治理体制变革已是大势所趋。要加强能力建设和战略投入，加强对全球治理的理论研究，高度重视全球治理方面的人才培养。党的二十大报告强调："中国积极参与全球治理体系改革和建设，践行共商共建共享的全球治理观，要坚持真正的多边主义，推进国际关系民主化，推动全球治理朝着更加公正合理的方向发展。"2023 年 9 月，习近平总书记在二十届中共中央政治局第八次集体学习时再次强调，"要练就驾驭高水平对外开放的过硬本领"，"提高运用国际规则维护我国发展权益能力，加快打造一支政治过硬、本领高强、作风优良的高水平专业化对外开放工作队伍"。当前国与国间综合国力的竞争，实际上在于人才水平间的竞争。国势之强在于人，拥有高端人才、培养和吸引更多优秀人才的国家，意味着拥有先进的技术和高水平的管理，在新一轮竞争中更容易占据制高点。

二、构建人类命运共同体需要综合型复合型国际治理专业人才

"为谁培养人，培养什么人，怎样培养人"始终是教育的根本问题，在百年未有之大变局与中华民族战略全局深入演进的历史语境，以及人类社会数字化转型与全球性挑战显著增多的现实语境下，明确回答这一问题对于培养国际治理人才十分关键。习近平总书记提出"政治过硬，本领高强，作风优良"三项核心要求，广东外语外贸大学国际治理创新学院八年来的实践经验与之高度一致，即以"为党育才，为国育人"为宗旨，通过"立德树人坚定理想信念，全面拓展基础理论知识，重点提升实际工作能力"在德、智、行三个方面全方位培养政治过硬，本领高强，作风优良的国际治理人才。

第一是立德树人坚定理想信念，"学者不患才不及，而患志不立"，培养国际治理人才要将理想格局的培养放在首位，立德树人，以志辅学，为我国培养一批心系国家、胸怀天下、信念坚定、担当奉献的栋梁之材。在党的二十大报告中，习近平总书记寄语广大青年要立志做有理想、敢担当、能吃苦、肯奋斗的新时代好青年。参与国际治理不可避免地需要应对多重社会和文化体系，因此面临更为频繁、激烈的目标和价值冲突，如

---

① 赵龙跃. 我国应积极为国际组织输送管理人才 [J]. 国际商报，2011（01）.

果无法确立"知识报国，兼济天下"的远大志向与坚定信念，自然无法经受重重考验，难以承担起代表中国参与全球治理的责任和使命。国际治理创新学院高度重视对学生理想、信念和格局的培养，不仅是开设相关的课程，更重要的是言传身教。为此，国际治理创新学院专门设计打造了"中国国际治理高端讲坛""国际治理论坛"，不定期地邀请我国在国际组织任职的高级官员和国内外在国际治理领域颇有建树的著名专家学者，与同学们分享他们的研究成果和实践经验。中国国际治理高端讲坛给同学们带来的不仅仅是学术知识、决策过程，而且是能够近距离接触和了解各位专家学者，学习名家的精神境界、成长历程、人格魅力和大师风范的机会。

第二是全面拓展基础理论知识，跨学科的理论知识和专业技能是综合型、复合型高端国际治理专业人才的必备素养，是代表中国在国际舞台上进行交流和博弈的必备前提。因此，培养拥有深厚的知识储备的国际治理人才是以党和国家的方针政策为指导，以国家发展需要为目标。国际治理创新学院在国际治理人才的理论知识拓展方面进行了积极的探索和创新，以熟悉党和国家方针政策，把握国内知识作为参与国际治理的前提；以精通国际知识，通晓国际规则作为参与国际治理的重要一环；以熟练运用外语作为精通国际谈判和沟通的桥梁，同时要以学习国际政治、外交、法律、经济和管理等各方面专业知识作为国际治理人才培养的重要方式，通过创新选拔机制、课程设置和培养模式，不断接轨国际前沿的交叉学科理论和技术，确保跨学科知识培养直接对接国际前沿水平，能够实现知识的深入融合真正解决国际治理问题。

第三是重点提升实际工作能力，突出的实际工作能力构成国际治理人才的核心竞争力，复合的理论知识和实际工作能力是国际治理人才参与全球治理的双翼，二者缺一不可。纸上得来终觉浅，绝知此事要躬行。参与实际工作是融会贯通所学知识的重要方式，也是培养国际胜任力不可或缺的一步，实践证明提升实际工作能力对于增长学生才干和开阔思维具有重要作用。国际治理创新学院高度重视并长期坚持对学生实际工作能力的培养，不仅是从书本中、课堂上学习，更重要的是培养学生从实践中学习的能力，提升实际工作能力。学生们通过参加系列学术研究工作、参加国内外实地调研、参与并举办学术论坛和国际会议等活动，在工作中学习，在实践中提高。学院通过不断拓展与国内外高校和国际组织间的合作，为同学们建立更加高端、更具影响力的学习实践平台，为学生提供参与学术课题研究和实际调研的机会，通过让学生参与举办学术论坛和国际会议等活动，收获实际工作经验，提高学术研究、合作交流、组织协调的能力。同时，通过参与实际工作还能够显著提高同学们的领导力、执行力与时间管理能力，为未来在国际舞台发挥作用打下重要基础。

三、充分发挥高校和国际组织人才培养的职能和作用

发挥高校人才培养作用，加强国际治理学科建设，建立系统的学科专业体系。国际治理人才的培养，离不开完整系统的学科专业体系。2023 年 7 月，教育部在武汉举办的首届中国学位与研究生教育大会指出，要强化新兴学科、交叉学科、国际治理、国家治理现代化等关键领域人才培养。长期以来，我国没有专门的学科满足国际治理人才培养的需要，目前国内高校部分专业分类过细，学生知识结构单一，国际治理人才的素养、能力与岗位需求之间仍有较大的差距，因此亟须加强国际治理学科建设，建立系统的学科专业体系。

一是重视国际治理学科专业的建设，设计和打造跨学科、综合型、复合型、全方位的专业及课程项目，应以习近平新时代中国特色社会主义思想为指导，打破学科壁垒，加强国际政治、外交、法律、经济和管理等学科专业的交叉融合，推动构建涵盖国际治理、国际组织、国际战略等特色课程的国际治理学科专业。同时，高校应结合自身专业优势，以国家重大战略需求为导向，明确国际治理的主攻方向和重点目标，聚焦数字经济、绿色经济、贸易与投资政策等前沿领域核心议题，打造国际治理人才特色培养基地。

二是开拓国际化人才培养合作项目，接轨世界水平。积极推动与国际著名高校的交流合作，促进国际资源的有效对接，让学生从早接触更多国际治理的学术资源和实践机会。在此基础上，进一步加强与美欧等知名高校、科研院所的联合办学，建立优势互补的合作机制，如组织有关专家编写国际治理学科专业方面的教材和教材参考书目，共商国际治理人才培养经验，形成国际治理人才培养的基本理念、规范和模式。[①]

三是探索形成本硕博一体化培养体系。在建设高水平国际治理专业的同时，要推动国际治理专业人才培养向上下游辐射和拓展，带动国际治理专业本硕博贯通培养。

加强与国际组织合作，充分发挥国际组织人才培养的职能，在为国际组织输送更多中国管理人才的同时，也为广大发展中国家培养更多国际治理人才。从构建人类命运共同体的需要出发，既要重视国际治理人才的培养，更要重视国际治理人才的使用，良好的国际合作平台是国际治理人才走向世界的重要条件。一是加强与联合国系统内国际组织的合作，有针对性地培养符合国际组织选拔要求和相应素质的高端国际治理人才。通过组织学术研究、人员培训等活动深化与联合国、世界银行、世界贸易组织等国际组织的合作，激发广大学生主动学习和了解国际组织与国际治理相关知识的兴趣，加强对学生的专业知识培训，培养学生的跨学科能力，注重实践能力与科研能力相结合。与此同

---

① 赵龙跃. 高水平对外开放的理论创新与战略抉择 [J]. 人民论坛，2022（01）.

时，进一步与国际组织建立长期稳定的合作机制，向为国际组织选拔推荐中、高级优秀人才，为国际治理人才拓展进入相关国际组织提供实习和工作的机会。二是依托我国倡议和建立的各种区域性全球性国际组织，加速培养代表中国和广大发展中国家参与国际事务和国际治理的高端专业人才，提高发展中国家的地位和作用。为我国倡议的国际组织提供后备人才，将亚洲基础设施投资银行、金砖国家新开发银行等我国倡导设立的国际组织作为国际治理人才培养基地，鼓励优秀国际治理人才参与相关国际组织工作，进一步提高广大发展中国家的代表性和发言权。在此基础上，可以依托相关国际组织设立从事国际治理人才培养与开发专门机构，实现国际治理人才培养与使用的有效衔接，进一步加强国际治理人才培养的科学性、规范性和系统性。

四、创造条件发挥国际治理专业人才的作用

加快打造一支政治过硬、本领高强、作风优良的高水平专业化工作队伍的重中之重在于用人机制的改革创新。近年来，我国大力开展国际治理人才培养工作并取得显著成效，如何进一步加强国际治理人才的输送，尤其是如何有组织地将拥有国际组织工作经验的国际治理人才输送回国内有关机构、同时推荐国内机构的中青年干部进入国际组织任职，成为现阶段国际治理人才培养的关键所在。习近平总书记高度重视人才发展体制机制改革，强调要着力破除体制机制障碍，并明确指出："在人才流动上要打破体制界限，让人才能够在政府、企业、智库间实现有序顺畅流动。"由此可见，政府亟待从国家层面制定相应政策与措施，采取切实行动疏通国际组织与国内机构用人的互动机制，创新构建具有中国特色的新时代国际治理人才用人机制。

制定和完善国际治理人才在培养、选拔、培训、派送、回国安置等方面的相关政策，鼓励和支持国际治理人才的成长。国际治理人才的培养和输送是一项重要的政府工作，需要国家的政策指导和制度保障。第一，应注重综合型复合型国际治理专业人才的培养和选拔，制订和实施专业人才培养和选拔计划，加强与高校、科研机构、事业单位合作，有目的、有计划、有组织地培养并选拔公共政策、法律、金融、卫生、教育、社会工作等领域的国际治理人才参与国家建设，合理配置人力资源；第二，从政策上激励国际治理人才积极参加国际组织工作，加强与联合国等国际组织的人才培养合作，通过志愿者计划等途径让更多人了解和加入国际组织，开辟向国际组织输送国际治理人才的新路径；第三，有组织地、有针对性地制定"国际组织人才回国安置"政策，构建功能齐全的国际治理人力资源服务共享中心，建立并定期更新我国培养和选派进入国际组织工作的国际治理人才信息库，整合并发布国内外相关机构职位空缺咨询动态，有力破除国际治理人才推送、流动等方面的体制机制障碍，以创新用人机制盘活我国人才"蓄水库"。

构建高级专业人才的"旋转门"机制，把国际组织作为外国培养国际治理高端专业人才的基地，不仅要选送优秀中青年干部到国际组织工作历练，而且要把经过在国际组织实习工作成长起来的中青年国际治理专业人才吸引到国家政府机关、高校智库和企事业单位等重要岗位上工作，服务于我国高水平对外开放、推动构建人类命运共同体的伟大事业。在高校智库、政府机关、企事业单位设置一定数量的国际化工作专项岗位，提供给具有国际组织实习或任职经历的优秀青年工作者，以国际组织的先进管理办法促进国内机构管理水平提升，工作理念革新，充分利用好公务员调任、国际职员推送、选调和借调等各类政策，破除束缚人才成长、发展的制度障碍；与此同时，在上述机构中定期选拔政治素质过硬、表现突出、作风优良的中青年干部，"旋转"至国际组织担任中高层管理人员，在重要国际规则的研究和制定中提出兼顾我国国情、利益的规则建议，提高我国驾驭高水平对外开放的过硬本领，提高运用国际规则维护我国发展权益的能力，从而有效提升我国在国际经济治理、国际规则制定中的地位和制度性话语权。经过国际组织的历练，国内机构的中青年干部将日益成长为熟悉国际组织先进管理模式、高标准国际经贸规则以及国际经贸前沿动向的综合型复合型高端专业人才，对于我国统筹国内国际两个大局，稳步扩大规则、规制、管理、标准等制度型开放，推动构建人类命运共同体等历史使命具有重大战略意义。

五、结语

当今世界正处于百年未有之大变局，在国际治理中，仅仅知道治理本身是不够的，我们应懂得审时度势，深刻领会"知其事而不度其时则败，附其时而不失其称则成"的古训，顺应时势并采取与之相应的行动才能取得成功。习近平总书记在千变万化的国际形势中审时度势，提出中国积极参与全球治理，构建人类命运共同体的理念，已经成为中国引领时代潮流和人类文明进步方向的鲜明旗帜。"大道之行也，天下为公"，国际治理人才培养的目的就是让大道在国际上赋予更多可行性，通过治理唤醒人类命运共同体的意识，通过治理促使世界各国人民齐心协力，共同建设持久和平、普遍安全、共同繁荣、开放包容、清洁美丽的世界。"治理之道，关键在人"，习近平总书记根据中国国情和世界大势，高度重视国际治理人才的培养，多次在重要会议和重要讲话中反复强调要加快国际治理人才培养的步伐。国际治理人才除了审时度势，更应该具有君子志于择天下的气魄，高格局的视野，立志不坚，终不济事。广东外语外贸大学国际治理创新学院贯彻落实习近平总书记的指示精神，通过创新的国际化培养模式，以熟悉国际管理知识、把握国际发展趋势、强化战略布局能力、树立全球领导意识为重点，不断提升教育对外开放水平，集中为我国参与国际规则制定和全球治理培养综合型复合型的高端专业人才，躬耕八年，硕果累累，是国家培养全球治理人才的重要缩影。伟大的事业呼唤优秀的人才，伟大的时代必是英才辈出的时代，推动构建人类命运共同体是一项伟大的系统工程，需要加快知识体系、制度体系和人才队伍的建设，需要从国家层面制定相应的政策和措施，采取切实行动，强化国际治理人才培养，不断推动高水平对外开放，推动全球战略体系的改革与建设，开拓构建人类命运共同体的新局面。

新时代高水平教育对外开放的战略分析 [①]

徐小洲　江增煜　宋　宇 [②]

摘　要：改革开放以来，我国教育对外开放破冰前行，在留学生教育、国际合作项目、人文交流机制、"一带一路"教育、全球教育治理等领域取得举世瞩目的成就，为社会主义现代化强国建设奠定了坚实的人才基础与智力支撑。但与发达国家相比，我国教育国际化程度依然存在巨大差距，尤其表现在：教育对外开放对我国经济社会发展的贡献度不足，国际竞争力急需提高，新发展理念有待确立，体制机制亟须激活等方面。新时代教育对外开放要以构建世界高等教育共同体为理念愿景，坚持高水平高质量发展导向，探索适应新时代需求的体制机制，大力提升高水平教育对外开放能力，为中华民族伟大复兴提供具有全球竞争力的智力资源。

关键词：教育对外开放；高水平；高质量；战略；机制

教育对外开放既是我国对外开放战略的重要组成部分，也是中国特色社会主义现代化建设的基石。新时代教育对外开放必须把握世界教育发展潮流，根据中国特色社会主义现代化强国与人类命运共同体建设的总体部署，进一步厘清理念愿景、战略目标和发展思路，加快构建高水平教育对外开放新格局的步伐。

一、历史回顾：我国教育对外开放的巨大成就

改革开放以来，我国教育对外开放成就斐然，尤其在留学生教育、国际合作项目、人文交流机制、一带一路教育、全球教育治理等领域取得显著成效。

（一）留学生教育规模迅猛扩展，教育质量逐步提升

留学教育是教育对外开放的主力军。改革开放以来，我国双向留学教育实现历史性跨越，其重要特点主要体现在以下三方面：

---

① 本文系全国教育科学规划 2023 国家一般课题"新发展格局下的高水平教育对外开放体系建设研究"（BDA230 024）的研究成果。

② 徐小洲，浙江大学教育学院教授，中国教育发展战略学会国际胜任力培养专业委员会学术委员会专家委员；江增煜，浙江大学教育学院比较教育专业博士生；宋宇，浙江大学教育学院比较教育专业博士生。

首先，留学教育数量迅猛发展，成为世界上最重要的留学教育国。经过 45 年努力，我国留学生教育规模逐步提升，已成为世界上最大的留学生生源国、亚洲最大的留学目的国。2010 年，出国留学生 28.5 万人，来华留学生 26.5 人，来华留学生与出国留学生比例为 93%；2016 年，出国留学生 54.5 万人，来华留学生 44.2 万人，来华留学生与出国留学生比例为 81%。为了吸引来华留学生源，中国政府奖学金资助体系进一步完善。2016 年，共有来自 183 个国家的 49022 名学生获得中国政府来华留学奖学金，占在华生总数的 11%。2018—2022 年，国家公派出国留学累计派出 12.4 万人，年均资助约 5 万人在外学习；中国政府奖学金累计录取来华留学生 8.9 万人，年度资助超 6 万人在华学习。[1]

其次，来华留学的学历生比例不断增长，我国留学教育的学术竞争力日益提高。学历生是体现国际留学教育学术竞争力的重要指标，我国学历生占留学生比例呈现不断提高的趋势。2010 年，来华留学生学历生占 40.5%；2016 年，来华留学生学历生占 47.4%；2019 年，来华留学学历生比例达 54.6%；2021 学年在册国际学生来自 195 个国家和地区，学历教育学历生占比达 76%，比 2012 年提高 35 个百分点。[2]

最后，留学归国人员不断增加，为我国经济社会发展提供了丰厚的智力资源。学成归国成为众多留学生的心愿，为教育、科技等行业提供了丰富的优质人力资源。1978 年，留学归国人员仅以数百人计，2009 年首次突破 10 万人，2010 年 13.5 万人，2012 年 27 万人，2016 年 40 万人，2018 年突破 51.94 万人。2016—2019 年，我国出国留学人数 251.8 万人，回国 201.3 万人，学成回国占达 79.9%。[3] 截至 2022 年 9 月，我国各类出国留学人员中超过八成完成学业后选择回国发展。[4]

（二）合作交流范围日益广泛，国际合作项目持续增长

合作交流的基点是平台，抓手是项目。我国教育对外开放牢牢抓实平台与项目建设，稳步推进中外合作交流。

一方面，积极构建双边及区域性平台，不断拓展教育合作交流领域与范围。通过打造双边多边交流机制或开设鲁班工坊等富有中国特色的合作交流平台，为教育对外开放奠定基础。截至 2022 年 9 月，我国与世界上 181 个国家和地区建立了教育合作与交流关系，设立了 18 个双边教育高层工作磋商机制，在国（境）外建设了 25 个鲁班工坊，与 58 个国家和地区签署了学历学位互认协议。[5]

另一方面，有序增设合作办学机构，合理扩大合作办学项目。根据我国教育发展总体战略布局和不同区域需求，合作办学机构和项目数量不断增加，质量逐步提高。为了解决卡脖子问题，中外合作办学机构和项目重视向重点领域倾斜。

（三）人文交流机制特色鲜明，效益日益彰显

建立人文交流机制是扩大和深入教育对外开放的重要桥梁。通过建设孔子学院、树立品牌项目等重要举措，在全球范围内掀起了中华文化与汉语热。

首先，孔子学院发展势头迅猛，汉语学习成为全球热点。尽管某些国家刻意打压，但孔子学院因其独特的语言与文化推广功能在中外人文交流中发挥着不可替代的作用。截至 2022 年 6 月，我国在全球 150 多个国家和地区设立 480 多所孔子学院和 800 多个孔子课堂，全球共有 180 多个国家和地区开展中文教育，76 个国家将中文纳入国民教育体系，通过中外合作方式，中国以外正在学习中文的人数超过 2500 万，累计学习人数近 2 亿。[6]汉语已成为日本、韩国、泰国、印尼、蒙古、澳大利亚、新西兰等国的第二外语，HSK（汉语水平考试）、YCT（中小学中文考试）成为世界影响广泛的语言考试类型。

其次，打造中外人文特色品牌项目，推动实质性人文交流。通过联盟、竞赛、基地、展览等形式打造特色品牌项目，发挥其中外人文交流中的凝聚作用。"汉语桥"大学生比赛、中美青年创客大赛、中美千校携手项目、中英伙伴学校交流计划、中法百校交流计划、中俄同类大学联盟、中南（非）职业教育联盟、中国国际教育巡回展等教育品牌项目吸引了全球关注与参与。如"十三五"期间，在国外 10 多个国家 22 个城市举办"留学中国"教育展 22 场，参展中国院校累计 460 所次。[7]

（四）"一带一路"教育合作步伐加快，合作黏度连续增强

"一带一路"合作交流是当前教育对外开放的重点计划，体现出中国政府的大国责任与合作效益。

首先，加强民心互通，促进互信互认。2016 年 7 月，教育部出台《推进共建"一带一路"教育行动》以来，通过高峰论坛、学历学位互认、合作备忘录等形式，为合作交流奠定制度与政策基础。如 2017 年 5 月，"丝绸之路"中国政府奖学金纳入首届"一带一路"国际合作高峰论坛成果，为"一带一路"建设提供人才支撑；"十三五"期间，我国新签 11 份高等教育学历学位互认协议，覆盖 54 个国家和地区。[8]

其次，搭建合作平台，推动合作交流。自 2017 年"一带一路"科技创新行动计划启动以来，我国高校、科研机构与"一带一路"国家在科技人文交流、共建联合实验室、科技园区合作、技术转移等方面开展合作取得明显成效。2017 年年底，我国在 14 个国家和地区举办本科以上境外办学机构和项目 102 个。2019 年在我国学习的"一带一路"沿线国家留学生占比达 54.1%。[9]到 2021 年年末，我国已与 145 个国家、32 个国际组织签署 200 余份共建"一带一路"合作文件，涵盖投资、贸易、金融、科技、社会、人文、民生等领域。其中，与 84 个共建国家建立科技合作关系，支持联合研究项目 1118 项，累计投入 29.9 亿元，在农业、新能源、卫生健康等领域启动建设 53 家联合实验室。[10]

（五）全球教育治理能力持续提高，国际竞争力不断提升

参与全球教育治理是提高教育对外开放质量，扩大中国教育影响力和国际贡献的战略选择。为此，中国政府采取了两手抓的策略：一方面，积极参与联合国教科文组织、二十国集团、金砖国家、亚太经合组织、上海合作组织等多边机制框架下的教育合作，如与联合国教科文组织依合作设立联合国教科文组织二类机构、教席和姊妹大学网络等学术组织，推进国际合作交流，为构建人类命运共同体做出积极贡献；另一方面，外事管理聚焦简政放权，提高国际交流合作效率，如授予"双一流"建设高校一定的外事审批权，为高校开展对外合作交流提供更大的自主性和便利性。[11]

通过扩大与深化高等教育对外开放，我国科技竞争力呈现不断提升的态势。据世界经济论坛《2010—2011年全球竞争力报告》，2005年在被评估的117个国家和地区中仅排名第49位；2019年我国国际竞争力在141个国家和地区中排名第28位，领先多数中等收入国家。[12]2021年，我国创新指数居全球第12位，比2012年上升22位，在中等收入国家中排名首位。[13]在世界高等教育方阵中，中国大学的学术地位与影响力与日俱增。

二、迎接挑战：高水平教育对外开放面临的重大难题

当代国际环境动荡多变，我国教育对外开放也面临着诸多挑战。扩大和深化教育对外开放的重要难题是应对国际宏观办学环境带来的复杂局面、夯实国内教育对外开放的基础，在迎接挑战中开拓合作交流空间、把握教育国际化机遇。

（一）国际办学环境对我国高水平教育开放的制约

当前，我国教育对外开放面临着地缘政治动荡、劳动力市场变革、可持续发展等全球性难题的挑战。

首先，地缘政治动荡对我国教育对外开放带来严峻挑战。地缘政治是长期存在的国际政治结构，并深受国际政治力量变化的影响。随着以中国为代表的新兴市场国家和发展中国家的群体性崛起，全球政治力量结构出现了新的冲突与平衡态势。当前，由于地缘政治形势紧张、乌克兰危机长期化、巴以冲突持续及难以遏制的扩散性效应，全球地缘政治格局正在出现危机态势，地缘政治冲突结构化、整体化、长期化趋势明显。这种地缘政治的变化对教育国际化政策、留学对象国选择、留学生签证等产生深刻影响。由于某些西方国家对中国发展的限制，教育对外开放面临着自改革开放以来最严峻的地缘政治挑战。

其次，国际劳动力市场变革对我国教育对外开放的深刻挑战。教育是劳动力培养的主阵地，劳动力市场是教育的输出口。因此，教育国际化在某种程度上成为国际劳动力市场变革的测温计。国际劳工组织发布的《多重危机下的全球劳动力市场》指出：通货膨胀、发展中国家债务负担加重、经济增长放缓和总需求放缓等多重危机之下，就业分化持续演进、非正式工作成为主要就业增长点、劳动力市场下行渐成趋势。保德信全球投资管理（PGIM）发布的大趋势研究报告剖析了影响劳动力市场结构性变化的四大因素：劳动力供应趋紧、劳动力市场错配加剧、人工智能崛起、全球化进程倒退等。在不同国家，国际劳动力市场变革的影响方式不尽相同。比如，英美等国久居不下的通货膨

胀率使劳动力市场供需缺口收窄，劳动力市场出现降温迹象；德国劳动力市场面临严重的技能短缺，政府试图通过增加技术移民、学徒培训供给等措施改善这一现象；日本劳动力向人工智能、半导体等具有增长潜力的产业流动，加剧日本企业传统的终身雇用制趋向解体。这种国际劳动力需求的变化不仅制约着我国留学生走向和规模，也对留学教育的学科专业、培养方式、就业等产生调适性影响。

最后，可持续发展对我国教育对外开放的新诉求。可持续发展是全球发展的组织原则，关乎着人类和地球福祉。其中，自然环境退化是影响可持续发展的世界性难题。联合国环境署指出：自然环境退化加剧了气候变化，破坏了粮食安全，并使人类世界处于危机之中。究其原因，自然环境退化由人类（现代城市化、工业化、人口增长过快、森林砍伐等）和自然（洪水、台风、干旱、气温升高、火灾等）共同造成的，而各种人类活动是如今造成自然环境退化的主要原因。如何应对自然环境退化成为大学研究与人才培养的重要使命。世界性难题的解决迫切需要发挥全球高等教育的智慧与力量，以理念与知识创新共同推动人类社会的可持续发展。我国教育对外开放必须迎接可持续发展的挑战，在人类命运共同体建设中发挥更大作用。

（二）我国高水平教育对外开放面临的能力不足

在教育对外开放过程中，我国取得了许多成功经验，积累了丰厚的智力资源，为经济社会发展做出了重要贡献。但与发达国家相比，我国教育国际化程度依然存在巨大差距。

1. 教育对外开放对我国经济社会发展的贡献度不足

教育国际化是世界贸易的重要类型，对留学生输入与输出国经济发展产生重要的直接与间接影响。相比而言，国际生对我国的经济贡献明显偏低。其主要原因主要表现为两方面：一方面是我国自费生的数量与收费额度与美国存在巨大差距，收费过低现象业已影响国际合作培养单位的积极性；另一方面，对国际生各种层次、类型的政府和学校奖学金比例较高、额度较大，奖学金优惠政策虽然增加了对国际生的吸引力，但对教育质量等也带来了负面影响。

2. 教育对外开放新发展理念有待确立

建设世界高等教育共同体既意味着全球共同价值理念的引领，也包含各国不同层次、类型高校办学特色的相互补充，在人类命运共同体理念的指导下推进国际合作伙伴的协同发展。我国教育对外开放必须更新发展观念，避免无的放矢的办学现象，如对国外合作伙伴的办学诉求与特色了解不够全面，根据自身发展特色整合国际化办学潜力不够充分，承担国际社会与高等教育责任意识不够牢固，对合作办学的研究不够深入，加强国际合作深度与效益的引领作用不够有力等。只有在把握共识与特色中树立具有共识性教育国际化新理念，才能在未来国际交流与合作实践中取得更大的成效。

3. 教育对外开放体制机制亟须激活

教育对外开放体制机制是教育国际化的制度保障，其中管理、评估、激励、协同等体制机制是确保合作交流良好运行的关键。在中外合作交流项目实践中，体制机制障碍成为人们关注的焦点。如在管理层面，由于不同国家国情与大学体制差异，中外合作办学项目因此产生了误解、摩擦，甚至终止合作项目；在评估层面，由于合作办学目标与教育制度差异，合作过程中引起争议和不愉快，从而使得项目推进困难；在激励层面上，由于激励体制机制不畅，导致合作方的积极性不足，合作项目难以有效执行；在协同层面，由于社会制度和参与主体差异，导致项目沟通与实施不顺畅；等等。为此，需要人们对教育对外开放的复杂性、长期性、整体性与可持续性研究等开展有针对性的深入研究，通过加强各合作方协商，形成系统性、科学性、可操作性的体制机制，有效提升高水平教育对外开放质量与效益。

三、发展策略：构建高水平教育对外开放新格局

2019 年，中共中央、国务院印发的《中国教育现代化 2035》明确提出，要开创教育对外开放新格局，积极参与全球教育治理，深度参与国际教育规则、标准、评价体系的研究制定，推进与国际组织及专业机构的教育交流合作。[14] 新时代教育对外开放要以构建世界高等教育共同体为愿景目标，探索适应新时代需求的体制机制，坚持高水平高质量发展，提升高水平教育对外开放能力，为社会主义现代化强国建设凝聚全球化高端智力资源。

（一）愿景理念：构建人类命运共同体框架下的世界高等教育共同体

人类命运共同体是我国提出的共治共享共赢的思想理念。2017 年，联合国社会发展委员会、联合国安理会、联合国人权理事会等多次将"构建人类命运共同体"写入联合国决议，充分表达了联合国对各国共同发展、共创未来的美好期盼，成为推动国际社会各个领域合作交流的纲领性文件。

在国际教育领域，联合国教科文组织长期关注并推动"共同体建设"。1972 年，联合国教科文组织呼吁全球各国加强合作，推进世界（国际）共同体建设，鼓励不同发展阶段和水平的国家通过互相交流分享教育与革新经验，走上合作共赢之路。[15]1998 年，首届世界高等教育大会指出，有关各方的伙伴与联盟关系是推动高等教育改革发展的强大力量。[16]2021 年，第三届世界高等教育大会强调，高等教育事关"全球共同利益"，应面向全人类，成为所有人都可以享有的福祉。在联合国教科文组织的倡议下，许多国家和国际社会更加重视如何在教育领域构建共同体。基础教育具有独特的国民性、义务性，因此被纳入世界贸易领域的高等教育成为共同体建设的重点。世界高等教育共同体建设正是在这个全球性合作愿景的背景下产生的。

世界高等教育共同体建设得到了许多学者和大学的响应。美国学者克拉克·科尔认为，高等教育共同体的形成是全世界高等教育机构的发展规律之一，这是一种国家之间开展的合作研究与联合办学的趋势。加州大学伯克利分校校长尼古拉斯·德克斯指出："现在，我们在应对突出的全球性挑战和机遇方面所取得的进展，比以往任何时候都更依赖于世界各地的高校合作、协调和分享知识的能力。"[17]G20 研究中心联合负责人约翰·柯顿（John Kirton）指出，全球高等教育未来发展范式正由威斯特伐利亚主权国体系转变为多边共赢的世界高等教育共同体体系。[18]2023 年，世界大学校长论坛"北京倡议"呼吁各国大学弘扬全人类共同价值，完善国际高等教育治理体系，推进国家间教育政策沟通，加速实现联合国 2030 年可持续发展议程的教育目标，为推动构建人类命运共同体做出贡献。世界各国大学通过签署合作协议、搭建合作交流平台等方式，推动着全球范围内的学术创新、文化交流和人才培养。

高水平教育对外开放必须把握各国对人类共同利益关切的大趋势，贯彻推动联合国决议精神，在人类命运共同体的总体框架指导下，以世界高等教育共同体建设为重点领域，不断提高中国教育的国际影响力与对世界教育发展的贡献度。在当前错综复杂的国际环境下，教育对外开放要根据新使命新目标新任务，积极推动互信、包容、共享、互赢等合作理念，在全人类共同价值传播中发挥中国的引领作用。

（二）目标导向：紧扣高水平高质量发展脉搏

高水平、高质量是新时代经济社会发展的主题，我国教育对外开放体系必须牢牢把握高水平与高质量的发展脉搏，助力推进教育强国建设。

首先，坚持高水平教育对外开放方向。水平高低主要是针对教育对外开放涉及的办学层次而言的，体现出办学的高度与创新能力。我国现代化强国建设需要高水平教育对外开放，教育对外开放的声誉与作用发挥也需要跨上高水平台阶。新时代教育对外开放要根据高水平对外开放总基调与强国战略布局，克服当前教育国际化过程中存在的办学定位、类型层次、学科专业、合作项目等低位运行现象，破解合作交流中不同层次学校的理念价值、文化制度、参与主体、合作模式等矛盾与难题，加快迈入高水平办学轨道的进度。

其次，构建高质量教育对外开放体系。质量高低是衡量不同层次、类型办学品质的重要标准，无论哪个层次的办学都存在质量差异。毋庸讳言，我国教育对外开放事业在取得重大成就的同时，还存在着低质量、低效益、粗放型等弊端。这些问题的产生既受急功近利等不良观念与动机的影响，也受发展水平与能力不足等客观条件的限制。新时代教育对外开放必须进一步明确思路、优化布局、整合资源，推动学科专业、科学研究、留学生教育、人文交流等走高质量发展道路，以高质量教育对外开放体系助力社会主义现代化强国建设。

最后，服务国家重大战略需求。中国现代化强国建设迫切需要创新人才与关键技术，新时代教育对外开放必须主动服务国家重大战略需求，瞄准全球一流创新体系、创新人才、创新领域，厘清世界重要人才引育的方向、目标、思路与策略，聚焦当代高新科技重点行业与领域，吸收当前国际先进经验与技术，打造世界创新高地，汇聚现代化建设迫切需求的核心性智力资源，为全面推进中华民族伟大复兴提供强有力的发展动能。

（三）体制机制：破解可持续协同发展的难题

可持续发展是人类社会的共同理想与目标。2015 年，联合国所有成员国一致通过《变革我们的世界：2030 年可持续发展议程》，提出了全球可持续发展目标（SDGs），旨在确保当下及未来的每个地球公民都能过上可持续、和平、繁荣和公平的生活。教育是实现人类社会可持续发展目标的重要支柱。

教育对外开放体制机制创新的重大难题是制度破壁。在全球化背景下，不同国家教育发展深受国际政治、经济、文化的影响，构建教育对外开放体制机制创新必须打破教育国际化发展的制度壁垒，破解意识形态、社会制度、文化环境、教育体系等发展难题，强化各国大学优质资源的互补性功能，集聚全球智慧破解世界性难题，切实发挥大学在人类社会可持续发展中的基础性、核心性、长期性作用。

构建全球高等教育治理体系是体制机制创新的核心。不同国家和大学的治理体系既存在政治、经济、文化、科技、教育等宏观制度差异，也具有不同性质、层次、类型大学的微观治理体系的差别。全球高等教育治理体系意味着在一定程度和范围内对国际高等教育进行系统性改革和组织性调适，通过凝聚国际组织、各国政府、高等院校等多方合力，整体设计全球性教育治理模式。当前体制机制创新的难点是将国际优质教育资源融入世界性循环体系，通过优化各国高等教育资源结构放大资源共享价值，促进高等教育资源循环与再生，有效推动知识创新、技术应用与人才培养。

教育对外开放体制机制创新的重点是促进双向或多向协同发展。当前我国教育对外开放面临着双重任务：引进先进科技为我国经济社会发展服务，为世界高等教育共同体建设提供中国经验与方案。为此，必须着力完善适应新时代需求的中国式现代教育对外开放体系，积极探索符合高水平高质量发展需求的教育对外开放实践机制，推动国际对话、交流与合作的有效开展。

参考文献：

[1][2] 生建学. 学习贯彻党的二十大精神，推动公费留学创新[EB/OL].（2022-12-27）[2024-11-05]. http://www.moe.gov.cn/jyb_xwfb/xw_zt/moe_357/jjyzt_2022/2022_zt17/xxgc/xxgc_bt/202212/t20221227_1036583.html.

［3］中国联合国教科文组织全国委员会秘书处. 在新时代中奋进 在大变局中前行——"十三五"
教育对外开放回顾［EB/OL］. （2020-12-22）［2024-11-05］.http://www.moe.gov.cn/fbh/
live/2020/52834/sfcl/202012/t20201222_506781.html.

［4］封面新闻. 教育部：超八成出国留学人员完成学业后选择回国发展［EB/OL］. （2022-
09-20）［2024-11-05］. http://www.moe.gov.cn/fbh/live/2022/54849/mtbd/202209/
t20220920_663340.html.

［5］中华人民共和国教育部网. 第十三场：介绍党的十八大以来教育国际合作交流情况［EB/
OL］. （2022-09-20）［2024-11-05］. http://www.moe.gov.cn/fbh/live/2022/54849/.

［6］中华人民共和国教育部网. 对十三届全国人大五次会议第 8985 号建议的答复［EB/OL］.
（2022-07-16）［2024-11-05］.http://www.moe.gov.cn/jyb_xxgk/xxgk_jyta/yuhe/202208/
t20220803_650543.html.

［7］中华人民共和国教育部网. 不断提升服务质量 构建现代化留学服务体系［EB/OL］.
（2020-12-22）［2024-11-05］. http://www.moe.gov.cn/fbh/live/2020/52834/sfcl/202012/
t20201222_506776.html.

［8］中华人民共和国教育部网. 在新时代中奋进 在大变局中前行——"十三五"教育对外开放回
顾［EB/OL］. （2020-12-22）［2024-11-05］. http://www.moe.gov.cn/fbh/live/2020/52834/
sfcl/202012/t20201222_506785.html.

［9］中华人民共和国教育部网. 教育部：全球 70 个国家已将中文纳入国民教育体系［EB/OL］.
（2020-12-22）［2024-11-05］. http://www.moe.gov.cn/fbh/live/2020/52834/mtbd/202012/
t20201222_506957.html.

［10］国家统计局. "一带一路"建设成果丰硕 推动全面对外开放格局形成——党的十八大以来
经济社会发展成就系列报告之十七［EB/OL］. （2022-10-09）［2023-11-05］. https://www.
stats.gov.cn/sj/sjjd/202302/t20230202_1896693.html.

［11］中华人民共和国教育部网. 教育部：中外合作办学机构和项目达 2332 个本科以上 1230 个
［EB/OL］. （2020-12-22）［2024-11-05］. http://www.moe.gov.cn/fbh/live/2020/52834/
mtbd/202012/t20201222_506955.html?eqid=9c54e2df0002b78f00000003645a09f4.

［12］［13］中华人民共和国中央人民政府网. 党的十八大以来经济社会发展成就系列报告：综合
实力大幅跃升　国际影响力显著增强［EB/OL］. （2022-09-30）［2024-11-05］. https://
www.gov.cn/xinwen/2022-09/30/content_5715091.htm.

［14］朱锋. 全球地缘政治格局与态势［EB/OL］. （2024-01-02）［2024-11-05］. http://www.
rmlt.com.cn/2024/0102/691858.shtml.

［15］联合国教科文组织. 学会生存：教育世界的今天和明天［M］. 北京：教育科学出版社，
1996：19-279.

［16］赵中建. 21 世纪世界高等教育的展望及其行动框架——'98 世界高等教育大会概述［J］. 上海高教研究，1998（12）：3-6.

［17］克拉克·科尔. 高等教育不能回避历史：21 世纪的问题［M］. 杭州：浙江教育出版社，2001：30.

［18］约翰·柯顿. 全球治理与世界秩序的百年演变［J］. 国际观察，2019（1）：67-90.

新时代国际中文教育标准体系建设：工程化的视角①

袁 礼　李德鹏　张建强②

摘　要： 国际中文教育标准化成果比较丰富，但其体系有待进一步规范和完善。目前国际中文教育标准存在供给不精准、路径不清楚、术语不规范、要素不系统、应用不全面以及更新不及时等一系列问题。"工程化"这一方法论，可从需求分析、目标确立、工程设计、工程建设、评价反馈和工程维护等多个视角为国际中文教育标准体系提供科学的建设路径，亦为国际中文教育标准化研究提供新思路。

关键词： 国际中文教育；标准体系；建设动因；建设路径；工程化

一、引言

中共中央、国务院发布的《国家标准化发展纲要》明确指出："标准化在推进国家治理体系和治理能力现代化中发挥着基础性、引领性作用。"[1] 全国标准化战线持续推进全域标准化。根据《中华人民共和国国民经济和社会发展第十四个五年规划和 2035 年远景目标纲要》[2] 和《国务院办公厅关于全面加强新时代语言文字工作的意见》[3] 的具体部署，教育部中外语言交流合作中心（以下简称"语合中心"）申报的专项课题《国际中文教育标准体系框架研究》，成功获批为国家语委"十四五"科研规划 2021 年度委托项目。本文旨在融汇该项目主要成果，即采集国内与海外的国际中文教育标准化文献数据，将国际中文教育标准供给现状及其全球影响力，对比国际中文教育与英文作为外语的国际教育，并运用工程化思维对国际中文教育标准体系进行顶层设计，以期揭示系统化建构的策略和理论模型。

---

① 本文系基金项目：国家语委"十四五"科研规划 2021 年度委托项目"国际中文教育标准体系框架研究"（编号：WT145-2）的研究成果。

② 袁礼，教育部中外语言交流与合作中心研究员，中国教育发展战略学会教育标准专业委员会学术委员会副主任，研究方向：教育系统分析与设计，教育标准化；李德鹏，苏州科技大学文学院编审，研究方向：国际中文教育，语言规划等；张建强，中国教育发展战略学会常务理事、教育标准专业委员会常务副理事长，北京师范大学系统科学学院特聘教授，教育服务标准与认证研究中心常务副主任，研究方向：教育标准技术管理。

二、国际中文教育标准化现状、问题与需求分析

（一）国际中文教育标准化的发展现状

标准化，是指"为了在一定范围内获得最佳秩序，对现实问题或潜在问题制定共同使用和重复使用的条款的活动"①。标准是标准化活动的主要成果，但并非所有标准化成果都构成标准。国内与海外机构以及个人分别研制的"等级大纲""考试大纲""教学大纲"等是否应归类为标准？这是个值得深入探讨的技术问题。显然，以个人名义发布的研究成果首先不属于标准。依据《中华人民共和国标准化法》及国际同行做法，除世界汉语教学学会发布的团体标准之外，国际中文教育领域内多数标准化成果没有取得"身份证"——法定标准文献分类号，因此不是法定意义上的"标准"。这导致这些成果无法在全国标准信息公共服务平台上正式注册，也无法被市场采用或由第三方依法认证，最终可能面临失效的命运。我们的观点是，尽管未履行所在国家公认（授权）标准化机构确定的标准制定发布程序，但这些标准化成果却是综合中文作为外语教育研究与实践而形成的一般性共识，具有一定的学术性与规范性，能为新时代国际中文教育标准建设及其系统化贡献经验与智慧。

新中国的国际中文教育领域标准化成果主要体现在两方面。（1）从 1988 年中国对外汉语教学学会组织完成了我国第一份标准化文件——《汉语水平等级标准和等级大纲（试行）》开始，截至 2021 年教育部、国家语委颁布国家语言文字规范《国际中文教育中文水平等级标准》，包括国家有关部门、社会团体、教育机构先后发布的规范性文件，以及个人署名出版的中文教学研究成果等，累计 44 件，其中有 38 件是课程大纲或汉语水平考试大纲，其余 6 件和教师能力相关。（2）受国内标准化建设影响，中国以外国家或地区的外语教育机构（社会组织）先后发布各类中文教育标准化成果达 111 件，包括 4 件全球性标准、1 件区域性标准、106 件国别和地区性标准，覆盖 34 个国家，其中教学大纲有 104 件，教师标准 7 件。需要特别强调的是，进入新时代以来，教育部、国家语委切实开展国际中文教育标准化工作，发挥了重要的引领、指导和条件保障作用：一是设立语合中心，并将"国际中文教育语言能力、教师、教学、教材、课程、考试等质量标准拟定与评估认定"纳入其业务范围；二是颁布实施了《国际中文教育中文水平等级标准》，并授权出版 14 个外语版本对外传播；三是指导世界汉语教学学会依法依规出台团体标准管理办法，以教师能力、教材评价、教学大纲为标准化对象发布首批 3 项团体标准，并组织召开以推广实施新标准为主题的学术会议和培训活动；四是将国际中文教育纳入国家语言发展规划，统一部署。此外，教育部语言文字信息管理司印发《"十四五"

---

① 《标准化工作指南 第 1 部分：标准化和相关活动的通用词汇》（GB/T20000.1-2002）。

语言文字规范标准建设规划》，明确要求"围绕《国际中文教育中文水平等级标准》，完善国际中文教育系列标准"。

（二）国际中文教育标准化存在的主要问题

一是尚未形成国际中文教育标准化工作的多方磋商机制，不足以体现标准体系共建共享的广泛性。除专业学者和行业领导者外，建构国际中文教育标准体系还需明确制度要求、采取效力明显的激励措施，鼓励教育企业经营者、技术专家、教育机构的管理者和一线教学岗位人员贡献智慧。广泛的磋商深度和效用发挥，会直接影响标准内容质量、标准推广与实施的总体效益，以及国际中文教育的最佳秩序。

二是尚未形成国际中文教育标准化的清晰路径，不足以体现标准体系建设目标的层级性。任何工作都不可能一蹴而就，国际中文教育标准体系建设也要分层级进行。例如，从要素系统的角度看，可以先进行中文能力标准、教师标准等常见要素的标准建设，再过渡到教学监督标准、学校运行标准等。从标准推广的角度看，可以先国内，后国外；先小范围验证，再大范围运行。只有建立国际中文教育标准的阶段性工作流程和操作规范，才能使每个环节都有明确的标准化指导。

三是尚未形成国际中文教育统一的术语编制规则，不足以体现标准体系的规范性与科学性。各类标准化文件中对术语的各执一词或解释不通顺，不利于标准的实施与国际学术交流。如尹冬民、唐培兰（2022）指出，"目前，各类文章、新闻所使用的表述还较为庞杂，有中文纳入'国民教育体系''国民基础教育体系''国民教育序列''义务教育系统''国家教育体系''中小学教育体系''外语教育体系'等多种表述"。[4]

四是当前国际中文教育标准化对象主要是教学大纲和教师能力，不足以体现教育要素的系统性。2018 年发布的《教育部关于完善教育标准化工作的指导意见》就提出，"加快制定、修订各级各类学校设立标准、学校建设标准、教育装备标准、教育信息化标准、教师队伍建设标准、学校运行和管理标准、学科专业和课程标准、教育督导标准、语言文字标准等重点领域标准"[5]。除了教育部要求的标准要素之外，是否还包含其他要素呢？这些问题都值得做进一步研究。

五是尚未在中外教育一线岗位中形成按标准办事的习惯和制度，对评价反馈机制重视不够。国际中文教育领域仍存在"重建设轻应用"现象，可能会影响各方参与建构标准体系的积极性和自信心。例如，《国际中文教师专业能力标准》2022 年 8 月发布，并将《国际中文教师专业能力分级认定规范》作为规范性附录，但至今未应用。虽然政府部门通过新闻发布会、报纸杂志、网络新媒体等渠道及时发布并宣传国际中文教育标准，相关理论研究性论文也发表了不少，事实上中文作为第二语言教育的相关行业、企业与公众，对国际中文教育标准的认知度偏低。

六是国际中文教育标准的更新维护机制不健全。在不同的历史阶段，国际中文教育的使命是不同的，正确认识国际中文教育所处发展阶段，是研究标准制定和标准体系制度型开放的根本依据，也是推进国际中文教育事业改革发展所取得的重要经验。例如，现有标准化成果中包含有教师、教材及通用教学标准，但对国际中文教育发展所需教育治理技术、方法、手段等还未曾涉及，对"中文＋"应用场景未提出更加细致、更加专业的评价规范与技术要求。

（三）国际中文教育标准体系建构的需求分析

国际中文教育作为国家语言文字规范标准化工作的特色领域，需要把握科学思维方式和标准化工作方法，善于以战略思维把握目标方向，以系统思维响应复杂需求，以辩证思维保持战略定力，以创新思维破解工作难题，开创国家通用语言文字推广工作新格局。鉴此，依据《服务业组织标准化工作指南第2部分：标准体系》（GB/T24421.2–2009）[①] 相关要求，有必要结合实际，在梳理问题的基础上对落实"完善国际中文教育标准体系"做好宏观层面需求分析：(1) 中文国际化：随着中国走向国际舞台中心，中文的影响力也在不断扩大，中国应尽中文母语国教育标准化之责，引导中外合作建语言交流合作机制与制度。(2) 国家战略部署：《国家标准化发展纲要》（2021年）和《质量强国建设纲要》（2023年）均对加强标准化人才队伍建设，建立健全人才培训、评价和激励制度等提出明确要求。[6][7] (3) 行政服务效能：以标准提升中外项目合作绩效，引领和支撑行政职能部门（国际中文教育供给侧）的主体职责，优化国际中文教育治理政策规制与技术要求。(4) 行业"走出去"发展：夯实中国特色的中文教育标准基础，推动教育系统对外开放以及与教育相关行业"走出去"的高质量发展。(5) 专业建设导向：标准化工作将为国际中文教育理论研究和教学实践深入开展提供理论支撑和人才储备，有助于完善专业体系，培养专业化人才队伍。(6) 社会文化构建：提升公众的中文国际化意识和中文传播标准化观念，消除公众对国际中文教育"投入大""效益低"的偏见和噪声。通过标准化活动提升全社会关注并参与国际中文教育的意识，推动国际中文教育标准化成为文化现象，即形成国际中文教育标准体系的价值观。

三、国际中文教育标准体系的价值意蕴与建设路径

国际中文教育标准化已逐步转向国际化、市场化和民间化的高质量发展阶段。国际中文教育标准体系构建是标准化的产物。推进国际中文教育标准体系构建，既是满足中国语言文字高质量传播的迫切需求，也是优秀中华语言文化应对科技发展和社会变革挑战的战略举措，更是与时同行、与世偕行，扩大中文国际交流合作，构建全球教育共同体的中国方案，其内在价值蕴含着：(1) 标准化是国际中文教育引领高质量发展的逻辑应

---

① 国家市场监督管理总局／国家标准化管理委员会，《服务业组织标准化工作指南第2部分：标准体系》，2023年3月17日发布。

然，形成国际中文教育标准体系是国际中文教育行稳致远的途径之一。（2）完善国际中文教育标准体系的内涵是服务国家战略的基准点；（3）推进国际中文教育标准体系建设是立足全球视野优化完善国际话语体系的关键点。因此，新形势下国际中文教育标准体系研究需要提纲挈领从顶层设计入手，解决国际中文教育高质量发展的现实诉求，提供切实的框架方案；需要提供有利于完善国际中文教育话语体系的推进策略，不断推进新征程国际中文教育事业抢抓机遇、迈上新台阶。

魏晖（2022）认为，"推动实施国际中文教育的工程化是应对新的机遇和挑战，实现国际中文教育转型升级的必然选择"[8]。我们同意这个说法，引入"工程化"方法论，能有效解决当前国际中文教育标准化工作中的不足，有助于加快标准体系建构的工作进度，确保标准体系能够适应不断变化的全球复杂环境及多元化需求。

（一）工程化概念解析及其在国际中文教育中的应用

工程学视角研究已是业界的关注点之一。什么是"工程化"？学界已有相关论述。如杜钟远等（1992）在《软科学要工程化》一文中说："软科学工程研究的内容应包括软科学成果的可行性研究、可靠性研究、相容性研究等。"[9]李忠杰（1993）在《推进社会科学工程化的十项建议》一文中提出："进一步加强社会科学的应用性、实证性、针对性、技术性、效益性和可操作性，使社会科学多方面的理论更紧密地与社会现实结合起来。"[10]魏晖（2020）认为，工程化是"将具有一定规模数量的单个系统或功能部件，按照一定的规范，组合成一个模块鲜明、系统性强的整体的过程，主要表现为流程规范化、器件标准化、功能模块化、技术先进化、方案最优化、系统集成化等方面"①。在国际中文教育数字化智能化转型背景下，学者们结合国际中文教育提出了工程化理论[8]，即从系统工程学视角构建在线国际中文教育全过程的产品体系问题，根据国际中文教育的现状和发展趋势，从宏观教育的角度探讨推进国际中文教育工程化的相关原则性问题。施春宏（2022）认为，"就是运用相关知识和技术去配置教育资源和教学手段，按照一定的规范和标准通过集成化的方式来构造可用于国际中文教育领域的产品，它适用于国际中文教育各个领域"[8]。学者们认为，国际中文教育是一个运用工程思维将人才团队系统、教材教案系统、教学运行系统、质量保障系统、资源平台系统等系统，运用相关知识和技术去配置教育资源和教学手段，按照一定的逻辑标准和规范，整合、优化和集成为能够构造可用于国际中文教育领域解决问题、满足要求的大系统，学者们还就国际中文教育工程化的基本特征及实施策略等问题提出见解。宋继华等认为，在线教育教学全过程都依赖系统工程方式开发出来的具有产品级特征的系统和资源所提供的有效服务，需要工程思维、产品思维与服务思维才能铸就高品质在线教育[11]。

---

① 魏晖于 2020 年 11 月 14 日在西安外国语大学"第九届中国语言学研究方法和方法论问题学术研讨会"所作报告《国际中文教育工程化发展之路之选择》。

综上论述可以看出，工程化内涵丰富，可从不同维度解读。在我们看来，工程化的最大特点是科学性强，核心价值主要体现在需求分析、目标确立、工程设计、工程建设、评价反馈、工程维护等方面。接下来，我们就讨论如何基于工程化进行国际中文教育标准体系建设问题。

（二）基于工程需求的国际中文教育标准体系建设策略

从工程化角度看，每项工程都有甲方、乙方、丙方，分别是工程使用者、工程建设者和工程监理者。就国际中文教育标准体系而言，使用者主要有教师、学生和办学机构，标准体系的起草者主要是专家学者，标准质量的监督者有教育部、语合中心、世汉学会乃至中外专业人士和广大师生，各方都应参与标准体系的建构。具体而言，国际中文教育标准体系建设要充分考虑以下 12 类组织和机构的需求。（1）教育行政部门：各国或地区的教育部门，如教育部、文化和旅游部等，负责制定语言教育政策和标准。（2）专业标准化组织和教育领域社会组织：专门从事标准制定的机构，如国际标准化组织（ISO）、国家标准化管理委员会（SAC）等；专业研究中文教育的社会组织，如世界汉语教学学会、中国国际中文教育基金会等。（3）教育机构：各级各类学校、大学、语言学院等教育机构，如北京语言大学、韩国外国语大学这些机构直接参与教学实践，对教育标准有实际需求。（4）教师和学者：在中文教育领域有丰富经验和研究的教师、学者，他们可以提供专业的建议和理论支持。（5）评估和认证机构：如汉语水平考试（HSK）的主办方汉考国际等，负责语言能力评估和认证。（6）出版社和教材编写者：如人民教育出版社等教材出版机构及其教材编写专家，他们对中文教育教学内容和方法有较为深入的了解。（7）国际组织：联合国总部（UN）、联合国教科文组织（UNESCO）、联合国世界旅游组织（UNWTO）等国际组织，可能参与推动国际中文教育标准的制定和推广。（8）非政府组织（NGO）：专注于语言教育和文化交流的非政府组织，如海外孔子学院等。（9）"一带一路"沿线企业和行业组织：需要有掌握中文能力本地员工的驻外企业和外国行业机构，他们对教育标准有实际需求。（10）学习者代表：代表学习者利益的机构或个人，确保标准的制定考虑到多元化利益诉求，如不同国家的中文学习测试中心、国际中文教师奖学金申请者等。（11）技术和服务的供应链：提供教育技术支持的企业和组织，如"中文联盟"在线教育平台、"汉语桥"App 应用开发商等。（12）社区和家长：在某些情况下，社区组织和家长也愿意参与教育标准的讨论和制定中，如北京市朝阳区麦子店街道办事处长期为驻华外交官家属及子女提供中文学习服务。

（三）工程目标导向下的国际中文教育标准体系构建方法

基于工程化的国际中文教育标准体系建设目标是多方面的，涉及教育管理与教学服务的标准化、现代化、国际化等不同向度，以及教师培养、教学资源开发和品牌活动组织等多个层面。实现这些目标，将有助于提升国际中文教育系统的整体水平和全球影响力。归纳起来，国际中文教育标准体系建设目标至少体现在以下三个方面。（1）树立阶段性目标，建立和完善国际中文教育标准体系。到 2025 年，建立中国政府引导、多边合作指示与全球市场驱动并重的标准供给机制，实现由单一中文教学与学习的知识化向"中文 +"教育场景的技术化转变的标准体系，形成由中国驱动向中外互动互促转变的标准化工作格局。其核心是遵循教育部语言文字规划标准规划部署，围绕《国际中文教育中文水平等级标准》持续优化，并制订相关的教师、教材、课程和考试等系列标准，以规范教育内容，提高教学质量。到 2035 年，建成技术先进、国际兼容、具有中国特色的国际中文教育标准体系，其内容更加丰富，功能更加健全，有助于全面形成全球市场驱动、多边政府引导、语言文字为主、相关行业参与、教育开放融合、质量效益凸显的国际中文教育标准化工作格局。（2）提升国际中文教育的国际传播功能、理论体系建设水平和社会认知度。一是标准体系要建立与国际接轨、与市场融合的教育对外开放制度，体现系统化的中文育人功能，还要在标准的主题内容和形式上注重讲好中国故事，传播中国声音，增强中文的文本可读性和文化软实力。二是标准体系加强顶层设计，既立足国内国际两个大局，贯彻落实新发展理念，以确保国际中文教育的全球性、系统性和科学性发展，又兼顾学科建设与事业发展的需要。三是标准体系要创建具有影响力的品牌活动，通过举办各种形式的文化交流和教育活动，增强国际中文教育的社会认知度和吸引力。（3）突出"以人为本"的发展理念，回答国际中文教育的"根本问题"。党的二十大报告指出："教育是国之大计、党之大计。培养什么人、怎样培养人、为谁培养人是教育的根本问题。"[12] 国际中文教育既要规范建设高素质的教师队伍：提高从业人员的专业素质和能力，使其能够适应国际中文教育高质量发展需求；又要以学习者的需求为导向，用好标准化手段开发实用、适用的教学资源和体验环境，提供多样化与个性化相结合的学习机会与实践资源，以提高教学质量与效率。

（四）工程设计视角下的国际中文教育标准体系构建原则及要求

国际中文教育标准体系的术语规范是一个涉及多个方面的复杂过程，需遵循一定的原则和要求。首先，标准体系是一个集合概念，涉及一系列中文教育标准，这些标准之间存在着内在联系，且每个组成部分都是为满足特定标准化目的而设定。其次，在构建标准体系时，通常会包括以下核心要素。（1）标准的集合：标准体系由多个子标准体系和若干标准组成，可能涉及国家、地方、行业、企业和社会团体等不同的管理层级，不同的"中文 +"应用场景，以及中文教材、工具书、文化读物、中文课程等不同的产品或服务。（2）内在联系：国际中文教育标准体系中的各要素不是孤立存在，它们之间的内在联系可能是技术上、功能上或者是逻辑上的。（3）科学有机整体：作为一个有机整体，每个部分都与其他部分相互关联，共同工作以实现标准化目的。（4）模型和工具：创建国际中文教育标准体系结构图、体系表等，就是为了帮助理解和实施标准体系的构成要素，并有效管理和使用标准体系。

　　总的来说，了解和应用标准体系的术语定义，有助于确保每项标准的生命周期管理、国际中文教育的质量控制以及中文国际传播的制度型开放。例如，从工程设计的角度，我们不妨对国际中文教育和标准体系分别提出一个不成熟的定义。国际中文教育，是中国对外教授中文普通话与规范汉字的公共产品，也是帮助各国培养中文爱好者、增进国际理解及中外人民友谊的服务过程，又是规范教师教学和学生学习的专业体系。国际中文教育标准体系，是面向世界的国际中文教育标准按其内在联系形成的科学的有机整体。

（五）从工程系统视角探讨国际中文教育标准体系的构建

　　任何工程都需要建立一个完整的系统，一环扣一环。在标准化领域，标准体系是反映全面性的系统工程，通常先构建一个框架作为认识基础，如同在建筑工程中搭设由梁、屋架和柱子等联结而成的结构，以保证建筑物的形状或强度。结合现阶段国际中文教育标准的需求看，完整的标准体系框架包括3大方阵6大模块：概念层（总体要求与基础应用）、方法层（学生学习与教师教学）、应用层（教育治理与集成熟化）（见图1）。

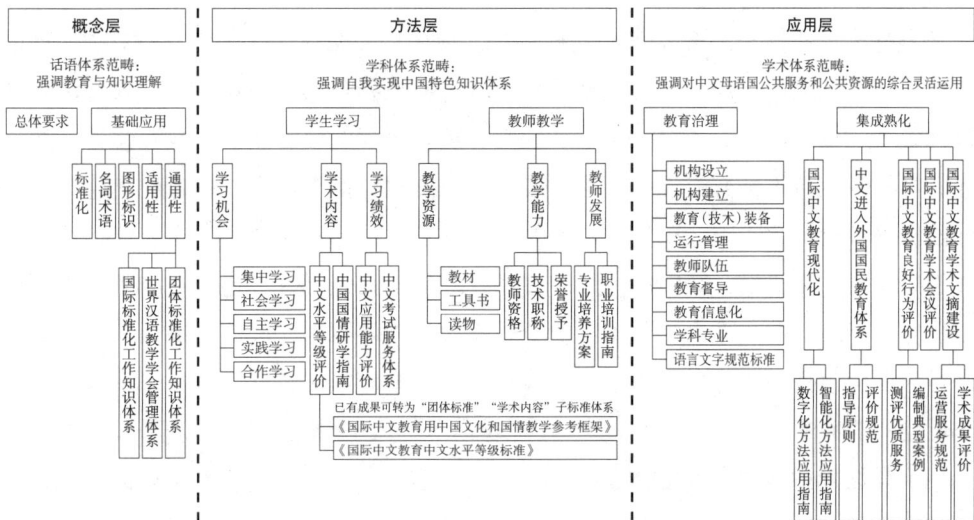

图1　国际中文教育标准体系框架

　　三大方阵的构成要素及相互关系解析如下：

　　一是标准体系框架第一方阵——概念层。概念层分为总体要求和基础应用两个模块。（1）总体要求主要涉及中央和国家的战略部署、中国特色哲学社会科学话语体系的建构要求、国际中文教育内涵式发展的专业基础，以及标准体系发展的阶段性目标等内容。（2）基础应用主要包括标准化导则、名词术语、图形标识、适用性、通用性。标准化导则主要涉及国际中文教育标准研制的指导原则（方法论）；名词术语涉及"国际中文教育""国家通用语言文字""文化传播"等词语的国际化适用度问题；图形标识主要涉及教育教学产品、过程和服务的国别、机构与个体身份识别，如中国国徽、国旗、语合中心、孔子学院、汉语桥等图标；适用性是指国际中文教育标准的适用区域、适用对象等内容，以区别于私有中文教育；通用性包括国际标准化接轨指南、中国市场认证服务指南、团体标准化知识体系。

二是标准体系框架第二方阵——方法层。这是标准体系的核心内容，强调在国际中文教育学科体系范畴实现中国特色知识体系。方法层包括学生学习和教师教学两个模块。（1）学生学习又分为学习机会、学术内容、学习绩效。学习机会包括集中学习、社会学习、自主学习、实践学习、合作学习；学术内容包括中文水平等级评价、中国国情研学指南；学习绩效包括中文能力认证评价、中文考试服务体系。（2）教师教学包括教学资源、教学能力、教师发展。教学资源包括教材、教具、多媒体教学资源等方面；教学能力包括教师资格、技术职称、荣誉授予，如从心理学视角提出的荣誉授予标准，既是管理目的又是服务手段，还是人文关怀，可有效缓解业内资深教师的职业疲惫感和中青年教师面对职称晋升的专业压力，能产生正向激励作用；教师发展包括专业培养方案、职业培训指南。

三是标准体系框架第三方阵——应用层。应用层强调在学术体系范畴对中文母语国公共资源的综合灵活运用，主要包括教育治理和集成熟化两个模块。（1）教育治理又分为机构设立、机构建立、教育（技术）装备、运行管理、教师队伍、教育督导、教育信息化、学科专业与语言文字规范标准。（2）集成熟化包括国际中文教育现代化、中文进入外国国民教育体系、国际中文教育良好行为评价、国际中文教育学术会议评价、国际中文教育学术文摘建设，其中的国际中文教育现代化又包括数字化方法应用指南、智能化方法应用指南，中文进入外国国民教育体系包括指导原则、评价规范，国际中文教育良好行为评价包括测评优质服务、编制典型案例，国际中文教育学术文摘建设包括运营服务规范、学术成果评价。

以上是国际中文教育标准体系框架的主要内容。我们使用框架可以对标准体系进行技术维护，根据实际需要和新情况增减或优化标准。

（六）工程评价在国际中文教育标准体系建设中的应用

全球化背景下，国际中文教育标准体系建设的评价反馈是一个多维度的复杂过程，主要体现在以下 3 个方面。（1）宏观上涉及对国际中文教育学科建设和事业发展的反思，我们应根据社会发展和科技进步状况，借鉴国际先进的标准化理念，及时更新学科理论和方法，从而改进标准体系，支撑国际中文教育事业高质量发展。（2）中观上涉及主动服务中国国家战略和世界各国中文教育需求，我们应注重对标准体系框架"概念—方法—应用"分层理论的考量、中国自主知识体系的继承，以及若干技术要求的转化与重构，如概念层之"基础应用"模块中的标准化导则、名词术语、图形标识，适用性、通用性等指导原则的夯实等。（3）微观上建立有效的评价反馈机制，考察普适性与针对性。我们建议，定期收集来自学术界、教育界以及学习者对一线实际教学效果和服务水平的反馈，对中文和中华文化的教学成果、教材使用、教师培训等方面进行评价，这有助于不断调整和完善标准体系的科学性和规范性。

（七）工程维护视角下的国际中文教育标准体系持续改进策略

国际中文教育标准体系的建设，离不开维护。首先，加强关键文件的更新、细化、推广和应用，以保持其时效性和适应性。随着国际中文教育实践的深入和语言教育理论的发展，需要定期对《国际中文教育中文水平等级标准》《国际中文教学通用大纲》《国家中文教材评价标准》等现有标准进行评估和修订，可以通过国际标准化组织（ISO）、联合国教科文组织（UNESCO）、国际性学术团体世界汉语教学学会（ISCLT）开展诸如专业培训、学术交流、教学研讨等活动，建立一个系统的反馈机制，收集来自教师、学习者、教育机构等各方面的意见和建议，以便及时调整和优化标准内容。其次，提供法律保障、政策指导和技术支撑。如依据新时代新形势的需要，制订《中华人民共和国国际中文教育促进条例》；拓展教育部"国家智慧教育平台"系统功能或中外民间合作的"中文联盟"云教育平台之服务功能，用好数据库管理系统、在线教学平台等现代信息技术，为国际中文教育标准的实施和系统维护提供技术支撑。依托教育部语合中心标准与考试评估处建立一套完整的质量保证体系，确保有足够的人力、物力和财力投入标准体系的维护工作中。最后，与其他国家和国际组织的教育标准机构合作。通过各种渠道提高社会各界对国际中文教育标准的知晓度和认同感，维护标准体系的适用性。在此过程中，要保持一定的灵活性和开放性，允许并鼓励标准内容创新和形式多样性的存在，以适应不同国家和地区的教育需求。

四、结论和余论

从工程化的视角探讨国际中文教育标准体系的建构，旨在提供一种规范性的框架，用以指导教育过程，评估各种产品和各项服务，也将为国际中文教育标准深度研究开辟新思路，以满足国际语言竞争、国家发展战略、教育行政服务、语言服务行业和国际中文教育专业建设等方面对标准体系的需求。2023 年 5 月 23 日，国际标准化组织技术管理局公布第 40 号决议，正式批准在中国标准化研究院设立该组织教育与学习服务技术委员会（ISO/TC232）秘书处。我们可抓住这个有利契机，一方面，通过发挥语合中心的机构职能，从国家层面研究推动国际中文教育标准体系"走出去"，与发达国家教育管理部门、国际标准化组织、国际语言教育机构等进行交流，探讨标准化合作；另一方面，用好世界汉语教学学会这一国际性、民间化、学术型的人才网络，加强语言文字跨文化传播研究，调研形成中国国际标准、国家标准和行业标准的立项提案，培育企业标准的市场化需求、完善团体标准的专业化平台，促进各国政府之间、人民之间的互动交流。

参考文献：

［1］中华人民共和国中央人民政府网. 中共中央　国务院印发《质量强国建设纲要》［EB/OL］.
　　（2023－02－06）［2023－12－20］. https://www.gov.cn/xinwen/2023－02/06/content_ 5740407.
　　htm.

［2］［3］中华人民共和国中央人民政府网. 中华人民共和国国民经济和社会发展第十四个五年
　　规划和 2035 年远景目标纲要［EB/OL］.（2021－3－13）［2023－12－20］. https://www.gov.cn/
　　xinwen/2021－03/13/content_5592681.htm.

［4］尹冬民，唐培兰. 中文纳入各国国民教育体系发展状况研究［J］. 语言文字应用，2022（04）：
　　77－87.

［5］中华人民共和国教育部网. 教育部关于完善教育标准化工作的指导意见［EB/OL］.（2018－
　　11－14）［2023－12－20］. http://www.moe.gov.cn/srcsite/A02/s7049/201811/t20181126_361499.
　　html.

［6］［7］中华人民共和国中央人民政府网. 中共中央　国务院印发《国家标准化发展纲要》［EB/
　　OL］.（2021－10－10）［2023－12－20］. https://www.gov.cn/zhengce/2021－10/10/content_5
　　641727.htm?eqid=b329b6e5000543b6000000056486a7f7.

［8］魏晖，施春宏，饶高琦，张崇，张俊萍，闻亭. "国际中文教育工程化问题"大家谈［J］.
　　语言教学与研究，2022（01）：1－14.

［9］杜钟远，席酉民. 软科学要工程化［J］. 软科学，1992，（01）：60－63.

［10］李忠杰. 推进社会科学工程化的十项建议［J］. 党校科研信息，1993，（18）：18－19+21.

［11］宋继华，张曼，何春. 国际中文在线教育的工程思维、产品思维与服务思维［A］. 中文教
　　学现代化学会. 第十二届中文教学现代化国际研讨会论文集［C］. 胡志明市：胡志明市师
　　范大学出版社，2021：10－29.

［12］习近平. 高举中国特色社会主义伟大旗帜　为全面建设社会主义现代化国家而团结奋
　　斗——在中国共产党第二十次全国代表大会上的报告［N］. 人民日报. 2022－10－26（01）.

六、管理评价

聚焦国家战略，探索建立创新团队评价机制

张　皓[①]　沈岩柏　王晓宇　栾宏斌

摘　要：坚持人才引领发展战略地位，大力推进高水平创新团队建设。通过"建立创新团队评价机制"，实施科学评价，引导创新团队面向世界科技前沿、面向经济主战场、面向国家重大需求、面向人民生命健康，探索新科学研究范式，集聚力量进行原创性、引领性科技攻关。以创新团队建设为着力点，推动工作机制创新，有组织地打造战略科技力量。实现教育、科技、人才"三位一体"集中部署和系统谋划下教师队伍高质量、可持续发展，增强自主创新能力，为国家现代化建设提供人才战略支撑。

关键词：国家战略；创新团队；建设与评价改革

当前，世界百年未有之大变局加速演进，新一轮科技革命和产业变革深入发展，国际力量对比深刻调整，我国发展面临新的战略机遇[1]。立足新的发展阶段，国家发展和教育发展的结合愈发紧密，习近平总书记在中共中央政治局第五次集体学习时强调，教育兴则国家兴，教育强则国家强。建设教育强国，龙头是高等教育。要把加快建设中国特色、世界一流的大学和优势学科作为重中之重，瞄准世界科技前沿和国家重大战略需求推进科研创新，不断提升原始创新能力和人才培养质量[2]。党和国家事业发展对高等教育的需要，对科学知识和优秀人才的需要，比以往任何时候都更为迫切[3]。党的二十大报告指出，教育、科技、人才是全面建设社会主义现代化国家的基础性、战略性支撑。必须坚持科技是第一生产力、人才是第一资源、创新是第一动力，深入实施科教兴国战略、人才强国战略、创新驱动发展战略，开辟发展新领域新赛道，不断塑造发展新动能新优势[1]。

为深入贯彻落实教育、科技、人才"三位一体"的部署，东北大学以服务国家战略为导向，坚持"四个面向"，探索实施创新团队建设工程。2018年学校出台"人才特区试点建设意见"，首次在国家重点实验室开展人才特区试点建设工作。为更好服务国家经济社会发展，培养和补充活跃在国家重大战略需求领域和国际学术前沿领域的高层次人才

---

① 张皓，东北大学党委副书记，教育管理副研究员，中国教育战略发展学会人才发展专业委员会副理事长，研究方向：人力资源管理。

及学科带头人，学校对人才特区试点建设工作进行跟踪评估，不断总结经验，选取部分高水平团队逐步推广人才特区试点建设经验。2019 年学校出台"创新团队管理办法"等系列文件，持续建立健全"创新团队建设工程"制度体系。随着"创新团队建设工程"的持续深入实施，学校根据各类创新团队的发展建设情况，不断完善支持措施。根据国家深化评价改革系列文件精神，学校于 2021 年修订出台了《东北大学创新团队建设与管理办法》，进一步强化以服务国家战略为导向，系统推进有组织科研，加大力度支持高水平创新团队建设，为提升教师队伍水平、探索新科学研究范式、培养优秀领军人才、解决重要科技问题、提升学科建设水平提供了有力支撑。

经过持续的探索与实践，围绕服务国家战略和学校发展规划，遴选出不同定位、特点和层次的五类创新团队，并给予特色鲜明的政策支持。通过构建评价指标体系、丰富评价方式，不断完善评价机制，组织开展全面评价，创新团队建设已初见成效。学校创新团队建设实践中，不断地突破原有的工作机制和政策，对人才工作机制改革起到积极推动作用。

一、加强顶层设计，构建创新团队建设体系

学校着眼世界学术前沿和国家重大战略需求，以解决影响制约国家发展全局和长远利益的重大科技问题为目标，以推动学科发展和培养领军人才为关键，强化超前部署，在保持学校发展特色的基础上，设置"战略科学家创新团队、重点创新团队、学科交叉创新团队、教学创新团队和青年创新团队"五个类型创新团队，实施分步骤、有侧重的重点支持，并依据各类团队特点进行个性化、分类建设。

学校突出强化"战略科学家创新团队"的核心引领作用，支持团队面向国家经济社会发展重大战略方向、重点领域和主攻目标产出重大科技成果，成长为国家级科研平台（群体）；着重建设一批基础扎实、实力雄厚的"重点创新团队"，在扩大原有优势学科方向基础上，形成新的优势学科方向；重点加强"学科交叉创新团队"建设，积极促进学科交叉融合，努力在国家重点领域或重大科技前沿问题中形成新的学科方向，培养新的学科增长点；加大"教学创新团队"建设力度，支持团队围绕明确的教育教学理论研究方向产出高质量研究成果，提升教育教学效果、提高人才培养质量；遴选一批研究工作初具规模且具备较大发展潜力的"青年创新团队"，支持团队进一步提升科研实力、取得标志性成果，大力支持青年学术带头人成长发展，为带头人尽快成为国家级领军人才提供发展平台。

为进一步加强创新团队建设，支持特色发展，学校以优化资源配置为保障，健全创新团队支持保障机制。搭建平台，为团队积极参与重大国家战略和区域产业升级，开展科技攻关提供支持服务。优先支持团队人才引进，支撑快速完成团队组建，促进团队快

速发展。探索将职称学术评议权限下放，由团队自行制定标准，给予团队充分学术评议自主权。下放绩效分配权，团队实施绩效自主分配，由团队带头人依据实际贡献，自行组织实施团队成员的绩效分配。优先保障团队研究生培养工作，一方面多措并举提高团队指导的研究生培养质量，另一方面单独落实团队成员研究生招生计划指标。每年为创新团队提供专项经费，鼓励并支持创新团队开展科学研究活动；鼓励、支持团队成员赴海外访学、参加国际学术会议、邀请海外学者来校访学交流。随着"创新团队建设工程"的持续深入实施，根据每支创新团队发展情况，定期组织论证其他特殊支持政策，不断深化、总结和完善相关支持措施，有效支撑和保障创新团队建设和标志性成果的持续产出。

目前学校已初步构建起层次清晰、定位准确、衔接紧密的创新团队建设体系，为学术领军人才培养、延揽国际顶级学术人才、开展国际前沿科研工作、探索新科学研究范式、产出国际公认创新成果搭建起良好平台。

二、深入破除"五唯"，探索建立创新团队评价机制

为进一步引导创新团队围绕"四个面向"有组织地打造战略科技力量，实现教育、科技、人才"三位一体"集中部署和系统谋划下教师队伍高质量、可持续发展，学校进一步深化人事人才体制机制改革，探索创新团队评价机制建设，深入破除"五唯"，构建科学合理的创新团队考核评价机制。

（一）建立创新团队多元遴选机制

学校将研究方向明确、团队结构合理、科研基础扎实、发展潜力较大的团队作为重点遴选对象，构建了"函评＋会评＋大数据分析"相结合的遴选机制。通过组织海内外知名专家开展在线函评和现场会评，对团队研究方向、发展目标和工作任务进行指导把关；借助大数据对团队整体学术水平、创新活力、合作紧密度、未来发展潜力进行系统分析。目前，学校已对所遴选的特色鲜明、发展潜力较大、能够引领优势学科跨越发展的高水平创新团队进行重点支持，入选的创新团队的研究方向涵盖深地深海、人工智能、高端装备、新材料等一批国家、省市重点研究和产业方向。

（二）完善创新团队评价指标体系

学校瞄准国家重大战略和世界科技前沿需求，建立了以"师德师风与教育教学、团队建设情况、团队整体学术水平、团队未来发展前景"等 4 个一级指标 12 个二级指标为主要内容的评价指标体系。围绕"评价标准"中的具体观测点对创新团队进行全面评价。引导创新团队教师忠诚党的教育事业，坚持立德树人根本任务，坚持师德第一标准，努力做到德才兼备。学术业绩方面，重点考核创新团队聚焦国家战略需求取得的标志性成果，解决的关键科技问题，以及参与战略性全局性前瞻性的国家重大科技项目等情况。

创新团队评价指标体系详见表1。

表1 "东北大学创新团队"评价指标体系

一级指标	二级指标	评价标准（观测点）
师德师风与教育教学	师德师风	全面贯彻党的教育方针，有理想信念、有道德情操、有扎实学识、有仁爱之心。坚持教书和育人相统一、言传和身教相统一、潜心问道和关注社会相统一、学术自由和学术规范相统一，模范践行社会主义核心价值观，具备良好的思想政治素质和学术道德
	立德树人	坚持立德树人根本任务，在日常教育教学、科学研究、社会服务、文化传承创新等各项工作中坚持教书育人；教育教学理念先进，及时将最新科研成果融入教学；重视教育教学研究，在教育思想、内容、方法等方面取得创造性成果，并广泛应用于教学过程，不断提高人才培养质量
团队建设情况	带头人学术水平	学术造诣和影响力在国内外同行中处于领先地位，作为项目负责人承担国家或地方重点科研项目、重点工程和重大建设项目的研发任务，发表过高水平论文
	团队成员情况	团队规模合理，核心成员的年龄、职务、学缘结构合理，分工明确，团队成员合作基础良好
	团队成员发展情况	团队成员呈整体性发展态势，形成良好的国家级领军人才—国家级青年人才—国家级优秀青年骨干的人才梯队，团队全员发展覆盖面宽，人才蓄水池效果显著
	团队运行机制	具备完善的管理体系和团结协作机制，团队建设举措得当，具备良好的工作氛围和环境条件，教师职业发展通畅，能够提升教师整体教学科研能力
团队整体学术水平	研究方向	聚焦国家重大战略和地方经济社会发展，具有特色鲜明和高度集中的研究方向以及共同研究的科技问题，研究方向属于国际研究前沿领域，已形成优势显著的学科方向
	已取得的标志性成果	在国内外获得过有影响力的标志性研究成果，创新性强，具有重要科学意义或取得重大经济社会效益
	团队成员学术水平	国家自然科学基金获批率及人员获批率、高水平论文占比、团队合作FWCI等指标较高
	国（境）外交流合作情况	与国（境）外高等院校或科研院所建立实质性合作关系并取得良好成果
团队未来发展前景	发展目标	开展的研究工作创新性强，符合国家经济社会和科技发展战略需要，成果学术水平高
	未来发展潜力	未来发展潜力良好，能够在承担国家各类重大科研计划项目、培养优秀领军人才、获得重大科技成果奖励等标志性成果方面取得显著成效

（三）丰富创新团队多维评价方式

学校坚持年度评价与建设周期评价相结合，以发展状态为观测重点，关注创新团队年度工作进展；以目标任务进展情况为自评重点，组织创新团队中期考核自评；以标志性任务完成情况为考核重点，开展创新团队建设期考核。坚持大数据分析与专家评审相结合，实施人工智能支撑团队评价改革全过程，运用大数据重点分析人才研究成果的学科前沿性、成果丰硕性、学术影响力，综合评价团队整体科研表现、成员合作紧密度、国际影响力等重要指数。坚持发展性动态评价与目标考核管理相结合，以服务教师职业生涯全过程发展为目标，构建发展性创新团队评价机制，分类型分层次分学科设置评价标准，动态调整优化研究方向，有的放矢培养国家战略人才，提升教育对高质量发展的支撑力和贡献力。

三、实施全面评价，完善提升创新团队机制建设

在科学建立创新团队评价机制的基础上，学校实施高水平创新团队建设期考核，围绕"师德师风与教育教学、团队建设情况、团队整体学术水平、团队未来发展前景"指标与观测点对创新团队实施全面评价。

（一）高度重视师德师风与教育教学

学校坚持将师德师风作为评价教师队伍素质的第一标准，努力建设师德高尚的高水平创新团队。在创新团队建设过程中，学校涌现出全国高校"黄大年式"教师团队、全国先进工作者、全国五一劳动奖章等一大批先进集体与先进个人代表，展现了创新团队及优秀教师的良好精神风貌，形成了团队与个人相互支撑、共同发展的良好局面，显著增强了团队的凝聚力和贡献力。为引导广大教师认真履行教育教学职责，学校将高质量完成教学工作任务作为评价创新团队的重要因素，要求教授在本科生人才培养中充分发挥带头作用，积极参与教学改革和教学方法创新，将学科前沿知识和科研成果融入教学实践，切实提高教学质量。建设期内，创新团队成员坚持立德树人根本任务，积极参与教书育人工作，荣获国家级、省部级教学成果二等奖及以上奖项数十项。

（二）全面系统评估团队建设进展

1. 优化团队发展结构布局

学校将"能够平稳、持续、向好发展"作为评估创新团队发展的重要指标。目前，学校重点支持的创新团队均由高水平人才领衔，团队规模适当，成员的年龄、职务、学缘结构合理，分工明确；团队具有明确的研究方向、发展规划和建设目标，具备可持续承担国家重大基础研究、应用基础研究或高新技术研究项目的能力，具备良好的工作基础；研究领域为国家重点领域或重大科技前沿问题，已取得较为突出的成绩。"创新团队建设工程"实施以来，各支团队始终保持良好发展态势，团队带头人在承担国家或地方重点科研项目、获得国家科技（教学）奖励、发表高水平论文等方面取得突破；团队带头人和一大批核心成员成长为国家级学术领军（青年）人才；学校为创新团队引进、补充百余名学术水平高、业绩成果突出的优秀学术骨干、专职科研人员和博士后。

2. 建立特色化团队运行机制

学校积极引导创新团队构建完善的管理体制和运行机制，良好的工作氛围和环境条件，要求创新团队制定包括战略规划、建设目标、运行机制、经费审批程序等在内的团队章程，并根据实际发展情况不断完善协作机制，保证教师职业发展通畅，为团队成员

成长成才提供条件、搭建舞台，激发创新活力。为鼓励优势与特色发展，学校为不同层次、不同类型创新团队提供专项建设经费，由创新团队制定经费使用细则，同时赋权战略科学家创新团队实施自主分配绩效，团队自主制定绩效分配办法。在加大经费支持力度的同时，学校积极探索在战略科学家创新团队下放职称学术评议权，团队围绕国家战略目标，结合工作实际及未来发展规划，制定高级职务评审标准，已有多人依据此项政策获得晋升。通过不断完善团队管理体制和运行机制，助力创新团队产出服务国家战略需求和一流大学建设需要的标志性成果。

（三）重点关注研究水平与学术贡献

1. 支撑重点学科建设和重点领域布局

学校注重发挥创新团队在促进学科建设发展中的重要支撑作用。为充分发挥优势特色，学校在重点学科、优势学科进行战略布局，支持特色鲜明、创新活力强、研究方向明确、能够引领优势学科跨越式发展的高水平创新团队发展，如聚焦"深地深海"支持的"深部资源智能开采团队"、围绕"人工智能"支持的"工业互联网与工业人工智能驱动的智能化管理与控制系统团队"、突破"冶金新工艺"支持的"高品质特殊钢冶金技术团队"和瞄准"新材料"支持的"海洋腐蚀与防护研究团队"。为实现未来国家级优秀学术领军人才的培养、新兴优势学科方向的确立奠定重要基础，逐步将高水平创新团队建设覆盖学校信息、矿业、冶金等传统优势学科，培育具有东大特色的基础学科类和人文社科类创新团队，形成百花齐放、百舸争流的优秀创新团队支撑一流学科布局与发展的良好局面。

2. 解决国家关键科技问题

学校将"创新团队建设工程"作为聚焦实现高水平科技自立自强的重要举措，坚持面向世界科技前沿、面向经济主战场、面向国家重大需求、面向人民生命健康，引导创新团队以国家战略需求为导向，集聚力量进行原创性引领性科技攻关，打造国家战略科技力量，积极参与具有战略性全局性前瞻性的国家重大科技项目，增强自主创新能力，如流程工业综合自动化与智能化系统理论和技术体系创新、钢铁生产全流程关键共性技术创新、深部工程岩体破裂与灾变过程智能感知与控制技术、工业智能与系统优化技术与应用、信息能源系统安全高效运行变革性技术与应用等。

3. 标志性成果获得情况

"创新团队建设工程"实施以来，学校以改革激活力、促发展，进一步加大标志性成果在团队考核评价中的比重，使团队创新活力得到进一步释放，高层次人才队伍建设成效显著。近年来，学校国家级领军青年人才项目入选者或相当层次水平教师数量大幅提升；坚持"四个面向"，服务国家战略需求和经济社会发展主战场，荣获国家级科学技术奖励十余项，省部级科学技术奖励近百项，承担国家、地方和行业的重大重点科研项目百余项；创新团队与国（境）外高等院校、科研院所、头部企业建立实质性合作，在人才培养、科技研发、项目合作、高水平论文发表等方面取得突出成效；获批首批未来技术学院建设单位、工业智能与系统优化前沿科学中心、难采选铁矿资源高效开发利用技术国家地方联合工程研究中心等多个重要的人才培养、科技创新基地，形成服务国家重大发展需求和国民经济主战场的重要依托力量。

（四）全面评价考核指标达成度

围绕创新团队发展定位，学校加强对创新团队建设期目标任务完成情况进行全面考核，重点对其承担国家各类重大科研计划项目、培养高水平领军人才和拔尖创新人才、获得重大科技成果奖励和建设国家级科研平台（群体）等内容进行评价。"创新团队建设工程"实施以来，创新团队主动围绕国家发展战略获得高水平标志性成果，高质量完成建设期目标任务，团队特色更加鲜明、研究方向与目标更加明确、研究的科技问题更加集中，已逐步形成具有显著优势的学科方向，具备扎实、良好的研究基础，具有较强的承担重大科研任务的能力，具备良好的工作氛围和环境条件，能够在国家各类重大科研计划项目、培养优秀领军人才、获得重大科技成果奖励等标志性成果方面取得成效。

四、工作成效初显，创新团队建设推动机制创新

（一）打破观念壁垒，建立人事改革特区

学校大力实施人才强校战略，不断深化人事制度改革，在教师分类管理、多元薪酬体系构建、评价机制创新等方面做了全面探索改革。为充分调动教师积极性和创造性，学校因地制宜、实事求是，按照"解放思想、改革创新，目标导向、统筹协调、重点突破、带动全局"的思路，破除束缚人才发展的思想观念和体制机制障碍，探索在重点部位建立人才队伍建设评价改革特区，实施"创新团队建设工程"，通过下放管理权限，建立科学的分类评价机制，构建更加符合教师发展规律、充满活力、特色鲜明的管理体制和运行机制。

（二）打破制度壁垒，激发教师创新活力

学校充分发挥创新团队建设的试点作用，给予创新团队在岗位聘用、考核评价和绩效分配等工作中享有相对自主权。鼓励创新团队探索事业编、人才派遣、劳务派遣等多元用人方式，给予"先试用后聘用"的自主权；探索在部分创新团队实行学术评议权下放，由团队制定特色化评价标准；对创新团队实行整体目标管理，对成员的论文及引用、科研项目排名等不作要求；实行整体绩效考核与分配机制，团队自主制定绩效工资分配办法。通过不同程度下放人事管理权限，激励创新团队组织成员团结协作、科学分工，共同完成建设目标，实现重大成果突破和标志性成果建设。

（三）打破评价壁垒，实施分类分层评价

学校针对不同层次、不同学科领域、不同研究类型的创新团队，实行科学合理的分类评价标准。对于从事基础研究的团队，着重评价其解决重大科学问题的原创能力、成果的科学价值、学术水平和影响等；对于从事应用研究和技术开发的团队，着重评价其技术创新和重大技术突破、成果转化、对产业发展的实际贡献等；对于从事教育教学研究的团队，着重评价其教学改革和教学方法创新、教育教学理论取得创新成果等。

（四）打破学科壁垒，促进学科交叉融合

习近平总书记在清华大学考察时强调，重大原始创新成果往往萌发于深厚的基础研究，产生于学科交叉领域 [3]。学校不断加大对从事基础研究和学科交叉团队的支持和投入，设置"学科交叉创新团队"类型，鼓励其开展自由探索，开拓新的研究方向，打破学科专业壁垒，对现有学科专业体系进行调整升级。学校积极推进学科交叉创新团队建设，培养、引进一批高水平优秀人才，支持其产出具有重要影响力的多学科交叉和国际合作的创新性成果；建立有利于学科交叉融合的学术评价和成果认定机制，实施分类评价；优化学科交叉领域资源配置，瞄准科技前沿和关键领域，重点支持人工智能、智能制造与装备、深地深空、新能源及储能、新材料等研究方向的交叉融合。

五、进一步优化创新团队发展格局

新时代对高校教师队伍建设工作提出了新的更高要求，东北大学将继续以习近平新时代中国特色社会主义思想为指导，认真学习贯彻习近平总书记给东北大学全体师生回信精神，着眼国家战略需求，以培养造就师德高尚、业务精湛、结构合理、充满活力的高素质专业化教师队伍为目标，进一步建立健全创新团队评价机制。

（一）加强顶层设计，统筹规划学科交叉重点领域

学校进一步加强顶层设计、明确建设方向、优化团队布局，面向国家重大战略、前沿基础研究、学科交叉领域，战略布局并稳定支持一批具有国际影响力的高水平创新团队。以优势特色学科为主体，以东北大学创新港建设为新引擎，不断完善有利于巩固优势学科领先地位、促进未来优势学科成长和新兴交叉学科发展的体制机制，在若干领域对国家重大发展需求提供强有力支撑。

（二）完善引才用才机制，大力提升创新团队整体水平

以一流大学建设为目标，以学科建设为龙头，优化完善创新团队人才引进工作机制，精准引进汇聚一批海内外领军人才和优秀青年人才；以国家和区域发展战略为依托，建立高层次人才培养体系，大力实施高层次人才培养计划；鼓励创新团队聚焦国际前沿，积极参加重大科学项目，产出具有重要影响力的多学科交叉和国际合作的创新性成果。逐步形成具有区域竞争力的科学引才用才机制，鼓励团队围绕攻关目标，潜心开展研究，

倡导开展真合作、进行真研究、解决真问题，不断提升高水平创新团队队伍建设质量和水平。

（三）深化评价改革，赋予创新团队更大管理自主权

进一步深化以带头人负责制为核心的创新团队整体考核机制，赋予团队带头人团队建设自主权、技术路线决定权和经费支配权；继续探索下放部分团队学术评议权，注重将绩效评价、水平评价和发展评价相结合，凭能力、实绩和贡献评价人才；强化创新团队整体考核要求，把攻关任务完成情况作为检验团队建设成效的"试金石"，通过高水平科技创新的实战锻炼，提高团队建设水平和人员创新能力。

（四）加强内外协同，优化创新团队体制机制建设

完善创新团队内部管理机制，建立完善以聘任、考核和分配等环节为主要内容的相互衔接、相互促进的政策体系，加强团队内广泛的民主与自由讨论，鼓励创新，容许失败，营造有利于人才潜心研究和创新的工作环境。加强外部支撑机制，加强相关职能部门的指导和服务，完善资源共享机制，共同推动落实各项工作。通过不断完善人才制度体系，促进实现创新团队结构明显改善、内涵显著提升、创新活力充分释放、整体水平迈上新台阶。

（五）加强国际交流，提升创新团队国际化水平

支持创新团队开展高水平、高层次和实质性的国内外学术交流与合作。充分发挥团队带头人、团队海外归国人员和高层次外籍专家的桥梁纽带作用，鼓励创新团队与国外科研机构开展广泛深入的国际学术交流，积极参与国际重大科学研究计划，开展联合培养项目，鼓励团队成员赴海外访学，积极承办和参加国际性、全国性、地区性学术会议等，提升学校人才培养国际化水平和青年教师教学科研能力。

教师是立教之本、兴教之源，是教育发展的第一资源。创新团队评价机制的建立，有效引导学校创新团队聚焦服务国家战略的建设目标，汇聚一大批人才、产出突出学术成果、服务区域产业升级，推动人才工作机制创新。学校将进一步紧密围绕国家战略，探索推进创新团队评价机制改革。以培养造就高素质专业化教师队伍为核心，更好发挥高等教育在教育强国建设中的龙头作用。深入贯彻落实习近平总书记教师节重要指示精神，积极引导广大教师大力弘扬教育家精神，牢记为党育人、为国育才的初心使命，为强国建设、民族复兴伟业作出新的更大贡献[4]。

2023 年 9 月 7 日，习近平总书记在主持召开新时代推动东北全面振兴座谈会时强调，要以科技创新推动产业创新，加快构建具有东北特色优势的现代化产业体系。加快形成新质生产力，增强发展新动能[5]。以科技创新引领现代化产业体系建设，产业升级将不断迈出新步伐，实体经济将更加根深叶茂[6]。锚定 2035 年，东北大学将坚持服务国家重大战略需求和辽沈地区经济发展需要，在教育、科技、人才"三位一体"集中部署和系

统谋划下，大力支持创新团队发展，培养高素质教师队伍，瞄准科技前沿和关键领域形成具有学校特色优势的学科方向，加快形成国家战略科技力量，为新一轮"双一流"建设助力。

参考文献：

［1］习近平. 高举中国特色社会主义伟大旗帜　为全面建设社会主义现代化国家而团结奋斗——在中国共产党第二十次全国代表大会上的报告［M］. 北京：人民出版社，2022.

［2］习近平在中共中央政治局第五次集体学习时强调　加快建设教育强国　为中华民族伟大复兴提供有力支撑［N］. 人民日报，2023-05-30（01）.

［3］习近平在清华大学考察时强调　坚持中国特色世界一流大学建设目标方向　为服务国家富强民族复兴人民幸福贡献力量［N］. 人民日报，2021-04-20（01）.

［4］习近平致信全国优秀教师代表强调　大力弘扬教育家精神　为强国建设民族复兴伟业作出新的更大贡献［N］. 人民日报，2023-09-10（01）.

［5］习近平主持召开新时代推动东北全面振兴座谈会强调　牢牢把握东北的重要使命　奋力谱写东北全面振兴新篇章［N］. 人民日报，2023-09-10（01）.

［6］现代化产业体系建设取得重要进展（开局之年中国经济高质量发展述评③）［N］. 人民日报，2023-12-12（01）.

义务教育经费财政研究报告

田志磊[①]

　　教育是国之大计、党之大计。党的二十大报告指出，"坚持以人民为中心发展教育，加快建设高质量教育体系，发展素质教育，促进教育公平。加快义务教育优质均衡发展和城乡一体化，优化区域教育资源配置"。当前，我国义务教育已迈入优质均衡发展新阶段，面临新变化、新矛盾和新任务。围绕我国义务教育优质均衡发展和经费保障的相关问题，北京大学中国教育财政科学研究所课题组在浙江、河南、安徽、厦门三省一市对景宁县、泰顺县、安吉县、光山县、商城县、二七区、阜南县、阜阳颍州区、芜湖鸠江区、无为市、厦门思明区、同安区的数十所各类学校进行了实地调研，并与各地财政、教育行政系统的同志进行了深入交流。

　　基于三省一市的调研情况，本文从地方财政、人口变化、事业发展三个维度分析了义务教育经费保障所面临的内外部环境变化，提炼了环境变化后义务教育经费保障面临的突出矛盾，并对义务教育保障机制调整给出了初步建议。

一、义务教育经费保障的内外环境变化

　　从调研来看，义务教育发展和经费保障的外部环境正发生深刻变化。在供给维度，地方财政普遍面临土地出让收入下滑、全口径债务还本付息压力增大、收支矛盾加剧。债务和收支矛盾具有鲜明地区差异，河南安徽债务压力和收支矛盾更高，浙江厦门则相对较低。光山县、商城县、二七区、阜南县、阜阳颍州区还本付息对"三保"造成了影响。贫困县等政策县主要依靠转移支付受到冲击相对小，市辖区的收支矛盾往往更为严重。"中部塌陷"问题在河南尤为突出，教师工资发放不及时、公用经费拨款未落实的情况均有存在。在需求维度，最大的冲击来自人口变化。伴随出生人口下降以及学龄人口持续向城镇集中，"城挤、乡弱、村空"现象日益突出。在景宁县、泰顺县、光山县、商城县、阜南县、无为市，学龄儿童大幅减少，农村地区存在"空壳""麻雀"学校，原办学规模数百人甚至近千人的义务教育学校目前只有百余名甚至数十名学生，但在县城则

---

① 田志磊，北京大学中国教育财政科学研究所副研究员，中国教育发展战略学会教育财政专业委员会副秘书长。

存在超大规模的小学和初中。而在厦门思明区、同安区、阜阳颍州区、郑州二七区、芜湖鸠江区，外来人口流入，学龄人口持续增加造成了义务教育资源的紧张。

党的二十大报告强调"实施科教兴国战略，强化现代化建设人才支撑""人才是第一资源"，并对"加快建设教育强国"作出系统全面的部署。站在教育强国建设、办人民满意教育的视角，结合调研学校办学和经费运转的实际，义务教育经费保障面临一系列挑战。

第一，科学、艺术、劳动、综合实践等教育教学改革成为经费增长点。在近年颁布的教育教学改革文件中，科学、劳动、艺术、综合实践活动等屡有新举措，这也对学校教育资源配置形成了新需求。在浙江与厦门，调研学校硬件配置上基本满足新需求。在河南和安徽，乡镇中心校和城区学校也普遍配备了实验室、科学教室等功能教室，以及音乐、美术、舞蹈室、校本课程（社团）活动室等，配置标准相对东部较低。功能教室主要由教育财政支持，也包括企业捐赠、少年宫经费赞助等。但即使在浙江，也普遍存在特色校本课程开发不足、功能教室耗材使用不足、新课程新课标相关科目教师培训不足的问题。

第二，校园安全、食堂宿舍等学校功能拓展带来的人员工资成为开支难点。各地正推进农村小规模学校和教学点撤点并校工作，新建寄宿制学校，宿舍食堂工勤人员增加。随着校园安全不断加强，非寄宿制学校也普遍配备安保人员，多在2—6名之间，与食堂宿舍工勤人员一起组成学校非教师人力资源。安保人员乃至食堂宿舍工勤人员工资应从区县本级教育财政投入中开支，但随着地方收支矛盾加剧，河南安徽调研学校普遍存在缺口甚至无处开支。"违规"使用公用经费补助资金开支上述人员工资十分普遍。

第三，义务教育学校共同体建设在缩小城乡、校际差异的作用有待挖潜。实践中，存在融合型、共建型、协作型等多种形态的义务教育共同体，通过校长教师双向交流、教学资源共享、示范辐射带动等方式带动农村、薄弱学校发展。厦门市思明区通过"一所核心校＋一个（两个）校区＋一所伙伴校"的形式，以名校带动新学校和薄弱校，促进校际间资源共享，财政每年拨款750万支持义务教育共同体教师水平提升和校际间研修。浙江出台了全国首份省域推行义务教育共同体的文件，下达教育发展专项资金1.82亿元（受援地1.3亿元，支援地0.52亿元），通过搭载学校信息化设备平台，以结对帮扶的模式，改善教师结构性缺编的问题。在东部，农村校、薄弱校大多认为教共体建设对学校带来了积极影响。但在河南和安徽，缺乏相应资金支持，义务教育共同体即使存在，发挥的作用也比较有限。

第四，课后延时服务的开展改变了教师收入和家庭教育负担。延时服务经费主要用于延时服务教师的课时费，课时发放标准40—80元不等，只有个别地区规定了一定比例用于公用。参与延时服务的教师年收入增加大多在0.4万—1万元，因学生规模和学生家庭背景的原因，农村学校教师收入增量低于城区。在经费来源上，部分地方延时服务完全由公共财政买单，如郑州二七区"官方带娃"中小学课后服务专项经费按每班每天200元的标准予以保障，换算后每生每学期拨款在100元上下。部分区县延时服务采取了财政与家庭共担的方式，如厦门规定不足部分由财政补贴，无为则规定孤儿、烈士子女、低保户或农村原建档立卡贫困户家庭学生免收费由财政补贴。大多数地区主要依靠收费，光山、商城、泰顺、景宁、阜南、安吉、无为、颍州区、鸠江区收费为每生每学期230—500元。经济相对欠发达、居民收入低的光山、商城、阜南收费标准相对更高。

二、当前我国义务教育经费保障的若干矛盾

伴随内外环境的变化，我国义务教育财政领域的如下矛盾凸显。

其一，土地财政放缓后县级政府义务教育投入意愿和能力下降与义务教育"以县为主"之间的矛盾。分税制以来，地方政府对土地财政的依赖不断提高。2008年全球金融危机后，地方政府更是普遍形成了以"土地金融"加杠杆促进三产带动二产的发展模式。与此同时，教育融入到地方商住用地价值提升的逻辑，成为地方投融资平台进行"土地金融"加杠杆的重要工具。对土地财政的依赖极大塑造了县级政府义务教育的投入意愿与能力。在土地出让收入下滑严重的区县，其义务教育投入意愿和能力遭受严重冲击，已有城区新建学校"烂尾"的现象发生，"义务教育是政府责任、教育经费用于教育、公用经费用于公用"的三道底线也已松动。

其二，人口在城乡大规模流动与义务教育补助基建类项目城乡分割之间的矛盾。2016年，在整合农村义务教育经费保障机制和城市义务教育奖补政策的基础上，我国建立了城乡统一、重在农村的义务教育转移支付制度。这无疑是健全城乡义务教育一体化发展体制机制的重大举措，既实现了"两免一补"和公用经费基准定额资金的钱随人走，又通过薄弱校改造、农村校舍安全长效机制、乡村教师生活补助、特岗教师工资补助、营养餐等项目实现了对农村义务教育的倾斜。然而，随着城镇化的持续发展、学龄人口向城区持续转移，"重在农村"的基建类项目难以匹配学龄人口变化，诸多在校舍安全长效机制和薄改资金支持下建设良好、设施完备的农村学校资源闲置，而城区校舍需求增长在地方财政收支矛盾下难以得到资金支持。

其三，教育基建新基建项目建设高标准与日常运营维持低投入之间的矛盾。长期以来，我国义务教育资本性支出保持在高水平，带动了学校办学条件的持续改善。新建义务教育学校尤其是作为"土地金融"杠杆的新建校普遍采取了高标准建设。以学校信息网络、平台体系、数字资源、智慧校园、创新应用、可信安全为代表的教育新基建也取得了显著进展。城区和乡镇中心校普遍配置信息化设备、功能教室和空调，农村学校也未发现危房大通铺等问题，"最好最安全的建筑在学校"受到认可。不过，学校教学生活

基础设施改善带来了学校电费、设备维护维修、功能教室耗材需求激增。在浙江、厦门和安徽鸠江区，调研区县采用项目经费补充生均公用经费拨款的不足，学校教学生活基础设施改善带来的经费需求得到了较好满足。但在河南和安徽其他区县，调研学校的日常运转主要依靠生均公用经费拨款，普遍存在教育信息化设备维护维修不到位、各种功能教室耗材支出过低的情况。全面装配空调的学校，存在电费占学校日常运行经费比例过高、教育教学支出[①]过低的情况。

其四，学校人员和校园安全后勤支出刚性与教育教学支出柔性之间的矛盾。学校不同支出的"刚性"程度不同。从经济分类的角度，人员经费相对公用经费更为刚性；从功能分类的角度，校园安全、食堂宿舍等后勤支出相对教育教学支出更为刚性。在地方收支矛盾加剧的情况下，优先保障教师和工勤人员工资福利、保障校园安全和后勤、"节省"教育教学支出成为学校的无奈之举。从学校实地询问和支出结构分析来看，编制内教师平均工资收入普遍"不低于当地公务员平均工资收入水平"，即使在中部地区农村学校，校园安全监控设施和人员、食堂宿舍设施和人员也得到了配置。这与中部地区调研学校教育教学活动支出的低水平形成鲜明对比。

其五，延时服务成本分担与缩小义务教育城乡、群体教育差距的矛盾。从调研来看，贫困县的延时服务收费标准相对其居民收入远高于经济发达县市，城区学校教师因延时服务增加的收入普遍高于同地区农村学校教师。由于贫困县学生家庭经济情况相对更差，延时服务收费更大程度加重了低收入家庭学生的教育负担水平。在发达地区延时服务拥有更多的丰富性，更多在公共财政的补贴下；而在欠发达地区延时服务近乎于"带娃"，且以学生家庭付费为主。在同一地区，由于延时服务带来的城乡教师收入差距普遍超过了农村教师岗位津补贴，"越往基层、越是边远、越是艰苦，待遇越高"的引导机制受到冲击，教师流动选择的天平向城镇学校倾斜。

三、对义务教育经费保障体系调整的建议

义务教育经费保障体系的调整，应思考如下原则。其一，充足原则。为建设教育强国，在财税体制变革前，中央应保住甚至提高义务教育转移支付总盘子来对冲土地财政放缓后县级政府义务教育投入意愿和能力下降的不利影响。将增长率作为教育财政充足性的目标，对教育教学支出的促进有限，并不一定会带来实质充足性的改善。部分地区学龄人口下降迅猛，但从教育成本发生规律来看[②]，经费保障需求并不会在短期内就同比

---

① 本文的教育教学支出主要指各类实验和功能教室耗材、开展学校各类大型活动的添置、各类学生社团活动的耗材等。

② 北京大学中国教育财政科学研究所教育支出功能分类课题发现，日常运行经费中的教育教学经费需求主要取决于学生数、班级数，而非教育教学功能经费需求主要取决于班级数、教师数、学校建筑面积。

例下降。义务教育经费保障机制调整应制度化地考虑学龄人口下降但学校布局、教师编制尚无法同步的地区的经费保障需求，避免"不得不调数据"的情况发生。其二，公平原则。教育公平的改善有赖于如下四个任务的进程：区域协调发展、城乡整体化发展、校际均衡发展、群体公平发展。"中部塌陷"是区域协调发展的薄弱环节，城区学校校舍不足、农村学校教育教学支出不足是城乡整体化发展的薄弱所在，校际均衡的重点是提升薄弱校的师资和教育质量，群体公平有赖于对各类群体教育尤其是弱势群体需求的差异化考虑。其三，效率原则。义务教育资本性支出居高不下，需要思考如何尽可能多地增加学校教育教学支出，提高教育经费使用效益。需要思考投入结构的改变，支持"小而美"的乡村学校还是"大而全"的城区学校。需要提高学校经费灵活性，扩大学校办学自主权。基于研究，我们有如下的具体建议。

其一，提高标准，探索差异化的生均公用经费补助。学校教学生活设施的改善、教育教学改革的推进都对公用经费提出新需求。未来义务教育学龄人口将持续下降，这为生均公用经费进一步提标提供了可能。基于"刚性"不足的教育教学经费需求容易被忽视，可增加对新增经费用于窄口径教育教学经费的规定。在高等教育和职业教育财政政策中，已有实行差异化生均拨款，主要从培养成本和社会效益的角度考虑。在义务教育领域，可着重群体公平发展的角度建构差异化拨款，将家庭困难、学习困难、特殊需要等因素统一在义务教育差异化拨款的考量中。

其二，建立城乡统一的校舍安全保障机制。土地财政放缓后地方教育基建投入意愿和能力下降，考虑到学龄人口向城区聚集以及市辖区的收支矛盾往往更为严重，有必要建立城乡统一的义务教育学校校舍安全保障长效机制。各地已有相关探索。如湖南早在2016年就建立了城乡统一的义务教育学校校舍安全保障长效机制，支持省域内公办义务教育学校维修改造、抗震加固、改扩建校舍及其附属设施。河南建立了校舍安全保障长效机制资金项目库，根据各地上报的校舍鉴定结果和项目规划，组织专家评审后纳入储备项目库，经费安排与项目库相结合。不过，需要特别指出的是，现在的寄宿制热潮，既有人口流动必要性的一面，也有地方政府"基建偏好"的加持，城乡统一的基建类转移支付项目应避免刺激寄宿制学校建设的过度扩张。

其三，适度扩大公用经费使用范围。《城乡义务教育补助经费管理办法》(财教〔2021〕56号)明确规定，公用经费补助资金不得用于教职工福利、临时聘用人员工资等人员经费、基本建设投资、偿还债务等方面的支出。严格规范公用经费补助资金使用范围，其前提是地方财政投入上述无法在公用经费补助中列支的内容——如食堂工人、保安、临聘教师等人员支出和一定金额以上资本性支出，从而增加义务教育财政投入总量。在财政上行期，地方可以通过项目经费投入或补充性公用经费拨款开支上述"不得用于"的支出，严格公用经费使用范围有利于增加教育财政投入；但在财政下行期，地方项目经费难以配套投入落实公用经费使用规范时，严格公用经费使用范围无法促进教育财政投入，反而会损害政策的严肃性，在破窗效应下刺激公用经费挪用现象的扩大。建议在未来新增公用经费中划出一定比例，扩大使用范围，允许用于食堂工人、保安、临聘教师等支出，增强学校经费灵活性。

其四，在综合奖补中支持教育共同体建设。各地正在实践的义务教育共同体建设是缩小区域、城乡、校际教育差异的有力举措。但是，各省力度不一，起到的作用也不同。建议采取综合奖补的方式，引导省级统筹，对教育共同体投入大、效果好的省份给予更多支持。

从管理到治理：新时代教育管理学发展面临的新选择 ①

孙绵涛　许　航 ②

摘　要：如何处理管理与治理的关系是新时代教育管理学发展不可回避且亟待解决的问题。当前教育治理研究基本上代替了以往的教育管理研究，且认为教育治理与教育管理有区别。为此，教育管理学的发展就面临着从教育管理到教育治理转向，或从教育管理到教育管理与教育治理并行两种选择。基于治理包括管理和平等协调、多元共治两方面，新时代教育管理学发展应由教育管理转向教育治理。以马克思历史唯物主义方法论对教育治理现象进行分析发现，教育治理学是由教育治理活动、教育治理体制、教育治理机制和教育治理观念四个范畴所组成的学科体系。

关键词：治理；教育治理；教育管理；教育治理学；教育管理学

在教育治理研究如火如荼的今天，如何看待和处理教育管理与教育治理（以下简称管理和治理）的关系问题，的确是教育管理学的发展不可回避和亟待明确的问题，也是我们教育管理研究者义不容辞的责任。

一、新时代教育管理学发展为何面临从管理到治理的选择

（一）以教育治理研究代替以往的教育管理研究

如果以美国学者沙默尔·霍尔（Samuel Hall）分别于1829年和1832年出版的两本教育管理学方面的书为标志，西方研究教育管理问题已有两百年的历史。[1] 然而，自从美国学者詹姆斯·马奇（James March）和约翰·奥尔森（Johan Olsen）1976年开始研究大学治理问题以来 [2]，在西方研究教育管理问题的两百年中已有半个世纪研究教育治理问题的历史。如果将19世纪末20世纪初以翻译介绍外国教育管理方面的论著和将教育管理学科作为独立课程在师范学校开设作为中国独立形态的教育管理学的特征，中国研究

① 本文系研究阐释党的十九届四中全会精神国家社科基金重点项目"服务全民终身学习的教育体制与教育机制研究"（20AZD073）的研究成果。

② 孙绵涛，浙江外国语学院特聘教授、教育治理研究中心主任，中国教育发展战略学会学术委员；许航，辽宁工程技术大学博士生。

教育管理有一百多年的历史。[3] 然而，自从 21 世纪初中国开始研究教育治理问题以来 [4]，在中国百年研究教育管理问题中也有 20 年研究教育治理问题的时间。在以往相对独立的教育管理研究中出现了一种新的研究趋向——对教育治理的研究，而且这一研究越来越火热，已经成为一个新的专门的研究领域。特别是在中国的教育治理研究中，从理论研究来看，教育治理研究几乎代替了教育管理研究，以往的教育管理研究、教育行政研究和学校管理研究几乎全部变成教育治理研究或学校治理研究。由此，如何面对教育治理研究取代了教育管理研究这一现象，就成了当前教育管理学发展中所必须引起重视和解决的一个新问题。

（二）从教育治理与教育管理有别的角度研究教育治理

当下不仅教育管理研究已被教育治理研究所代替，而且文献检索发现对教育治理的研究基本上是从教育治理与教育管理不同的角度来研究什么是教育治理的。本研究对 2022 年以前教育治理的研究文献进行了梳理，发现学者们主要是从要素、形态、性质三个角度来阐发教育治理含义的。[5] 限于篇幅，以下对每个角度仅举若干观点来加以说明。

从要素的角度来说明教育治理，有学者认为教育治理包括如下要素：一是政府实现职能的转变；二是政府、学校、市场、社会等多元管理主体；三是管理手段多样化；四是强调各主体之间的自愿、平等与合作；五是体现现代教育的内涵与特征；六是提倡学校自我管理、自我约束和自我发展。[6] 有学者认为教育治理理念不同于传统教育管理，它是各个要素之间的互动。教育治理既要维护国家整体利益又要维护受教育者的利益；强调政府同学校间建立契约精神；强调民众参与教育治理，教育治理过程就是教育民主化过程，在治理过程中，各方共同参与，通过对话、协商和讨论等形式达成共识。[7] 有学者认为教育治理是各主体间的互动，它是指政府、社会组织、市场、公民个人等主体，通过参与、对话、谈判、协商集体选择等行动，共同参与教育公共事务管理，共同生产或提供教育公共产品与公共服务，并共同承担相应责任。[8] 有学者指出教育治理强调多元主体共同参与教育事业的发展与决策，在兼顾不同利益主体权利需求的过程中，实现民主化的管理。[9] 有学者认为教育治理的典型特征是多元主体参与的共同治理，即"共治"，其本质是处理政府、市场、学校和社会等多元主体的参与关系。[10] 有学者提出教育治理是指政府、学校、社会组织、驻区单位、公民个人等多元主体通过参与、对话、协商等行动，共同参与教育公共事务管理。[11] 另有学者指出无论是"多元共治"或"多中心治理"，还是"协商治理"或"公私合作"，这些描述教育治理的概念尽管称谓各异，但在本质内容上都是趋于一致的，即强调治理主体的多元化，它们与政府的单中心管理形成了鲜明对比。[12]

从形态的角度来理解教育治理，有学者认为教育治理是指国家机关为了实现教育发展目标，通过一定的机构设置和制度安排，协同各类社会组织、利益群体和公民个体，共同管理教育公共事务、推动教育发展的过程。[13]有学者认为教育治理是通过一定规则和程序对教育中的利益各方进行调解的一种过程，应包括教育治理主体、教育治理内容以及教育治理方法。其中教育治理的主体是指参与治理的各方，包括政府、学校和社会。教育治理的内容主要是协调政府、学校、社会的关系，协调各级各类教育的关系，协调教育活动、教育体制、教育机制和教育观念的关系以及这四个范畴子要素之间的关系。教育治理的方法由程序性要素和策略性要素组成。[14]有学者认为教育治理是通过一定规则和程序对教育中相互冲突、相互竞争的利益各方进行调解的一种过程。这种调解不以参与调解的任何一方为权威，而是参与调解的各方平等、合作、互动地处理教育的公共事务，以利于教育各方协调发展。[15]有学者指出教育治理是对传统教育管理模式的扬弃，它是指多元化主体在一定的组织架构和制度框架安排下，共同参与教育公共事务，协同推进教育事业发展，实现教育由共治到善治目标的过程，突出特点是主体的多元化，核心在于协调各主体的利益关系，目的在于实现教育的善治。[16]

从性质的角度来阐释教育治理，有学者认为现代公共教育治理的实质就是强调多元利益主体对教育内部事务的共同治理。[17]有学者认为教育治理的实质是对教育事务的合作管理、共同治理，这是教育治理"善"的价值目标实现的路径依赖。[18]有学者认为教育治理的典型特征是多元主体参与的共同治理，即"共治"，其本质是处理政府、市场、学校和社会等多元主体的参与关系。[19]有学者认为教育治理的核心是教育权利结构的调整，即"多中心治理""简政放权""技术治理""依法治教""线性治理"等命题可以被理解为一种延伸的组织工具性，本质上都是作为组织系统的政府在结构上的优化策略，调整教育权力（权利）、责任（义务）及其行使主体、呈现手段、活动依据和具体内容等。[20]

上述对教育治理虽然有三大方面的看法，每一方面又用不同的形式具体阐释了各自对教育治理的不同理解，但对每一类的观点进行分析后发现，这些对教育治理的不同看法基本上是从教育治理与教育管理有别的角度来对教育治理的含义进行阐明的，这种阐明又分两种情况：一是大多数观点认为教育治理与以往教育管理强调的严格管控是完全不同的，教育治理指的是平等协调、多元共治等；二是有少部分观点认为教育治理是教育管理的高级形态，它强调的是教育管理的一种"善治"状态。第一种对教育治理的普遍理解，显然与一般用行政学、企业管理学和组织行为学等理论建立起来的教育管理学的内容是不同的。简言之，当前我国的教育管理学中有阐述教育管理一般理论的教育管理学，有阐述宏观教育管理的教育行政学，有阐述微观教育管理的学校管理学。这三大教育管理学领域的主要内容一般是从管理的角度，阐述如何对教育与教学业务、人、财、物等事务，运用计划、组织、控制、协调、实施、督促、检查和总结等方式进行管理。以往的教育管理学虽也有"如何协调"的内容，但这种协调是从管理出发，指如何通过协调做好管理。而教育治理研究中所说的协调，是指如何通过协调，达到多元治理和共享共治的目标。可见，虽然教育管理和教育治理中协调的方法和内容是基本相同的，但目的是不同的。第二种少数观点认为教育治理与教育管理并不是完全对立的，教育治理是教育管理的"善治"状态，然而以往单纯通过计划、组织、控制、协调、实施、督促、检查和总结等手段来对教育的事务进行管理是达不到"善治"状态的，只有在这些手段的基础上，加上多元共治的手段才能达到这种状态。这种认识很明显也与以往人们对教育管理的认识不同。教育管理领域出现的教育治理研究的这两种状况，不仅会对教育管理或教育治理的理论研究产生影响，而且会对教育管理学的学科建设和发展产生影响。教育管理学是教育管理理论和教育管理实践的反映，现在教育治理研究不仅在理论研究上比较盛行，在教育管理实践中也很热门。在教育管理中，教育治理也大行其道，出现了言和行必称教育治理的现象，教育管理中讲的或做的几乎全部是如何搞好教育治理或学校治理。教育管理学的理论范畴和理论逻辑与教育管理和教育治理的这些理论研究与实践息息相关，教育管理学的学科建设不可能面对这种变化而不闻不问。目前，教育学界还没有对教育管理和教育治理关系研究能够影响教育管理学发展的现实状况引起足够的重视，这是不利于新时代教育管理学科发展的。我们必须在教育管理学学科建设中正视教育管理研究和教育治理研究出现的这两种状况，并对教育管理学学科的影响作出积极的应对或选择，以推动新时代教育管理学学科继续健康、深入地向前发展。

二、新时代教育管理学发展面临怎样的从管理到治理的选择

正是因为在教育管理理论研究和教育管理实践中出现新的教育治理理论研究和新的教育治理实践的情况，教育管理就不是以往单纯的教育管理了，传统的教育管理学所研究的教育管理就不是纯粹的教育管理或全部都是教育管理，而要加上教育治理的内容了。这样，以往以教育管理为研究对象的教育管理学现在就不能以教育管理为研究对象，而代之以教育治理为研究对象，或以教育管理和教育治理为研究对象了。基于此，新时代教育管理学的发展就面临着两种选择：第一种选择是如何从以教育管理为研究对象转向以教育治理为研究对象；第二种选择是如何从以教育管理为研究对象转向以教育管理和教育治理为研究对象。以下先对这两种选择进行分析，然后谈谈本研究所做的选择。

（一）从教育管理到教育治理的选择

根据对教育治理研究现状的分析可以得出以下结论：大多数研究和实践认为教育治理与教育管理是不同的，教育管理强调的是如何管理，而教育治理强调的是平等协调、多元共治。在教育事务的处理中，平等协调、多元共治的手段比管理的手段优越，只有运用平等协调和多元共治的手段才能更好地达到处理教育事务的目的。这样，教育管理和教育治理在性质和内容上就成了两个不同的范畴。在理论上，以教育管理为题的研究

就不可能研究教育治理的内容；以教育治理为题的研究就不可能研究教育管理的内容。换句话说，在教育管理和教育治理各自的研究中不可能你中有我、我中有你。面对这种情况，教育管理学要么还是保持原来主要以教育管理为研究内容的状态，这种选择实际上就是原来一般教育管理学研究的内容，这里就不予讨论了；要么将教育管理学的研究对象改为教育治理，将平等协调、多元共治作为教育管理研究的主要内容。

（二）从教育管理到教育管理与教育治理的选择

在教育治理研究中，还有一种观点认为教育治理和教育管理并不矛盾，教育治理只是教育管理的高级形态"善治"，那就意味着在理论上既可以研究教育管理中的治理问题，也可以研究教育治理中的管理问题，不能用教育管理代替教育治理，也不能用教育治理代替教育管理。按照这种观点，即教育治理与教育管理没有什么矛盾，治理强调的只是教育管理中的平等协调和多元共治，而这些又是教育管理的高级形态。这样，教育管理学还是可以将教育管理作为研究对象，教育管理学的主要内容也就不会有什么大的变化，只是在教育管理学的适当部分加上或再强调平等协调、多元共治的内容，对以往的教育管理学做一些修改补充的工作就可以了。当然，也可以用另一种方法来处理，就是教育管理学以教育治理中平等协调、多元共治的内容为研究对象，由于在教育治理研究中也可以研究教育管理问题，这样在教育治理的研究中也会保留教育管理的内容。

（三）新时代的教育管理学应由教育管理转向既包括管理也包括平等协调和多元共治的教育治理

上述两种选择，从表面来看都可以解决新时代教育管理学发展面临的教育管理和教育治理研究产生的新问题。然而，本研究并不赞同这两种选择。具体说，本研究并不赞同第一种选择中将教育管理研究转向为教育治理研究中的平等协调和多元共治的研究，不赞同第二种选择中只是对以往的教育管理学补充一些教育治理的平等协调和多元共治的内容，或是研究教育治理中的平等协调、多元共治的内容并保留教育管理的内容。本研究的选择是新时代的教育管理学由教育管理转向教育治理，这种教育治理是管理和平等协调、多元共治两方面统一的教育治理，而不只是平等协调、多元共治一个方面内容的教育治理。

本研究之所以有这种主张，是因为人们对教育治理的理解与对治理的理解直接有关。在教育治理研究中对治理的平等协调、多元共治的理解只是治理原意的一个方面。治理的原意包括了管理和平等协调、多元共治两方面的内容。下面让我们先对治理的原意做一番考察，然后对当下学者们对治理的理解进行梳理和分析，看看这些理解与治理原意的理解是否一致。

1. 治理的原意

先看看西方"治理"的原意，再看看中国"治理"的原意。^①西方"治理"的原意。为了弄清英文"governance"的原意，研究者查阅了"Concise Oxford English Dictionary"（《牛津简明英语词典》）中的"governance ORIGIN MEAN"（治理的原意），发现治理（governance）作为英语国家使用的概念源于"govern"一词，这一词来自于古法语"governer"、古典拉丁文"gubernare"和古希腊语"kubernan"，其原意是"to steer"（驾驶、操纵、控制和引导）。[21]法国国家科研中心（Centre National de la Recherche Scientifique，简称 CNRS）的政治学教授让-皮埃尔·戈丹（Jean-Pierre Gaudin）在其所著的《何谓治理》（Pourquoi La Gouvernance？）中，比较系统地研究了治理的原意在法国和美国等国家的演变过程。他发现：在法国，起初 gouverne（指导、指引）、gouvernement（统治、政府）和 gouvernance（治理）有同样的词源，表示驾驶和指导两方面的意思。从 13 世纪起治理一词就在法国流行起来。20 世纪 70 年代美国学者开始明确使用治理这个概念，20 世纪 90 年代随着公共管理的兴起，治理这个词开始被广泛使用。[22]由此可见，西方治理的原意有两方面的意思：一方面是驾驶、操纵、控制和统治、政府的意思；另一方面是指导、指引和引导的意思。由于这两方面意思表述的文字较多且每一方面文字表述的意思相近，为了论述方便，这里试将两方面的意思进行处理。在第一方面的意思中，由于驾驶、操纵与控制、政府与统治都与管理有关，这里就以管理代表治理第一方面的原意。在第二方面的意思中，由于指引、指导、引导都与疏导有关，这里就以疏导代表治理第二方面的原意。这样，概要地说，西方治理的原意就有管理和疏导两方面的意思。

研究发现，公共管理领域使用治理这个概念后，对治理有如下五种理解：第一种理解是聚焦治理的制度和程序，它指的是用这些制度和程序去调解那些冲突或竞争的各方；第二种理解是将治理扩大到政府和相关方面的互动，指出政府统治的结构和机制不是强加，而是统治的各方相互影响；第三种理解是将治理扩大到包括政府在内的公、私机构及个人管理相同事务的总和，如何在这些机构中实现相同的事务管理，就要使相冲突的不同利益得到调和并注重联合行动的过程；第四种理解强调的是各级各类政府和组织决策中，以民主多元的形式行使权力；第五种理解强调的是政府和社会、市场和公民的互动和良好合作，使公共利益最大化，可以说"善治"是对治理结果的一种期许。[23]由以上五种理解可以看出，公共管理对治理的理解有如下几个特点：一是从治理的主体来看，由强调制度和程序扩大到强调政府公（私）组织及个人；二是从治理的方法来看，由强调制度治理，到强调调解、联合、过程、民主、多元治理；三是从治理的内容来看，治

---

① 限于篇幅，关于西方治理的原意和中国治理的原意的详细论述请参见《治理、教育治理与中国教育之治涵义考论》，参考文献：孙绵涛，何伟强. 治理、教育治理与中国教育之治涵义考论 [A]. 孙绵涛. 中国教育治理研究 [C]. 昆明：云南大学出版社，2022：15-47.

理既是对各治理主体的治理，也是对治理主体及公共事务进行的治理；四是从治理的目的来看，由调解冲突各方，到实现各方共同管理事务，共同行使权力，达到各方良好合作，实现公共利益最大化；五是从治理与管理的关系来看，治理也是一种管理，但这种管理强调组织与组织，组织与个人的调解、联动及其过程，并以多元的形式，以共赢和利益最大化为目的来行使权力，共同管理相同的事务。

分析发现，公共管理对治理的理解与对治理原意的理解基本上是一致的，两者都包括"管控"和"疏导"之意，只不过公共管理所说的治理是对治理原意的细化。在对公共管理的理解中，更多谈的是如何通过疏导来搞好管理。对疏导来说，往往更在意的是如何在主体、方式、内容及目的上做好疏导，从而来搞好管理。通过分析治理的原意和公共管理对治理的理解，我们认识到：在理解治理的概念时不能把治理与管理对立起来，做好治理的目的是达到更好的管理；管理不是控制或管控，而是要在管理的主体、方式、内容、过程和目的等方面，采取调解、合作等民主多元的方式来使公共管理取得利益最大化。过去人们一般把治理与管理对立起来进行理解，看来这种观点是对治理的一种误解。

关于中国"治理"的原意，不同的文献有不同的释义。在《说文解字》和《东方治理学》中，治理的原意为"疏导"[24][25]；在《辞源》和《辞海》中，治理有"疏导（理）和管理"两方面的意思[26][27]，在《汉语大词典》和《新华字典》中有"管理"一方面的理解[28][29]，在《管理学大辞典》中有"管理和疏导"两方面的理解[30]。中国的词典对治理的解释虽然有"疏导"和"管理"两种理解，然而，本研究认为治理的意思主要体现在"管理和疏导"两个方面，而不是"疏导"和"管理"两种意思。因为治理的原意就是"疏导"，而且《辞源》《辞海》《管理学大辞典》三个辞典解释治理是"管理、疏导"两方面的意思，只有《汉语大词典》《新华字典》将治理解释为"管理"。特别是在《管理学大辞典》中将治理解释为"管理、疏导"两方面的意思，这一点是值得注意的。因为这一辞典是专门解释管理及与管理相近的词（如治理等）的意思的。而且这一辞典对治理的解释的参照系比较全面，既可以看作在中国语境下治理本义"疏导"的继承，也可看作治理的"管理和疏导"两方面意思的继承，还可以看作西方语境下治理原意和公共管理视角下治理既强调管理又强调疏导的一种延伸。《管理学大辞典》之所以对治理作出这样的解释，是因为辞典的编者不能不受中国传统管理文化的影响，同时也不可不吸收学界对公共治理的研究的各种成果。

由上述对西方和中国治理原意的考察发现，治理的原意包括"管理和疏导"两方面的意思。"管理"包括管控、统治等多方面的含义，而"疏导"又与平等协调、多元治理等有关。所以，如果将治理的原意加以细化，治理就包含了管控、统治和平等协调、多元治理等方面的内容。

2. 当下学者对治理的理解及分析

综合已有研究成果发现，当下学者们对治理有四种理解：第一种是通过将管理、统治、行政与治理对比 [31]—[33]、将中西方对治理的理解进行对比 [34]、通过辨析"治理"与其相近词语的含义 [35] 等三种对比方式阐述治理的含义，认为治理是与统治、行政不同的。第二种是通过要素 [36]—[39] 和过程 [40]—[45] 两个角度直接阐述治理的含义，这两种观点共同之处都认为治理和管理是不同的，治理体现出的是多元参与、合作、调和和协同等特征。第三种看法认为治理和管理有区别，治理是管理的"改善"的一种形态 [46][47]，"善治"是治理的高级形态 [48]，它强调的是合作共赢的一面。联系对西方和中国治理原意的解析，可以看到以上这三种看法基本上没有从治理原意所包含的"管理、疏导"这两个方面去阐明治理的含义，而是把治理和管理对立起来，只强调治理原意中疏导所包含的平等协调和多元共治一个方面，忽视了管理中的管控和统治的一面。第四种观点想从治理的源头上弄清治理的含义 [49]，但这种观点由于对西方治理原意只考察到英语词源"govern"的"统治"的含义，而并没有考察到英语词源的古典拉丁文"guber-nare"和古希腊语"kubernan"的原意是驾驶、操纵、控制和引导（to steer）的含义；而且对中国汉语治理只考察到《荀子·君道》中所说的"管理"和"统治"的一方面意思，而没有考察到《说文解字》《东方治理学》《辞源》《辞海》《管理学大词典》中对"治理"解释为"管理"和"疏导"两方面的意思，就直接断定治理的含义只是管理，包括管控和统治一方面的意思，而忽略了治理还有疏导，包括平等协调和多元共治另一方面的意思。

在上述四种对治理的理解的观点中，第一、第二、第三种看法认为治理不同于管理，看重的是治理中疏导的一面，第四种看法看重的是治理中管理的一面。看来当下人们或把治理单纯理解为疏导，有时称为"善治"，包括平等协调、多元共治等软的一面，或把治理单纯理解为管理，包括管控和统治等硬的一面。这些都是对治理的一种片面的理解，都没有全面把握治理的原意。

由以上对东西方治理的原意和当下学者对治理的理解的考察分析可见，上面我们分析的当下学者们对教育治理的理解，要么将教育治理理解为管理，要么将教育治理理解为平等协调、多元共治，这两种看法只是各自理解了治理原意的一个方面，是不符合治理的原意的。所以上面所说的新时代教育管理学由教育管理向教育治理转向中的向教育治理转向，是建立在将治理理解为管理基础上的；向教育治理转向中的向平等协调、多元共治转向，是建立在将治理理解为平等协调、多元共治基础上的。这两种转向，实际上都是建立在对治理原意片面理解基础上的。本研究主张新时代教育管理学从教育管理到教育治理转向，这种教育治理既包括平等协调、多元共治的一面，也包括管理和统治的一面，显然是与上述两种转向不同的，是建立在全面把握治理原意基础上的转向。

三、新时代教育管理学发展如何实现由管理到治理的选择

（一）从教育管理到教育治理选择的方法论分析

由于治理的原意包括管理和平等协调、多元共治两个方面的意思，教育治理当然也就包含了这两个方面的意思，于是由教育管理到教育治理的一个直接的做法就是将原来教育管理学中研究教育管理的计划、实施、协调、检查、总结等内容，换成研究教育治理的管理与平等协调、多元共治这两个方面的内容。但本研究认为从教育管理到教育治理的做法还不能这么简单。因为教育治理包括的这两方面的内容，不仅涉及教育治理的方法层面，即如何通过管理和平等协调、多元共治的方法和手段来达到做好教育治理的目的，还涉及教育治理的其他方面。因为教育治理是通过管理和平等协调、多元共治来做好教育事务，调动各方面的积极性而完成教育任务的一种现象，可以说是教育治理具有管理和平等协调、多元共治这一内涵，它的外延涉及教育治理的各个方面，而这些方面的总和就构成了教育治理的整个现象。因此，我们要用教育治理取代教育管理，就要以研究教育治理现象代替研究教育管理现象，从而获得有关教育治理的学问。那如何研究教育治理现象呢？教育治理现象是社会现象的一部分，可以用马克思创立的历史唯物主义分析社会现象的方法，即用物质的实践活动为第一性的原理分析社会现象，将社会现象划分为生产力、生产关系、经济基础和上层建筑四个范畴，并由这四个范畴的矛盾运动推动社会发展的方法，去研究教育治理现象，分析教育治理现象由哪些范畴所组成，这些范畴之间是一种什么样的逻辑关系，由此得出教育治理现象的范畴和逻辑。

（二）从教育管理到教育治理选择的学科样态分析

1. 从教育管理到教育治理所产生的学科名称、性质和类型分析

通过分析教育治理现象发现的由教育治理范畴和教育治理逻辑所构成的教育治理的学问，我们把它称之为教育治理学。教育治理学是研究教育治理现象，揭示教育治理规律的一门学问。像教育管理是由教育和管理所组成的交叉学科一样，教育治理学也是由教育和治理组成的交叉学科；像教育管理是由研究教育管理一般理论的一门学科的教育管理学和由多种教育管理学组成的教育管理学科群一样，教育治理学也可分为由研究教育治理一般理论的一门学科的教育治理学和由多种教育治理学组成的教育治理学科群两类。教育治理学科群大致上可以从两个维度来进行分析。一是从层次来看，有研究国家教育治理的宏观教育治理学，有研究区域（省、市、区、县）教育治理的中观教育治理学，有研究学校教育治理的微观教育治理学即学校教育治理学，包括各级各类学校教育治理学。在各级学校教育治理学中，有研究学前教育治理、小学教育治理、初中教育治理、高中教育治理和大学教育治理的教育治理学；在各类教育治理学中，有研究普通教育治理、职业技术教育治理、特殊教育治理、民族教育治理和民办教育治理等的教育治

理学。二是从内容上来看，有研究教育人事治理的教育人事治理学，有研究教育财务治理的教育财务治理学，有研究教育业务（教学、科研、德育、招生、就业、督导）等的教育业务治理学等。本研究只研究作为教育治理一般理论的一门学科的教育治理学。

2. 作为一门学科的教育治理学的范畴及逻辑分析

研究作为教育治理一般理论的一门学科的教育治理学，它是以一般教育治理现象为研究对象。运用上面我们确立的马克思历史唯物主义方法论对一般的教育治理现象进行分析发现，教育治理学由教育治理活动、教育治理体制、教育治理机制和教育治理观念四个范畴所组成。

第一个范畴是教育治理活动。教育治理活动是教育治理的主体与主体、主体与客体或客体与客体之间所发生的一种相互作用和相互影响。之所以将教育治理活动作为教育治理现象的第一个范畴，是因为教育治理活动是我们每个人能参加又能亲身感受到的一种实践活动现象。教育治理活动包括教育治理的主客体、内容、过程、方法和环境等。教育治理的主体指的是政府、社会和学校，以及这三类主体中的组织和组织中的人。教育治理的内容包括各级各类教育，各级各类教育中的人、财、物、信息、时空以及组织及其组织中人的职责权限等。教育治理的过程指的是计划、实施、检查和总结。教育治理的方法包括在法治的基础上的管理和平等协调、多元共治。教育治理环境包括多个方面：或是精神环境和物质环境；或是政治、经济和文化环境；或是宏观、中观和微观环境等。

第二个范畴是教育治理体制。教育体制是教育机构与教育规范（制度）的结合体或统一体。[50] 教育治理体制是由教育治理机构和教育治理规范（制度）的结合体或统一体。之所以将教育治理体制作为教育治理现象的第二个范畴，是因为教育治理活动要想实现有序和高效，就必须建立一定的机构和规范，这就形成了教育治理的体制。教育治理体制有两种理解：从层次方面来说，有宏观的教育治理体制、中观的教育治理体制和微观的教育治理体制；从性质方面来说，有集权式的教育治理体制、民主式的教育治理体制和合作式的教育治理体制。

第三个范畴是教育治理机制。教育机制是教育现象各部分之间的相互关系及其运行方式。[51] 教育治理机制就是教育治理现象各部分之间的相互关系及其运行方式。之所以将教育治理机制作为第三个范畴，是因为教育治理活动各要素之间要发生一定的关系并产生一定教育治理活动的运行方式。教育治理体制产生后，教育治理体制各部分之间要发生一定关系并产生一定的教育治理体制的运行方式。同时，教育治理体制还要作用于教育治理活动，从而产生教育治理体制作用于教育治理活动的机制。教育治理机制有层次的教育治理机制、形式的教育治理机制和功能的教育治理机制。层次的教育治理机制包括宏观的教育治理机制、中观的教育治理机制和微观的教育治理机制；形式的教育治理机制包括行政计划式的教育治理机制、指导服务式的教育治理机制和监督服务式的教育治理机制；功能的教育治理机制包括激励的教育治理机制、制约的教育治理机制和保障的教育治理机制。

第四个范畴是教育治理观念。教育治理观念是主体在实践的基础上，对教育治理所产生的一种系统的理性的认识。之所以将教育治理观念作为第四个范畴，是因为教育治理活动的开展、教育治理体制的构建、教育治理机制的运行，都要产生一定的教育治理观念并依据一定的教育治理观念。教育治理观念有对教育治理是什么的认识而产生的教育治理本质观，有对教育治理作用的认识而产生的教育治理价值观，有对如何发挥教育治理作用的认识而产生的教育治理实践观，有对教育治理作用结果的认识而产生的教育治理质量观。教育治理本质观、教育治理价值观、教育治理实践观和教育治理质量观这四种教育治理观念体现出一种递进的逻辑。只有认识了教育治理是什么，才有可能认识教育治理的作用是什么；只有认识了教育治理的作用是什么，才有可能认识如何发挥教育治理的作用；只有认识如何发挥教育治理的作用，才有可能认识教育治理作用的结果。另外，教育治理观念除了有递进逻辑的教育治理观外，还有由教育治理的对应逻辑而产生的主体教育治理观和从属教育治理观：主体教育治理观是充分调动教育治理主体自觉性和能动性的教育治理观；从属教育治理观是从属社会和从属儿童的教育治理观。

以上四个范畴都是与教育治理的管理和平等协调、多元共治这一内涵有直接关联的，或者说，这四个范畴都要体现这一内涵。从教育治理活动来看，不仅教育治理的方法本身就是这种内涵的具体体现，管理和平等协调、多元共治还要求教育治理活动的主体运用这两个方面去处理教育治理的内容，掌握教育治理的过程和应对教育治理的环境。从教育治理体制来说，教育治理机构的建立和制度规范的施行都要体现管理和平等协调、多元共治的要求，只不过集中式的教育治理体制更强调管理，民主式的教育治理体制更强调的是平等协调、多元共治，而合作式的教育治理体制二者都要强调而已。从教育治理机制来看，要用管理和平等协调、多元共治两方面的要求处理教育治理中的各种关系和运行方式。在层次教育治理机制中有不同的侧重：宏观机制多强调管理，而中观和微观机制多强调平等协调、多元共治；在教育治理的形式机制中，行政计划式机制主要强调管理，指导服务式的机制主要强调平等协调、多元共治，而监督服务式的机制管理和平等协调、多元共治两方面都要强调。从教育治理观念来看，在教育治理观的递进逻辑中管理和平等协调、多元共治这两方面都要体现在教育治理是什么的教育治理本质观，教育治理的作用是什么的教育治理价值观，如何发挥教育治理作用的教育治理实践观，以及教育治理作用结果的教育治理质量观中。在教育治理观的对应逻辑中，主体教育治理观更多强调的是平等协调与多元共治，而从属教育治理观中的从属社会教育治理观强调的是管理，从属儿童教育治理观更多强调的是平等协调和多元共治。教育治理学体系如图 1 所示。

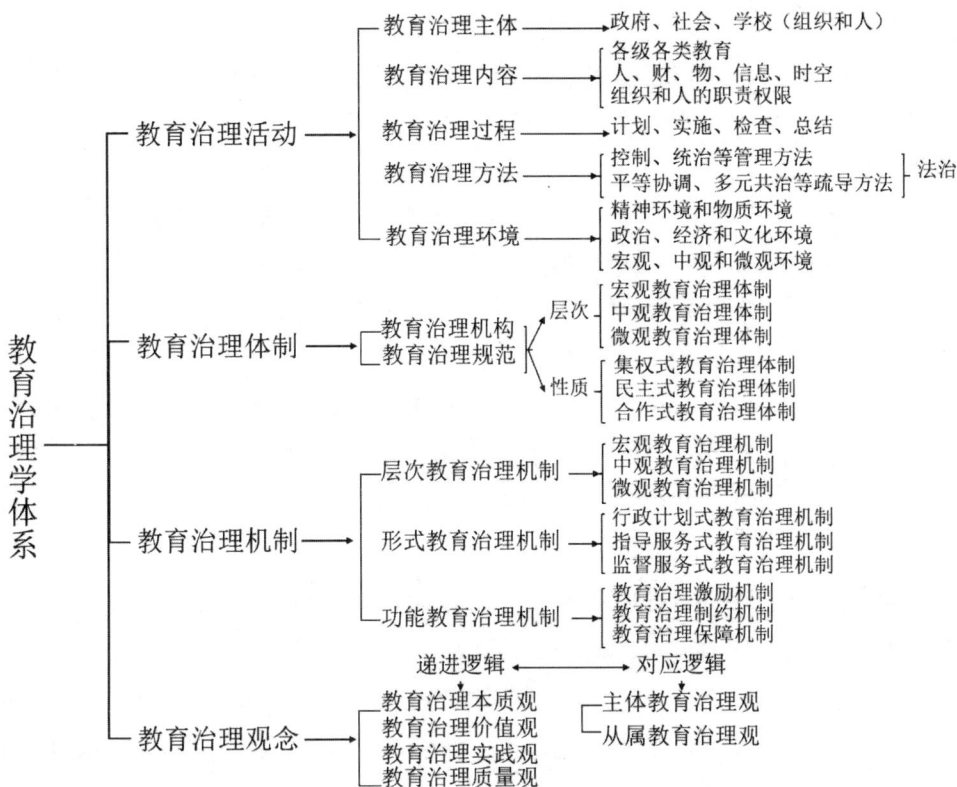

图 1　教育治理学体系图

3. 教育治理学的研究与以往教育治理研究的不同之处分析

基于上述分析可以认为，由教育管理到教育治理，以往的教育管理学就可以被一门新的学问——教育治理学所代替了。这门学问是以教育治理现象为研究对象，由教育治理活动、教育治理体制、教育治理机制、教育治理观念四个基本的范畴和逻辑组成的体系。

这种对教育治理的研究，与以往对教育治理的研究有如下几点不同：一是以往对教育治理的研究，基本上只研究教育治理主体，即只研究政府元治理、社会多元治理、学校自主治理等；二是以往的教育治理研究多是研究教育治理的方法，即研究如何通过平等协调、多元共治来达到"善治"（显然这两种研究只是本研究教育治理现象中的教育治理活动这一范畴的主体与方法部分）；三是如果把以往研究平等协调、多元共治也看作对教育治理内涵的研究，那么它只是对本研究教育治理内涵中对平等协调、多元共治这一部分的研究，还缺乏对教育治理内涵另一部分——管理和统治的研究。可见，与以往教育治理研究相比，本研究所主张的转向后的教育治理的研究，无论是在研究对象上，还是在对教育治理内涵的把握上都是比较全面的。

参考文献：

［1］Murphy J，Loius K S.Handbook of Research on Educational Administration，a Project of the American Educational Research Association（Second Ed）［M］. San Francisco：Jessey-Bass Publisher，1990：20.

［2］［22］让－皮埃尔·戈丹. 何谓治理［M］. 北京：社会科学文献出版社，2010：14-16.

［3］孙绵涛. 教育管理学：理论与范畴［M］. 北京：人民教育出版社，2021：113.

［4］刘德磊. 近二十年我国教育治理研究文献评析——基于 CNKI 数据库的分析［J］. 创新创业理论研究与实践，2018，1（06）：20-24.

［5］［23］孙绵涛，何伟强. 治理、教育治理与中国教育之治涵义考论［C］// 孙绵涛. 中国教育治理研究. 昆明：云南大学出版社，2023：15-47.

［6］柳燕，李汉学. 浅析我国教育治理中"管办评分离"的改革路径［J］. 天津师范大学学报（基础教育版），2015，16（03）：14-18.

［7］董艳艳. 教育治理背景下政府教育职能的转变研究［J］. 郑州师范教育，2015，4（01）：19-22.

［8］程仙平，杨淑珺. 社区老年教育治理的路径选择［J］. 教育探索，2016（08）：127-132.

［9］蒿楠. 论教育治理体系下的学校自主发展［J］. 教育理论与实践，2016，36（29）：10-13.

［10］［19］吴磊，冯晖. 合作治理视域下社会组织参与教育治理：模式、困境及其超越［J］. 中国教育学刊，2017（12）：60-65.

［11］张英钰. 资源整合与区域教育治理［J］. 基础教育课程，2018（09）：13-17.

［12］靳澜涛. 教育治理与教育管理的关系辩证及其实践反思——对一个老问题的新看法［J］. 教育学术月刊，2020（06）：17-23.

［13］［41］褚宏启，贾继娥. 教育治理与教育善治［J］. 中国教育学刊，2014（12）：6-10.

［14］孙绵涛. 现代教育治理的基本要素探析［J］. 中国教育学刊，2015（10）：50-53.

［15］孙绵涛. 教育治理：基本理论与现实问题［J］. 中国德育，2019（07）：48-54.

［16］朱千波. 教育治理：高等职业教育管理改革的新趋向［J］. 高教学刊，2015（23）：154-155，157.

［17］金绍荣，刘新智. 非政府组织参与公共教育治理：目标、困境与路向［J］. 教育发展研究，2013，33（05）：49-54.

［18］刘金松，肖景蓉. 教育治理的实践逻辑探讨［J］. 教育学报，2021，17（02）：109-117.

［20］靳澜涛. 从教育治理到教育治理现代化的内在逻辑及其价值理性［J］. 中国电化教育，2021（10）：51-56.

［21］Stevenson A，Waite M. Concise Oxford English Dictionary（Twelfth Edition）［M］. New York：Oxford University Press，2011：616.

［24］许慎. 说文解字［M］. 蔡梦麟校释. 长沙：岳麓书社，2021：493.

［25］熊春锦. 东方治理学：中华民族文化软实力［M］. 北京：中央编译出版社，2016：109.

［26］广东、广西、湖南、河南辞源修订组. 辞源［Z］. 北京：商务印书馆，1979：1768.

［27］辞海编辑委员会. 辞海［Z］. 上海：上海辞书出版社，1999：2587.

［28］汉语大词典编纂处. 汉语大词典（普及本）［Z］. 上海：上海辞书出版社，2012：1048.

［29］商务印书馆辞书研究中心. 新华词典［Z］. 北京：商务印书馆，2001：1271.

［30］陆雄文. 管理学大辞典［Z］. 上海：上海辞书出版社，2013：405.

［31］夏焰，贾琳琳. 高等教育治理理论及其原则［J］. 江苏大学学报（高教研究版），2005（02）：
30-34.

［32］［40］［46］杨小敏，李政. 走向治理：首都教育改革面临的机遇和挑战［J］. 北京教育（高
教），2014（06）：6-9.

［33］温红彦，赵平，崔士鑫，王振民，许正中，许晓东，贾立政. "中国之治"与理论研究、创
新传播［J］. 人民论坛，2019（33）：24-27.

［34］王义桅，张鹏飞. 论"中国之治"的内涵、特点及进路［J］. 新疆师范大学学报（哲学社会科
学版），2020，41（02）：7-15.

［35］郝德永. 教育治理的国家逻辑及其方法论原则［J］. 教育研究，2020，41（12）：4-13.

［36］王晓辉. 关于教育治理的理论构思［J］. 北京师范大学学报（社会科学版），2007（04）：5-14.

［37］赵磊磊，代蕊华. 区域教育治理：内涵、目标及路径［J］. 教育科学研究，2017（09）：25-28.

［38］杜明峰，张猛猛. 学校治理的实践建构与制度安排［J］. 教育发展研究，2020，40（20）：31-38.

［39］钟媛媛. 教育治理中的法治与德治［J］. 教育教学论坛，2018（17）：66-67.

［42］孙绵涛. 现代教育治理体系的概念、要素及结构探析［J］. 教育研究与实验，2015（06）：
52-56.

［43］严孟帅. 国际视域下的"教育治理"：治理、组织与路径［J］. 现代教育管理，2018（02）：
112-116.

［44］董鹏鹏，张增垚. 论治理本体视角下的"中国之治"［J］. 理论界，2021（02）：90-97.

［45］徐迅，罗枭，张万朋. 后疫情时代高等教育的"流动空间"及治理策略——网络化治理视
角［J］. 高校教育管理，2021，15（06）：79-90.

［47］蒋庆荣，王彩波. 中国教育治理的政治学阐释［J］. 人民论坛·学术前沿，2018（09）：
94-97.

［48］褚宏启. 抓住教育治理的本质［J］. 中小学管理，2021（04）：60-61.

［49］王绍光. 治理研究：正本清源［J］. 开放时代，2018（02）：153-176+9.

［50］孙绵涛. 教育体制理论的新诠释［J］. 教育研究，2004（12）：17-22.

［51］孙绵涛，康翠萍. 教育机制理论的新诠释［J］. 教育研究，2006（12）：22-28.

教育高质量发展的视域审思与视域融合 [①]

张新平 [②]

摘　要：教育高质量发展是中国向世界发出的时代之声，短期内激发了巨量的研究和实践探索。透过这些研究探索的背后，能够看到存在着察看教育高质量发展的三类主要视域，即经济社会发展视域、公共政策视域及教育关怀视域。不同视域的教育高质量发展展现出不同的意涵、特点和话语表达。视域融合的教育高质量发展突显了教育高质量发展共建共创的建构属性。从视域融合的拓展放大特性看，教育高质量发展亟须植入全球化视域；从视域融合的生成创新特性看，教育高质量发展亟须探寻新的发力点、增长点和突破点。

关键词：教育高质量发展；经济社会发展视域；公共政策视域；教育关怀视域；视域融合

近年来快速递增的聚焦教育高质量发展的相关研究，多是循着何谓教育高质量发展这一主题而铺开，兼及教育高质量发展的价值意义与实现路径等议题。这种研讨教育高质量发展的理路虽然没有什么太多的新意，但对理解教育高质量发展和从概念上把握教育高质量发展，还是有意义的。但是，当教育高质量发展的初识目标基本达成，面对教育高质量发展多样化表述的新现实，审视这些教育高质量发展差异化观点背后的立场、假设，就成为深化教育高质量发展认识环中的一项新的研究任务。

探讨教育高质量发展，目的不是要比较谁的看法更高明，更不是要提出一个能取代众说的统一真见，而是从消极意义上为了防止因各说各话而出现认识上的浅尝辄止，从积极意义上为了拓展教育高质量发展的意涵模式，确保教育高质量发展的政策落地与实践探索更为务实、更可持续。与现行的教育高质量发展研究不同，本文不把阐释教育高质量发展是什么作为主打方向，而把呈现分析那些有代表性的教育高质量发展蕴藏的视

---

① 本文系 2020 年度教育部哲学社会科学研究重大课题攻关项目"教育高质量发展评价指标体系研究"（20JZD053）的研究成果。

② 张新平，南京师范大学教科院教育领导与管理研究所所长、教授，中国教育发展战略学会现代教育管理专业委员会理事长。

域作为目标，从而增进人们理解教育高质量发展所负载的价值意义。在此基础上，以视域融合理论为观照，拓展一种察看教育高质量发展的全球化视域，倡行一种更具包容性的教育高质量发展见解，展望不确定性加剧背景下教育高质量发展的未来研究方向。

一、经济社会发展视域的教育高质量发展

教育高质量发展的自身本体意义是有限和受限的，更多的时候，教育高质量发展需要也只能在比较和关联中才能获得深入地理解。经济社会发展视域的教育高质量发展就是一种将教育高质量发展置放在更为广阔的经济社会发展背景中予以阐发的追求与实践。

经济社会发展是一个使用广泛但意涵飘忽不定的术语。在一些偏爱以社会变迁解读经济活动的经济学者看来，经济社会发展就变成了经济的社会发展，这意味着社会发展乃是揭示经济奥秘的关键所在。《经济社会的起源》一书的著者威廉·米尔博格（Willam Miberg）曾说，"要理解经济变革，就必须了解经济所嵌入的社会和道德背景。"[1]

实际上，经济社会发展是由经济发展与社会发展所构成的浸润着时代意味的复合语词。也就是说，今天被理所当然地视为协同共进的经济社会发展，在历史上的某个时刻某个阶段，它们有可能是彼此分离的，甚至是相互冲突和对立的。这是由于"经济发展追求效率、社会发展倡导公平，二者在发展动力、运行机制和测度准则上的不同，导致不同历史时期对经济发展、社会发展及二者间关系的认知上出现差异，进而造成一定时期内、一定区域范围内经济发展水平领先于社会发展水平（或者社会发展水平领先于经济发展水平），经济发展和社会发展间的不平衡、不协调现象成为世界各国遇到的普遍性难题"。[2]针对经济发展与社会发展可能出现的失衡、矛盾，能否有效平衡经济发展与社会发展的关系，就成为一个重要问题。正如美国社会政策学者詹姆斯·米奇利（James Midgley）所说，"在发展过程中，社会与经济发展构成了一枚硬币的两面。没有经济发展也就没有社会发展，而经济发展如果没有同时改善整体人口的社会福利，也就毫无意义"。[2]

经济发展通常是以维系人类生存的最基本的经济活动为存续条件和延展下来的，没有经济活动作为根基的经济发展，势必会成为无法理解的无本之木。然而，经济活动虽然是为了满足人类自身的物质文化生活需要所进行的物质生产及其相应的交换、分配和消费，但它带来的可能是单一的经济增长，即国民经济的规模扩张和物质财富量上的快速膨胀，而不是以尊重人的幸福追求和多方面满足人的精神发展需求为目的的经济发展。如此一来，那些重视改进人类生存境况和彰显精神需要满足的社会发展，就获得了与经济发展捆绑并行的机遇，原本各行其道的经济发展与社会发展，也就自然而然地跃升为一体化的经济社会发展。国家现代化发展的共同取向乃是，突显经济与社会两者协调共进、互依共存的经济社会协调发展，"我国经济社会协调发展是经济发展和社会发展两个

子系统在发展演化过程中逐渐形成彼此和谐一致的过程，最终使经济发展和社会发展都服从于经济社会整体功能的发挥，从而增进社会福利，推动社会发展。"[2]

当然，若细究经济社会协调发展这种表述，不难看出其所强调的仍是经济与社会两者的关系与结构。但是，如若经济与社会本是浑然一体和配合得当的话，那么超越关系与结构的一些不同问题，诸如经济社会发展的目的、性质及阶段类型等，就更值得探讨和需加阐释了。多年前，我国有研究者提出，经济社会发展并不是为满足人类不断膨胀的贪欲，更不是以破坏生态为代价粗暴追求物质财富的增长，经济社会发展之目的乃是为了给自己、给他人和给后人创造无限的幸福，人的幸福最大化是评估经济社会发展的最高尺度。"所谓幸福最大化，就是指在某个人的天赋、知识、能力和机会等条件约束下，受人的价值观影响，人的物质生活、精神生活所能达到的最大的满足感"，"人的幸福是一个主观与客观相统一的过程，也是一个经济社会可持续发展以及个人满意度不断增加的过程。所以，我们认为，是幸福最大化而不是利润最大化或者成本最小化应当成为经济社会发展的最终目标。"[3]

从当下的情况看，高质量发展，或者说经济社会高质量发展，似有取代其他一切术语的趋向，成为出镜率最高的词汇。首先，在广受关注的高质量发展上，人们倾向认为，"高质量发展，是以满足人民日益增长的美好生活需要为目标的高效率、公平和绿色可持续的发展"[4]。其次，在经济社会高质量发展上，人们倾向于以发展阶段的先后、高低来定位和判断，主张经济社会高质量发展是经济社会发展的高级阶段，而原有的适应后发追赶式发展的经济社会体制机制，已不能适应经济社会发展的新形势。"高质量发展就是经济的总量与规模增长到一定阶段后，经济结构优化、新旧动能转换、经济社会协同发展、人民生活水平显著提高的结果。高质量发展是中国经济的升级版，意味着中国经济社会发展开始由数量追赶转向质量追赶。"[5]

需强调的是，今天如若要找出一个能集中体现经济社会高质量发展的文本，那一定非《中华人民共和国国民经济和社会发展第十四个五年规划和 2035 年远景目标纲要》莫属。在该文本中，高质量发展前后出现了 28 次。它成为中国第一份以高质量发展为灵魂而制订的经济社会全面发展的国家规划。仔细研读这一规划，可以看出，我国着力构建的经济社会高质量发展模式，总体上属于以经济发展为中心并由此带动经济社会全面发展的治理模式，即在坚守经济发展中心地位的同时，注重协同推进社会发展。实际上，这种治理模式是与中国共产党领导治理国家社会建设的本质趋同的，它体现了中国共产党在面对复杂动态的经济社会发展境况时，为完善领导经济社会发展的体制机制所做出的不懈努力。在党的十九大通过的《中国共产党章程（修正案）》中有如下文字让人印象深刻，"中国共产党在领导社会主义事业中，必须坚持以经济建设为中心，其他各项工作都服从和服务于这个中心""党必须集中精力领导经济建设，组织、协调各方面的力量，同心协力，围绕经济建设开展工作，促进经济社会全面发展"。[6]正因如此，我国倡行的经济社会高质量发展，总体上是一种以经济社会发展为立足点，以此统筹推进社会全域发展的政策与实践。

大凡偏向从经济社会发展视域讨论教育高质量发展的言说者和践行者，思想上多相信起码不会抵触教育隶属于经济社会的相关主张。不管是自觉还是不自觉、有意还是无意，努力回到经济社会发展的基场中寻找根据和支撑，乃是他们面对教育高质量发展的原初反应。具体些说，经济社会发展视域下的教育高质量发展主要表现出如下特点。

一是秉持从经济社会发展的环境和战略选择来推断教育高质量发展的方向和目标。这是因为经济社会高质量发展的追求和需求，理应成为教育高质量发展的回应重点和努力方向。国家重大战略调整乃是推动高等教育发展的重要动力，是确定高等教育目标任务的重要依据，"经济高质量发展的要点如质量变革、动力变革、效率变革等，是可以移植到高等教育领域的。这并非简单的复制，而是因为经济高质量发展所面临的问题与高等教育高质量发展应解决的问题，亦即需求侧与供给侧之间具有极强的关联性""积极应对发展环境变化，重新聚焦发展目标，对发展策略做出适应性调整，是每一所高校都应该认真思考的现实问题"。[7]经济社会高质量发展过程中，能否坚持走科技创新驱动经济社会发展之路，将决定着中国在激烈的全球化竞争中的前途和命运。有研究者指出，高等教育发展与经济社会发展的关联度非常高，推动高等教育高质量发展，乃是高等教育适应经济社会发展的现实要求和高等教育自身发展的历史必然。高等教育高质量发展的"灵魂"在于文化创新、"命脉"在于人才培养、"归依"在于社会服务、"源泉"在于科学研究。"当前，世界范围内新一轮的科技革命和产业变革正驱动着社会经济新的发展变革。立足百年未有之大变局，积极服务国家创新驱动发展和经济新常态，培养能够引领社会发展的高质量创新型人才，是高等教育高质量发展的必然选择。"[8]

二是认为教育高质量发展与经济社会高质量发展具有一致性、同步性，强调教育高质量发展在社会经济社会发展中的基础性、先导性功用。从系统论的角度看，教育发展自身是一个系统，同时又是整个经济社会发展中的一个子系统。教育发展本身的系统性程度和水平影响着经济社会发展的水平和质量。反过来，经济社会发展的整体水平又影响着教育系统的水平和质量。这就是所谓的教育高质量发展与经济社会发展所具有的一致性和同步性。"整个教育体系的高质量有赖于各个高质量的教育子体系及其诸方面的有机衔接、相互协调，形成培养德智体美劳全面发展的社会主义建设者和接班人的接力与合力，这便是教育体系的系统性。"[9]同时，"社会是一个复杂多维的系统，它由众多子系统构成，社会整体发展水平取决于各社会子系统的发展程度。高等教育作为重要的社会子系统之一，其发展程度与质量既受到经济、政治、文化等社会子系统的制约，又对经济、政治、文化等社会子系统起到推动作用"[10]。

另一方面，教育高质量发展在社会全域发展中居于基础性地位和发挥着先导性作用。高质量发展需要高质量人才，而高质量人才的培养离不开教育高质量发展的支持，教育高质量发展在国家现代化建设中发挥着基础支撑和创新引领的作用。一般而言，为经济社会发展提供强有力的人力、人才资源保障，乃是教育高质量发展基础性功用的主要体现。有研究者指出，高等教育质量改革促进经济高质量发展的传导机制，可从高等教育人才培养、发展科学知识和服务社会三大职能发挥所产生的经济效应予以考察。高等教育质量改革一是通过人才培养为经济高质量发展提供优质的人力资本，二是通过发展科学知识为经济高质量发展提供坚实的技术保障，三是通过服务社会为经济高质量发展提供持久的发展动力。[11]与此同时，为经济社会发展提供先进科技知识等方面的智力支持，可视为教育高质量发展的先导性作用。当前我国经济社会发展正处于发展方式转变、经济结构优化、增长动力转换的攻关期，教育高质量发展的紧迫性愈加突出。有研究者提出，大学作为社会进步的灯塔，是新技术和新产业的孵化器。新时代高等教育与经济社会发展的相关性更加紧密，高等教育已成为经济社会进步的晴雨表。"当今世界经济全球化、信息化和知识经济发展，高等教育之于经济社会的地位与价值发生了质的变化和跃迁，从以往处于经济社会的边缘到走进经济社会的中心，从过去的适应社会发展转移到引领社会发展和进步。如果说过去高等教育对经济社会发展是动力站，那么，今天的高等教育则是经济社会发展的巨大引擎和风向标。"[12]

三是将经济社会高质量发展的话语、概念观点、模型方法借鉴到教育高质量发展的研究上来，其突出表现就是教育高质量发展上的"阶段论"。阶段论是人们对经济社会高质量发展所持有的一个共识度很高的观点。有研究者提出，高质量发展首先是作为中国经济社会发展新阶段的标识性概念而提出的。新时代我国经济社会发展的基本特征表现为，经济社会发展已由高速增长阶段转向高质量发展阶段。"只有将高质量发展与经济发展的阶段性相联系，深刻认识高质量发展是经济发展的必经阶段、契合经济发展的客观规律，才能进一步增强推动经济高质量发展的自觉性和坚定性。"[13]经济社会高质量发展的阶段论解释，深刻影响了教育高质量发展的相关研究。"总体上来说，高等教育高质量发展是一个嫁接概念或借用概念。"[7]相比于经济学研究来说，教育领域对高质量发展的反应相对滞后。但滞后不意味着必然的否定性，相反，它内蕴着巨大的研究空间。"经济学的先导性研究也为我们关于教育高质量发展的研究提供了一定的理论基础、致思路径与解释框架。"[14]

受经济社会发展阶段论的启发，一种观点认为，基础教育开始从传统的"数量补差"与规模扩张之教育事业外延式发展模式进入基础教育高质量发展的转型升级模式。改革开放初期，面对"基础教育薄弱，学校数量不足、质量不高，合格的师资和必要的设备严重缺乏"的窘迫现实，"数量补差"式发展就自然地成为当时学校发展建设的首选方案。随着教育人才短缺的缓解，同时出于效益提升的考虑，规模扩张式发展成为最具吸引力的教育行动选择。那个时期，数量追求成为我国教育事业发展的主色调，整个社会对数量、规模的重视压倒了对质量的诉求，质量取向也就理所当然地变成了次色调。[15]也有研究者提出，当中国教育初步完成了以高速增长为特征的外延发展任务后，整个国家对于教育高质量发展的诉求变得更加强烈。"无论是服务新时代经济高质量发展的战略需求，还是体现新时代教育发展的战略要求，中国教育都需要从高速增长迈向高质量发展，努力实现以高质量发展为时代特征的教育内涵发展战略转型"，当前和未来较长一段时间教育发展将从"'高速增长、资源重点投入'迈向'高质量发展、资源公平配置'"。[16]与此同时，受经济社会发展阶段论的影响，另一种观点认为，伴随着高等教育从高速增长迈向高质量发展的新阶段，有关高等教育的评估也需要从量化评估转向高质量评估。面对经济社会高质量发展的新现实，推动高等教育高质量发展，不只是因应经济社会发展的需要，也是为了改进人的培养过程和提升人的受教质量，从根本上实现"高等的教育"或者"成人"目标。原有的高等教育量化评估，乃是高等教育评估的初级阶段，它适应和满足了高等教育高速增长阶段的需要；而高等教育高质量评估，乃是高等教育评估的高级阶段，目的是要深挖高等教育发展的价值意涵，促进高等教育的制度环境建设。"为适应并促进高等教育的高质量发展，关于高等教育的评估需要从可量化转到高质量，从关注发展的效率转移到发展的范式，从关注发展的结果转向关注发展的过程，从聚焦高等教育机构的质量转移到聚焦高等教育系统的创新。"[17]

二、公共政策视域的教育高质量发展

公共政策视域彰显的是，为应对百年未有之大变局的挑战，国家政府通过政策思想与实践的转变创新，所展现出来的是治国理政能力、精神气状况、工作努力程度及其效果。20世纪70年代以来，公共政策渐从公共行政中分离出来，成为一个检视政府执政水平的重要模块。不过，惊诧的是，公共政策越是受到重视，似乎就越难达成一个统一的公共政策认识。公共政策成为一个为多学科使用和予以定义的见仁见智的概念，"不同的学科有不同的着重点，差异主要集中在政治学、法学、经济学三个学科，同一学科领域的不同学者之间有时也有比较大的差异。"[18]休斯指出，存在着两种不同的关注点和重点的公共政策，"第一种被称为'政策分析'；第二种是'政治性的公共政策'。政策分析人士是那些坚持使用在公共政策领域开创之初所使用的研究方法并不断拓展该领域的人，也就是说，他们通过较抽象的统计资料和数学模型来研究决策和政策制定的问题。政治性的公共政策论者更感兴趣的则是公共政策的结果、成效、决定特殊事件的政治上的相互作用和政策领域——例如，健康、教育、福利、环境——而不是统计方法的使用。"[19]有研究者认为，鉴于公共性是公共政策的最重要属性，这就决定了不能将政党政策纳入公共政策领域，公共政策的范围只能窄化而不能泛化，公共政策即是政府的政策。[20] 实际上，很多政党的政治行为同样具有强烈的公共性，如若因为公共性而将政党政策删除或将之与政府政策区别开来，这很可能给政策研究造成伤害。基于这种考虑，我以为将公共政策视为"公共权威当局，为解决某项公共问题或满足某项公众需要，所选择的行动方案或不行动"的解释，就具有了明显的合理性。这种观点强调，公共政策是公共权威当局所进行的活动，公共政策的选择行动是一种有意识的行动，公共政策是问题导向的，公共政策包括了公共权威当局的作为或不作为的行动。[21]

每当我们身处激剧变化或深度转型的社会当口，研制和出台公共政策、执行和评估公共政策就成了国家政府积极作为、主动作为和创新作为的风向标、试金石。这个时候的国家政府的领导力，很大程度上可以通过公共政策的制定、执行和评估而展现出来。有研究者提出，公共政策是政党和政府治国理政的重要手段，公共政策的结果效能反映了国家政府治理体系和治理能力现代化的水平。"公共政策能够良好地嵌入政府治理之中，其效能如何将直接代表政府治理能力的优劣""民主、法治、公开透明、保障少数群体权益和高效的公共政策能够提升政府治理能力"。[22]

实际上，国家政府的"治国平天下"的领导力，常常是通过公共政策的调整、变革、创新而实现的。公共政策的调整、变革和创新，既是国家政府尽责履职的有力体现，也是国家社会整体发展变革的前奏，亦是国家整个社会发展变革的重要组成部分，它们之间高度遵从同一性原则。现在一方面，全球的主要矛盾正发生着深刻变化，联合国教科文组织指出，当今世界的动荡使得复杂性、紧张不安和矛盾冲突达到了前所未有的程度，人类正遭遇生态压力以及不可持续的经济生产和消费模式、全球财富增加但脆弱性和不平等加剧、相互联系日益紧密但不宽容和暴力日益严重、人权和性别平等虽有改善但落实仍很困难等多方面的挑战和矛盾[23]；另一方面，国内社会的主要矛盾也发生了变化，原有的人民日益增长的物质文化需要同落后的社会生产之间的矛盾，开始向人民日益增长的美好生活需要和不平衡不充分的发展之间的矛盾转化。国际国内变化着的主要矛盾，对国家政府的执政能力提出了新要求，同时也对社会政策创新发展提出了更高要求。彼得斯在谈及政府未来治理模式问题时说，"对于政府部门来讲，变革与其说是一种特例，不如说是一种惯例。"[24] 这句话用于公共政策也是贴切的。面对新矛盾新要求，公共政策需要不断变革和创新，通过变革开展创新，通过创新实现变革。有研究者认为，国内社会主要矛盾的转变，对社会政策创新性发展提出了新要求：一是社会政策应当有效回应公民包括困难群体多元化、多层次的需求；二是社会政策要为公民的体面生活提供足够的收入和服务保障；三是社会政策应当通过对困难群体、特殊群体的保护，从而有利于各个群体之间的融合；四是社会政策应当为公民尤其是困难群体的能力提升创造条件。社会政策在提升公民福祉时应同时注重国家责任的承担和个人能力的提升。[25]

教育政策作为范围广泛的公共政策的一个重要组成部分，它集中体现了国家政府在关涉全体民众教育需求和利益上的努力意向、程度以及成效等问题。正如有研究者指出的，"教育政策即是近几十年来扩张最速最广的许多政府功能之一，反映在政府预算上就是最明显的证据"[26]。教育政策是一种有关教育的政治措施，是教育权利和利益的具体体现。教育政策的制定和实施本身既是一种重要的政治行为，同时又是各种政治行为综合影响的产物。教育政策就像一面镜子，折射和反映了不同时期不同人群的受教权利和利益。[27]有研究者强调，教育政策是一个多维的整合存在，从现象形态上看，教育政策是教育领域政治措施组成的政策文本及其总和；从本体形态上看，教育政策是关于教育利益的分配；从过程方面看，教育政策是一个动态连续的主动选择的过程；从特殊性质看，教育政策具有不同于一般公共政策的活动属性和利益分配属性。[28]当下人们对于教育政策存在着两种亟须纠正和改变的误识：一是将教育政策与教育实践发展完全区别开来，以为教育政策就是教育政策而与实践无关，对实践影响不明显；另一是纯粹科学地看待教育政策，研究上中立地开展教育政策分析，以为教育政策与政党政治、主观意识等可以完全剥离出来。实际上，这两种认识都经不起辩驳。一方面，中国是一个教育政策大国，这些年国家政府在教育上的诸多重要作为，多是通过相关教育政策的制定实施而展现出来的，中国教育的一个特定现实就是，教育实践的发展变革与教育政策的发展变革具有高度的同步性；另一方面，教育政策是高度价值取向的，教育政策表明了政党政府的教育主张、设想、举措和安排，具有明显的权威性和目的性。美国学者福勒指出，"所有公共政策，尤其是教育政策，都是高度价值涉入的。在政治科学领域中，政策分析的一种流派寻求进行价值无涉的政策分析。我认为，他们的工作走向了歧路，因为这种分析的基础是关于社会现象的错误的概念。我赞同那些相信政策制定与生俱来与价值高度交织的政治科学家们的观点。"[29]

包括教育政策在内的公共政策在发展过程中表现出明显的连续性和阶段性。连续性是因为政策制定和政策执行的主体大体是稳定的、一致的，而阶段性是因为不同时期面临的重点关切不同，同时政策的受众对象及其影响范围也存在差异。有研究者指出，改革开放以来，中国公共政策在回应经济社会发展需要和政治实践进程中，先后走过了让人民"富起来"的"以经济建设为中心"和坚持科学发展观指导下的"全面协调可持续"两个阶段，现在进入了以"以人民为中心"的高质量发展新阶段。这个时期，经济社会发展"面临的问题已从'有没有'和'有多少'转变为'好不好'和'优不优'，除了经济规模的扩大和增长率的提高，还要将发展质量和效益纳入核心目标，而能否满足人民美好生活的需要，正是衡量发展质量与效益的关键标准。"[30]从某种意义讲，教育政策的高质量发展转向比很多领域启动的要早，这既与教育发展本身的性质有关，也与教育政策更为敏感和受各界关注的特点有关。对于教育政策世界中的教育高质量发展，若从公共政策视域细加考察，则不难发现主要表现出如下特点。

一是教育高质量发展指代着一套创新的教育政策概念谱系。教育高质量发展不是一个单一的术词，而是十多年来逐步提出、逐渐成形的政策概念系统。在这个概念系统中，教育高质量发展是居于最上位的属概念，它代表着一个具有时代意义和重大转型的概念家族群。作为最具代表性的属概念，教育高质量发展这一全称表达，首次完整出现在国家重要政策中相对较晚，始见于 2020 年 5 月印发的《中共中央　国务院关于新时代推进西部大开发形成新格局的指导意见》。该政策明确提出了支持"教育高质量发展"的系列举措，强调要大力培训贫困地区幼儿园教师，全面加强乡村小规模学校、乡镇寄宿制学校建设，在县域义务教育学校学位供需矛盾突出地区有序增加义务教育供给，持续推动东西部地区教育对口支援，推进职业教育东西协作，支持西部地区高校"双一流"建设，支持探索利用人工智能、互联网开展远程教育，促进优质教学资源共享。[31] 后来，为了突出一些专门领域教育高质量发展的紧迫性，国家重要政策中又提出了"职业教育高质量发展"[32]"特殊教育高质量发展"[33]等亚属概念。有人在解读《关于推动现代职业教育高质量发展的意见》文本的基础上提出，"职业教育高质量发展从政策制定层面看是由规模到质量、再到高质量的发展阶段；从政策要素层面看是将高质量发展理念融入职业教育体制、机制及教育教学改革过程中，通过多维协作满足经济社会发展和人民群众职业教育权利双重需要的内生发展模式；从政策工具层面看是职业教育治理现代化的发展取向。"[34] 也有研究者主张，"职业教育高质量发展主要是指在职业教育进入新的发展阶段，职业教育发展的动力机制、职业教育发展过程的要素结构及特征、职业教育发展目标的最终实现，均典型地表现为'高质量'特征，更加彰显'好'的职业教育的本质特征。"[35] 针对国务院办公厅转发的教育部等部门《"十四五"特殊教育发展提升行动计划》，有人强调，该政策是"十四五"期间特殊教育高质量发展的宏伟蓝图，是国家层面对"十四五"特殊教育事业发展做出的顶层设计和特殊安排。[36]

在教育高质量发展政策概念族群中，较早形成的一个重要的下位概念是"高质量教育需求"。它见之于《国家中长期教育改革和发展规划纲要（2010—2020 年）》（以下简称《教育规划纲要》）。《教育规划纲要》前后 54 处提到"质量"，喻示着中国教育政策从数量规模重心开始向质量效益转变。《教育规划纲要》的一个重要创见是提出了"高质量教育需求"，并将之作为教育未来发展的重要战略目标之一，它的原初表达是这样的，"优质教育资源总量不断扩大，人民群众接受高质量教育的需求得到更大满足。"[37] 另一个重要的下位概念是"高质量教育体系"，见之于《中华人民共和国国民经济和社会发展第十四个五年规划和 2035 年远景目标纲要》。有研究者指出，"建设高质量教育体系是党中央基于第二个百年发展需要，对于中国教育现代化进行的重大战略设计""是新时代中国教育现代化的系统化顶层设计。"[38]

在教育高质量发展这把大伞下，还有教育质量标准体系、高质量发展教育体制、高质量教育保障机制、高质量教师队伍建设等多个下位概念，它们共聚一起，组成了教育高质量发展政策概念谱系。之所以说教育高质量发展是创新的政策概念谱系，是因为它更具有超越性价值、系统性价值、包容性价值和现代化价值[39]，"为开启新时代教育强国新征程擘画了新的蓝图，意义重大而深远"[40]。有研究者在谈及高等教育高质量发展概念时强调，将现行的提高高等教育质量与高等教育高质量发展等同起来是不妥的。高等教育高质量发展的创新性体现在，相比于提高高等教育质量而言，它的内涵更为丰富，任务也更为繁杂。"与提高高等教育质量不同，高等教育高质量发展是一个新问题。高质量发展是为了高质量的高等教育而不只是高等教育质量。'高质量的高等教育'强调高等教育活动的整体性，指向高等教育的理想，'高等教育质量'只是衡量高等教育活动优劣的一个维度，质量高低取决于质量标准或参照系。"[41]

二是教育高质量发展乃是主动作为的积极变革方略。社会转型与公共政策之间存在着紧密的相互支持和促进的关系。这是因为社会转型构成了公共政策变革的基础，而公共政策的制定与实施既是回应社会转型的需要，也是在为社会转型做贡献的过程中实现公共政策的应有价值。有研究者指出，当代中国社会转型的实质就是完成经济、政治和文化等领域全面性的社会变革，实现中国特色的社会主义现代化，而发展、效率和公平，成为转型期中国政府公共政策的价值取向和追求目标。发展既是一个政治性问题，也是一个战略性问题。发展是硬道理意味着，"解决中国所有的困难和问题，都集中到一点，就是必须把发展放到首位，用发展统领一切，在发展中变被动为主动，变不利为有利，变困难为成就。'中国解决所有问题的关键是要靠自己的发展。'"[42]高质量发展就是一种将政策宗旨既瞄准高质量又紧扣发展，归根结底是将落脚点安放在发展上的新型战略举措。"高质量发展就是能够很好地满足人民在经济、政治、文化、社会、生态文明等方面日益增长的美好生活需要的发展"，"高质量发展要全面体现创新、协调、绿色、开放、共享新发展理念的发展"，[43]"高质量发展的本质是旨在解决不平衡不充分发展问题、提高人民生活品质、促进社会公平正义的发展。"[44]

教育组织变革通常存在着改革与发展两种取向和路径方法不同的模式。[39]改革模式追求的是要消除事物中旧的不合理的部分，发展模式彰显的是事物自身出现的由内到外的、由小到大、由简单到复杂、由低级到高级的正向变化；改革模式的重点是要破除教育事业发展中制约高质量发展、高品质生活的体制机制障碍，发展模式旨在提出突破性的、创新的教育事业发展措施；改革模式本质上是一种减损回避模式，其努力方向是竭尽所能地消解掉人们不想要的那些存在。发展模式本质上是一种增值拓展模式，其努力目标是要精准聚焦和始终追求人们想要的一切，是为了增强人们的自由与幸福，不断增强人民群众获得感、幸福感、安全感。前者遵循的是发现缺失、应对缺陷、消除障碍的逻辑，旨在消除负能量；后者遵循的是挖掘优势、发现美好、提升幸福的逻辑，意在构建正能量。

教育高质量发展是一种基于发展模式的教育政策设计和安排。通常，人们在谈及教育高质量发展时，会将聚焦点放到高质量的理解上，这当然是必要的，但止步于此显然是不够的。譬如，有研究者提出，"高质量发展是对教育发展状态的一种事实与价值判断，意味着教育在'质'与'量'两个维度上达到优质状态，表现为教育享用价值与质量合意性的提升，具有教育供给及产出质量高、效率高、稳定性高等特点"[14]。基于发展模式的教育高质量发展，意味着将以更加积极的态度、主动的精神来审视教育发展的境况和未来，尊重和珍视教育需求满足的优先性，这与改革模式以诊断治疗视野来查找教育活动的弊端缺失并努力避免犯错的行动方法论是大异其趣的。讨论教育高质量发展，有两个问题要引起特别注意：一是只谈高质量是不行的，因为高质量是依托于和指向于发展的，离开了发展的高质量是迷失了航向的高质量，不是真正的高质量；二是只谈改革不谈发展也是不行的。我们所说的是教育高质量"发展"，不是教育高质量改革。尽管发展与改革相依互联，它们并不天然地对立和互损，有时改革还是清除教育发展障碍不可缺少的手段。但是，必须看到，教育高质量发展毕竟是以发展为轴心和重心的。教育高质量发展概念系统的创生和形成，意味着我国教育变革已从改革的天秤转向了发展优先。由此，教育高质量发展的积极变革方略意蕴也就展露无遗。

三、教育关怀视域的教育高质量发展

教育关怀是 21 世纪以来的一个少有的为教育界所共持的兼具理实相融与知行合一的办学施教育人主张，无论是理论研究者还是实践工作者，多能共识性地信奉和力行这种观点。怀抱教育关怀的教育者，多有学习教育学的体制性经历，多对学生抱持仁慈与同情。从学理上看，教育关怀常被看成是"以政府为代表的所有利益主体或利益代理人，从教育的途径在总体上关注并致力于改善所有人的生存状况"，政府是教育关怀最重要的责任主体和义务主体，中心工作是"关注并致力于改变不平等，关注并致力于消除由于外在各种差异而带来的教育机会的不平等，关注并致力于消除由于各种差异带来的歧视。"[45] 从实践上看，教育关怀乃是一种具体的重建学校日常生活和激发学生生命活力的教育努力。有校长强调，"每一个生命都蕴藏着巨大的生命力，每一个生命都是为自己而活，其他人不能代替""校长的一切努力，都是为了把学校真正还给学生。小学六年时光，这段时间的价值大小，就取决于学校有没有为每一个学生的成长提供更为广阔、丰富、有内涵的空间"[46]。以教育关怀为指引，传统的学校组织结构得以重构，学校的班级管理方式、课程学习方式、校园生活方式，成为全面展现教育关注的场所。

教育关怀是教育政策价值的有力体现，而"教育政策价值是教育政策理论与实践最根本、最核心的问题"[47]。作为一种根本价值的表征，教育关怀成为联结各类不同教育政策的一以贯之的共在性灵魂。未能表达教育关怀价值的教育政策，很难说是好的政策和符合未来社会发展需要的政策。"目前教育中的教育不平等问题，大多可以归结为政策和制度问题。有些教育不平等现象的出现本身就是政策和制度的缺失造成的，几乎所有的教育不平等问题都可以通过政策活动，利用制度创新和变迁进行调节。"[48] 以教育关怀为指向的教育政策运行和制度安排，把对社会弱势人群的保护放在重要位置，遵从以人为本、机会均等和差别对待的原则精神。"教育关怀的现代理念要求政府在政策和制度层面对处境不利的群体予以特别的照顾和倾斜，进而达到在教育资源的配置方面的相对公平与合理，改善弱势人群子女的生存状况并使之有所发展。"[49] 教育关怀不是临时之策，更不是居高临下的施舍，任何良善的基于教育关怀的教育政策都需要满足这样一些条件："一是必须实现从临时性关怀到制度性保障的转变""二是必须从基本受教育权救助向综合性关怀转型"。对弱势处境不利群体子女的教育关怀政策的实施，意味着从政策运行层面能够"保证他们获得与其数量相称的、与其他受教育群体在受教育权利（如入学、升学、接受优质教育）等方面的平等份额"[49]。

教育关怀的旨趣激发了教育理论研究者的热情，促发了实践工作者的变革行动。近年来，在教育关怀驱动的多类成果中，"回归教育本真"与"提供合适的教育"尤其引人注目。回归教育本真发轫于对功利性、工具化的批判，"在这样一个科学崇拜、技术理性至上的时代，教育堕入非本真状态，沦为一种追求效用的工具。而本真的教育追求知性与德性的统一，引导人们把握生活的艺术，体验着生存的意义和价值"[50]。通常意义上，回归教育本真被看成是对迷失了的教育本质或者目的重新发现。在阐释教育本真的过程中，生命教育、生活教育或终身教育等观点常被嵌套其中。比如，有研究者认为，"对生命的关注是教育的本真所在，提升个体生命质量与其社会存在意义，是教育的终极追求"。[51] 教育本真成了人们对教育理想状态的憧憬，而本真教育则成为诊治教育疾病的良方妙药，"本真教育的哲学设想反衬着现代教育的诸多弊端，指引着未来教育变革的方向"[52]。

提供合适的教育则糅合了体现教育关怀的政策追求与教育人对美好教育愿景的多元想象。提供合适的教育的重要政策表述，初见于《国家中长期教育改革和发展规划纲要（2010—2020年）》，其强调要"尊重教育规律和学生身心发展规律，为每个学生提供合适的教育"[37]。而提供合适的教育的早期重要学理探索，则见于《人民教育》组织的"为每个学生提供合适的教育"的专题讨论，形成了适合的教育是面向每个学生和以学生发展为本的教育的认识，强调凡是不适合学生的教育，均是不道德的教育。[53] 提供合适的教育，最重要的是将工作重心转向学生，"'适合的教育'应该以学生为原点，所有的'适合'汇聚于学生，成为适合学生的教育"[54]。适合的教育，既是合乎人性的教育，也是适合学生群体特点的教育，还是适合学生个体的教育。最近还有观点提出，适合的教育不仅是适合学生，也要适合社会，这是一种双适合的教育主张。"从个体维度看，'适合的教育'是面向人人、因材施教的教育""从社会维度看，'适合的教育'是适应经济社会发展需要、全社会共同参与的教育"。"'适合的教育'就是坚持把教育放在经济社会发展大局中去谋划，推动人才培养工作始终与人的全面发展和经济社会高质量发展要求相适应的教育。'适合的教育'是坚持政府主导，全社会共同参与建设、共同参与治理、共同分享成果的教育。"[55] 总体上看，适合的教育，从国家政府角度来说，是新时期我国教育事业发展的新要求、新方向，是富强民主社会建设进程中国家教育意志的新表达；从管理角度看，适合的教育是一种有关教育管理的新思维。适合的教育从学校的设置、经费的使用、日常事务的运行等方面提出了新的标准，一切教育工作都要依照"适合"的要求来展开和评价；从学生发展角度说，适合的教育是一种新的教育观，是对"以生为本"教育理念的具体化和更加精细的表达。提供适合的教育，需要重构学校教育样态和学校文化，需要校长领导工作做出新的突破。[56][57][58][59]

教育关怀视域的教育高质量发展，大体上是那些具有强烈学科意识和学科自觉的教育学人在应对高质量发展问题时所做的一种拓展性阐释。"建设高质量教育体系的根本在于满足人民对于高质量教育的需求。从'有学上'到'上好学'，从'公平而有质量的教育'到'更加公平、更高质量'的教育，反映了社会基本矛盾的变化，反映了人民群众对于优质教育的渴望与追求。教育的高质量发展是我国义务教育实现'普九'、高中开启普及化，高等教育进入普及化阶段的必然趋势。"[40] 就此，教育关怀视域的教育高质量发展将其重要关切放在了人的健康成长和全面发展问题上，放在了促进人的健康全面发展的环境条件创建提供及改善上。具体来说，"教育关怀"视域的教育高质量发展探讨，主要表现出如下特点。

一是强调教育高质量发展姓"教"，所谓教育高质量发展乃是"教育"的高质量发展。这种观点强调教育高质量发展是与经济领域高质量发展完全不同的，它遵行另一种思维。教育高质量发展不能被经济学思维及实践所绑架，不能成为经济高质量发展的移植，要防止经济领域的发展指标、规则对教育发展的宰治，"教育高质量发展，必须坚持教育在发展逻辑和发展价值上的优先性，系统考虑教育的内在规范、主体满意度和自身特性。高质量发展教育，需要做到：正确理解教育高质量发展之目的，坚守教育的初心和底线，还教育和学术应有的自由与尊严，辩证处理教育发展所面临的各种复杂关系。以此，教育高质量发展即教育对其本真的回归与实现"[60]。从一定意义上讲，教育关怀视域就是一种情怀、一种立场。研究者一旦拥有了这一视域，那看任何事物都会浸染上浓烈的教育性特征。这种教育性特征就成为教育者打量一切事物的"有色眼镜"，人们所看到的任何事物，都离不开这副眼镜的筛选。譬如，带着这副眼镜，有研究者在探究世界上不同国家和地区的教育高质量发展政策时就获得了这样的结论："虽然不同国家、国际组织对高质量教育表述不尽一致，但无论是卓越教育还是高质量教育，其内涵都是一致的，都是指面向全体人民、兼顾公平与质量的教育。因此，所谓高质量教育体系，也就是面向全体人民，兼顾公平与质量原则，充分发挥每个人的潜力与才能的教育体系。"[61]

二是突出教育高质量发展重"学"，所谓教育高质量发展乃是"双学中心"牵引的教育高质量发展。"双学中心"，也就是"学生中心"和"学习中心"，正在成为教育高质量发展的基本遵循、成为认识，特别是评估教育高质量发展的出发点和归宿。教育高质量发展的最终取向和落脚点是学生的多元发展和学习内涵的拓展。学生发展的程度和学习活动的丰富性，决定了教育高质量发展的广度、深度和高度。[39] 在高等教育领域，"以学生为中心学习"的教育改革，正成为西方发达国家高等教育发展的新动向。这一改革重视增强"学生自主性"和激发学生的学习内驱力。[62] 在基础教育领域，我国传统的以教师及其讲授为中心的教学，即"以教为本的教学"，出现了向"以学为本的教学"，即"学本教学"或"学习中心教学"的转变势头。"学习中心教学强调要将学生能动、独立的学习当作课堂教学全过程中的目的性或本体性活动，而将教师的教导当作引起和促进学生能动、独立学习的手段性或条件性活动。"[63] 学生的学习而非教师的教导，才是教学过程的中心和教学的根本目的，教导只是服务于学生学习的手段或条件而已。实际上，我国是有深厚的重学传统的，像《论语》《荀子》就都是以论"学"开篇的，而作为《四书》之首的《大学》，更是专题聚焦论述如何成为君子的学习问题。对此，教育关怀视域的教育高质量发展，很有必要对这一历史资源做系统挖掘和对接。

三是重视教育高质量发展的条件营创，致力于供求平衡的教育高质量发展。对于教育的高质量发展和"双学中心"的教育高质量发展，除了离不开思想转变和认识提高外，也需要多样化的办学治校软硬条件的支持。而衡量这一软硬条件合适、充足及有效的尺度，大体上可从教育高质量发展的供求平衡上展开。教育供求，即教育的供给与需求，如何在两者间保持适度的张力，形成一个有活力的合理的动态均衡关系，事关教育高质量发展的品质与效能。教育供给，本质上表现为高质量教育体系的建设上，该问题特别是自《中华人民共和国国民经济和社会发展第十四个五年规划和2035年远景目标纲要》提出要建设高质量教育体系以来，得到了较为广泛的探讨。人们多认为，建设高质量教育体系是全面建成社会主义现代化强国的关键所在，是新时代中国特色社会主义发展的时代使命和题中之义，也是新时代中国特色社会主义教育发展的内在诉求和坚定目标。[64][65] 建设高质量教育体系是"十四五"乃至更长一个时期中国教育发展的顶层设计，所谓"高质量教育体系是指向能够满足人民群众日益增长需要的更高质量、更加公平、更有效率、体系更加完备、更加丰富多样、更可持续发展、更为安全可靠的教育体系。"[66] 加快推进高质量教育体系建设，应以构建优质均衡的基本公共教育服务体系为抓手，以构建支撑技能社会建设的职业技术教育体系为重点，以构建开放多元的高等教育体系为突破点，以构建专业优质的教师教育体系为前提，以完善服务全民的终身学习体系为切入点，以构建优质高效的保障体系为基础。总而言之，建设高质量教育体系，就是要整体谋划和建设更加先进的制度体系、更加完善的结构体系、更富质量的育人体系和更加现代的治理体系。[38]

相比于教育供给，我们对教育需求，特别是与教育高质量发展相伴随的高质量教育需求的认识就薄弱许多。尽管高质量教育需求这一术语早在十多年前就提出来了，但到底如何定义和定位高质量教育需求，高质量教育需求具有什么特点，谁有资格、能力和责任来道明此乃高质量教育需求，诸如此类的问题依然是含含糊糊、不清不明。还有，高质量教育需求是自然生长起来的还是被诱导或激发出来的？对于高质量教育需求是应保持基本的尊重还是要首先予以引导乃至管控呢？这些问题同样需要澄清辨明。有研究者在谈及高质量教育体系与教育高质量发展关系时提出，两者是"相互包容、互为依存，其内在要素是一致的。但与教育高质量发展首先是各级各类教育的内涵建设不同，高质量教育体系构建重在满足人的成长需求和契合社会结构要求，并保持教育、学校的活力。教育高质量发展是工作要求、是内涵实质，高质量教育体系是工作抓手、是呈现形式，二者是同一事物的'里''表'关系"。[67]实际上，高质量教育体系只是教育高质量发展之供给层面的问题，而高质量教育需求才是与高质量教育体系相匹配并从根本上规定着高质量教育体系建设好坏、优劣的准绳。正如有研究者所指出的，"人们的一切活动最终都是围绕着提高满足生活需要而进行的，都是为了使自己多种多样和不断增长的生活需要得到更高程度的满足"，人类社会发展的根本价值追求就是要不断地满足民生需要，"满足人们的生活需要是一切发展的根本动因，各种各样的发展最终都是直接或间接地为了满足人们的生活需要，或者直接满足人们的生活需要，或者通过满足由生活需要而派生出了的各种手段性需要而间接地满足人们的生活需要"[68]。教育供给以高质量教育体系建设为表征和载体，而评估高质量教育体系的准心则在于"高质量教育需求"的满足程度和方向引领上。教育供给的数量是否充足、品质是否卓越，完全取决于教育需求的满足程度及其效果。这就使得合理平衡教育供给和教育需求之间的关系，成为有效评价教育高质量发展的一个重要维度。

四是在教育高质量发展的价值表达上，多数研究还表现出一个共有特征，即将发展教育公平视之为教育高质量发展的核心要件或者前置性条件。"教育公平与教育质量是内在地联系在一起的，离开教育质量只谈教育公平是没有实质意义的。"[69]在推进教育公平的大量深化研究中，有三个基本认识值得学界高度重视。第一，我国新时代社会基本矛盾的变化，要求教育公平是"有质量的教育公平"。教育公平在新时代需要升级换代和发挥新的功能，"有质量的教育公平不仅强调'教育结果'的质量，能充分发展人的能力，并能为人的将来带来美好生活；也同时强调'教育过程'的质量，关注教育的细节与学习者的感受，能为学习者提供高质量与个性化的课程内容、教学方式、情感关爱等，使教育过程本身就是美好的。"[69]

第二，教育资源的有限性、稀缺性与人的需求的生长性矛盾，要求教育公平是"有效率的教育公平"。教育公平与教育效率两者并不对立，而是相互联系、同等重要的两个教育目标。"教育公平与教育效率的关系实质上就是'教育资源配置的平等原则、差异原则和补偿原则'与'教育对于个人发展与国家发展的贡献率'之间的关系"，教育公平与教育效率两者内在地咬合在一起，更高的教育效率不仅意味着教育公平的部分实现，"更为重要的是，更多的教育公平会带来更高的教育效率。"[70]教育高质量发展必须追求效率，要"把教育资源投向对教育高质量发展最有贡献率的要素，让有限的教育资源最大程度地促进教育高质量发展"[16]。

第三，基础教育的实质性教育公平是为了每一个人都享有适合于自己的优质教育[71]，而高等教育高质量发展的主要目标是为了"成人"，"即通过'高等的教育'扩展受教育者的实质自由，使其具备'可行能力'"[41]。若不去考虑教育阶段性的差异，只将两者的目的糅合起来考虑，则要求教育公平还是"有自由的教育公平"。教育公平虽是一种现代社会的建构和"想象的秩序"，但仍然有它特有的合理性和必然性，像新教育公平就是因应时势而生长起来的一种综合性的教育理念与行动，"新教育公平要从教育本体出发，以高质量的教育和实质性的公平为两翼，让每一个人都能享有适合自己的优质教育"[71]。所谓有自由的教育公平，也可以说是那些大凡能够适切个人的优质教育，本质上都能有效有力地发展人的实质自由。自由是人的天性，有自由的教育公平意味着教育既要在过程性教育公平、结果性教育公平上发力，也要在作为社会公平组成部分的外部性教育公平改进上有所作为。人的自由禀赋给了人选择和行动的力量，就像教育不公平能够阻碍人的发展一样，人也可以自由地拓展教育公平从而为释放人的内在自由服务。"如果以培养自由人为目标来看待高等教育发展，那么高质量高等教育发展就意味着高等教育应致力于扩展人的实质的自由"，"整个高等教育系统需要彻底贯彻以学习者为中心的理念，并彻底消除各种限制学生自由发展的制度性障碍"[41]。

四、视域融合的教育高质量发展

教育高质量发展是什么这个问题，显然不是由其自身所能决定的。教育高质量发展有异于那些自然造物，它既非固化既定的，也非自在天成的，而是生长的和变化着的，是迎合着人们的期待和能满足人们需求的时代建构和创造。我们对教育高质量发展的认识和理解，根本上是由我们所持有的分析框架或者视角等所决定的。这种分析框架和视角能够帮助我们放大看清教育高质量发展的某些方面，但也会造成对教育高质量发展某些重要方面的遮蔽。"一套由某一种认知意向衍生的分析框架，能够使我们'看到了'其他的分析框架所不能看到的'现象'"，但是，"任何一套分析框架都不能够也不可能'看到'全部的现象"，"即便是同一个客观世界的同一个面相，也可以从几个不同的认知意向的角度去观照它。每次不同的观照，都会使它获得一种新的关联，一种新的意义。"[72]

经济社会发展视域、公共政策视域和教育关怀视域为我们察看教育高质量发展提供了虽有关联却很不一样的图景。不同视域的教育高质量发展，会展现不同的意涵、重点和话语表达。有时候，我们对于教育高质量发展的想象和建构，甚至是彼此冲突和对立的。比如，从教育关怀视域看教育高质量发展，就会自觉或不自觉地拒斥那种将教育发展与经济社会发展无分别地捆绑在一起的做法。如此，要真正理解教育高质量发展，就无法绕开对其视域的审思和积极推动多主体、多对象和多类别的视域融合。

与日常生活中常用的视野、立场、思维方式等不同，视域和视域融合是伽达默尔在阐述效果历史原则时所构建的一种正式的理论化表达。视域是一个人所能看见的区域，人们选择看什么不看什么、能见到什么或涤除什么，这不是一个随心所欲的选择偏好，而是深受个人所处处境制约的。这个处境从其近处看，可能是他的家庭出身、受教经历、工作劳动；从远处看，可能是他生活时代的技术变革、国家民族状况、世界发展格局，等等。处境成了视域的基础背景和底层力量，使视域拥有了不可缺少也无法摆脱的历史性格。关于视域，伽达默尔是这样说的，"视域（Horizont）概念本质上就属于处境概念。视域就是看视的区域，这个区域囊括和包容了从某个立足点出发所能看到的一切。"[73]由处境所决定的视域决定了一个人所能理解的广度和深度。人不可能完全没有视域，只可能存在视域的宽窄和是否拥有视域转换的自由罢了。"一个根本没有视域的人，就是一个不能充分登高远望的人，从而就是过高估价近在咫尺的东西的人。反之，'具有视域'，就意味着，不局限于近在眼前的东西，而能够超出这种东西向外去观看。谁具有视域，谁就知道按照近和远、大和小去正确评价这个视域内的一切东西的意义。"[73]

视域融合（Horizont verschmelzung）实际上是在回答理解是何以可能的以及理解所能抵及的水平和高度。视域融合意味着主体在积极努力地达成一定范围的共识，意味着主体在彼此欣赏或自我欣赏过程中形成了更具包容性的视域。视域融合既可以发生在多个能动的主体之间，也可以发生在作为理解者的主体和作为理解对象的客体之间，还可以发生在同一主体的历史视域与现在视域之间。视域是有边界的，因而需要不断地予以拓展；视域是流动的不是僵死的，因而需要理解者不断地学习而达致视域的更新。关于视域融合，伽达默尔如此说道，"如果没有过去，现在视域就根本不能形成。正如没有一种我们误认为有的历史视域一样，也根本没有一种自为的现在视域。理解其实总是这样一些被误认为是独自存在的视域的融合过程"[73]，"在理解过程中产生一种真正的视域融合，这种视域融合随着历史视域的筹划而同时消除了这视域。"[73]

视域融合表现出两个重要的特点：一是理解需要视域不断地拓展放大。虽然视域是伴随人的存在而存在的，谁也不会缺少视域。但由于人的经历局限、能力大小和努力程度的约束，视域的开阔度、敞亮性、复杂性等又是各不相同的。这就需要人付出持续的努力以拓展放大其视域。某种意义上讲，所谓人的理解与内涵不断充盈的过程，实乃视域不断拓展放大的过程。这也就是伽达默尔所说的形成大视域的过程。"当我们的历史意识置身于各种历史视域中，这并不意味着走进了一个与我们自身世界毫无关系的异己世界，而是说这些视域共同形成了一个自内而运动的大视域，这个大视域超出现在的界限而包容着我们自我意识的历史深度。"[73] 视域的拓展放大，"总是意味着一个更高的普遍性的提升，这种普遍性不仅克服了我们自己的个别性，而且也克服了那个他人的个别性。视域这一概念本身就表示了这一点，因为它表达了进行理解的人必须要有的卓越的宽广视界。获得一个视域，这总是意味着，我们学会了超出近在咫尺的东西去观看，但这不是为了避而不见这种东西，而是为了在一个更大的整体中按照一个更正确的尺度去更好地观看这种东西"[73]。二是理解意味着视域的不断生成创新。视域是历史地存在的，理解是视域赋予的意义和功能。在传统认识论中，清除偏见、成见和前见乃是获得正确认识的前提，但在伽达默尔的视域融合理论看来，偏见、成见和前见不仅不能清除，也无法清除，而且还是形成理解的不可缺少的必要基础，因而是无须清除的。但是，人如果一旦走上自以为是和故步自封的道路，不再学习和提升境界，那么，这些偏见、成见和前见就会成为名副其实的真正"偏见、成见和前见"。如此一来，视域融合就成了遥不可及的梦想，理解就成为了梦幻或者说辞。视域就其本性而言是开放的和成长着的，"视域不是封闭的和孤立的，它是理解在时间中进行交流的场所。"[73] 视域的生成创新性，也就意味着理解的生成创新性，而这也正是真正理解的关键所在。正如伽达默尔所说，"理解就不只是一种复制的行为，而始终是一种创造性的行为。"[73]

其一，从视域融合的拓展放大特性来看，当下的教育高质量发展亟须植入全球化的视域。教育高质量发展的经济社会发展视域、公共政策视域和教育关怀视域，虽然也涉及一些全球化方面的讨论，但它们的重点还是明显地落入了国内背景，聚焦于国家经济社会的发展、政策变革及立德树人的问题。这些视域对于认识教育高质量发展虽然不可或缺，但还是远远不够的。特别是在全球联结越来越紧密，全球化发展将原本泾渭分明的国内和国外这样两个世界，不断地压缩为同一轴线上不断拉近的两端的境况下，缺少了全球化视域的介入，教育高质量发展是很难看清和难以道明的。

全球化是当今世界大变局中最为重要的事件。全球化意味着全球的联系正在加速度地扩大和深化。全球化是以经济、政治和社会活动的跨越边界发展为普遍特征的，"全球化在政治领域促使政治和利益扩展到领土边界之外，各国政治相关性的空前加强；在经济领域促使生产、贸易和投资向原产地以外扩展；在社会和文化领域则将观念、规范和习俗扩大到它们的原生环境之外"[74]。全球化还意味着全球利益愈加紧密地缠绕在一起，"当代全球化就是世界各国政府和民众作为多边主体实现自身联系和利益日益全球紧密化的过程"[75]。全球化虽是从经济领域起步和推开的，但经济全球化并不是全球化的全部。全球化存在着存在论意义上的全球化和价值论意义上的全球化，"全球化有两个方面的本质内涵。其一，在存在论上，全球化意味着经济联系和以此为基础的政治、文化联系的全球规模化。其二，在价值论上，全球化意味着世界各国政府和民众的命运，即生存发展利益的全球紧密化。也就是人们通常所形容的一损俱损，一荣俱荣"[75]。

全球化在当今之所以变得愈加紧要，有两个原因从众多要素中脱颖而出，应特别重视：一是互联网的快速发展加速了全球化的进展。这也是当下我们需要特别关注和关联全球化的原因所在。有研究指出网络化成了真正全球化的标志，"没有网络化，就没有真正的全球化"，"互联网的出现把全球真正连成一体，巨量信息在世界范围内同步流动。有了互联网，才有全球同步的金融市场，没有时区限制。海洋航路、空中航线、跨洲铁路公路都不能与之相比。以往需要几十个小时甚至是几个月才能到达的财富转移和信息传播，现在一秒钟之内可以到达全世界任何地点。这才是完整意义上的全球化，以往任何时代都没有这个全球化"[76]。鲍德温也提醒人们，"要理解全球化，关键在于了解1990年前后发生的信息与通信技术革命，以及这场革命对全球化进程的根本改变"[77]。二是反全球化成为全球化的严重阻碍，从反面突出了重视全球化的急迫性。反全球化是一种具有强烈的政治口号性质的意识形态，是不正常心态下滋生起来的一种反动思潮。所谓反全球化，"可被视为一种与全球化趋势'对着干'的思潮、心态、现象、政策行为、政治口号或意识形态"[78]。反全球化在当下还被赋予了去全球化、逆全球化、负面全球化、破坏性全球化、美式全球化等不同的称呼，尽管这些术语在内涵上存在差异，但本质上属于同义词。反全球化之所以甚嚣尘上，表面上看，是因为全球化拉大了富国与穷国的差距，国家之间存在的不平等未能予以有效消除，全球收入差距也有扩大迹象。[79]本质上讲，反全球化乃是"'零和博弈'和新自由主义思潮影响以及资本主义制度宰制共同支配下全球化纵深发展的产物"[80]，"是一些国家的政府、政党和民众囿于该国的单边主义或霸权主义立场，把全球化当作'出气筒''替罪羊'和'假想敌'的一种社会浪潮。这种浪潮在客观上干扰和延缓了全球化的历史进程"[75]。全球化是一个能够激发复合功能的人类新问题，有研究者认为，"全球化的问题部分在于相关全球治理机制并没有及时适应全球化"[81]，全球化就像一把"双刃剑"，在推动人类进步、创造更多财富的同时，也势必带来一些问题，造成一些负向影响。"伴随着全球化趋势的快速发展，'反全球化'的出现不足为怪。而且，全球化的动力总是大于全球化的阻力，因此，全球化趋势不会因'反全球化'的存在而出现逆转或倒退。"[78]

从某种意义上讲，改革开放以来的中国经济社会发展，乃是一个不断迈向全球化的进程。中国很长时间都只是经济全球化进程中的游离者、被动者、被排挤者，正是改革开放使得中国在经济全球化中的"角色发生了一次次的转变：先是成为经济全球化的参与者，尔后成为推动者，进而又成为引领者"[82]。作为推进经济全球化的重要力量，中国既是经济全球化的受益者，也是经济全球化的贡献者。[83] 有关统计数据表明，1978—2018 年中国经济平均年增长率为 9.7%，对世界经济增长的年均贡献率超过 18.4%，位居世界第二。2012 年以来我国 GDP 总量稳居世界第二，2019 年人均 GDP 突破 1 万美元。[84] 中国在对以经济全球化为关键的全球化持续放大贡献的过程中，有效地减少了对于发达国家的依赖，全球化进程中的中国为自己的发展争得了较为有利的空间和一定的话语权。有关研究发现，"2000—2017 年中国对世界的依存度从 0.8 下降到 0.6，世界对中国的依存度则从 0.4 上升到 1.2"[85]。

　　中国经济社会发展全面走向全球化的必然性、挑战性和全球化进程中中国担负的使命和责任，对新时代中国教育高质量发展提出了更高的期待和要求。正如有研究者所指出的，教育是中国参与全球化进程、推动人类命运共同体构建和"一带一路"建设的一个重要维度。中国的教育质量必须具有国际竞争力，必须聚焦和重视培育 21 世纪的核心素养。"什么样的教育才是高质量教育？不同时代有不同的教育质量要求，我们需要从时代发展、从全球视野来观察思考这个问题。"[69] 全球化竞争的需要和全球化发展的大势，对传统的办学施教构成了巨大压力。譬如，有研究者提出，中国高等教育若要成为未来全球高等教育的有力竞争者和重要引领者，就必须在全球化谱系中有力化解人员流动受阻、虚拟大学兴起及其两极分化加剧的挑战[86]；就比较教育研究来说，全球化竞争需要比较教育研究者增强自身影响力，要通过参与全球治理来助力中国发展，为全球发展贡献中国智慧。[87] 还有研究者在调研访谈的基础上指出，"我国的学者亟需树立全球视野，以更加积极的姿态进入'世界之中'。一方面，学者应关注国际范围的教育研究，参与国际学术界共同关注的话题；另一方面，对于立足我国国情开展的研究，也应站在面向世界的角度，做好中国观点、中国理论的阐释。"[88]

　　教育高质量发展只有在更广阔的全球化视域中才能获得透彻理解。这是因为教育担负着为全球化发展培养人才的重任。当今全球化的竞争、挑战、冲突和对立，都高度浓缩到了高新科技的创新能力高低和强弱上，全球范围内的科技竞争和人才竞争，使"我们对高等教育的需要比以往任何时候都更加迫切，对科学知识和卓越人才的渴求比以往任何时候都更加强烈"[89]。进一步说，全球化冲突和对立，需要我国教育在培养目标上进行再定位、在路径方式上进行大转型。全球化发展需要对传统教育进行大刀阔斧的改革，需要重新审视培养观念、重新调整教育内容。所谓能够适应全球化发展需要的人，也就是具备开拓性应对全球化竞争和挑战的意识和素养的人。这种人视野开阔、思想坚定，既熟悉世界经济运行的法则和秩序，又具备应对全球化竞争的现代中国人的"仁智勇"

品质，能将中国发展和世界发展统一贯连起来，关心全球政治、经济、军事等多层面的发展变革。总之，当前世界挑战与机遇同在、危机与转机并存。教育高质量发展不可缺少"兼济天下"的全球化视域观照。只有紧跟全球化发展大势，积极拥抱全球化，才能看清看透教育高质量发展的未来。

其二，从视域融合的生成创新特性来看，教育高质量发展需要以更大的包纳共创精神来探寻新的发力点、增长点和突破点。曾子说过，"君子思不出其位"。这即是说人们的思考和思想多与他的职务和从事的工作有关。实际上，人们对教育高质量发展的认识何尝又不是如此呢？人们对教育高质量发展的阐发，多受到言说者的个人经历、专业领域以及所持有的价值偏好的影响。无论是经济社会发展视域、公共政策视域，还是教育关怀视域，多体现出考察分析的单一向度特性。这就使得肩负多重使命的教育高质量发展和迈向全球化进程中的教育高质量发展，特别需要确立一种多维的视域融合，以突破单一的视域局限，引导和建构一个站位更高和内涵更丰富的教育高质量发展的认识实践。

不同于传统的主体对客体的单向认识活动，视域融合强调的是理解者与理解对象间视域的交叠。视域融合不是一种视域对另一种视域的替代或压制，而是不同视域在交汇过程中激发出彼此尊重和关心的需要。"当我们已经知道了他的立场和视域之后，我们就无须使自己与他的意见完全一致也能理解他的意见，同样，历史地思维的人可以理解流传物的意义而无须自己与该流传物相一致，或在该流传物中进行理解。"[73] 不同视域表明存在多种不同的理解方式，这些不同的视域若能相互借鉴、真诚对话，就能在包纳生成中形成新的意义，达成新的理解。对于教育高质量发展而言，人们在经济社会发展视域、公共政策视域或者教育关怀视域中若是固执一端，那很可能导致思维固着，就难以体认教育高质量发展的深远意义。教育高质量发展的教育关怀视域有助于人们在错综复杂的局面中紧扣教育的根本，使之"本立而道生"。而经济社会发展和公共政策视域则有助于人们从更广阔的背景来认识教育高质量发展所蕴藏的转型性意义。不同视域彼此珍视、相互欣赏、内外联动、开放对话，就能相辅相成、相得益彰。这也许是"各美其美、美人之美、美美与共、天下大同"的真义所在。

更重要的是，视域融合意味着发展变化，意味着生成新生。真正的视域融合总是意味着又有了新的理解、新的领悟，新的增进和提高。"视域其实就是我们活动于其中并且与我们一起活动的东西。视域对于活动的人来说总是变化的。所以，一切人类生命由之生存的以及以传统形式而存在于那里的过去视域，总是已经处于运动之中。"[73] 就教育高质量发展而言，无论是其理论认识还是实践推进，其意涵都是在不断地发展和得以丰富的过程。对教育高质量发展的认识和理解，完全是在现在视域与过去视域、我的视域与他的视域的不断汇融中展开和完成的，视域的融合与更新为我们认识教育高质量发展打开了新的窗口，创造了新的可能性。视域融合的教育高质量发展意味着，既要打破时间局限，从历史变化中理解教育高质量发展，也要突破空间限制，从国内国际两个循环的联动中把握教育高质量发展。教育高质量发展是新时代教育发展的一个总体指引，是一个需要付出长期努力和持续创新探索的过程。视域融合赋予了教育高质量发展新的动能，为未来的教育高质量发展探明了新的发展线索。

一是发力点上，教育高质量发展的研究话语，既要走分殊的路线，也要走整合统一的路线。既有的教育高质量发展研究，多是以分殊方式展开，譬如从阶段性上看，较多地论及高等教育高质量发展、基础教育高质量发展，兼及职业教育高质量发展、特殊教育高质量发展；从教育体系上看，较多的论及基础教育高质量体系建设、高等教育高质量体系建设，兼及学前教育高质量体系和成人教育高质量体系建设等问题；从对象上看，较多地论及教师队伍高质量发展、中小学生高质量发展，兼及校长领导高质量发展和学校管理者队伍高质量发展；等等。但是须知道，这些从不同方面、不同类别和不同主体展开的教育高质量发展研究，并不能直接形成人们对于作为整体性存在的教育高质量发展的认识。这就如对人的认识一样，不论是将人细化研究到什么程度和层次，不论人们从中获得了多少准确精细的身体细胞的知识，这并不表明就能自动获得作为具身存在的人的整体性认识。正所谓窥一斑不知全豹，处一隅须观全局。无论走多少个教育高质量发展研究的分殊路线，终不能替代走教育高质量发展研究的整合统一路线。只有从整体上认识教育高质量发展，教育高质量发展才能获得整体性的理解。

二是增长点上，教育高质量发展的政策驱动，既要走宏观、微观的路线，也要走中观区域的路线。近年来，我国出台了一系列旨在推动教育高质量发展的关涉全国和全局的高层公共政策，也出台了一些指向性、对象性明确的关涉落实、落地的微观公共政策，譬如由中共中央办公厅和国务院办公厅印发的《关于进一步减轻义务教育阶段学生作业负担和校外培训负担的意见》[90]，就是一个影响广泛的微观性教育政策。相比较而言，中观区域层面的专注教育高质量发展的政策就显得少见和不足。新世纪以来，我国推出了京津冀协同发展、长江经济带发展、粤港澳大湾区建设、长三角一体化发展、南京都市圈发展、成渝地区双城经济圈建设等多个旨在突破行政属地藩篱、促进经济社会跨省域发展的重大区域创新发展战略。教育是推动区域协同发展的先行者、助推者和黏合剂，及时形成和出台以跨省域为重心的大区域教育高质量发展政策，应成为今后国家公共政策研制与实施的一个重要选项。

三是突破点上，教育高质量发展的经验提升，既要走省、县为主的本土化道路，也要走"全球化发展"之路。各省市和县域在推进教育高质量发展的过程中，必然因为各自的优势与历史而呈现出不同的特点，其中不乏高质量的成果与样板。省域和县域教育高质量发展的经验分享和相互借鉴，有利于激发省县探索教育高质量发展的创造性和事业精神。与此同时，教育高质量发展的探索还要不断提炼中国经验，在全球的流转中厚实中西对话。事实上，改革开放以来，我国教育特别是基础教育领域，形成了不少值得向世界推介的经验。从构建人类命运共同体的角度看，中国共产党领导基础教育的百年征程，就可视为向世界贡献中国模式的过程。[91] 有研究者指出，中国对于改进全球教育治理饱含责任和激情，在造福全人类的进程中作出了三大重要贡献：一是通过普及九年义务教育，率先兑现全民教育承诺；二是以"一带一路"倡议推动全球教育向前发展，重塑了世界教育的新格局；三是坚持以人民为中心，为全球教育治理奉献了新逻辑与新方案。[92] 教育高质量发展是中国向世界发出的时代之声，在迈向全球化和推动全球治理走向公平正义的过程中，我们有责任和义务讲好中国教育故事、向世界展现中国教育智慧，以全球教育治理助推全球治理，以教育命运共同体建设助推全人类命运共同体建设。

参考文献：

[1] [美] 罗伯特·L.海尔布罗纳，威廉·米尔博格. 经济社会的起源[M]. 李陈华，许敏兰，译. 上海：格致出版社·上海三联书店·上海人民出版社，2012.

[2] 范柏乃，邵青，张维维. 我国经济社会协调发展的动态监测与政策支撑体系研究[M]. 北京：中国财政经济出版社，2017.

[3] 孙希有. 面向幸福的经济社会发展导论[M]. 北京：中国金融出版社，2005.

[4] 国务院发展研究中心课题组. 高质量发展的目标要求和战略重点（上）[M]. 北京：中国发展出版社，2019.

[5] 国务院发展研究中心课题组. 高质量发展的目标要求和战略重点（下）[M]. 北京：中国发展出版社，2019.

[6] 共产党员网. 中国共产党章程[EB/OL].（2022-10-22）https://www.12371.cn/special/zggcdzc/zggcdzcqw/.

[7] 刘国瑞. 新发展格局与高等教育高质量发展[J]. 清华大学教育研究，2021，42（01）.

[8] 张晋，王嘉毅. 高等教育高质量发展的时代内涵与实践路径[J]. 中国高教研究，2021（09）.

[9] 卢晓中. 基于系统思维的高质量教育体系构建与教育评价改革——兼论拔尖创新人才培养的系统思维[J]. 国家教育行政学院学报，2021（07）.

[10] 陈斌. 高等教育高质量发展：价值意蕴、现实境遇与推进策略[J]. 重庆高教研究，2022（01）.

[11] 李子联. 中国经济高质量发展的动力机制[J]. 当代经济研究，2021（10）.

[12] 刘振天，李森，张铭凯，等. 笔谈：高等教育高质量发展的系统思考与分类推进[J]. 大学教育科学，2021（06）.

[13] 高培勇. 深化对经济高质量发展的规律性认识[J]. 财经界，2019（25）.

［14］柳海民，邹红军. 高质量：中国基础教育发展路向的时代转换［J］. 教育研究，2021，42（04）.

［15］张新平. 教育高质量发展之探究［J］. 教育发展研究，2020，40（20）.

［16］秦玉友. 从高速增长迈向高质量发展——新时代教育内涵发展战略转型［J］. 南京师大学报（社会科学版），2019（06）.

［17］王建华. 论高等教育的高质量评估［J］. 教育研究，2021，42（07）.

［18］刘小吾. 解读公共政策［J］. 湖南社会科学，2009（04）.

［19］［澳］欧文·E. 休斯. 公共管理导论（第二版）［M］. 彭和平，周明德，金竹青，等，译. 北京：中国人民大学出版社，2001.

［20］卢坤建. 公共政策释义［J］. 中山大学学报（社会科学版），2001（04）.

［21］张成福，党秀云. 公共管理学［M］. 北京：中国人民大学出版社，2001.

［22］陈震聪. 公共政策与政府治理能力［J］. 学术论坛，2015，38（09）.

［23］联合国教科文组织. 反思教育：向"全球共同利益"的理念转变？［M］. 联合国教科文组织总部中文科，译. 北京：教育科学出版社，2017.

［24］［美］B. 盖伊·彼得斯. 政府未来的治理模式［M］. 吴爱明，夏宏图，译. 北京：中国人民大学出版社，2001.

［25］李迎生，吕朝华. 社会主要矛盾转变与社会政策创新发展［J］. 国家行政学院学报，2018（01）.

［26］蔡璧煌. 教育政治学［M］. 台北：台湾五南图书出版股份有限公司，2008.

［27］孙绵涛，等. 教育政策论［M］. 武汉：华中师范大学出版社，2002.

［28］刘复兴. 教育政策的四重视角［J］. 清华大学教育研究，2002（04）.

［29］［美］弗朗西斯·C. 福勒. 教育政策学导论［M］. 许庆豫，译. 南京：江苏教育出版社，2007.

［30］燕继荣，朱春昊. 中国公共政策的调适——兼论"以人民为中心"的价值取向及其实践［J］. 治理研究，2021，37（05）.

［31］中共中央 国务院. 关于新时代推进西部大开发形成新格局的指导意见［EB/OL］.（2020-05-17）. http://www.gov.cn/xinwen/2020-05/17/content_5512456.htm.

［32］中共中央办公厅 国务院办公厅. 印发《关于推动现代职业教育高质量发展的意见》［EB/OL］.（2021-10-12）. http://www.gov.cn/zhengce/2021-10/12/content_5642120.htm.

［33］国务院办公厅. 关于转发教育部等部门"十四五"特殊教育发展提升行动计划的通知［EB/OL］.（2021-12-31）. http://www.moe.gov.cn/jyb_xxgk/moe_1777/moe_1778/202201/t20220125_596312.html.

［34］李祥，吴倩莲，申磊. 职业教育高质量发展的理论阐释与实践图景——基于《关于推动现

代职业教育高质量发展的意见》的政策分析[J]. 终身教育研究，2021，32（06）.

[35]孙翠香. 新时代职业教育高质量发展的内涵、特征与推进策略[J]. 职业与教育，2022（03）.

[36]李天顺. "十四五"特殊教育高质量发展的宏伟蓝图[J]. 现代特殊教育，2022（02）.

[37]国家中长期教育改革和发展规划纲要（2010-2020 年）[EB/OL].（2010-07-29）. http：// www.moe.gov.cn/srcsite/A01/s7048/201007/t20100729_171904.html.

[38]高书国. 高质量教育体系的时代内涵与实践策略——基于系统理论的战略分析[J]. 中国教育学刊，2022（01）.

[39]张新平，佘林茂. 对教育高质量发展的三重理解[N]. 中国教育报，2021-3-18.

[40]管培俊. 建设高质量教育体系是教育强国的奠基工程[J]. 教育研究，2021，43（03）.

[41]王建华. 什么是高等教育高质量发展[J]. 中国高教研究，2021（06）.

[42]任维德. 社会转型与公共政策[J]. 内蒙古大学学报（人文社会科学版），2001（04）.

[43]孙学工，郭春丽，等. 中国经济高质量发展研究[M]. 北京：人民出版社，2020.

[44]易昌良. 中国高质量发展指数报告[M]. 北京：研究出版社，2020.

[45]康宁，杨东平，周大平，等. 教育理念的反思与建设[J]. 教育研究，2003（06）.

[46]李伟平. 教育是一种生命关怀——学校教育生命价值的认识与实践[J]. 人民教育，2014（14）.

[47]祁型雨，李春光. 我国教育政策价值的反思与前瞻[J]. 现代教育管理，2020（03）.

[48]梁明伟. 论教育关怀的制度安排[J]. 教育科学，2006（01）.

[49]孙少柳，孙中民. 论新时期教育关怀的价值取向[J]. 湖南师范大学教育科学学报，2009，8（03）.

[50]杜芳芳. 透析现代人的生存困境与教育危机——兼论本真教育对人之生存意义的关照[J]. 教育理论与实践，2013，33（28）.

[51]欧阳忠明. 教育本真的诠释与还原——基于终身教育、终身学习与学习化社会的视角[J]. 现代教育管理，2009（11）.

[52]李朝军. 本真人性与本真教育的哲学思考[J]. 教育研究与实验，2014（05）.

[53]成尚荣. 为每个学生提供适合的教育[J]. 人民教育，2010（20）.

[54]冯建军，刘霞. "适合的教育"：内涵、困境与路径选择[J]. 南京社会科学，2017（11）.

[55]葛道凯. "适合的教育"才是最好的教育[J]. 教育研究，2021，42（03）.

[56]张新平. 何谓"适合的教育"[N]. 中国教育报，2017-5-10.

[57]张新平. "适合的教育"与教育样态转型[N]. 中国教育报，2017-6-14.

[58]张新平. "适合的教育"与学校文化营建[N]. 中国教育报，2017-5-24.

[59]张新平. "适合的教育"与校长工作突破[N]. 中国教育报，2017-5-31.

［60］曹永国. 教育高质量发展期许回归教育本真［J］. 南京师大学报（社会科学版），2022（1）.

［61］刘宝存，张金明. 国际视野下的高质量教育体系：内涵、挑战及建设路径［J］. 重庆高教研究，2022，10（1）.

［62］刘海燕. 欧洲高等教育政策视域下"以学生为中心学习"改革新动向［J］. 比较教育研究，2021，43（7）.

［63］陈佑清. 学习中心教学论［M］. 北京：教育科学出版社，2019.

［64］朱旭东，刘丽莎. 论构建社会主义现代化强国所需要的高质量教育体系［J］. 清华大学教育研究，2021，42（1）.

［65］靳玉乐. 努力建设中国特色高质量教育体系［J］. 教师教育学报，2021，8（2）.

［66］周洪宇，李宇阳. 论建设高质量教育体系［J］. 现代教育管理，2022（1）.

［67］马陆亭. 新时代高等教育的结构体系［J］. 中国高教研究，2021（9）.

［68］陈洪泉. 民生需要论［M］. 北京：人民出版社，2013.

［69］褚宏启. 新时代需要什么样的教育公平：研究问题域与政策工具箱［J］. 教育研究，2020，41（2）.

［70］褚宏启. 教育公平与教育效率：教育改革与发展的双重目标［J］. 教育研究，2008（6）.

［71］王建华. 新教育公平的旨趣［J］. 教育发展研究，2017，37（2）.

［72］孙隆基. 中国文化的深层结构［M］. 桂林：广西师范大学出版社，2004.

［73］［德］汉斯－格奥尔格·伽达默尔. 真理与方法——哲学诠释学的基本特征（上卷）［M］. 洪汉鼎，译. 上海：上海译文出版社，1999.

［74］王辉. 全球化挑战与中国经济的转型［J］. 国际关系学院学报，2009（5）.

［75］陶富源. 关于逆全球化的当代主要矛盾论分析与应对［J］. 安徽师范大学学报（人文社会科学版），2022，50（1）.

［76］黄仁伟. 从全球化、逆全球化到有选择的全球化［J］. 探索与争鸣，2017（3）.

［77］［瑞士］理查德·鲍德温. 大合流：信息技术和新全球化［M］. 李志远，刘晓捷，罗长远，译. 上海：格致出版社·上海人民出版社，2020.

［78］江时学. "逆全球化"概念辨析——兼论全球化的动力与阻力［J］. 国际关系研究，2021（6）.

［79］盛斌，黎峰. 逆全球化：思潮、原因与反思［J］. 中国经济问题，2020（2）.

［80］马超，王岩. 逆全球化思潮的演进、成因及其应对［J］. 思想教育研究，2021（6）.

［81］王辉耀，苗绿. 全球化 vs 逆全球化：政府与企业的挑战与机遇［M］. 北京：东方出版社，2017.

［82］刘海军，王峰明. 经济全球化进程中的中国角色及其历史依据［J］. 思想理论教育导刊，2020（10）.

[83] 胡必亮，李昊泽. 中国与经济全球化[J]. 国外社会科学，2019（6）.

[84] 周文，李亚男. 全球化治理中的问题与全球化进程中的中国经验和中国贡献[J]. 政治经济学研究，2020（2）.

[85] 张定法，刘诚. 逆全球化的发展趋势及中国的积极作用[J]. 经济研究参考，2020（23）.

[86] 蔡宗模. 新全球化背景下世界高等教育面临的挑战及我国的应对[J]. 现代教育管理，2022（5）.

[87] 刘宝存，臧玲玲. 全球化时代的比较教育：机遇、挑战与使命[J]. 教育研究，2020，41（3）.

[88] 文雯、杨锐. 全球化时代我国教育研究的多重纠结及其出路[J]. 北京大学教育评论，2019（04）.

[89] 习近平在全国高校思想政治工作会议上强调：把思想政治工作贯穿教育教学全过程 开创我国高等教育事业发展新局面[N]. 人民日报，2016-12-09.

[90] 中共中央办公厅 国务院办公厅. 关于进一步减轻义务教育阶段学生作业负担和校外培训负担的意见[EB/OL].（2021-07-24）. http://www.gov.cn/xinwen/2021-07-24/content_5627132.htm.

[91] 张新平. 为世界贡献中国经验：中国共产党对基础教育的百年领导[J]. 中小学管理，2021(6).

[92] 滕珺，吴诗琪. 党领导下的中国对全球教育治理的三大贡献[J]. 比较教育研究，2021，43（8）.

高中教师评价素养：框架、现状及影响因素 [①]

杨 卓 刘惠玲 李 佳 王羽佳 卢 婧 [②]

摘 要：评价素养是教师能力的重要组成部分。本研究构建了涵盖评价理念、评价知识和评价技能3个一级指标的教师评价素养框架，据此制订《高中教师评价素养调查问卷》并实施了全国性调查，获得有效问卷7213份。研究发现，当前我国高中教师的评价理念显著优于评价技能，而后者又显著优于评价知识，三者之间存在显著正向影响和动态交互关系。教师对自身的评价素养有强烈的发展需求。高中教师评价素养存在地区、校际、性别的不均衡性，高中教师对评价素养的价值认同、所在地区经济发展水平和办学条件对评价素养水平有显著的正向预测作用。研究提出了加强政策宣传引领、针对性地开展培训、多措并举促进均衡发展、改进师范院校评价课程、在教师资格考试中加强评价素养考查等建议，以推动高中教师评价素养全面提升。

关键词：高中教师；评价素养；专业发展

一、研究意义

教师评价素养是教师教学能力的基本组成部分。教师评价素养因其战略性地位，被全球诸多教育机构视为课程体系开发的核心原则，以及被视为教师专业素养和教学质量评估的关键方面。2014年起，美国教师教育改革开始以新版《示范核心教学标准》为指南，实施对教师职前、入职和在职教育的一体化。这一标准认为评价素养之于教师专业发展非常重要，将"评价"置于"教学实践"模块的首位；该标准还强调，作为教师专业素养的重要组成，在教学实践中，评价目标应优先于教学设计，并利用评价所取得的数据改进教学为学生的学习增值；并从"表现""必备知识"和"关键品性"三个维度对

---

① 本文系国家教育考试科研规划2021年度重点课题"中小学教师资格考试关于教师评价素养的考查研究"（GJK 2021021）的研究成果之一。

② 杨卓，工作于教育部教育考试院，中国教育发展战略学会教育评价专业委员会委员，研究方向：语文教育与测量评价；刘惠玲，工作于教育部教育考试院，研究方向：教育测量与评价；李佳，通信作者，华中师范大学副教授，研究方向：化学教育测量与评价；王羽佳，工作于教育部教育考试院，研究方向：教育测量与评价；卢婧，华中师范大学化学学院硕士研究生，研究方向：测量与评价。

教师的评价素养做了深度描绘。2018 年，中共中央、国务院就全面深化新时代教师队伍建设改革提出意见，提出要"不断提升教师专业素质能力""全面提高中小学教师质量"，为提升教师评价素养、打造高素质专业化教师队伍提供了政策依据。

教师评价素养是推动教育评价综合改革的有力抓手。当前，加快构建富有时代特征、彰显中国特色、体现世界水平的教育评价体系，是建设教育强国、科技强国和人才强国的必由之路。2020 年，中共中央、国务院印发《深化新时代教育评价改革总体方案》，目前，我国教育评价改革已经取得了重要阶段性成效，在国际上产生了良好影响。新时代教育评价改革已经进入到深入推进阶段，加强教师教育评价能力建设，是当前教育评价综合改革取得更多实质性进展的关键突破方向之一。党的二十大报告明确指出，要"深化教育领域综合改革""完善学校管理和教育评价体系"，为提升教师评价素养以及深化教师评价综合改革进一步指明了方向。

促进教师评价素养是提升国民教育质量水平的重要途径。普通高中教育是国民教育体系的重要组成部分，在人才培养过程中起着承上启下的关键作用，对于巩固义务教育普及成果、增强高等教育发展后劲、进一步提高国民整体素质等具有重要意义。2021 年，教育部印发《普通高中学校办学质量评价指南》，提出"要健全教师专业发展机制，不断提高教师队伍素质""指导学校和教师精准分析学情，因材施教，促进学生全面发展、健康成长"等要求，指出要加强对高中教师评价素养的重视，提升教师教育评价素养水平，加强对其专业发展的支持，促进普通高中教育高质量内涵式发展和质量提升。

本文旨在构建教师评价素养框架，并基于该体系对我国高中教师评价素养的现状开展调查研究，探索目前高中教师群体在评价素养方面存在的主要问题，并分析其主要因素，通过循证决策，为教师队伍建设改革发展提供科学依据和建议。

二、教师评价素养框架的构建

（一）国外相关研究

对教师评价素养的关注可以追溯到 20 世纪各国教师认证对准教师的教育知识测量、测试实施以及评价技能的要求。Schafer 和 Lissitz 对早期相关研究进行了详细的梳理。20 世纪 90 年代初，"评价素养"成为一个正式的学术术语并被广泛应用，如《学生教育评价中的教师能力标准（Standards for Teacher Competence in Educational Assessment of Students）》。

国外对教师评价素养的定义和表述存在多样性，并随社会文化变迁而演进，大致可以 2014 年为界分为早晚两个时期。早期对教师评价素养的定义倾向于"个人对可能影响教育决策的基本评价概念和程序的理解"。这一时期的评价素养研究侧重于关注课堂内健全的评价实践的基本原则，强调教师如何整合评价实践、理论和哲学来支持基于标准的教育框架内的教与学，或将评价素养定义为教师在他们的课堂上实施评价的知识和技能。

后期，随着对形成性评价的关注，越来越多的研究者意识到教育评价实践的社会文化属性，教师评价素养在 Willis 等人的著作中被定义为"一种动态的、依赖于上下文的社会实践，涉及教师与其他教师以及与他们的学生之间的合作，对评价任务、证据和标准进行识别、解释和交流"的心理品质。可见，教师评价素养的定义经历了从一个较为狭窄的、以评价技术和程序为中心的定义到一个更为广泛的、涉及评价实践的社会文化性质的定义的转变。

在教师评价素养的构成要素上，早期研究主要遵循 Stiggins 和 Popham 提出的实践导向，集中在"评价的设计、构建、管理和评分；支持教学决策以及学生学习的评价结果的解释和使用；报告和传达评价结果"等基础性要素上，显得基础且简略。而后期研究主要基于 Willis 等人所提倡的社会文化视角。Xu 和 Brown 提出了一个平衡"硬"和"软"评价组件的层次结构：广泛的教师知识基础、制度和社会文化背景、教师文献实践、教学和学习、教师身份（重新）构建。Pastore 和 Andrade 构建了一个"知识、技能和态度"三维模型，这一模型适用于不同教育背景的教师，并鼓励教师随着时间、学习或教育改革等因素更新其评价知识、技能和态度。Charteris 和 Dargusch 强调教师在评价实践中的意识和技能的重要性；DeLuca 等人则根据 Bernstein 的理论，强调教师专业判断、教师主体性的作用以及学生的动机和参与的重要性，将教师的价值观、信仰、观念和评价经验等共同列为教师评价素养的组成要素。

（二）国内相关研究

我国学者郑东辉对"教师评价素养"这一概念进行了溯源和梳理，探讨了"教师为什么需要评价素养""需要怎样的评价素养"以及"如何发展教师评价素养"三个基本问题，并为教师评价素养构建了一个涵盖"评价态度""评价知识"与"评价技能"三个维度的胜任力冰山模型。王少非提出，教师的评价素养应当包括五部分内容：理解评价，明确成就期望，运用适当的评价方式，适当地解释，运用评价结果。杨国海从理解评价、使用评价、管理评价、评价评价 4 个维度 12 个表现视角厘清并构建教师评价素养的内涵与框架，赵雪晶将教师教学评价素养分解为四个相互联系又有所独立的要素，即：教师本身所持有的评价态度、教师应教学所需产生的评价意识、教师为评价的实施而摄取的评价知识、教师在评价活动中应用的评价技能。蒙岚认为教师评价素养包括评价意识、评价态度、评价知识和评价技能。

总体来看，国内外学者对教师评价素养的内涵、价值、结构等进行了广泛的研究，取得了较为显著的成果，但也仍然存在一定问题：一是评价素养框架有待细化。当前对教师评价素养结构的研究整体呈深化和具体化的趋势，但大多数研究所提出的素养结构还比较简单，基本为二级指标结构，并且缺乏细化充分的指标描述。二是实证研究较少，缺乏量化分析。现有研究以非材料性研究居多，占 53.7%，实证研究相对较少，占 46.3%，量化研究严重不足，仅占 12.2%。三是未能充分反映我国教育综合评价改革政策最新要求，比如《深化新时代教育评价改革总体方案》提出的"在教育评价方面，利用人工智能和大数据，改进结果评价、强化过程评价、探索增值评价、健全综合评价，构建技术支撑下教育评价新样态和新形式"要求，以及利用数字化技术进行评价的时代需求等等。

（三）教师评价素养框架

研究组立足于对国内外教师评价素养相关研究的综合分析，组织教育测量与评价领域专家开展了多轮专家咨询，由华中师范大学化学教育研究所对框架进行了试测，将评价素养定义为"教师选择并运用适当的评价方式收集、分析和使用评价信息，以促进学习、改进教学的理念、知识和技能"，并构建了由评价理念、评价知识和评价技能 3 个一级指标、11 个二级指标、28 个三级指标构成的教师评价素养体系（见表 1）。

评价理念部分主要围绕中小学教师的评价立场、认识和态度设计，指标描述重点关注教师做出评价行动选择时所体现出的职业操守、情绪体验和稳定的心理倾向，以及教师的评价理念是否与国家政策与核心素养导向相符合，以及是否具有"教—学—评"一体化意识以及评价反思意识。评价知识部分主要关注教师对评价和测量领域的基本概念和术语的了解，对评价的基本程序、方法和工具的了解，以及对不同评价方法和工具所适用评价目标的知识的了解。评价技能部分主要关注教师能否有效地执行评价活动，能否根据课程标准、学生情况和教学目标确定评价目标并撰写评价方案，将恰当的评价方法融入教学全过程，准确收集评价信息并有效进行教学改进与决策，解释评价结果并有效交流和反馈从而使评价产生积极的教育效果，等等。

表 1　教师评价素养框架

一级指标	二级指标	三级指标
评价理念	评价立场	符合党和国家政策与社会主义核心价值观
		促进学生核心素养发展
	评价认知	"教—学—评"一体化意识
		具有增值评价的意识
		对评价活动进行反思的意识
	评价态度	符合公平公正等评价规范
		开放、宽容、严谨、精益求精的态度
评价知识	关于评价陈述性知识	评价和测量领域的基本概念和术语、发展历程
		评价原则
	关于评价程序的知识	不同类型评价活动的时机
		日常评价活动的基本流程
		终结性评价活动的基本流程
	关于评价方法的知识	评价及各类评价方式、方法的原理、功能与局限
	关于评价工具的知识	常用的评价工具

续表

一级指标	二级指标	三级指标
评价技能	研制评价目标	设计评价目标
	撰写评价方案	设计评价标准
		选择评价方法
		开发测评工具
	实施评价活动	多元主体参与评价
		全面收集评价信息
		评价融入教学全过程
		评价并优化测评工具
	解释和应用评价结果	分析评价结果产生的原因
		解释评价信息，得到评价结果
		运用评价结果解释学生发展
		运用评价结果进行自我反思
		向学生、家长、教育部门反馈评价结果
		运用评价结果改进教学

三、测评工具与数据情况

（一）测评工具

Gotch 和 French 总结梳理了从 1991 年到 2012 年期间 3 种主要的教师评价素养测量工具：包括 15 份评价知识客观测试、14 份教师评价能力自我报告工具和 7 份教师工作评分标准。其中客观测试包括多项选择题；教师评价能力自我报告即教师使用评分量表进行自我评判；评分标准包括评价计划、课堂形成性评价的使用以及教师自己开发的评分标准。三者当中，最广泛被使用的测评工具是教师评价能力自我报告中分类下的教师评价素养问卷以及基于前者设计的课堂评价素养问卷——它们出现在 11 项研究中，并在多个国家被使用。2012 年至今，依据 Pastore 的研究，关于教师评价素养一共出现了三种新工具，一是广泛用于跨国研究的 ACAI 工具，该工具的特点是基于精细化标准化的评价素养体系，其概念框架源自政策文件，并且与教师职业标准保持密切联系。二是针对教师的形成性评价素养开发的量表。三是 Edwards 立足于文献演绎和案例归纳开发的关于总结性评价素养的分析量表。

（二）影响因素

目前国内外已有研究探讨过性别、年龄、教学经验年限、教学负荷以及教师职前评价培训和在职评价培训等背景因素对教师评价素养的影响。关于性别影响的研究结果并不一致。Alkharusi（2009）的报告称，在职男教师的教育评价知识水平高于女教师。然而也有研究发现，女性在教育评价知识的总体水平、自我认知的评价道德和评价能力以及使用课堂测试的能力方面高于男性[38]。有研究表明职前评价培训和在职评价培训会影响教师的评价素养水平。Deluca 和 Klinger（2010）发现，参加过教育评价职前课程的教师候选人比没有参加过相关评价课程的同龄人对评价知识和技能更有信心；接受过在职评价培训的中等教育教师的评价知识水平高于未接受过任何在职评价培训的教师。

（三）调查问卷研制

本研究立足于国内外已有研究成果，采用了最广泛使用的教师评价素养问卷作为测评工具。问卷基于教师评价素养框架的一级指标和二级指标设计，将部分三级指标进行了整合，并且加入了教师背景信息、评价素养价值认同和评价素养发展需求等内容。《高中教师评价素养调查问卷》的背景信息部分包括 10 道单选题、教师评价理念部分包括 5 道五点量表题、教师评价知识部分包括 6 道五点量表题、教师评价技能部分包括 8 道五点量表题、教师评价素养价值认同部分包括 1 道五点量表题，教师评价素养发展需求部分包括 1 道多选题。

（四）调查对象情况

本次调研面向全国高中学段的教师群体展开。由教育部教育考试院通过在线问卷系统实施，调研范围包括中国内地七大区域，涵盖全国 31 个省（自治区、直辖市）。经过样本筛选，剔除质量不佳问卷后，最终得到有效问卷 7213 份（见表 2）。

表 2　调研人群基本信息

	类别	人数	平均值	标准差
性别	男	2675	3.428	0.964
	女	4538	3.618	0.878
地区	华北	1278	3.581	0.881
	东北	153	3.425	0.943
	华东	1227	3.628	0.836
	华南	724	3.533	0.918
	华中	1766	3.588	0.921
	西南	1286	3.466	0.959
	西北	779	3.445	0.978
年龄	25 岁以下	283	3.630	0.883
	25—34 岁	2171	3.559	0.928
	35—44 岁	2586	3.521	0.933
	45—54 岁	1802	3.573	0.889
	55—60 岁	371	3.480	0.868

类别		人数	平均值	标准差
教龄	1年以内	206	3.644	0.841
	1—5年	1214	3.586	0.928
	6—10年	1145	3.525	0.935
	11—15年	1080	3.504	0.933
	16—20年	1426	3.513	0.924
	21年以上	2142	3.573	0.889
学校类型	省（自治区、直辖市）示范校	1902	3.592	0.900
	市（区）示范校	1463	3.575	0.921
	区（县）示范校	1201	3.527	0.914
	一般高中	2647	3.510	0.924

其中，华中地区的高中教师占比最大（24.5%），近四分之一，西南、华北和华东地区占比分别为17.8%、17.7%和17.0%；西北、华南和东北则各占10.8%、10.0%和2.1%。本次调查对象中男性教师占比37.1%，女性教师占比62.9%，基本符合高中学段教师性别比例。25—54岁之间的教师占90.9%，基本符合高中学段教师的年龄结构比例。在教龄方面，各个阶段的教师分布较为均匀。在学校类型方面，省、市、区示范校和一般高中分布均匀。本次问卷调查满足抽样调查的各项基本要求。

（五）数据分析处理

本研究使用SPSS 26.0对量表题进行信度和效度检验，结果显示问卷整体克隆巴赫系数为0.976，评价理念、评价知识和评价技能的三个维度的克隆巴赫系数分别为0.942、0.957和0.958，说明本问卷具有良好的信度。采用因素分析法检验问卷的结构效度，数据分析处理结果表明19道量表题抽取的评价理念、评价知识和评价技能3个共同因子能够累积解释评价素养81.416%的变异量。使用AMOS对样本数据进行验证性因素分析，模型拟合指标如下：$\chi^2/df=55.289$，IFI=0.953，CFI=0.953，NFI=0.953，GFI=0.890，RMSEA=0.087，拟合程度较好，说明本问卷具有良好的结构效度。

研究采用描述性统计方法分析中小学教师评价素养各维度的现状，并采用配对样本t检验比较各维度的差异。使用多元线性回归分析背景信息中与教师评价素养显著相关的因素。此外，通过独立样本t检验和方差分析深入探究这些因素对教师评价素养各维度的具体影响。

四、高中教师评价素养表现与发展需求

（一）整体表现

此次问卷调研结果（见图 1）显示，教师评价素养的 3 个一级指标中，高中教师群体评价理念（M=3.583，SD=1.066）的均值高于评价技能（M=3.536，SD=0.914），后者又显著高于评价知识（M=3.523，SD=0.961），且三者呈现显著差异（p＜0.001）（见表 3）。分析发现，三者之间存在显著正向影响（见表 4），并呈现出复杂的动态交互关系。

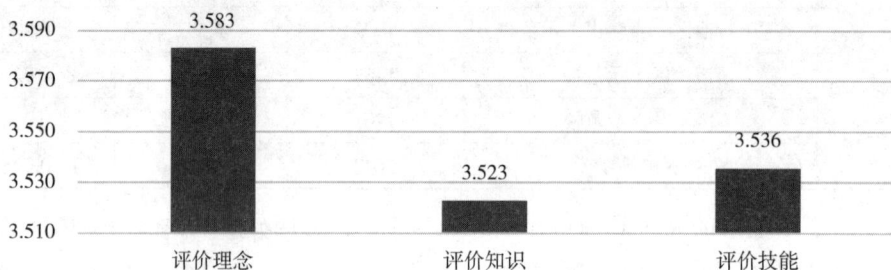

图 1　高中教师评价素养三个一级指标均值比较

表 3　高中教师评价素养三个一级指标的差异性检验

	差值			下限	上限	t	自由度	Sig.（双尾）
评价理念—评价知识	0.060	0.654	0.008	0.045	0.075	7.833	7212	0.000
评价理念—评价技能	0.048	0.716	0.008	0.031	0.064	5.638	7212	0.000
评价知识—评价技能	−0.013	0.444	0.005	−0.023	−0.003	−2.459	7212	0.014

表 4　教师评价素养三个一级指标的相关性分析

	评价理念	评价知识	评价技能
评价理念	—	—	—
评价知识	0.796***	—	—
评价技能	0.749***	0.889***	—

（二）评价理念

评价理念维度包括评价立场、评价认知和评价态度 3 个二级指标。其中，高中教师在评价态度部分表现最好（M=3.747，SD=1.217），其次是评价认知（M=3.573，SD=1.106），评价立场（M=3.430，SD=1.117）得分最低。由此可见，高中教师在开展评价活动时能够做到评价行为符合教师评价规范，能够尽量做到公平公正、认真客观、避免偏见、保护学生权力和隐私。教师一般能够有意识地在自己的教学活动中落实"教—

学—评"一体化理念，并在课程结束后基于学生表现和同行点评等主动进行反思。44.1% 的教师表示自己将评价活动服务于立德树人根本任务的理念有所欠缺，42.8% 的教师表示自己以评价活动促进学生核心素养发展的理念有待加强。

（三）评价知识

评价知识维度包括关于评价陈述性知识、关于评价程序的知识、关于评价方法的知识、关于评价工具的知识 4 个二级指标。其中，高中教师在评价程序知识部分表现最好（M = 3.587，SD =1.025），其次是评价陈述性知识（M = 3.532，SD = 1.038），再次是关于评价工具的知识（M = 3.516，SD = 1.039），关于评价方法的知识得分最低（M = 3.457，SD = 1.033）。由此可见，高中教师基本了解开展日常评价和终结性评价的基本流程，知道应根据教育教学时机，开展相应的评价活动。知道结果评价、过程评价、增值评价和综合评价的概念，以及评价应遵循的基本原则。但关于评价方法的知识有所欠缺，46.6% 的教师表示自己尚不能很好地区分各种评价方法的原理、功能和局限。

（四）评价技能

评价技能维度包括研制评价目标、撰写评价方案、实施评价活动、解释和应用评价结果 4 个二级指标。其中，高中教师在解释和应用评价结果方面表现最好（M = 3.596，SD =0.985），其次是撰写评价方案（M = 3.535，SD = 0.996），再次是研制评价目标（M = 3.530，SD = 1.027），实施评价活动得分最低（M = 3.482，SD = 0.937）。这一结果与 Mertler 的研究结论高度一致，其研究表明在职教师"管理、评分和解释评估结果"表现最佳，而在"制定有效的分级程序"表现最差。由此可见，高中教师能够有效地结合平均分、标准差、考试分数曲线、百分等级分数等评价信息，向学生、同事和家长解释学生的发展状况，并利用教学评价信息（如课堂回答、作业情况和考试结果等）改进教学。教师基本知道如何对评价目标、评价方法、评价活动进行合理的设计，并选择适宜的评价工具开展评价活动，大多数教师能够自己开发试题、试卷、问卷、作业和课堂观察量表等测评工具。但在实施评价活动方面表现有所不足，40.3% 的教师表示自己未能良好引导学生对自己的学习过程进行评价，49.2% 的教师表示自己在对测评工具的优点和不足进行分析和优化方面有所欠缺，43.7% 的教师表示自己在运用现代信息技术全面收集、处理及反馈评价信息方面存在不足。

（五）高中教师评价素养发展需求

平均每名高中教师选择了 4.367 项二级指标作为自己当前评价素养发展需求，这说明其对自身评价素养具有较高要求并有较为迫切的提升需要。将各个二级指标的选择比例与该指标素养均值进行了比较（见图 2）。

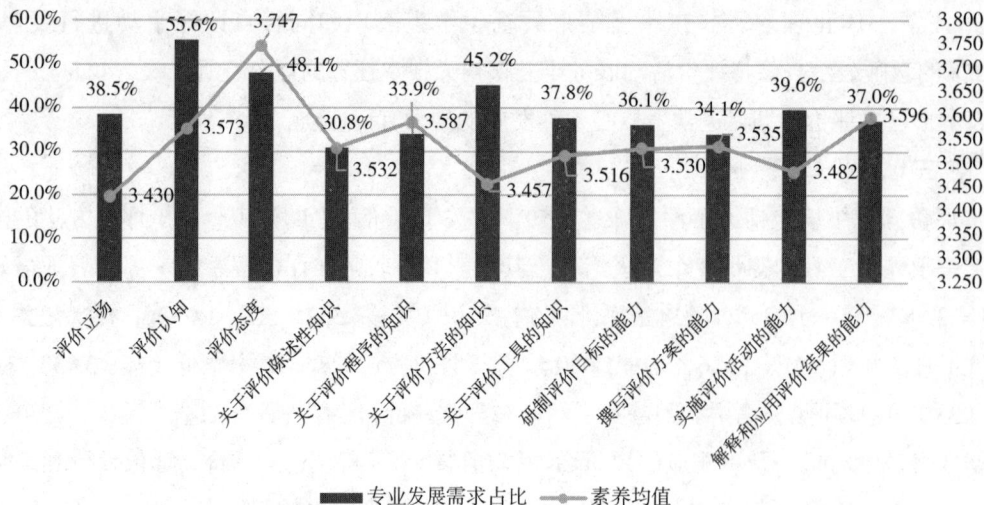

图 2 高中教师评价素养 11 个二级指标的均值与专业发展需求比较

在评价理念维度，55.6% 的高中教师认为自己在"评价认知"方面需要进一步发展，而问卷调查表明这一部分题目表现尚佳，造成这一差异的原因可能是部分作答者未能准确辨析评价认知和评价知识的概念，另外社会层面的整体评价认知水平有待提高。48.1% 的高中教师认为自己在评价态度方面有待发展，然而问卷调查表明这一部分题目表现良好，造成这种差异的原因可能是大部分教师固然能够基于教师职业道德规范，持有公平公正的评价态度，但精益求精的内驱力尚显不足，此外激励教师重视评价素养的政策态度还不够明确。38.5% 的高中教师认为自己在评价立场方面有待改善，同时问卷调查表明评价立场得分最低，这说明教师内心虽然认同将落实立德树人和发展核心素养作为基本评价理念，但在具体操作中，或许未必能做到将上述理念实时贯彻于评价活动全过程，存在一定程度上理论和实践的脱节。

在评价知识维度，高中教师关于评价方法知识的发展需求最为迫切，45.2% 的高中教师表示自己需要在这方面获得更好的专业发展，这与问卷调查得出的结论完全一致，说明对当前高中教师对各类评价方法不能满足于表层了解，而是需要形成更加全面、深刻、综合的理解。37.8% 的高中教师表示自己关于评价工具的知识需要进一步完善，33.9% 的高中教师表示自己关于评价程序的知识需要进一步完善，30.8% 的高中教师表示自己关于评价陈述性的知识需要进一步完善。

在评价技能维度，39.6% 的高中教师表示自己需要在实施评价活动方面获得更好的专业发展，这与问卷调查结果完全一致，也与该领域早期的研究结果相一致。而 37.0%、36.1%、34.1% 的高中教师表示自己需要在解释和应用评价结果、研制评价目标、撰写评价方案方面获得进一步发展。

整体看来，高中教师关于评价素养的发展需求与问卷调查所反映的素养水平情况较为一致，一方面说明高中教师对自我的评价素养水平有良好的认知，另一方面也侧面证明了本次问卷调查的有效性。

五、高中教师评价素养影响因素分析

本次问卷调研设置了9道背景因素题目和1道价值认同题目，作为可能影响高中教师评价素养的变量（见表5）。

表5 背景变量与高中教师评价素养的相关性分析

	评价素养价值认同	性别	地区	工作单位类型	是否持有高中教师资格证	最高学历	教龄	年龄	任教科目	是否师范毕业
评价素养	0.139**	0.100**	0.045**	0.038**	0.020	0.002	−0.007	−0.012	−0.014	−.030*

说明：**.在0.01级别（双尾），相关性显著；*.在0.05级别（双尾），相关性显著

其中，评价素养价值认同与评价素养在0.01水平上呈现显著正相关（r=0.139）；性别、地区、学校类型与评价素养呈显著正相关；是否师范毕业与评价素养呈显著的微弱负相关，是否持有高中教师资格证、最高学历、教龄、年龄和任教科目之间没有显著相关性。

为了进一步确定相关因素的影响程度，研究组再次选取与评价素养存在显著相关的四个变量进行多元回归分析。结果显示，评价素养价值认同（M = 4.225，SD = 0.761）、性别、地区、学校类型是对教师职业素养水平影响最大的四个因素，在评价理念、评价知识、评价技能三个维度均产生了积极影响（见表6）。

表6 自变量对评价素养及影响的多元回归分析摘要表

预测变量	B				标准误				Beta（β）				t值			
	评价素养	A评价理念	B评价知识	C评价技能	评价素养	A评价理念	B评价知识	C评价技能	评价素养	A评价理念	B评价知识	C评价技能	评价素养	A评价理念	B评价知识	C评价技能
截距	2.556	2.363	2.622	2.681	0.097	0.113	0.102	0.097					26.402***	20.991***	25.707***	27.675***
地区	0.020	0.023	0.020	0.018	0.006	0.006	0.006	0.006	0.043	0.042	0.040	0.039	3.703***	3.593***	3.409**	3.335**
性别	0.174	0.223	0.139	0.161	0.022	0.026	0.023	0.022	0.092	0.101	0.070	0.085	7.880***	8.665***	5.959***	7.276***
是否师范毕业	−0.075	−0.066	−0.070	−0.088	0.032	0.038	0.034	0.032	−0.027	−0.020	−0.024	−0.032	−2.310*	−1.745	−2.060*	−2.726**
学校类型	0.037	0.044	0.028	0.037	0.009	0.010	0.009	0.009	0.049	0.051	0.036	0.049	4.168***	4.357***	3.069**	4.198***
评价素养价值认同	0.162	0.186	0.157	0.142	0.014	0.016	0.015	0.014	0.134	0.133	0.124	0.118	11.579***	11.460***	10.667***	10.156***

评价素养：R=0.180，R2=0.033 调整后的R2=0.032，F=48.493***

A 评价理念：R=0.184，R2=0.034 调整后的R2=0.033，F=50.343***

B 评价知识：R=0.157，R2=0.025 调整后的R2=0.024，F=36.394***

C 评价技能：R=0.164，R2=0.027 调整后的R2=0.026，F=39.993***

（一）评价素养价值认同

正如 Looney 等人（2018）的研究显示，教师主观上对评价的概念、信仰、经验和感受，可以更好地解释其在评价活动中的表现。因此，本问卷特别设置了 1 道关于评价素养价值认同的五点量表题：您认为评价素养在教师专业素养中的地位如何？调查结果显示：大部分教师认为评价素养在教师专业素养中"很重要"或"比较重要"，8.3% 的教师表示"不清楚"，3.4% 的教师认为评价素养"不重要"或"不太重要"（见图 3）。

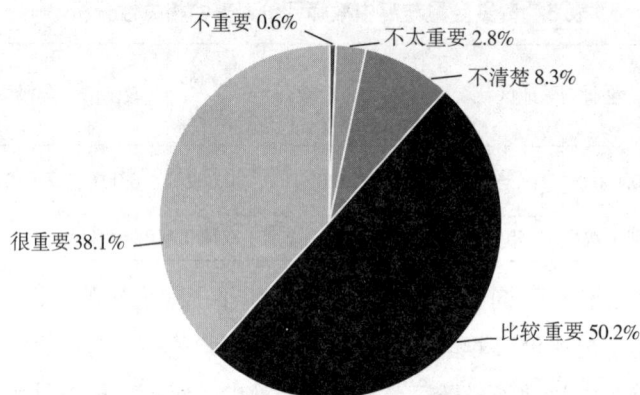

图 3　评价素养价值认同分布

研究组将在评价素养价值认同方面做出不同选择的人群分为 5 组，分别对其在一级指标的得分情况进行研究（见图 4）。

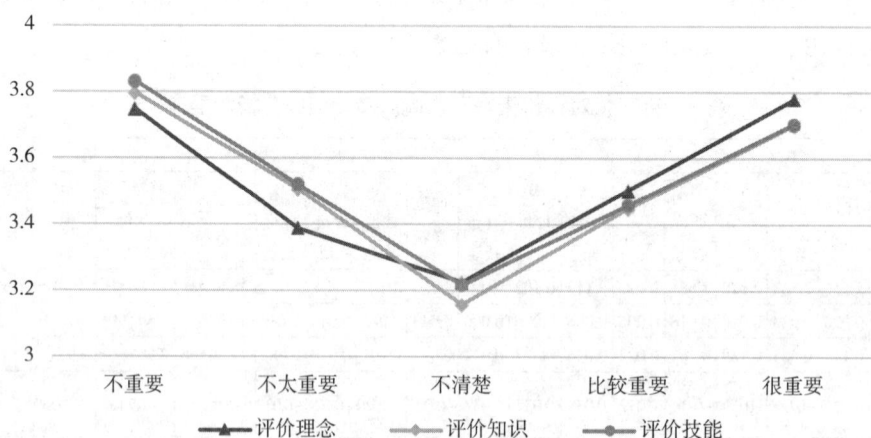

图 4　高中教师评价素养各个维度均值与价值认同比较

可以看出，评价素养价值认同清晰地影响着评价素养 3 个维度的得分，5 个群体在各个维度的得分情况均存在显著差异。其中，认为自己对评价素养价值"不太清楚"的占总数 8.3% 的高中教师群体在评价素养各个维度的得分最低，说明近 10% 的教师尚未树立评价素养相关概念，因此谈不上有意识实施高质量评价活动。价值认同程度更高的高中教师在评价素养各个维度上表现更好，表示"比较重要""重要"的高中教师群体在评价素养各个维度依次升高。值得关注的是，认为"不重要"或"不太重要"的高中教师群体在评价素养各个维度的得分最高，这部分群体只占总数的3.4%。究其原因，或因这部分教师评价素养水平较高并具有明确的自我认知，因而做出了上述选择，并通过这一举动表示他们当前需要重点关注的领域并非评价素养的提升，问卷统计分析结果也证明了该群体确实具有更高的素养水平。

（二）性别

不同性别的高中教师在评价素养整体表现及三个一级指标均存在显著差异。整体来看女教师表现更佳。在评价理念、评价知识和评价技能三方面均得分更高（见表7）。

表7　高中教师评价素养的性别差异分析

	男（N=2675）		女（N=4538）		t
	均值	标准差	均值	标准差	
评价理念	3.432	1.103	3.672	1.033	−9.292***
评价知识	3.425	1.005	3.581	0.930	−6.660***
评价技能	3.425	0.963	3.601	0.877	−7.908***
评价素养	3.428	0.964	3.618	0.878	−8.569***

注：*$p < 0.05$，**$p < 0.01$，***$p < 0.001$。下同

（三）地区

不同地区的高中教师在评价素养整体表现及三个一级指标上均存在显著差异。华东地区高中教师的评价素养表现最佳，东北、西南和西北地区的高中教师评价素养显著低于华东、华中和华北三个地区。这说明我国各个区域教师评价素养存在较为严重的失衡现象（见表8、图5）。

表8　高中教师评价素养的地区差异分析

检验变量		西北（A）	西南（B）	华中（C）	华南（D）	华东（E）	东北（F）	华北（G）
评价理念	均值	3.445	3.515	3.619	3.573	3.674	3.439	3.622
	标准差	1.151	1.116	1.063	1.066	0.977	1.052	1.035
	F	5.667***						
	事后比较	A＜C、D、E、G；B＜C、E、G；D＜E；F＜C、E、G						
评价知识	均值	3.439	3.424	3.570	3.513	3.601	3.418	3.552
	标准差	1.031	1.004	0.964	0.974	0.878	0.954	0.927
	F	5.883***						
	事后比较	A＜C、E、G；B＜C、D、E、G；E＞F						

续表

检验变量		西北（A）	西南（B）	华中（C）	华南（D）	华东（E）	东北（F）	华北（G）
评价技能	均值	3.450	3.458	3.575	3.512	3.609	3.416	3.570
	标准差	0.970	0.941	0.924	0.904	0.844	0.989	0.890
	F	5.358***						
	事后比较	A＜C、E、G；B＜C、E、G；D＜E；F＜C、E、G						
评价素养	均值	3.445	3.466	3.588	3.533	3.628	3.425	3.581
	标准差	0.978	0.959	0.921	0.918	0.836	0.943	0.881
	F	6.318***						
	事后比较	A＜C、E、G；B＜C、E、G；D＜E；F＜C、E、G						

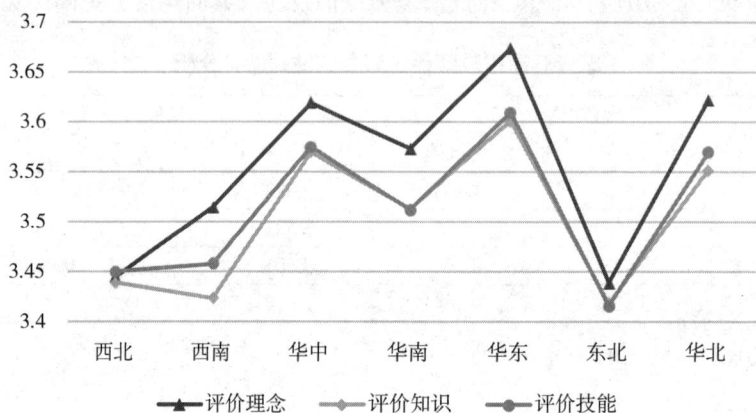

图 5　不同地区的高中教师评价素养情况比较

（四）学校类型

不同类型学校的高中教师在评价素养整体表现及"评价理念""评价技能"两个一级指标上均存在显著差异，在"评价知识"指标上存在差异。无论从评价素养整体还是各个具体指标看，学校示范级别越高，其教师评价素养水平越高（见表9、图6）。省（自治区、直辖市）示范校高中教师在评价素养整体情况及三个一级指标上均表现最佳，省示范校高中教师次之，一般高中学校教师得分最低。

表 9　高中教师评价素养的学校类型差异分析

检验变量		一般高中（A）	区（县）示范校（B）	市（区）示范校（C）	省（自治区、直辖市）示范校（D）
评价理念	均值	3.539	3.560	3.604	3.645
	标准差	1.075	1.068	1.066	1.049
	F	4.030**			
	事后比较	A、B<D			

检验变量		一般高中（A）	区（县）示范校（B）	市（区）示范校（C）	省（自治区、直辖市）示范校（D）
评价知识	均值	3.494	3.504	3.550	3.554
	标准差	0.973	0.955	0.963	0.946
	F	1.983			
	事后比较	A <D			
评价技能	均值	3.496	3.516	3.571	3.577
	标准差	0.914	0.914	0.932	0.897
	F	3.843**			
	事后比较	A <C、D			
评价素养	均值	3.510	3.527	3.575	3.592
	标准差	0.924	0.914	0.921	0.900
	F	3.630*			
	事后比较	A <C、D			

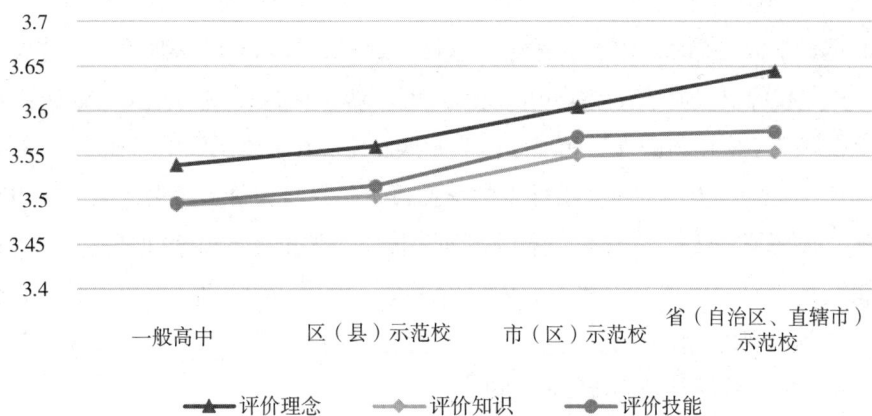

图6 不同类型学校的高中教师评价素养情况比较

六、结论与建议

通过基于教师评价素养框架设计的调查问卷调研后发现，当前我国高中教师群体整体上具有较好的评价理念，知道评价和测量领域的基本概念、程序和方法，并具备一定有效开展评价活动及解释评价改进教学的能力。但仍有约10%的教师存在评价意识薄弱、评价概念模糊、对评价素养的价值认同度不高等问题。另外高中教师群体评价素养的发展水平具有不均衡性，其中评价知识部分最为薄弱，尤其关于评价方法的知识有待加强，高中教师在这一方面的发展需求也最为强烈。评价技能部分，对测评工具分析和优化、运用现代信息技术实施评价有待加强；评价理念部分，通过评价活动促进学生核心素养发展和落实立德树人的理念有待进一步加强。此外我国高中教师群体评价素养存在性别、地域和校际的不均衡性，女性教师的评价素养普遍高于男性，教师评价素养水平和地域经济发展水平具有显著正相关性，学校层次和教师评价素养水平之间也具有显著正相关性。基于以上实证发现，本研究关于当前我国教师群体评价素养提升，提出以下几点建议。

（一）加强政策宣传引领，配套相应资源支持

通过制订教师评价素养提升计划，加强评价素养相关培训，开展教育测量学相关讲座，出台评估激励办法等措施，支持引导高中教师加强对评价素养的价值认同，增加其不断自我提升评价素养的内驱力，建立健全教师评价素养提升的长效机制，培养并夯实教师在评价的各个维度的基本素养，推进《深化新时代教育评价改革总体方案》进一步实施。

（二）有针对性地提升教师评价素养，消除其发展水平的内在不均衡性

针对研究发现的短板有意识地加强培训。首先，目前不少教师对教育教学评价仅仅停留在"概念化"阶段。研究建议引导教师搭建从评价理念到评价实践的桥梁。其次加强关于评价知识特别是关于评价方法的知识培训，这类培训要注意区分不同评价方式、方法的原理、功能与局限；并且宜采取专业驱动路径，即与教学法理论、具体课程内容相结合，避免教师仅仅流于表层了解和被动要求，陷入 DeLuca 等人指出的误区："教师不断被要求在课堂中应用新的方法和理论，然而这使他们在评价实践中挣扎。"[42] 再就是加强对教师评价实施能力的训练，引导教师根据评价目标将评价有机融入教学全过程，更好地实现"教—学—评"一体化，鼓励多元主体参与评价，支持教师开发、自我评估并不断完善测评工具。促进高中教师群体评价理念、评价知识和评价技能的均衡化发展，以及各个素养维度之间的良性促进。本研究也将继续收集评价素养提升需求，关注教师群体评价素养提升效果，以更新政策建议。

（三）采取多种措施，降低各个影响因素造成的不均衡性

研究建议增强不同发达程度地区的学校之间的互相交流，增强不同示范水平的学校之间的互相交流，深入分析不同性别的教师在教育教学评价中所具有的优势和弱项，在教师培训中强化其优势，弥补其弱项，实现不同地域、不同学校、不同性别的教师群体评价素养的均衡发展。

（四）从师范生培养源头入手，改进师范院校评价素养相关课程

从调研结果看，目前师范院校毕业教师在评价素养各个指标维度并未表现出明显优势。而国外研究表明，参加教育评价课程能够丰富职前教师的教育评价知识，并且提高其评价能力，使其对评价持更为积极的态度，产生更高的自我效能感[43][44][45]。以上或说明我国师范院校评价类课程需要进一步改进，研究建议采取以下策略提升其教学有效性：一是理论与实践相结合，避免评价课程以理论为主而与教育教学实践脱节，注意引导职前教师对评价活动进行自我反思和自我规划提升路径；二是充分发挥数字工具的优势，提升职前教师的计算思维和数字评价素养；三是建立职前职后教育评价活动研究共同体，以一线教学中的教学评价问题驱动共同体成员协作互动，促进双方评价素养的有效提升。

（五）在中小学教师资格考试中加强评价素养考查力度

发挥考试积极导向作用，创新考查方法，严把教师入口关。当前参加教师资格考试的考生以社会考生为主，仅 2022 年一年的社会考生数量就超过 600 万，加强对这部分考生评价素养的考查尤为重要。研究建议通过以下四个举措加强教师资格考试评价素养的考查：一是引导考生树立公平公正的评价理念，在试题中充分贯彻党和国家政策与社会主义核心价值观，引导考生将评价活动落实为核心素养的提升和立德树人根本任务的实现；二是加大评价素养模块的考查力度，在不同科目、不同学段试题中全方位渗透评价素养类题目，特别注意加强对研究所发现的教师评价素养短板的考查力度；三是尽量使用典型、真实、丰富的教育教学评价案例，以有效考查考生在实际情境中贯彻评价理念、运用评价知识、实践评价活动的能力，筛选掉那些评价素养仅停留于表面化、概念化的考生；四是创新考查形式，避免试题模板化套路化，将笔试和面试相结合，综合采用案例分析题、教学设计题等多种题型以及灵活多元的赋分方式，全面有效地考查考生评价素养的理念、知识与技能，促使其全面提升自身的评价素养水平。

参考文献：

［1］Brown G T L. The Past，Present and Future of Educational Assessment: A transdisciplinary perspective［C］// Frontiers in Education. Frontiers，2022.

［2］Cochran-Smith M. What's the "Problem of Teacher Education" in the 2020s［J］. Journal of Teacher Education，2023，74（2）：127-130.

［3］CCSSO's Interstate Teacher Assessment and Support Consortium.InTASC Model Core Teaching Standards and Learning Progressions for Teachers 1.0［EB/OL］.（2013-04）［2023-10-10］. https://ccsso.org/sites/default/files/2017-12/2013_INTASC_Learning_Progressions_for_Teachers. pdf.

［4］中华人民共和国中央人民政府网. 中共中央　国务院关于全面深化新时代教师队伍建设改革的意见［EB/OL］.（2018-01-31）［2023-10-10］. http://www.gov.cn/zhengce/2018-1/31/content/5262659.html.

［5］中华人民共和国中央人民政府网. 中共中央　国务院印发《深化新时代教育评价改革总体方案》［EB/OL］.（2020-10-13）［2023-10-10］. http://www.gov.cn/zhengce/2018-10/13/ content/5551032.html.

［6］Seabra F，Henriques S，Abelha M，et al. Innovation and External Evaluation of Non-higher

Education Schools in Portugal: A study based on external evaluation reports [J]. 2020.

[7] 中华人民共和国教育部网. 教育部印发普通高中学校办学质量评价指南[EB/OL]. (2022-01-10) [2023-10-10]. http://www.moe.gov.cn/jyb_xwfb/gzdt_gzdt/ s5987/202201/t20220110_593455.html.

[8] Schafer W D, Lissitz R W. Measurement Training for School Personnel Recommendations and Reality [J]. Journal of Teacher Education, 1987, 38(3): 57-63.

[9] Stiggins R J. Assessment Literacy [J]. Phi Delta Kappan, 1991, 72(7): 534-539.

[10] American Federation of Teachers, National Council on Measurement in Education, National Education Association. Standards for Teacher Competence in Educational Assessment of Students [EB/OL] [2023-10-10]. https://buros.org/standards-teacher-competence-educational-assessment-students.1990.

[11] Popham W J. Assessment Literacy Overlooked: A teacher educator's confession [J]. The Teacher Educator, 2011, 46(4): 265-273.

[12] Stiggins R J. Assessment Crisis: The absence of assessment for learning [J]. Phi Delta Kappan, 2002, 83(10): 758-765.

[13] DeLuca C, Bellara A. The Current State of Assessment Education: Aligning policy, standards, and teacher education curriculum [J]. Journal of Teacher Education, 2013, 64(4): 356-372.

[14] Kaden U, Patterson P P. Changing Assessment Practices of Teaching Candidates and Variables that Facilitate that Change [J]. Action in Teacher Education, 2014, 36(5-6): 406-420.

[15] Edwards F. A Rubric to Track the Development of Secondary Pre-service and Novice Teachers' Summative Assessment Literacy[J]. Assessment in Education: Principles, Policy & Practice, 2017, 24(2): 205-227.

[16] Willis J, Adie L. Teachers using Annotations to Engage Students in Assessment Conversations: Recontextualising knowledge [J]. Curriculum Journal, 2014, 25(4): 495-515.

[17] Popham J, Kirst M W. Interview on Assessment Issues with James Popham [J]. Educational Researcher, 1991, 20(2): 24-27.

[18] Xu Y, Brown G T L. Teacher Assessment Literacy in Practice: A reconceptualization[J]. Teaching and teacher education, 2016, 58: 149-162.

[19] Pastore S, Andrade H L. Teacher assessment literacy: A three-dimensional model [J]. Teaching and teacher education, 2019, 84: 128-138.

[20] Charteris J, Dargusch J. The Tensions of Preparing Pre-service Teachers to be Assessment Capable and Profession-ready [J]. Asia-Pacific Journal of Teacher Education, 2018, 46(4): 354-368.

[21] DeLuca C, Coombs A, MacGregor S, et al. Toward a Differential and Situated View of Assessment

Literacy: Studying teachers' responses to classroom assessment scenarios [C] //Frontiers in Education. Frontiers Media SA, 2019, 4: 94.

[22]郑东辉. 教师评价素养发展研究[D]. 华东师范大学, 2009.

[23]郑东辉. 美国教师评价素养研究述评[J]. 全球教育展望, 2011, 40(06): 46−51+57.

[24]王少非. 教育评价范式转换中的教师评价素养框架[J]. 教师教育研究, 2009, 21(02): 65−69.

[25]杨国海. 教师评价素养的内涵及框架[J]. 当代教育科学, 2011(04): 17−19.

[26]赵雪晶. 我国中学教师教学评价素养研究[D]. 华东师范大学, 2014.

[27]蒙岚. 基于翻转课堂的大学英语教师评价素养研究[J]. 社会科学家, 2017(05): 119−123.

[28]Gotch C M, French B F. A systematic review of assessment literacy measures [J]. Educational Measurement: Issues and Practice, 2014, 33(2): 14−18.

[29]Campbell C, Evans J A. Investigation of Preservice Teachers' Classroom Assessment Practices During Student Teaching [J]. The Journal of Educational Research, 2000, 93(6): 350−355.

[30]Sato M, Wei R C, Darling−Hammond L. Improving Teachers' Assessment Practices Through Professional Development: The case of national board certification [J]. American Educational Research Journal, 2008, 45(3): 669−700.

[31]Schmitt V L. The Quality of Teacher−developed Rubrics for Assessing Student Performance in the Classroom [D]. University of kansas, 2007.

[32]Plake B S, Impara J C, Fager J J. Assessment Competencies of Teachers: A national survey [J]. Educational Measurement: Issues and Practice, 1993, 12(4): 10−12.

[33]Mertler C A. Preservice Versus Inservice Teachers' Assessment Literacy: Does classroom experience make a difference [J]. 2003.

[34]Pastore S. Teacher Assessment Literacy: A systematic review [C]. Frontiers in Education. 8: 1217167.

[35]DeLuca C, LaPointe−McEwan D, Luhanga U. Approaches to Classroom Assessment Inventory: A new instrument to support teacher assessment literacy[J]. Educational Assessment, 2016, 21(4): 248−266.

[36]Yan, Z. Pastore, S. Assessing Teachers' Strategies in Formative Assessment: The teacher formative assessment practice scale [J]. Journal of Psychoeducational Assessment, 2022, 40(5): 592−604.

[37]Alkharusi, Hussain Ali. 2009. Correlates of Teacher Education Students' Academic Performance in an Educational Measurement Course. The International Journal of Learning: Annual Review 16 (2): 1−16.

[38]ÇambayÖ, Kazanç S. Self−efficacy Perceptions of Science Teachers for Assessment literacy [J].

International Journal of Education and Literacy Studies，2021，9（2）：142-150.

[39]DeLuca C, Johnson S. Developing Assessment Capable Teachers in this Age of Accountability［J］. Assessment in Education: Principles，Policy & Practice，2017，24（2）：121-126.

[40]Berry V，Sheehan S，Munro S. Exploring Teachers' language Assessment Literacy: A social constructivist approach to understanding effective practices［C］．Learning and Assessment: Making the Connections‐Proceedings of the ALTE 6th International Conference，2017，3-5 May: 201-207.

[41]DeLuca C，Klinger D A. Assessment Literacy Development: Identifying gaps in teacher candidates' learning［J］. Assessment in Education: Principles，Policy & Practice，2010，17（4）：419-438.

[42]DeLuca C，Pyle A，Valiquette A，et al. New directions for kindergarten education: Embedding assessment in play‐based learning［J］. The elementary school journal，2020，120（3）：455-479.

[43]DeLuca C. Preparing Teachers for the Age of Accountability: Toward a framework for assessment education［J］. Action in Teacher Education，2012，34（5-6）：576-591.

[44]Hill K. Understanding Classroom‐based Assessment Practices: A precondition for teacher assessment literacy［J］. Papers in Language Testing and Assessment，2017，6（1）：1-17.

[45]Yan Z，Cheng E C K. Primary Teachers' Attitudes, Intentions and Practices Regarding Formative Assessment［J］. Teaching and Teacher Education，2015，45: 128-136.

[46]中华人民共和国教育部网. 中华人民共和国教育法［EB/OL］.（2021-07-30）[2023-10-10]. http://www.moe.gov.cn/jyb_sjzl/sjzl_zcfg/zcfg_jyfl/202107/t20210730_547843.html.

[47]中华人民共和国教育部网. 教育部办公厅关于印发《中学教育专业师范生教师职业能力标准（试行）》等五个文件的通知［EB/OL].（2021-04-12）[2023-10-10].http://www.moe.gov.cn/srcsite/A10/s6991/ 202104/t20210412_525943.html.

[48]中华人民共和国教育部网. 教育部关于印发义务教育课程方案和课程标准（2022 年版）的通 知［EB/OL].（2022-04-20）[2023-10-20].http://www.moe.gov.cn/srcsite/A26/s8001/ 202204/t20220420_619921.html.

[49]中华人民共和国教育部网. 教育部关于《中华人民共和国教师法（修订草案）（征求意见稿）》公开征求意见的公告［EB/OL].（2021-11-29）[2023-10-10].http://www.moe.gov. cn/jyb_xwfb/s248/202111/t20211129_583188.html.

[50]中华人民共和国教育部网. 教育部关于印发《中小学教师资格考试暂行办法》《中小学教师资格定期注册暂行办法》的通知［A/OL].（2013-08-15）[2023-10-10].http://www.moe.gov. cn/srcsite/ A10/s7151/201308/t20130821_156643.html.

[51]中小学和幼儿园教师资格考试标准（试行）［EB/OL].（2011-05-07）[2023-10-10].http://ntce.neea.edu.cn/html1/report/1508/332-1.htm.

中国式教育现代化视域下教育管理学自主知识体系建构①

蒲　蕊②

摘　要：哲学社会科学是推动历史发展和社会进步的重要力量。在中国式教育现代化视域下建构教育管理学自主知识体系是一项紧迫的学术使命。全面建设社会主义现代化国家、加快建设教育强国需要新的教育管理理论依据和行动方案，需要建构教育管理学自主知识体系，解决现有知识体系存在的中国主位意识相对不足、国际学术话语权不强的问题。教育管理学自主知识体系的本质特征在于主体性和原创性，这一体系的建构要遵循历史逻辑、理论逻辑、实践逻辑和价值逻辑，以学科体系建设为重点、以学术体系建设为支撑、以话语体系建设为突破。

关键词：中国式教育现代化；教育管理学；自主知识体系；建构逻辑；实践进路

党的十八大以来，党和国家高度重视哲学社会科学发展。2016 年 5 月在哲学社会科学工作座谈会上，习近平总书记提出要"努力构建一个全方位、全领域、全要素的哲学社会科学体系。"[1]"加快构建中国特色哲学社会科学，归根结底是建构中国自主的知识体系"。[2]党的二十大报告系统阐释中国式现代化的九大本质要求，为新时代新征程坚定推进中国式教育现代化指明了方向，也为教育管理学自主知识体系建构提供了根本遵循。

一、成为问题的教育管理学知识体系

19 世纪末，伴随着"西学东渐"思潮的兴起，西方的教育管理学被引入我国并促进本国教育管理学发展。中华人民共和国成立之初，教育管理学科研究总体上依附于教育学的知识体系建构，主要是学习和引进苏联的模式与理论。此阶段的教育管理学还不能算是一门独立的学科门类，只是把教育管理问题作为教育学的组成部分之一，这导致了

① 蒲蕊. 中国式教育现代化视域下教育管理学自主知识体系建构 [J]. 现代教育管理，2023（10）.
　本文系基金项目：湖北省高等学校哲学社会科学研究重大项目"学校家庭社会协同育人机制研究"（22ZD009）的研究成果。
② 蒲蕊，华中师范大学教育学院教授、博士生导师，华中师范大学中国教育管理研究中心主任，中国教育发展战略学会现代教育管理专业委员会副理事长。

教育管理学科长期处于一种被冷落的状态。张济正先生将其概括为三个"基本上没有"：教育管理学基本上没有作为一门独立课程开设、教育管理学方面基本上没有公开出版过一本由我国学者撰写的论著、教育管理研究领域基本上没有形成专门的人员队伍和组织机构。[3] 随着改革开放的不断推进和思想解放的日益深入，教育管理学在概念、理论、方法等方面实现了相当的积累。改革开放初期，为了应对高等师范院校教学的急需，教育管理学界诸多学者编著了一些学校管理学和教育行政学的教材，翻译了一些国外研究成果，并开始对创立具有中国特色的教育管理学理论进行了多方面的尝试和探索。在多年的探索和实践中，学者们通过多种途径为构建具有中国特色的教育管理学知识体系做出了许多原创性贡献。

2023 年 2 月，习近平总书记在学习贯彻党的二十大精神研讨班开班式上明确指出："中国式现代化，深深植根于中华优秀传统文化，体现科学社会主义的先进本质，借鉴吸收一切人类优秀文明成果，代表人类文明进步的发展方向，展现了不同于西方现代化模式的新图景，是一种全新的人类文明形态。"[4] 上述重要讲话以及国家层面相关政策的颁布，对我国的哲学社会科学建设提出了更高的要求，尤其强调哲学社会科学研究和表达中的中国主体性，重视为中国的主体性服务。教育管理学是哲学社会科学的组成部分，其同样需要追求并贯彻中国的主体性。正因如此，我国现阶段教育管理学知识体系建构才成为问题。

第一，中国主位意识相对不足。知识体系是学术研究的呈现，教育管理学知识体系存在的问题归根到底在于学术研究的缺陷。由于教育管理学研究的中国主位意识缺乏，导致了教育管理学的概念、理论、命题、研究方法运用上的一系列问题。这些问题集中体现在：当今中国教育管理学界占据主导地位的概念体系、关键议题以及理论研究的参照尺度，多为"舶来品"。已有学术成果中"洋话"相对较多而"中国话"相对较少。对此，有学者指出，我国教育管理学研究起步晚、底子薄，存在过度模仿西方和借用或参照其他相关学科的倾向，加之学科边界模糊，使得该学科缺乏一定的主体性。[5] 教育管理学术研究的中国主位意识相对不足，导致了西方话语依然在教育管理学话语体系中占据着主导地位，也使我国的教育管理学面临着"有理说不出""说了传不开""传开叫不响"的境地。[6]

第二，国际学术话语权不强。国际学术话语权是国家文化软实力的体现，是相应的学术主体在一定的时空范围内、学术领域内所具有的主导性学术影响力，具体表现在引领学术发展趋势、决定学术议题设置、主导学术评价尺度、左右学术交流趋势等。从中国教育管理学的国际学术话语权来看，虽然积累了日趋丰富的学术成果，但是这些成果并未产生或转化为广泛而持久的国际学术影响力。学术的深度交流与互鉴是学术发展的基本条件，也是学术前行的重要路径。如果片面强化西方理论的规范性与期待性，误将现有的西方理论直接应用于中国情境，无疑会加深中国教育学理论的边缘化，并强化西方理论的中心地位和话语霸权。[7]更要引起重视的问题是，价值观是文化之髓，哲学社会科学涉及价值判断，全球化、现代化、公共治理、公民社会、利益相关者等诸多理论学说无一例外具有鲜明的价值立场和意识形态功能。因此，推进我国教育管理学国际学术话语权的建设，不仅是打造中国特色教育管理学学科之所需，也是提升国家文化软实力、维护国家意识形态安全的需要。

二、教育管理学自主知识体系建构的重要意义

西方哲学社会科学之所以在当今国际学术界居于强势地位，主要是因为其围绕现代化的一般命题确立了一整套的理论和话语，进而垄断人类社会发展的解释权。因此，在中国式教育现代化建设的征程中，我们加快建构教育管理学的自主知识体系是及时回应新时代国家重大战略需求、充分发挥教育基础性和支撑性作用的学术责任和学术使命。

（一）为加快建设教育强国提供理论支撑

建构教育管理学的自主知识体系，是加快建设教育强国、为中华民族伟大复兴提供有力理论支撑的需要。转向高质量发展阶段，中国式教育现代化建设面临着诸多新挑战和亟须解决问题。一方面，"威胁国家安全的政治环境、'双循环'格局的数字经济环境、'老龄'和'少子'两极分化的不均衡社会环境、'卡脖子'的科技制约环境、'多极'文化入侵的文化环境，以及'教育脱钩'的国际化环境"[8]构成了教育发展复杂多变的外部环境。另一方面，区域、城乡教育发展不平衡不充分问题仍然突出，推进教育高质量发展还存在诸多卡点和瓶颈，学前教育、职业教育等不同层次和类型教育短板问题亟须解决。站在新的历史起点，原有的理论已不能完全解决新情况和新问题，需要进行深入探索，提出新的理论。建构中国教育管理学自主知识体系就是要适应我国未来发展的新目标、新任务、新要求，在深刻总结改革开放和社会主义现代化建设经验的基础上，提出系统化的教育管理学说，为加快推进中国式教育现代化、建设教育强国提供理论指导和智力支撑。

（二）为提高教育管理质量提供有力保障

建构教育管理学的自主知识体系，是全面提升教育管理队伍和教育管理研究队伍现代化水平、持续提高教育管理质量的需要。中国式教育现代化的本质是人的现代化。学科知识体系一旦形成，便深深渗入学术活动之中，影响着学术活动的再生产，在更广的范围内影响着社会主体即人的发展。具有主体性和原创性的教育管理学知识体系的建构，不仅能培养出社会主义现代化建设所需要的高素质教育管理人才和教育管理研究队伍，而且能够持续提高政府、各级各类学校和社会教育机构的教育管理效能。

（三）为助力成功经验向理论转化提供有效路径

建构教育管理学的自主知识体系，是推动中国式教育现代化的成功经验上升为系统化教育管理学说的需要。党的二十大报告对中国式现代化的本质要求做了深刻系统的阐释。遵循基本内涵和本质要求，中国式教育现代化具有如下特征："是满足巨大规模人口教育需求、赋能全体人民共同富裕、促进物质文明与精神文明协调发展、实现人与自然和谐共生、推进世界和平发展的教育现代化。"[9]独特的历史、独特的文化和独特的国情决定了中国式教育现代化进程有其自身的特殊性，中国的教育发展必须走自己的路，没有教科书可依循，更没有现成答案可以借鉴。这就需要我们立足中国式现代化，在中国式教育现代化的进程中建构教育管理学自主知识体系，将中国式教育现代化的成功经验上升为系统化的教育管理学说，彰显教育管理学的中国特色，让世界更好地了解中国教育的民族性和文化性。

三、教育管理学自主知识体系的建构逻辑

以主体性和原创性为本质特征的教育管理学自主知识体系，充分体现对中国教育管理实际问题和中国教育管理经验的关照，承载着具有自身特质的知识、理论和方法。那么，要遵循什么样的逻辑来进行建构？以哲学社会科学工作座谈会精神为指引，"要按照立足中国、借鉴国外，挖掘历史、把握当代，关怀人类、面向未来的思路，着力构建中国特色哲学社会科学。"[10]

（一）教育管理学自主知识体系建构的价值逻辑

中国式教育现代化视域下的教育管理学自主知识体系建构，既具有鲜明的民族性特质，又具有鲜明的世界性特质，是体现民族性与世界性的价值统一体。

一方面，教育管理学自主知识体系不同于西方的教育管理学，应具有显著的中国特色。"我们的哲学社会科学有没有中国特色，归根到底要看有没有主体性、原创性"。[11]这就意味着，我国教育管理学自主知识体系的建构，必须坚持主体性和原创性的统一。一要基于我国具体的教育管理实际，扎根于中华优秀传统文化，系统总结和提炼出符合中国特色并易于被国际学术界所接受的新概念、新范畴、新表述，推动国际学界展开学术争鸣。[12]二要坚持人民中心、服务人民。具体来说，就是要以有效解决广大人民群众关注关心的教育热点难点问题、获得更大更多更好的社会效应为价值旨归，站在人民的立场审视教育管理学概念、理论、命题的生成和表达，让教育管理学的学术话语能被广大人民群众理解、把握和使用。

另一方面，中国式教育现代化视域下的教育管理学自主知识体系亦应追求世界性的价值旨趣。坚持教育管理学知识体系建构的主体性和原创性并不是封闭和盲目地排外，而是以一种开放、批判的态度，寻求与西方教育管理理论的平等对话。在主动自觉地学

习和借鉴一切有益的理论观点和学术成果的同时，通过扎根本土教育管理经验生产原创性的教育管理学知识，提出让中、西学者感兴趣的教育管理学议题，多渠道传递中国教育管理学的声音，逐步确立在世界学术知识生产体系中作为教育管理学知识推进者与生产者的地位，为解决世界各国面临的教育管理问题提供中国方案、中国智慧和中国力量。

（二）教育管理学自主知识体系建构的理论逻辑

当代中国特色哲学社会科学与其他哲学社会科学区分的基本标志是坚持以马克思主义为指导。中国式教育现代化视域下的教育管理学自主知识体系建构，必须坚持以习近平新时代中国特色社会主义思想为指导，以马克思主义教育观、管理观为教育管理学知识体系建构的根本遵循，将马克思主义的立场观点贯穿我国教育管理学知识体系建构的全过程。

我国现代意义上的教育管理学，是伴随着"西学东渐"的思潮从西方引入，尽管在20世纪初有了我国学者自行编写的教育管理学著作，但是民国时期的教育管理学依然是以向西方学习为主。改革开放初期，教育管理学的理论建构开始总结和借鉴民国时期的理论体系。20世纪80年代中期开始，我国教育管理学界对西方现代企业管理理论和教育管理理论的引进与借鉴显著增多，不断促进我国教育管理学知识体系的完善。除了翻译出版大量的国外学者著作外，国外教育管理领域的"学校发展计划""教育证券""ISO国际教育标准"和企业管理领域中的"全面质量管理""公平理论"等均融入国内教育管理研究知识体系中。[13] 显然，教育管理学界对国外理论的引进、借鉴和研究极大推进了我国教育管理学的知识体系建构。但是，理论外借同样导致"学科自身的理论基础非常薄弱，既缺乏相对的学科独立性，也难以对教育管理现实做出合理的解释与针对性的指导"，[14] 存在掩盖和弱化马克思主义指导思想地位的风险。

为防止全球化背景下可能出现的指导思想多元化和相对主义问题，2004年中共中央印发《关于进一步繁荣发展哲学社会科学的意见》，明确强调"繁荣发展哲学社会科学必须坚持马克思主义的指导地位""绝不能搞指导思想多元化"。当然，在建构中国特色教育管理学知识体系的过程中，坚持马克思主义的指导地位，并不意味着不考虑时代特点和教育管理实践的现实需要，生搬硬套马克思主义现成话语，而是要将其提升至世界观、方法论的高度，运用科学的世界观和方法论解决中国的教育管理问题和教育管理研究问题。以马克思主义的立场、观点和方法，改变教育管理学只问"术"而不问"道"的局面，从重视教育管理应用研究向理论研究转型，探索中国特色社会主义教育管理的规律。

（三）教育管理学自主知识体系建构的历史逻辑

"一个民族的复兴需要强大的物质力量，也需要强大的精神力量，没有先进文化的积极引领，没有人民精神的极大丰富，没有民族精神力量的不断增强，一个国家、一个民族不可能屹立于世界民族之林。"[15] 坚持历史逻辑，意味着教育管理学自主知识体系建构需要先进文化的引领，需要中华优秀传统文化的滋养，需要对传统的教育管理思想及已形成的教育管理学进行守正创新。

中国的教育管理实践和教育管理经验，均深深植根于中国文化沃土。中国传统文化强调人的社会属性和道德属性，重视伦理关系，主张"天人合一""以义制利"，主张在管理中塑造人性。西方哲学则强调人的自然属性和认识属性，重视个性、个人自由、个人利益和功利主义。西方的教育管理学概念、理论、命题、方法根植于西方的传统文化，带有西方的人性认识和价值取向，不加批判和反思地照搬照抄必然导致"食洋不化"或"削足适履"。与此同时，作为一门学科的教育管理学在近代传入中国并得到发展，具有中国特色的教育管理学建设受到重视，植根于中国本土的教育管理研究成果日益丰富，为新时代教育管理学自主知识体系建构奠定了坚实基础。有学者总结了改革开放以来我国教育管理学界创立中国特色教育管理学的基本范式：一是基于我国学校管理与教育行政经验凝练总结出规律来构建具有中国特色的教育管理学理论；二是将学习、借鉴西方先进的教育管理理论与自主创新结合起来构建学科理论；三是运用马克思主义哲学所提供的方法论对教育管理现象或问题进行分析研究来构建具有中国特色的教育管理理论。[16]

因此，在中国式教育现代化视域下建构教育管理学自主知识体系，需要遵循历史逻辑，认真回溯我们的历史和传统，系统审视近现代以来我国教育管理学发展中的成就与问题，以民族文化的承接为基础，汲取中华优秀传统文化的精神养料，弘扬和挖掘文化意蕴丰盈的学科话语，充分彰显继承性和民族性。只有这样，中国教育管理学的研究成果才可能产生世界性的学术影响力，不再是各种西方思想家和教育流派的舶来品，并逐渐走向国际教育学界。[17]

（四）教育管理学自主知识体系建构的实践逻辑

马克思主义唯物史观认为，社会存在决定社会意识。实践是教育管理学自主知识体系的生长点，实践性是教育管理学的鲜明特征。"离开对于实践的研究，理论不可能形成；离开实践的滋养和需求，理论不可能发展；离开实践的应用，理论没有价值，也不可能得到检验。"[18] 因此，中国式教育现代化视域下的教育管理学自主知识体系建构，不仅要从中华优秀的传统文化中汲取养料和力量，还需要直面鲜活生动的教育管理实践，总结时代经验，回答时代之问。中国式教育现代化实践不只是教育管理学自主知识体系建构的"背景板"，其本身也为教育管理学标识概念的阐发和学理逻辑的建构提供丰富的"内容供给"。

近年来，越来越多的教育管理学者开始扎根于实践，深入学校、深入课堂去发现问题、研究和解决问题，与中小学一线工作者共同推进教育实践变革。但是，教育管理理论不能充分满足实践需要、不能很好指导实践依然是一个公认的老问题。对此，有学者指出，教育管理学者容易落入自说自话的窠臼，不仅脱离实践，"假问题""假研究"很多，而且容易将简单的问题复杂化、复杂的问题简单化。[19] 显然，没有充分关照我国教育改革与发展的现实、不能系统研究当前我国教育管理实践的丰富性和复杂性的教育管理理论是没有生命力的，也不能很好地对我国的教育管理实践做出合理的解释和说明，更无法对教育管理实践的发展做出科学的预测与判断。作为一门应用性或实践性的学科，中国特色的教育管理学建设应坚持实践立场，在实践中定位自身的价值，真正重视和深入研究中国教育管理的现实，将丰富的、复杂的、鲜活的中国教育和教育管理实践作为建构教育管理学自主知识体系的不竭源泉。

当然，坚持实践逻辑，不仅意味着教育管理理论研究者的躬身躬行，关注教育管理实践，走出书斋，走进教育管理一线，与教育管理实践者一起做事。而且也意味着教育管理实践者自身角色转型并积极投身教育管理研究。也就是说，教育管理学自主知识体系构建需要理论研究者与实践者共同努力，需要提高双方的批判和改造实践的能力，构建"研究—实践共同体"。在这种共同体中，教育理论与实践之间存在一种整体性的相互建构关系，既生成理论，又重建实践。[20]

四、教育管理学自主知识体系建构的实践进路

中国式教育现代化视域下的教育管理学自主知识体系建构是一个复杂的系统工程，需要以学科体系建设为重点，以学术体系建设为支撑，以话语体系建设为突破。

（一）以学科发展特点为基础，建构教育管理学学科体系

知识体系的形成与完善必须通过体系化、学科化的建制来实现。"教育管理学科体系是结构化的教育管理学科的知识或理论，是教育管理的概念、原理和方法的体系化。"[21] 教育管理学自主知识体系建构的主要路径之一，就是要对中国式教育现代化进程中教育管理学的学科发展历史、学科归属与分类、学科性质与边界、学科知识范畴与研究方法等进行系统研究与分析，在此基础上探索建构自主性学科体系。

一是要对教育管理学学科体系的发展进行整体性省思，将教育管理学学科体系建设放在中国式教育现代化进程中来认识。对学术发展的现状与未来进路进行整体性思考与检视是保障学术研究健康发展、富有成果的重要条件。[22] 教育管理学科体系建设同样如此。有学者认为，"中国社会科学的百年发展历程经历了三次大规模对先行学术、思想和文化的重新估定，每一次估定都为中国学术界构建起一个新的知识系统，并为中华文明发展和现代化建设提供新的理论依据和行动方案。"[23] 基于此，提高我国教育管理学学科体系建设的主体性和原创性，同样需要对教育管理学进行新的"重新估定"，以此来总结经验、积淀传统、聚焦问题、探索新路。

二是要着重解决现阶段教育管理学学科体系建设中的难点与堵点。首先，要解决教育管理学的学科归属问题。1998 年国家专业目录调整之前，教育管理学是从属于教育学

一级学科之下的二级学科，专业目录调整之后，与教育经济学合并为教育经济与管理专业，成为公共管理学一级学科之下的二级学科。教育管理学学科归属摇摆不定，使得学术界长期对其学科归属问题存在争议，容易导致研究领域宽泛、研究边界模糊，并引发话语体系和话语表达方式方面的矛盾与冲突[24]，不利于学科的建设与发展[25]。实践中，大部分高校将教育经济与管理专业归入教育学系、教育科学学院等教学研究的机构，一些高校还增设了诸如教育管理学、教育管理与政策、教育政策与评价、教育发展与治理等二级学科。为此，有必要进一步梳理与澄清教育管理学与教育经济学、教育学、公共管理学和管理学之间的关系，从教育管理固有的"教育性"出发研究教育管理学的学科定位和学科设置，解决教育管理学的学科归属问题。其次，要解决教育管理学重"术"轻"学"问题。长期以来，我国教育管理学注重应用研究，而对理论研究缺乏足够关注。由此导致我国的教育管理学缺乏系统深入地研究教育管理目的、价值、管理伦理问题，对教育管理学的基本范畴和体系、教育管理学的发展历史问题也缺乏深入系统的探讨。为此，有必要深化教育管理学的基本理论问题研究，明确学科知识体系，完善学科方法论体系和理论研究规范系统。

（二）以提高原创性和主体性为目标，建设教育管理学学术体系

中国式教育现代化视域下的教育管理学自主知识体系建构，应以提高原创性和主体性为目标，重视教育管理学学术体系建设。原创性的教育管理理论应是基于本国的教育管理需要与问题，研究得出的在国内或国际范围具有独特性与创新性的理论。[26]因此，应进一步强化教育管理理论的原创性，解决本土知识理论创新不足的问题，重视教育管理研究的问题导向、实践导向和教育导向。

一是教育管理研究的重点要聚焦国家战略，聚焦人民群众关心的教育热点难点问题，聚焦教育管理研究领域的前沿问题。

二是在以问题为导向的教育研究中，增强对中国教育管理经验的体认和理论自觉性，通过归纳、整理和提炼将教育管理实践中有价值的成果上升并转化为本土化理论知识，通过理论概念创新的持续量变产生部分质变的积累推进教育管理学理论体系发生根本性质变。

三是教育管理研究的关键底色不能忽视教育。这一学科领域研究的是教育方面的管理问题，是为了落实立德树人这一根本任务而进行的管理。因此，需要从教育的立场、运用教育学知识理解、分析教育管理问题，厘清教育学、教育管理学的内涵与建设路径，并据此从整体上检视现有的教育管理学研究。[27]

同时，教育管理学学术体系建设需要坚持本土立场和系统思维。坚持本土立场，立足中国传统文化建构学术体系不是不加判断、不加选择地移植或吸收传统教育管理思想和教育管理制度，更不是封闭排外。百余年来我们对西方教育管理理论和方法的学习、

借鉴和吸收，并不是没有价值的。教育管理学学术体系建设不应该也不可能拒绝人类有益的教育管理思想的启发，而是要以一种开放与批判的态度自觉地学习、借鉴、评价、反思来自传统的、西方的、其他学科的教育管理思想、理论和范式，在与不同国家、不同民族、不同文明的平等交流与对话中，结合教育管理学学科框架和学科理论全面审视曾经接受的"外来因素"，实现"洋为中用"和"古为今用"。

（三）以服务人民和扎根实践的立场，建设教育管理学话语体系

学术体系是揭示本学科研究领域的系统性理论知识，而话语体系是理论知识的表达方式，是学术体系的语言载体。[28] 教育管理学不是绝对抽象的、形而上的知识体系，而是与现实的教育实践和人民群众紧密联系的领域。因此，教育管理学自主知识体系建构应重视话语体系建设，提高教育管理学知识的传播力和影响力。

一是扎根教育管理实践，服务人民群众。理论源于实践，在实践中发展、指导实践并在实践中加以检验。教育管理学话语体系建设应立足当下，积极挖掘和总结本土的教育实践经验，尊重特定的教育实践情境和在情境中行动的价值，致力于用个性化的理论研究和话语体系解读教育实践，并将其纳入到教育管理学话语体系。同时，话语体系建设要坚持服务人民的立场，"说什么"以及"怎么说"要采用通俗易懂的内容与表达形式，以逐渐被广大人民群众所理解和掌握。[29]

二是要提升学术研究质量。提出新概念新范畴是教育管理学话语体系建设的重要任务，但是，话语体系建设绝不是简单的造词运动，有原创性的、生命力的新概念新范畴均是长期的、系统的学术探索之结晶，需要研究者平心静气、久久为功，需要自信、自觉、创新、反思、批判、使命、责任等学术精神。

三是要充分发挥知识体系的育人功能。专业教育和人才培养是扩大学科知识体系传播力和影响力的重要途径。进一步完善教育管理学的教材体系和课程体系建设，通过政治素养、道德品质、专业知识、综合能力等方面的培育，为党育人、为国育才，培育社会主义现代化强国建设需要的优秀教育管理人才。

参考文献：

［1］［10］［11］［12］习近平. 习近平谈治国理政:（第二卷）［M］. 北京：外文出版社，2017：
    344、338、341-342、346.

［2］习近平在中国人民大学考察时强调　坚持党的领导传承红色基因扎根中国大地　走出一条
    建设中国特色世界一流大学新路［EB/OL］.（2022-04-26）［2023-03-05］. dangjian.people.
    com.cn/n1/2022/0426/c117092-32408734.html.

［3］张济正. 我国教育管理学科的过去、现在和未来［J］. 华东师范大学学报（教育科学版），1989（3）：69-79.

［4］习近平在学习贯彻党的二十大精神研讨班开班式上发表重要讲话强调　正确理解和大力推进中国式现代化［EB/OL］.（2023-02-07）［2023-08-08］. http：//www.news.cn/politics/leaders/2023-02/07/c_1129345744.htm.

［5］李旭，王娇. 新中国成立以来教育管理学学科建设的回顾与反思［J］. 教育学报，2019（6）：55-67.

［6］谢娟. 新时代构建中国特色哲学社会科学体系的思考［J］. 广西社会科学，2018（4）：152-155.

［7］冯建军. 构建教育学的中国话语体系［J］. 高等教育研究. 2015（5）：1-8.

［8］朱旭东，刘丽莎，许芳杰，等. 论我国"十四五"教育发展战略目标和重点任务：基于复杂多样的国内外环境分析［J］. 中国教育科学，2021（2）：31-44.

［9］孙杰远. 中国式教育现代化的基本问题［J］. 中国远程教育，2023（04）：1-10.

［13］李保强，池振国，刘永福. 改革开放后教育管理学发展的阶段性成就梳理与反思［J］. 教育理论与实践，2009（31）：15-20.

［14］褚宏启，张新平. 教育管理学教程［M］. 北京：北京师范大学出版社，2013：27.

［15］习近平. 习近平关于社会主义文化建设论述摘编［M］. 北京：中央文献出版社，2017：7.

［16］［25］孙绵涛. 中国教育管理学30年：成就、特点与问题［J］. 教育研究，2009（2）：21-28.

［17］李政涛. 教育科学的世界［M］. 上海：华东师范大学出版社，2010：304.

［18］褚宏启. 既尊重理论更敬畏实践：教育管理理论与实践的互惠互动［J］. 中小学管理. 2017（1）：24-26.

［19］沙培宁. 教育管理学人的实践转向：一个"媒体人"的视角［J］. 复旦教育论坛. 2010（2）：31-35.

［20］叶澜等. 基础教育改革与中国教育学理论重建研究［M］. 北京：经济科学出版社，2009：369.

［21］黄崴. 教育管理学科体系：概念、分类与整合［J］. 华南师范大学学报（社会科学版）.2004（5）：119-148.

［22］沈壮海. 试论提升国际学术话语权［J］. 文化软实力研究，2016（06）：97-105.

［23］姜义华. 中国社会科学百年论纲［J］. 学术月刊. 2005（8）：5-10.

［24］吴东方，司晓宏. 新中国成立70年教育管理学发展的总结、评价与展望［J］. 中国教育学刊. 2019（10）：42-47.

［26］叶澜. 世纪初中国教育理论发展的断想［J］. 华东师范大学学报（教育科学版），2001（1）：

1-6.

［27］张新平、陈学军. 试论我国教育管理学的理论类型［J］. 教育学报，2011（2）：80-86

［28］田心铭. 学科体系、学术体系、话语体系的科学内涵与相互关系［N］光明日报，2020-5-15（11）.

［29］李旭、侯怀银. 教育管理学的学科体系、学术体系和话语体系建设［J］. 教育学报，2022（4）：59-70.

论高校思政课课程形象评价的框架性内容[①]

武传鹏　邵申林[②]

摘　要：为有效了解当前高校思政课课程形象，检验立德树人作用，促进高校思政课实现有方向的质量升级，进行全面综合、科学合理的评价意义重大。借助结构主义方法论，高校思政课课程形象内涵得到科学界定。在定义明晰的基础上进行评价则需要回答谁来评、评价谁、评价什么、评价目的和怎么评的"五问"。因此，运用差序格局精准区分评价主体、厘清课程参与者为评价对象、梳理课程内部构成要素为评价内容、以提升认知度、美誉度、和谐度为评价指标和灵活运用结果评价与增值评价相结合、综合评价与特色评价相结合、内部评价与外部评价相结合、线上评价与线下评价相结合四类方法系统地回应了评价"五问"，构建了高校思政课课程形象评价的框架性内容。

关键词：高校思政课；课程形象；评价；框架性内容

高校思政课形象问题近来逐步成为学界研究热点和重点，在此趋势下形象评价的相关研究也逐渐步入正轨。课程形象的塑造和评价是推进新时代高校思政课建设工作标准化、系统化、科学化和持续化的重要着力点。"形象"原活跃于传播学、营销学和公共关系学等学科之中。高校思政课历经党和国家的百年建设理应具有十分丰富的形象，但学界在新时代之前并未给予足够的关注以发挥高校思政课形象的现实力量。因此，立足新时代新征程，全面深刻地研究高校思政课的各类形象，尝试从形象中挖掘丰富的课程建设资源为高校思政课持续向好建设提供源源不断的动力是现今的当务之急。相比公众形象，高校思政课课程形象更加侧重于课程的内部形象自塑，聚焦于分析课程构成要素。为实现课程形象资源的有效利用，本文尝试借助形象评价的力量促进课程目标的实现，在遵循党的领导原则、调查研究原则、客观公平原则、系统整体原则和动态发展原则[1]

---

① 本文系 2022 年度高校思想政治理论课教师研究专项重大课题攻关项目"高校思政课的公众形象塑造研究"（22JDSZKZ07）；全国高校思政课名师工作室（青海大学）建设项目（21SZJS63010743）；全国高校思政课教师研修基地（青海大学）2023 年度项目的阶段性成果。

② 武传鹏，青海大学马克思主义学院副院长、副教授，硕士生导师，中国教育发展战略学会思想道德建设专业委员会理事；邵申林，青海大学马克思主义学院。

的基础上探讨高校思政课课程形象评价的框架性内容。

一、高校思政课课程形象的科学内涵

形象评价旨在综合各方因素对高校思政课课程形象作出科学合理的评价，以此深化各界对高校思政课的全面认知。作为新时代高校思政课形象塑造工作的补充，高校思政课课程形象评价具有重塑形象这一无形资产的强大力量，能够为课程的发展建设提供源源不竭的更新动力，为进一步增进课程的社会影响力和认同感铺垫可感可知的心理认同依据。要充分发挥课程形象评价促进高校思政课高质量发展、内涵式演进的"助推器"作用，有据可依地界定高校思政课课程形象的科学内涵理所应当。

高校思政课以回答"培养什么样的人、如何培养人以及为谁培养人"这一教育根本问题为价值追求，是落实立德树人根本任务的关键课程。高校思政课的价值目标凸显了"人"这一具有高度自觉能动性的课程主体，"人"与"课"不可分离成为高校思政课的显著特征。此外，高校思政课首先是一门课，与生俱来有课程目标、课程内容、课程结构、课程评价等构成要素。《现代汉语词典》将形象定义为"能引起人的思想或感情活动的具体形状或姿态"。《韦氏大百科辞典》中"image"的基本含义是：第一，通过照相、绘画、雕塑或其他方式制作的人、动物或事物的可视的相似物；第二，通过镜子反射或者光线折射而形成的物体的图像；第三，大脑的反映、观念或概念。西方学者菲利普·科特勒认为，形象就是指人们所持有的关于某一对象的信念、观念与印象。公共关系学中形象则指"公众对组织的总体特征和实际表现的认知和评价"。在此意义上，"形象"是一个复合的概念，具有整体性、主观性、客观性、动态性和相对稳定性等现实特征。此外，通过形象在不同维度和语境的内涵阐释，可进一步细分为"特殊形象和总体形象""真实形象和虚假形象""有形形象和无形形象""实际形象和自我期望形象""内部形象和外部形象"等发生图式。鉴于目前学术界对思政课形象的定义大多是公共关系学形象的延伸填充，结合高校思政课和形象的理性认识，抽离二者相关要素组成，通过结构主义的方法进行重组与解码，高校思政课课程形象的科学内涵可总结为：社会公众对高校思政课课程目标、课程内容、课程结构和课程评价等形象要素以及高校思政课课程参与者在社会关系中的实际表现进行综合评价后所形成的总体印象，是高校思政课内部功能实现程度和合规律性在社会公众中获得的认知和评价，见图1。

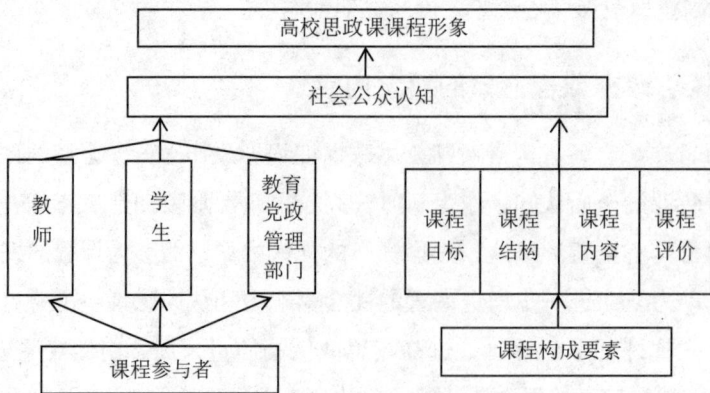

图 1　高校思政课课程形象生成逻辑

借助高校思政课和形象的元概念以及运用结构主义方法论解析归纳，高校思政课课程形象从"人"和"课程要素"两个向度上实现了相较于一般形象而言更趋向于"课程内部的形象"界定。内部形象的建立，是课程自身塑造形象的过程。课程内部形象通过形象传播，被社会公众所了解、所认识，构成相对应外部形象，也就是课程的公众形象。公众形象侧重于外部关系的处理，课程形象侧重于课程内部合规律性的彰显。高校思政课课程形象从天然构成要素出发，先在课程开设的内部发生交流、融合与流变，再通过课程育人潜能的实现进一步影响社会公众的交互环节，从而实现从内到外的全过程形象堆塑。课程形象这一内部形象"塑造—传播—树立"的过程使高校思政课形象的完整性得到深层次的佐证和补强，为高校思政课形象塑造提供更多的参考进路。

课程形象将促使高校思政课从内部出发正视自身短板，有针对性地进行内容模式的优化创新。"形象塑造过程首先是自身形象塑造组织形象"[2]，课程形象既是高校思政课对自身的审视反思，也是公众形象的重要形成来源。高校思政课的形象塑造工作尚处于起步阶段，"处在一种自发生成、无序发展的状态"[3]，要充分发挥课程形象对高校思政课建设的能动作用，就亟须通过形象评价以明晰高校思政课课程形象的现实样态。

二、高校思政课课程形象的评价主体

评价主体是指对评价内容具有一定的认知、有自我判断的评价能力和能够实际参加评价活动的人或集体。立足评价的实践过程中，由于高校思政课"治党治国"的课程属性，所以高校思政课课程形象评价牵涉的评价主体自然而然宽泛起来，包含课程参与者三维度、非思政课领域的教育者和一般社会公众等。评价是一个包含客观呈现和主观表达的判断活动，经由人们的认识活动和价值观念共同反应而产生，评价的主观性也由此而来。但是从唯物史观出发，评价主体的评价结果也反映了他们的客观需要，正如弗·布罗日克所说："人的需要和要求是客观赋予的，是以往的历史发展的过程强加给他们的，并且是以利益、意图、理想的形式表现出来。"[4] 为进一步落实客观公平的评价原则，尽量避免评价过程中因主观性和客观需要导致评价结果失真，保证评价的科学合理，必须精准区分评价主体。区分评价主体是开展评价的根本问题，关乎开展评价的筹备工作是否顺利，以及可否真正利用好评价主体优势并有效规避劣势，并对评价方法、评价内容和评价结果实现最优化选择提供主体性保障，体现评价的合理性和科学性。

高校思政课课程形象评价是较为聚焦于课程内部认识的整体审视，不同评价主体对其全貌的认识规律呈现出由专业性向非专业性递减的趋势。费孝通在《乡土中国》中提出了差序格局，即以自己为中心像水波纹一样推及开，愈推愈远、愈推愈薄且能放能收，能伸能缩的社会格局，且它随自己所处时空的变化而产生不同的圈子。区分高校思政课课程形象评价主体同样可以利用差序格局。首先，设置高校思政课为差序格局的中心点，再根据高校思政课的根本属性规定每个圈层包含的评价主体（与根本属性相关度愈高愈靠近内圈层），最后通过与中心点的距离赋能每一圈层的评价主体以不同的权重（靠近中心点的评价主体具有更高赋值）。高校思政课作为一门课程，其与生俱来且为社会所公认的根本属性必然是"教育属性"，因此，评价主体的区分以与思政课教育的相关度为准绳。在此理性认知上，运用差序格局的方法构建评价主体区分模型，可以清晰发现不同层次的评价主体与高校思政课的"亲疏"关系，见图2。按照高校思政课课程形象评价主体区分模型的内在逻辑，区分评价主体在评价过程中具有两重深刻意蕴：一是在整体视域下，使高校思政课课程形象得到全方位的形象认知；二是通过"亲疏"分层使高校思政课课程形象在每个圈层都具有相对的具体样态，丰富了形象评价的实践表现。

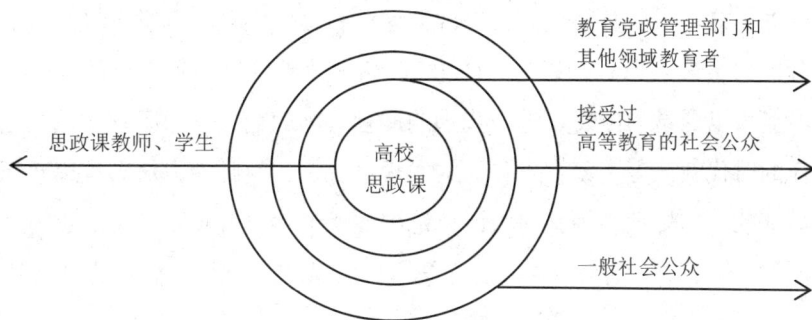

图2　评价主体"亲疏"关系区分

需要说明的是，模型中评价主体所处圈层并非一成不变，其根据自身教育经历同样会动态地转变相应位置，进而对形象在不同时期有不同的评价、评价结果得到不同的赋值，对形象评价产生不同的影响力。从这种意义上来说，差序格局通过发挥伦理规范与资源配置的双重功能，搭建了主体区分的立体模式，彰显高校思政课课程形象评价的开放性特征。

三、高校思政课课程形象的评价对象

评价对象是指评价活动中将被作为评价向度的人。课程参与者作为具有高度自觉能动性的行为主体，既是高校思政课课程形象的缔造者，也是传播者，属于评价的显性对象。课程参与者经过复杂的社会交往，通过自身思想道德、行为操守在社会关系中的现实表现，将高校思政课课程的第一印象输送呈现给社会各界，为高校思政课课程形象的整体表现奠定初步样态。课程参与者包含教师、学生和教育党政管理部门三个层面，三者紧紧围绕高校思政课开设全过程各司其职，揭橥了高校思政课的存在意义和价值导向。通过人这一具有目的性和选择性的行为主体，高校思政课被间接赋予了由无机系统向有机循环转变的能力。质言之，教师、学生和教育党政管理部门在课程开展和传播过程中一定程度上塑造了高校思政课课程形象，因此三者被统摄为高校思政课课程形象的评价对象。

教师作为高校思政课开展过程中承上启下的中间枢纽，且相较于其他两者在社会中具有更加广泛深远的影响力，因此其作为显性对象的核心内容。学界在思政课教师形象的研究上，已经从塑造路径、审思反馈和局部增效等方面取得一定的成果。结合现有研究基础，对教师的评价可从"能力""责任""德行"三个维度切入，而集能力、责任、德行于一身也理应成为思政课教师的前进方向。

习近平总书记指出："讲思想政治理论课，要让信仰坚定、学识渊博、理论功底深厚的教师来讲，让学生真心喜爱、终身受益。"[5] 学识渊博、理论功底深厚是教师能力的直接反映，教师的能力强弱对整个高校思政课课程目标的实现具有举足轻重的影响。小逻辑上，教师能力会影响课程知识的"灌输"、课堂效果的呈现和学生的成长成才；大逻辑上，教师能力以课堂为出发点进一步影响课程"为党育人，为国育才"和培养堪当民族复兴大任的时代新人等国家育人目标的实现。总之，教师能力对高校思政课课程形象具有由内而外的影响机理，将其纳入评价范围理所当然。教师责任是高校思政课教师主体身份认同的一把标尺。"社会主义的办学方向和落实立德树人的根本任务决定了高校思想政治理论课程本身具有鲜明的意识形态属性和立德树人的价值功能。"[6] 因此，除立德树人根本责任外，坚持高校思政课的意识形态属性（政治属性）是思政课教师的另一中心责任。政治属性作为高校思政课形象的一大显著特征，对高校思政课课程形象具有根本意义上规定性，教师能否贯彻这一意志是形象评价的关键。正所谓"为人师表，德才兼备"，教师自古以来就与高尚情操和榜样楷模相连，所以高校思政课教师德行表现会在一定程度上影响课程形象。简而言之，教师德行的社会认可度与对课程形象的影响成正比。能力、责任和德行的协同效应析出了教师对高校思政课课程形象的影响方式和

现实指向。评价中不能将三者割裂、分而评之，时刻要运用辩证思维将三者看作整体，做到同频共振。

作为高校思政课的内容接受者和课程目标实现程度表现者，学生对高校思政课课程形象的影响主要来自自身品德发展、学业发展、身心发展、审美素养、劳动与社会实践等五方面重点内容的发展情况。上述内容的积极发展有助于引领学生形成正确的世界观、人生观和价值观。高校思政课依托课堂为平台，通过教师引导、课程知识的输送传播、课程内容的及时丰富以促进学生在上述五个方面深化发展，五方面的发展质量与高校思政课功能运行息息相关，因此同样必须纳入形象评价之中。这五个方面是培育"自由而全面发展的人"的基本要素，其发展质量越高，思政课课程形象才会越好。基于此，（上述五个方面）学生成长获得的社会认可度与对高校思政课课程形象的影响成正相关。

教育行政管理部门作为高校思政课程的制定者、管理者和更新者，不直接参与到课程开设过程，因此直接影响稍弱。但是，作为谋篇布局高校思政课上层建筑的相关部门，在其方案预演中已经预设了高校思政课的应然课程形象，尽管实然的课程形象与预期目标存在一定的不一致，仍旧彰显了教育行政管理部门对高校思政课课程形象不可小觑的影响力。教育行政管理部门通常凭借发布各类"通知""倡议""指导意见"等官方文件对高校思政课产生影响，因此其对高校思政课课程形象的影响也来自这些文件的科学性和可行性。换言之，其制定的教育策略和培养方案能否满足学生、教师、学校和社会的现实要求是影响课程形象的关键要素。

四、高校思政课课程形象的评价内容

评价内容是指同一个评价中影响评价结果的主客观事物所组成的集合，厘清评价内容是开展评价的逻辑起点。课程内容、课程目标、课程结构和课程评价作为课程主要构成要素，是高校思政课课程形象的评价内容，属于评价的隐性对象。正是这一"构成"说明高校思政课课程形象的评价内容更注重课程内部，且不会轻易被人所感知或者讨论——难以成为人们形象评价时的第一来源。但作为课程的"器官"，课程构成要素对课程形象的影响起始于"基因"，是擘画课程应然形象的主要因素。相较于课程参与者直接参与到社会生活中的传播图式，从课程构成要素出发更有利于揭示评价内容对高校思政课形象塑造的内生动力，使高校思政课在理论与实践的双重检验下达成形象塑造的反馈与升华，实现形象的"新陈代谢"。

高校思政课的课程内容是指由符合课程目标要求的一系列比较规范的间接经验和直接经验组成的用以构成高校思政课的文化知识体系，是学生获取知识的首要来源。现阶段高校思政课以《思想道德与法治》《中国近现代史纲要》《马克思主义基本原理》《毛泽东思想和中国特色社会主义理论体系概论》《习近平新时代中国特色社会主义思想概论》《形势与政策》为核心内容，"涉及马克思主义哲学、政治经济学、科学社会主义……涉及世情、国情、党情、民情，等等"[7]。高校思政课课程内容具有与时俱进、广泛适用、体系完善、叙事宏大等特征。在此意义上，课程内容的充实程度、对学生课堂的适用度、对现实需要的实用性和创新性等因素都会影响高校思政课课程形象。首先，课程内容从根本上决定了教育质量和培养水平，从而直接左右学生对课程的认可和学生自我成长成才目的实现。其次，课程内容作为知识的主要表现形式，间接决定了课程的吸引力和竞争力。课程内容是课程形象的基础，课程形象形成的第一环节即来自课程内容的具体范式。课程形象以课程内容为土壤，并在此基础上生根发芽，所以在课程内容和课程形象的关系上，可以认为课程内容决定了形象的下限。

课程目标是指课程本身要实现的具体目标，它直接决定了课程的定位和价值——决定了高校思政课课程形象的上限。确定科学合理的课程目标需深入考察和整合学生、社会和学科等维度发展建设的现实要求。高校思政课课程目标"旨在通过马克思主义理论成果和党的路线、方针及政策的普遍教育，引导学生坚定马克思主义信仰和中国特色社会主义共同理想，进一步帮助青年学生形塑正确的世界观、人生观和价值观"[8]。课程目标的价值导向是否清晰合理以及实现程度决定了学生、社会和学科建设的相关群体对高校思政课的认可度，从课程内部出发形塑了课程形象。课程目标作为开展课程全过程的总体指引，通过期望预设和价值规范，从课程内部衍生出一个能够让各类参与者可以具象化对比课程功能作用运行效果的具体对象，这一环节使课程应然形象和实然形象得到较为真实地反映，为科学定位课程、衡量课程构成要素是否合理置放了可靠参照。

"课程结构指的是按照一定标准选择和组织起来的课程内容所具有的各种内部关系，主要包括各类课程的比重，各门课程之间的联系、配合和相互渗透，以及课程内容的排列顺序"[9]，简单说来就是课程内容的组织形态。高校思政课课程结构以选修、必修相结合，在知识体系上做到循序渐进、整体把握。课程结构在高校思政课的表现为课程内部知识结构的排列组合，此关系体现了知识所承载的认知性功能和价值性功能将通过高校思政课课程结构的设定对学生乃至社会产生发展性的影响。课程结构对课程形象的影响来自同一阶段不同课程结构的横向比较，课程结构影响到学生知识的学习、理解和运用，与课程目标的实现有密切关系。学生作为课程结构亲历者和课程形象的评价对象，将从自身感受出发作出价值判断。此外，课程结构从国家到地方再到具体高校，既有根本一致的规则，又有不同的表现形式。高校的办学方向、所处地域社会发展情况等每个环节都会对高校开展思政课的课程结构产生相应的影响，通过高校思政课课程开展和知识传授的阶段性设置，学生的课堂体验将反映在课程形象之上。

课程评价是指根据一定的标准和课程系统信息以科学的方法检查课程的目标、编订和实施是否实现了教育目的，实现的程度如何，以判定课程设计的效果，并据此作出改进课程的决策。高校思政课课程评价是对其余构成要素的反思总结，目的在于从课程理论突破和实践发展的既定得失中总结历史经验，为进一步推动高校思政课提质升级提供智力支持，客观上为课程形象评价提供了先验性的间接材料。课程评价前置于课程形象评价之前，相对于形象评价更注重"质量"评价，从课程评价中缕析出的相关评价内容在一定程度上亦可作为课程形象的评价内容。依据课程评价结果，课程形象评价的针对性和实效性将得到切实补强，以质量评价为起点产生形象评价的联动效应，引导评价主体提升评价能力和思考能力。同时，尽管课程评价和课程形象评价的形式一样，但是其内容却具有不同的深度和广度，因此不能简单地将二者等同起来，要注重二者的区分和统一。

五、高校思政课课程形象的评价指标

评价指标是指在确定高校思政课评价对象和评价内容后所选用来衡量和评估课程形象塑造工作质量和效果的统计象征，是开展各项工作的依据和动力。依据"形象"蕴含的内在要素，高校思政课的社会认知度、美誉度和和谐度可作为课程形象的评价指标（形象由内而外生成过程中涉及的外部因素暂不纳入本文讨论范围）。

认知度、美誉度和和谐度作为课程形象评价结果的显示指标，直接影响着整体的课程形象。认知度是指高校思政课被社会公众所认识、所知晓的程度，具体包括高校思政课被社会知晓的广度和被社会认识的深度两个方面。习近平总书记强调："要坚持把立德树人作为中心环节，把思想政治工作贯穿教育教学全过程，实现全程育人、全方位育人，努力开创我国高等教育事业发展新局面。"高校思政课作为铸魂育人的重要抓手和培养堪当民族复兴大任时代新人的重要途径，被社会认知的广度毋庸置疑，但是单纯知其表而不知其里，对高校思政课并无特殊意义。"闻其名"代表的是高校思政课的知名度，与高校思政课课程形象并不存在直接联系——高知名度具有优、劣两种表现形式。课程形象评价从内部构成要素出发，目标之一就是统筹"广度"和"深度"，提升高校思政课的认知度，引导评价主体增强对高校思政课的深度认知，发挥评价的监督动力以促进高校思政课内外部相互协调、行稳致远。

美誉度即高校思政课获得公众赞美、称誉的程度，是高校思政课课程形象受公众给予美丑、好坏评价的舆论倾向性指标。相比中性的认知度，美誉度是有褒贬倾向性的统计指标，是对高校思政课的道德价值判断。公众要对高校思政课课程形象作出价值性判

断，必然关系到高校思政课功能作用的运行情况以及课程参与者的社会表现，课程形象以"人"和"构成要素"为评价内容的二因素，即冀望通过课程形象评价反思二因素的现实表现，从而有针对性地提出提升课程形象美誉度的策略，为高校思政课课程形象争取更好的评价。

和谐度即是高校思政课在建设、发展和完善过程中获目标公众（对高校思政课具有一定认知度、关心高校思政课建设情况、与高校思政课有一定利益关系的评价主体）态度认可、情感亲和、言语宣传、行为合作的程度，是高校思政课从目标公众出发、开展公共工作获得回报的指标。和谐度在高校思政课课程形象评价的表现有两个层面：一是通过评价主体的评价态度和"亲疏"关系甄别公众群体，取得与目标群众的联系，建立起高效的评价反馈，减少无意义评价活动，促进相关群体的关系和谐；二是在目标群众的有效评价反馈下，不断优化课程内部环境，促进课程内部的和谐。

六、高校思政课课程形象的评价方法

采用正确合理的评价方法是评价的关键和基础。评价方法的科学性与合理性将影响到评价的水平和能力。在遵循"注重结果评价与增值评价相结合；注重综合评价与特色评价相结合；注重内部评价与外部评价相结合；注重线上评价与线下评价相结合"的基础上，高校思政课课程形象评价通过引入评价原则、把握评价内容、区分评价主体和树立评价指标，溯清各评价环节和要素之间的有机联系，将评价内容、评价主体作为交互对象，融合评价指标认知度、美誉度、和谐度构建评价方法 f，进行高校思政课课程形象评价，如式（1）。

$$I = f(C, R, H)^{①} \tag{1}$$

（一）结果评价与增值评价相结合

结果评价通常运用于评价学生的学习结果，也可以称为终结性的评价。在高校思政课课程形象评价中，结果评价表示高校思政课经过第一次科学评估展现的具体结果，是对自发形象（即有目的有意识的形象塑造工作开始之前）的结果性诊断。增值评价也称为附加值评价。增值，即价值增长，属于经济学概念，是指投入与产出之间的增加量。增值评价就是对价值的增长量进行评判。在高校思政课课程形象评价中，增值是指形象的"塑造成效"，强调的是形象的认知度、美誉度和和谐度等评价指标在进行某一阶段塑造工作后前后对比的进步程度。坚持结果评价与增值评价相结合的评价方法，首先可

---

① 其中 I 表示高校思政课课程形象；C 表示评价主体对高校思政课的认知度；R 表示对高校思政课的美誉度评价；H 表示高校思政课的和谐度评价。

以明确课程形象的原初样态，为塑造工作提供导向；其次，打破"唯结果论"的评价方式，做到既关注现在，又强调未来努力的能动性作用，为高校思政课形象塑造持续提供动力。

（二）综合评价与特色评价相结合

综合评价是指使用比较系统的、规范的方法对于多个指标、多个单位同时进行评价的方法。在高校思政课课程形象评价中，根据高校思政课课程形象影响因素的多样性广泛纳入一般性要素，保证形象的整体性和系统性。特色评价是指通过突出评价对象有别于一般要素的特殊优势，鼓励评价对象借此优势扬长避短，增加自身发展的机遇和能力。需要指出的是，开展综合评价也会受到特定时代背景、政策利好的突出影响；而进行特色评价则更要注重发挥其依附倚重的特殊区位、行业、历史等优势要素的重要作用。强调综合评价与特色评价相结合，一是要发挥综合评价的规范性和系统性优势塑造具有高度整体性的高校思政课课程形象；二是兼顾形象的动态性特征，使评价的开展做到随时空条件的改变而转移，及时为评价嵌入新的指标因素；三是根据自身禀赋，将评价反馈灵活运用于形象塑造工作过程之中，以期从整体与特殊的辩证关系中辨识更多的塑造机遇和资源。

（三）内部评价与外部评价相结合

内部评价与外部评价的区别主要在于评价主体是否亲自参与课程教学实践。内部评价是由内部评价者开展的评价，可分为由操作人员自己实施的评价和由专职评价人员实施的评价。在高校思政课课程形象评价中，内部评价是指由教师、学生从课程的实践与理论教学的亲身经历中进行的评价。外部评价是指由教育行政主管部门、评审专家、社会公众等不参与课堂教学活动的评价者对高校思政课课程形象进行的评价。所谓"内部公关是外部公关的基础"，坚持内部评价与外部评价相结合是内部形象与外部形象反馈、确定、改善和再塑造的内在需要，也是"区分评价主体"这一环节的延伸和细化。内部评价和外部评价是一个具有相互成就作用的评价过程，坚持内部评价有助于提升内部人员的问题意识和纠错能力，从而间接影响外部形象的塑造；坚持外部评价有助于借助客观反馈规范内部的行为问题，从而促进内部的和谐发展。

（四）线上评价与线下评价相结合

线上评价与线下评价进行的原则、标准和内容是一致的，区别在于不同评价工具的使用。首先，线上评价和线下评价都应遵循公正、客观、科学的原则，确保评价结果真实可信；其次，线上评价和线下评价所采用的评价标准应该一致，以确保对课程形象的评估具有可比性和连续性。此外，线上评价和线下评价应涵盖相同的评价内容，包括教师综合素质、课程内容设置等方面。线上评价的特点在于利用互联网技术进行评价活动，可以通过在线问卷调查、电子评价表等方式收集学生对课程形象的评价意见和建议。线下评价则是通过实地调查、访谈和交流等方式进行评价活动，可以深入了解学生对课程的实际体验和感受。通过线上评价和线下评价相结合，可以成规模、有针对性地收集学生对高校思政课课程形象的评价，从而提供更准确的反馈信息，全面、客观地评价高校思政课课程形象。这样的评价方式能够更好地帮助学校和教师了解学生的需求和期望，及时优化和改进课程，提高思政课的质量和效果。

值得注意的是，上述方法都属于指导性方法，还需要一个完整可操作的评价过程加以实现。课程形象评价实质是期望通过评价反馈不断实现课程形象的精准化把握。通过价值理性与工具理性的有效融合，在评价的主客观内容、原则、方法和指标等要素确定的前提下，本研究尝试在从各评价要素的有机联系中确定一个评价方法的数据化模型（见图3）。概而言之，本模型包括收集和处理评价主体、评价对象、评价内容的评价数据，根据差序格局对主体、对象、内容、指标等各要素进行主动赋值，最终以认知度、美誉度和和谐度三位一体的计算结果为形象的数据化呈现。

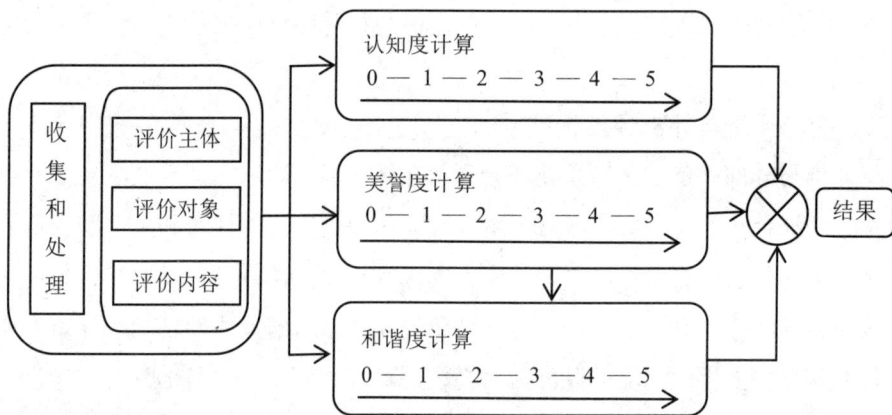

图3 评价数据收集模型

认知度作为形象评价的基础，本应从广度和深度两个方面进行统计和表达，但鉴于高校思政课在我国的特殊地位和思政工作是一切工作生命线的政治定位，广度可直接赋最高值且去除——不影响最终评价结果。综上，认知度、美誉度和和谐度的计算可借鉴里克特量表法赋值，然后将最终结果通过 $I = f(C, R, H)$ 在三维立体坐标系中精准定位（见图4），以掌握高校思政课课程形象塑造的工作成效。

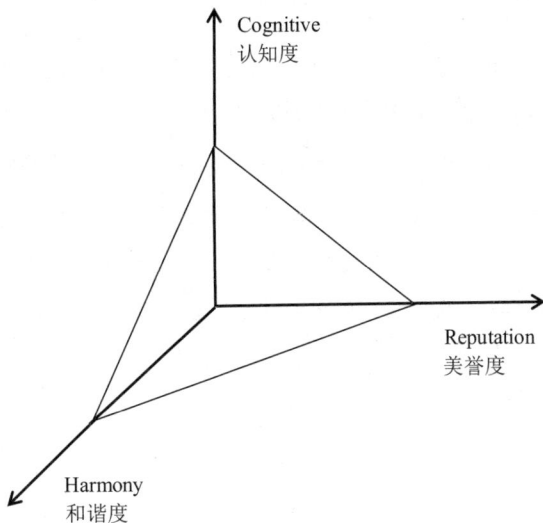

图 4　评价结果呈现模型

七、结语

伴随着信息时代和数字时代的到来，我国社会的传播能力实现了前所未有的大发展，传播行为从方法、媒介和策略等方面的规划和选择上对各类事物的形象塑造增添了诸多复杂因素，其中既有积极可利用的一面，也有难以应对的消极一面。传播具有主动和被动两种状态，高校思政课形象塑造目前属于"被动传播"向"主动传播"过渡的初步阶段，对传播的运用既有积极的尝试，亦有"未知其所以然"的迷惘。对传播这一"利器"的理解和运用将直接决定高校思政课形象塑造工作的成败。但是，为了进一步厘清高校思政课形象塑造工作中各种相互关联的影响因素，本研究有意识地规避了传播等外部因素对社会公众的复杂影响，从课程内部构成要素和课程参与者出发讨论高校思政课课程形象，尝试将课程内部规划的和谐性和课程运行的合规律性作为元起点，通过开展针对高校思政课这一客观对象本身的评价，进一步激发高校思政课的内在驱动力以实现由内而外的自我完善和发展。

参考文献：

［1］武传鹏. 高校思政课公众形象评价构建探赜[J]. 湖南大学学报（社会科学版），2023，37（06）：1-8.

［2］谢红霞，胡斌红. 中国新公关——组织形象塑造[M]. 北京：经济管理出版社，2004.

［3］冯刚，杨小青，张智. 新时代高校思政课公众形象塑造的理论探赜[J]. 中国远程教育，

2023，43（06）：73-78.

［4］弗·布罗日克著，李志林、盛宗范译. 价值与评价［M］. 北京：知识出版社，1988.

［5］习近平. 思政课是落实立德树人根本任务的关键课程［J］. 求是，2020（17）：4-16.

［6］刘同舫. 高校思想政治理论课的功能及其实现［J］. 思想理论教育导刊，2021，（12）：84-90.

［7］李秉德. 教学论［M］. 北京：人民教育出版社，1991.

［8］习近平. 习近平谈治国理政（第二卷）［M］. 北京：外文出版社，2017.

［9］贾俊平，何晓群，金勇进. 统计学（第四版）［M］. 北京：中国人民大学出版社，2009.

新时代高校人才评价改革的逻辑理路与实践探索

罗永辉 [1]

摘　要：人才评价是引导人才发展方向的"风向标"。构建科学合理的评价体系和标准是开展高校人才评价的基础，本研究提出了高校人才评价要坚持德才兼备、以德为先的评价方向，要从五个方面构建科学合理、符合高校实际的人才评价体系，要坚持以人为本实施发展性评价。以陕西师范大学的人才评价改革实践为例，对高校人才评价的体制机制、评价要求、评价标准、评价体系等进行了详细介绍和研究分析。

关键词：高校；人才评价改革；逻辑理路；实践探索

2021 年 9 月的中央人才工作会议强调要完善人才评价体系，加快建立以创新价值、能力、贡献为导向的人才评价体系。开展人才评价是完善人才发展体制机制，推动人才全面发展的重要内容。高校作为创新人才培养的主阵地、科技创新的重要力量、高层次人才的聚集地，科学开展高校人才评价对于激发高校教师投身人才培养、科技创新和服务国家战略具有重要意义。

学界关于高校人才评价改革的相关研究，较多的是采取"唯政策论"的研究路径，或以个案研究讨论改革创新、评价改革成效，取得了很多研究成果，值得学习借鉴，但也存在一定局限性 [2]。本研究对高校人才评价改革的特殊性进行探讨，并辅以个案研究，以期为探索新时代高校人才评价改革提供些许借鉴与参考。

一、高校人才评价改革的逻辑理路

高校人才评价是高等教育体系中的重要环节，科学开展高校人才评价是激发高校教师投身高等教育事业，建设教育强国的重要途径 [3]。在党中央和教育部关于人才评价的政策指导下，各高校对人才评价工作进行了诸多的探索和改革，取得了明显的成效，但仍存在"破五唯"不够彻底、追求"帽子"、评价体系针对性不强、忽视人才成长客观规律

① 罗永辉，博士，研究员。现任陕西师范大学党委副书记，中国教育战略发展学会人才发展专业委员会会员。
② 童锋，王兵."双一流"高校人才分类评价的实践探索与理念重构 [J]. 中国高校科技，2020，（11）：31–35.
③ 江轶，陈若松. 全面考核和突出重点相结合科学开展高校人才评价 [J]. 中国高等教育，2022，（20）：39–41.

等痼疾，特别是在短期绩效导向的外部环境下，高校人才评价存在"头痛医头、脚痛医脚"的救治式探索[①]，亟须构建符合高校改革发展实际的人才评价思路和体系。

2020 年，中共中央、国务院印发的《深化新时代教育评价改革总体方案》提出"以品德、能力、业绩为评价导向，更加注重业绩成果和实际贡献，以实绩论英雄"[②]，为高校人才评价指明方向，高校人才评价应以此为根本遵循，贯彻师德为先、教学为要、科研为基、发展为本的基本要求，坚持全面考核与突出重点相结合，科学开展高校人才评价工作。

（一）坚持人才评价的正确导向

高校人才评价要坚持德才兼备、以德为先的评价理念。道德是思想的基础，才能是服务的本领，两者相辅相成、有机统一。高校肩负着为党育人、为国育才的使命和责任，因此，必须将师德评价放在高校人才评价的首要位置。要建立完善师德宣示体系，在高校形成突出师德、宣讲师德、运用师德考核结果的意识和氛围，构建师德建设长效机制；要完善师德考核体系，健全完善教师品德评价、思政评价的相关细则和评价标准，将思想政治素质与师德师风的评价贯穿到人才评价的各个环节；要强化师德考核结果运用，实行师德一票否决制。

（二）构建科学合理的评价体系

科学合理的评价体系是开展人才评价的基础。由于高校承担着教育教学、科学研究、社会服务、文化引领等职能，因此高校人才评价体系的构建既要从其区别于科研院所、企业人才的视角去认识，也要从高校承担的时代使命和社会责任中去考察。要构建科学合理、符合高校实际的人才评价体系，重点要处理好以下五对关系。

1. 教学和科研的关系

坚持教学和科研并重，注重教学考核。无论高等教育的体制、类型如何，立德树人始终是所有高等学校的根本任务。牢固确立人才培养在高校工作中的中心地位，一切工作都要服从和服务于学生的成长成才[③]。要突出教育教学业绩评价，提高教学业绩和教学研究在评价标准中的权重；要施行多主体评价方式，扩大学生评价、督导评价在评价中的权重比例；要完善教学评价内容，多维度考评教学运行、教学效果、教学获奖等工作实绩。

2. 个人和团队的关系

坚持个人和团队的整合，注重团队评价。高校人才团队考核是一项复杂的工作。高

---

① 童锋，王兵."双一流"高校人才分类评价的实践探索与理念重构 [J]. 中国高校科技，2020，（11）：31-35.

② 中共中央　国务院 . 深化新时代教育评价改革总体方案 [EB/OL].（2020-10-13）[2024-09-20].https://www.gov.cn/zhengce/ 2020-10/13/content_5551032.htm.

③ 童锋，王兵."双一流"高校人才分类评价的实践探索与理念重构 [J]. 中国高校科技，2020，（11）：31-35.

校人才个人与他人之间是相互支撑的，人才个体与人才团队如同鱼跟水的关系，是不能分开的。要建立个人与团队发展性的评价体系，结合各科研团队的成果特性及分工，科学评价相关个人在团队的梯队位置和实际贡献度；要给予团队负责人一定的自主权，对重点建设的团队赋予人才评价的自主权，采取学校对团队评价、团队对个人评价的方式，考核时更加注重个人在团队中作用的发挥。

3. 定性和定量的关系

坚持定性与定量相结合，注重定性考核。定性或定量分析是一种比较分析，定性分析物质或事件的性质，定量是进行数量的比较分析[①]。高校教师的教学、研究和社会服务工作是一项复杂的劳动，由于学科领域存在较大差异，要制定科学合理的分层、分类评价标准，针对不同岗位制定普遍公认的分类评价标准，破除"五唯"倾向，重视不同成果在科技、经济、政治、社会等方面的实际效益；要采取融合、创新的评价手段，克服定量和定性手段各自的局限性，创新完善同行评议手段，将科学计量等量化统计方式作为主观同行评议的重要补充。

4. 短期和长期的关系

坚持短期和长期考核相结合，注重长期考核。长期是短期的时间集合，用短期内成果的量来衡量人才的科研成果，会助长学风浮躁[②]。不同学科的科研成果有不同的时间和周期，不同性格和年龄的教师的身心特征、历史基础和发展潜力不同，其承担的教学、科研、社会服务等任务也不同，要坚持多维度评价标准，打破按年度考核的常规学术评价和考核标准，实行聘期考核与常规考核相结合；要尊重人才发展、职业发展规律，科学设置聘期考核周期，鼓励产出标志性科研成果，突出创新质量和远期绩效，在高校内部营造一个鼓励创新、潜心治学的学术环境。

5. 质量和数量的关系

坚持质量与数量相结合，强化质量导向。一切事物都是质量和数量的统一体，只有将数量与质量协调统一才能正确评价。当前人才评价存在"数量繁荣"与"质量危机"并存的状况，亟须在评价中增强质量意识[③]。要推行代表性成果评价机制，积极探索建立以"代表性成果"和实际贡献为主要内容的评价方式，将具有创新性和显示度的学术成果作为评价的重要依据；要改进评价方法，建立健全分级同行评审机制，形成注重质量、创新评价和社会参与的评价方法。

① 童锋，王兵 . "双一流"高校人才分类评价的实践探索与理念重构 [J]. 中国高校科技，2020，（11）：31–35.
② 吉富星，崔雨阳，张菲尔 . 新时代高校高层次人才评价的逻辑和路径研究 [J]. 国家教育行政学院学报，2023，（05）：20–27.
③ 江轶，陈若松 . 全面考核和突出重点相结合科学开展高校人才评价 [J]. 中国高等教育，2022，（20）：39–41.

（三）坚持以人为本实施发展性评价

马克思、恩格斯指出："任何人的职责、使命、任务就是全面地发展自己的一切能力。"[①] 这是马克思恩格斯唯物史观中关于人的能力发展理论的核心要义，为人才评价提供了重要启示，即人才评价必须把促进人才能力发展作为评价的价值取向[②]，不仅对功成名就者认可，还需发挥识别和激发潜在人才的作用。

高校人才评价应与教师职业生涯发展相契合，以教师自身发展为评价目的，倡导"回归教师"评价理念[③]，要定位于建设性评价而非终结性评价，有机结合结果评价、过程评价、增值评价，设置科学的考核评价周期和考核办法，引导教师聚焦立德树人、服务国家战略需求，逐步形成风清气正的评价文化；要充分发挥发展性评价的引领作用，在评价过程中挖掘人才的特征和潜力，有机搭配师资、团队，实现人才的互补增值和研究团队的结构性增值，使人才持续处于动态发展及提升过程中。

二、以人才评价改革为牵引，推进实施人才强校战略的实践探索

近年来，陕西师范大学对接国家教育评价改革要求，紧盯办好世界一流师范大学目标，以人才评价改革为牵引，推进实施人才强校战略取得了明显成效。

（一）构建协同联动的人才评价体制机制

坚持党对人才工作的全面领导，是做好人才工作的根本保证。学校在人才评价改革中将党管人才放到首位，把党管人才抓实抓细，体现到人才工作的全过程、各方面，切实把党的政治优势、组织优势、制度优势转化为人才和队伍发展优势。

学校成立了党委人事人才工作领导小组，由书记、校长担任组长，统筹安排学校深化人才发展体制机制改革、协调推进人才和队伍建设等各项工作，不断强化党委在人才和队伍建设工作中的核心领导作用，把握人才工作方向，谋划人才工作大局，强化人才政治引领。建立健全党委统一领导，党委组织部牵头协调，相关职能部门分工负责的党管人才工作格局，确保学校人才评价改革具体政策、人才和队伍发展规划等工作落地见效，为人才工作支撑学校发展提供了更坚强的制度保障。优化人才引进机制，充分吸纳专家、学院意见，统筹考虑学缘背景、业绩成果、发展潜力等因素，全方位评估人才水平和潜力，全力培养、引进、用好人才。

（二）强化以师德师风为第一标准的评价要求

学校一直以来高度重视师德师风建设，并将师德师风第一标准落实到人才评价改革的各领域全过程。

---

① 中共中央马克思恩格斯列宁斯大林著作编译局 . 马克思恩格斯全集：第 3 卷 [M]. 北京：人民出版社，1960：330.
② 孙福胜 . 论新时代人才评价与创新人才发展 [J]. 创新人才教育，2021，（01）：82-86.
③ 韩利红 . 河北省高校教育人才分类评价改革对策 [J]. 河北大学学报（哲学社会科学版），2021，46（06）：81-88.

在顶层设计方面，组建师德建设委员会，成立党委教师工作部，形成党委统一领导、党政齐抓共管、院部具体落实、教师自我约束的领导体制和工作机制；出台教师思想政治与师德师风建设三年行动计划、师德标兵和师德建设先进集体评选表彰办法、教师师德失范行为处理办法等制度文件，将师德师风建设融入人才评价改革各方面。

在示范引领方面，实施教职工"西部红烛两代师表"精神涵养工程，通过培育校园特色师德文化体系、抓牢常态化教育培训、开展师德典型选树宣传、设立"西部红烛两代师表"奖、新进校教师入职宣誓和教职工荣休仪式等途径，引导广大教师加强师德师风建设，涌现出全国优秀教师、全国高校黄大年式教师团队等一批师德先进个人（团队）。

在评价监督方面，构建师德考核评价体系，优化师德考核系统，将师德师风考核贯穿于学校办学治校各环节、教书育人全过程、教师成长发展全周期，统筹调动各方力量形成工作合力。在教师岗位招聘、人才引进、职称评审、绩效考核等评聘和考核各环节中，强化师德考核结果运用，严格落实师德失范行为"一票否决"。

（三）构建多维评价导向的成果认定体系

学校在人才评价过程中积极探索破除"五唯"顽疾路径，通过构建新的成果评价体系标准，切实引导教师潜心研究、探索创新，培养一流人才、产出一流成果。研究出台了哲学社会科学和自然科学高质量科研业绩认定办法，将业绩成果认定贯穿到高层次人才岗位特聘、教师岗位分级聘任、专业技术职务评聘、高层次人才及教师聘期考核等方面，以成果为导向，横向嵌入"T级"科研业绩认定方式，综合评定人才队伍质量。

成果认定体系以分层、分类评价为重点，多维度开展评价，实行分类评价与整体评价、同行评价与期刊评价、形式评价与内容评价、学校评价和学院评价、个人评价与团队评价相结合的机制，完成以多维度成果成效为导向的评价改革，重点评价人才的学术贡献、水平实绩和发展潜力，建立健全了适合不同学科特点要求的评价标准。

（四）建立动态调整的高层次人才岗位体系

在高层次人才队伍建设上，学校打破过去"唯帽子"论人才的不良导向，对于在人才培养、科学研究、社会服务等方面取得突出业绩的同等水平人才，按照成果业绩进行选聘上岗或竞争上岗，同等纳入相应层次人才特聘岗位管理。

在岗位设置上，坚持分层、分类设岗原则，构建了五级高层次人才特聘岗位体系，并按照哲学社会科学、自然科学不同领域给出差异化上岗条件和不同的支持条件。

在管理考核上，强化合同管理和聘期考核，将学术业绩和贡献作为重要依据，严格依据合同约定的岗位任务进行聘期考核，打破人才称号"终身制"，通过动态调整，实现岗位能上能下、人员能进能出、薪酬能增能减动态调整体系。

（五）构建多渠道畅通的教师发展体系

通过建立完善"综合、多元、分类"的评价机制，探索运用多维指标科学有效地开展教师队伍评价工作。

学校优化教师岗位设置及聘用办法，设置教学科研型、教学为主型、科研为主型、教学实践型、服务为主型等五类教师岗位。在正确处理资历与能力关系的基础上，坚持业绩导向，支持创新，不断优化完善竞争激励机制，建立能上能下的竞聘机制，帮助优秀人才脱颖而出。

学校构建完善专业技术职务评聘新机制，全面修订专业技术职务评聘工作办法，全面实行代表性成果机制；优化分类评价机制，按教师不同类型制定标准；完善多元晋升机制，增设校长提名通道，完善特殊人才评审渠道；构建评审监管机制，强化评审过程监管。

学校积极探索研究生导师管理新机制，坚持分层、分类遴选与多维评价，分别实施导师上岗申请制；实行导师岗位资格与招生资格认定合一，推动导师管理从身份管理向岗位管理转变；严格导师岗位考核，将考核结果作为导师上岗申请、招生计划分配、评奖评优、专业技术职务评定等重要依据。

三、结语

高校人才评价改革是一项长期而艰巨的工作，积极有效的人才评价政策可以促进人才和高校的协调发展。通过不断实践，陕西师范大学基本构建起了符合自身发展要求的人才评价机制、人才分类原则和人才评价标准，基本实现了评价过程可控，评价结果可用，具有一定借鉴意义，但要建立更加科学有效的人才评价机制还需要进行长期的研究和实践探索。

七、高质量发展

从人口数量红利到人口质量红利[①]

——基于 143 个国家面板数据的实证分析

丁小浩　高文娟　黄依梵[②]

摘　要：本文利用 143 个国家和地区的相关数据，测算劳动力数量和劳动力质量对经济发展数量（传统 GDP）和经济发展质量（绿色 GDP）的影响。实证结果显示：第一，与劳动力数量相比，劳动力质量对经济发展的数量和质量的影响均更大；第二，与经济发展的数量相比，可持续高质量的经济发展对劳动力质量的敏感程度更高；第三，与低经济发展水平的国家相比，经济发展水平越高的国家或地区对劳动力质量的依赖程度越高。劳动年龄人口数量优势对经济增长的贡献随经济发展水平的提高逐渐减弱，而人口质量红利则能够为经济发展提供持久而稳定的动力。面对劳动年龄人口持续下降的挑战，通过教育提高劳动者质量，是"十四五"期间构建经济发展新格局的战略选择。

关键词：劳动力数量；劳动力质量；人力资本；经济发展；分位数回归

经济增长是全球各国政府、社会公众与专家学者所追寻的永恒主题，分析经济增长的影响要素与作用机制被视作加快经济发展的有效方式和重要手段，这对经济增长理论的演进同样具有非同寻常的理论意义与现实意义。近几十年来，许多国家，特别是发达国家的生育率均呈现出不同程度的下降趋势。随着各国对生育行为的政策干预以及公众生育观念的转变，长期以来受到广泛关注的人口要素与经济增长的关系，再次得到人口学、社会学和经济学等诸多学科领域内学者们的青睐。尤其是，在人口老龄化、高等教育大众化和普及化的叠加效应之下，各国劳动力的供给数量与供给质量的情况也在发生深刻转变。在"十四五"期间构建经济发展新格局的过程中，我国也将面临劳动年龄人口持续下降的局面。如何应对这一挑战，成为重要战略问题。

---

① 本文系国家社会科学基金 2020 年度社科学术社团主题学术活动资助学术研究类项目"教育在全面建设小康社会中的战略作用"（项目编号：20STA018）的研究成果。

② 丁小浩，教育部人文社会科学重点研究基地北京大学教育经济研究所教授，中国教育发展战略学会学术委员；高文娟，北京航空航天大学人文社会科学学院（公共管理学院）助理教授；黄依梵，教育部人文社会科学重点研究基地厦门大学高等教育发展研究中心助理教授。

一、引言

劳动力作为促进经济发展的决定性和基础性要素，其数量与质量的变化均会对一个国家或地区经济增长的程度和方式产生重要影响。近年来，面对日益严重的贸易摩擦、越发依赖能源进口等国际竞争压力、劳动力成本不断增加，经济发展面临由量向质的转型需要和创新需求。探索劳动力数量和劳动力质量对经济发展的影响尤为重要。我们迫切需要认清劳动力数量和质量的作用，寻找经济发展的根本动力，促进经济高质量、可持续发展。

劳动力数量对经济增长影响的相关研究由来已久，无论是在古典经济增长模型还是在内生经济增长模型之中，劳动力数量都占据着基础地位，而对劳动力质量的研究大多强调对人力资本的测度，其中包括对劳动者所掌握的知识和技能的测算。目前，劳动力数量和质量对经济增长的重大影响已成普遍共识，但有关实证研究结论存在较大分歧。一方面，有学者认为，劳动力数量对经济增长的正向影响有所减小。另一方面，学界内关于劳动力质量对经济增长影响的看法尚不一致。特别是 20 世纪 60 年代来，虽然对以教育为主要途径形成的人力资本给予较多关注和较高期待，许多国家及地区也在教育方面投入了大量资金，但政府赋予教育发展的目标迟迟未能实现，尤其是发展中国家。这表明，教育投资及劳动力质量的影响在经济发展的不同阶段可能会有所不同。

既有相关文献主要采用国内生产总值（Gross Domestic Product，以下简称 GDP）或国民生产总值（Gross National Product，以下简称 GNP），衡量一个国家或地区某段时期内经济总量的增长。然而，传统 GDP 主要反映经济发展的数量，忽略了对经济发展过程中收入不平等、自然环境条件、预期人口寿命等诸多要素的考量，而这些要素直接反映着经济发展的质量。鉴于此，本研究拟采用绿色 GDP 对经济发展的质量进行测算，通过同时考虑经济增长及其带来的环境影响（如能源消耗、环境污染），从而在一定程度上反映经济增长的可持续性。本研究重点关注劳动力供给在经济增长中的作用，通过比较劳动力数量和劳动力质量两个要素对经济增长的数量及质量的贡献，探究其在不同经济发展阶段的影响差异，理解经济发展过程中劳动力数量和质量的特征及作用，为优化我国人力资源配置、推动经济可持续发展提供可靠的依据。

二、文献综述

一般而言，社会科学理论大多与实证方法相辅相成，且在特定的社会历史条件下应运而生，经济增长的理论与方法同样如此。

（一）劳动力数量和质量在经济增长模型中的地位演变

20 世纪 50 年代之前的机器大工业时代，人们普遍认为，经济增长由土地、资本和劳动决定的传统经济增长理论占据主导地位，而土地是相对固定的。因此，当时的经济增长模型（如哈罗德—多马模型、索洛模型或新古典增长模型等）主要包括资本和劳动力投入，将劳动视作技能要求低且同质性很强的体力劳动，劳动力仅指劳动力数量。第二次世界大战之后，新技术革命的兴起以及产业结构的调整导致对劳动力素质的要求普遍提高。同时，对"经济增长之谜"的探索催生出现代经济增长理论。学界将对劳动力数量的关注继而转移至对劳动力质量即人力资本的关注，现代人力资本理论由此诞生。然而，20 世纪 70 年代的石油危机和经济衰退，导致宏观经济环境发生巨大变化，许多国家对人力资本的投资并未有效促进经济增长，使得人力资本理论受到诸多质疑和挑战，但也促使其得到进一步的发展和进步。20 世纪 80 年代以来，兴起的信息技术革命使得通过教育所获得的知识创新及其传输扩散逐渐成为经济增长新的重要源泉。以卢卡斯（Lucas，R.E.）的人力资本积累模型和罗默（Romer，P.M.）的三部门经济增长模型为代表的新经济增长模型，便是在此种知识经济背景下出现的。目前，劳动力质量即人力资本已渗入经济学的众多交叉学科与分支领域，尤其是劳动经济学、教育经济学、增长经济学、发展经济学、人口经济学等。可以发现，劳动力数量在经济增长模型中扮演着基础性角色，劳动力质量则发挥新生代作用。

在诸多的经济增长模型中，索洛模型最为经典。由于在经济增长方面具备的良好解释力，该模型自建立之初便一直是资本、劳动与经济增长相关研究的主要分析框架和基础理论模型。同时，索洛模型以及以索洛模型为框架进行改动的模型，也是研究经济增长最为常用、效果较好的模型。

（二）劳动力数量与质量对经济增长影响的估计方法

除了理论模型的演变，研究方法也相应地有所转变。早期研究在对动态面板数据进行估计时，大多使用 OLS 回归模型和固定效应模型。然而，这可能存在自变量和误差项的协方差不等于零的情况；同时，在固定效应中，不随时间变化的样本个体特征也可能与自变量相关。部分学者采用固定效应——工具变量法（Fixed effects instrumental variables，FE-IV）处理劳动力要素与经济增长可能存在的反向因果关系。但弱工具变量也可能导致估计的系数明显有偏。此外，滞后因变量的存在还可能引起自相关的问题。鉴于此，其后有研究采用广义矩方法（Generalized method of moments，以下简称 GMM）来解决可能存在内生性、反向因果和自相关等问题，保证方程中的自变量和误差项相互独立，从而尽可能地得到系数的无偏估计。

经典线性回归是拟合的条件均值与自变量之间的线性关系，是自变量对因变量的平均边际效果。而分位数回归是通过估计因变量在 0—1 不同分位数值，对自变量在特定分位数的边际效果进行回归，是在均值回归上的拓展。与经典线性回归相比，分位数回归的应用前提更为宽松，能够使得加权残差绝对值最小；且能够根据多个回归方程得出的估计结果拟合成一簇曲线，更为准确地刻画出回归系数在不同分位点的变化；同时，还适合具有异方差性质的模型，其估计出的参数估计值不受异常值的干扰，结果也更为稳健。而面板数据分位数回归模型同时具备分位数回归和面板数据的优点，对于非正态分布的数据或异常值出现时的估计具有较强的耐抗性，也能更清楚地分析因变量条件分布的不同分位点上变量的关系。因此，我们选择使用面板分位数模型，描绘回归系数在不同分位数水平上的变化。通过分析劳动力数量和劳动力质量（人力资本）对不同发展阶段国家或地区经济发展影响差异，更全面地估计劳动力数量、劳动力质量与经济增长的关系。

在分析生产要素与经济增长的关系时，学者多使用各要素贡献率表示对经济增长的"贡献度"，也有学者选择用"贡献程度"来表示。一般来说，需要先计算各要素的产出弹性，在此基础上计算各要素对于经济增长的贡献率。要素的产出弹性系数意味着在其他条件不变的情况下，该要素投入每增加 1% 所引起的 GDP 产出百分比的变化，即弹性越大表明要素变动对 GDP 变动的影响更大，或是 GDP 的变动对要素的变动更为敏感。弹性可以避免因计量单位不同而在数值上产生不同的结果，所以，估计出来的各要素的弹性是可以直接相互比较的。也有研究在弹性的基础上计算了要素贡献率：（要素产出弹性 × 要素年均增长率）÷GDP 年均增长率。

（三）劳动力数量与质量在经济增长过程中的作用比较

在回溯二者对经济增长的影响之前，对劳动力要素的测量方法值得一提。现有文献主要采用本国的劳动人口数量、劳动力人口占比、劳动力增长率等作为劳动力数量的测量指标。而对于劳动力质量的测量，早期研究中最常见的方法是用不同教育阶段的毛入学率或成人识字率。还有研究采用教育公共支出、生师比，抑或学生在国际测试中数学和科学的成绩表现，作为劳动力质量的测量指标。

关于不同生产要素对经济增长作用的对比，既有文献主要关注物质资本与劳动要素对经济发展的影响，如有研究从物质资本与劳动要素之间存在替代关系还是互补关系的角度展开研究。格兰威尔（Grandville, H.C.）指出，物质资本—劳动力数量替代弹性与经济增长率呈正相关。其后，有学者运用 CES 生产函数分析不同国家和地区要素替代弹性与经济增长速度之间的关系，部分研究发现资本—劳动要素替代弹性越高，则经济发展速度越快。还有学者指出，资本—劳动要素替代弹性与中国经济发展速度之间存在"倒 U 形"关系。对比物质资本和劳动力质量的替代弹性，克勒姆（Klump, R.）和普莱斯勒（Preissler, H.）认为，物质资本—劳动力质量之间的替代弹性也对经济增长发挥正向作用。此外，有实证研究对比人力资本和物质资本对经济增长的作用发现，经济的可持续发展水平对人力资本的变动更为敏感，尤其对处于较发达阶段的经济体而言。

针对劳动力要素对经济增长的影响，既有研究展开了较为丰富的讨论。早期研究主要关注人口数量本身对经济增长的影响，部分学者也同时关注了年龄结构转变与经济增长之间的关联。萨雷尔（Sarel，M.）通过分析年龄分布变化发现人口年龄分布对经济发展存在正向影响。布鲁姆（Bloom，D.）、坎宁（Canning，D.）和芬利（Finlay，J.）分析了 1965—1990 年亚洲 70 余个国家人口变化与经济增长的关系，发现年龄结构和人口密度的变化对经济增长率产生着显著影响。萨托（Sato，R.）和森田（Morita，T.）考察了 1965—2009 年亚洲的 13 个国家人口变化对经济增长的影响，指出劳动人口数量的增长和劳动人口比例均对"东亚经济奇迹"发挥关键作用。此后，有研究进一步发现，劳动力质量的不断积累对经济增长起到积极的影响。基于发展中国家的面板数据分析，艾哈迈德（Ahmad，M.）和可汗（Khan，R.）发现，年龄结构和劳动力质量对经济增长产生着积极影响，特别是，在发达地区和高收入群体中，发挥更重要的作用。尽管劳动力参与率和劳动力质量对发展中经济体的发展十分重要，但经济增长对劳动力质量的变化更为敏感，因此需要对劳动力质量持续投资以保证市场的灵活性。萨托和森田对比了日本和美国物质资本、劳动力数量和节约劳动力的技术创新三要素在经济发展过程中的作用，指出在日本人口数量的减少对经济发展的制约可以通过提高和改善现有劳动力的质量进行弥补。通过研究劳动力数量和劳动力质量对我国地区经济增长的关系，有学者提出，劳动力质量红利逐渐取代人口红利，成为我国经济增长的重要动力。

总体而言，既有文献探讨了人口作为生产要素对经济增长的贡献，然而系统和专门比较劳动力数量和劳动力质量对经济发展影响的研究并不充分，且大多集中在某类或某个国家和地区，对不同经济发展阶段劳动力影响的异质性分析更是稀缺。同时，既有研究只是对反映数量的经济增长指标进行研究，忽略了将经济发展质量纳入考虑范围，因而也忽略了将人口要素对经济发展数量和质量影响的差异进行对比分析。劳动力数量和劳动力质量作为经济增长理论中劳动力投入要素的两种形态，分别反映了劳动力的自然属性和社会属性。本文旨在对比劳动力数量与劳动力质量对经济发展数量和质量维度的作用，并重点分析二者对世界各国当中不同经济发展阶段的影响差异，这能够对于理解经济增长内在驱动力的动态变化提供新的切入点，特别是对认识不同经济增长阶段劳动力数量的增加与劳动力质量的提升所扮演的角色至关重要。

三、研究设计

（一）研究假设与计量模型

本研究将劳动力数量和劳动力质量（人力资本）纳入统一的研究框架，旨在探讨三个主要研究问题。第一，劳动力的数量和质量在经济发展中分别发挥着怎样的作用？第二，经济发展的数量和质量对劳动力变化的敏感程度存在怎样的差异？第三，劳动力的数量和质量对处于不同发展阶段的经济体的影响存在怎样的差异？基于对既有文献的梳理和分析，本研究提出以下三项研究假设。

研究假设 1：与劳动力数量相比，劳动力质量无论对传统 GDP 还是绿色 GDP 的影响均更大。

研究假设 2：与传统 GDP 相比，绿色 GDP 对劳动力质量的变化更为敏感。

研究假设 3：与低经济发展水平的国家相比，经济发展水平越高的国家对劳动力质量的依赖程度越高。

本研究借鉴常用的 MRW 模型（Mankiw—Romer—Weil），将劳动力数量和劳动力质量（人力资本）视为促进经济发展的核心要素，且各自发挥相对独立的作用。通过在索洛模型中引入劳动力质量这一变量，构建模型如下。

$$ln（Y_{it}）=\theta_0+ln（A）+\alpha\ ln（K_{it}）+\beta\ ln（L_{it}）+\gamma\ ln（Q_{it}）+\mu_{it} \tag{1}$$

模型中 Y_{it} 指 i 国在第 t 年的经济产出，自变量 K_{it}、L_{it} 和 Q_{it} 分别代表 i 国在第 t 年的物质资本、劳动力数量和劳动力质量，变量 A 代表技术发展水平。模型中系数总和 $\alpha+\beta+\gamma$ 可以等于 1（表示规模报酬不变）、大于 1（表示规模报酬递增）或小于 1（表示规模报酬递减）。由于本研究不仅考虑了经济发展的数量维度，即传统 GDP；还考虑了经济发展的质量维度。因此，本文在总量层面和人均层面分别对传统 GDP 和绿色 GDP 进行回归，具体建立如下模型，即绿色 GDP。

$$\ln（GDP_{it}）=\ln（A）+\alpha_1\ln（K_{it}）+\beta_1\ln（L_{it}）+\gamma_1\ln（Q_{it}） \tag{2}$$

$$\ln（Green\ GDP_{it}）=\ln（A）+\alpha_2\ln（K_{it}）+\beta_2\ln（L_{it}）+\gamma_2\ln（Q_{it}） \tag{3}$$

$$\ln（GDP\ per\ capita_{it}）$$
$$=\ln（A）+\alpha_3\ln（K\ per\ capita_{it}）+\beta_3\ln（L\ per\ capita_{it}）+\gamma_3\ln（Q\ per\ capita_{it}） \tag{4}$$

$$\ln（Green\ GDP\ per\ capita_{it}）$$
$$=\ln（A）+\alpha_4\ln（K\ per\ capita_{it}）+\beta_4\ln（L\ per\ capita_{it}）+\gamma_4\ln（Qper\ capita_{it}） \tag{5}$$

（二）数据来源与变量选择

本研究主要采用世界银行（World Bank）和联合国开发计划署（United Nation Development Program，以下简称 UNDP）的有关数据，以国家和地区为分析单位，匹配了1990—2014 年 143 个国家及地区 24 年的面板数据展开分析。[①] 其中，教育相关变量主要来自 UNDP 数据集，而其他相关变量均来自世界银行。

---

① 鉴于世界银行数据库尚未更新 2015 年以来的全球各国的单位 GDP 能耗、可再生能源占比等数据，本研究主要选取 1990—2014 年的数据进行分析。另外，世界银行数据库中包括全球 189 个国家及地区，而联合国开发计划署的数据库包括 193 个国家及地区，经过筛选匹配，并剔除因战争或其他原因偏离总体经济发展路径的国家，最终共保留了 143 个国家及地区。

1. 因变量

本研究的因变量是经济发展，具体可以分为经济发展的数量和质量两个维度。其中，经济发展的数量用传统 GDP（以 2010 年不变价格计算[①]）和传统人均 GDP 来测量，而经济发展的质量则以绿色 GDP 和绿色人均 GDP 来测量。绿色 GDP 的测算采用陈然等构建的指标，绿色 GDP = GDP × renew × energy。其中 energy 代表能源使用效率，即每消耗一单位能源所能产生的 GDP；renew 代表可再生能源占比。该测算方法得到的绝对值虽不是真正的绿色产出，但可以作为一个综合考虑能源利用效率和环境破坏的指标，代表了一个国家或地区的国内生产力、能源效率和环境保护的总体情况，能够有效地反映不同国家或地区经济发展的可持续性。

2. 核心自变量

本研究的核心自变量是劳动力要素，主要考查劳动力的数量和质量两个维度。其中，劳动力的质量主要指征教育人力资本。总量层面的劳动力数量具体指符合国际劳工组织对经济活动人口定义的所有 15 岁及以上劳动人口的数量。结合对相关文献的分析，本文中劳动力的质量通过劳动力人口的总体受教育年限进行测量，即用一个国家大于或等于 25 岁的人在学校接受教育的平均年数乘以 25 岁以上人口数量。[②]

3. 控制变量

本文在总量层面的模型中控制了国家及地区的物质资本积累（以 2010 年不变价格计算），由固定资产投资支出加上库存的净变动值构成。固定资产用于生产产品、提供劳务、出租或者经营管理等方面，主要包括厂房、机械设备、基础设施、土地等。在人均层面的模型中控制了人均物质资本，通过总量层面的物质资本除以该国的总人口数计算可得。（见表 1）

表 1　变量及具体说明

变量类型	维度	指标	变量说明	均值	标准差
被解释变量	经济发展数量	传统 GDP	以 2010 年不变价格计算，单位为美元	4 670 亿	14 500 亿
		传统人均 GDP	总量层面的传统 GDP 除以本国的总人口数，单位为美元 / 人	14 863.205	18 868.054
	经济发展质量	绿色 GDP	传统 GDP、单位能源消耗所产生的 GDP 和可再生能源占所有能源比重的乘积	4 910 百亿	11 700 百亿
		绿色人均 GDP	总量层面的绿色 GDP 除以本国的总人口数量	2 285 008	5 397 063

---

① 对官方汇率不反映实际外汇交易中所采用的有效汇率的少数国家，采用的是替代换算因子。

② 劳动力人口数量数据主要来自世界银行数据库，指本国 15 岁以及上的劳动人口数量，而平均受教育年限数据来自 UNDP 的人类发展指数（Human Development Index，简称 HDI），主要指 25 岁及以上人口的受教育年限，本研究总量层面的人力资本存量主要通过 25 岁及以上人口的平均受教育年限及本国 25 岁及以上人口数量来进行测算。

续表

变量类型	维度	指标	变量说明	均值	标准差
核心解释变量	劳动力数量	总量层面劳动力数量	15 岁及以上人口数量	2 220 万	7 670 万
		人均层面劳动力数量	15 岁及以上人口数量除以本国的总人口数	0.44	0.078
	劳动力质量（人力资本）	总量层面劳动力质量	平均受教育年限 × 25 岁以上人口数量	2 000 万	58 900 万
		人均层面劳动力质量	平均受教育年限，指一个国家大于或等于 25 岁的人在学校接受教育的平均年数	8.013	2.942
控制变量	物质资本	总量物质资本	以 2010 年不变价格计算，单位为美元	1 100 亿	349 亿
		人均物质资本	总量层面的物质资本除以本国的总人口数，单位为美元 / 人	3 408.530	4 403.781

四、实证结果及讨论

（一）OLS 回归结果分析

表 2 展示了 1990—2014 年世界各国劳动力数量和质量的平均产出弹性。从总量层面来看，劳动力质量和劳动力数量对传统 GDP 和绿色 GDP 均存在显著的影响。具体而言，劳动力质量对传统 GDP 影响的弹性系数为 0.481，而劳动力数量的弹性系数为 0.121；而在以绿色 GDP 为因变量的模型中，劳动力质量对传统 GDP 影响的弹性系数为 1.075，而劳动力数量的弹性系数为 –1.165。从人均层面来看，劳动力质量和劳动力数量均对传统人均 GDP 存在显著影响，劳动力质量对绿色人均 GDP 亦存在显著作用，但劳动力数量对绿色人均 GDP 的影响不存在统计意义上的显著性。劳动力质量对传统人均 GDP 的弹性系数为 0.386，而劳动力占比的弹性为 0.441；同时，劳动力质量对绿色人均 GDP 的弹性系数为 0.647。结果表明，劳动力的数量和质量对传统 GDP 和绿色 GDP 均发挥着重要作用。与劳动力数量相比，劳动力质量对总量层面传统 GDP 的影响更大，与劳动力数量相比，劳动力质量对总量层面和人均层面的绿色 GDP 的影响均更大，研究假设 1 基本得到验证。与传统 GDP 相比，绿色 GDP 对劳动力质量变化的敏感程度更高，研究假设 2 得以验证。

表 2　OLS 回归模型中劳动力数量和劳动力质量的产出弹性对比

要素投入	传统 GDP	绿色 GDP	SUEST 检验
劳动力质量	0.481***	1.075***	chi2=56.04
	（0.020）	（0.076）	Prob>chi2=0.0000
劳动力数量	0.121***	–1.165***	chi2=65.99
	（0.035）	（0.137）	Prob>chi2=0.0000

续表

要素投入	传统 GDP	绿色 GDP	SUEST 检验
样本量	2, 760	2, 695	
R 方	0.827	0.378	
要素投入	传统人均 GDP	绿色人均 GDP	SUEST 检验
人均劳动力质量	0.386***	0.647***	chi2=16.42
	（0.018）	（0.066）	Prob>chi2=0.0001
劳动力占比	0.441***	0.065	chi2=2.96
	（0.059）	（0.219）	Prob>chi2=0.0854
样本量	2, 760	2, 695	
R 方	0.683	0.427	

注：括号内为稳健标准误；* p < 0.1，** p < 0.05，*** p < 0.01

（二）分位数回归结果分析

本研究采用分位数回归进一步探究了劳动力数量和劳动力质量对处于不同发展阶段的经济体所产生的影响差异。分析表 3 可知，不同收入水平国家劳动力质量的弹性系数保持在 0.481，而劳动力数量的产出弹性则随着分位点的提高逐渐减小。对绿色 GDP 而言，劳动力质量的弹性系数随着分位点的提高呈现出上升的趋势，而劳动力数量的负向影响也随着分位点从低到高的变化不断减小。此外，人均层面的回归结果与总量层面的估计结果基本一致。值得注意的是，就传统人均 GDP 而言，中低收入国家的劳动力占比的弹性系数大于劳动力质量的弹性，而高收入国家劳动力质量的弹性系数则大于劳动力占比的弹性。通过雷达图进一步直观地展示了劳动力数量和质量对不同经济发展水平国家的对比，其中的低收入国家是指分位数回归中 10% 分位点的国家，中收入国家是指50% 分位点的国家，高收入国家是指 90% 分位点的国家。处于不同经济发展阶段的国家或地区对劳动力质量的敏感性较为稳定，同时高收入国家经济发展的可持续性对劳动力质量的变化更为敏感；而经济发展水平越高的国家对劳动力数量的敏感性则逐渐减弱。经济发展水平（尤其是经济发展质量）越高的国家或地区对劳动力质量的敏感度高于劳动力数量，研究假设 3 得到验证。（见图 1）

表 3　分位数回归模型中劳动力数量和质量的产出弹性对比

要素投入	因变量：传统 GDP								
	Quant10	Quant20	Quant30	Quant40	Quant50	Quant60	Quant70	Quant80	Quant90
劳动力质量	0.481***	0.481***	0.481***	0.481***	0.481***	0.481***	0.481***	0.481***	0.481***
	（0.042）	（0.036）	（0.030）	（0.026）	（0.025）	（0.027）	（0.032）	（0.038）	（0.046）
劳动力数量	0.124*	0.123**	0.122**	0.122***	0.121***	0.120***	0.119**	0.119*	0.118
	（0.071）	（0.060）	（0.051）	（0.044）	（0.041）	（0.045）	（0.055）	（0.065）	（0.077）

续表

要素投入	因变量：绿色 GDP								
	Quant10	Quant20	Quant30	Quant40	Quant50	Quant60	Quant70	Quant80	Quant90
劳动力质量	0.892***	0.938***	0.979***	1.023***	1.069***	1.119***	1.171***	1.219***	1.274***
	（0.138）	（0.115）	（0.098）	（0.085）	（0.081）	（0.087）	（0.105）	（0.127）	（0.156）
劳动力数量	−0.901***	−0.968***	−1.027***	−1.089***	−1.156***	−1.228***	−1.303***	−1.372***	−1.452***
	（0.263）	（0.219）	（0.186）	（0.162）	（0.153）	（0.165）	（0.199）	（0.240）	（0.296）
要素投入	因变量：传统人均 GDP								
	Quant10	Quant20	Quant30	Quant40	Quant50	Quant60	Quant70	Quant80	Quant90
人均劳动力质量	0.389***	0.389***	0.388***	0.387***	0.387***	0.386***	0.385***	0.384***	0.384***
	（0.038）	（0.031）	（0.027）	（0.024）	（0.023）	（0.026）	（0.032）	（0.038）	（0.045）
劳动力占比	0.507***	0.490***	0.475***	0.460***	0.443***	0.424***	0.406***	0.391***	0.374***
	（0.118）	（0.097）	（0.082）	（0.073）	（0.071）	（0.081）	（0.099）	（0.118）	（0.141）
要素投入	因变量：绿色人均 GDP								
	Quant10	Quant20	Quant30	Quant40	Quant50	Quant60	Quant70	Quant80	Quant90
人均劳动力质量	0.533***	0.561***	0.587***	0.613***	0.639***	0.670***	0.703***	0.736***	0.773***
	（0.113）	（0.095）	（0.080）	（0.070）	（0.066）	（0.071）	（0.085）	（0.105）	（0.130）
劳动力占比	0.396	0.315	0.238	0.164	0.088	−0.002	−0.098	−0.192	−0.299
	（0.401）	（0.336）	（0.284）	（0.249）	（0.234）	（0.251）	（0.301）	（0.370）	（0.462）

注：括号内为稳健标准误；* $p < 0.1$，** $p < 0.05$，*** $p < 0.01$

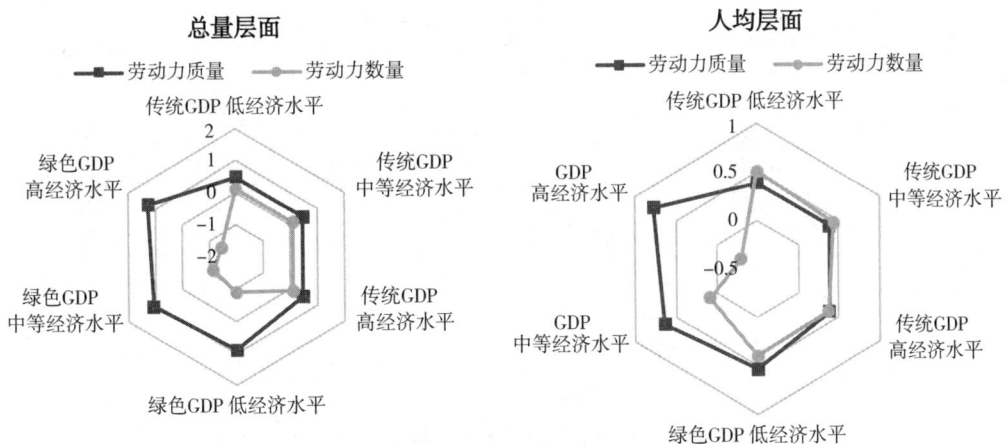

图 1 劳动力数量和质量对不同经济发展水平国家的影响对比

五、结论与启示

通过实证分析，本研究对比劳动力数量和质量对不同经济发展阶段的传统 GDP 和绿色 GDP 产生的作用差异，得出以下主要结论。

第一，劳动力数量和质量均会对经济增长产生重要的影响。与劳动力数量相比，劳动力质量对经济发展的数量和质量的影响均更大。第二，与经济发展的数量相比，可持续高质量的经济发展对劳动力质量的敏感程度更高。第三，劳动力的数量和质量对处于不同发展阶段的经济体的影响存在显著差异。与低经济发展水平的国家相比，经济发展水平越高的国家或地区对劳动力质量的依赖程度越高。这说明，人口数量优势对经济增长的贡献随经济发展水平的提高逐渐减弱；而人口质量红利则能够为经济发展提供持久而稳定的动力，通过提升人口质量能够对冲人口数量红利的下沉态势。

劳动力的数量与质量及其变化均会对国家或地区经济增长的程度和方式产生影响，且经济增长（特别是经济发展的可持续性）对劳动力质量的变化更为敏感。为了深入分析其内在机理，在已有相关研究的基础上，本研究总结劳动力数量与质量对经济发展的影响路径，绘制出劳动力要素对经济发展的作用机制图。（见图 2）

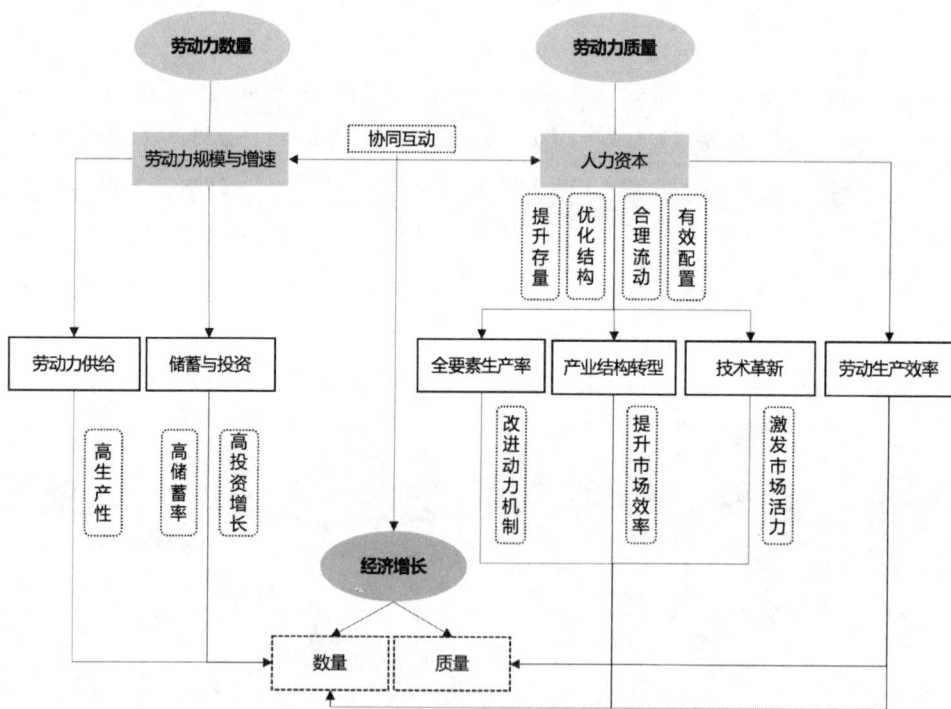

图 2　劳动力要素对经济发展的作用机制

在劳动力数量上，劳动力规模的扩大和增速的提升势必带来劳动力供给增长以及储蓄与投资的增加，而人口的高生产性、社会高储蓄率和高投资增长是促进经济社会发展的重要因素。然而，劳动力数量的供给并不能无限制增长，而且生育率下降和人口老龄化是社会经济发展的自然趋势。因此，人口数量红利是短期的、暂时的，难以实现永续的发展。除了通过鼓励生育等人口政策为经济发展蓄力外，还应当充分重视劳动力供给质量的优化，从而解决经济长期发展动力不足的问题。人力资本能够通过多种路径作用于经济发展。

其一，人力资本作为重要的生产投入要素，能够通过劳动力所承载的知识、技能等的积累来提高劳动要素的生产效率，从而直接促进经济增长。其二，人力资本的集聚将为经济增长提供新的动力机制，通过推动不同生产要素之间的协同互动来提高全要素生产率，进而促进经济增长方式的转变，使经济发展不仅实现"量"的增长，还能实现"质"的攀升，保证经济发展的可持续性。其三，人力资本的积累能够拉动产业结构的升级，实现对传统产业的优化和改进，引导优势产业集聚。从产业升级需求的视角看，经济发展对劳动要素的需求逐渐从数量型升级为质量型，人力资本还可以通过再生产提高潜在的生产效率。其四，在以信息化、数字化、智能化为基础的新发展格局下，知识型、创新型人才将成为劳动力市场的主要需求对象。人力资本的增加势必产生创新驱动效应，通过技术革新激发市场创新活力，打破传统经济部门的封闭性，为充分利用人口质量红利、向价值链中高端攀升提供契机。

目前，我国在人力资本供求方面仍存在一些突出的矛盾，例如，城乡仍有大量的剩余劳动力无法满足市场对技能型人才的需求，农村劳动力向城市转移存在着制度壁垒，导致很多闲置劳动力滞留在农村，进城务工的农村流动人口亦无法真正融入城市，这些都在一定程度上造成人口红利的浪费。此外，人力资本的结构性错配也依然普遍存在，人力资本过度集中于垄断性、非生产性行业，降低了人力资本的配置效率等。鉴于此，未来应着力提升人力资本存量，提高人力资本的利用率，加快新型城镇化建设，确保人力资本与产业协同发展，从而充分地释放人口质量红利。

中国人口红利的式微，意味着，过去凭借低端劳动力要素发展经济的时代一去不复返。而老龄化时代与低生育时代的到来，并不意味着，我国经济增长会失去动力。如果能在一定程度上倒逼经济结构的优化升级，使经济增长模式从主要依赖生产要素投入的粗放型模式，转向依赖全要素生产率拉动的创新驱动模式，则将改变我国处于世界产业价值链下游的现有局面，为未来的经济发展提供新的机遇。在"十四五"构建新发展格局的过程中，提高劳动力质量才是推动经济可持续发展的关键所在。中国应在人口转型过程中把握时机、因势利导、未雨绸缪；在新一轮经济发展中，挖掘竞争新优势。一方面，要重视人力资本存量的积累，加大在教育等方面的投资，提高劳动力的整体素质，着力培养高水平拔尖创新人才。另一方面，要加强劳动力的合理流动，提升人力资本配置效率，统筹新型城镇化发展战略和乡村振兴战略，挖掘潜在的人口红利。

事实上，面对人口结构的变化带来的挑战，实现可持续、高质量经济发展的关键在于充分挖掘和提升人力资本。而作为人力资本投资的根本途径，教育是最直接最有效地促进人的知识增加和技能开发的手段和途径。具体而言，包括以下 4 个角度。

第一，面对劳动力数量减少对经济发展带来的冲击，需要通过教育提升人力资本积累的价值，进而有效提高劳动生产率。尽可能地使新的劳动生产率提高效果抵偿并超过生产率下降的因素，这就需要通过持续的教育发展和改革为劳动生产率的提升给予基础性支持。

第二，劳动力供给数量的减少可以在一定程度上通过技术水平的提高来进行弥补。例如，机器可以取代简单重复的体力劳动，人工智能将进一步取代重复性的、无创新的脑力劳动，而人工智能产业的发展需要科技创新水平的整体提高。培养高水平拔尖创新人才、完善科技创新体系有助于推动科学技术的进步，加快产业结构从劳动密集型为主向技术密集型为主转型，对冲劳动力数量减少所带来的负面影响。

第三，人口老龄化趋势的加快以及人口预期寿命的延长会影响到未来包括劳动者退休年龄和劳动参与在内的一系列政策。不仅如此，一些行业和产业的快速发展致使既有劳动者的知识和技能赶不上技术进步的速度。例如，在互联网等相关产业，40 岁常被视为被雇用的最高年龄。而继续教育不仅具有帮助在岗、在职人员进行知识更新、专业技术的学习的功能，更具有为社会成员在不同阶段为社会、经济、科技和人自身发展的需要提供学习保障的功能。因此，加强对继续教育、成人教育和培训的支持和保障，有助于更充分提高全民终身学习能力，提高人力资本存量的价值。

第四，我国二胎和三胎政策相继放开，但养育的直接成本和机会成本过高，这也必然会影响育龄家庭的生育意愿和劳动参与。扩大学前教育供给有助于节省家庭照料儿童时间，缓解家庭工作—养育冲突，降低家庭养育成本，进而提高生育率。

总体而言，面对人口数量红利的式微，要充分挖掘并进一步发展教育红利，通过加强对教育的投入和保障，实现教育的高质量发展，推动经济从劳动力数量依赖型向劳动力质量依赖型的跨越，支撑全要素生产率持续改善，从而实现经济的高质量可持续发展。

参考文献：

[1]李北伟，毕菲. 劳动力数量、人力资本与经济增长动力机制研究[J]. 社会科学战线，2018（01）.

[2]杨成钢，闫东东. 质量、数量双重视角下的中国人口红利经济效应变化趋势分析[J]. 人口学刊，2017，（5）.

[3]Barro，R. Quantity and Quality of Economic Growth［M］. Santiago de Chile：Banco Central de Chile，2002.

[4]闵维方. 人力资本理论的形成、发展及其现实意义[J]. 北京大学教育评论，2020，（1）.

［5］丁小浩，黄依梵. 人力资本对经济增长的贡献：理论与方法［J］. 北京大学教育评论，2020，
（1）.

［6］Schultz，T.W. Education and Economic Growth，In N. B. Henry（Ed.），Social Forces Influencing
American Education［M］. Chicago：University of Chicago Press，1961.

［7］Becker，G. S. Human capital：A theoretical and empirical analysis，with special reference to
education［M］. New York：Columbia University Press，1964.

［8］Lucas，R. On the Mechanics of Economic Development［J］. Journal of Monetary Economics，1988，
（1）.

［9］Romer，P. M. Endogenous Technological Change［J］. Journal of Political Economy，1990，（5）.

［10］杜育红. 人力资本理论：演变过程与未来发展［J］. 北京大学教育评论，2020，（1）.

［11］彼得罗·塔西亚，曹宇莲. 人力资本理论的发展：基于经济史视角［J］. 北京大学教育评论，
2020，（1）.

［12］Song，S. Demographic Changes and Economic Growth：Empirical evidence from Asia［R］.
Honors Projects，2013，（121）.

［13］Bloom，D.，at el. Demographic Change and Economic Growth in Asia［J］. Asian Economic Policy
Review，2009，（1）.

［14］Ahmad，M.，Khan，R. Age-Structure，Human Capital and Economic Growth in Developing
Economies：A Disaggregated Analysis［J］. Pakistan Journal of Commerce and Social Sciences，
2018，（1）.

［15］Ahmad，M.，Khan，R. Does Demographic Transition with Human Capital Dynamics Matter for
Economic Growth？ A dynamic panel data approach to GMM［J］. Social Indicators Research：An
International and Interdisciplinary Journal for Quality-of-Life Measurement，2019.142.

［16］苏妍，逯进. 中国人力资本与经济增长关系的演进——基于分位数回归的实证分析［J］. 人
口与发展，2016，（3）.

［17］刘焕鹏，严太华. 面板数据分位数回归模型研究综述［J］. 统计与决策，2014，（17）.

［18］叶茂林等. 教育对经济增长贡献的计量分析［J］. 数量经济技术经济研究，2003，（1）.

［19］宋乃庆等. 我国学前教育投入对经济增长的贡献率研究［J］. 教育与教学研究，2019，（5）.

［20］Ahmad，M.，Khan，R. Age-Structure，Human Capital and Economic Growth in Developing
Economies：A disaggregated analysis［J］. Pakistan Journal of Commerce and Social Sciences，
2018，（1）.

［21］Romer，P. M. Endogenous Technological Change［J］. Journal of Political Economy，1990，
（5）；Barro R J. Economic Growth in a Cross Section of Countries［J］. The Quarterly Journal of
Economics，1991，（2）.

［22］Hanushek，E. A.，Kimko，D. D. Schooling，Labor-force Quality，and the Growth of Nations［J］. American Economic Review，2000，（5）.

［23］封永刚，蒋雨彤. 要素替代弹性估计方法的比较与改进［J］. 数量经济技术经济研究，2021，（4）.

［24］Klump，R.，et al. The Normalized CES Production Function：Theory and empirics［J］. Journal of Economic Surveys，2012，（5）.

［25］Grandville，O de La. In Quest of the Slutsky Diamond［J］. The American Economic Review. 1989，（1）.

［26］Palivos，T.，Karagiannis，G. The Elasticity of Substitution as an Engine of Growth［J］. Macroeconomic Dynamics. 2010，（5）.

［27］封永刚，等. 中国经济增长动力分解：有偏技术进步与要素投入增长［J］. 数量经济技术经济研究，2017，（9）.

［28］Klump，R.，Preissler，H.CES Production Functions and Economic Growth［J］. Scandinavian Journal of Economics，2000，（1）.

［29］Ding，X.，at el. A Comparative Study of the Impacts of Human Capital and Physical Capital on Building Sustainable Economies at Different Stages of Economic Development［J］. Energies，2021，（14）.

［30］Sarel，M. Demographic Dynamics and the Empirics of Economic Growth［J］. IMF Economic Review，1995，（2）.

［31］Sato，R.，Morita，T. Quantity or Quality：The impact of labour saving innovation on US and Japanese growth rates，1960—2004［J］. Japanese Economic Review，2009，（4）.

［32］戴琼瑶等. 中国人力资本红利及空间效应研究［J］. 人口研究，2021，（5）.

［33］原新，金牛. 中国人口红利的动态转变——基于人力资源和人力资本视角的解读［J］. 南开学报（哲学社会科学版），2021，（2）.

［34］陈然等. 教育对绿色 GDP 的贡献研究［J］. 教育研究，2019，（5）.

［35］Gao，W.，at el. An Empirical Study of the Role of Higher Education in Building a Green Economy［J］. Sustainability，2019，（23）.

国家经济发展动力源与大时代的人才需求

——在中国教育发展战略学会 2023 年年会上的主题报告

刘兴华[①]

摘　要：中国经济如今正站在一个从数量型增长向质量型提升的重要历史关口，世界经济格局也正在被新一轮科技革命和产业变革重塑。面向未来，中国需要从思想理论创新、科技创新、管理创新、商业模式创新、稳步实行制度型开放等方面来打造经济高质量发展新的动力源。要打造中国经济高质量发展新的动力源，关键在人才。通过符合时代发展需求的教育改革，构建适宜的用人机制和宽松的社会环境，建成学习型社会和创新型国家，解开"李约瑟之谜"，回答"钱学森之问"，激发国家和民族生生不息的发展动力。

一、中国改革开放 45 年来的发展成就缘何而来？

既然讨论国家经济发展动力源，就不能不讨论已经过去的 45 年间，中国发生翻天覆地的变化，发展动力究竟从何而来？

2023 年，是党的十一届三中全会作出把全党工作的重点转移到社会主义现代化建设上来、实行改革开放基本国策 45 周年，也是党的十八届三中全会作出《关于全面深化改革若干重大问题的决定》10 周年。

45 年前开启的改革开放是中国的第二次革命，是决定当代中国前途命运的关键一招，是中国大踏步赶上时代的重要法宝。45 年来，中国从一个贫穷落后的农业国，成长为世界第二大经济体，走上了工业化和现代化道路，取得一系列举世瞩目的发展成就。即使是想象力再丰富的人，45 年前也无法构思出今天的图景。

如果再回顾 46 年多前的那个图景，我们对改革开放就会有更加生动直观的认识。那是在 1977 年的隆冬，中华大地上千百万年轻人和中年人放下镰刀锄头、放下扳手铁榔头、放下枪杆子，走出田间地头、走出工厂车间、走出部队营房，怀揣梦想走进一个个简陋的考场，他们肯定无法想象后来 40 多年间整个国家发生的巨大变化。然而，正是在

---

① 刘兴华，同济大学经济管理学院长聘特聘教授、博士生导师，中国教育发展战略学会学术委员会委员，中国创新与发展战略研究会常务理事，中国经济研究中心主任。

考生们笔下，开启了一个尊重知识、尊重人才的新时代。

恢复高考一年后，党的十一届三中全会召开的消息通过报纸和电波传遍全中国、传向全世界。

改革开放划时代调整了中国经济社会的发展走向，深刻改变了每个中国人的前途命运，重新标注了中国在全球坐标系上的时空方位。中国以自身的跨越式发展参与塑造了新的全球发展格局。

正因为如此，改革开放成为一代中国人最重要的集体记忆，也成为国际社会了解中国、读懂中国的一个重要窗口。

那么，改革开放以来，国家的发展动力究竟从何而来？

第一是市场化改革和法治化建设。第二是人口红利。第三是大量能源和原材料的投入。第四是政治体制的优势。这是四个内源性的因素。还有两个外源性的因素，一个是技术进步，另外一个是经济全球化。正是在上述四个内源性因素和两个外源性因素的综合作用下，构成改革开放以来中国经济高速增长的动力。

然而，现在支撑中国经济高速增长的因素都在消失或者转化。市场化改革到了深水区，法治化建设道阻且长。面向未来，中国经济要在保持一定增速的基础上，实现高质量发展，必须找到新的动力源。

二、世界经济发展史给我们的启示

历史往往可以给我们启示和答案。古罗马历史学家波利比乌斯说："倘若对过去的一切逐一寻根究底，过去的一切会使我们特别注意到将来。"我国同时代的历史学家司马迁与他虽不可能相识，更不可能了解彼此所处的世界，却有几乎相同的看法。司马迁编撰《史记》时说，总结历史是为"究天人之际，通古今之变"。

我们回顾和总结历史，是为了创造更好的未来。

公元 1000 年是北宋鼎盛时期，北宋是公元 960 年建立的。此时的西方，庞大的拜占庭帝国正处于黄金时代。从那时到 19 世纪中叶，中国的人均 GDP 与全球人均水平几乎没有什么差距。因为人类在农耕文明时代，只能完成简单生产，遇上天灾和战乱，生存本身就是问题，更不用说发展。中国与世界平均水平不断拉开差距，是在欧洲完成第一次工业革命以后。因为从那个时候开始，西欧北美等国逐渐摆脱"马尔萨斯陷阱"，而中国失去了两次工业革命和走上现代化道路的机会。一直到新中国成立，中国才开始追赶世界，真正大踏步赶上时代，还是在改革开放以后。而今，中国的人均 GDP 才达到 1.27 万美元，刚刚到达世界人均水平。这个水平能否再往上提升，还得有新的增长动力。

"中等收入陷阱"这个概念，人们已经耳熟能详，这是 20 世纪九十年代世界银行的经济学家总结出来的。在过去的一个世纪里，有这么一个现象，那就是一个国家跨越

3000 美元的门槛后，紧接着在后面的六十年时间内，成功跨越 1 万—1.2 万美元的门槛，从而进入高收入国家行列的并不是很多，比如南美和亚洲的一些国家。像日本、韩国那样，在三四十年间就能够突破 1 万美元，达到 3 万甚至 4 万美元以上高收入水平的，只有少数几个国家，而阿根廷就是更为典型的例子。早在 100 年前，也就是 20 世纪一二十年代，阿根廷的人均 GDP 就已经是美国人均 GDP 的 80%，进入了当时的高收入国家行列。但是如今阿根廷的人均 GDP 水平也只有 1.3 万美元，只相当于美国的六分之一。

从经济总量来看，在过去的 100 多年间，有一个现象，可以称为"世界第二大国陷阱"。1865 年南北战争结束后，美国与欧洲引领了第二次工业革命的历史进程。到 1894 年，美国工业产值开始超过英国。这意味着在 1900 年之前，美国 GDP 已经超越英国成为世界第一。从那以后的整个二十世纪，先后有英国、德国、苏联、日本等国家的 GDP 都曾经达到了世界第二，而且有的国家还不止一次成为世界第二，但是都没有在第二位置上坚持多少年就掉下去了。

中国 GDP 在 2005 年超过英国，2008 年超过德国，2010 年超越日本成为世界第二。日本在 20 个世纪 80 年代初期成为世界第二大经济体的时候，人均 GDP 已经完全超过中等收入水平，而且还远远没有进入老龄化社会，当时也更没有全球碳达峰、碳中和目标的约束，而这些情况，中国现在都遇到了，但是中国目前与高收入国家的水平还相差甚远。

特别是疫情三年间，中国的 GDP 增速也从疫情前三年的年均 6.6%，下降到年均 4.5%。如何尽快恢复到中速增长上来，这是目前面临的一个重大而现实的考验。从现在起到"十五五"末，也就是 2030 年，GDP 平均增速应该保持在 5% 以上的水平，同时还要向高质量发展方向努力，这样才能实现到 2035 年人均国内生产总值达到中等发达国家水平的目标。

几十年来的世界经济史曾经出现过的一些现象，提示我们要时刻保持清醒。二战后德国也经历过高速增长，但是经历了 20 世纪 70 年代的石油危机以后，其经济增长不仅从高速转为中速，而且没有在中速增长状态停留几年，就长期进入低速增长区间。

日本也是这样。20 世纪 90 年代泡沫经济破灭以后，经济增速一路下滑。特别是进入新世纪以来，日本有的年份经济增速往往是零增长或者是负增长。到 2023 年日本的 GDP 排名已经是世界第四，低于德国。当然，2022 年日本的增速达到 1.1%，2023 年达到 1.9%，再加上日经指数表现不错，日本经济界开始讨论取消收益率曲线控制和负利率政策，于是有舆论就说，日本终于"回来了"。但是究竟回来还是没回来，让我们拭目以待。

世界经济发展史告诉我们：第一，在人类历史上，人均 GDP 持续增长只是近代的事情，特别是工业革命以后才开始大幅度增长；第二，世界各国经济增长速度和发展水平差异很大，大家并不是水涨船高、齐头并进；第三，国家经济长期稳定增长在很大程度上决定了该国在全球的综合实力，但是能够实现长期稳定增长的国家寥若晨星；第四，世界经济增长并不是线性的，特别是最近的 100 多年来，就曾经出现数次大规模经济危机和国际政治危机，比如，1929 年和 1930 年的大萧条，以及在这前后的两次世界大战，使全球经济遭受重创。

历史经验还表明，有许多赶超型在国家经济发展过程中，经济增速下行往往是骤然出现的，而并不是逐渐发生的。这些国家在连年高速增长后，遭遇一场或内或外、或者内外交织的危机，经济突然减速，从此显著下滑到中速增长区间，而且在中速区间也没有能够停留几年，就进入长期低速增长甚至负增长区间。

这使得近 100 多年来的全球各国经济发展史上，既存在"中等收入陷阱"的考验，也存在一个"世界第二大国陷阱"现象。

如何跨越"中等收入陷阱"？总结历史经验并进行理论分析，我认为有以下六点。第一，充分发挥市场配置资源的决定性作用。这是 250 年前亚当·斯密发现的那只看不见的手，也写进了 2013 年党的十八届三中全会文件《关于全面深化改革若干重大问题的决定》，"市场决定资源配置是市场经济的一般规律"。第二，当然也要更好发挥政府作用。这是赶超型国家共有的特征。更好发挥政府作用，意味着国家治理体系和治理能力的现代化，意味着建立法治社会，维护社会公平正义，保证经济正常有序运行，保护和激发市场主体的活力。第三，从技术"跟跑"到技术集成创新。中国高铁就是一个重要的技术集成创新。现在中国的高铁里程已经达到 4.2 万公里，"十四五"末将建成八纵八横高铁网 4.6 万公里。第四，避免收入差距过于扩大和贫富严重分化，保证合理健康的社会阶层流动性。当然，缩小收入差距并不是搞一大二公的平均主义。搞平均主义，理论和事实都证明行不通。第五，不断提高人口素质，实现从人口数量红利到人才质量红利的转变。这对于中国这样一个已经进入老龄化社会的人口大国来说，至关重要。第六，企业组织管理模式创新。如今全球化、信息化、智能化迅猛发展，商业活动几乎涵盖了生产、流通、消费、分配等人类生活的方方面面，深度改变着人类的生活方式。企业是商业活动的主要载体，企业的组织管理模式不仅决定了企业的经营效率，也体现了全社会的生产效率和国家的整体竞争力。

以上就是跨越"中等收入陷阱"的六个要素。那么，如何跨越"世界第二陷阱"？

一个真正的世界经济第一大国，要具备以下六大要素。当然，具备这六大要素，比跨越"中等收入陷阱"的难度要大得多。第一，这个国家的国民完成了重大科学发现，实现了从 0 到 1 的突破，如牛顿、莱布尼兹、法拉第、爱因斯坦。曾经流行一句话"上帝创造了世界，牛顿发现了上帝创造世界的方法"，可见，牛顿在世界科学史上的巨大贡献。而如果没有法拉第，人类不知道还要在茫茫暗夜中生活多少年。第二，这个国家的国民实现了重要的技术创新。如 250 年前的瓦特，150 多年前的爱迪生、特斯拉，再比如马斯克。第三，这个国家的国民基于技术进步，推动了企业管理模式和生产方式的重大创新。1908 年 10 月 1 日，福特汽车公司推出 T 型车，这是世界上第一种以大量通用零部件进行大规模流水线装配作业的汽车。从此，汽车生产方式从人围着车传变成了车围着人转，生产效率大大提升，价格也更加便宜。福特轿车因此成为世界上第一辆普通家庭买得起的汽车，美国从此成为"车轮上的国度"，人类社会也从此进入汽车文明时代。早在一百年前，美国的城市化已经达到 50%，1929 年美国已经每千人拥有私人汽车 219 辆。第四，这个国家的国民实现了重要的商业模式创新。麦当劳把世界上的汉堡包做得同样"难吃"，到了全世界那些偏远落后的国家和地区，人们只要远远看到"金拱门"，就马上敢走进去放心大胆地买个汉堡包充饥，因为价格低廉。有了标准，就给人以安全感和信任感，就可以复制商业模式，就有人加盟，就可以开连锁店，就可以对接全球产业链和供应链，融入全球价值链。正因为如此，有一些经济学家还以各国销售的麦当劳汉堡包作为购买力平价参照物，来研究和衡量各国经济发展水平。至于 30 年前的家乐福、沃尔玛等大型超市，现在的网络商城、跨境电商、移动支付，这都是基于技术进步的商业模式创新。相信在未来的数字智能和绿色低碳时代，还会有更多的商业模式创新，关键看哪个国家的国民和企业走在时代前列。第五，一个真正的大国，一定要拥有参与或者主导制定国际政治经济游戏规则的能力。我们知道，无论是联合国、国际货币基金组织、世界银行、国际贸易组织，还是当年的布雷顿森林体系，都是二战后在美欧等国主导下建立的。国际货币基金组织成立之初，美国在其中的份额为 25%，拥有一票否决权。1971年布雷顿森林体系解体之后，美元与黄金脱钩，退出金本位，美国也对其他国家做出一些让步，把其在国际货币基金组织中的份额降到 17%；然而国际货币基金组织依然规定，重大事项需要 85% 以上的支持率。这意味着美国实际上还是拥有一票否决权，可以阻止国际货币基金组织任何重大改革方案的通过。

要想具备上述这五个要素，还需要一个最重要的因素，那就是思想和制度的创新。英国学者阿夫纳·奥弗尔说："我们不把经济看成是既定和已然存在的事物，而应认为它是在不断发展的技术革新、制度和安排中形成的。"美国学者奥戴德·盖勒也认为，促进增长的政治和经济制度强化了技术进步与人口规模及结构之间的良性循环，加快了走向现代增长时代的转型。

在世界历史上，那些成功崛起的大国都是因为及时把握甚至引领了当时的历史潮流，建立了与自身实力相符，并且能够得到比较广泛支持的思想理论和制度规则体系，才实现了科学的发展、技术的创新、管理模式和商业模式的创新。比如荷兰在葡萄牙和西班牙开启的大航海时代，与世界各国建立了新的更加开放和广泛的全球联系；英国在产权、专利、贸易以及司法等方面建立了基础性市场制度，推动创建了现代宪政制度、国家财政制度、自由贸易体系；后来美国拿过了这个接力棒，进一步拓展了自由贸易体系，建立了促进科技创新的现代资本市场体系。没有市场经济制度和产权保护制度，科学家就不可能有技术发明的积极性，商人也没有投资的积极性；没有现代资本市场，没有风险投资体系，就不可能有硅谷，也不可能有微软、苹果、特斯拉、SpaceX。

上述六个要素，具备其中一部分，就有可能成为世界第二或第三经济体，如果同时具备六个要素，便有可能在世界第一经济体的位置站很久。

正所谓创业难，守业更难。最现实的问题是，如果中国的经济总量不再继续做大，人均 GDP 就只能徘徊在中等收入水平。如果中国的人均 GDP 超过 2 万美元，那就有可能在总量上进入世界第一。而且即使 GDP 进入世界第一，距离第一强国也还有不小的差距。逆水行舟，不进则退。我前面分析的"中等收入陷阱"和"世界第二大国陷阱"就是前车之鉴。

一个负责任、令人尊重的大国，在实现经济发展目标的时候，本身就可以既造福本国人民，也能够促进世界共同发展。

特别是在当今世界，局限于传统的非此即彼、你死我活的大国博弈，那是非常狭隘的。因为全人类正在面临许多共同的风险挑战。比如气候变化、能源安全、粮食安全、网络安全、公共卫生、全球发展鸿沟和数字鸿沟、核扩散、人工智能技术的研发和管控，以及新一轮技术革命和产业变革背景下的全球治理。一个国家的发展，既是自身的发展需求，也是世界发展的需要。一个大国，在实现自身发展和安全的同时，能够促进世界发展，又能维护全球和平与安全，才能够成为真正受人尊重的国家。

严复先生翻译过赫胥黎的《天演论》、亚当·斯密的《国富论》、穆勒的《逻辑学体系：演绎和归纳》(《穆勒名学》)，在翻译这些著作以后，严复先生概括出两句话、16 个字，但是人们往往只记得"物竞天择，适者生存"，而忽略了"世道必进，后胜于今"。严复先生是近代史上"放眼看世界"的第一批中国人，"物竞天择，适者生存"，描述的是弱肉强食的丛林世界，而"世道必进，后胜于今"，则是人类社会应该有的样子。这是 100 多年前中国人借鉴西方思想以后得出的理念。今天人类社会面对如此众多的冲突、困难和挑战，这个理念更有价值。真正有担当、有智慧的人们应该秉持这样的理念，采取相应的行动。

过去虽然未去，但是未来已来。

三、面向未来的战略抉择和人才需求

如今人类社会正在经历百年未有之大变局。从古至今，人类社会一直在沿着三条路线探索满足人性需求的路径，第一条是物质和能量的采集、加工、传输和利用，第二条是信息和思想的采集、加工、传输和利用，第三条是人类个体寿命的延长和生存质量的提升。以前这三条路线基本上是并行的，只在某些领域有交叉。如今，新的大变局已经

开启，这个大变局就是人类正在迎来一个大网络和大健康时代。在这个大网络和大健康时代，这三条路线正在形成三位一体、相互协同的态势，其重要特征就是数字智能化、绿色低碳化、更加人性化，所有的产品和服务要满足人类更加安全、便捷、健康、舒适、新奇的物质需求和精神追求，同时还要实现人与自然和谐相处。在这个大网络时代和大健康时代，必将催生新的思想和制度体系、新的科学发现和技术发明、新的商业模式和管理模式，以及新的全球治理规则和新的全球公共产品。

仅围绕实现碳中和目标来说，就将会有制度机制和科学技术领域的一系列集成创新。如果说气候变化问题在二十世纪还只是出现在科学家的论文和美国的科幻大片中，那么进入二十一世纪以来，世界各地极端天气频发，已经让全球公众对气候变化有许许多多切身感受了。在未来三十到四十年间，人类社会必须解决过去两百多年来工业化快速发展和生活消费大幅增长所造成的环境和气候问题，给自己赖以生存的蓝色星球减负降温。围绕实现碳中和目标，人类历史上将第一次展开跨国、跨界、全球协作的能源革命和产业变革。这是一场空前广泛而深刻的人类生产方式和生活方式的自我革命，也是一场空前广泛的经济社会系统性变革。

与此同时，以人工智能为龙头的信息技术革命将深刻影响人们的思维方式和社会交往方式，进而影响人类社会的演进路线。

人工智能使制造业变得更加个性化、柔性化，同时制造过程也更加无差别化，因此出现了大量无人工厂、无灯车间，而生产性服务业将更加发达，"微笑曲线"变得更加弯曲。在人工智能时代，首先受到冲击和替代的，是那些从事简单重复劳动、能够被标准化的制造业和服务业岗位，但是受到深层次影响的却是教育，特别是高等教育。十五世纪欧洲使用金属活字印刷技术，让知识具备了前所未有的传播能力，催生了文艺复兴和工业革命，成就了后来的现代教育制度；而如今人类发明并且广泛使用互联网和人工智能，将使机器开始具备无限记忆和学习能力。人的有限学习记忆能力正在受到人工智能无限学习能力和网络无限传播能力的挑战。这意味着教育领域即将开始新的根本性变革。这样的变革力度将不亚于现代大学在欧洲的诞生。当然，也不必太担心，就当下来看，优秀的科学家、政治家、文学家、作曲家、医生，甚至优秀的厨师，以及能够提供复杂问题解决方案的人才，人工智能大概是无法取代的。

然而在这个飞速变化的大时代，人类智能如何与人工智能共同进化？这是许许多多人、各种机构和每个国家都必须严肃面对的问题。特别是人工智能技术进步和应用的泛滥，很可能给人类社会甚至地球生态系统造成更大风险和挑战。人类社会既要为技术进步和经济发展安装上新的动力系统，也要为维护人类社会的共同安全和地球的生态平衡打造有效的制动系统。技术创新系统以及如何驾驭创新的技术，这两个系统的形成都蕴涵着国家经济社会发展的机会、商业机构创造财富的机会，以及优秀人才成长发展、大显身手的机会。

在这个急剧变革的时代，世界大势是合作而不是冲突，是交流而不是分裂，是共创共享而不是自拥独占。因为大家都面临着共同的风险和挑战，谁都难以在这个机遇无限但也风险重重的世界中独善其身。在技术变革突飞猛进的背景下，国家之间的大规模冲突，其成本和代价远远超过冷兵器时代；而交流、合作、共创、共享，其综合收益将远远大于以往的工业化时代。

根据联合国贸易和发展会议（UNCTAD）的统计分析，中国已同美国、德国并列成为全球价值链的三大枢纽。

可以预见，在大网络时代，全球价值链会逐步演进，成为全球价值网。从国际贸易和经济全球化的角度讲，这样的全球价值网至少要包括全球智能制造网、全球科技创新网、全球能源网、全球教育网、全球文化旅游网、全球公共卫生网、全球普惠金融和金融安全网，这七张"网"是相互交叉融合的。从这个意义上来说，现在的所谓"脱钩""断链"和逆全球化将成为一个历史插曲。

构建全球价值网，需要更加多元复合和多样化多层次的人才。在人类文明轴心时代，以孔子和苏格拉底为代表开创了农耕时代的教育先河；在工业文明时代，批量式、标准型、集中化的班级授课制成为最佳选择。在如今的数字智能化的大网络时代，教育个性化和终身化、家庭学校社会教育一体化、线下线上教育高度融合的新时代正在来临。在这个教育新时代，提出问题比背诵知识更重要，综合素质比单一专业更重要，解决难题比简单服从更重要，不断提升认知水平比静态掌握一技之长更重要，最终要实现人的认知能力与人工智能的共同进化，这样才能真正驾驭和创造美好的未来。

从这个意义上说，教育正在迎来一个新时代。在这个教育新时代，基础教育的理念、方法、教材、师生关系需要重新定位，职业教育必须主动适应新一轮科技革命和产业变革的需要，要建立贯穿一个人全部职业生涯的职业培训新体系。当然，大学的功能也更需要重新定位。其实早在 100 年前，蔡元培先生在《〈北京大学月刊〉发刊词》上就提出了这样的思想："所谓大学者，非仅为多数学生按时授课，造成一毕业生资格而已也，实以是为共同研究学术之机关。"

而在如今，人类社会不仅要在自身范围内共同研究学术，而且要与人工智能"共同研究学术"。毫无疑问，这将催生新的大学制度。一所伟大的大学，是实现 0 到 1、1 到 10 突破的地方；一个尊重思想的民族，才会诞生伟大的思想；一个拥有伟大思想的国度，才能产生不断前行的力量。

打造中国经济高质量发展新的动力源，关键在人才。人才既需要科学培养，更需要合理使用。这是一个硬币的两面。只有构建适宜的用人机制和宽松的社会环境，才能真正培养人才、用好人才，才能建成学习型社会和创新型国家，才能解开"李约瑟之谜"、回答"钱学森之问",才能激发国家和民族生生不息的发展动力。

《易经》说"天行健,君子以自强不息;地势坤,君子以厚德载物"。"生生",是天地之道、仁者之德。"生生",在当今时代,就是要实现国家治理体系和治理能力现代化,打造国家经济发展新的动力源。这是实现中国式现代化的关键。

在世界历史上,每个国家走上现代化的方式各不相同,道路各有差异,并无一定之规。然而在高水平对外开放的条件和环境下,通过不断改革完善自身的治理体系和治理方式,提升国家治理能力和治理水平,让市场在资源配置中发挥决定性作用,让所有从业者葆有奋斗、创业、创新的热情,让各类人才的创造活力竞相迸发、聪明才智充分涌流,让全体国民拥有安全感、获得感、公平感、幸福感、使命感,从而在最大程度上解放和发展生产力。这大概是现代化的基本特征。

"苟日新,日日新,又日新",3600多年前商汤把这句话刻在自己洗脸盆上,每天早晨起来洗脸的时候自警自省,因此成就了一代伟业。在如今的大变革时代,这样的理念一点都没有过时,反而具有新的时代意义。2500年前的古希腊哲学家赫拉克利特也说"太阳每天都是新的"。东西方先哲拥有同样的智慧和洞见。我们要通过教育创新、用人机制创新、社会治理创新,实现科技创新、商业模式创新、管理模式创新、思想和制度的创新,不仅为自身的发展而打造经济发展新的动力源,也要同其他国家一起,共同为世界经济发展和全球文明进步作出新贡献。

社区共学养老：老年人生命成长在"最近一公里"

汪国新　金　琳①

摘　要：老年教育的逻辑起点不是老龄化程度的加快，而是人的未完成性。老年教育的本质是自我教育与生命成长。社区共学养老，是生长型老年教育，实现从"送达到"到"长出来"的转变；能同时满足老年人"有所学、有所乐、有所为"三大诉求；注入社区治理新动能。本文首次提出"最近一公里"命题。积极回应老龄化国家战略，遵循老年教育规律，兴办老年人喜欢的社区老年教育，把"活力老人"所生活的"最近一公里"的生活圈，建成没有围墙的不一样的"老年学校"，建成老年人精神生长的田园和生命成长的乐园。

关键词：社区共学养老；最近一公里；生命成长；生长型老年教育

基于社区的老年教育比基于办学机构的老年教育更为重要。通过深刻反思我国开展数十年的社区教育的经验与教训，回应积极老龄化国家战略，遵循老年教育规律，兴办老年人喜欢的社区老年教育，把"活力老人"所生活的"最近一公里"的生活圈，建成没有围墙的不一样的"老年学校"，建成老年人精神生长的田园和生命成长的乐园。

一、思维变革：从"最后一公里"到"最近一公里"

"最后一公里"是近二十年来社会政治生活和经济文化生活中的一个热词，后来也发展成为社区教育和老年教育中的一个热词。它宣示政府机关及其工作人员的为民服务的一种理想，要把公共资源配送到老百姓身边，使其发挥作用，不让这些资源闲置。"最后一公里"一词之所以为热词，是因为它体现了自上而下单向供给的行政思维，这一思维已然成为中国社会的集体意识。一些想在成人教育领域有所作为的人，自觉不自觉地把公共教育资源送达到"最后一公里"成为工作的核心目标。笔者以为，办好中国的老年

---

① 汪国新，杭州市教育科学研究院研究员，中国教育发展战略学会终身学习专委会副理事长，中国成人教育协会科研机构委员会副理事长，中国成人教育协会学术委员会委员，社区学习共同体研究中心（全国）主任，杭州学习生活促进会副会长兼社区共学养老专委会主任，研究方向：终身学习与社区教育；金琳，杭州学习生活促进会副秘书长，杭州社区共学养老发展中心副主任，社区学习共同体研究中心（全国）兼职研究员，国学传承师，家庭教育指导师，心理咨询师，研究方向：社区教育，老年教育。

教育，需要有一场深刻的思维变革，从"送教"到"助学"，变设计型的老年教育为生长型的老年教育。[1] 而做到这一点，首先需要重新认识老年人和老年教育。

（一）老年教育的本质与逻辑起点

今天，党和政府比任何时候更重视老年教育。老年群体的学习需求比任何时候更加旺盛，老年教育的供需矛盾比任何时候更突出。与此同时，老年教育理论先导性的缺失与老年教育发展积极态势构成的矛盾史无前例。没有正确的教育观，把老年教育办成又一个未成年教育——学校式的应试教育——知识和技能教育，是有悖老年教育规律的。人们普遍诟病学校应试教育，针对学校教育的弊端的改革措施不断翻新，虽然没有实质性的成效，但至少可以肯定现行的教育制度和方式并不是好的教育方案。从目前出台的相关文件、出版的相关书籍、发表的相关文章、开展的活动看，大有直接把失败的经验复制粘贴到老年教育上的趋势，违背老年教育规律的现象时有发生，令人担忧。

1. 老年教育的本质是自我教育与生命成长

老年学习是"为己之学"，不是"为人之学"，是自我教育和共同学习。老年学习的本质是回归天真、纯洁。天真是老年人和孩子的"特性"。真实天真的人，才是深刻的人，才是真正的人。世间之事尽可权宜，但必须以不失其本心为根本。当我们醉心于处世方法和技巧，常常丧失本心而不自知，在虚妄的世界里越陷越深。这与这个时代的学习和教育已经发生了深度异化相关。

老年学习是生命学习。老年人意味着通达、智慧、自信、自尊、成熟、自在，但是多数老年人既愚且惑而不自知，"知其愚者，非愚者，知其惑者，非惑者。"老年人并不能自然而然地成为智慧和通达的人，其实，大多数老年人"大惑者终身不解，大愚者终身不灵"，没有良好的老年教育和开展有效的生命学习，人的老年期必定枉然。

相信学校教育对象——未成年人，是一张白纸，灌输越来越多的知识技能就可以变成一张丰富多彩的画，这已经是对学校教育很深的误解。人们把对学校教育的误解迁移到老年教育中来，认为老年教育的核心也是"为人之学"，增长知识、提升技能或满足兴趣爱好等精神需求。其实，对于"活力老人"，"老有所安"是宗旨，"老有所为"是核心，"老有所学"是条件，"老有所乐"是"有所为""有所学"的必然结果。有了"老有所安"，自然就实现了"老有所养"。这里的"养"，是自我涵养和自主成长。

2. 老年教育的逻辑起点是人的未完成性

老年人口众多，人口老龄化快速到来，这些都不是老年教育的逻辑起点。老年人本身，才是老年教育的逻辑起点，老年人是人，人是唯一永远未完成的动物，是终身学习的动物，学习是人的天性，生命成长是人性自我完善的内在需要。老年教育本质特点是"成人"教育——"成为真正的人"的教育。每个人"成人"之路是完全不同的，所以老年教育必然是个性化的教育，而不是整齐划一的集体教育。既然学习是老年人的天性，是如同人要吃饭喝水一样的内在需要，对老年人学习的外部激励就不是不可或缺的，以物质奖励的办法去刺激老年人学习更需要谨慎。从生命成长的角度看，老年人比中年人更善于学习，更需要学习，学习的紧迫感更强。

（二）社区共学养老：在"最近一公里""长出来"的老年教育

认真总结反思数十年来社区教育的经验与教训，是办好中国式老年教育的基础。把教学正规化、内容课程化作为老年教育内涵发展的总目标，把举办正规化的老年学校作为解决中国老年教育问题根本举措，把数字化资源的丰富作为解决老年教育资源难题的根本出路，使老年教育前景暗淡，必然重蹈学校式社区教育覆辙，必然会出现参与率低、满意度低现象。

1. 社区共学养老，切合生长型老年教育的特点

社区共学养老是指"生活在社区的老年人，为了生命成长和生活质量的提高，自觉、自愿在社区学习共同体中互爱互信、相助相伴、共学共乐，更加健康、积极、优雅、有尊严地享受生命的过程"。[2] 社区共学养老，是基于"社区学习共同体"的老年教育，它不同于传统的机构老年教育，它是生长型老年教育，这种老年教育形态必将成为未来老年教育的基本样态。生长型老年教育具有如下四大特征。

一是价值取向的生命性。[3] 基于社区学习共同体的老年教育，以人的全面自由的发展为出发点，生长型老年教育不局限于知识和技能的增长，也不限于满足老年人的兴趣爱好，而是更多地关注精神生活的丰富，特别强调学习者生命状态的积极改变和人的生命性价值的实现。[4]

二是学习动力的内生性。人的未完成性决定老年人具有学习的内生动力。生长型老年教育对象，学习动力是内生的，不是来自外在的物质激励。这里的学习是一种由内而外的自然而然的生命的历程。社区学习共同体的草根性，正是它的学习动机的内生性的体现。

三是学习资源的可再生性。教员和学员都是生活在社区的居民，教师与学员的身份可随时转换，学习在"教员"和"学员"身上同时发生，学习资源在学员与教者之间流动，学习过程是教育资源的再生和循环过程。[5]

四是学习方式的面对面交互性。信息技术正在给老年人的学习和教育方式带来重要变化，在一定的程度上也能促进老年学习者在数字化环境中获得平等的学习机会。但它也可以制造老年学习新的障碍，使深度学习具有挑战性，影响老年人作为社会积极成员的参与方式，影响了批判性思维、深度沟通能力的提高。数字化教学可以作为面对面教育／学习的延伸和补充，而不能取代面对面的教育／学习，这一点在老年人身上尤为明显。没有数字化网络教育，只有面对面的教育是可行的，可持续的，反之却不成立。建立"混合式"的教育方式和面对面学习方式，是弥合数字鸿沟，倡导有人情味的、有温

度的学习的重要举措，社区共学养老正是这样的重要举措。

2. 社区共学养老，从"送达到"到"长出来"的转变

"最近一公里"指老年人的居住地半径为一公里的生活圈。社区共学养老，就是把生活圈变成共同学习圈，进而变成生命成长圈。这样的转变是老年教育理念和实践的根本性变革，是从设计型老年教育到生长型老年教育的根本性改变。学校正规教育，整体上说是按计划供给的设计型教育，机构老年教育同样是设计型的教育供给，"任何人都根本不可能知道人们在这种计划中所能够动用的资源总和。因此，对于这些资源不可能进行集中控制。"[6] 它严重忽略了分散于个人、家庭、企业、行业、协会及各种专业机构等在内的教育资源，严重忽略了学习者可以"互为师"的内生性教育资源。生长型老年教育，在内部发展动力上突出学习的内生性，它是基于社区学习共同体的学习，变"要我学"为"我要学"，教育和学习的发生，就像小草从地上长出来一样，是由内而外生发出来的。自觉自愿自主的共同学习，恰如"寻常岂藉栽培力，自得天机自长成"。树立生长型老年教育的新思维，就是要建立起"老年人是老年教育的重要资源"的新的资源观。生长型老年教育资源观上，突出资源的再生性。"成员即资源"这一全新的老年教育资源观有其丰富的内涵[7]：一是成员也是资源；二是成员带来资源；三是成员生成资源。因此生长型老年教育资源是自给式的，学习者互为师生，教学相长，可以不依赖于外部资源，老年教育变得"无门槛"和"零消耗"，具有强大的生命力和强大的吸引力。社区学习共同体的学习之所以可以实现"互为师"，一个重要的原因是"学共体"成员完全忽略了效率第一法则，而坚信"过程即是目的"，他们这种不为追求结果，而注重享受过程、静待花开的样子，是优雅的生命学习。

3. 社区共学养老，直面老年人三大诉求

一是老有所学问题。社区共学养老是满足"活力老年人"的学习需求的新思维和新路径。学习资源就在身边，满足学习的便捷性和生活化需求；共同学习方式，满足学习的有效性和品质化需求；学习内容自主确定，满足学习的针对性和个性化的需求；学习收效自我评价，满足学习的发展性和去功利化的需求。以"共学""共享"为特征的社区共学养老，成为老年人体验学习快乐的源泉。

二是老有所为问题。社区共学养老是满足老年人实现价值需要的新平台和新载体。人终其一生，都在寻找两样东西，即价值感和归属感。老年人不是"无用"的代名词，而是智慧的化身。老年人的"有为"，不是与中青年人轮岗位，而是以自己的方式"有所作为"。一方面，老年人在共学共乐、互为师生、彼此成就中实现自我价值。另一方面，用自己的智慧服务社区、服务他人，在为社会创造价值的过程中赢得归属感和价值感。

三是老有所乐问题。社区共学养老是满足老年人实现老有所乐的新路径。进入老年期，离开了工作岗位和原有集体的老年人，不同程度地存在孤独感、无助感、无用感，

诸多负面情绪如果不能及时化解，会导致精神抑郁等失常情况，危及家庭和社会。社区共学养老，实现从养"身"到养"心"的全方位养老，帮助老年人从"享受型"快乐到灵性成长快乐。

二、社区共学养老：生长型老年教育的实践探索

老龄化社会的快速到来，让中国的老年教育迎来了前所未有的挑战，当社区学习共同体理论应用到老年教育之中，老年教育出现新思维和新样态，即学养结合、共学养老。"社区共学养老"理念与运作策略，在杭州市实践探索中，开启了老年教育的新路径、新平台，为突破老年教育的资源困境、呼应积极老龄化国家战略，初步建立了老年教育特色品牌。

（一）社区学习共同体培育与研究

社区学习共同体理论是生长型老年教育的理论基石，社区学习共同体理论应用于老年教育时，恰到好处地回应人口老龄化的时代重大命题。全面推进社区共学养老，能实现老年教育方式的根本性变革，社区学习共同体培育实践是发展社区共学养老的基础。

1. 社区学习共同体的核心要素、成长机理、培育原则、培育策略

社区学习共同体的核心要素（四大支柱）是"本质意志、共同学习、守望相助、生命成长"，是有别于其他学习型组织所特有的。

社区学习共同体的成长机理是"自觉—自主—自给—自评"或表达为"同自觉、共做主、互为师、自评价"，由四个相互作用的关键环节所构成，也是社区学习共同体所特有的。

社区学习共同体的培育原则。社区学习共同体是一个个富有内生性成长力的生命体，社区就是它们的成长生态位。如果把社区学习共同体比作一棵树，它的树根就是本质意志，树干就是共同学习，果实就是守望相助和生命成长。社区学习共同体不同于一般学习型组织，体现在培育的原则上，是"支持而不包办、扶持而不控制、助推而不实行目标管理、养护而不拔苗助长"[8] 等四项。

社区学习共同体培育的策略。一是打造"生活场景式"共学基地，盘活空间资源，实现处处可学。突破传统教学空间限制，充分利用广场、公园、场馆、庭院、文教综合体、文化礼堂、文化家园等开放、便捷、多样化的学习场所，积极打造"公共客厅"，让老年人置身于社区生活场景中共同学习。二是培养"自主供给式"共学师资，丰富人力资源，体现人人为师。建立"能人师资库"。从学习共同体及社区居民中遴选"有一技之长、学而优、学而先、有公益心"的人为教师，充分发挥"学共体"师在身边、同伴亲切、成就激励等优势；实施核心成员培养计划。开展市级、区级和成校级三级培训，通过导师引领、主题共商、内容共定、实践反思的参与式培训，全面提升核心成员亲和力、

学习力、执行力等综合素养。三是示范引领，体现激励有度。据杭州市教育科学研究院统计，从2010年起，连续13年开展示范社区"学共体"评比表彰活动，共表彰1130个杭州市示范社区学习共同体，较好地发挥了示范引领作用，在一定程度上激发出内生动力。四是支持帮扶，体现指导有方。成立杭州市及区（县）两级"社区学习共同体研究与行动指导中心"，研究本地区社区学习共同体发展中出现的困难与问题，指导街（镇）和村（社）社区学习共同体培育工作，同时设立社区学习共同体联盟服务站，目前已经设立覆盖全市的"公民公益类""非遗文化传承类""乡村书画类"等多个"学共体"横向联盟。

2. 社区学习共同体研究的基本经验

一是16年一以贯之。十余年来，一直聚焦"市民学习圈建设"和"社区学习共同体的培育"两大课题。前者着力于成人教育资源的开放与共享，以教育部重点课题《成人教育共同体建设研究——以杭州为例》为标志，出版两部专著《资源的合建与共享——成人教育共同体建设研究》《合建共享：成人教育综合体的建设与运作》。这一研究为杭州市政府出台文件《关于构建市民学习圈 大力推进终身教育工作的意见》（杭政函〔2016〕16号）、大力推进的"十三五"期间杭州市成人教育的重点工作作了理论准备。后者旨在变革成人学习方式，提升终身学习品质。经过16年的持续研究与推进，已发展成为中国终身教育领域的一个研究专题、研究门类、研究方向。随着国家社会科学基金项目"社区学习共同体生命价值与成长机理研究"的完成和专著《社区学习共同体》《社区学习共同体的四大支柱》《社区学习共同体核心成员成长指要》的出版以及社区学习共同体系列论文的发表，已经基本建构起中国社区学习共同体理论体系。在实践上，到2021年，杭州市已有8000个社区学习共同体遍布城乡，常年参与学习的人数超过22万人。[9]

二是理论研究与实践探索同步，2007年开始社区学习共同体的研究和2017年之后的社区共学养老的研究，都在理论研究的探索和实践推进上同步开展。

三是全国性的研讨会的举办和示范性"学共体"的评选表彰同频。从2010年到2023年，杭州市已经开展了14次（每年一次）示范性社区学习共同体的评选表彰工作。与此同时，从2009年举办首届全国社区教育青年论坛起，到2023年每年举办一次，共举办14次全国性（2017年是社区学习共同体国际研讨会）社区学习共同体（或社区共学养老）专题研讨会。[10]

（二）社区共学养老区域推进策略

实践表明，社区共学养老是满足老年人"老有所学、老有所乐、老有所为"的新思维和新平台。参加社区学习共同体学习的老年人的"无聊感、无用感、无意义感"少了，"存在感、价值感、尊严感"多了。杭州连续13年获"最具幸福感城市"荣誉的城市，其中老年人幸福指数高是重要的考量因素。

发展社区共学养老既是观念更新问题，又是实践探索的问题。为满足老年人美好生活需要，改进老年教育服务方式，变革老年教育形式，在更广的范围内推进社区共学养老，为老年人增添归属感、获得感、幸福感。

1. 深化研究，在转变老年学习方式上下功夫

突破传统的老年教育方式，才能办老年人喜欢的老年教育。社区共学养老的学习是真正意义上的"共同学习"，互助式、参与式、体验式、人生故事讲述式等学习方式，符合老年人的学习特点。"讲述人生故事"对变革我国老年人学习方式具有重要的启示意义和推广价值。这一方式其要义在于把自己的人生经历及其感悟传达给别人，是一个生命对另一个生命影响与激发。

深化社区共学养老研究，需要在宏观、中观和微观三个层面系统开展，需要理论研究与实践推动同时展开。当前需要重点研究的课题可以是：社区共学养老支持服务系统建设研究；社区共学养老区域推进策略研究；社区共学养老市场化运作方式研究；"静待花开"与"适度养护"的关系研究；老年人"自我服务"平台建设研究；"老年人成为老年教育资源"运作方式研究；老年学习共同体核心成员培育策略研究；社区学院、社区、社会组织、社区学习共同体四社联动培育老年"学共体"实践研究。

2. 突出重点，加大老年学习共同体的培育力度

社区共学养老的"主体性、学习性、生命性、社区性"[11]决定推进社区共学养老的重点是培育社区学习共同体。营造老年社区"学共体"成长的良好生态环境，坚持"支持而不包办、扶持而不控制、助推而不实行目标管理、养护而不拔苗助长"的老年社区"学共体"的培育原则，社区学院和中心学校定期开展老年社区"学共体"核心成员的培训，继续做好一年一次的示范性社区"学共体"的评选表彰工作和社区"学共体"成果展示交流工作。挖掘培养有影响力的社区居民，提升核心成员素养，引导老年人自主组织、自我管理、互助学习。深化浙江省教育规划课题"四社（社区—社区学院—社会组织—社区'学共体'）联动机制的建立与运行"的研究，在连续 11 年开展示范社区学习共同体评选表彰后，2021 年，杭州市增设"社区学习共同体先进区县"评比项目和"十佳社区学习共同体核心成员"评比项目。部分街道和乡镇还开展社区学习共同体培育先进社区（村）的评选表彰工作，以此调动社区（村）在老年社区"学共体"培育孵化中的积极性。

社区共学养老，无论是成员们在共学互助中形成的成员之间情感联结，还是他们在互帮互助中得到的学习成长，让成员们收获了精神上的富足，破解了老年生活的"孤独"与"寂寞"魔咒。有感叹"戏剧使我由于枯燥乏味的生活而凋零霉变的心灵变得神清气爽"的柳女士；让来自异乡的"老来俏时装队"队员终于找到与杭州这个城市的"关

系"，再不是"独在异乡"经常要求儿子送自己回老家的"异客"；也让动过 8 次手术、切除很多器官的陈阿姨，在"打铁关书画苑"的书法学习中找到精神的慰藉；"巧手女人家"里的成员们，在不断增长的新的兴趣和需求中，根本"没有时间寂寞了"；下沙街道的翟大姐说："无聊的老年生活从进入合唱队那天开始变得有意义、有生机了。"张老先生，原来是小有名气的"上访专业户"，自从参加社区共学养老的学习共同体之后，在共同学习的同时，为社区居民服务，带着同伴积极参加各类志愿活动。老先生自己也感叹："我这个信访专业户现在也是社区服务志愿者了。"

3. 示范引领，强化共学养老示范基地建设。

实施共学养老建设工程，需要强化共学养老示范基地建设，充分发挥其示范引领作用。共学养老示范基地建设，是全域推进社区共学养老的重要基础。星火社区是 2018 年至 2021 年，由社区学习共同体研究中心（全国）和杭州学习生活促进会共同确定 18 个社区（村）及成人文化技术学校为"共学养老社区建设实验基地"，[12] 在认真总结实验基地经验与教训的基础上，2022 年起，在全市范围内分期分批确立"共学养老示范基地"创建单位，从"组织保障、经费保障、安全保障、基地运行、共学师资、共学场地、共学项目"等多维度开展示范基地的建设工作，2023 年起开展市级示范共学养老基地的评选认定工作，到 2025 年将共评选认定示范基地 100 个。高度重视评选表彰结果的运用，广泛宣传示范基地建设的成功经验，更好地发挥其示范引领作用。[13]

杭州市富阳区新登镇，是中度老龄化乡镇区域，常住人口 8.5 万，老年人口 1.8 万，占比 21.2%。为让老年人老有所养、老有所依、老有所学、老有所乐、老有所为的愿景成为现实，新登成校自 2019 年"共学养老社区实验基地"受牌以来，专注探索"社区共学养老"乡村推进策略，几年来，已初步形成"社区共学养老新登样式"。截至 2022 年，新登镇已认定各类社区学习共同体 198 个，获评富阳区示范性社区"学共体"34 个，杭州市示范性"学共体"9 个（见《高等继续教育学报》2023 年第 6 期封四）。新登镇以各级各类展示活动为载体，通过巡演扩大社区学习共同体的影响力。以各村文化礼堂为基地，以所在村社区学习共同体为主体，和本镇的示范性社区"学共体"一起，分赴村社区开展展示交流活动，吸引更多的老年人参与到共学养老的行列中。以组建社区"学共体"联盟为载体，通过成立三大联盟，推动各社区"学共体"互助共进。推进共学养老发展。一是社区"学共体"核心成员联盟，由新登镇级以上示范性社区"学共体"中组织能力强，有志愿服务精神的核心成员组成，通过培训提升管理能力，引领队伍发展，使他们真正成为"学共体"的灵魂。昌东村的章大姐是杭州市示范社区学习共同体"安东乐苑"的核心成员，她在自己的家庭院子里独立建造了越剧社"安东乐苑"小屋，在她热情周到的服务感召下，一群（6 位琴师和 8 位演唱者）热爱越剧的乡亲们十五年来风雨无阻，每个周日晚上，是他们学习和表演的时间。76 岁的章大姐说："十多年来，我每年花在越剧社的钱有一两万，也很操心，但是看到每个成员都全身心投入学唱，开心快乐幸福，我就成为最幸福的人，这是用钱买不到的幸福啊。"二是示范性社区"学共体"联盟，以获得区级以上示范性"学共体"为主体，示范引领区域内其他"学共体"规范化发展；三是各类社区"学共体"联盟，由分散在各村社的同一类型的社区"学共体"（如旗袍、太极、书画、腰鼓、舞蹈、越剧）组成的联盟，平常分散在各村社自行组织训练，大型活动时，由核心成员中的骨干进村入社进行指导，共学共享。新登镇的探索意义重大，它宣示社区共学养老在农村地区同样可以得到推广。

4."四社"联动，形成打造社区共学养老品牌的合力。

社区共学养老是一个系统工程，需要教育、民政、文化等相关部门形成合力，重点推进"社区学院、社区、社会组织、社区学习共同体"的联动互动。

发挥社区学院引领、协调、研究与示范作用。每一个区（县）都有一所社区学院，作为政府的职能部门，社区学院在推进社区共学养老发展中大有作为。协调和动员政府其他部门、各类相关职业院校、民间团体、行业企业以及社区服务中心等组织机构的教育资源，灵活借资借力，形成服务老年学习共同体发展的合力，有效促进社区共养老的可持续发展。

发挥社区在空间资源和社会资源的服务主导作用。随着城市化进程的快速推进，社区功能不断完善。依托社区资源开展老年教育，具有多重便利和优势。社区为老年人提供"家门口"学习的机会，可照顾一大批因为年龄、身体等原因不方便到老年大学或其他场所学习的老人；利用日益完善的社区场所和设施开展老年教育，在造福老人的同时，丰富社区文化、提升社区内涵。

发挥社会组织的"润滑剂""结构网"的重要作用。近年来，社会组织在老年教育领域地位更加重要，社会组织在社区共学养老中的作用更加明显。发挥社会组织和志愿者在社区共学养老中的无法替代的重要作用，是把"最近一公里"建成老年人生命成长园地关键环节。

发挥老年"学共体"的"人人为师，自主发展"的主体作用。社区学习共同体以其"自主与平等、互助与共享、开放与灵活、草根与普及"的特点，充分尊重与激发老年学习者的主体性，成为深受老年人欢迎的最重要的学习方式，创新了基层社区老年教育形式。

5.政策推动，整体推进市域社区共学养老发展。

应对老年教育机构"一位难求"的困境，有必要整合利用社区各类教育资源，在全市范围内整体推进社区共学养老，构建幸福指数高、费用低的社区学养结合新模式。在杭州市建德市 2018 年出台《加强老年教育　推进共学养老发展》[14] 文件后，经过多年的努力，杭州市政府 2022 年出台的《加快老年教育发展意见》从政府政策层面上明确社区共学养老目标及实施策略。《关于加快发展老年教育的实施意见》提出："到 2025 年，初步建成全纳、开放、共享的老年教育公共服务体系，进一步实现老有所教、老有所学、老有所乐、老有所为。建设示范性老年教育机构 100 个，共学养老示范基地 100 个，老年教育品牌项目 100 个。"鼓励各类人员参与独居、失能等特殊老年群体的共学养老志愿服务，探索建立共学养老服务时间银行。强化联盟学养作用，鼓励支持建立文化艺术、生活休闲、健康娱乐、科学技术、公民公益等共学养老联盟或集团，促进互学互鉴。[15]此文件的出台，标志着从 2022 年起，杭州市的社区共学养老，实现了从科研部门探索到政府文件推动，为 2017 年开启的社区共学养老的研究与实践提供了政策保障，具有里程碑意义，社区共学养老进入新的发展阶段。社区共学养老实践探索的经验向全国推广的时机已经成熟。十分可喜的是，"社区共学养老"明确地写进了《北京市"十四五"时期教育改革与发展规划（2021—2025 年）》中，而且，北京市《关于开展 2023 年新时代老年学习共同体培育认定工作的通知（京教职〔2023〕15 号）》已经从政策的层面在全市范围内推进社区共学养老工作。

总之，社区共学养老是经济实惠、符合中国国情的养老方式，契合了全面建设小康社会时代的特征和老龄化的特征，是建成"最近一公里"生命共同体的有效载体。它遵循了老年人的学习规律，具备老年教育的"自我教育、共同学习、知行合一、生命成长"的特征；破解了老年人的困境，改善了老年人感到孤独、感到无聊、感到无意义等负面情绪；符合老年人提高生活品质、提升生命质量的美好意愿。

参考文献

［1］汪国新，项秉健. 社区教育的根本性变革：从设计型到生长型的转变［J］. 2019（09）.

［2］汪国新. 社区共学养老的特征、意义和实施策略［J］. 中国成人教育，2018（17）.

［3］汪国新. 社区学习共同体发展的杭州实践与展望［J］. 高等继续教育学报，2021（06）54.

［4］汪国新，项秉健. 社区学习共同体［M］. 杭州，浙江大学出版社，2019，（266）.

［5］汪国新，孙艳雷. 成员即资源：社区学习共同体内生成发展规律探析［J］. 职教论坛，2013（24）.

［6］弗里德里希·哈耶克. 致命的自负［M］. 北京，中国社会科学出版社，2009，（96）.

［7］汪国新，孙艳雷. 成员即资源：社区学习共同体内生成发展规律探析［J］. 职教论坛，2013（24）.

［8］汪国新，项秉健. 社区学习共同体［M］. 杭州，浙江大学出版社，2019，（151）.

［9］如何破解老龄化社会养老难题？一场大咖云集的研讨会给出答案："社区共学养老"让老年人老有所乐［N］. 杭州日报，2023-4-28.

［10］学习型社会中老年教育：理论思考与实践创新—— 第六届全国社区共学养老研讨会综述
　　［J］. 北京宣武红旗业余大学学报，2024（03）.

［11］汪国新. 社区共学养老的特征、意义和实施策略［J］. 中国成人教育，2018（17）.

［12］［13］王厚明. 杭州加快老年教育发展，"社区共学养老"模式成为重要载体［N］. 杭州日
　　报，2023-3-21.

［14］［15］杭州市人民政府办公厅印发关于《加快发展老年教育的实施意见》的通知［EB/OL］.
　　（2022-01-10）［2023-09-28］. https：//www.hangzhou.gov.cn/art/2022/1/14/art_1229
　　063382_1812197.html.

推动建设世界重要人才中心的实践方略

周光礼[①]

摘　要：世界重要人才中心建设的时代方位概括为"两个大局"，即"中华民族伟大复兴战略全局"和"世界百年未有之大变局"。科教兴国战略、人才强国战略、创新驱动发展战略的深入实施和持续推进，为我国建设世界重要人才中心和创新高地积蓄了宝贵的人才资源和创新资源。同党的二十大提出的新任务新要求相比，我国人才工作在资源配置、体制机制、人才队伍结构等方面仍存在诸多不适应的地方。建设世界重要人才中心要经历一个厚积薄发的渐进式发展过程。强化国家战略科技力量，以知识创新吸引留住人才；打造产业科技创新高地，实现人才与产业有效耦合；营造人才发展良好环境，聚天下英才而用之。

关键词：人才强国战略；世界重要人才中心；人才培养

人才是实现民族振兴与国家发展、赢得国际竞争主动的战略资源。党的十八大以来，以习近平同志为核心的党中央高度重视人才工作，就深入实施人才强国战略作出一系列重要部署。2021年9月28日，习近平总书记在中央人才工作会议上发表重要讲话，全面擘画了新时代人才工作蓝图，深刻回答了为什么建设人才强国、什么是人才强国、怎样建设人才强国的重大理论和实践问题，历史性地提出了"加快建设世界重要人才中心和创新高地"的宏伟目标。党的二十大报告就"实施科教兴国战略，强化现代化建设人才支撑"进行专章部署，把人才工作摆在党和国家事业全局中更加重要的位置，鲜明标示了人才在国家全局中的突出战略地位。在新时代新征程上深入实施人才强国战略，全方位培养、引进、用好人才，加快建设世界重要人才中心和创新高地，具有重要的现实意义和深远的战略考量。

一、建设世界重要人才中心的时代方位

建设世界重要人才中心和创新高地，不应仅局限于教育系统内部，还要从大教育

---

① 周光礼，中国人民大学教育学院院长、评价研究中心执行主任、中国教育发展战略学会高等教育专业委员会学术委员会主任。

观的视角出发，"跳出教育看教育"，将其置于国家发展的宏观格局中谋篇布局。党的十八大以来，习近平总书记站在中国特色社会主义事业发展全局的高度上，深刻阐述了新时代人才工作的一系列重大问题，将世界重要人才中心建设的时代方位概括为"两个大局"。

第一个大局是"中华民族伟大复兴战略全局"。深入实施科教兴国战略、人才强国战略、创新驱动发展战略，归根结底靠人才。习近平总书记在党的二十大报告中强调："培养造就大批德才兼备的高素质人才，是国家和民族长远发展大计。"为社会主义现代化建设和中华民族伟大复兴提供强大的人才支撑，既是加快建设人才强国的使命所系，也是形成人才国际竞争比较优势的关键所在。综合国力竞争说到底是人才的竞争，人才作为衡量国家综合国力的重要指标，是国家发展、民族振兴的宝贵资源。正如习近平总书记在中央人才工作会议重要讲话中所指出的："当前，我国进入了全面建设社会主义现代化国家、向第二个百年奋斗目标进军的新征程，我们比历史上任何时期都更加接近中华民族复兴的宏伟目标，也比历史上任何时期都更加渴求人才。"为此，要充分发挥党的坚强领导和我国社会主义制度优势，把各方面优秀人才集聚到党和人民的伟大奋斗中来。

第二个大局是"世界百年未有之大变局"。进入 21 世纪以来，新一轮科技革命和产业变革正重塑着全球经济结构和创新版图，进而引发国际力量对比的巨大变化。知识，特别是科学技术知识，从来没有像今天这样深刻影响着国家前途命运和人民生活福祉；人才，特别是顶尖人才，从来没有像今天这样在抢占先机、把握时机、推进自主创新的历史进程中扮演如此关键的角色。我们必须清醒认识到，"大变局"既可能是千载难逢的历史机遇，又可能是两极分化的严峻挑战。一方面，大变局意味着开新局。大变局正在催生一个有别于美式帝国秩序的后西方世界，以中国为代表的发展中国家正在积极推动建立国际政治经济新秩序，并引领全球未来发展。另一方面，大变局意味着难以避免的巨大风险。美国为了继续维护其全球霸主地位，在经济脱钩、科技脱钩和学术脱钩等方面展现出激进好斗姿态，对中国乃至全球的安全与稳定造成严重威胁。为此，要深刻领悟"人才是第一资源"的重大判断，使人才资源能够成为我国在激烈的国际竞争中的重要力量和显著优势。

二、建设世界重要人才中心的发展定位

中华民族是勤劳智慧的民族，尊重知识、尊重人才是中华民族自古以来的传统美德。中国共产党在百年奋斗历程中，始终高度重视人才事业发展，在培养、团结、引进、使用、成就人才方面做出了不懈努力，取得了瞩目成就。建设世界重要人才中心和创新高地，必须夯实既有人才基础，深化人才发展体制机制改革，持之以恒、久久为功，持续深入推进新时代人才强国战略这项系统性、长期性工程。

三、新时代人才工作仍存在亟待解决的问题

同党的二十大提出的新任务新要求相比，我国人才工作仍存在诸多不适应的地方，集中体现在资源配置、体制机制、人才队伍结构等方面。少数改革重点与难点问题还需花功夫、下力气继续解决。"授权"与"问责"的关系有待理顺，行政部门、用人主体和人才之间构成环环相扣的权责关系，权力与责任之间关系的平衡既需要放权的一方根据实际需要，真授权、授到位，更需要获权一方将下方的权力接得住、用得好。行政逻辑与学术逻辑之间要动态平衡，必须遵循和尊重人才的成长规律与知识的运行规律，既不否定行政逻辑在提高人才管理工作效率中的必要性，又应当警惕和破除"官本位"的传统思维与行政干部管理技术的简单套用。

深入推进以评价体系为代表的人才发展体制机制改革。我国的人才评价始终被缺乏合理、准确、系统的评价标准所困扰，给中国人才评价和管理工作带来巨大的社会和舆论压力。要坚持问题导向，尊重人才成长规律和科研规律，用不断完善的制度设计将科学家的才华和能量充分释放出来。

四、建设世界重要人才中心的实践方略

人类历史上，科技和人才总是向发展势头好、文明程度高、创新最活跃的地方集聚。16世纪以来，世界科学和人才中心周期性转移，意大利、英国、法国、德国、美国先后成为世界科学和人才中心。纵观近代科学发达史，一个国家要成为世界重要的科学和人才中心，必须首先成为世界重要的科学和人才次中心。世界人才中心和创新高地建设是人才强国战略的最新形态，党的十九届五中全会明确提出了到2035年我国进入创新型国家前列、建成人才强国的战略目标，这一宏伟目标并非在一朝一夕之间就能够实现，而是要经历一个厚积薄发的渐进式发展过程，要作为一项综合系统工程予以长期实施和持续推进。习近平总书记在中央人才工作会议上，着眼2025年、2030年、2035年三个重要时间节点，提出了明确的世界重要人才中心和创新高地建设目标，并指出2035年要"形成我国在诸多领域人才竞争比较优势，国家战略科技力量和高水平人才队伍位居世界前列"，充分体现了党中央在建设世界重要人才中心和创新高地，做好顶层设计和战略谋划的过程中的务实性、精准性、持续性和长远性。

我们党历来重视教育事业的发展，改革开放以来，教育、科技、人才的战略定位在历次党代会报告中均有体现且发生了重大改变。教育相关内容在党的十二大报告、十三大报告、十四大报告及十五大报告中都被安排在经济领域，而且教育科技和人才是放在一起讨论的。2002年，在党的十六大报告中，首次对教育战略定位进行重大调整，有关教育的内容从经济领域调整到了文化领域。在党的十七大报告、十八大报告、十九大

报告中，教育相关内容被安排在社会领域，科技相关内容被安排在经济领域，人才相关内容则被安排在党的建设章节中。时隔二十多年，党的二十大报告将科教兴国、人才强国、创新驱动发展战略集聚在一起，将教育、科技、人才进行统筹安排、规划并独立成章，充分表明了党中央对于人才工作的高度重视。对于深入实施人才强国战略的信心与决心，是党的二十大报告的重要理论创新，为建设世界重要人才中心和创新高地提供了实施方略。

五、提高人才自主培养能力，确保人才供给自主可控

国与国之间的竞争归根结底是人才的竞争，而人才的竞争首先是人才培养的竞争，培养人才是国家和民族长期发展的大计，这也正是党中央将教育提高到"党之大计，国之大计"地位的关键所在。作为世界上人口最多的国家，中国要实现"从大到强"的历史性跨越，必须要拥有结构合理、素质优良、数量充足的人才队伍。对庞大人才需求的满足，绝不能存在依靠别人、依附别人的心理，必须不断提高人才自主培养能力和人才供给自主可控能力，将人才资源的生产与应用牢牢掌握在自己手中。我国有世界上规模最大的高等教育体系，应当有信心、有决心、有恒心，为党和国家的事业源源不断培养造就一批又一批优秀人才。相应地，深入实施人才强国战略，加快推动世界重要人才中心和创新高地向中国转移的战略目标，也对我国教育事业特别是高等教育事业的发展提出了新任务、新要求。

中国有独特的历史、独特的文化、独特的国情，决定我们只能走中国特色的教育现代化之路，扎根中国大地办教育。文化是教育的灵魂，高等教育是一种文化现象，任何世界一流大学都具有本土文明的底色。建设中国特色世界一流大学，必须坚持"四个面向"，即面向世界科技前沿、面向经济主战场、面向国家重大需求、面向人民生命健康，确保大学培养出来的是"知中国、服务中国"的人才，心怀"国之大者"，为国分忧、为国解难、为国尽责。

要不断优化人才队伍结构、壮大队伍规模，解决各级各类人才的数量不均衡问题。党的二十大报告提出，"全面提高人才自主培养质量，着力造就拔尖创新人才，聚天下英才而用之"。中国式现代化离不开科技与产业的创新，科技与产业的创新离不开人才，特别是拔尖创新人才。以"双一流"大学为引领的广大高校，要充分发挥人才培养的主力军作用，积极探索有效的拔尖创新人才培养方式，充分调动个人兴趣与学习研究动力，培养人才的科学精神、批判能力和创新思维，激发人才创新活力。应当探索构建交叉学科支撑的人才发展引导机制与拔尖创新人才培养体系，从而既造就有天赋、有潜力的基础研究人才，又塑造有知识、有能力的高素质应用型人才。

要不断提高人才培养素质、加大创新人才培养力度，解决特定领域人才培养质量不

高问题。2021年4月19日，习近平总书记在考察清华大学时强调："建设一流大学，关键是要不断提高人才培养质量。"在自然科学领域，要以构建中国特色、世界水平的工程师培养体系为发力点，重点解决我国一些产业的工程师数量不足、质量不高问题，打造一批有家国情怀、有突出技能、善于解决综合复杂问题和"卡脖子"问题的高水平工程师队伍。在哲学社会科学领域，要培养造就大批善于传播中华优秀传统文化、善于思考研究中国问题的人文艺术家和社会科学家，引导各方面人才自觉以回答中国之问、世界之问、人民之问、时代之问为学术己任，在国际上发出中国声音、讲好中国故事，助力中国特色哲学社会科学的持续构建。

六、强化国家战略科技力量，以知识创新吸引留住人才

人才聚集与知识生产之间存在互相促进关系，成熟完整的科技创新体系不仅能够激发人才创新创造活力，还将在持续高位的知识生产进程中不断补充吸引汇聚世界各地的优秀人才。科技创新领域是大国竞争的核心领域，也是当前我国最需要不断改革的领域之一，科技创新体系是当前我国最需要大力建构以求得实质性突破的发展任务之一。目前，科技体制改革的突出问题表现为现有科技创新资源仍旧分散与重复，科技投入的产出效益较差，成果转化与商业化、产业化水平较低，没有充分激发出各条战线上的科研人员的创新活力。为此，要提高创新体系效能，明确国家级科研机构、科技领军企业、高水平研究型大学以及国家实验室等创新主体在创新链条不同环节的功能定位，充分激发各类主体的知识生产与创新能力，在世界级科学体系建构过程中吸引、留住各类人才。

企业以技术创新及其应用为目的，在创新活动中处于相对下游的位置，是推动创新创造的生力军。正如恩格斯所说："社会一旦有技术上的需要，这种需要就会比十所大学更能把科学推向前进。"美国政府为了维护美国科技垄断和霸权地位，泛化国家安全概念，滥用国家力量，不择手段打压中国高科技企业，对中国企业在技术突破、成果转化、产业发展等方面提出了更高的突破瓶颈的要求。要学会正确运用"看不见的手"和"看得见的手"，有效市场和有为政府相结合，完善科技创新体系。要遵循市场需求逻辑，真正发挥市场这只"看不见的手"在创新资源配置中的决定性作用，激发市场的内生活力，使创新型企业在市场引导下确定技术研发方向、创新路线选择与创新要素集聚。要更好发挥政府作用，使"看得见的手"能够为企业发展提供政策支持、制度保障、要素投入、服务监管等支撑与引导，特别是在引入创新、产业、人才、资金资源，孵化培育创新型领军企业的过程中扮演更积极、更关键的角色。

一流大学既是人才培养的中心，又是科学研究中心；既是国家创新体系的重要组成部分，又是我国哲学社会科学"五路大军"中的重要力量；既要培养一流人才，又要产出一流学术成果。深入贯彻实施科教兴国战略、人才强国战略、创新驱动发展战略，加

快构建中国自主的知识体系，是新时代高校肩负的重要使命和面临的重大任务。大学在办学发展过程中，必须始终坚持问题导向，履行高水平科技自立自强的使命担当，依托新型举国体制，瞄准事关发展全局和国家安全的重要领域，不断加强基础研究和原始创新，持续推进关键核心技术攻关，积极参与有组织科研，在重大战略领域努力建立自身科技优势。必须遵循社会发展规律和知识发展规律，紧密围绕党中央治国理政和国家重大需求，充分发挥自身科学研究优势，为服务党和国家决策、服务经济社会发展、优化社会治理提供优质高效、切实可行的研究方案。

国家实验室是充分发挥新型举国体制优势、推进"有组织的科研"的关键要素，是与国家科研机构、高水平研究型大学、科技领军企业并列的"国家队"成员之一。当前，国家实验室主要依托于研究型大学、科研机构和国有企业，国家实验室体系整体建设已有所发展，在国家创新体系中扮演着重要角色，但仍需要进一步强化顶层设计和系统谋划。明确不同国家实验室的目标定位、主要任务，以解决"卡脖子"技术等战略性"短板"为导向，聚焦原始创新与关键核心技术突破，在保持已有优势的基础上开辟新的领先科技领域。完善国家实验室体系治理机制，以实施有组织科研为目标，加强跨学科、跨领域协同公关，建立完整规范的科研人员遴选与团队组建制度、科研经费分配制度、科研成果考核评价制度，高标准严要求推动大科学计划、大科学工程、大科学中心、国际科技创新基地的统筹布局与优化。

七、打造产业科技创新高地，实现人才与产业有效耦合

集聚世界一流创新人才，还需打造世界级产业科技创新高地，为自主培养、吸引汇聚的人才提供"留得下""用得好"的"工作容器"。建设现代化强国的首要任务在于实现高质量发展，而推动高质量发展越来越离不开知识与创新，科技、创新、人才"三位一体"的紧密关系愈加突出，互促作用愈加强烈。历史地看，中国的产业形态转型升级历程尤其凸显出人才与科技、创新之间相互融合的内在必然性。改革开放初期的劳动密集型产业只需要基础教育参与，后来的技能密集型产业需要高等职业教育的参与，最近的科技密集型产业则需要高等教育的参与。展望未来，中国正在向创新密集型产业进发，建设创新密集型产业需要的不只是简单的高等教育，而是教育科技人才组成的国家科教创新体系。因此，要以人才为桥梁和中介，促进创新链和产业链精准对接，实现高等教育与现代产业的有效耦合。

推动创新链和产业链的精准对接、双向融合，既是存量优化的有效举措、增量调整的现实路径，也是实现高质量发展的必然选择，能够达到"人尽其才"的理想状态。创新链是创新主体协同配合形成的链条，产业链是产品生产主体整合上下游资源聚合而成的链条，二者精准对接本质上体现为创新供给与生产需求的恰切关系，核心在于推动知

识成果的技术化与商业化。创新人才进入工作，实现身份转变，成为职业劳动者，适应不确定职业环境，变革、发展行业产业生态是实现高等教育与工作产生有效耦合的核心机制。因此，高等教育要关注外界社会政策环境变化、产业结构调整、生产力水平发展等对社会职业分类与就业岗位的影响，客观分析职业需求变化对高校学科专业设置的辐射，加强以创新意识、创新能力、创新精神为核心的创业能力的提升。

加快打造具有全球影响力的科技和产业创新高地，引导创新主体发挥优势，充分发挥人才在科技成果转化中的作用，把科技成果充分应用到现代化事业中去。要强化目标导向，融知识生产、知识传播、知识应用为一体，促进产学研深度融合。知识产业的核心是整合创新活动上、中、下游，形成从基础研究到关键技术再到集成应用的循环运转的创新链，学科知识性质不同决定了知识转化方式各异，也决定了不同类型人才在不同场域中发挥不同作用。理工学科、生命科学能够为区域高新技术产业提供创新链上游所需的理论知识，实验室中的科研专利还可以与种子资本直接结合，孵化衍生企业创造实际价值；社会科学参与区域社会秩序规范和制度建设，以智库的形式参与区域社会问题的解决；人文学科则在文化的保存、创造和引领中发挥关键作用，以提供公共艺术展览、文化服务设施等方式，使人文知识持续迸发生机。

八、营造人才发展良好环境，坚持聚天下英才而用之

"栽好梧桐树，引得凤凰来。"对于创新人才来说，平台和环境就是梧桐树，做好人才工作的重要社会条件，在于成功营造出识才爱才敬才用才的良好环境。习近平总书记曾深刻指出："环境好，则人才聚、事业兴；环境不好，则人才散、事业衰。"发展环境是影响人才成长、汇聚和作用发挥的关键因素，只有具备了适宜人才成长和发展的良好生态，方能不拘一格降人才、用人才，将人才的内在力量充分发挥出来。人才发展环境，又分为体制机制的"硬环境"和文化氛围的"软环境"。打造世界重要人才中心和创新高地，既要向用人主体授权、为人才松绑，把我国制度优势转化为人才优势、科技竞争优势；又要塑造国际一流人才发展生态环境，形成具有吸引力和国际竞争力的良好文化氛围，聚天下英才而用之。

深化人才发展体制机制改革。人才作用的形成与发挥遵循特定的成长规律和科研规律，只有创造出良好的制度环境，才能让人才静心做学问、搞研究，多出成果、出好成果。对于用人单位而言，政府要酌情下放权力，充分发挥用人主体在人才的培养、引进、使用中的主观能动性，灵活适应各类用人主体专业化、多元化的用人需求，使用人单位可以根据人才能力与岗位需求之间的匹配程度，自主决定怎样用好人才。对于政府管理部门而言，要不断提高治理能力，完善人才管理制度，建立健全责任制度，持续改革科研经费管理制度，要遵循人才成长规律，进一步破除"官本位"、行政化的传统思维，对

人才要充分信任、充分尊重、充分包容，将专业的事情交给专业的人，赋予专家学者更大的技术决策权、资源调度配置权，使人才在尽己所能的过程中免受条条框框、繁文缛节的阻碍掣肘。此外，要以破除"五唯"顽疾为突破口，聚焦立德树人、突出诊断功能、强化分类评价、彰显中国特色，将建构中国特色世界水平教育评价体系，作为推进中国高等教育治理体系和治理能力现代化的重要抓手，推动人才制度精准创新、系统创新和协同创新。

加大人才对外开放力度。中国发展需要世界人才的参与，中国发展也为世界人才提供机遇。强调人才自主培养、引进与使用，绝不意味着自我隔离，而是要营造包容多元、鼓励创新的文化环境，安全、规范、有序的社会环境，公平、平等、竞争的制度环境，有规划、多渠道地吸引海外高层次人才和优秀青年人才，将人才市场边界从国内扩展到国际，全力构筑人才国际竞争新优势。要重视解决海外引进人才安身立命、成家立业的实际困难，发挥"市场"与"政府"这两种资源配置手段作用。要妥善平衡本土人才与外来人才之间的关系，既要对紧缺特殊人才出台特殊政策，又要避免资源过分集中在少部分人才手中；既不能出现论资排辈、"外来者优先"的现象，又不能让真正有才学的"英雄"无用武之地，使更多全球智慧资源、创新要素能够真正为我所用。

参考文献

［1］习近平. 高举中国特色社会主义伟大旗帜　为全面建设社会主义现代化国家而团结奋斗［N］. 人民日报，2022-10-26（01）.

［2］习近平. 深入实施新时代人才强国战略　加快建设世界重要人才中心和创新高地［N］. 人民日报，2021-09-29（01）.

［3］习近平. 努力成为世界主要学术中心和创新高地［N］. 求是，2021（06）.

［4］丁月牙、瞿振元、周光礼. 深刻领会党的二十大精神 助力高等教育高质量发展［J］. 中国人民大学教育学刊，2023（01）.

［5］周光礼、公钦正. 高校人才，如何将"职业"变成"志业"［N］. 光明日报，2023-05-09（14）.

扎根中国大地构建终身教育体系的路径审思[①]

徐 莉[②]

摘 要：当今世界正经历新旧更替的深度变革，终身学习成为应对巨变的核心和关键，世界终身教育跨入实质构建期。新时代我国终身教育发展面临的挑战依然严峻，其中，最为突出的理论与实践长久处于"双盲"状态的滞后性问题依然没有解决。起步阶段先天不足所致的成人教育化终身教育认识误区，可能会伴随中国终身教育发展的整个过程。扎根中国大地，建起世界最大并充满活力的终身教育体系和学习型社会，不仅需要扎实系统的理论补课，还需要系统研究、审视、吸收和借鉴数十年的本土经验。中国终身教育事业的正确道路，需要从对教育发展的整体趋势和教育的迭代升级规律的把握中走出，同时需要化挑战为机遇，对成人教育化的中国终身教育探索持有更为包容的新理解。

关键词：终身教育体系；成人教育；继续教育

当今世界正经历新一轮大发展、大变革、大调整，加之突如其来的新冠疫情的影响，使人类社会处在又一个历史巨变的十字路口。习近平总书记 2018 年 6 月在中央外事工作会议上提出："当前，我国处于近代以来最好的发展时期，世界处于百年未有之大变局，两者同步交织、相互激荡。"[1]这一重大论断为我们准确把握这场巨变的本质内涵提供了科学方法，同时揭示出中华民族伟大复兴处在这场巨变的中心。在此背景下，加快建成新时代中国特色的终身教育体系，具有深远意义。本文就如何扎根中国大地探索出一条有效的终身教育体系构建道路展开相关思考。

一、中国终身教育进程面临的问题

当前，在全球正经历人类史上第四次工业革命中，教育作为社会可持续发展的驱动力，已从世界舞台边缘移向了舞台中央，其中终身学习成为可持续发展的核心和关键。

① 本文系国家社科基金一般课题"新时代中国特色终身教育体系构建研究"（BGA200061）的研究成果。
② 徐莉，教育学博士，河北师范大学教授、博士研究生导师，中国教育发展战略学会终身学习专业委员会常务理事。

奋进的中国正牢牢抓住历史机遇，踏着第四次工业革命的浪潮，向着两个一百年的目标奋力前行，中华民族必将以更加昂扬的姿态屹立于世界民族之林。强国先强智，在这场伟大进军中，教育的驱动作用变得从未有过的重要。随着《中国教育现代化 2035》的颁布，中国拉开了以加快建设学习型社会为号召的教育现代化序幕，构建服务全民终身学习的现代教育体系和建设学习强国成为实现两个一百年的重大国家战略，但也必须对面临的挑战有清醒的认识。

无疑，一套比较完整的现代终身教育理论的形成，是一个漫长的历史发展过程。教育发展史表明，世界终身教育的理论与实践的发展，经历了从成人教育中孕育、再脱壳而出的最初阶段，以及不断超越的一个再一个不断提升阶段，至今，一个具有完整内涵的终身教育理论框架才得以逐步丰富和显现。而理论的演进，也在悄然改变着世界终身教育的实践路径，这种改变所经历的正是一个不断变革的过程。

中国的情况有所不同。尽管现代终身教育思潮产生于 20 世纪 60 年代，但在中国得以关注和引入，是在改革开放后。在改革开放后的前十年，主要是引进阶段，研究成果贫乏，发展缓慢。直到 1993 年"终身教育"第一次被写入政府文件——国务院在《中国教育改革和发展纲要》中正式提出："成人教育是传统学校教育向终身教育发展的一种新型教育制度。"[2] 此后，终身教育很快成为国家发展战略，并在国家战略推动下进入快速发展阶段。

与世界终身教育发展的理论强力引领不同，中国终身教育发展走了一条大跨越式的实践直入式推进之路，形成了实践反推式的理论与实践的发展路线。从起点看，世界终身教育发展有着深厚的成人教育基础，而我国缺席了第一、第二次工业革命，也缺席了国际成人教育从诞生、发展到终身教育诞生的早期阶段。虽然终身教育不是成人教育，但其作为一种思想理念却早已深深根植于成人教育理论和实践的沃土之中，我国缺席了国际成人教育发展的起始历程，也就缺少了终身教育在正式登台前这个孕育的前期基础。在这种背景下，我国终身教育便不可避免地出现了理论积累先天不足的问题，其影响不仅表现在对终身教育理论的准确认知上，也表现在对成人教育理论的准确认知上。

从发展顺序看，我国终身教育比世界终身教育起步晚了数十年，在理论准备先天不足的情况下，于改革开放后得以起步，并很快上升为国家战略，迅速步入发展快车道。总的看，我国终身教育在实践领域进行了突飞猛进的追赶，但在理论层面进展缓慢滞后，仍处在世界终身教育进程的初级阶段——成人教育时期。这在相当程度上制约着中国学习型社会建设进程，也使得终身教育改革难以取得实质性突破。

可以说，中国终身教育事业几乎是在没有理论支撑背景下，依靠国家的高度重视，直接进入实践，并迅即驶入飞速发展快车道的，终身教育研究也随之被快速带入以关注实践路径为主的道路上。终身教育实践缺乏相应的理论支撑，学者们对终身教育实践路径的研究，也是一种缺乏理论支撑的摸索，研究内容多是紧跟国家的政策方针，集中于操作层面的研究。[3] 从这一层面来看，我国终身教育明显处于研究的盲目状态。

一是"成人教育"自身概念的混乱。众所周知，成人教育不等于终身教育，在终身教育的形成与发展以及正确理解终身教育过程中，"成人教育"概念与"终身教育"概念的清晰界定同等重要。联合国教科文组织倡导终身教育的几个关键场合和经典报告，在定义"终身教育"的同时，都尝试定义或修订"成人教育"概念。而中国终身教育的研究进程，恰恰在使用成人教育概念上，出现了一波三折的矛盾和摇摆不定。特别是后来更以"继续教育"取代了"成人教育"，这可能是由于对"继续教育"中"继续"二字字面意义上的解读所致，但也同时暴露出国内相关理论研究由于根基不稳而导致的定力不足问题。且不说对终身教育概念本身的理解问题，仅"成人教育"这一概念在使用中左右摇摆、矛盾百出的混乱状况，就足以令人迷惑不堪了，并带来了研究与实践上的种种困境。如果说影响世界终身教育理论发展的一个普遍问题是如何与成人教育概念相区别的话，那么，中国终身教育理论发展在同样的问题上，由于对成人教育概念理解和使用上的混乱，更增加了一层谜团。

二是"终身教育"概念自身的混乱。随着终身教育的发展和深入，不断衍生出新的族群概念，像散落的片片树叶，如果不从所依附的生命之树上整体地看，便如同一片片孤立的死叶子，令人眼花缭乱、难以把握。这却成了终身教育理论研究的普遍现状。如对"终身教育"与"终身学习"概念的理解，有人就认为"终身学习"是与学习型社会相配套的概念，在学习型社会中"终身教育"将退向后台。有人则认为"终身教育""终身学习"两个概念同属终身教育的两个方面，不可互为替代。再如，对"学习型城市"概念，更有人把美国学者彼得·圣吉（Peter M.Senge）提出的"学习型组织"当成了"学习型社会"的下位概念，想当然往下推演出类似于"学习型政党""学习型家庭""学习型社区"等概念。诸如此类对新出现的概念缺乏对其所附着的理论的整体把握，想当然地生搬硬套，或望文生义地错误嫁接和混用的情况比比皆是，使得半个多世纪以来，人们虽然高呼"终身学习"的口号，但大多停留在指导思想或基本理念层面，在制度层面和实践层面进展依然缓慢且困难重重。此种局面的产生除了社会变迁、经济困境、技术变革等原因外，"终身学习"长期难以界定自身身份是一个主要原因。

二、中国终身教育发展现状评析

尽管上述理论困境及成人教育式的终身教育实践，曾令笔者深感无奈，但当有机会身临其境于中国终身教育体系构建改革试点现场并进行深度研究后，笔者获得了一种全新的认识，并对成人教育式的中国终身教育改革试点有了一种更为包容的新理解。

首先，作为任何一种理想目标的未来事物，其真正出现的时候都无疑是需要一定条件和积累过程的。一定时期内，成人教育化的终身教育，或正是这种必要的积累过程，没有这个阶段，一步实现终身教育是不可能的。这样看问题的话，中国终身教育的现实问题就不全是问题了，而可能蕴含着有待发掘的创新元素。不是一味指责，而是更加包容而全面、客观地认识成人教育化的终身教育的另一种价值，可能会更具建设性意义。

其次，我国经过几十年的探索，在终身教育实践方面积累了丰富的鲜活经验，有待于深化、提升为构建中国本土理论的新元素。几十年间，中国教育发生了悄然变化，学校教育整体向终身教育发生着改变，并创造出了诸多全新教育教学形式，如开放大学的人才培养模式、学习型城市建设孕育的各种终身教育新元素、学分银行提供的教育管理新模式等。这些都为我国真正走向终身教育提供了宝贵经验，这些鲜活经验足以提取出更多理论启示，运用于探索中国自己独特的终身教育体系构建道路。

再次，我国终身教育数十年的发展与推进，对优化我国教育体系内涵、推动我国教育大发展作出了不可磨灭的贡献。遗憾的是，人们尚未对此给予应有的关注，无论是对改革开放 40 年教育发展历程的回顾，还是对新中国成立 70 周年教育进程的梳理，在总体谈论教育时，终身教育这个重要的新增长极常常被忽略了。这种现象进一步说明了，固有的思维定式严重制约着人们的教育视野，在传统教育框架内很难形成真正的终身教育体系。而事实上，我国终身教育作为教育的新增长部分，是最能引发新探讨并从中提取出有益理论养分的部分，应得到各界充分关注。尽管我国终身教育取得了不小的进展，尽管成人教育式的终身教育是前进中必不可少的过程，但成人教育是终身教育的基础，不是终身教育本身，更不能简单地认为只要把成人教育搞好了，与学校教育加起来，终身教育体系就形成了。中国的终身教育还有很长的路要走，必须正视这个现实，加紧理论补课和理论创新，跟上世界理论发展步伐。其中，当务之急是尽快走出成人教育式终身教育认识误区，即走出终身教育理论困境，也同时亟待走出变革理论困境。

最后，无论是终身教育理论还是变革理论，都已不是现有框架内的问题了，而是新起点上的新问题。正如 1972 年《富尔报告》强调："如果我们认为，彻底检修教育的时代已经到来，教育正面临着严峻的挑战，教育必须整个地重新加以仔细考虑。"[4]2015 年发布的《教育 2030 行动纲领》，进一步提出"全面整合的可持续变革方式"的新主张，强调这种变革方式至今尚未出现，如果没有这种变革方式的出现，全球的改革事业都将因此受阻。[5]那么，就需要突破数百年来固化了的简单还原思想方法的路径依赖，代之以寻求新事物诞生一端的变革路径和方法论，这是当今人类社会发展根本方向上的重大命题，也是中国教育改革发展的重大命题之一。

三、扎根中国大地构建终身教育体系的路径审思

十九大报告提出"加快建设学习型社会"目标，其要旨不仅指速度上的加快，而是

承前启后、继往开来的新跨越，是新理论内涵与新实践向标的再塑与承载。换言之，面向新时代的中国教育一定是终身化的，是内嵌于学习型社会系统的内核和芯片系统。这就需要我们从中国实际出发，化劣势为优势，探索解决问题的出路，推动新时代中国终身教育事业发展步入正确轨道。那么，就需要思考中国如何从本国国情出发，探索出一条与西方国家不同的终身教育事业构建道路？或说中国的终身教育事业，可否改变世界终身教育发展的起点和顺序，寻出一条同样有效的逻辑路线来走，以最短的距离和尽可能小的失误，扎根中国大地，建起世界最大并充满活力的终身教育体系和学习型社会，为步入新文明时代的人类世界作出贡献？基于以上观察和思考，笔者认为：

一是，需要系统研究、审视、吸收和借鉴数十年的本土经验。终身教育与成人教育存在的天然血缘关系，以及中国终身教育理论根基的贫弱，使得终身教育在中国一直被作为成人教育来发展。可以说，中国终身教育的视野，至今没有摆脱成人教育的局限和困扰，导致在实践层面上，与其说发展终身教育，不如说是借终身教育的理念，大大地推进了成人教育发展，而真正意义的终身教育理论与实践还没有得到实施。需要看到，中国成人教育理论和实践获得空前发展的同时，锻炼了成人教育队伍，促进了传统学校教育之外的各类教育的繁荣，缩小了普通教育与其他教育之间的距离，为中国进一步开展真正意义的终身教育创造了基础条件，在客观上深入普及了终身教育理念，在整个社会营造了终身学习的氛围。同时，空前发展的中国成人教育或继续教育，丰富了可借鉴理论元素和新教学形式，值得系统研究、吸收和借鉴。中国终身教育起步发展的数十年的实践进程，蕴藏着不可忽视的重要价值。然而，必须看到，中国终身教育取得最突出成绩的方面，也成了终身教育理论的最大困境之所在。人们普遍认为，终身教育即是对成人教育产生影响，并对其提出要求和指明发展方向的思想，从而将包括成人教育在内的社会教育的发展，作为实施终身教育思想的突破口。直到目前，中国终身教育从国家政策到地方法规以及研究与实践，还都把传统的学校教育排除在外，显然这是有违终身教育本质要义的。

国外持客观条件论的学者认为，在终身教育初期主客观条件不足的情况下，只能把发展成人教育作为突破口，而且没有成人教育充分发展的终身教育也是不可思议的。中国学者则多持补偿论观点，认为传统学校教育系统已经发展得很完善了，成人教育相对落后很多，终身教育包括全部教育，那么就应该把短板补上来。这种认识虽不无道理，但由此产生的理论混乱问题，则不像实践这样容易得到共识：一方面，很多人简单地把终身教育当作成人教育，另一方面又有很多人站出来加以澄清，但在厘清成人教育与终身教育的不同含义和关系界定问题时，明显力不从心。国内有些学者认识到，把终身教育等同于成人教育，是对终身教育的误读，但对于如何规范解读，也是无能为力，闪烁其词。可见，这种成人教育化的终身教育现状，正愈来愈制约着终身教育的健康发展。

正如 K. 韦恩（Kenneth W.）所意识到的，终身教育及学习化社会的提出，使成人教育的兴趣扩展到社会环境中的非正式学习，并且使教育的职责扩展到学校后教育机构之外的所有社会机构，这一切都极大地丰富了成人教育的思想。他同时指出，这种成人教育化的终身教育必然会面临许多困境。[6]在一定阶段或一个特定时期内的成人教育化，对整个终身教育的发展可以起到积极作用，但到了一定程度，如果依然原路走下去，或说此种理论上的模糊不清问题得不到解决，就可能导致改革走向相反的方向。所以说，对中国数十年终身教育进程进行系统梳理和研究，需要理清正反两个方面的经验教训，以获取有益于沿着正确方向发展的新内涵。

二是，面向未来，中国终身教育事业的正确道路需要从对教育发展的整体规律的把握中走出。"终身教育是未来的教育，只能依靠面向未来的丰富想象力来创造。终身教育之所以要求丰富的知识和丰富的创造力、想象力也正是这个原因……如果只拘泥于旧的模式，那么它可能成为终身教育的'制动器'，但它决不能变为教育的'加速器'。"[7]虽然如郎格让所指出的，由于每个国家的政治结构、文化传统以及各种条件不同，提出一种模式的终身教育是不可能的。[8]但是教育自身的发展规律是客观的、相同的，我们应该透过现象，追求存在于各种不同模式中的相同性和统一性、必然性和规律性，认识到事物发展总体的大致方向。抓住这个核心和重点，必将有助于解决终身教育本质内涵的定位问题，有助于理解为什么终身教育是未来的而非当下的教育，否则，终身教育发展面临的困境就很难突破。

从成人教育到学校教育与成人教育及各类教育的整合，从终身教育到终身学习，从教育系统到整个社会，世界终身教育发展的阶段和进程展示了一个生动的过程："教育正越出历史悠久的传统教育所规定的界限，逐渐在时间上和空间上扩展到它的真正领域——整个人的各个方面：纵向上，教育的时限不再局限于某一特定年龄；横向上，学习场所不再局限于校园的时空内，而是将社会整个教育和训练的全部机构和渠道加以统合。"[9]正如《终身学习行动》援引一位哲学家对人类之旅的描述所指出的："第四个阶段也许能使前三个阶段成为一个整合的、指向于未来的整体哲学。这意味着第四个阶段是需要定义一个更完整的概念的时代，也由此，是没有前人留下路标的情况下的摸索与探寻的时代。"[10]新时代扎根中国大地的终身教育体系构建之路，正在这种摸索与探寻之中。

参考文献：

[1]新华社. 努力开创中国特色大国外交新局面[EB/OL]. （2018-06-23）[2021-05-22]. http://politics.people.com.cn/n1/2018/0623/c1001-30078644.html.

[2]中共中央文献研究室. 十四大以来重要文献选编：上[M]. 北京：人民出版社，1996.

［3］傅蕾. 1995—2009 年我国终身教育研究进展之文献计量分析［J］. 安徽广播电视大学学报，2011（1）：73-77.

［4］联合国教科文组织国际教育发展委员会. 学会生存：教育世界的今天和明天［M］. 华东师范大学比较教育研究所，译. 北京：教育科学出版社，1996.

［5］UNESCO. Education 2030—Incheon Declaration and Framework for Action：Towards inclusive and equitable quality education and lifelong learning for all［R］. Incheon，2015.

［6］Kenneth W.Lifelong Education and Adult Education：The state of the Theory［J］. International Journal of Lifelong Education，1993（2）：85-99.

［7］持田荣一，森隆夫，诸冈和房. 终身教育大全［M］. 龚同，林瀛，邢齐一，等，译. 北京：中国妇女出版社，1987.

［8］保罗·郎格让. 终身教育导论［M］. 滕星，译. 北京：华夏出版社，1988.

［9］联合国教科文组织国际教育发展委员会. 学会生存：教育世界的今天和明天［M］. 上海师范大学国教育研究室，译. 上海：上海译文出版社，1979.

［10］诺曼·朗沃斯. 终身教育在行动：21 世纪的教育变革［M］. 沈若慧，汤杰琴，鲁毓婷，译. 北京：中国人民大学出版社，2005.

教育强国视域下中国教育的变革之道①

——从工业教育时代步入智能教育时代的系统跃升

高书国②

摘　要：教育发展始终是时代的产物，工业时代的教育带有其明确的先进性，为经济社会发展和人的发展提供了重要支撑。以人工智能为代表的智能化时代，为传统教育体系和教育制度带来最为深刻的挑战和影响，二者之间正在演义进化、加快催化和实现转化。与英美德法四大教育强国的实践路径不同，中国建设教育强国具有其内在逻辑、总体目标和战略优势，需要从总体战略、系统工程、制度创新、生态创建和区域联动等方面加以推进，以中国式教育现代化推进教育强国建设。

关键词：教育强国；教育现代化；教育体系；智能时代

习近平总书记 2023 年 5 月 29 日在中共中央政治局第五次集体学习时强调："我们要建设的教育强国，是中国特色社会主义教育强国，必须以坚持党对教育事业的全面领导为根本保证，以立德树人为根本任务，以为党育人、为国育才为根本目标，以服务中华民族伟大复兴为重要使命，以教育理念、体系、制度、内容、方法、治理现代化为基本路径，以支撑引领中国式现代化为核心功能，最终是办好人民满意的教育。"习近平总书记科学地阐释了教育强国的根本保证、根本任务、重要使命、基本路径与核心功能。

习近平总书记进一步强调："从教育大国到教育强国是一个系统性跃升和质变"。如何实现中国教育的系统性跃升和质变，是从教育大国转变为教育强国的时代性战略课题。基础教育是国家教育体系的基座，是教育强国建设的基点。基础教育高质量发展是基本的民生福祉，是全体人民获得感、满足感和幸福感的基石。加快建设教育强国，必须改革旧有的教育思想、办学理念、教育内容和教育方法，需要经历一个从改革到变革，从提升到跃升，从量变到质变的战略转变过程。

---

① 本文系孙杰远教授主持的全国教育科学规划重大课题"中国教育现代化的理论建构和实践探索研究（VAA230006）子课题一的研究成果。

② 高书国，首都师范大学特聘教授，中国教育发展战略学会学术委员。

一、中国教育强国建设的新优势

从世界教育发展长河来看，教育强国的形成与发展是一个全球化的历史进程：17世纪，意大利成为教育强国；18—19世纪，德国和英国成为教育强国；20世纪，特别是第二次世界大战以后，美国逐渐发展成为世界高等教育中心，至今仍是高等教育最发达的国家。作为发展中人口大国，中国式现代化的成功实践，将占全球四分之一的人口带入现代化进程，为世界现代化作出重要贡献。

当今世界教育的竞争集中体现在教育能力、教育质量、教育模式和教育制度的竞争——能力是基础，质量是核心，模式是标志，制度是根本。中国教育强国建设的时代处于与英美德法四个世界级教育强国不尽相同的特定时代，即从工业时代向智能时代转型的阶段。工业时代，中国教育实现了从小到大的战略转变；智能时代，中国教育将实现从大到强的战略转变。实现建成教育强国目标，中国基础教育具备六大战略比较优势。

一是制度优势。制度优势是教育强国建设最大的战略优势。教育制度是指一个国家或地区的各级各类教育机构与组织体系有机构成的总体以及正常运行所需的各种规范、规则或规定的总和。中华优秀文化传统中有教无类等思想充分体现了教育公平理念是中国教育事业发展的基本遵循，也是具有世界影响的中国教育文化的重要标志。中国特色社会主义制度，以党的领导为核心，以办好人民满意的教育为旨归，持续提升全体人民的受教育水平，满足人民日益增长的精神文化需求，增加人民群众对教育的获得感、幸福感和满意度。

二是模式优势。发展模式创新是教育强国建设的重要路径。新中国成立70多年，改革开放40多年，中国举办起世界最大规模的基础教育，让全球四分之一的人口实现了高水平普及12年基础教育，发展水平和发展质量整体进入第一梯队，成功探索出一条在发展中人口大国实现教育普及的新思路、新道路和新模式，对于人类教育发展，特别是发展中国家实现教育普及目标提供了可借鉴、可复制、可推广的成功路径和典型经验。

三是标准优势。全面系统的教育标准是中国教育理念、内容、手段与方法具有一定先进性的重要保障。教育领域内各级各类标准是提升中国教育发展水平和强化发展质量的重要依据，也是中国教育先进性和影响力的重要体现。推进中国教育标准，扩大中国教育标准的影响力，是建设教育强国的应有之意。

四是师资优势。中国建立了世界最大规模的教师教育体系，向各级各类学校输送了数以千万计的合格教师，成为推进中国教育现代化的第一资源和高质量教育体格的重要支撑。发端于1928年的中小学教研体系、教研传统和教研方法，历经百年，教研组织系统更加健全、策略方法更加有效、理论体系更加成熟，成为中国基础教育质量提升的重要策略与方法。

五是课程优势。在一个内容为王的时代，宏大、丰富和优质的中国教育课程体系的优势更为彰显。2022 年启动的新一轮基础教育课程标准改革，正在推进更富先进性和高水平课程标准和教材体系建设，为中国教育高质量发展和学生的高质量发展奠定基础。

六是质量优势。质量是中国基础教育的根本优势，形成了一套教育质量保障评估机制和质量文化。在已参与的四次国际学生评估项目中，中国三次获得第一名的好成绩。伴随教育发展阶段和发展模式的转型，公平而有质量的教育将成为未来中国教育的发展方向，教育高质量体系更加健全、教师队伍建设水平更高、投入保障更加有力，中国基础教育进入世界先进行列指日可待。

二、教育强国建设的内在逻辑、总体目标和变革思路

2010 年，《国家中长期教育改革和发展规划纲要（2010—2020 年）》（以下简称"教育规划纲要"）明确提出："到 2020 年，基本实现教育现代化，基本形成学习型社会，进入人力资源强国行列。"2018 年，中共中央、国务院发布了《中国教育现代化 2035》，对于中国教育现代化进行顶层设计和长远规划。2023 年 4 月以来，教育部积极配合中央教育改革领导小组研究编制教育强国建设相关文件，对于教育强国建设进行整体谋划。教育现代化与教育强国建设体现着过程与目标、使命与任务、路径与手段的高度相关性、一致性和统一性。

（一）教育强国与教育现代化的内在逻辑

两个"纲要"型文件共同反映了在中华民族伟大复兴和中国式教育现代化背景下的国家意志、人民意愿和教育担当，具有同等重要的战略地位，两者之间即相互独立，又辩证统一。教育现代化和教育强国正像"一枚硬币的两面"，即各为一面，又相互统一，是一个整体，具有使命的一致性、目标的统一性和路径的同一性特点，两者互为整体，高度相关，协同一致。

1. 教育强国与教育现代化具有使命的一致性

教育现代化和教育强国都是国家发展和民族复兴的战略需求，充分体现了国家意志、人民意愿和教育担当，具有使命的高度一致性。一方面，《中国教育现代化 2035》是一份着眼于中国教育现代化整体进程的中长期战略规划；教育强国建设相关文件则是一份立足于教育强国建设的专项战略规划。两个"文件在规划的时间跨度、核心主题和战略幅度等方面各具特点和优势。另一方面，《中国教育现代化 2035》和教育强国相关文件的核心使命都是服务于中国式现代化和中华民族伟大复兴，在中国教育改革和发展进程中共同具有里程碑式的重大意义。

2. 教育强国与教育现代化具有目标的一致性

党和国家的教育方针始终是教育改革发展的指南，在指导思想、国家战略、总体规划和发展政策中保持一致性和连续性。习近平总书记多次反复强调："培养什么人，是教

育的首要问题。"① "培养什么人、怎样培养人、为谁培养人是教育的根本问题，也是建设教育强国的核心课题。"培养德智体美劳全面发展的社会主义建设者和接班人，是建设教育强国、实现中国教育现代化的共同目标和价值追求。

3. 教育强国与教育现代化具有路径的同一性

加快教育现代化、建设教育强国是党中央作出的重要战略决策，是新时代中国教育的双重使命和责任担当。在理论上，教育现代化体现着世界教育的发展趋势和共同价值，教育强国体现着中国道路和典型特征；在实践路径上，教育现代化与教育强国建设整体谋划、同轨而行、一体推进。习近平总书记在 2023 年 5 月 29 日主持中共中央政治局第五次集体学习的重要讲话中强调指出："以教育之力厚植人民幸福之本，以教育之强夯实国家富强之基。"建设教育强国是提升国家教育综合实力、竞争力和影响力的重要手段，实现中华民族伟大复兴的战略之举，其核心是以教育之强支撑国家之强、人民之富和民族之兴。

（二）教育强国建设的基本原则与总体思路

21 世纪的中国教育要持续坚持面向世界、面向未来、面向现代化，以中国式现代化为引领，加快建设教育强国、科技强国、人才强国和文化强国。中国教育面临着从工业时代教育模式向智慧时代教育模式的战略转变所带来的挑战，以工业社会标准化生产为特征的传统的教育模式和学习方式的惯性依然强大并发挥着作用力和影响力。以智能时代多样化为特征的新的教育模式和学习方式正在艰难突破，探索面向人类未来社会发展需要的时代新人的教育模式和培养方式。

一是坚持中国特色。坚持党的领导是中国特色社会主义教育的本质要求，是加快建设教育强国可靠的政治保证。坚持党对教育工作的全面领导，全面贯彻党的教育方针，坚持为党育人、为国育才，努力培养担当民族复兴大业的时代新人。坚持以人民为中心发展教育，办好人民满意的教育，为世界教育强国建设提供中国蓝图和中国方案。

二是坚持以质图强。以中国式教育现代化为引领，转变以规模增长为主的发展理念、发展思路和发展模式，清晰绘制加快建设教育强国和实现教育高质量发展的时间表和路线图。坚持以质量作为教育发展的核心标准，着力发展中国特色世界先进水平的优质教育，以质为要，优质为先，以质图强。

三是坚持统筹谋划。坚持科学系统思维，跳出教育看教育，立足全局看教育，放眼长远看教育。切实把教育放在中华民族伟大复兴历史进程中，放在党和国家事业发展大格局中，放在世界百年未有之大变局中去理解、去谋划、去推进。立足长远，标准引领，分步实施，整体推进的工作思路，系统设计、系统实施、系统评价和系统提升。

---

① 习近平. 坚持中国特色社会主义教育发展道路　培养德智体美劳全面发展的社会主义建设者和接班人［EB/OL］.（2018－09－10）［2023－11－17］. http://edu.people.com.cn/n1/2018/0911/c1053－30286253.html.

四是坚持改革开放。充分发挥社会主义制度优势，坚持以学习者为中心推进教育强国能力建设。巩固规模优势，提升质量优势，彰显制度优势，努力在增强教育综合实力、国际竞争力和影响力上下功夫，在实现城乡教育优质均衡发展、加快建设世界重要人才中心和创新高地方面取得实质性突破。开辟高水平开放新赛道，全面提升教育现代化水平和人才培养国际化水平。

（三）加快建设教育强国的目标建议

站在新的历史起点上，以中国式教育现代化为引领，以教育高质量发展为主题，以高质量教育体系为支撑，以建设教育强国为目标，以深化教育综合改革为动力，整体实现教育转型发展和教育高质量发展，全面提升教育综合实力、竞争力和影响力，到 2030 年，各级各类教育发展水平和教育质量领先，现代化教育强国的体系框架、制度框架、能力框架和评价框架完成整体构建；到 2035 年把我国建设成为教育综合实力强大和教育国际竞争力影响力领先的社会主义现代化教育强国。

以中国式教育现代化全面推进教育强国建设，需要以技术变革为杠杆，以组织变革为主体，以制度变革为核心，构建高质量发展教育体系，实现更高水平的教育公平，构建更富质量的教育均衡，形成更加科学的资源配置，体现更具世界竞争力的教育综合实力。

（四）以"二次改革"提升竞争力影响力

当今世界第四次工业革命、第四次科技革命和第四次教育革命同时席卷而来，传统的工业强国、科技强国和教育强国正在经历新一轮的调整与变革。未来十年，世界教育进入 4.0 时代，全球化、网络化、数字化和智能化风起云涌，机遇与挑战并存。新技术创新与变革，加速推进中国教育从传统到现代的战略转型；实体教育与虚拟教育深度融合，教育方式与学习方式正在发生深刻变革，教育数字技术促进教育转型发展；以 ChatGPT 为代表的生成式人工智能，引发了教育内外普遍的关注和争议；全社会对于教育需要的质量和水平持续提升，个性化、终身化、多样化教育格局正在形成。面向未来的教育竞争，优势重组、教育重塑、体系重构、模式重建考验着教育改革领导的战略智慧与治理能力。生成式人工智能开辟人类生产、生活和学习的新天地。智能家居、智慧城市和智慧学习持续发展，AI 将彻底改变课程设计、教学模式和学习方式，将有可能大大提升学习的速度、效率和水平。

《大学》曰："苟日新，日日新。"教育改革是一个宏大的系统工程和持续过程，从教育大国转变为教育强国必须要在一个系统的制度变革和整体跃升。要实现从工业时代教育体系向智慧时代教育体系的转变，就必须以改革为动力，在改革之中寻找出路，实施对以往教育改革的第二次调整与改革。原有的以扩大规模为导向的改革措施，需要加以调整和改变，"对于改革的改革"是实现教育高质量发展、建设教育强国的时代课题。以学生发展为中心，以质量提升为目标，以现代技术为依托，拓划适应教育强国建设的现代化基础教育制度体系。在教育强国建设进程中，体系是支撑，质量是核心，水平是标志，制度是关键。先进的教育制度，是国家实力、竞争力和影响力的核心；只有建立了与教育强国相适应的制度体系，才能保持和彰显社会主义教育的制度优势。

三、以中国式教育现代化推动教育强国建设的战略举措

联合国教科文组织号召，世界各国"要重新规划教育，为建设未来而学习"。以中国式教育现代化推进建设教育强国建设，必须谋长远之势、行长久之策、建强国之基。基础教育是教育强国建设的根基，为了推进基础教育强国的制度建设，需要进一步采取整体化、系统化的配套措施，构建教育高质量发展的新格局。

（一）以高质量教育体系为核心，实现更高水平的优质公平

加快建设高质量教育体系。高质量教育体系是能够满足人民群众日益增长的更高质量、更加公平、更加满足多样需求、更可持续发展、更为安全可靠的教育体系，是体现创新、协调、绿色、开放、共享发展理念的教育体系。加快建设高质量教育体系，将高质量发展作为各级各类教育的生命线，推动学前教育普及普惠安全优质发展，推动义务教育优质均衡发展和城乡一体化，高中阶段教育多样化发展，实现更高水平有质量的教育公平。

始终坚持以学习者为中心。依法保障儿童权利，尊重多样性、尊重差异、尊重个性，让孩子有更多在阳光下自由成长的机会。适应中国教育从有教无类向因材施教转变趋势，不简单地追求教育教学过程中的统一标准答案。努力让每个学生都有机会得到针对性的个性指导，使其学会应对未来社会所带来的变动性、复杂性和不确定性挑战，增强每个人的在学习上的获得感、成就感、幸福感。

适时延长义务教育年限。从中国教育高质量发展的需要出发，延长义务教育年限是教育现代化的必然趋势。着手修订《中华人民共和国义务教育法》，争取在第十五个五年期间即 2026—2030 年在全国实施 12 年义务教育。

减轻生育养育教育负担。更加关心孩子的健康、快乐和幸福，完善公平普惠安全的学前教育体系，确保高质量的儿童保育。鼓励企业事业单位举办 0—3 岁的托幼园所，所有新建小区按标准建设配套教育设施，方便父母照顾；延长育龄父母假期，有效减轻生育养育教育负担，让青年人能生、愿生、敢生，促进人口可持续发展。

着力培养学生的创新能力。基础教育不仅要夯实学生的知识基础，更要培养学生的探索性、创新性思维品质。要更加注重培养学生的全面素质，培养学生的社会情感技能和批判性思维能力，激发学生的创新精神和探索精神。加强心理教育和心理辅导，构建家庭学校社会协同育人机制。努力培养德智体美劳全面发展、适应未来发展需要的社会主义建设者和接班人。

（二）以技术变革为杠杆，整体撬动基础教育的根本变革

推进科技与教育紧密融合。积极应对人工智能技术带来的挑战，在学校数字化、课程数字化、教育资源数字化、教学手段智能化方面取得新突破和新进展，让技术为教与学赋能，推进教育方式和学习方式变革，实现教育资源优质、公平、高效供给。我们建议，由教育部门牵头研究制订《生成式人工智能在教育与研究中的应用指南》，培养学生使用各种通讯、文字和图像处理的高级技能，让每个学生获得在知识社会生存、生活、生产的数字技能。通过网络教研云平台、智能备课教室等教育智能技术，为教师的专业成长开辟新路径。

增加教育制度的灵活性。积极推进地方教育制度变革，给予各省、自治区、直辖市在教育体系、教育制度和教育规划方面更大的自主权，探索更有弹性、更富灵活性的教育制度和培养方案。以直辖市为对象，探索以省为主的义务教育管理体制，在更大区域、更高水平上实现教育资源合理配置。

（三）以学校变革为主体，系统构建教育高质量发展新模式

全面加强教育数字化能力建设。进一步完善国家智慧教育平台，为每位教师和学生提供更加丰富、更优质量、方便可及的优质教育资源。促进以人为本、更加包容、更加公平的教育数字化转型，推进学校教育制度创新和教育模式变革，促进教与学方式的系统性变革，以教育数字化带动教育现代化，加快教育强国建设步伐。

积极推进现代学校建设。学校变革是教育高质量发展的关键推动力量。推进学校建设标准化、城乡教育一体化、师资配置均衡化、资源共享智慧化、教育关爱制度化等方面的各项行动计划。持续实施"乡村温馨学校建设"项目，真正使农村小规模学校实现小而美、小而精、小而优，发挥好农村学校在乡村振兴中的纽带、服务、支撑和保障的重要作用。

扎实落实《家庭教育促进法》。全面、系统、科学地落实家长的教育主体责任。构建体现一体化设计、一体化建设和一体化管理特点的城乡家庭教育指导服务体系。建设高水平高质量的家庭教育指导服务平台，形成城乡一体、协同协作、科学有力、全领域全覆盖的家庭教育领导、支撑、服务和保障机制。

建设高素质专业化教师队伍。全面加强教师教育现代化体系建设，有效实施中小学幼儿园教师国家级培训计划，高质量实施新时代基础教育强师计划，全面提升教师队伍的政治素质、专业能力和发展水平；加快培养一批具有研究生学历的教师和新时代教育领军人才；扎实落实中央、省地、市县对于乡村教育和乡村教师发展方面的优惠政策，着力培养一批乡村优秀教师。建立稳定的教师工资增长机制，扩大中小学正高级教师评审范围、评审规模和评审比例，让中小学教师体面地生活、有尊严地工作。

（四）以制度创新为动力，实施新时代的教育强国方略

建立适应教育强国建设的制度体系。要从党的领导、学校发展、标准建设、评价改革、保障条件等多维度，统筹谋划育人方式、办学模式、管理体制、保障机制等方面的整体谋划、系统设计新一轮教育制度。从教育思想现代化、教育内容现代化、教育模式现代化、教育方法现代化，以及学科体系、教学体系、教材体系、管理体系等关系到教育强国建设的各个方面，建立更加完善的教育强国制度体系。

建立更加完善的教育法律制度体制。教育制度是教育强国建设的核心支撑，现代化的教育制度是教育强国建设的重要任务。基础教育制度是一个国家或地区教育的基本制度，为教育强国提供制度保障与战略支撑。以提升国民整体素质为导向，研究制定相关法律法规。

提升中国教育的国际化水平。在全国中小学更加广泛地开放国际理解教育，提升中国中小学教师国际交往能力。进一步形成更宽领域、更多层次、更加主动的教育对外开放格局；吸引国际优秀教师进入基础教育阶段的中小学校任教。积极筹办"基础教育国际论坛"，大幅提升中国教育的国际软实力、竞争力和影响力，向世界讲述中国基础教育的好故事，推动中国以更加开放、更加自信的姿态走向世界舞台中央。

（五）以教育生态为核心，全面提升教育治理现代化水平

加强教育生态治理与建设。充分发挥省级人民政府在构建教育生态过程中的组织领导作用，探索建立县域教育生态评价指标体系和评价机制，健全完善区域教育生态政策环境，建立稳定有效的激励机制、调节机制和预警机制。严格治理"跨区域招生"现象，重点办好县级高中学校。形成更加健康的教育生态体系、更加先进的教育生态制度、更富质量的教育资源供给和城乡一体的教育生态网络体系。

整体提升教育治理的现代化水平。充分利用现代信息技能、大数据、人工智能技能嵌入融入现行教育体系，构建更加宏大、人类智慧与人工智能相互融合、相互促进，教育功能更加强大的现代化教育体系和未来学习体系。推进教育管理模式变革。数字化发展有助于教育管理逐步迈向"智慧管理"模式。利用互联网和移动终端技术，营造更加多样化、个性化和交互性的学习环境，为个性化学习提供丰富的教育资源。提升教育管理网络化、数字化、智能化水平，为教育教学质量提升提供优化服务。

健全教育优先发展的保障制度。高水平持续性教育经费是支持实现建设教育强国蓝图的最为重要的保障条件。2022年，全国教育经费总投入近6.1万多亿元，为教育高质量发展提供了有力支撑。要在确保持续达到财政性教育经费占国内生产总值4%目标的基础上，逐步提高所占比例，力争到2035年达到4.5%的目标，为建成教育强国提供强有力经费保障。

实施"教育强省（自治区、直辖市）行动计划"。从东部发达地区、中部地区到西

部地区，分区域、分步骤建设教育强省，各省（自治区、直辖市）推进教育强市和教育强县计划，有目标、有组织、有领导、有保障地逐步推进教育强国建设，积小步为大步，积小胜为大胜，确保到 2035 年建成社会主义现代化教育强国。

　　总之，加快建设教育强国是一项宏大的系统工程，需要把握新时代教育的战略定位，以新理念完善育人新体系，以新责任重构育人新机制，以新资源支撑人的全面发展。将教育综合改革与中国式教育现代化进程深度融合，与构建高质量教育体系深度融合，与促进学校教育高质量发展深度融合，立强国之本，守改革之道，以中国式教育现代化加快推进教育强国建设。

后 记

随着这份《中国教育发展战略学会 2023 年度学术年报》的完稿，我们回顾了 2023 年的学术旅程，深感收获与成长。这一年是充满挑战与突破的一年，我们在教育领域的研究和探索中不断前行。

在全国哲学社会科学工作办公室的指导和支持下，中国教育发展战略学会成功举办了 2023 年学术论坛活动季，依托活动季的丰硕成果，我们编撰了这份学术年报。在此，我们首先要向辛勤组织举办各分论坛的分支机构表示衷心的感谢。他们分别是：终身学习专委会、教育财政专委会、思想道德建设专委会、教育评价专委会、人才发展专委会、国际胜任力培养专委会、教育教学创新专委会、未来教育专委会、教育信息化专委会、教育大数据专委会、区域教育专委会、现代教育管理专委会和生涯教育专委会。他们的专业精神和无私奉献，确保了学术论坛活动季的成功举办和学术年报的高质量完成。

同时，我们要特别感谢常务副会长兼秘书长韩民对年报的悉心指导，以及学术委员会副主任康宁、褚宏启，学术委员会办公室主任、学术委员陈志文对书稿的严谨审核。我们对此表示深深的感谢。

中国教育在线在本次学术论坛活动季、学术委员会研讨会及书稿整理过程中提供了重要支持，我们对此表示诚挚的谢意。同时，也要感谢所有参与年报编撰的作者们，是他们的智慧与努力，共同铸就了这部学术著作。

这份年报不仅是对学会一年工作的总结，更是对未来学术探索的展望。我们期待通过它，与广大读者分享我们的研究成果，激发更多的学术思考与讨论，共同推动教育学科的进步与发展。

展望未来，我们将继续秉持严谨、创新的学术精神，不断提升学会的研究水平和影响力。我们期待与更多的同行和合作伙伴携手读者合作，共同书写教育学科发展的新篇章。

最后，诚挚希望这份学术年报成为读者了解学会工作的一扇窗口，同时期待收到宝贵意见和建议，帮助我们不断完善和提升。让我们携手并进，共同为教育事业的发展贡献力量。

学术年报编辑组